# DIÁRIOS ÍNDIOS
## OS URUBUS-KAAPOR

# DARCY RIBEIRO
# DIÁRIOS
## OS URUBUS-KAAPOR
# ÍNDIOS

São Paulo
2020

© **Fundação Darcy Ribeiro, 2014**
2ª Edição, Global Editora, São Paulo 2020

**Jefferson L. Alves** – diretor editorial
**Gustavo Henrique Tuna** – gerente editorial
**Flávio Samuel** – gerente de produção
**Sandra Brazil** – coordenadora editorial
**Adriana Cristina Bairrada** e **Lucas Torrisi** – revisão
**Mauricio Negro** – capa
**Spress Diagramação & Design** – projeto gráfico

Obra atualizada conforme o
NOVO ACORDO ORTOGRÁFICO DA LÍNGUA PORTUGUESA.

DADOS INTERNACIONAIS DE CATALOGAÇÃO NA
PUBLICAÇÃO (CIP)
(CÂMARA BRASILEIRA DO LIVRO, SP, BRASIL)

Ribeiro, Darcy, 1922-1997
   Diários índios : os Urubus-Kaapor / Darcy Ribeiro. — 2. ed. —
São Paulo : Global Editora, 2020.

   ISBN 978-85-260-2516-5

   1. Antropologia 2. Etnologia - Trabalho científico de campo
- Brasil 3. Índios da América do Sul - Brasil 4. Índios Urubus-
-Kaapor 5. Sociologia I. Título.

20-32443                                                 CDD: 980.41

Índices para catálogo sistemático:
1. Brasil : Índios da América do Sul : História    980.41
Maria Alice Ferreira - Bibliotecária - CRB-8/7964

Direitos Reservados

**global editora e distribuidora ltda.**
Rua Pirapitingui, 111 – Liberdade
CEP 01508-020 – São Paulo – SP
Tel.: (11) 3277-7999
e-mail: global@globaleditora.com.br
www.globaleditora.com.br

Colabore com a produção científica e cultural.
Proibida a reprodução total ou parcial desta obra
sem a autorização do editor.

Nº de Catálogo: **3771**

Darcy com Kosó, índio Kaapor.

# Sumário

Nota de agradecimento .................................................. 11
Prefácio ........................................................................ 13

**Primeira expedição**

Viseu ............................................................................ 21
Camiranga .................................................................... 51
Canindé ........................................................................ 69
Jararaca ........................................................................ 93
Domingos, antigo Maíra ............................................. 115
Ianawakú ..................................................................... 127
Volta ao Canindé ......................................................... 163
Piahú e Koatá .............................................................. 179
Os Kaapor .................................................................... 205
Kaaró ............................................................................ 221
Anakanpukú ................................................................. 233
Kosó .............................................................................. 245
Retorno ........................................................................ 269
Em viagem de volta .................................................... 295

**Segunda expedição**

Pindaré ........................................................................ 303
João Carvalho .............................................................. 337
A marcha ao sol ........................................................... 347
Iapotirendá .................................................................. 351
Tapuro Ambir Hecuhan .............................................. 363
Karapanã ...................................................................... 381
Ventura ........................................................................ 399
Ianawakú ..................................................................... 409
Capitão Auaxí .............................................................. 439
Takuá ........................................................................... 449
Xapy ............................................................................. 477
Irakatú .......................................................................... 493
Oropó, o refúgio perdido ............................................ 505

Aldeia Cipó ........................................................................... 529
Sabedoria kaapor ................................................................ 541
Morocore ............................................................................. 557
Xiwarakú ............................................................................. 565
Retorno ................................................................................ 581
Posto Pedro Dantas ........................................................... 585

Anexo: Descendência de Uruã-tã e Temikí-rãxí ........ 599
Índice .................................................................................... 613
Índice dos mitos ................................................................. 617
Índice dos diagramas de parentesco e genealogias .. 618
Índice dos quadros e mapas ............................................ 619
Índice de gravuras e desenhos ........................................ 620

# DIÁRIOS
## OS URUBUS-KAAPOR
# ÍNDIOS

# Nota de agradecimento

Você deve este diário a mim e a João Carvalho, meu intérprete; a Berta Ribeiro, que me inspirou a escrevê-lo em forma de carta para ela e o transcreveu dos manuscritos para um belo texto datilografado. Deve também a Leda Vidal, que os transpôs para o computador. E ainda a Carlos Moreira, a Mércio Gomes e a Eric Nepomuceno por suas leituras críticas. Mas deve sobretudo a Gisele Jacon, que os preparou para edição num esforço quase tão grande quanto o meu.

As fotos, tantas, que ilustram o texto, são minhas e de Foerthmann. Indistinguíveis porque o Museu do Índio, que as guarda, misturou tudo. Aquelas em que apareço são dele, claro. As boas também.

*D. R.*

# Prefácio

Este livro é a edição sem retoques dos meus diários de campo nas duas expedições que fiz, entre 1949 e 1951, às aldeias dos Urubus-Kaapor. Eu tinha, então, 27 anos, o vigor, a alegria e o elã dessa idade, de que tenho infinitas saudades. Enfrentava sem medo marchas de mil quilômetros, temporadas de dez meses, desde o dia que saía de casa para as aldeias até o dia que voltava.

Meus diários são anotações que fiz dia a dia, lá nas aldeias, do que via, do que me acontecia e do que os índios me diziam. Gastei nisso uns oito cadernos grossos, de capa dura, que ajudava a sustentar a escrita, porque índio não tem mesa, muitas vezes escrevia sobre minhas pernas ou deitado em redes balouçantes. Você imaginará a letra horrível que resultava disso.

Os índios também escreviam nos meus diários e eu reproduzo algumas páginas da colaboração deles. Observando minha escrevinhação sem fim, eles pediam o caderno, sentavam-se como eu e rabiscavam arabescos sobre a pauta. Ao menos isso aprenderam comigo. Escrever da esquerda para a direita e sempre obedecendo a pauta. Um índio sabido quis até convencer os outros de que escrevia mesmo, anotando ali o que eles diziam. Trapaceiro.

Além dos diários eu preenchi quantidades de cadernetas de campo, que não são de se publicar porque consistem apenas em anotações e gráficos que eu, depois, transpunha para os diários. Assim é que você não perde nada. Tudo que eu registrei naqueles dois anos de convívio participante e de observação atenta aí está. Inclusive os mitos que colhi com meus Kaapor e que são documentos extraordinários de sua viva literatura oral. Você notará que há versões diferentes do mesmo mito. Os índios não têm o fanatismo da verdade. Várias versões discrepantes sobre os mesmos eventos são perfeitamente assumidas. Publico os mitos em corpo menor para o caso de você não ter gosto literário.

Um feito meu que você deve olhar com admiração e respeito são as anotações de parentesco. Os sistemas de parentesco são um dos temas preferenciais dos estudos antropológicos. Há mais de um século eles vêm sendo colhidos na expectativa de que, devidamente interpretados, ensinarão muito sobre o gênero humano. Hoje não se tem tantas ilusões, mas continuamos a registrá-los por rotina e porque, como

Foerthmann, o cinegrafista, Boudin, o linguista, e eu.

você verá, no esforço por definir o sistema de parentesco, aprende-se muito sobre os índios, sua vida familiar, seus usos e costumes.

Outra façanha de que me orgulho é ter colhido as mais vastas genealogias de que tenho notícia. Pense só, você aí sozinho, de quantos avós seus você se lembra e dos quais possa dizer alguma coisa. Por exemplo, onde nasceu, onde morreu e de que morreu. Um de meus informantes me ditou uma genealogia que cobre oito gerações e que recua no tempo até 1800, pelo menos. Além disso, me deu toda a parentela de descendentes daqueles primeiros avós, que soma 1.171 pessoas. Não é fantástico?

Berta, minha mulher.

Não estranhe duas coisas insólitas. A quantidade de palavras que você talvez desconheça, porque são do vocabulário que descreve a floresta amazônica. Isso é muito bom, porque você irá aprendendo a ser amazônida também. Não estranhe, sobretudo, que eu me refira a você, que me lê, em algumas páginas dos diários. Eles foram escritos como uma carta a minha mulher, Berta, que era minha amada. Será a carta de amor mais longa que jamais se escreveu.

Então, no tempo deste diário, éramos jovens ou apenas maduros. Envelhecemos depois, uma pena. Saltamos já a barreira dos setenta. Ao fim, fomos atingidos por dois tiros: câncer. Estamos ambos lutando, cada qual contra o seu. O de Berta a pegou na cabeça, justamente na área da fala. Não pôde ser extirpado, porque ela perderia a memória e o ser. Viraria um vegetal em coma perpétuo. Mas aguenta bem. Voltamos até a namorar, depois de vinte anos de separação. Eu a beijo na boca e prometo casar de novo com ela.

Meu câncer, o segundo que tenho, é melhorzinho. Salvei-me do primeiro vinte anos atrás, arrancando o pulmão descartável e jogando fora. Agora, tenho câncer de próstata. Lamentavelmente, quando descobrimos, já tinha dado metástase, carunchando minha caveira. Não podia ser operado. O tratamento é pior do que a doença. Tão ruim que me fez internar numa UTI, onde morreria se não fugisse. Berta e eu mantemos o riso atarraxado na cara e os corações abertos às alegrias alcançáveis. Tudo bem.

Na primeira expedição, subi pelo rio Gurupi por uns vinte dias e desci em apenas cinco, parando, na subida, na casa de cada um dos poucos moradores da margem. Gente jogada no fundo da Amazônia, perdida de seu povo, isolada de seu tempo, ali à espera de algum milagre. São donos de garimpo que caíram na miséria ou missionários que se amigaram com índias e foram expulsos de sua igreja. Ou turcos arrependidíssimos de terem ficado ali, fazendo enorme filharada que já não podem largar. A gente ativa do Gurupi não está acampada nas margens, anda em barcos a motor ou movidos pelo motor dos músculos dos índios remeiros, carregando garrafa de cachaça, faquinhas, remédios e bugigangas para trocar por óleo de copaíba, resinas, balata e peles. Só mais em cima estão os índios, acurralados. Duas tribos, os Tembé e os Timbira, que eram milhares e hoje são dezenas, mostram o que a civilização

Diários índios

dá ao índio. Mais acima, no seio da floresta, estão os meus Urubus-Kaapor nas suas dezenas de aldeias, todas visitadas por mim.

Na segunda expedição subi pelo rio Pindaré, no meio do Maranhão, até o ponto que tinha combinado com os índios para irem ao meu encontro. Lá os esperei, aflitíssimo, mas afinal chegaram e saí com eles numa viagem cheia de tropeços, dores e umas poucas alegrias até suas aldeias que eu não conhecia. As aldeias são clareiras abertas na mata virgem, onde os índios fazem suas moradas e as armações em que criam seus muitos cachorros e as dezenas de xerimbabos que têm. Estes são bichinhos, como araras e papagaios, e bichos grandes, como veados e caititus, que eles apanham na mata. Todos têm nome de gente e são tratados como parentes. Cada aldeia tem seus três roçados. O maduro, que estão comendo; o novo, que irão comer no próximo ano; e o antigo, onde crescem plantas mais tardias, como o pequi, o urucum, os cajus, as bananas e muitas outras. Desobrigados de produzir mercadorias, os índios vivem na fartura graças às suas roças, à caça e à pesca. Mas principalmente à sua sabedoria de povo da floresta.

Além desses diários, o estudo dos Kaapor produziu uma gramática do dialeto tembé da língua tupi, colhido por meu companheiro Max Boudin. Produziu também o livro sobre *Arte plumária dos índios kaapor*, meu e de Berta, além de alguns artigos. Produziu, sobretudo, um belo filme, até premiado, sobre um dia de vida de um povo indígena na floresta tropical. Foi filmado por meu companheiro da primeira viagem, Heinz Foerthmann. Desgraçadamente, sumiram – creio que roubadas – todas as cópias do filme em 35 mm. A última estava guardada com Zelito Viana, que não sabe o que fez dela. Caso você tenha notícia desse filme precioso em alguma filmoteca, denuncie, diga que pertence ao Museu do Índio. Felizmente, temos cópias de uma redução em 16 mm.

Tive uma má notícia sobre o casal que o filme focaliza. Gente que você conhecerá bem nos escritos deste diário e nas fotografias deles que publico. São Kosó, Xiyra e seu filhinho de dois anos. Tempos depois do meu retorno das aldeias, soube da tragédia. Morto seu filho, Kosó caiu numa tristeza índia. Certo dia, disse a sua mulher que havia sonhado com o pai, morto havia muito tempo, e que o velho o chamara para junto dele.

— Eu vou – disse ele a Xiyra. Deitou-se na rede e, em vez de dormir, se fez morrer. Este é um talento índio extraordinário, registrado mais de uma vez. Xiyra, sem o marido e o filho, algum tempo depois morreu também, de uma doença que os índios não sabem qual foi.

Xiyra, Kosó e o filhinho deles.

Falo muito nesses diários do SPI, que é o Serviço de Proteção aos Índios, criado por Rondon em 1910. A ditadura o substituiu por uma fundação de amparo ao índio, Funai. Tão ruim quanto. Só exerce bem o papel de amansadora de índios bravos, abrindo espaço para a expansão pacífica das fronteiras da civilização. Mas

Rondon, o protetor dos índios.

continua sem saber como salvar os índios para si mesmos, depois de pacificados. No convívio com seu contexto neobrasileiro, os índios definham, ameaçados de cair numa condição pior que a dos caboclos mais pobres. Os Kaapor estão nesse trânsito, vivendo ainda o sabor da vida selvagem.

Nesse longo tempo de 1950 para cá, eles se transfiguraram, mudando para melhor e para pior. Melhor porque ganharam maior resistência biológica contra as pestes da civilização. Só na epidemia de sarampo que relato neste diário, sua população se reduziu de cerca de seiscentos para perto de quatrocentos. Desde então aumentaram e agora se acercam dos mil.

Simultaneamente, seu território foi demarcado. É uma fração da área que dominavam, mas lhes dá alguma segurança no cipoal de leis no mundo dos brancos. Vivem cercados por fazendas com gado e com gente que eles ainda olham com suspeita, querendo aproximar-se, e que os veem com desconfiança. Todos os homens usam calções e dentro deles estão nus, porque não põem mais o cordel que atava o prepúcio e metia o pau dentro do corpo. Homens e mulheres falam inteligivelmente o português dos caboclos maranhenses, mas entre eles só falam seu idioma tupi.

Não procure aqui teorizações. Este é o material original de que elas são feitas. O importante, a meu juízo, é apresentar estes fatos brutos para que possam ser interpretados e não escondê-los atrás de construções cerebrinas. Meu texto é entregue inteiro a você tal como foi anotado 46 anos atrás. Representa um painel vivo e variado do modo de ser, de viver e de conviver dos meus índios. Eles são os representantes modernos dos Tupinambá, que somavam 2 milhões e ocupavam toda a costa atlântica brasileira em 1500. Naturalmente, ao longo destes quinhentos anos, mudaram muito, como nós também mudamos, mas eles guardam duas coisas cujo conhecimento é essencial para nós. Primeiro, seu próprio ser biológico, seus genes, que nós levamos no corpo, mantendo-os vivos como seus descendentes. Creio que umas 200 mil mulheres índias foram prenhadas para gerar o primeiro milhão de brasileiros. Por um imperativo genético, nós continuamos esse caldeamento, enriquecido pelo sangue negro e europeu. Mas o que tem de singular o moreno brasileiro típico é esta garra indígena, como uma nova versão dos Tupinambá, que sucedemos no território deles, que fizemos nosso.

A segunda herança que temos dos índios é sua sabedoria milenar de adaptação à floresta tropical. Sem esse saber, seríamos outros. O que nos singulariza como cultura é o patrimônio de nomes das coisas da natureza que nos circunda, as dezenas

Diários índios

de plantas domesticadas pelos índios que cultivamos em nossas roças e as milhares de árvores frutíferas e de outros usos que eles nos ensinaram a aproveitar.

    Assim é que continuamos sendo índios nos corpos que temos e na cultura que nos ilumina e conduz. Mas é claro que os índios que resistiram ao avassalamento são muito mais índios. Por isso é que passei tanto tempo com eles. Agora, convido você a me dar a mão e vir comigo para percorrer, de novo, suas aldeias. Boa viagem.

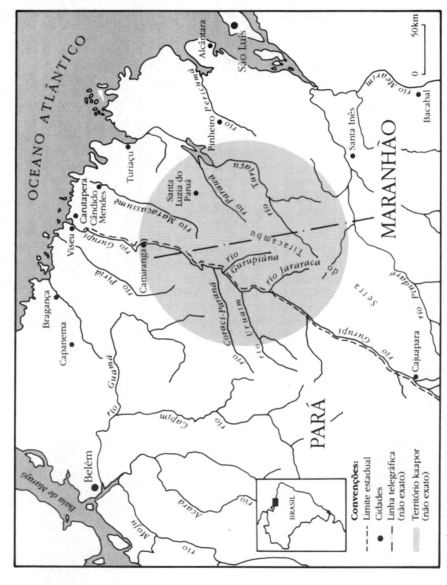

Mapa do Gurupi.

# Primeira expedição

Anakanpukú, meu melhor informante, que me ditou uma genealogia de oito gerações que remonta a 1800 e envolve uma parentela de mil nomes.

# Viseu

**20/nov./1949** – Berta, abro este diário com seu nome. Dia a dia escreverei o que me suceder, sentindo que falo com você. Ponha sua mão na minha mão e venha comigo. Vamos percorrer mil quilômetros de picadas pela floresta, visitando as aldeias índias que nos esperam, para conviver com eles, vê-los viver, aprender com eles. D. R.

Saímos do Rio no dia 5, estivemos até o dia 17 em Belém, quando partimos para Bragança e depois, a 18, para Viseu. Foram dias cheios de trabalho na preparação da pesquisa e também de amolações. Por isso mesmo só começo hoje meus registros.

Somos três nesta expedição, eu mesmo, um linguista francês, Max Boudin, e um cinegrafista alemão, Heinz Foerthmann. Todos cheios de ânimo e de vontade de cumprir sua missão específica. Eu inclusive.

Estamos hospedados em casa de um sírio, bom sujeito, gordo e respeitável, de seus sessenta anos, perfeitamente adaptado a Viseu. Veio aqui fazer fortuna há quase quarenta anos. Agora é um patriarca, rodeado de seus trinta netos, filhos e filhas. É um pequeno potentado. Notável essa radicação dos sírios no Brasil, sobretudo em regiões como esta, em que ficam isolados, tendo que se acaboclar (caboclo aqui é sinônimo de índio).

Sua casa é o hotel da cidade, aqui se hospedam todas as visitas mais honrosas – inclusive este seu "pobre criado"... É uma casa ampla, de enormes quartos cimentados ou em terra batida despidos de móveis. As roupas e pertences são guardados em arcas e baús e nas paredes há ganchos para rede – que o hóspede deve trazer.

## A pesquisa

Estamos na boca da mata, à beira das aldeias índias que por tanto tempo projetei visitar e estudar detidamente. Disso me ocupei nos últimos anos, assim que terminei a pesquisa de campo junto aos Kadiwéu. Revi as informações disponíveis sobre todos os povos indígenas do tronco tupi que viviam ainda isolados, conservando sua cultura original. O que procurava, de fato, eram descendentes dos velhos Tupinambá, que ocupavam quase toda a costa brasileira há quinhentos anos.

Nosso objetivo era estudar aqueles povos pela observação direta nos descendentes deles. Os Urubus saltaram logo como a melhor oferta. Têm apenas vinte anos de convívio com a civilização, parece que ainda são numerosos. Não sei a razão do nome sinistro que lhes dão. Não é, naturalmente, a autodenominação deles, que se desconhece e tenho que descobrir. Urubus é um nome depreciativo, dado por gente que os odiava e temia, vendo-os como gente desumana e detestável. Pelo pouco que se sabe deles e do dialeto tupi que falam, bem podem ser remanescentes daqueles Tupinambá que, depois das primeiras décadas de contato mortífero com a civilização, se afundaram mata adentro para sobreviver.

Os Tupinambá foram magistralmente bem documentados pelos cronistas do primeiro século. Depois, foram também esplendidamente reestudados pelos antropólogos, principalmente por Alfred Métraux e Florestan Fernandes. Métraux, com base nos cronistas, nos deu estudos, hoje clássicos, tanto do que ele chamava civilização material, como da religião e mitologia daqueles índios. Florestan, seguindo com afinco a mesma rota, elaborou obras extraordinárias sobre a organização social tupinambá e sobre o principal complexo cultural deles: a guerra. Ela constituía sua principal atividade depois da produção do sustento e da reprodução das aldeias e dos bens materiais.

A guerra era a preocupação principal dos homens. Curiosamente não tinha por objeto a conquista de territórios ou a dominação de outros povos. Seu propósito era a captura de prisioneiros que, levados aos cerimoniais de antropofagia ritual, ensejavam as principais ocasiões de convivência das aldeias de cada região. Juntavam-se às centenas para comer, em comunhão, o cativo como um herói, cuja valentia queriam incorporar a si mesmos. Era, também, para cada guerreiro, a oportunidade de ganhar um novo nome e de inscrever no corpo outro signo de suas façanhas.

O povo irmão dos Tupinambá – refiro-me aos Guarani, que falavam a mesma língua, com diferenças equivalentes às que separam o português do espanhol – foi também reestudado conjuntamente com eles. O mais assinalável, porém, é que o príncipe dos etnólogos brasileiros, Curt Nimuendaju, que deles ganhou esse nome, dedicou anos ao estudo direto de sua religião e mitologia, escrevendo um livro clássico que tem inspirado dezenas de estudos. Nimuendaju também esteve aqui pelo Gurupi, estudando os índios tembés, e nos deixou o melhor registro de sua mitologia.

É nesse filão que eu me meto, sonhando reconstituir o modo de ser e de viver dos índios do tronco tupinambá tal como existem. Naturalmente muito diferenciados, cinco séculos depois da sua diáspora. Esse estudo é de importância essencial para nós, brasileiros, por duas razões capitais. Primeiro, porque somos, de certa forma, os sucessores deles no plano biológico, já que a maioria dos brasileiros descende daqueles mamelucos gerados em ventres de mulheres tupinambás e guaranis doadas aos europeus recém-chegados e, depois, escravizadas aos milhares. Guardamos, portanto, nos nossos genes, uma herança biológica que, por mais de metade, vem desses povos que nos dão a fisionomia do brasileiro comum, inconfundível com o português e com o índio ou com qualquer outro povo.

Em segundo lugar, porque foram os Tupinambá que deram à nossa civilização a fórmula de sobrevivência nos trópicos. Nos transmitiram os inventos adaptativos que desenvolveram em milhares de anos e que se cristalizaram nas formas de caça, de pesca e, sobretudo, de lavoura. Eles cultivavam, habitualmente, em suas roças, umas quarenta plantas que são até hoje o sustento básico de nosso povo, como é o caso da mandioca, do milho, do amendoim, dos feijões e de muitas outras plantas. Domesticaram, também, dezenas de árvores úteis, de onde tiravam o caju, o abacaxi, o pequi, o urucum etc.

Nesses dois planos, como se vê, somos herdeiros e descendentes dos Tupinambá que matamos para existir, num processo feroz de sucessão ecológica. Estudá-los, portanto, é decisivamente importante. Ainda que o façamos sobre remanescentes longínquos deles. Tão longínquos e diferenciados quanto nós o somos dos primeiros portugueses que chegaram aqui.

Essa é a grande ambição da pesquisa que empreendemos, que será talvez a mais ampla jamais realizada entre nós. Isso porque queremos fazê-la no plano etnográfico, de que me incumbo e para o qual me preparei, aprendendo a ser antropólogo com os índios que estudei antes, principalmente os Kadiwéu. Pretendemos, também, realizar obra relevante no plano linguístico, que é o encargo de um homem competente na matéria, como Max Boudin. E, inclusive, o registro sonográfico e cinematográfico, que nas mãos de Foerthmann certamente nos dará um filme excelente. Não é pouco, e como se vê, o que não me incomoda, porque nunca fui dado a modéstias.

# O Círio

Chegamos a tempo de assistir à Festa do Círio. Perdemos a de Belém, que é célebre em todo o Brasil, juntando romeiros do estado e até "sulistas", além dos políticos que vêm mostrar a cara aos minguados eleitores. Outras cidades do Pará celebram em épocas diferentes a mesma festa, que é dedicada a Nossa Senhora de Nazaré, uma versão de Maria que creio vir de Portugal. A festa aqui consiste em levar a imagem em procissão da igreja principal para uma capela e deixá-la dormir lá. No dia seguinte, cedo, volta a procissão como na noite anterior, com as mesmas velas, porém mais rica de acompanhantes carregando pedras, potes, maços de tabaco, miniaturas de embarcações, conduzidas na cabeça por gente descalça ou com o dorso nu (homens), todos agradecendo graças concedidas pela Virgem.

A procissão da manhã foi precedida por um corpo de "marujos", que dançavam abrindo caminho para uma embarcação pequena, mas de uso, enfeitada de bandeirolas, onde vão, bem sentados, dois garotos. De todos os participantes apenas um é marinheiro. Antes do andor vinha uma charanga desafinada que trouxeram de outro município para dar função no Círio e nos bailes que se seguem. Ontem, depois do Círio, e hoje e, ainda dizem, por oito dias mais o povo dança, bebe – principalmente bebe –, briga e se deixa explorar pelos negociantes. Na praça da igreja foram montados vários "ranchos" onde vendem bugigangas e comidas típicas, doces, biscoitos e alguma pinga – clandestinamente.

O sírio que nos hospeda está inconsolável por não ter chegado uma semana antes – veio conosco – da festa. Por isso perdeu muitos negócios, principalmente o ouro dos garimpeiros que desceram das catas, e não vendeu sua mercadoria. Nessa lamentação, contou que a festa começou aqui em 1920; logo tornou-se uma grande festa, juntando imensa multidão, porque então havia muito ouro, e ele fazia grandes negócios. Agora, disse, o povo está perdendo a religião, não liga mais para a Igreja. Antigamente davam muitas coisas pros padres. Se um tinha cinco bezerros, dava um deles para o leilão. Assim faziam também com os produtos de suas roças e até da mineração. Hoje, lamenta-se, o povo já deixou de ser tolo, aprendeu a economizar e não larga tudo na pinga e comprando espelhos e fitas.

A cidade de Viseu, posta na boca do rio Gurupi, é mais ou menos o que eu supunha: uma pequena vila de algumas casas de reboco e a grande maioria de palha. À entrada do porto se veem o barracão do mercado e a igreja, pintada de amarelo. Por todo lado casinhas miúdas, algumas caindo de velhas. Os ranchos de palha são mais interessantes, nunca os vi da forma que fazem aqui. Sobre paredes altas (quatro metros) levantam uma cobertura do mesmo material, um trançado de palha de paxiúba ou ubim na forma de um trapézio, muito alta também e abaixando para o fundo. Será isso influência africana? A proporção de negros na população é grande, menor porém que a indígena. Durante a procissão, pudemos ver bem como aqui apenas se começam a misturar as grandes matrizes raciais. Rio acima isso deve ser ainda mais nítido. Espero encontrar núcleos de "caboclos" quase "puros", de negros e de brancos; estes últimos talvez nas minas. Filmou-se hoje a procissão. Foerthmann tirou algumas fotografias e depois montou a máquina na praça para filmar a entrada da santa, com seus acompanhantes, na igreja. Eu também tirei fotografias interessantes ontem, se saírem prestando, serão boas lembranças da viagem.

# Bragança

Bragança não me interessou. Maior que Viseu, com muitas casas cobertas de velhos e maus azulejos. Passamos uma noite e um dia lá, fizemos algumas compras que faltavam – como faltam coisas, depois de já termos tantas. Lá também encontramos o Círio ou, ao menos, a "ranchada" com os jogos de azar, as comidas da terra, os leilões, sorteios, rifas e o carrossel. A viagem de Belém a Bragança fizemos em caminhão do Serviço de Proteção aos Índios, cedido com grande desgosto. De Bragança para cá viemos numa lancha – barco a vela com motor – apertada de gente que desejava assistir ao Círio daqui. Quase todos eram filhos da terra que aproveitavam a oportunidade para passar dias com a família, comendo camarão barato, além de rezar piamente, é claro.

# Maré

Saímos de Bragança ao anoitecer e, depois de viajar algumas horas, sempre por furos ao longo da mata, afinal entramos numa baía e a embarcação começou a saltar como cabrito; foi uma confusão. No camarote dos homens íamos bem umas dez pessoas em redes e o dobro dormia debaixo, sobre as malas. Quando começou, o cabriteio era apenas um embalo maior da rede, mas logo aumentou tanto que as redes, com os respectivos conteúdos, batiam umas nas outras que era um horror.

Pior foi que o Rachid – o sírio de que falei – resolveu enjoar e, com aquele corpanzil de marrão, foi pisando em gente, saltando e levantando redes. Cada um de quem ele se aproximava apenas o olhava, mas nada fazia, então o espertalhão dizia: "Sai, que estou para vomitar nesta rede...", e era um debandeio.

De manhã, ali pras nove horas, faltando apenas duas para chegar a Viseu, segundo a previsão do "comandante", entramos em outra baía também perigosa. Mas tudo serenou logo, porque havia pouca água, a maré estava vazando e a embarcação encalhou na areia. Teríamos de esperar ali até as três da tarde, quando a maré voltasse.

O sol era causticante e julguei que nos esperassem umas horas desagradáveis. Nada disso, foi interessantíssimo e valeu bem a demora. Saí numa pequena canoa para comprar uns camarões na casa de um pescador que fica a um quilômetro. Mal nos afastamos, porém, a água secou, nossa barca e inclusive a lancha ficaram ao seco numa praia belíssima e imensa que se estendia cada vez mais, com uma velocidade espantosa. Dentro em pouco, mal se divisava o mar a quilômetros de distância. Continuamos andando, tomei o rifle e dei alguns tiros em garças e guarás (parece uma garça menor, de pescoço curto – o que quer dizer que não parece – e é vermelha como um lírio vermelho). Deve ser o íbis-rubro que cobria as areias do Rio de Janeiro no século XVI.

Depois, saí com um rapaz já em calção e sem camisa e fomos visitar um pescador seu conhecido; o vento soprava com violência e não sentíamos o sol. Foi uma caminhada de uns bons dois quilômetros. A casa, uma palafita com bases de dois metros, fica numa elevação raramente alcançada pela maré. Debaixo da casa, ele cria porcos e guarda peixe fresco; mora em cima, casa de dois cômodos, a porta na boca de uma escada. No primeiro cômodo tem uns caixões, um pote, alguns paneiros de farinha e um cacho de bananas; aí guarda também suas redes de pesca. No outro, estão armadas as redes, inclusive uma minúscula para o guri que estava doente de "defecção fedorenta", segundo me disse, e isso me deu ensejo de conhecer a casa. Comecei minha função de curandeiro: dador de remédios.

Tirei algumas fotos da "lancha" sobre a areia com os passageiros afogueados de calor, deixando-se lamber pelo vento. Porém, mal me viram com a máquina, afoguearam-se ainda mais, agora para fotografá-los. Ao longo do caminho encontramos muitas colônias de pescadores com casas do mesmo tipo, sempre levantadas a uns dois metros do chão. Navegamos ao lado de diversos barcos a vela – pobres e belas velas em trapo, mas de cores tão vivas e variadas que enchem de graça e colorido a monotonia da costa. Eram romeiros que iam à festa da Virgem e à "ranchada", naturalmente.

Primeira expedição – Viseu

# João Mendes

O mais interessante, porém, foi a viagem de caminhão, não por si mesma. Jogado sobre a carga e mal vendo pelo fundo do toldo o que resta da antiga "colônia", o celeiro do Pará, com suas pobres casinhas de taipa e palma, suas crianças pançudas e sua população miserável. Interessante foi a prosa que mantive todo o tempo com o encarregado do Posto Tembé do SPI, do rio Guamá, que viajava conosco. Homem de seus 55 anos, baixo e magro, de olhos claros e dentes enegrecidos de sarro. Bom sujeito. Foi um dos participantes da turma de pacificação dos Urubus. Ele desfiou para mim suas memórias realmente preciosas, contando com notável riqueza de detalhes cada passo da aproximação. Infelizmente, não poderei recordar todos. Contou também alguns casos de lutas entre esses pobres índios tembés e os novos habitantes do vale do ouro. Contaremos um deles, bem típico do horror que viveu e vive aquela gente.

Infelizmente, só conheci o sr. João Mendes agora, senão o teria convidado para nos acompanhar. Fala mais ou menos bem o dialeto tupi dos Tembé e o dos Urubus. É muito querido por eles e nos serviria melhor que este Miranda que Malcher nos arrumou – um preguiçoso, brigão, parece que indisposto com muitos dos índios, que até quiseram matá-lo duas vezes, nada conhece da zona e provavelmente nos dará muitas dores de cabeça. Terá de ser carregado e ainda nos custará bom dinheiro. Não podíamos deixar de contratá-lo, o SPI não quis pagar-lhe as diárias – a verba para isso estaria esgotada – e precisávamos de alguém que conhecesse a zona, principalmente porque devemos ter quem nos ligue do acampamento em que ficarmos ao posto, onde teremos de deixar as mercadorias armazenadas, e que prepare a saída pelo Pindaré. Duvido que Miranda possa fazer isso a contento. Afinal, não nos cabe, agora, mais que tentar aproveitá-lo e tirar dele o serviço que possa dar. Não adianta lamentar e desejar que tivéssemos conosco esse pobre e esforçado João Mendes que, depois de tantos anos de Serviço, é ainda mero auxiliar de sertão.

Sobre o Miranda, tenho uma boa para contar: o homem está tão ambientado a esse meio de fuxicos e atrapalhadas daqui, particularmente dos funcionários do SPI, que inventou um alfabeto próprio e registra com ele suas anotações e assim escreve rascunhos de cartas e outros documentos. Ora veja, parece incrível e é verdadeiro. Eu o tenho visto várias vezes arabescando seus hieróglifos que, provavelmente, ninguém jamais quererá decifrar, a menos que caia em mãos de algum ingênuo, caso em que iria constituir um mistério linguístico.

Acompanha-nos, também, Ariuá, um índio urubu de seus vinte anos, fala a língua e é aparentado com os "principais". Seu português miserável e gaguejante é o melhor jamais falado por um Urubu. É bom menino e espero conquistar sua amizade. Vai conosco, também, um preto de cinquenta anos, conhecedor do rio, que sabe subir as cachoeiras. Nascido numa das comunidadezinhas de negros do médio Gurupi, talvez me saia um bom informante sobre grupos negros desta área. Será nosso prático de navegação e cozinheiro.

# Matança

Vamos ao caso dos Tembé contado por João Mendes Ferreira. Em 1934, na ilha Marajupema, morava um madeireiro de nome Luiz Carvalho, natural de Grajaú, já falecido. Viviam e trabalhavam com ele alguns índios tembés e uma índia, Domingas Chaves, sua amásia.

Mas Luiz desejou a mulher de um índio, Sabino, que vivia na ilha e começou a persegui-la de todos os modos. Primeiro espancou sua própria mulher, ameaçou matá-la, exigindo que trouxesse Ana, a mulher de Sabino, para sua rede. Depois, passou a perseguir o próprio Sabino. Ana não queria servi-lo, tinha um filho com seu marido e esperava outro, era uma cabocla nova e bonita.

Luiz não se conformava. Um dia, muito embriagado, mandou Domingas procurar Ana e trazê-la a qualquer custo. A mulher fez o que pôde, mas voltou sem Ana. Aí Luiz saiu armado com rifle e um terçado para a casa de Sabino. Vendo que ele se aproximava com seus capangas, Ana saiu em disparada pela mata, com o filhinho nos braços, perseguida por Luiz e seus homens. Conseguiram pegar Sabino depois de persegui-lo por muito tempo, mas Ana desaparecera na mata que margeia o rio.

Luiz mandou amarrar Sabino no fundo da canoa, passar manilhas em suas munhecas e desceu o rio espancando-o para que chamasse a mulher, que ele imaginava estar escondida na barranca, ou dizer onde ela se metera. O índio Sabino estava amarrado no fundo da canoa junto com Domingas, que estava toda pisada de pancadas. Luiz tirou a faca e foi furando o couro do pescoço de Sabino, espetava a pele e levantava, o homem já estava todo coberto de sangue e as varejeiras começaram a dar.

A mata.

Primeira expedição – Viseu

Nesse tempo, João Mendes morava numa casinha junto de uma roça que estava fazendo perto de Marajupema. Era de madrugada e ele ouviu um barulho de batelão que ia chegando. Assustou-se, porque àquela hora não era frequente aparecer gente e, conhecendo os costumes do rio, temia um ataque. Acordou e ficou esperando, aí viu Luiz que chegava.

— Ah! É o senhor? Que anda fazendo por aqui a essa hora?
— É, ando atrás de um caboclo que fugiu lá de casa.
— Vamos entrar para tomar um café, já está fora de hora, mas como o senhor está aqui...

O homem entrou na casa com os capangas e a amásia, mas João Mendes estava desconfiado. Coisa boa é que não podia sair dali. Então, Domingas começou a conversar com a mulher de João Mendes. Contou o que acontecia e mostrou o corpo dela todo pisado de pancada. Disse, também, que Sabino tinha sido deixado amarrado num toco, junto de um barranco mais abaixo. Aí a mulher chamou João e contou para ele a história. João mandou chamar quatro trabalhadores que dormiam num barracão junto e que eles viessem com as carabinas. Voltou e ficou ali conversando com os homens de Luiz, cada um deles tinha uma *winchester* entre as pernas. Logo chegaram os trabalhadores, arrodearam a casa e, aparecendo à porta, gritaram:

— Pronto, seu João...

Ele saltou nas carabinas do Luiz e de seus capangas e desarmou-os. Disse que sabia a que eles estavam ali, obrigou-os a voltarem para libertar o caboclo. Encontraram Sabino já todo cheio de bicheiras e as manilhas já tinham entrado nos braços dele, estava todo ferido. Desamarraram o homem e levaram para a casa do João Mendes. Aí Sabino disse que não sabia onde andava a mulher, tinha desaparecido na mata com o filhinho deles.

João mandou Luiz embora, disse-lhe que não era autoridade, mas que ia comunicar o fato ao chefe do posto e ficou com suas carabinas. Mas o encarregado nunca fez nada. João andou muito tempo procurando a mulher de Sabino. Estava atordoada na mata e corria quando alguém se aproximava. Custou muito conseguir conversar com ela. Quando a trouxe, verificaram que já não tinha o filhinho.

Durante a fuga, perseguida por Luiz e seus capangas, saiu correndo com a criança nos braços, no meio da mata. A cabeça do menino foi batendo nos paus até o miolo saltar fora. Depois de correr quase uma légua e atravessar o rio Coracy foi que ela viu o filho morto, enterrou-o numa touceira de palmeiras de açaí. Atordoada, cheia de terror, não pôde mais parar, dias e dias continuou andando sem rumo, até que João Mendes a trouxe para casa.

Vamos, em seguida, à história da pacificação. Mas isso será para amanhã, já é muito tarde e muita gente conversa aqui na sala.

Meia-noite. Quero escrever um pouco mais. Faz muito calor e agora estou sozinho na sala.

# Pacificação

"Casa".

A turma encarregada da pacificação e de criar o Posto Pedro Dantas era assim composta: Soera Ramos Mesquita: encarregado geral, pouco contribuiu, medroso, incapaz e beberrão; Benedito Jesus de Araújo: capataz do serviço, era o mais competente e quem mais contribuiu para a pacificação em sua primeira fase, na segunda foi morto pelos índios; Viana: amazonense, encarregado do material flutuante, teve pequena atuação, morreu de impaludismo, enterrado no Itamoari – 1928; Raymundo Caetano: índio tembé do Gurupi, prestou grandes serviços – morto em 1934 pelos índios, a flechadas; e João Mendes Ferreira: carpinteiro, ingressou no serviço da turma a 2 de fevereiro de 1928, único que aprendeu o dialeto urubu (é o informante).

    A turma tinha, ainda, quinze trabalhadores, dos quais mais se esforçaram: José Tomaz, Antônio Amorim, José Guamá – índio tembé –; todos falecidos. O primeiro foi flechado pelos índios, mas escapou. Cooperaram, também, os trabalhadores do Posto Indígena Filipe Camarão, fundado em 1911 para pacificar os Urubus, mas que apenas juntava alguns Tembé.

    Entre eles destacou-se o encarregado Miguel Silva, cuja atuação parece ter sido, por vezes, subestimada. Sua maior ajuda foi no conhecimento da região, que lhe permitiu sugerir a ilha de Canindé-açu como o ponto mais conveniente para localizar o primeiro barracão, e na construção de um aramado na margem paraense, que nada contribuiu para o êxito da missão, servindo depois como cerca de fundo da sede definitiva do Posto Indígena Pedro Dantas.

    Construído o rancho da ilha, defronte à margem maranhense, os trabalhadores abriram uma picada de quinze quilômetros mata adentro, ao fim da qual colocaram o primeiro tapirizinho de brindes ("cena"), na banda direita do Gurupi.

    A primeira "cena" foi encontrada pelos índios poucos dias depois de preparada. Os índios quebraram o jirau e todos os brindes, exceto alguns medalhões de metal com a efígie de José Bonifácio que levaram consigo – aproximadamente novembro de 1927. Em dezembro, começaram a ouvir rumor de índios na mata, principalmente à noite, imitando pássaros e batendo as sapopemas.

    A segunda "cena" foi colocada na mesma picada, porém mais próxima da margem: uns doze quilômetros. Os índios levaram todos os brindes, não deixando flechas ou qualquer outro objeto deles em retribuição. Isso a princípios de dezembro. A terceira "cena", ainda em dezembro, foi montada já a seis quilômetros do posto e todos os brindes foram levados. Continuaram os rumores na mata. A quarta "cena", construída a apenas quatro quilômetros do posto, na mesma picada, foi também visitada e todos os brindes levados – dezembro de 1927.

"Casa".

Primeira expedição - Viseu

"Casona".

"Abrigo provisório".

Ao tempo da quarta "cena", os índios fizeram alguma zoada na mata, mais perto da casa, e atiraram umas dez flechas, mas nitidamente em sentido amistoso, pois atiraram-nas para cima e não diretamente. Caíram no telhado e no terreiro. A turma, então, ficou quieta dentro da casa, não tomando qualquer iniciativa. Dois dias depois, os índios gritaram da mesma margem, chamando, e deixaram ver seus rostos e bustos dentre a folhagem. Saiu a seu encontro um batelão cheio de brindes, conduzido por oito trabalhadores, chefiados por Araújo. Iam, entre eles, Mesquita, Antônio Amorim, José Tomaz, Pedro Anastácio e Galdino Ribeiro – atravessaram o rio e, ao chegarem à margem, os índios se aproximaram da barranca. Assim, de dentro do próprio batelão, distribuíram os brindes diretamente a eles, mão a mão. Logo depois, os Urubus se afastaram mata adentro – dezembro de 1927.

Em janeiro de 1928, os índios apareceram novamente. Era um grupo grande. Deixaram-se ver entre a folhagem e chamaram. O batelão voltou a atravessar carregado de brindes. Mas, dessa vez, Araújo, com sua tripulação, desceu a barranca, entregando os presentes e convidando os índios, através do intérprete e de gestos, a visitarem o posto. Dois índios voltaram com o batelão, um deles era o capitão Marajoira. Pouco demoraram e só quiseram entrar dentro da casa depois de muita insistência e por alguns instantes. Receberam os brindes destacados para os maiorais e foram levados de volta.

Daí por diante as visitas foram se tornando cada vez mais frequentes, quase diárias, mas vinham em pequenos grupos de dois a três índios, sempre homens. Grupos maiores ficavam na outra margem, pedindo brindes, que eram levados. Assim continuou até junho de 1928.

Em julho apareceram mulheres. Vieram primeiro as velhas que, trêmulas de medo, atravessaram a custo. Na primeira visita feminina somente uma velha, de nome Xapó-mirá, atravessou em companhia de seu filho. Vinha com um forte catarro e, bem à entrada da casa, espirrou, aparando toda a catarrada na mão, e untou com ela os cabelos. Ofereceram a esta velha uma xícara de café, que ela tomou a título de remédio. Foi o primeiro alimento aceito por eles, daí por diante começaram a aceitar café como remédio, açúcar, sal e tabaco.

Nos fins de 1928 começaram a aparecer grandes grupos que atravessavam o rio e vinham para o posto, às vezes oitenta homens.

Não sei como tive paciência de ouvir e capacidade de guardar esses relatos enormes de João. O certo é que eles me prenderam ao contador, esforçando-me para ouvi-lo na carroceria movente do caminhão. Meu interesse era tamanho que

Diários índios

estive de ouvido preso a sua boca para não perder nada. Nas paradas, muitas, eu mal olhava ao redor para saber onde estava, porque o interessante mesmo era o que saía da boca do narrador.

## Coexistência

**21/nov./49** – Continuo hoje, deu sono ontem e não pude terminar.

Iam as relações amistosas bem adiantadas quando os índios atacaram um batelão. Só muito mais tarde se pôde compreender esse gesto inesperado. Saíra um grupo de trabalhadores para tirar palmas de ubim para a cobertura de um barracão. Já haviam carregado as folhas e iam se afastando. Quando entrava o último homem, os índios cercaram e atiraram flechas, uma delas atingiu José Tomaz nas nádegas. Os trabalhadores atiraram sobre o barranco com os rifles que levavam e os índios fugiram. Voltaram, então, ao posto e o batelão foi pintado de novo para despistar. Isso ocorreu em fins de 1928, antes da visita da velha na corredeira denominada Mão d'Onça. Nessa ocasião, os trabalhadores mal puderam ver seus atacantes. Depois, os índios explicaram que o ataque partira de outro grupo, os "Urubus negros", aldeados nas margens do Turiaçu, que sempre hostilizaram os "Urubus brancos" e não desejavam relações amistosas com os civilizados.

Durante os primeiros anos da pacificação, o batelão viajava constantemente de Viseu para o posto carregado de brindes. Levavam machados, terçados, facas, panelas, miçangas e mil coisas mais em grandes quantidades. Um índio qualquer podia levar dois ou três terçados. Calculavam, em meados de 1928, que andaria próximo de 2 mil o número de índios que já dera fala, recebendo presentes.

Numa das viagens do batelão, quando subia o rio carregado de brindes, entre Camaleão e Canindé-açu, foram novamente atacados pelos índios, sendo morto o piloto José Mucura. Os tripulantes saltaram n'água e o batelão, desgovernado, desceu rio abaixo, enganchando num valado. Os trabalhadores seguiram para o posto a pé e, mais tarde, voltaram para guarnecer a embarcação e enterrar o morto, o que foi feito na cachoeira Camaleão.

Também esse ataque é hoje atribuído aos "Urubus negros", que reagiam contra a invasão de suas terras. Dessa vez, o batelão foi saqueado pelos índios, levaram todos os brindes que puderam carregar. Aqui, talvez, também se aplique o raciocínio do velho Curt Nimuendaju sobre a pacificação dos Parintintins. Os grupos mais isolados e aguerridos provavelmente preferiam conseguir os instrumentos de que necessitavam pelo saque, que lhes dava oportunidade de lutar e se fazer heróis, do que recebê-los de presente. Mas a alcunha de "negros" e a cor mais escura, bem como os cabelos menos lisos daquele grupo (segundo o informante), sugerem que eles tenham tido contato com os negros mocambeiros da região. Nesse caso, à hostilidade tradicional dos Urubus se teria juntado a repulsa do negro escravo, ou seu descendente, para com o branco. Aliás, contam que os Urubus atacaram um mocambo que ficava no alto Maracaçumé (Limoeiro), matando todos os homens e levando consigo as mulheres deles. E ainda hoje eles planejam ataques aos Apinayé e a outros grupos a fim de obterem mulheres.

Depois desse ataque, como do anterior, os índios passaram longo tempo sem aparecer. Mas nunca houve qualquer reação por parte da turma. Passaram a sair menos, caçar e pescar só muito perto da casa, não procurando novos contatos, apenas aguardavam as visitas – agosto/setembro de 1928.

A volta dos índios se deu como seu primeiro aparecimento. Atiraram flechas "em sentido de comunicação", jogando-as para cima, de modo a caírem sobre a cobertura da casa. Isso ocorreu entre as onze horas e meio-dia, como na primeira visita. Porém, dessa vez, o pessoal procurou contato gritando a palavra *katú* (bom amigo). Mas os índios não se deixaram ver.

Dias depois, saíram na barranca, chamando o pessoal e pedindo brindes, que foram levados no batelão. Alguns deles visitaram novamente a casa do posto. Daí em diante continuaram aparecendo em grupos cada vez maiores. Às vezes, somavam cem, 120 pessoas no terreiro da casa, e já vinham acompanhados das mulheres e crianças. Quando não havia brindes, ficavam nos arredores, aguardando a chegada do batelão, que conheciam pelo buzinar dos tripulantes quando se aproximavam do posto. Muitas vezes saíam a seu encontro e acompanhavam-no até dois dias, andando pela margem até o posto, onde recebiam os brindes. Até essa época eles nunca dormiam com a turma. Tomavam café e comiam, mas nunca ficavam depois das três horas da tarde.

Em julho de 1929 o posto foi mudado para uma casa nova, levantada na margem maranhense, ao lado de um barracão construído para alojamento dos índios e cercado nos fundos por um aramado feito por Miguel Silva. O barracão foi estreado pelos capitães Marajoira, Arara e pelo tuxaua Amoitaré, que o dividiram em compartimentos e moraram ali durante vários dias, com suas mulheres e filhos. Todos os índios vinham diariamente ao barracão receber ordens do tuxaua.

Depois, os capitães se retiraram para suas aldeias. Dois meses após, o capitão Arara voltou com um grupo de homens e mulheres de sua maloca e novamente ocuparam o barracão. Nessa época, o encarregado geral, Soera, estava de viagem para Viseu e quis levar consigo cinco ou seis caboclos Urubus para exibir na cidade. Desceu com eles, mas de Viseu teve de seguir para Belém, entregando os índios aos tripulantes, para serem reconduzidos ao posto. Durante a viagem de volta, os índios griparam, continuando a viagem cada vez mais doentes. Quando alcançaram o Itamoari, um ou dois deles não resistiram mais e tiveram que ficar. Morreram dois dias depois. Os outros chegaram alquebrados ao posto. Aí, eram esperados pelos parentes, a gente do capitão Arara, cujo filho vinha muito mal. Os índios caíram em desespero ao saberem da morte dos companheiros e, vendo o estado dos que alcançaram o posto, choravam de fazer dó, lamentando-se e maldizendo a viagem. Mas não tiveram qualquer reação hostil nessa ocasião.

Diários índios

O capataz Araújo, vendo que o filho de Arara estava muito mal e com a intenção de curá-lo, deu-lhe um purgante de jalapa. No dia seguinte o rapaz morreu. Foi um desespero maior ainda. Arara, que vinha consolando os outros, desesperou-se com a morte do rapaz, supondo que o remédio é que lhe fora fatal. Chorava e gritava, atirando flechas ao ar para ferir Tupã, diz o informante. Enterraram o filho de Arara na ilha onde antes estava o posto. Logo após o enterro, Arara afastou-se para sua aldeia com toda a sua gente. Voltou ao posto dois meses depois. Estava anos mais velho, era enorme o seu abatimento pela perda do filho. Já muito doente, dizia que viera para morrer junto do filho. De fato, morria ali quinze dias depois.

Havia mandado chamar o tuxaua Amoitaré para assisti-lo. Dois dias depois de sua chegada, o velho morreu. Seu cadáver foi posto na casa, com os pés voltados para fora. Amoitaré, de pé junto do morto, com a mão espalmada sobre a sua testa, iniciou a recomendação. A coisa que mais sinto, comenta o informante, é não saber a gíria naquele tempo para entender a recomendação que Amoitaré fez ao capitão Arara. Suponho, diz ele, que dizia a Tupã (?) que naquela hora acabava um cabo de guerra, o seu braço direito. O tuxaua falava chorando. Amoitaré estendia a mão sobre a testa de Arara e levantava-a, espalmada para o céu. Nessa ocasião, havia poucos índios no posto. O tuxaua e alguns índios mais, junto com os funcionários, acompanharam o corpo até a ilha, enterrando-o ao lado da sepultura do filho.

# Oropó

Quando morreu, o filho de Arara não levou recomendação mas, na hora em que o rapaz expirava, um índio de sua aldeia, de nome Oropó, pouco mais velho que o morto, ameaçou Araújo, prometendo matá-lo. Foi repelido por Arara, que lhe disse que não fizesse aquilo, pois Araújo era um homem bom.

Oropó contestava:

— *En-puhang...* Araújo – querendo dizer que o remédio de Araújo é que matara o rapaz. Como fora repelido pelo capitão Arara, Araújo e os demais funcionários não se preocuparam. Depois da morte de Arara, os índios continuaram procurando o posto para receberem brindes.

Passados três meses, um dia chegou um grande grupo de índios ao barranco, pedindo a embarcação, porém somente Oropó atravessou. Era hora do almoço, todos os trabalhadores estavam à mesa e Araújo presidia. Embora vissem o índio entrar armado de arco e flecha, a corda retesada e com o corpo pintado, não suspeitaram de nada. Oropó trazia um arco novo e flechas também novas, todas com ponta de aço. Entrou na casa e foi logo dizendo a Araújo:

— Araújo, *né-kuá tapi-ire* (tu sabes que és anta).

Araújo respondeu que não entendia a gíria. O índio, em resposta, disse:

— *Amen-en tapi-ire-namon* – ou seja, "és igual a uma anta". Acabou de falar, estirou o arco e flechou-o no peito. A flecha saiu pelas costas e Araújo caiu morto. Os trabalhadores, que nada tinham percebido até então, correram, fugindo. Oropó passou ao outro quarto, onde se deparou com o índio timbira Marcolino, trabalhador da turma, que vinha atravessando o quarto em disparada. Oropó flechou-o também, matando-o ali mesmo. Nisso, o índio Xi-apó, do baixo Xingu, Arumanduba, que tinha vindo para intérprete (não conseguindo, entretanto, entender-se com os Urubus), que estava no cômodo seguinte, assistindo à cena cheio de terror, ao ver Oropó caminhar em sua direção, gritou e foi também flechado e morto.

Todos os funcionários fugiram sem qualquer reação. Oropó pôde descer a barranca até a cachoeira Canindé-açu, onde atravessou para a outra margem, juntando-se à sua gente. O pessoal do posto, andando pela mata, foi sair abaixo, nas casas dos moradores mais próximos, em Marajupema. Dois ou três deles voltaram depois ao posto, enterrando os cadáveres em terra firme, na margem paraense.

O informante, que durante esses acontecimentos encontrava-se em Viseu, soube por telegrama das novidades do posto e logo subiu o rio para providenciar o prosseguimento dos trabalhos. Viajou numa embarcação de madeireiros. Chegando a Marajupema, encontrou a maioria dos trabalhadores aterrorizados, e convidou-os a voltar, ponderando que, depois de um ataque assim, os índios custariam muito a voltar. Regressaram ao posto, onde encontraram tudo em ordem, os índios não haviam carregado nada. Limpo o sangue dos mortos, que ainda estava espalhado pela casa, aguardaram os acontecimentos. Isso ocorreu em outubro de 1930.

## Linha telegráfica

Nessa ocasião, os Urubus já conheciam os postos Filipe Camarão e General Rondon. O último, fundado em 1929, nas cabeceiras do rio Maracaçumé, para ajudar na pacificação dos Urubus do Maranhão, de cujas aldeias ficava mais próximo. Era completamente desligado dos postos do Gurupi, tinha sistema de transporte próprio, através da picada da linha telegráfica. Porém, teve papel de pouco destaque, porque os índios quase nunca o procuravam, exceto o pessoal da aldeia de Kaaró que, de passagem para o Posto Pedro Dantas, apanhava os brindes deixados na mata pelo Posto General Rondon. Mas nunca "deram fala" ali.

É possível que isso se deva à ojeriza que os índios tinham aos moradores daquela região depois de tantos anos de lutas contra a turma de conservação da linha telegráfica, que se havia especializado nas chacinas aos Urubus. Um dos agentes da linha, de nome João Grande, perseguia atrozmente os índios, organizando expedições contra suas aldeias e espetando as cabeças de suas vítimas, homens, mulheres e crianças, nos postes telegráficos, como advertência para que os índios não cortassem mais a linha para fazer suas pontas de flechas.

# Volta a paz

Só quatro meses depois do assassinato de Araújo e dos dois trabalhadores índios, os Urubus voltaram ao Pedro Dantas. Veio primeiro um só índio de nome Kuráo, também armado e pintado, pedindo passagem, mas não deixaram ninguém no barranco. Teve passagem e foi conduzido ao posto, onde disse que tinha vindo saber se estavam zangados com os índios. Como se mostraram amigos, apenas lamentando a morte dos companheiros e explicando que Araújo dera remédio bom ao filho de Arara e não tinha culpa de sua morte, o visitante disse que todos estranharam que eles não tivessem morto Oropó. Um homem sozinho contra tantos – mas a margem estava cheia de Urubus armados, pondera o informante. O visitante contou, depois, que Oropó estava sendo castigado na aldeia, de onde fora deportado, que vivia sozinho, desligado de sua gente, sem a mulher e os filhos. O informante assegura que, de fato, agiram assim e que durante muitos anos, até a morte, Oropó viveu no ostracismo, desprezado por todos. Depois da visita de Kuráo, os índios começaram a vir em grupos pequenos, mas logo depois acompanhados das mulheres e crianças, restabelecendo-se as relações amistosas.

A primeira visita às aldeias urubus foi feita por um grupo de trabalhadores chefiado por Raymundo Caetano. O capitão Tamoio, já muito velho, havia estado alguns dias no posto. Como adoecera e tinha uma grande bagagem de brindes que desejava levar consigo, pediu ao encarregado que mandasse alguém com ele para ajudá-lo. Foram Raymundo Caetano, o intérprete, e mais uns três trabalhadores. Não sabe o informante se Mesquita os acompanhou, acha que não. Também não sabe se o inglês da missão protestante do alto Gurupi, que por esse tempo visitara o posto, os havia seguido. Isso ocorreu em 1931.

Depois, outras visitas se fizeram às aldeias, sendo sempre bem recebidas pelos índios. Assim, os visitaram o encarregado do Posto Filipe Camarão, Miguel Silva, que se fazia chamar capitão Tucano (olhos azuis), o missionário inglês Horace Banner e outros. O informante esteve numa aldeia urubu do Gurupiúna em 1933. Fora convidado a visitá-los e o fez sozinho. Nessa aldeia vivia a moça que os índios queriam casar com ele, fazendo-o um de seus chefes. Era a índia mais bonita:

— Se eu tivesse ido, hoje falava a língua deles sem um engasgo...

Nesse tempo, ele já dominava a "gíria" o suficiente para entendê-los e dizer algumas frases simples e tinha, por isso, um papel destacado, que não combinava bem com o seu posto de carpinteiro, e causava alguns ciúmes.

Os índios foram se familiarizando cada vez mais com o posto, já ajudavam em pequenos trabalhos e na torrefação da farinha. Como aumentava o número de doenças, sobretudo a gripe, que fazia um sem-número de vítimas, vinham sempre pedir remédios e os brindes que iam rareando cada vez mais. Começaram, também, a fazer relações com os civilizados vizinhos, sobretudo com os garimpeiros da região de Montes Áureos.

Primeira expedição - Viseu

Em 1940 iniciaram a troca de farinha e artefatos por espelhos e brilhantina e gente das minas começou a entrar nas aldeias para explorar esse novo filão. Por fim, já havia até comércio de aguardente quando, em 1943, o chefe da Inspetoria do Pará, Malcher, processou alguns vizinhos sem escrúpulos, que exploravam os índios, e proibiu a entrada nas aldeias. Mas, certamente, eles continuaram visitando-as e fazendo suas trocas. É a nova fase da história dos Urubus: sua decadência.

## Pedro Dantas

Nosso informante, João Mendes, deixou de trabalhar no Serviço em 1938. Devo também a ele algumas informações sobre a tentativa de pacificação levada a efeito pelo capitão Pedro Dantas. Valem a pena como ressonâncias, em tradição, de feitos de 1910 e 1911.

O capitão Pedro Dantas, um dos oficiais do exército reunidos por Rondon para implantar o Serviço de Proteção aos Índios, comandou a primeira tentativa de pacificação. Segundo João Mendes, o capitão levou consigo dez soldados, dois suboficiais e uma dezena de trabalhadores locais carregados de toneladas de brindes para atrair os índios. Fez construir um chiqueiro, ou paliçada, de toras enterradas no chão, coberto de palha, acerou em torno, colocou brindes nas imediações e aguardou o "irmão silvícola".

Mas parece que os Urubus não entenderam bem as suas boas intenções e começaram a atemorizá-los, gritando e surrando as sapopemas no meio da mata. Acabaram atacando a casa, arrodearam-na e começaram a flechá-la. O informante acredita que essa reação tão imediata tenha sido ocasionada pelo gramofone do capitão. Enquanto os índios faziam a sua barulhada na mata, dentro da casa o gramofone berrava o Hino Nacional e vozes que soavam como se o ranchinho tivesse uma multidão.

À noitinha, quando serenaram os ataques, um certo Miguel de tal saiu do rancho para cagar. Com medo de entrar na mata, fez seu serviço ali mesmo, à boca da picada; ninguém se afastava da casa. Os índios jogaram tantas de suas flechas de pontas de metal que muitas estacas caíram ao peso delas e o rancho, no fim, parecia um porco-espinho.

Amainado o ataque, o nosso capitão decidiu abandonar o rancho e ganhar a margem do rio. Quando saiu correndo, pisou bem no serviço do Miguel, que, pelo feito, ganhou o nome de Miguel Caga-na-Picada, simplificado depois em Miguel Picada, nome com que morreu como condecoração por sua bravura.

Essa história anedótica e maldosa é tudo que nosso informante sabe sobre os esforços do capitão Pedro Dantas. Vamos ver as versões que correm por aqui entre a gente antiga.

# Vidinha

**25/nov./49** – Não temos tido novidades. Esperamos uns filmes que Foerthmann deixou para trás. Só depois de chegarem, poderemos combinar uma embarcação. É uma vidinha insípida, tentei visitar o arquivo da Prefeitura para aproveitar o tempo caçando informações, mas não foi possível, os documentos estão organizados em ordem cronológica de 1946 para cá, os antigos amontoados em caixões.

A festa do Círio prossegue. Duas vezes por dia o padre italiano vai ao lado da praça que dá para o rio e ajuda um fogueteiro a pôr fogo em duas dúzias de foguetes de rabo e atirar um pequeno morteiro para o lado do Maranhão. Faz isso ao meio-dia e às seis da tarde. Aí pelas oito da noite, quando termina a ladainha na igreja, o fogueteiro faz o serviço outra vez, agora sozinho. O pobre padre, preso ao altar, tem de abster-se do brinquedo que lhe dá tanto gosto.

Domingo próximo encerram-se os festejos com outra procissão. Quase todos os romeiros já foram embora, agora só a gente da cidade vai rezar à noite e passeia um pouco na praça, olhando o rancho de leilões que foi transformado em tenda de jogo, comendo biscoitos que devem ter salutar efeito purgativo. O melhor é ver moças e meninos rodar no carrossel, que é movido à mão por dois homens dentro de um cercado de tábuas, ao redor do mastro. Eles vão girando aquilo como bois movem uma engenhoca de cana.

Viseu é bem uma expressão da pobreza dessa gente. Algumas poucas casas de taipa construídas há mais de dez anos, mas a maioria já bem quarentona. Estas são cobertas de telhas, as demais de capim, com divisões internas feitas de esteiras trançadas, sem mais móveis que uns dois caixões feitos bancos e o maior servindo de mesa sobre quatro pés cambaleantes. O ouro que desceu o rio não deixou marcas na vila, mesmo nas igrejas ele não se derramou.

A capela antiga, dos "tempos áureos", é de uma pobreza viseuense, paredes rachadas por fora e por dentro, um altar simples com três imagens de palmo e meio bem centenárias, todas com coroas de metal dourado. No centro fica são Sebastião, cuja meia nudez deu oportunidades maiores ao entalhador. Tem braços e mãos desproporcionais, uma cara de caboclo paraense pintada de rosa. Nos dois cornichos laterais ficam um são Benedito, bem preto, e um santo Antônio da devoção das moças que vão murchando. Ambos me pareceram ter sofrido uma reencarnação há coisa de uns vinte anos.

Ainda não sei bem de que vive essa gente, certo é que vivem por milagre, tão atacados de verminose, impaludismo, pinga e muita miséria. Há muitos pescadores e uma meia dúzia de barcos à vela, em que se revezam como remeiros e pilotos. As moças de boa família, depois de fazerem o quinto ano primário (no Pará ainda tem isso), o que ocorre lá pelos dezoito, dezenove anos, vão para a beira de um igarapé lecionar. Ali ficam até se casarem com um caboclo mais decidido, geralmente vinte anos mais velho que elas, porque os jovens mal podem sustentar-se. A gente do povo não parece ter outra oportunidade que curtir miséria em casa, casar-se com um cea-

Primeira expedição – Viseu

rense que vá subir o rio para as minas com esperanças fúteis de voltar coronel, ou se prostituírem, caso em que poderão dar alguma ajuda à família.

Conheci uma dessas vocacionais. Bonitona, de boa família, passada dos 22 anos, louca para encontrar alguém que a arrombasse e libertasse para a vida de puta em Belém. Tentou comigo, com Foerthmann e com Boudin, que nos apavoramos com a oferta.

O paraense é chamado papa-chibé (e não gosta disso), mas é um bom retrato de seu drama esse nome. Chibé é uma papa de farinha d'água (a fermentada) e água, que nos domingos e feriados pode ser enfeitada com duas pitadas de rapadura. É essa a alimentação comum do povo que a consome "no salgado" (assim chamam, à marinha), com um cozido de peixe em água, sal e pimenta e, no interior, com pirarucu seco. Em Viseu não há nem mesmo uma farmácia, os armazéns (chamados tabernas) é que vendem remédios. Mas não é preciso chegar tão longe, basta dizer que não há açougue. Somente nos dias de festa se carneia, dia-sim-dia-não, uma rês esquelética.

# Rachid

Continuamos na casa do "turco" Rachid. Bom homem, cuja vida daria, no conceito de Willems, uma preciosa história de caso para estudos de aculturação. Veio rapaz, passando antes por Paris, Londres, Portugal e Espanha. Enterrou-se aqui com vistas no ouro. Esperto, não quis saber das minas, fez-se negociante para trocar fazendas, remédios, espelhos e brilhantina por pepitas.

Contou-me, outro dia, que trabalhou duramente naqueles anos, teve muita maleita, tomou muito purgante de sal e de jalapa e viu muita gente morrer. Em todo aquele tempo juntou dinheiro que ia mandando para o Líbano. Lá comprou as casas e os vinhedos pertencentes aos conterrâneos mais ricos que ficaram na terra. Sempre pensava em voltar. Quando aqui chegou já era casado e tinha duas filhas. Elas hoje são casadas e moram na América.

Mas o pobre libanês não podia viver sozinho. Como bom muçulmano, arranjou outra família e foi fazendo filhos. Talvez na ilusão de poder deixá-los consolados com alguns metros de chita e meia dúzia de paneiros de farinha. Trabalhava era para as filhas que deixara na terra e para a vida de rico que iria viver lá, no futuro de que já desistiu. Há pouco tempo, decidido a voltar para o Líbano, foi ao Rio, fez todos os papéis, comprou passagem, mas antes de partir resolveu conhecer São Paulo. Sofreu tanto com o frio paulistano, tanto tremeu e se regelou, que decidiu ficar mesmo no Brasil e longe de São Paulo, onde houvesse mais sol.

Sua mulher vive em outra casa e tem uma clara posição de amásia. Cuida de um bar e manda, todos os dias, um menino trazer para a mesa do Rachid seus pratos prediletos – ontem foi caranguejo em casquinha, bem apimentado. As filhas vivem com ele na casa maior, ajudam a cuidar dos negócios e têm *status* de filhas mesmo.

Mas esse estranho homem, quando viajou para o Sul, projetando ir para sua terra, nem disse isso à sua mulher e filhas. Provavelmente, de lá, se resolvesse partir mesmo, escreveria uma carta, distribuindo os coqueiros e casas que possui aqui.

Ontem, lamentava-se de que não deseja mais viver em Viseu. Tem no Líbano bens com que viver o resto da vida e viver bem, mas não suportaria o frio e conclui, infeliz: "E tenho agora todos esses netos aqui". Está fazendo novos planos, talvez mude para o Sul. Eu compreendo bem: Rachid fez amigos no Rio, fala muito de suas boas casas, viu os filhos de seus patrícios formados ou bem iniciados no comércio, suas mulheres com jeito citadino e deve envergonhar-se das crias caboclas que arrumou em Viseu. Acabará aqui mesmo, recalcado, vendendo o seu sonho libanês para viver com sua tribo viseuense. Já é bem um sinal disso a venda que fez para as filhas que vivem na América de uma das propriedades que tem no Líbano. Vendeu-a por uma quarta parte do valor (3 mil dólares), dando ao negócio caráter de herança.

Quero conversar mais com ele, para ver o que consigo. Sua mulher é uma cabocla nascida aqui, já tem seus 55 anos. Seca e pobre. Aceita o seu papel de amásia e recebe em sua casa as filhas e netos; às vezes vem até aqui, então se comporta como estranha. Uma das filhas é que se tem por dona da casa.

Nesses anos todos, Rachid viu muita coisa, dá notícia de todas as "personalidades ilustres" que subiram o rio, mas essas são as que precisamente menos interessam. Contou – em sua meia língua – uma outra versão dos trabalhos de pacificação dos Urubus. Apresentou-me, também, a um negro velho que viveu de 1885 a 1920 no alto Gurupi. Mas nenhum deles pôde dar uma história coerente. Entretanto, corrigem em pormenores ciumentos e importantes a narração de João Mendes.

## Miguel Silva

Miguel Silva, que foi compadre de Rachid, teria tido um papel mais destacado. Veio para Viseu em 1909, com seu irmão ainda vivo – João Silva, que, segundo Rachid, é a crônica viva do rio, o maior fuxiqueiro do estado. Começou a trabalhar no ano seguinte com o capitão Pedro Dantas, fez grandes esforços nas primeiras tentativas de pacificação e continuou trabalhando no Posto Indígena Filipe Camarão até 1927, quando se reiniciaram os trabalhos junto aos Urubus. Então, Miguel Silva teria tido papel destacado, indicando o melhor lugar para estabelecer o posto e ajudando muito com sua longa experiência. Continuou ali até dois anos atrás, quando, já velho e alquebrado, foi transferido (ou demitido) pelo inspetor Miranda. Meses depois, morria na maior miséria, numa vilazinha de pescadores do Maranhão. Preciso ouvir melhor essa história.

## Linde

O tal preto, apresentado pelo Rachid, falou-me do francês que teria vivido entre os Urubus como subchefe deles. Essa história duvidosa é contada, também, por Glycon de Paiva, Hurley e outros. Guilherme Linde – um dos muitos donos de todo o ouro do Gurupi, que conseguiu enterrar aqui grandes capitais próprios e alheios e sair pobre – teria recebido uma carta desse francês fugido de Caiena, George Amir, convidando-o para um encontro. Segundo o informante, Linde foi, falou com ele em francês, arrodeado de índios urubus. Esse encontro se teria dado numa corredeira pouco abaixo de Santa Bárbara, na ranchada de Linde. O mesmo Linde, depois, nas nascentes do Maracaçumé, quando tirava ouro nos achadouros do Chegatudinho, foi atacado pelos Urubus, mas, a não ser nessa ocasião, nunca o atacaram ou a seus estabelecimentos. Quando do encontro com Amir, teria levado medicamentos e outras coisas que ele pedira. Linde deu uma entrevista a um jornal do Pará sobre esse encontro. Precisamos vê-la.

## SPI

Tenho de falar, novamente, do pessoal da Inspetoria de Belém e isso é um mal. Continuam nos atrapalhando. É mesmo muito atrevido o tal moço inspetor, pois veja-se: como não encontramos algumas ferramentas de que necessitamos para desmontar o motor em caso de necessidade, as emprestamos em Bragança do chofer da Inspetoria, comprometendo-se o Miranda a devolvê-las assim que for possível. Pois o homenzinho me telegrafa em termos desatenciosos para cobrar 180 cruzeiros, o preço das tais ferramentas. Mandei pagar, mas abri mais um crédito da minha conta com ele.

    Além disso, que é picardia miúda, fez pior, telegrafou ao Miranda, em nome do Malcher, mandando fazer voltar o Ariuá, que seria necessário ao Fontes como intérprete na pacificação dos Parakanã. É revoltante, existem centenas de índios tembés adultos, muitos dos quais melhor serviriam ao Fontes. Ele quer mandar precisamente o único índio urubu que fala português e é necessário ao nosso trabalho.

## Ariuá

Vão bem minhas relações com Ariuá. Já fala com desenvoltura e se sente à vontade. Quando tinha seus cinco anos, órfão de mãe, seu pai o levou para fora das aldeias. Saiu com outros Urubus para os lados do Maracaçumé, onde viviam alguns Tembé. Quase todos morreram logo depois de chegarem ao acampamento tembé, atacados de

Diários índios

catarro. Os outros, atemorizados, fugiram, morrendo nas matas e sendo comidos por urubus. O pai de Ariuá não quis voltar, mas morreu pouco tempo depois. O menino ficou com um Tembé que o criou.

Certa vez, o capitão Piahú esteve na aldeia tembé e quis levá-lo consigo, mas o pai adotivo não consentiu, nem Ariuá desejou acompanhá-lo. Anos depois, morre o tembé e Ariuá, com seus quinze anos, é levado pelo Miranda para o Posto Pedro Dantas. Aí acaba de criar-se, aprende o português, trabalha e sai algumas vezes para Viseu, Bragança e Belém, indo apenas uma ou duas vezes às aldeias urubus (só conhece uma, a mais próxima do posto). Acabou indo para o Posto Tembé, trabalhar com João Mendes, de quem é muito amigo. Volta satisfeito, não se considera Urubu, apenas fala o dialeto tembé, mas, de certa forma, sente-se à vontade entre os dois povos irmãos. Creio que ele poderá nos ser útil, sobretudo como meio de aproximação simpática com os Urubus, por ser aparentado com alguns dos principais. Pelo menos, ele se mostra confiante em que "caboclo urubu" o receba bem. Com as mostras da maior alegria, me disse:

— Kaaró é bom, ele dá mulher pra mim...

## Urubus

Um grupo de índios urubus, talvez uns vinte, foi a pé até Belém pedir presentes. É outro efeito da pacificação que vai se tornando frequente. Antigamente, os presentes eram levados à mata e oferecidos a mãos cheias. Hoje, têm que fazer longas viagens para conseguir um terçado. Com eles, foi o capitão Piahú. Talvez estejam de volta e nós os encontremos já no posto ou nas aldeias.

Anda demorando muito essa nossa estada em Viseu; precisaremos, talvez, sair sem o material cinematográfico. É ruim deixar isso para trás, sobretudo aqui, com essa falta de transporte, mas não podemos continuar esperando indefinidamente.

**30/nov./49** - E continuamos aqui. Ainda hoje chegou uma embarcação e não trouxe os filmes. Estão em Bragança há mais de cinco dias. Já telefonamos, telegrafamos e pedimos, mas parece que nos querem mesmo prender aqui. Até penso ir a Bragança verificar isso, temo porém desencontrar-me e causar demora ainda maior.

## Miguel Filho

Levamos uma vida cheia. Fomos transformados em serviço médico da terra e o tempo não chega para atender aos chamados. Tenho estado com o filho de Miguel Silva, que está de cama há meses, morrendo aos poucos com o bucho roído de impaludismo. Nos primeiros dias, mal podia falar, mas está melhorando e já, agora, pode suportar uma hora de prosa. Talvez amanhã possamos colher uma outra versão dos acontecimentos de 1910 e 1928, no alto Gurupi. Ele é casado com uma índia tembé, vive com a família numa casa herdada do pai, arrodeado de índios e ex-trabalhadores, igualmente arruinados por anos de trabalho no Serviço, todos demitidos nos últimos anos.

Seu pai foi companheiro do capitão Pedro Dantas, trabalhou com ele desde 1910, influindo na pacificação, como vimos. Deve ter sido o civilizado que melhores relações estabeleceu com os Urubus. Foi afastado do posto que criou, depois de trinta anos de trabalho, para morrer no Maracaçumé. Ali acabou seus dias, sozinho e doente, por culpa do Miranda, segundo dizem.

## Miranda

Todos os funcionários dos postos, ao tempo em que Miranda veio para o Gurupi, já foram afastados. Inimizou-se com todos, inclusive com os índios tembés que viviam no Posto Filipe Camarão. Tudo isso em nome de uma eficiência que ele nunca concretizou. É dos tais funcionários – infelizmente tão comuns no SPI – que falam muito em mecanização e outras tolices para esse deserto, conseguem impressionar seus chefes e acabam por enterrar centenas de contos em máquinas que ninguém sabe mover, para se enferrujarem. Alguns dos postos são verdadeiros cemitérios de máquinas caríssimas, que muitas vezes nem chegaram a ser montadas.

Ainda há pouco ele falava com entusiasmo de mecanizar a lavoura do Posto Guamá, mandando para lá uma máquina possante a vapor e não sei quantos tornos industriais. Aquele posto tem trinta índios e produz algumas dúzias de paneiros de farinha. Hoje propunha comprar uma embarcação marítima que pudesse viajar de Gurupi a Bragança para transportar a "produção" dos postos Pedro Dantas e Filipe Camarão – produção, aliás, que não existe, mas isso para ele é um mero pormenor. É a mania das máquinas; incapaz de outra coisa além de planos desencontrados e mirabolantes vai enterrando na lama destes igarapés quanta maquinaria cara possa forçar o SPI a comprar.

## Medicando

Desde o dia 25, temos estado preocupados com doenças aqui em casa. Na tarde daquele dia, chegou um filho do Rachid com a notícia de que uma moça aparentada deles estava à morte num lugarejo a duas horas daqui. Saíram, imediatamente, numa canoa a motor, o velho Rachid e duas filhas, uma das quais é madrasta da doente. Levaram consigo o Boudin devidamente municiado de penicilina e sulfas, porque, pelo jeito, deve ser pneumonia.

Voltaram de madrugada com a doente. Desde então, tem nos dado uma série de sustos, a moça passa mal a cada hora, perde os sentidos e lá vamos, Boudin e eu, com coramina e óleo para "salvá-la". E isso não para, ainda agora tive de interromper minha escritura para outra injeção. Na casa, quase não dormem, têm visitas o dia inteiro. Algumas varam noite adentro, conversando, jogando cartas, bebendo café e comendo bolachas. Quase toda a população de Viseu deve ter vindo aqui consolar a doente. É uma luta para conseguir uma hora de repouso para a moça. Por mais que peçamos, o quarto anda sempre cheio. A família sabe que isso cansa a doente, ouve nossas ponderações e os pedidos dela própria, mas cada nova visita é recebida com mil sorrisos, os homens ficam na sala, mas as mulheres vão sendo mandadas para o quarto. Durante dias não fiz outra coisa que não esvaziá-lo, muitas vezes com grosseria. Afinal, relaxei, compreendi que doença em Viseu é acontecimento social e os doentes já têm que contar com os males da doença e os das visitas.

Pior – ou melhor – é quando morre alguém. Aí vem toda a gente, mesmo os inimigos, em exibição de bons sentimentos, confortar a família. É uma festa, todos os aposentos se enchem de gente até o quintal, distribuídos por posição social. Alegremente se conversa, contam anedotas, bebem de café a pinga, e comem o que a família não conseguiu gastar com o doente.

O enterro mesmo não tem acompanhamento, uns poucos parentes e amigos mais íntimos vão ao cemitério. Toda a multidão de confortadores volta para casa, comentando a festança. Essa pobre gente, não tendo mais diversões que umas raras festas religiosas, aproveita as mortes e as doenças graves para se regalar. Elas têm, também, um aspecto de torcida, morre ou não morre, uns jogam num, outros noutro partido, e comentam seriamente cada novidade: falou, teve síncope, cuspiu, cagou...

O tratamento tem sido mais dificultado pela cooperação bondosa dos pajés e comadres locais. Cada um tem seu palpite sobre a doença e o tratamento. Pior é que o pessoal da casa não perde chance: cada vez que nos afastamos eles dão qualquer porcaria à doente. Desde o começo, tem pregadas nas têmporas e nos pulsos umas cataplasmas frias, feitas de canela pisada com gema de ovo. A moça está fraquíssima com esses dias de pneumonia dupla, complicada com acesso de maleita. Já perdeu uns cinco quilos mas, mesmo assim, sempre que perde os sentidos, eles arranjam umas garrafas cheias d'água quente para esquentar seus pés e mãos. A pobre, queimada, puxa os pés e mãos, mas eles os mantêm presos à garrafa à força e dizem que seus movimentos são convulsivos.

Desde o primeiro dia, todos esperavam a morte a qualquer hora, mas se decepcionaram, dia após dia, com as melhoras. O mais interessante da festa foi o cerco que o padre manteve durante os três primeiros dias, ficava aqui horas inteiras. Num momento em que a moça piorou mais, quis confessá-la e comungá-la, entretanto a pobre ainda pôde reagir, pedindo que esperasse até o dia seguinte. Mas, assim que ela perdeu os sentidos, as "filhas de Maria" foram chamá-lo para dar a extrema-unção. Veio o homem todo ataviado e encerrou-se no quarto com ela bem uma hora, lendo

Primeira expedição – Viseu

latim, fazendo gestos italianados e passando coisas nos olhos, boca, mãos e não sei que mais lá da moça.

Saiu com cara de quem deixara uma defunta, a quem tinha dado passagem expressa para o céu. Não morreu e no dia seguinte ele aí estava para comungá-la. Infelizmente, a pobre tinha tomado um mingauzinho; embora houvesse vomitado, já não havia condição para dar seu serviço. Confessou-a assim mesmo, mas os pecados não pode ter ouvido, ela só gemia e gritava a sua dor com todas as forças e não queria saber de outra coisa. Na manhã seguinte, voltou ele para a comunhão, demorou tanto no quarto que acho que celebrou bem uma missa para ela, que só gemia.

Aí o espetáculo era público, todos podiam estar à porta, assistindo. A única exigência era ajoelharem-se na hora agá do ritual. O mais gozado é que, bem nesse momento, a moça se incomodou mais e começou a agitar-se. O quarto foi se enchendo de um cheiro muito humano e intestinal, por fim a coisa apertou tanto que os fiéis com o padre tiveram que sair às carreiras para dar lugar ao penico. E o padre não voltou; conseguido o livre trânsito aberto para a alma, o corpo pouco importa. O melhor é mesmo morrer, para que não se percam tantos e tão sinceros esforços de aumentar a população celeste.

Não podemos nos afastar da casa por uma hora sequer sem que vá alguém chamar-nos porque a moça está à morte. A princípio, corríamos; agora, a gente vai devagar. Hoje Boudin fazia a sesta quando apelaram para ele, o pobre levantou a cabeça e perguntou desconsolado:

— Mas não pode esperar a gente ler esse artigo sobre Marte?

E não é uma só doente. Sua madrasta, filha mais velha do Rachid, tem passado mal. Andava em regime para emagrecer e parece estar aproveitando tão boa oportunidade sentimental para não comer. Chora como criança, tem síncopes e lá vêm eles chamando a gente para dar uma injeção de coramina. Além dela e da moça, duas crianças têm tido febre e diarreia. Tudo isso é nossa clientela, que acrescida do Miguelzinho, atacado de podridão no esgoto de tanto impaludismo e pinga, deve ser um sério prejuízo para o pajé local.

Este tem aparecido aqui para dar seus palpites, as garrafas são ideia dele e foi uma concessão, porque seu desejo era jogar água fria no peito da doente quando tivesse síncope, para que o sangue circulasse melhor. Até falou conosco na conveniência de meter a moça numa tina de água fria e os pés em outra de água quente. Esse remédio, para ele, é "pai d'égua" contra febre e ataques convulsivos.

Tudo isso, dito assim, pode até parecer que estamos entendendo muito de doença e remédios. Nada disso, é uma complicação. Quando a coisa parece mais preta, nos juntamos os três perto da mala de remédios – que o Foerthmann espalha pelo chão para facilitar o trabalho – e tomamos um por um, para ver, pela bula, qual deles resolverá o problema. Quando não chegamos a um acordo sobre o melhor, misturamos dois ou três. Foerthmann comentou que se nos pusessem no meio de uma farmácia bem sortida seria divertido, em poucos dias curaríamos ou mataríamos a população. Parecemos três meninos soltos numa casa de mágico, experimentando

Diários índios

fórmulas. Pelo visto, eu não quero mesmo adoecer aí pelo mato, teria que provar cada uma das drogas que trouxemos, e nem aconselho meus colegas a facilitar, pois eu mesmo não teria outra alternativa. Não resta dúvida que a Alma (mulher do Boudin) da equipe ficou no Rio, ao menos a que seria capaz de matar a gente mais devagar, porque é enfermeira.

## Noivado

Parece melodrama a complicação em que nos metemos, só que a vida é desgraçadamente mais complicada que as comédias. Veja-se esse caso, cada dia descerramos um novo véu e vemos mais longe e mais confuso nessa balbúrdia.

O velho Rachid deu a mãe da doente, isso lá para 1938, com apenas dezoito anos, a um velho já avô. A moça murchou, criando os enteados e os filhos. Agora, dizem que Rachid quer a retribuição, pretende deixar sua amásia, já velha demais, e casar-se com uma filha do genro – a doente. Isso explica o seu grande interesse pelo caso. O próprio pai parecia ligar pouco, somente ontem veio vê-la, isso depois de muitos chamados, porque não queria deixar sozinha sua taberna.

É um velho decrépito, desdentado, zarolho e malandro. Logo que chegou – veio para isso, principalmente – disse que foi procurado por um advogado, que chegara dois dias antes, para protestar uma letra sua, vencida há mais de cinco anos. O velho pôs fogo na ceroula, gritou que mataria o "doutor", "se morresse sua filha" ele é que seria culpado da doença. Quando se defrontaram, acalmou mais, mesmo porque o advogado estava completamente bêbado. Aí só disse que se mataria caso seus bens fossem penhorados, que a um homem se mata mas não se humilha. E, ameaçando mais veladamente, que já tinha cartas escritas a seus seis filhos homens, contando todo o caso e por que se matava.

Depois de muita choradeira, acabaram entrando em acordo. Vai pagar parte da dívida, as despesas judiciárias e assinar promissórias do restante. Viu que não adiantava utilizar-se da doença da filha para fugir ao pagamento da dívida. Mas o advogado é um moleque, desde que chegou tem bebido dia e noite. Sabem que ele é oposicionista, o que significa um sério perigo de levar outra surra – já tem apanhado muito por esse Pará afora.

É dentro desse cipoal que estamos vivendo e o complicamos ainda mais com nossa medicina. Ontem, quase se dava uma atrapalhada. O Boudin, vendo a madrasta da noiva doente chorar muito, resolveu deixá-la fora de combate. É um mulherão alto e gordo que, chorando, atrapalha nosso trabalho. Deu a ela um entorpecente, mas não me avisou nada e saiu. Daí a pouco, me chamaram dizendo que o mulherão tinha tido uma síncope na cozinha e já fora arrastada para uma rede. Eu meti óleo canforado numa seringa e fui espetá-la. Estava arrodeada de mulheres que punham sinapismos na testa dela, faziam massagens nos braços e pernas e gritavam para acordá-la. Dei a injeção e mandei afrouxar suas roupas e pôr mais força nas massagens. Só então o Foerthmann me chamou, rindo-se a não poder mais, para contar que o Boudin lhe havia dado uma droga para dormir. Voltei e mandei as mulheres se afastarem, consertando a história com o ar mais sério desse mundo. Havia dado a injeção para fortalecer-lhe o coração, pois não dormia, nem se alimentava há dias, mas que o entorpecente estava fazendo bom efeito e deixassem-na dormir.

# Rachid

A melhor do dia: chegou hoje um fiscal de selos para examinar a escrituração do velho Rachid. Olhou bem e disse:
— Mas, seu Rachid, não pode ser só isso. Com tanta mercadoria, vender tão pouco...
— Ora, home, eu jura bra Deus, tem dia que não vendo nada. Eu meto mão no bolso, tira dinheiro, bota na gaveta, só bra lançá na livro.

Essa é uma maldade contada pelo pajé. Na verdade, o Rachid é um sírio extraordinário, delicado como poucos, tratável e hospitaleiro. Talvez se procure em vão outro libanês no Brasil que tenha a casa aberta a quantos hóspedes venham e que os trate tão generosamente. Seu pai era da pequena burguesia, funcionário de uma estrada de ferro, e chegou a educar um irmão do Rachid, que quase formou-se em leis, mas foi expulso da escola no último ano, vindo para o Brasil comerciar. Acabou como professor de inglês e francês no norte de Minas, morreu assassinado numa vila perto de Teófilo Otoni.

Rachid começou vendendo toalhas e colchas, que levava no ombro, em Belém. Quando veio seu irmão, começaram a trabalhar juntos e, depois de vender uma lavanderia, que a mulher do irmão tinha herdado em Londres, montaram um negócio. Antes disso, ele vivia a pão e banana para mandar dinheiro à família. Não queria fazer o "triste papel" do mano que nunca tinha feito uma coisa certa. Pegou febre amarela e quase morreu em Belém no primeiro ano, mas isso o enrijeceu ainda mais. Aí veio para o Gurupi trabalhar nas minas como mascate nos períodos em que o impaludismo crônico lhe dava folgas.

Numa ocasião, quando estava muito mal aqui em Viseu – 1916 –, foi tratado por uma prostituta que se simpatizou com ele, com seus espelhos e cheiros. Curado, deixou-a ficar consigo e foi fabricando essa cabocla que aí está. A tal mulher é d. Luíza, que hoje cuida do bar, de quem já falamos. Outro dia, ele me fez uma confidência. Perguntou se eu não lhe dava razão por querer casar-se outra vez:
— Minha mulher é um caco velho, seco como pirarucu. Desde que cheguei não procurei ela. Também, quem é que quer um bacalhau daqueles?

Disse que estava resolvido a arranjar uma mulher, mandaria buscar sua esposa que está em Beirute ou se divorciaria para casar-se com uma moça nova. Mas o problema é que lhe será difícil, com tantos filhos e netos, casar-se aqui em Viseu. Teria que se mudar para o Sul, mas teme não acostumar-se e, embora não o admita, deve ter apego a filhos e netos para que possa deixá-los, bem como muita vergonha de apresentar esta cabocladinha a seus amigos e patrícios do Sul. A vida que ele se preparou em trinta e tantos anos de suor e gemidos nesse fim de mundo já não lhe apetece.

Sua maneira senhorial de tratar, o gosto patriarcal de uma família extensa e de muitos amigos importantes devem ser uma compensação para a pobreza de sua vida. Não há dúvida que nenhum homem de sua idade, aqui em Viseu, tem o mesmo descortino intelectual e tanta desenvoltura social. Não podendo satisfazer-se no convívio dos viseuenses e não se tendo embrutecido, como os demais estrangeiros que se metem nessa mata, fez-se o grão-senhor, hospitaleiro e sociável, conhecido em todo o estado por essas qualidades.

Conservou até algumas das pautas culturais muçulmanas, como a liberalidade matrimonial, a concepção mais ampla da paternidade, o patriarcalismo árabe. Assimilou, também, muito da caboclagem paraense, o gosto pelos quitutes da terra, a conversa mole, uma notável intuição do papel da Igreja na vida dessa gente, que o fez conservar-se muçulmano, mas frequentar e contribuir para as festas religiosas, mandar suas filhas à igreja. Rindo-se compreensivelmente dos padres italianos.

**5/dez./49** – Há um mês, precisamente, saí de casa, despedi-me de você numa tarde para tão longa viagem. Segundo meus cálculos, já devia estar, nessa altura, vivendo numa barraca junto de uma aldeia urubu, mas a escassez de transportes nessas zonas frustra todos os otimismos da gente. Ainda estamos enterrados em Viseu. Somente hoje chegou o pacote de filmes que Foerthmann deixou para trás e ainda tivemos de esperar o preparo do batelão para seguirmos.

A doente não morreu, parece até melhor, apesar de nosso tratamento.

# Miranda

Nos últimos dias, consegui romper a barreira de frieza e afastamento que se levantara em torno de nós. Tenho sido procurado pelos "principais" da cidade e até o prefeito arranjou um jeito de bater um papo comigo. A hostilidade dessa gente ao SPI é principalmente hostilidade ao Miranda. Esse homem fez tantas aqui, prejudicou tanta gente, que tem uma legião de inimigos. Mal sai de casa, durante o dia, por uma meia hora, à noite sempre se enfurna no quarto, com medo de se repetirem os atentados de espancamento de que tem sido vítima. É medroso à conta toda e, se é verdade tudo que dizem sobre a animosidade que os índios lhe têm desde a morte do velho Miguel Silva, será uma temeridade levá-lo conosco às aldeias. Não estou disposto a pôr em perigo nossos planos, ele ficará no posto mesmo. Além do mais, é um inútil, até agora não tem nenhuma utilidade sua companhia e já nos convencemos de que ele será um peso às nossas costas.

O resultado das relações mais amistosas que estabeleci com o pessoal daqui foi excelente. Obtive informações de que necessitava e facilidades para meu trabalho. Assim, já combinei passar uns dois ou três dias em Camiranga, uma povoação originada de um mocambo, onde espero (com a ajuda do dono do lugar) colher material sobre os grupos negros do Gurupi.

## Carutapera

Estivemos, ontem, na cidadezinha maranhense que fica do outro lado da baía, num braço do Gurupi. Chama-se Carutapera. É o município que confronta com Viseu, ambos esticando da beira do mar até o limite sul dos estados, ao longo de todo o curso do Gurupi. Viseu é mais rico e povoado que Carutapera, pois quase todas as comunidades das barrancas do rio ficam do lado paraense. Carutapera é uma vila de pescadores; tem sua meia dúzia de casas de taipa caiada e telhas junto do embarcadouro. As outras, que se espalham em arruamentos tortos, cortados aqui e ali pelos furos que vêm da baía e enchem com as marés, têm um aspecto curioso na hora da maré cheia, que vai até perto da cozinha das casas, lavando o quintal e largando caranguejos.

É a mesma pobreza de Viseu, pior ainda porque nem dá mostras de ter tido algum dia de prosperidade num passado distante. Os ranchos de taipa ou palha têm portas, janelas e divisões internas de esteiras. A cozinha fica do lado de fora e consiste numa simples cobertura, protegendo um fogão de barro plantado num estrado de tábuas e algumas prateleiras, onde guardam grande quantidade desses paneiros tão característicos das paisagens humanas do Norte e panelas de barro cozido, tudo tão indígena que poderia ser encontrado sem diferença numa aldeia. Com a diferença do desleixo, da ausência de qualquer preocupação estética dessa caboclada e da falta de higiene.

As privadas das casas, postas em terreno desbarrancado pela maré, são tábuas furadas, suspensas sobre o buraco. Tive que usar uma delas, e tudo ia bem até que os porcos me descobriram e se puseram a grunhir debaixo, quase suspensos sobre as patas, tanto levantavam o focinho, disputando a bosta. Essas privadas são cercadas de esteiras de palha que mal alcançam um metro de altura, de modo que, estando ali, a gente pode ir apreciando a paisagem e conversando com quem passa.

A gente de Carutapera parece muito mais trabalhadora que a de Viseu. Andamos muitas vezes em Viseu, olhando as casas e o movimento dos moradores, nunca os vimos trabalhando. Os homens acocorados na frente das casas ou deitados nas redes; as mulheres cuidando das crianças ou cozinhando. Em Carutapera, andando rapidamente, vimos homens e mulheres tecendo e consertando redes de pesca, rendeiras de bilros atrás de suas almofadas e moças descaroçando algodão.

# Maconha

Sobre a maconha, é grande o seu uso pela população do rio. Tanto caboclos como negros consomem liamba, geralmente fumada em cigarros. O vício chega a ser tão generalizado que se tornou mais um meio de exploração dessa gente. Por liamba, os caboclos, tanto da marinha como os do interior, trocam a última camisa e fazem viagens enormes em busca da erva sagrada, que lhes custa os olhos da cara. É cultivada, secretamente, no meio de roçados inocentes. A maior produção vem do Maranhão e dali se distribui para São Luís e para Belém, hoje grandes centros consumidores.

Bei.

No interior, do lado do Maranhão e até em São Luís se fuma a maconha com uma aparelhagem especial de barragem de fumaça. Consiste numa cabaça comprida de pescoço afunilado. Sobre a parte mais larga, eles colocam um cachimbo grande, que serve de braseiro; enchem-na d'água e vão jogando em cima das brasas folhas de maconha e aspirando a fumaça, através da água, por um furo na extremidade da cabaça. Fumam maconha com esse conjunto, denominado bei, em grupos de pessoas que se revezam na chupada e cada uma, após a fumarada, faz um mote. Dizem que mesmo em classes mais altas é generalizado o uso da maconha em cigarros, porém os principais consumidores são mesmo os caboclos famintos dessa zona.

# Quilombo

Sobre os grupos negros, obtive algumas informações de Leopoldo e outras pessoas de Viseu, as quais deverei confirmar. O primeiro quilombo estava localizado no Jararaca, onde hoje se encontra o Posto Filipe Camarão. Dali teriam se retirado, depois de lutas contra os índios, para o Limoeiro, nas águas do Maracaçumé. Limoeiro era um mocambo grande e bem organizado, com um chefe único, que tinha poderes de vida e morte sobre seu povo e andava carregado num andor, como santo em procissão.

A gente desse lugar tinha comércio com os negociantes do Gurupi, trocavam ouro por pólvora, sal e outros artigos. Um dia, um caçador descobriu sua morada e, embora poupado pelos mocambeiros, sob promessa de não revelar seu paradeiro, contou ao coronel Altino, então comandante do Colégio Militar, onde os negros se acoitavam. Comunicando a descoberta às autoridades de Belém (ou São Luís), vieram oitenta soldados chefiados por um tal Capitãozinho, que foi até o mocambo guiado pelo delator. Prenderam 79 negros, inclusive o chefe deles, levando-os para São Luís para devolver aos donos. Mas muitos negros debandaram por ocasião do ataque e tiveram que ser caçados um a um, até que prenderam o seu líder. Então, os soldados regressaram.

Primeira expedição - Viseu

Os remanescentes do ataque ficaram escondidos na mata durante muitos anos. Aos poucos foram se juntando, uns em Itamoari, chefiados pelo negro Tibério. Estes descobriram as minas de ouro do lado do Pará: Manoel Raimundo e Caititu. Outros se concentraram em Camiranga, sob a liderança de Agostinho. Estes descobriram as minas de São Pedro, Magerona e Anel, também no Pará.

Somente depois da libertação dos escravos os últimos quilombolas deixaram a mata para morar em Itamoari ou em Camiranga, chefiados pelo negro Tibério, ou mesmo para voltar ao Maranhão. Anos depois, apareceu Guilherme Linde, que se apossou de suas terras, os manteve sob regime de trabalho forçado, sob a vigia de uma capangagem que mantinha os negros aterrorizados. Antes da libertação, quando viviam escondidos nas matas, os negros mantiveram contato com os regatões do rio, dando fala em certos pontos.

O comerciante de Cacaual, que descobriu o mocambo de Limoeiro, chamava-se Antônio Cardoso e o chefe do mocambo era conhecido por Estevam. Uns o tinham por um tipo sanguinário e sádico. Outros por um homem bom, em nome de quem faziam violências.

Depois do período do comércio do ouro as colônias de negros de Itamoari e Camiranga começaram a cultivar tabaco, que chegou a ser um grande negócio e movimentou o rio, fazendo fortuna até 1900.

Artes do Foerthmann; ele, eu e Boudin.

# Camiranga

**9/dez./1949** – Subimos o Gurupi no batelão a motor do Nhozinho, até chegarmos, anteontem, a Camiranga. A viagem foi facilitada pela conformação dessa costa norte do Brasil, em que a diferença da maré baixa para a maré alta chega a ser de nove e até doze metros. Uma consequência já vimos, foi a maré doida da viagem de Bragança a Viseu. Outra, vejo aqui. As águas do mar entram pelo rio Gurupi adentro por uma centena de quilômetros, obrigando-o a correr invertido para as cabeceiras. Assim, mesmo navegando rio acima, contra a corrente, navega-se a favor dela, no dorso da maré.

Chegamos ao anoitecer, tarde demais para outra coisa que não fosse descansar. A viagem foi menos interessante do que esperávamos. Navegamos pela calha do rio, que varia de duzentos a quinhentos metros, só deixando ver, longínquo, nas margens, o verdor da mata, o mais é céu e água.

O que melhor caracteriza a paisagem humana desse rio do ouro é sua pobreza, a indigência física e cultural dessa pobre gente derramada nas clareiras que conseguiram rasgar na mata. Paramos uma hora em Cananindeua para deixar um passageiro e tomar café. Fica no lado maranhense, é um povoado de suas 150 almas, vivendo em casas dispostas num quadrado, com uma igreja no meio. A igrejinha é uma tapera coberta de capim, as paredes carcomidas ameaçando cair. Dentro, num altar enfeitado de papel crepom, umas cinco imagens velhas de madeira, cada uma mais feia. O indefectível são Benedito preto lá estava, bem no centro.

# Gurupi

Naquele dia (6) alcançamos a vila de Gurupi ali pelas oito horas e lá ficamos até a manhã seguinte. São José do Gurupi é o maior povoado ribeirinho. Tem as casas principais dispostas como nos outros, em torno da igreja, que olha para o rio, mas muitas mais correndo para o alto. Pobreza, ainda aqui, é a única coisa que se pode dizer da vida dessa gente. Passamos telegramas para o Rio nos despedindo, porque é o último posto telegráfico (telefônico) do rio Gurupi.

Andamos, vendo a vila e, no meio da tarde, eu me diverti muito com o barbeiro da terra. Não tendo muitos fregueses, ele se habituou a virar a cadeirona ao contrário para colocar-se diante dos visitantes habituais, sentados em cadeiras, para falar. É forte em adivinhações que-é-o-que-é, e melhor ainda em explicações sobre mistérios, como a causa da velhice, o tamanho dos micróbios, e outras sapiências.

Primeira expedição - Camiranga

À noite, tivemos um espetáculo como convidados especiais. Era a mesma "artista" que tínhamos encontrado em Viseu. Aqui secundada por um engraçado local, que, depois de muita pinga, teve coragem de sair frente à sua gente com a cara borrada de branco e vermelho para umas graças sem graça. Senão pela sua falta de vocação para o ofício.

A artista é um acontecimento, deve ter seus sessenta anos. Aquela ossaria desdentada, enrugada como um jenipapo bem maduro, é trapezista, equilibrista, sapateadora, dançarina, cantora e declamadora. Ela é o espetáculo, sua figura surrealista, cantando e dançando, com uma obscenidade tonta, é medonhamente ridícula e dramática. A pobre não tem nenhuma consciência de que já viveu demais, para que ainda possa interessar a qualquer público. Os primeiros números, os de trapézio, que aliás não denotam mais habilidade que qualquer rapazinho, só impressionam porque os faz quase nua, sorrindo seu sorriso desdentado e exibindo as pernas mais finas e ossudas que já vi. Mas em todos os números em que se exibe, mesmo no recitativo em que se diz "a virgem com o corpo coberto por milhões de cicatrizes", acha um modo de levantar a saia.

No fim do espetáculo, completamente embriagada, se postava diante de nós dizendo que aquele público não a interessava. Somente nós éramos capazes de apreciá-la, porque entendíamos um pouco de arte dramática. Como toda a gente daqui, ela nos chama "os americanos". Depois de conversarem comigo, concordam que seja brasileiro, mas o Foerthmann e o Max são positivamente americanos (pois não são portugueses, nem italianos, nem turcos). No fim da festa, a mulher já estava insuportável. O Foerthmann, encantado pelo gosto picassiano daquela figura, resolveu fotografá-la. Enquanto preparava a máquina e batia chapas, a festa se foi prolongando e a artista, cada vez mais bêbada, pedindo fotografias para as poses mais extravagantes que podia imaginar.

Nessa altura, seu ajudante já estava tocado demais para poder aguentar-se de pé. Insistia tanto em que lhe déssemos atenção que tive de repreendê-lo muitas vezes. Em certo momento, o Nhozinho, que estava em nossa companhia, chamou-o sabugo. O homenzinho respondeu com um palavrão que foi logo revidado mas, quando o pobre palhaço reconheceu que xingara o "potentado" do rio, começou a desculpar-se em todos os tons. Tirou a camisa e limpou com ela as pinturas do rosto, jurando nunca mais beber para que não caísse outra vez num papel tão triste. Chorava um perdão para a ofensa involuntária. Nhozinho, impassível, ouvia as lamentações do rapaz, comprazendo-se na defesa do que ele chamava sua honra. Bolas, feio mundo gurupiense, uma pobre velha decrépita mostrando as pernas e procurando atrair os homens para um sexo que já não atrai; um palhaço risível e trágico em sua humanidade pungente.

# Camiranga

Saímos do Gurupi pelas oito da manhã seguinte e viemos até aqui. Só fizemos uma parada em Bela Aurora, que fica a uma hora. Camiranga é a boca das minas do Pará. Quando a terra dava ouro, isso tinha movimento e um comércio rico. Hoje é a mesma miséria de todo o rio. A população muito misturada. Há quase tantos caboclos quanto negros, que vão se misturando com entusiasmo. Caboclo aqui é a gente local reconhecidamente não indígena, nem negra.

A discriminação contra os negros é compensada, em grande parte, pela discriminação contra a caboclada. Assim, a meia dúzia de chamados brancos é a única camada que se considera e é considerada superior. Pode rir e motejar tanto do caboclo quanto do negro, mas sua posição se deve menos à cor da pele que à posição social.

Branco aqui é sinônimo de patrão e de homem rico. Veja-se, por exemplo, esses rapazes que vieram nos trazendo no motor: um é filho de Rachid e o outro também é claro. Ambos se referem ao dono da embarcação como "o branco", e ele não é nada mais claro que eles. O próprio Nhozinho, apresentando o Mistol de nossa farmácia a um empregado seu, claro, de olhos verdes e cabelos quase louros, comentou:

— Toma homem, põe nas ventas. Isso é remédio de branco.

Fala-se também de comida de branco quando se comenta a boia que nos servem ou o nosso rancho especial. E, de momento a momento, dizem adágios depreciativos dos pretos. Vou anotar alguns depois.

Nhozinho está aqui há muitos anos – isto é, já não está porque mora em Viseu e entregou seus negócios a uns encarregados. Quando chegou, Guilherme Linde era o rei do rio, apossara-se das terras e das minas e dos negros, subjugara-os como cativos. Nhozinho foi o primeiro a se opor a ele, conseguiu aliados políticos para sua luta e, à frente dos negros, iniciou a guerra contra Linde e seus capangas. Conta que foram anos de dureza, dormindo sobressaltado numa rede pendurada perto da cumeeira da casa, com rifles e caixas de balas em cada canto, à espera de um ataque. Mas conquistou as terras e os negros. Realmente, ele parece querido de todos aqui, deve ter substituído um pouco mais paternalmente o domínio de Linde. Também pode ser o medo que inspira esse respeito e acatamento.

**10/dez./49** - Anteontem, organizamos um conjunto de Tambor Grande, outro de Tamborim e os gravamos. Ontem, transcrevi e agrupei tudo, pela manhã, e à noite gravamos os cantos do Divino Espírito Santo e uma sessão de pajelança. Agora tenho de transcrever isso e preparar-me para registrar um Bumba-meu-Boi e refazer algumas das gravações que não ficaram boas. Mas tudo isso tem que ser anotado devagar e com pormenores. Ando tomando notas em outro caderno, para não esquecer nada, e quero aproveitar a estada aqui para colher o máximo de material que for possível.

Pretendemos partir amanhã de madrugada. Iremos mesmo num batelão a remo, pilotado por Cezário, o negro velho que trouxemos de Viseu e nos servirá de cozinheiro depois da subida. Além dele, teremos também uns seis remadores que trabalharão no varejão. Como encontramos no caminho, descendo para Gurupi, o encarregado do Posto Pedro Dantas, João Mota, com quatro índios remeiros, resolvemos fazê-los deixar aqui o casquinho em que vieram e subir conosco. Assim, teremos uma turma de trabalhadores já conhecida e o rapaz se encarregará da viagem. Esse seria trabalho do Miranda, se ele não fosse imprestável. Mas sei que, se lhe entregar a viagem, no fim eu é que terei de fazer tudo. Parece um bom sujeito esse João Mota, é crente (protestante), trabalhador, língua solta, entende mulambembemente o dialeto urubu e me dá a impressão de ter boas relações com os índios. Tenho que ir atender a muitas coisas, depois escrevo.

**11/dez./49** – Mais um dia de atraso. O batelão que arranjamos não passa de um enorme casco já meio podre que faz água por mil rachaduras. Tivemos que mandar desmontá-lo. Preocupa-me levar uma carga tão cara e delicada – sobretudo a cinematográfica – numa embarcação tão precária, mas não há escolha possível. A única alternativa a essa solução seria esperar aqui até que chegue o João Carvalho com o batelão a motor, mas isso demoraria pelo menos vinte dias. Quanto nos custa em segurança pessoal o descaso e a incúria do pessoal da Inspetoria.

Toquemos para a frente. Hoje a calafetação de afogadilho estará pronta e poderemos partir quando o sol sair. Somos seis passageiros (inclusive o Mota) e sete remeiros. Parte da carga terá que ficar aqui para ser levada depois.

## Os negros

Trabalhamos muito nesses dias aqui em Camiranga. Gravamos o Tambor Grande, os Tamborins, a Caixa do Divino e o Bumba meu Boi, além de uma notável sessão de pajelança. Hoje terminarei a transcrição dos rolos e talvez ainda grave algumas coisas novas.

Nosso problema, quando aqui chegamos, era colher o material que pudéssemos em dois ou três dias, a fim de com ele avaliar o interesse que esta comunidade ofereceria a futuros estudos intensivos.

A companhia do Nhozinho nos assegurava a cooperação do pessoal. Não há dúvida de que o homem é realmente querido e respeitado por essa gente, depois de 28 anos vividos aqui, muitos deles prósperos, de quando o ouro saía da terra aos quilos. Trazíamos, porém, sobretudo desvantagem, a primeira devida à própria escassez de tempo. Em três dias, pouco se pode fazer, quando se necessita de uma intimidade, um *rapport* simpático para se colher o material. Inicialmente, estava disposto a colher tudo que se me apresentasse, sem qualquer seleção ou crítica. Julgava tão negativas as condições de trabalho que todas as informações obtidas deviam ser registradas sob uma interrogação. A comunidade nos marcava como amigos do Nhozinho, o que era um papel positivo, mas também como autoridades. Essa investidura de todos os que lhes fazem pressões era um papel negativo, ao menos para nossos objetivos. Também, a própria companhia do Nhozinho, embora providencial para a primeira apresentação, criaria dificuldades depois. Eu vinha ver a macumba, ver que elementos culturais africanos conservavam os negros de Camiranga. Ora, tudo que é tipicamente negro é proibido e o próprio Nhozinho representa aqui a autoridade repressiva, que manda prender pajés e macumbeiros e até matá-los quando perturbam a comunidade.

Negro de Camiranga.

Além de todas essas qualidades negativas do nosso papel, ainda tínhamos a de sermos funcionários do Serviço de Proteção aos Índios, dos índios hostilizados pelos negros e em competição com eles. Funcionários de um serviço do qual muitos têm experiências desagradáveis, embora, na realidade, lhes tenha feito mais bem que qualquer outro. Não só dando trabalho e criando um ambiente de segurança jurídica e de extensão da lei, até essas datas antes dominadas por caudilhos onipotentes. Sem falar da pacificação dos índios, que lhes deu uma segurança que antes nunca alcançaram.

Em Camiranga, até 1927, mesmo para se banhar no rio era necessário pôr um carabineiro de guarda contra possíveis ataques de índios e nas épocas piores a cada semana se sabia de mais uma morte. Quase toda a população do médio Gurupi tinha sido escoada. As queixas que eles têm são, sobretudo, devidas à resistência que o Serviço opõe à exploração desumana dos índios já muito aculturados, que ele próprio não consegue controlar mas, às vezes, procura proteger. Aliás, nisso o que se nota é o descuido do Serviço pelos índios já pacificados. Acima dos postos vivem os restos das antigas nações Tembé e Timbira em pequenas aldeias, cada uma explorada por um negociante branco, que extorque as últimas energias dessa gente em troca de garrafas de cachaça e pitadas de liamba.

## Pajelança

Devíamos contornar esse papel negativo de modo a podermos conquistar a confiança e a simpatia dos negros velhos, a fim de compensar, tanto quanto possível, os prejuízos que ele ocasionava. Felizmente, nos saímos muito bem. Conseguimos cair no gosto dos principais e tivemos grande facilidade em organizar os conjuntos de que necessitávamos, bem como superar as limitações que nos eram impostas. Conseguindo, por exemplo, uma sessão de pajelança realmente extraordinária, tão autêntica que o próprio Nhozinho, meio desgostoso, afastou-se e pôs fora da casa onde fizemos as gravações todos os brancos contrários à macumba, que saíram revoltados, vociferando contra uma coisa daquelas.

Primeira expedição – Camiranga

Negro descendente de quilombolas do Gurupi, adaptado às técnicas indígenas: o uso do arco e das flechas para caçar e pescar, por exemplo, mas vivendo sozinho na mata.

A população do Gurupi se compõe basicamente de negros descendentes de quilombos e de índios integrados e arredios.

Diários índios

Começamos gravando os cantos de um falso pajé, um tal Serrador, que a pedido do Nhozinho e em tom de brincadeira, depois de algumas goladas de pinga, consentiu em cantar canções de pajé que ouvira na infância. Antes mesmo dele começar, porém, localizei a verdadeira pajé do lugar, uma negra velha, maranhense, que, às escondidas, sempre cheia de terror de ser descoberta e presa, faz suas sessões.

Consegui convencê-la de que eu era um "iniciado" e fazê-la cantar. Assim que consentiu, me disse que para cantar era necessário arranjar uns cigarros. Logo ofereci os meus, mas verifiquei a rata, ela queria cigarros "temperados", isto é, com maconha. Eu me pus logo em campo e acabei conseguindo um pouco de liamba e um maço de fumo que entreguei à velha. Ela mandou seu ajudante preparar alguns cigarros e, depois de fumar um, começou a cantar. Primeiro, cantos compassados e roucos, a velha sentada num banco, com a cabeça inclinada sobre os joelhos e tendo numa das mãos um maracá e na outra um penacho de rabo de arara. Aos poucos foi se animando, depois já cantava de pé e, por fim, dançava e gingava como uma louca, em cantos terríveis de desespero.

Aí a sala já estava cheia de curiosos, as negras velhas entreolhavam-se, dizendo primeiro em sussurros e, depois, aos gritos:

— Ela está atuada.
— É o espírito da Mãe-d'Água.
— Pra que faz isso aqui?
— Atuadinhazinha...

Os medrosos, com mais preconceitos, iam caindo fora. Por fim, a sala só tinha gente interessada, que acompanhava a velha com a maior emoção. Era realmente impressionante aquela dança desesperada, aqueles gritos, o descabelamento, o sapateio, o saracoteio e os cantos soturnos, cheios de ameaças de feitiço da Mãe d'Água.

É uma lástima que eu não possa ficar uma temporada aqui. À base dos cantos gravados (algumas dezenas), se poderia conseguir da velha, que já tem boas relações comigo, um levantamento notável das lendas e encantamentos dessa gente. Os cantos estão tão cheios de referências a praias, cidades, povoados, barrancos, sumidouros, matas, árvores e coisas concretas dessa região que talvez se pudesse, à base deles, levantar uma geografia mítica da Guiana maranhense. Não há dúvida, agora, de que seria interessantíssima uma pesquisa aqui em Camiranga. Medir o quanto pesam na alma dessa gente a África, a Índia e a Europa.

A velha pajé cantou mais de uma hora; no meio dos cantos pedia água, cauim, tabaco temperado e até café e chá, que lhe eram servidos imediatamente com um espírito religioso. Gravamos tudo. Infelizmente, o coro que a acompanhou não era muito bom e estragou largas litanias. Mas creio que temos um material precioso, principalmente porque pega toda uma sessão do princípio ao fim.

No meio da sessão, ela foi defumada algumas vezes por seu ajudante, que, para isso, acendia bem a brasa com um cigarro temperado, colocava-o na boca com a brasa para dentro e soprava uma nuvem de fumaça sobre a velha. A sessão terminou quase precipitadamente. A velha, já muito cansada, cantando soturnamente, foi dançando mais e mais devagar. Por fim, ajoelhou-se, cantou e, pondo-se de quatro pés, deu uma volta na

Primeira expedição – Camiranga

sala e saiu correndo, sempre de quatro. Depois disso, ainda ficaram calados alguns segundos. Era um silêncio pesado, opresso, que ninguém podia quebrar, aí o ajudante gritou:
— Já foi s'imbora. Já foi s'imbora.

## Cantos do falso pajé

1

Eu sou calango verde
Lá do poço do Dendê
Eu sou calango verde
Lá do poço do Dendê
Eu vejo muita gente
Muita gente não me vê (*bis*)

2

Eu vou rolão
Cum a maré (*bis*)
E a maré vai me levão
Cum a maré
Eu vou rolão
Cum a maré
E a maré vai me levão
Cum a maré

3

Caminho longe
Quasi qu'eu não vinha (*bis*)
Segredo de Mãe d'Água
Feiticeiro num adivinha (*bis*)
Idem

4

Lá na praia do Lençol
Tem três marisia incantada (*bis*)
É numa delas. É numa delas
Qu'eu sou incantado
Lá na praia do Lençol (*idem*)

Diários índios

# Pajelança de Maria Rodrigues

### 1
Mamãe Maria
Ê mamãe madá
Acenda meu cachimbo
Qu'eu quero fumá (*bis*)
Mamãe Maria
Ê mamãe madá (*bis*)
E este meu branco
Não me deixa eu dançá
Mamãe Maria
Ê mamãe madá
Acenda meu cachimbo
Qu'eu quero fumá
Mas acenda meu cachimbo
Qu'eu quero fumá.

### 2
Tanta fiança
Qu'eu tenho na Mãe d'Água (*bis*)
E, ai. Não é assim
Que se faz pros camarada (*bis*)

### 3
Barboleta branca
Das ondia do má (*bis*)
Eu chorei minha terra
Eu chorei meu lugá (*bis*)
    Mamãe Maria
    Ê Mamãe Mandá
    Acende meu cachimbo
    Qu'eu quero fumá

### 4
Erê-erê, Camundá (*bis*)
Camundá de Holanda
Camundá
Cadê café, Camundá
    Brabo eu vim
    E brabo eu vou (*bis*)
    Brabo vou m'imbora
    Num converso cum ninguém (*bis*)

A pajé de Camiranga.

Pitando seu cachimbo.

### 5
Eu tava no meio da mata
E escutei
Aí tocãno maracá
E eu cheguei
Estava tocãno meu maracá (*bis*)

### 6
Ê baleia
Ê baleia
Sô baleia
Peixe do má
Qual é o peixe
Maior da baía?
Baleia?
Sô baleia
Peixe do má

### 7
Venho das ondia do má (*bis*)
Rolando na pedra de ouro
Surubim é meu cavalo
E marisia meu selim
Sou filha das águas verdes
Tenho o meu dedo de marfim
Ê banzerê, meu cavalo
Ê marisia, meu selim
Surubim é meu cavalo
E marisia é meu selim

### 8
Dariô-dava, eu davá
Dariô-dava, eu davá
Eu será, sirioserá
Eu será, siriosô
Se eu perco, ganho
Nessa carreira qu'eu vou

Diários índios

# A Coroação do Imperador

Agora vou transcrever os cantos da Caixa do Divino e ver se colhemos algumas fotografias. Consegui poucas, a máquina emperrou. É uma atrapalhada isso, preferia ter a velha Leica comigo. Quando o fotógrafo não emperra, é a máquina que atrasa a gente. Mas esse mau humor podia bem ter se extravasado fora daqui.

Fizemos as gravações, acho que saíram boas. Infelizmente, o motor não deu força bastante para "traduzi-las". Tem trabalhado demais nos últimos dias e baixou muito a tensão. Já não dá para movimentar o sonógrafo e só vale a pena desmontá-lo para limpeza no posto, porque é serviço demorado para quem tem de fazê-lo com a oficina constituída de um só alicate meio velho.

A festa é muito interessante. Não imaginava que se tratasse de uma forma local das Festas de Coroação do Imperador ou da Imperatriz. Mas é essencialmente isso. É incrível como esses negros, mais que ninguém, cultuam nosso Império escravista, que caiu com a Abolição. O grupo esteve meio desfalcado porque uma das figurantes não pôde comparecer. Dançaram três velhas, tocando grandes tambores que levavam a tiracolo, acompanhadas de três mocinhas, cada uma delas fazendo par com uma tocadeira nos movimentos da dança. As moças conduziam bandeiras. Além dessas, tinha ainda uma moça que conduzia um estandarte vermelho com uma aplicação, em recorte de fazenda branca, em forma da Pomba do Divino. Dois garotos carregavam bandeiras, uma branca, outra azul. Ambas, assim como o estandarte, encimadas por pombas entalhadas em madeira.

A figura principal, representando a imperatriz, era uma menina de doze ou treze anos, branca, de tipo delicado, contrastando com os demais figurantes. Vestia uma toalha bordada de crivo e tinha às costas um manto de seda. Levava uma bandeja muito bem trabalhada, com uma enorme coroa e um cetro, todos decorados com recortes e entalhes de Pombas do Divino. Tudo em metal amarelo. Na hora da coroação, depois de rufos de caixa, cantos e danças, uma negra velha, enorme, vestida de vermelho (a pajé) toma a coroa e a sustenta pouco acima da cabeça real. Tudo isso é tão inocente que a seriedade com que representam não faz graça, antes provoca ternura.

1
Rosinha porque nasceste
Rasteirinha pelo chão (bis)
Foi pra se vê festejada
Quinta-feira d'ascensão (bis)

Ô quinta-feira da ascensão
Foi qu'o imperadô se crôou (bis)
Que imperadô se crôou
Levou a crôa na cabeça
O cetro na mão levou

Primeira expedição – Camiranga

Que imperadô se crôou
Leva a crôa na cabeça (*bis*)
O cetro na mão levou

2
Minha divina santa crôa
Me esqueceu de vos salvá (*bis*)
Salva o santo
Salva a crôa
Salve o imperadô reá (*bis*)

A licença vei de Roma
quem trouxe foi são José (*bis*)
Espírito Santo é Deus
Ninguém quer duvidá (*bis*)
Que desceu do céu à terra

Sendo o imperadô reá (*bis*)
Na crôa do Espírito Santo
Hoje abriu nova rosa (*bis*)
Três branca, três amarela
Três encarnada, cheirosa (*bis*)

De corrê vinha cansada
De cansada me assentei (*bis*)
Me encontrei com Espírito Santo
Hoje me discansarei (*bis*)

Bumba meu Boi de Camiranga.

## Bumba meu Boi

Dançarino do Bumba meu Boi.

Depois da Caixa, tivemos o Bumba meu Boi. Custou-nos muito dinheiro, mas saiu um boi como Camiranga nunca tinha visto, de tão rico e bem ornado, embora não interferíssemos senão com o dinheiro. A armação na forma de carcaça de boi, com cabeça e até chifre muito bem arranjados, foi coberta com cetim azul-claro, com uma larga franja vermelha. Dentro dela um dançador fez mil piruetas, tentou chifrar meio mundo e mugia como um touro brincalhão.

Diários índios

Os dois figurantes principais (depois do touro), vestidos com blusas azuis do mesmo tecido, cantavam e dançavam, tocando pandeiro e chocalho. Mais tarde, apareceu um mascarado com um lenço, com que cutucava o touro, caía e se levantava, dando novo entusiasmo à farsa. Um grupo de bem uns dez tocadores de caixa, pandeiro, tamborim e "onça" tocava em torno deles. Também esses cantos não puderam ser transcritos, mas a gravação é satisfatória.

Creio que conseguimos um bom repertório do folclore gurupiense nesses poucos dias em Camiranga. Ao menos uma mostra da riqueza que se poderia conseguir com uma permanência mais longa ali.

Nas fotos acima, dançarinos do Bumba meu Boi.

# Tambor Grande

Conjunto instrumental característico das festas de são Benedito, que se realizam em dezembro. Também organizado em outras épocas do ano, em agradecimento a graças alcançadas. Nesse caso, tocam o Tambor Grande na casa da pessoa que fez a promessa, depois de rezar ladainha na igreja.

Consiste em um tambor grande (2 x 0,50 metro); dois tamborins, um mais fino, chamado crivador, outro mais grosso, o socador; e no maracá, que são duas varinhas tocadas sobre o corpo do tambor grande.

Os tocadores, agachados, com os tambores entre as pernas, tocam, cantando motes simples em louvor ao santo ou reverenciais. Às vezes, dois cantadores secundam o conjunto. Diante dos tambores, as mulheres observam em grupos de três ou quatro, afastando-se e aproximando com volteios e requebros.

Um cantador tira a toada (estribilho) e vai pondo versos.

Tocando o Tambor Grande.

Primeira expedição - Camiranga

### 1
Ô baiadô, baia bonito
　Ô diz pra laranjeira
　Que não bote fulô
Ô baiadô, baia bonito
　A laranjeira, de teimosa
　Butô cacho, enfulorô

### 2
　Tou caçando, mas não acho
　Um cabra de meu lugá
Ê Maranhão, são José
Hão, são José
　Sou filho do Maranhão
　Não nego meu naturá

## Tamborim

Conjunto instrumental, composto de uma onça, dois ou três tamborins e um pandeiro. Onça é um tambor com um êmbolo ligado ao tímpano que, quando puxado e empurrado, urra como o nome indica (cuíca). Organizado também nas festas de são Benedito ou nas mesmas ocasiões que o Tambor Grande. É cantado pelos próprios tocadores ou por outros participantes, que vão revezando os motes em louvor do santo, reverenciais ao festeiro ou aos presentes, além dos humorísticos. É também dançado por casais enlaçados à europeia. Os principais cantores que gravamos foram José Redenção e Pôncio, organizadores do conjunto.

### 1
　Cantarei agora, deixa-mê
　Inda hoje não cantei
　Deixa eu vê a minha voz
　Se ainda tá como eu deixei

### 2
　Da cepa nasceu o ramo
　Do ramo nasceu a flô
　Livrá da culpa, Padre Nosso
　Padre Nosso, redentô

Diários índios

### 3

Me leva contra a vontade
Pelo meu gosto eu não vou
Lá fora vinha correno
O pano, vento rasgou

### 4

Contramestre, meu mestre
Meu contramestre
Minha barquinha bateu
De Bragança na saída
Na entrada de Viseu

### 5

Mas o meu mano, eu tãno
Ele não perde, nem eu
Ele não ganha, nem eu
Com nossa vida, só Deus
Qu'eu lôve, meu mano
Manda qu'eu lôve
Mas não lôva como eu

Vibrando a onça, que é nossa cuíca.

### 6

De baunilha ramalhete
Suspiro daqui sou eu
Miudinha, chove chuva
Miudinha
Lá pra banda de Viseu

Vou m'imbora
Lá pra banda de Viseu
Levãno pena por pena
Mais pena padeço eu

Os tocadores de caixa.

Adiante, meu mano
Fala adiante, meu mano
Derradero, falo eu

Vamos zulebrá, minina
Na lagoa do Pompeu
Minina, qui tá no lebre
O lebr'inda não morreu
Mas não acho, tou caçano
Um coração com'o meu

Esquentando os tambores.

Primeira expedição – Camiranga

7
Mas o meu mano eu tãno
Meu mano, tãno mais eu
Costa com costa, encosta
Com a nossa vida, só Deus

8
Considera, meu cumpadre
Zé Marujo, meu cumpadre
É doido, num considera

Teno a gema, o ovo
Teno a gema
Uma branca, outra amarela
O galo tem o sinal
O sinal que o galo tem
O pinto nasce com ele
Uma crista, na cabeça
Na cabeça uma crista
Dois esporão na canela

## A civilização

Chegaram hoje cedo dois índios urubus trazidos por um comerciante que veio de Viseu em nossa embarcação e que foi às minas. Encontrou-os no Alegre, morrendo num rancho velho. Tinham ido a Bragança com um grupo de índios, de que fazia parte o capitão Piahú, que parece ser o chefe mais poderoso, atualmente, entre os Urubus. Todos adoeceram, inclusive o capitão, mas aqueles dois, como estavam muito mal, não conseguiram acompanhá-los na viagem de volta para a aldeia e ficaram jogados ali.

   Chegaram de manhã, depois de tomar uma forte bátega de chuva, ardendo em febre da gripe, que neles parece equivaler a uma pneumonia para um de nós. Demos a eles alguma farinha para comer e remédios. Melhoraram depressa, não sei se pelo remédio ou pela comida; os pobres estavam famintos.

   Vamos para as aldeias e seria bom levá-los. Mas já temos de deixar alguma carga aqui, porque o batelão não comporta toda a nossa tralha e teremos, nós mesmos, de ir amontoados sobre uma coberta de palha, ao sol, todos esses dias, o que torna impossível carregá-los. Resolvemos, por isso, fazê-los descer com o motor que vai para Viseu e deixá-los em Curucaua, onde mora o agente do Posto Pedro Dantas, um velho funcionário com o ventre estufado de maleita e uns olhos já inchados de tanta febre nessas matas. É o Elias, afastado do posto há mais de um ano, que pode ao menos cuidar dessa gente até a subida do motor do João Carvalho, quando eles estarão bem mais fortes, se não morrerem.

É uma tristeza ver esses índios em tal estado. Os coitados foram adulados durante anos, enquanto constituíam perigo. Ganharam tudo que a civilização podia oferecer e até mais, pois costumavam lhes dar latas de gordura, de manteiga e conservas, que eles esvaziavam, jogando fora o conteúdo para carregar apenas a vasilha que era útil. Hoje, nada lhes dão, necessitando de ferramentas, remédios, roupas e mil outras coisas boas, como espelhos, agulhas, perfumes, pentes e tantas bobagens mais.

Não podendo consegui-las no posto, vão diretamente a Belém, a pé, através de centenas de quilômetros, para fazer o seu apelo. A Inspetoria proíbe essas viagens, mas ninguém pode impedi-los de se meterem pela mata e irem rasgando caminhos até lá, como fazem, quase todos os meses, grupos de dez a vinte índios. Em todas essas viagens adoecem, é gripe e outras moléstias, inclusive blenorragia nas mulheres, apanhadas nos povoados onde se vão vendendo por um punhado de farinha. Todos os grupos que saem voltam desfalcados de dois ou três componentes que morrem pelo caminho de doenças e de fome, porque não podem levar comida suficiente para viagens tão longas. Além disso, os que voltam empesteiam a aldeia com as doenças que trazem. Assim os Urubus vão desaparecendo. Agora devem ser menos da metade do que eram ao tempo da pacificação, há tão poucos anos.

Esse é o fruto das pacificações que abriram imensas áreas à ocupação dos civilizados, sem que se possa dizer que qualquer delas adiantou alguma coisa para os índios, para qualquer tribo. Em todas, a história foi sempre a mesma: amansar e destruir. Aceitar o contato com o branco, submeter-se ao convívio pacífico é a morte de qualquer povo indígena. Lamentavelmente, os responsáveis pela proteção dos índios, que não têm nem ao menos consciência disso, continuam com sua tarefa, servindo à civilização, e nem podem dizer que têm qualquer coisa a dar ao índio arredio. O melhor e mais justo seria deixá-los na mata até quando for possível, só tentando aproximar-se quando o contato com os neobrasileiros vizinhos tornar-se inevitável. E, nesse caso, apenas demarcar-lhes um território, cuidar para que não seja invadido e deixá-los viver ali a seu modo, até que seja forte demais a vontade de se aproximarem dos brancos, atraídos por essa quinquilharia que conseguem de nós: ferros, panos, sal, latas vazias e tão poucas coisas mais.

O contato com a civilização é a morte da tribo, mas o índio deseja esse contato. Quando se arrepende – se um dia chega a arrepender-se, consciente disso –, já é tarde demais para voltar atrás, com o *esprit de corps* e o moral do grupo arrasados, carcomidos por necessidades novas, que só podem satisfazer submetendo-se à economia do branco como a mão de obra mais miserável. O desaparecimento é questão de gerações.

Desejo muito poder voltar a crer que haja um caminho de salvação. Entrever uma solução para o problema de nossos índios. Temo que seja impossível. Uma das qualidades mais generosas de nossa gente, que é o menor grau de discriminação contra o negro e contra o índio e essa ilusão de "branquização" com a elevação do nível econômico, fecha todas as portas. Abre uma, é verdade, talvez a mais ampla e bela, que é essa da criação de um povo novo, mistura de tantos povos. Mas a nostalgia dos povos esquecidos, essa consciência da beleza e do valor de um mundo vário e o gosto de atender ao clamor de todos os povos, desde os menores, por um lugar ao sol, pede atenção para as soluções que eles encontraram para os problemas humanos comuns. Sendo isso uma mera intuição, talvez irracional, é entretanto o que há de mais razoável.

# Canindé

**18/dez./1949** – Afinal chegamos, estamos na margem esquerda do Gurupi, no antigo Canindé, onde se deu a pacificação dos índios urubus há vinte anos. Hoje se chama Posto Indígena Pedro Dantas, o que quer dizer um núcleo de atendimento direto aos índios pelo SPI.

O Canindé fica numa curva do rio Gurupi, frente a uma pequena ilha que representou papel estratégico na pacificação. A margem maranhense é mais baixa, a paraense mais alta, toda limpa de arvoredos e abriga várias casas. Principalmente uma maior, de madeira serrada e telha, com um varandão confortável, que é a residência do encarregado. Tudo muito bonito.

Aqui começa realmente o nosso trabalho, que eu desejo e me esforçarei que seja um bom trabalho. Primeiro, vou contar a subida morosa por esse pobre rio do ouro, depois direi como é isso aqui. Mas espere um pouco que eu tenho de atender a alguns índios – já Urubus e nuzinhos como nasceram, ao menos um está completamente despido.

É uma atrapalhada, eles não falam nadinha de português e meu vocabulário tupi é de uma só palavra: *katú*, que quer dizer bom, boniteza. Para falar com eles algumas coisas simples, tive que fazer o nosso intérprete, um Urubuzinho de vinte anos que nos acompanhou desde Belém e é ótimo rapaz, repetir "em gíria" umas poucas perguntas para obter respostas ainda mais sumárias.

## Meus índios

Vieram dois homens, um de seus quarenta anos, outro de 25; um nu, outro vestido com uma calça que poderia servir para ele dez anos atrás, de tão pequena que é. Trouxeram as mulheres – estão vestidas, a mais velha (25?) com uma tanga suja de fazer dó e uma moça (dezoito?) em vestido estampado – e as crianças, todas meninas (quatro), metidas igualmente em tanguinhas muito sujas.

É gente de tipo bonito, essa beleza plástica dos índios, que tanto nos encanta, mas lhes faria muito bem um banho com bastante sabão. Todos têm dentes estragados, exceto as crianças, e dizem que isso ocorre com a quase totalidade dos Urubus, deve ser da alimentação. Pedem que só vendo; queriam roupas, espelhos, extrato (cheiro), tabaco, sal, fósforos, agulhas, farinha e tudo mais que viam. Pouco lhes podemos dar; depois deles virão dezenas, igualmente pidões.

O encarregado partiu hoje para a aldeia do capitão Piahú, que chegou da viagem a Bragança muito doente e pediu ajuda do Mota. Pretendia ir também dar uma olhada na aldeia, antes de seguir com o material, mas verifiquei ser impossível. Temos de organizar o almoxarifado aqui e controlar muito bem os alimentos e brindes para que o inverno não nos apanhe desprevenidos.

Mas vamos à viagem, andando para trás.

## Ouro de Camiranga

Camiranga, como sabemos, é uma povoação dos remanescentes de mocambos do Maranhão que se foram internando cada vez mais na mata, perseguidos pelos seus senhores brancos e pelos índios. Depois da Abolição, o povoado tomou nova vida e concentrou uma grande população que, com o *rush* das minas de ouro do Pará, de que é a entrada principal (além de Bela Aurora), prosperou muito. Hoje é um pobre lugarejo decadente, com menos de duzentas almas. Casas de taipa cobertas de sapé, exceto a mansão do Nhozinho, que sucedeu a Linde no domínio e exploração dos negros de Camiranga.

Sua função principal é a de entreposto das minas, onde se armazenam as mercadorias destinadas aos garimpeiros. Com a queda da exploração do ouro, ficou aquela gente sem meios de vida. Não há possibilidades de trabalho, os salários caíram ao despropósito irrisório de dez (cruzeiros) ao dia, que mal dá para viver, mas não há quem pague. Dizem que os veios auríferos são tão pobres que sua exploração só compensava quando se encontrava mão de obra à vontade por três cruzeiros ao dia.

É uma roda do diabo e não resta àquela gente outra alternativa além de plantar seus canteiros de mandioca, fazer alguma farinha para consumo, colher cocos, palmitos e frutos da mata e esperar que as moléstias acabem de roê-los. O estado sanitário é miserável, mas parece que os negros estão melhor adaptados que os brancos. Estes, quando velhos moradores daqui, são farrapos humanos, nunca vi tanta gente em tal estado de indigência física. Isso no meio de uma mata imensa, que daria madeira para o Sul durante muitos anos, e de terra fértil, que em vez de cultivada é arranhada à procura de um ouro minguado.

A ocupação do rio através de uma economia extrativa de madeiras, borracha, copaíba, couro e tantas outras especiarias fracassou completamente. Ao tempo em que aqui esteve Dodt, lhe pareceu que em poucos anos se extinguiria a reserva florestal. Mas os Urubus deslocaram os exploradores, expulsaram-nos de suas terras e o trabalho nunca foi recomeçado. A mão de obra foi para o garimpo que, de tempo em tempo, era assenhoreado por um valente que se fazia passar por dono das minas e aluviões e começava a cobrar foros, provocando a evasão do garimpeiro para outros sítios. Uma das principais razões dessa estagnação é a precariedade do transporte. Subir o rio é uma luta e custa os olhos da cara. Para ir de Viseu adiante também é muito difícil e custoso.

Camiranga é a pobre boca dessas pobres minas de ouro, que tanta pobreza tem trazido ao Gurupi. Por ela arrastou-se até aqui grande parte da gente que se vai estiolando por esses barrancos afora. Por ela foram organizadas diversas companhias, uma das quais, do barão de Mauá, com capital de mil contos e mais de 100 mil libras no século passado. E continuaram sendo organizadas. Todas faliram, largando nessas matas a maquinaria caríssima que trouxeram, porque ficava mais caro levá-la de volta que largá-la aqui. Creio que se pôs mais ouro do que todo o que foi retirado, e o custo em vidas, em miséria e sacrifícios é incontável.

# A viagem

A embarcação em que viemos (se aquilo merece esse nome pomposo) é um casco velho de quase dez metros de comprimento, por quase dois de largura maior. Velho como Camiranga e sem calafete que segure água. A tripulação é de seis remeiros, que nos lugares mais rasos trabalham com varas, zingando aquele monstrengo. Há, ainda, um piloto, que fica na popa, segurando um remo enorme, de pá redonda, preso à embarcação por um anel de arame: é o leme. Além desses sete, vínhamos nós três, Miranda, Mota, Ariuá e mais de mil quilos de carga.

O Gurupi é um rio típico de planícies baixas, com umas poucas corredeiras empedradas, que aqui chamam cachoeiras. Quase todo o curso do Gurupi é tão raso que admite zinga. A travessia aventurosa dessas corredeiras, movidas por canais velocíssimos, que correm entre enormes pedras, é a principal causa de morte dos índios remeiros. Quase todos Tembé, que aliás só enfrentam esse trabalho com um salário de maconha, que consomem navegando.

As margens do Gurupi são altos paredões de mata que, a princípio, enchem os olhos da gente, mas logo cansam pela monotonia. Nesses paredões verdes, a enorme distância uns dos outros, os moradores abrem pequenas clareiras, onde plantam seus ranchinhos de palha e sua rocinha acanhada. O caminho é o rio. Na mata mesma, quase não penetram, os caminhos são uns sendeiros, onde se anda mais agachado e de quatro que de pé (bobagem de quem nunca tinha estado na mata), e nunca se distanciam muito da barranca.

A pobreza de caças é realmente espantosa. Em toda a viagem vimos somente alguns bandos de cigana, uma bela ave de bico serrilhado, mansas porque ninguém

Batelão do Gurupi.

Mulata do Canindé.

Primeira expedição - Canindé

Negro do Gurupi com tipitis indígenas.

Servindo cachaça.

suporta a catinga (pitiú) de sua carne e não as persegue. Um casal de lontras também nos serviu de alvo a uns cem metros de distância. Felizmente escaparam, podem bem ser das últimas e alguma semente deve ficar. Nem jacarés vimos, só uns pobres calangos. Mas a peçonha não faltou, mataram-se três cobras, uma delas vermelha e belíssima. Os célebres mutuns, que Mota tanto prometeu, não deram o ar de sua graça. Só um apareceu e foi para a panela aliviar-nos de uma dieta de peixe seco meio ardido e feijão com carne de porco passada.

O único bicho que se multiplicou na calha do rio foi gente, principalmente negros fugidos da escravidão, que foi numerosa no Maranhão, e concentrados em vários quilombos, que acabaram se juntando aqui como a mão de obra das explorações de ouro. Há também boa quantidade de caboclos. São mulatos e mestiços paridos principalmente por mulheres indígenas retiradas das aldeias e fecundadas por brancos e negros. Seus filhos nasceram soltos, deserdados da cultura índia e da negra, misturando elementos das duas com a europeia. Comportando-se como a praga que realmente somos, arrasaram com a fauna das barrancas do Gurupi. Lá pra dentro, na mata, deve haver muita onça, anta, veado, paca e outras caças, além da passarinhada mais bonita desse mundo.

A viagem é de uma lentidão insuportável. Horas e horas vê-se o suor correndo nos corpos dos remeiros negros, num esforço contínuo de ir à frente, e, ao fim do dia, pouco se andou. Quando a gente presta atenção à marcha que vai fazendo, se desespera. O melhor mesmo é esquecer que se vai viajando, meter a cara na lona por baixo do chapéu e ficar ali, fritando-se na própria banha, sob aquele sol inclemente. No primeiro dia de viagem, todos nos ressentimos do sol. As costas, os braços, as mãos e os pés escaldavam em queimaduras e a cabeça doía de tantas horas de cozimento. Depois, nos acostumamos e nos consolávamos olhando aqueles homens, que se não fossem pretos deveriam ter ficado, de tanto sol no lombo.

A viagem é ainda mais cansativa pela monotonia da paisagem. Cada dia, desde o amanhecer, que quase sempre nos encontrava remando contra a correnteza, até o entardecer vendo a mesma paisagem, o longínquo paredão verde. Os trechos encachoeirados, embora muito perigosos para um batelão podre como o nosso, que podia estourar a qualquer hora de encontro com uma pedra, eram mais suportáveis, custavam horas inteiras para serem atravessados, mas havia alguma agitação. As discussões do piloto, lá atrás da carga, sem poder olhar por onde ia metendo o barco, com proeiros que o xingavam, dizendo que iria jogá-los sobre as pedras. Em algumas delas tiveram todos que se jogar na água para levar o batelão à força de empurrões ou arrastá-lo com uma corda de vinte braças, que firmavam numa pedra na frente. O melhor foi nas piores passagens, porque aí, para aliviar a carga, tivemos que carregar nossas pobres pessoas através da mata. Naqueles trechos havia picadas extintas, reconquistadas pela mata, que a gente ia rompendo a terçado com entusiasmo, na esperança de uma caça, gozando a sombra fresca, montados sobre esses benditos pés que Deus nos deu. Da barranca, íamos olhando aquele grupo de negros nus praguejando e suando para arrastar a carcaça e a carga através de tantos escolhos.

Durante todo o tempo da subida, seis longos dias que começavam às três da madrugada para acabar às sete da noite, não fiz mais que estirar o corpo sobre a lona, aguentar sol contra a vontade e maginar. Comíamos de manhã um mingau de banana verde, inventado pelo Mota, que era, a princípio, quase insuportável, mas que depois aprendemos a apreciar como o grande petisco de cada dia. Ali pelas doze horas, procurávamos uma barranca mais lisa, acendíamos o fogo para esquentar o feijão cozido na noite anterior – sempre espumante de azedume –, preparar um arroz e cozinhar algum peixe seco. Os trabalhadores só comiam farinha e o tal peixe, mas algumas vezes lhes demos arroz e feijão, com que os pobres se banqueteavam. No fim da viagem, um deles me pediu, com o mais profundo respeito, um pouco desse feijão especial que trazíamos. Nunca tinha visto daquela espécie e queria plantar, para ver se aqui também dava. Era esse pobre feijão que sempre comi e custou-me entender o que o homem queria e se não brincava.

Ao anoitecer, parávamos novamente, fazíamos outra boia, aí mais forte, mas sempre com os mesmos ingredientes. Comíamos já cheios de sono e íamos para a rede esperar os mosquitos (carapanã aqui é o nome da velha muriçoca) se concentrarem para começar a nos divertir pela noite adentro, acrescentando incômodos às coceiras que os maruins e piuns nos deixaram da cintura para baixo. Na verdade, o cansaço era tão grande que mal víamos isso e até houve quem comentasse, no segundo e terceiro pouso, que os mosquitos diminuíam. Diminuiu foi nossa resistência a tanta vigília para lhes dar atenção e porque, afinal, não é tão ruim assim. O Foerthmann assegura que no Xingu tem muito mais mosquitos, de espadas mais aguçadas e cornetas mais estridentes.

# David Blake

Nosso primeiro pouso foi na casa de Blake, um ex-ministro protestante que veio fundar uma missão no alto Gurupi. É homem estranho: ex-inglês, ex-pastor e ex-muita coisa mais. Hoje é um bom caboclo, isolado na mata, sedento de uma conversa. Mora com sua mulher, uma mestiça tembé com "papa-chibé", numa casinha miserável na barranca do rio. A casa dele diferencia-se das outras que vimos pela riqueza de móveis: uma mesa, uns dois tamboretes, três cadeiras e diversos caixotes de madeira, de que o nosso amigo muito se envaidece.

Primeira expedição – Canindé

Ao redor da casa há outras diferenças: um cercado alto onde deveria plantar alguns pés de couve e tomates, se houvesse semente e se não houvesse perigo de ser despejado por não poder pagar o preço que algum dono pediria pelo sítio melhorado. Algumas flores silvestres deixadas ali florescem murchas entre laranjeiras e cajueiros velhos.

David Blake chegou a Viseu em princípios de outubro de 1927. Subiu para o alto Gurupi, onde ia estabelecer uma missão. Esteve de passagem no acampamento de pacificação dos Urubus, então ainda na ilha e antes de aparecerem os primeiros índios, embora já houvessem tirado brindes das "cenas" deixadas na mata.

Em novembro de 1927, quando subia o rio, vindo de Viseu, soube que os Urubus haviam aparecido no posto. Lá chegou, uma tarde, assistindo na manhã seguinte à chegada de um grupo e à distribuição de brindes, de que participou. Viu, então, um grupo de oito a dez Urubus. Os primeiros que encontrou.

Em janeiro de 1929, de passagem para Viseu, pernoitou no posto, já nessa época instalado na margem paraense e procurado pelos índios, que vinham em grandes grupos, trazendo suas mulheres e filhos, embora não dormissem no posto. Desejando ver onde pousavam os índios, passou, na tarde seguinte, à outra margem, internando-se na mata contra as ponderações dos funcionários que temiam por ele. Pouco adiante, encontrou o arranchamento. Os índios haviam feito uma infinidade de pequenos tapiris no meio da mata e lá estavam. Receberam-no amigavelmente.

Andando de um tapiri a outro, encontrou um homem doente do pé e uma mulher com febre. Voltando, contou sua visita ao Araújo, que, não podendo ir atender aos índios, pediu que ele fizesse essa caridade. David concordou, preparou alguns medicamentos e foi, mas, assim que começou a limpar o pé do velho, verificou que estava gangrenando e providenciou logo o transporte do doente para o posto, onde havia mais recurso. Foram levados, então, o velho e a mulher, que os acompanhou espontaneamente. Lá, David operou o pé, amputando três dedos, do que muito se espantou depois o índio, que não havia sentido qualquer dor. Enquanto tratava o velho, conseguiu que alguns índios, em troca de duas camisas inglesas que lhes agradavam mais que as do posto por serem tão compridas que lhes chegavam abaixo dos joelhos, prometessem levá-lo até a aldeia.

Saiu dias depois para a visita, acompanhado de dois índios urubus e um intérprete tembé que Araújo mandou para carregar a rede de David. Isso depois de hesitar muito se devia ou não aconselhar Soera a autorizar a viagem. Na estrada (picada, por certo bem modesta), passando por um tufo de mato, os dois Urubus começaram a gritar: *Katú kamará*. Saíram três índios que ali estavam de sentinela, armados de arco e flecha. Esses tomaram a retaguarda e a marcha continuou. Até então andavam por um sendeiro estreito mas muito bem batido. Em outro ponto, os acompanhantes abandonaram a picada e atravessaram um igarapé que corria sobre areia, indo para um terreno bem limpo na outra margem, onde havia sinal de que era sempre usado como pouso. Ali cozinharam alguma coisa, descansaram um pouco e prosseguiram.

Diários índios

Mas, em vez de voltar à estrada no outro lado, que continuava sempre batida mata adentro, passaram a andar no leito do igarapé, bem uns quinhentos metros. Então defrontaram com uma larga estrada muito bem cuidada, onde podiam passar dois caminhões parelhados, e que parecia terminar numa grande aldeia que se via a uns dois quilômetros de distância. Um dos acompanhantes se pôs em carreira desabalada, gritando para anunciar a chegada da visita inesperada. Chegaram à aldeia, que tinha nove casas ao redor de uma praça de terra batida muito bem conservada. Aí deviam morar umas cinquenta pessoas.

Todos o rodearam, armaram-lhe uma rede e o cercaram, fazendo perguntas. As crianças, com uma desenvoltura que David – já velho conhecedor da timidez dos Tembé – não esperava, saltavam na rede, deitando-se junto dele. Uns índios perguntaram, então, se ele comia galinha e mostraram algumas empoleiradas por ali. Como respondeu afirmativamente, um deles apontou a flecha e matou uma, que logo mandou cozinhar. Não antes de depená-la, cortá-la e destripá-la no jeito bem cristão que deviam ter visto no posto, onde também obtiveram o espécime, que aliás não comiam, nem apreciavam, senão ao galo, porque cantava.

Ficou chamando capitão Puhang (remédio), nome que ainda hoje lhe dão, na verdade bem ganho com aquela façanha da amputação. Tirou fotografias das casas e dos tipos, embora os índios se atemorizassem ao vê-lo "desembainhar" a máquina e focalizá-los, fugindo dela. Convidado a visitar uma aldeia muito maior, que ficava adiante, não pôde aceitar, teve de voltar porque qualquer obrigação o chamava a Viseu. Preciso comparar o relato de João Mendes sobre a pacificação com esse testemunho de Blake. Ele se atribui feitos de que fala o David, e Miguel Silva com o Elias, antigo encarregado do Pedro Dantas, deram entrevista a um jornal de Belém contando essas histórias.

Em outubro de 1931, David visitou novamente as aldeias urubus. Dessa vez em companhia de Miguel Silva, partindo do Jararaca, e na qualidade de fotógrafo do grupo. Foram guiados até a aldeia por um índio tembé conhecedor dos caminhos, embora levassem consigo dois Urubus. Acompanharam-nos, ainda, alguns trabalhadores. Visitaram, então, as aldeias dos capitães Piahú (o antigo), Urucú e Mariquinha.

Miguel Silva prosseguiu a viagem, alcançando outras aldeias, mas David voltou, porque tinha uma perna inchada. A maior das aldeias era a do capitão Urucú, mas, nas visitas posteriores, ele viu uma aldeia maior, devia ter umas duzentas pessoas. Depois da morte de Urucú, ela se dispersou, os povoadores se dividiram em quatro aldeias pequenas. Quando da visita, o capitão Urucú tinha duas mulheres e muitos filhos de outras que tinha tido. Miguel Silva acreditava que esse Urucú fosse o chefe supremo dos Urubus. David afirma que ele era apenas o mais poderoso, porque tinha a maior aldeia, mas os demais não lhe deviam qualquer reverência, nem o reconheciam como chefe maior.

Outra história contestada de Miguel Silva é a de uma capitã Mariquinha que chefiaria um grupo regular de índios urubus. David nega isso, diz ter conhecido o capitão, que era marido de Mariquinha, mas como era um homem calado e retraído,

Primeira expedição – Canindé

ao menos com os cristãos, a tagarelice da mulher, sempre saliente, a fazia sobressair, dando a impressão de que ela era o galo do grupo.

Segundo David, quando se chega a uma aldeia, a primeira ideia é a de que vivem em comunismo. Cada caçador, quando chega, divide a sua caça, ainda que insignificante, com todos os outros moradores e o mesmo acontece com o produto das roças. Mas, acrescenta ele, quando vivem muitas famílias no mesmo lugar se pode ver que cada qual trata de si. Disse, também, que viu os índios prepararem chicha de banana, mandioca e caju para as bebedeiras das festas de nominação, que sempre se realizam na época de lua cheia.

## Mais David

David voltou às aldeias em 1932, acompanhado de Horace Banner, chefe da missão; em 1933, com Miguel Silva, e, em 1938 (outubro ou novembro), com o missionário Leslie Goodman. Nessa ocasião percorreram nove aldeias, recenseando em todas elas apenas 169 pessoas, além de uma dúzia de que tiveram notícia mas não viram, porque andavam em caçadas e visitas. A maior das aldeias visitadas então tinha entre trinta e quarenta pessoas. Nessa ocasião, observou que as camuflagens dos caminhos das aldeias haviam desaparecido, bem como as grandes estradas que permitiam à gente ver quem se aproximava a um ou dois quilômetros de distância. Havia desaparecido, também, o temor à máquina fotográfica. O resto era igual, conservavam o mesmo tipo de casas, o estado de saúde era sempre bom e também a hospitalidade e a desenvoltura das crianças.

Horace Banner, que chegou ao Gurupi em abril de 1928, certa vez desceu para o Pindaré, partindo de Jararaca. Levou onze dias na travessia da mata até Engenho Central, hoje São Pedro ou Pindaré-Mirim. Foi conduzido pelos Urubus.

David Blake, algum tempo depois de chegar ao Gurupi (1929), casou-se com uma índia tembé, contra o conselho e sem o consentimento de sua congregação. Isso fechou-lhe a carreira. É considerado como meio louco pelos seus companheiros missionários. A mulher com quem se casou era mais velha que ele e já tinha filhos que David adotou. Alguns anos depois de casados ela engravidou e o pobre coração do David floresceu, na ilusão de ter um caboclinho seu filho. Mas quando o guri nasceu, se viu que era a cara de um pescador meio capenga e velho que trabalhava para ele. Durante suas viagens o velho índio era acolhido pela mulher do David. Foi uma explosão mas, ainda assim, ele não a abandonou. Ela é que o deixou para ir viver com o preferido. Então, o inglês amasiou-se com outra índia, parenta da primeira, com quem ainda vive. Com elas aprendeu a falar o tembé. Hoje, fala sofrivelmente o dialeto urubu, que sua atual mulher conhece melhor, por ter sido criada no Posto Indígena Filipe Camarão.

Conversamos muito na noite que passei em sua casa. O homem estava com a alma cheia e queria dois ouvidos para desabafar. Sofre um grande ressentimento pelo boicote de seus companheiros. Racionalizou sua vida como uma tentativa de integração mais profunda com os índios. Reconhece que sua gente não pode admitir isso, essa adaptabilidade não é qualidade britânica. Embora diga o contrário, faz sentir que sua família também o isolou. Sua mãe, quando ele foi visitá-la, em 1934, na Inglaterra, lhe disse:

— Você fez sua cama, agora deite-se nela.

Embora duramente repelido pelos missionários, que tomaram seu caso como um fraquejamento nos trópicos e meia loucura, continua apegado a eles. É o médico e o pastor dessa zona, com muitos clientes mas sem rebanho. Está convencido de que é impossível libertar esses caboclos de tanta superstição e prefere não tratar disso. Na realidade, ele alcançou uma integração profunda com caboclos e índios do Gurupi. Hoje, até se envaidece de ser meio caboclo. Disse até que mesmo os melhores de seus companheiros missionários jamais poderão compreender a essa gente. São fechados demais e, aqui nos trópicos, conservam tudo que podem dos costumes de sua terra. Isso cria uma barreira intransponível.

Pobre David. Ele transpôs a barreira, mas terá obtido a vida que desejava? Essa integração tão profunda, que bem poderia ser um ideal da mocidade, não terá ido longe demais? Minha impressão é de que ele se esforça para convencer-se de que cumpre uma missão que se impôs e de que esse é o destino que desejava.

A vida nos oferece certos centros de polarização que parecem atrair os homens, ofuscá-los e atordoá-los, como a luz atrai insetos que nela vão queimar-se. Pode-se chamar a isso idealismos e vários nomes mais, são religiosos, políticos e outros.

Como esse SPI que atraiu e queimou tantas vidas, fazendo muitos homens cheios de dedicação que nem eles podem compreender. Dedicação que faz tanto bem quanto mal aos índios, porque se manifesta em ações descoordenadas e num atordoamento, numa cegueira que só deixa olhos para verem aquela luz. David é bem isso, não pode libertar-se dos anos em que o prepararam para missionário nos trópicos, nem da dor de viver aqui como caboclo.

Larguemos Blake, mesmo porque há outros ex-europeus acaboclados no Gurupi de que devo tratar. Será que tenho desprezo por eles? Até parece. Se é desprezo, está cheio de compreensão, não será seco e insultuoso como o de meus companheiros europeus, o alemão e o francês. Ambos o sentem quase como uma ofensa pessoal.

Deixamos o David na manhã seguinte (13), depois de lhe dar algum remédio e arroz para fazer uma papa para a mulher, que anda doente.

# Itamoari

Saindo do rancho do inglês, na noite seguinte pousamos diante da cachoeira da Algibeira, a mais perigosa do trecho do rio que iríamos percorrer. Custou muito trabalho aos homens atravessá-la com o batelão podre, mas ao fim tivemos uma boa dormida na mata. Encontramos, no pouso, dois homens que vinham descendo o rio, caçando e pescando para vender o produto salgado em Camiranga. Compramos uma cutia, um mutum, peixe e carne de veado. Foi um banquete o jantar, embora tivesse pitiú (catinga) demais para minhas ventas. Um dos homens era mestiço de negro e índio e o outro um Tembé puro, parecia ser uma espécie de criado. Enquanto o companheiro usava um rifle 44 e uma espoleteira, o índio tinha arco e flechas de quase todas as formas, para pesca, caça pesada e para aves, quase sempre de feitio urubu, embora fabricadas por ele próprio.

Adiante vimos rapazes negros de Itamoari e até brancos com arcos e flechas para pesca. Esse elemento indígena ainda é usado pela população do rio, daquela altura para cima.

No dia seguinte – dia o que, madrugada –, alcançamos Itamoari ainda bem cedo para ir adiante. Mas a tripulação é toda aparentada ali e queria matar saudades. Por isso e para dar uma olhada naquilo ficamos. É um povoado mais em decadência, a igreja parece uma tapera abandonada aos morcegos. Só uns tocos de vela diante do pobre altar indicam que ali ainda se reza, além de uma meia dúzia de tamborins descansando nas paredes. Há umas seis imagens de são Benedito e um são Sebastião, os indefectíveis, e muitas santas que não conheço. Quase todas as imagens são de madeira tosca como o altar e a casa onde se encontram e feias como a necessidade e a miséria dessa pobre gente.

Itamoari é também remanescente de quilombo. Teve seus tempos de riqueza, como Camiranga, quando as minas de Montes Áureos estavam sendo exploradas. Hoje é uma "taperada", menos de dez casas habitadas e toda a gente vivendo de uns canteiros abertos na mata, a que chamam roças, e mal dão para mantê-los vivos e cobertos de farrapos. Uma das plantações a que mais se dedicam e com melhor resultado econômico, embora nessa microscópica escala gurupiense, é a maconha.

O velho Itamoari do mocambeiro Agostinho, que descobriu minas e trocou o que sua fantasia lhe inspirou por bom ouro e depois se tornou o centro produtor de um fumo que chegou a ter nome célebre, hoje dá mandioca e maconha. Bem pouca, aliás, mas como a maconha alcança cem cruzeiros por quilo e não custa plantar e colher, vai dando para o gasto e para o comércio.

# O húngaro de Itamoari

Em Itamoari dormimos na palhoça de um húngaro que falou alemão com meus companheiros. Me deixou a impressão de estar com vergonha de existir. Quando lhe fomos apresentados, ele deu a mão à moda cabocla, riu, cuspiu, olhou pro lado, comentou o mau tempo, os mosquitos e seu corte de cabelo com um ar de quem se desculpa. Mereceu do Foerthmann a observação meio azeda de que "o europeu que se abandona aqui nessa vida dá nisso". Aos olhos dele, o húngaro andou demais, fez concessões que não poderia ter feito, se quisesse continuar europeu. Querer? Idealismos. Tolices. Essa gente vem, jogada de um lado para outro, como folhas num vendaval, tanto pode acabar rico em Belém, como aqui, estiolado, roído, dizendo que:

— Em qualqué terra se trabáia pra vive, purisso não fui pr'América. Passagem pra lá tenho, mas fico é aqui mesmo. Itamoari é o melhor lugar desse rio pra se negociá. Sempre aparece argum ôro pra compra e os garimpeiro dão argum movimento.

Da conversa que tiveram com ele, Foerthmann e Boudin deduziram que veio para o Brasil em 1928, ano de fartura na Europa. Rodou muito, esteve na Argentina, no Paraguai e no Uruguai. Em 1933, ano de crise, voltou à sua terra com intenção de ficar, mas não pôde acostumar-se ao frio e regressou no ano seguinte. Então, veio para essa zona. Quando subiu o rio, trouxe catorze contos em mercadoria, com eles ganhou 26, grande lucro se não se conta o seu próprio trabalho e a desvalorização. Mas ele lá quer saber dessas discussões de "branco"?

Esse húngaro perdido de si é, hoje, negro de Itamoari. O mais próspero do lugar. Afirma que se chama Júlio Neves. Deve ser como aquele célebre Wilhelm von Kende Krumbind que virou Guilherme Linde, que por muitos anos foi dono do rio e de seus moradores. Só que o nosso húngaro é apenas dono do seu pobre "bolicho" de pinga e farinha azeda do Itamoari.

**19/dez./49** – Andei pescando essa manhã num casco (aqui se chama assim a umas pequenas canoas feitas de um só tronco, em que essa gente faz pequenas viagens). Fui com o Foerthmann, levamos todo aquele riquíssimo apetrecho de pesca que você me deu, Berta, e uma arma cheia de balas. Mas, depois de umas quatro horas de trabalho, decidimos que era melhor deixar os peixes dentro d'água, mesmo porque eles não queriam sair, e largar a caça no mato, que lá é o lugar dela. Tomamos um banho delicioso no areal meio submerso e descemos de bubuia, deixando o casco voltar sozinho, como fosse do gosto de Deus e da correnteza, enquanto dormíamos no fundo. Se continuar assim, chegarei preto aí no Rio. Quando tiro a camisa, examino bem as mãos e o rosto para ver se são meus mesmo, tão diferente é a cor que esse sol me deu.

Mas deixa-me acabar logo a história dessa viagem tão vazia pra, depois, contar o que ando fazendo, além de escrevê-la.

# Chatão

Saímos de Itamoari (16) já às sete horas, porque logo adiante há uma corredeira violenta e os homens queriam atravessá-la com sol. Pouco depois de partirmos (duas horas), paramos em Chatão para conhecer. Dizem que o lugar foi criado por Guilherme Linde (1905), como porto de onde partiria para a exploração das minas de Montes Áureos. Ele teve casa ali durante muitos anos.

Primeira expedição – Canindé

Os Urubus, porém, nunca lhe permitiram montar serviço permanente no Chegatudinho. Atacaram-no ali umas três vezes e ele teve de acabar mudando para Bela Aurora, pouco abaixo de Camiranga e perto do lugar onde afirma ter encontrado o evadido de Caiena, um certo George d'Amir que se fizera chefe dos Urubus (que chamava Turyuara) e que assegurara a Linde que ele e sua gente não seriam atacados pelos índios. Continuaram sendo atacados até a pacificação, em 1928, depois da qual Chatão voltou a ser povoado como entreposto das minas de Montes Áureos que, só então, puderam ser exploradas.

Essas minas continuam sendo trabalhadas e dão algum ouro, mas em pequena escala, e Chatão (de Chateau que é "como um francês que morou lá chamava sua casa e o lugar") é hoje outro fantasma. Apenas uma casa de comércio, que é também a única habitada, e uma igreja com os mesmos santos que viemos encontrando por todo o rio e com uma divindade nova, que assaltou o altar, jogando outras para o fundo. São garrafinhas de Coca-Cola, umas doze, deixadas por americanos que andaram por aqui sondando ouro e que não sei como foram parar na igreja, doadas às santidades.

Um registro importante: em Chatão encontramos um limoeiro e me advertiram que era o único e o último do rio. Fizemos, então, uma boa provisão de limões. Essas taperas de vinte e mais anos de ocupação são desertos, ninguém se lembra de plantar uma árvore sequer. Também, a mata anda tão cheia delas, pra que mais?

# Regatão

De Chatão prosseguimos viagem até o ponto de almoço, numa ilha, de onde fomos até umas moradas no barranco maranhense, que alcançamos já ao anoitecer, e ficam diante do igarapé Buissucoara. Ali mora Lucas Tavares com a família e uma meia dúzia de índios tembés, com mulheres e filhos, que trabalham para ele. Encontramos todos os índios doentes, tremendo de febre no fundo das redes. Lucas havia passado por nós algumas horas antes, tinha ido buscar remédio.

Esse caboclo morava no alto Gurupi, muito acima do Posto Filipe Camarão, onde negociava com os índios, trocando cachaça, sal, panos e remédios e o mais que essa gente consome por todos os produtos da terra: farinha, peles e drogas da mata, principalmente. Ele e seu irmão são casados com índias tembés, dizem até que cada um tem duas e ainda se reserva algumas moças em cada ranchozinho tembé. Ultimamente, tem tido atritos com o SPI e, por isso, foi para aquele lugar, abaixo do posto, levando os índios de que necessitava para plantar roça. Toda a população de rio acima lhe deve. Ele é, hoje, praticamente o único regatão do alto Gurupi.

Com a queda da exploração de madeira, copaíba, seringa e outras drogas, depois do recrudescimento dos ataques urubus, afastaram-se os negociantes que Dodt ali encontrou, há oitenta anos, explorando os índios. Também esses diminuíram e

Diários índios

agora Lucas é o herdeiro do rio, dos Tembé e dos Timbira, que embora explorados e humilhados por ele não têm outra pessoa para quem apelar. Contam apenas com ele.

O SPI só cuida dos Urubus. Seus funcionários, preparados para trabalhar com "silvícolas" arredios, têm até preconceito contra "esses índios degenerados". Concordariam todos em que os poucos índios aculturados que se agasalham junto aos postos sejam expulsos, porque perturbam o trabalho com os Urubus e os viciam, além de sempre os intrigarem com o irmão selvagem que ainda tem flechas à mão.

# Forno de cobre

Partimos na madrugada seguinte (16) para outra jornada. Fizemos o almoço numa clareira na mata, descansamos da soleira e fomos dormir em casa de João Borges (Sadó), perto do igarapé Curupyra. Tipo simpático, foi trabalhador do SPI de 1930 a 1940, quando, cansado de não fazer nada, mudou-se para aquela barranca. Plantou umas bananeiras e vive de roças que lhe dão algum gênero para temperar com a caça, o peixe e os frutos da mata, além de algum dinheiro que vai entregar no Chatão em troca de uns poucos pares de calças e saias e muito remédio. Tem um rancho de sapé, dois porcos magros, barriga bem estufada, mulher e filhos desdentados e perebentos, um casco meio podre, muito riso e alguma esperança de encontrar um filão de ouro n'algum pouso de caçada. É o ativo de Sadó.

Saímos de sua casa dispostos a chegar ao posto, embora os embarcadiços não dessem qualquer mostra de quererem pôr tutano no remo. Ao contrário, diziam que era impossível. Paramos em dois ranchos, ambos paraenses. No último deles, entre Marajupema e Coracy, passamos mais tempo para que os tripulantes pudessem engolir sua dose de peixe salgado, que já vinha cozido, e parte do nosso almoço, que lhes cedemos. Enquanto mastigavam, dei uma volta e pude ver a casa e os pertences daquela gente, os mais ricos que encontramos nessas barrancas. Moram ali um cafuzo casado com uma índia tembé, seus filhos e muitos parentes mais. Têm casinha de palha, com uma parede "de sopapo" quase caindo, e uma cobertura sobre um forno de farinha, onde alguns moradores trabalhavam.

Um homem amassava mandioca para espremer no tipiti. Uma mulher, com uma criança sugando-lhe a mama, passava na peneira os pães já espremidos pelo marido. Outro homem ia torrando a farinha. As outras pessoas se agitavam na casa. Têm muitas galinhas e patos, um cercado onde plantam pimenta e outras coisas que não tive tempo de ver. Além de um cercadinho com algumas dezenas de jabutis na ceva. Têm, ainda, muitas fruteiras novas, principalmente cajueiros e goiabeiras.

Quero fazer uma planta da casa e dos pertences dessa gente, a roça, as fruteiras e tudo mais, como exemplo de um tipo de ocupação humana da mata gurupiense. Isso com algumas fotografias de coisas, gentes e bichos, e uma história sumária da família pode ser interessante para a pintura da paisagem humana do rio.

Primeira expedição – Canindé

Por incrível que pareça, o capital que permite aglutinar-se tanta gente e lhes dar tanta prosperidade relativa é o forno de cobre para torrar farinha, por cujo uso todos pagam. Cumpre também um papel decisivo o fato de não estarem dependentes de um regatão que os faça produzir mercadoria para as trocas. Tendo uma boa liderança e sendo livres, dedicam-se essencialmente a atender suas condições de existência, plantando, caçando, pescando. Eventualmente coletam alguma droga para trocas.

## O posto

Almoçamos nosso feijão e farinha durante a viagem mesmo; chegamos ao anoitecer. Desde uma curva do rio, na ponta da ilha que hoje chamam "da pacificação", se veem as casas do posto. Dominando-as, uma muito grande, feita de tábuas serradas e coberta de telhas, que é a escola e será nossa morada. Outras são pobres tapirizinhos de palha onde moram encarregados, trabalhadores e índios. A casa nova ainda não está terminada, apesar de que começaram há dois anos. Pelo visto, nesses vinte anos em que o SPI esteve implantado aqui, muita coisa teve essa gente que fazer para, com verbas pródigas, não encontrar, em tão longos anos, tempo para fazer casas melhores ou mesmo para plantar uma só árvore frutífera.

## Sarampo

**21/dez./49** – O Mota saiu há dois dias para atender a um chamado do capitão Piahú, que estaria passando muito mal. Acreditávamos que fosse gripe, apanhada na viagem a Belém. Mota voltou hoje, não é gripe, mas sarampo. O referido capitão, que parece ser o chefe urubu atualmente mais importante, está muito mal. Mota acredita que ele morra dentro de alguns dias. Tem os olhos tomados pela doença, a boca toda aberta em feridas, arde em febre e já está com a garganta atacada.

    Mota encontrou o capitão doente e muitos mais numa aldeia provisória, onde estavam torrando farinha. A gente que o rodeava, ainda inconsciente do perigo, continuava lá. Na aldeia de Piahú estão apenas duas ou três pessoas, mal demais para andar; os demais fugiram para a mata, julgando poderem assim fugir do flagelo que caiu sobre eles.

    O próprio capitão estava já a um quilômetro de distância, fugindo da doença e carregando-a. Alguns de seus homens o ajudavam na fuga, mas com a chegada do agente ele voltou e, provavelmente, não sairá mais de sua casa.

    As outras aldeias estão também atacadas pela epidemia. Talvez seja o fim dos Urubus ou, ao menos, um golpe tão sério que a resistência que acaso oponham à submissão e degenerescência será destruída. O posto não tem nenhum recurso para atendê-los e, se não estivéssemos aqui, provavelmente nem se lembrariam de apelar para a Inspetoria, pedindo providências urgentes. Os veriam morrer, lamentando muito, mas de braços cruzados.

É um crime que o SPI, depois de vinte anos de pacificação, não tenha feito vacinar esses índios contra doenças tão comuns, de imunização tão fácil e barata e tão terrivelmente fatais para eles. Minhas esperanças são de que nos contatos, mesmo inamistosos, que tiveram com mocambeiros tenham experimentado já a moléstia e, hoje, contem com alguma resistência orgânica contra ela.

Índia urubu e seu filho atacados pelo sarampo.

Amanhã seguirá para São José do Gurupi um casco levando telegramas nossos e dos encarregados aos diretores do SPI, comunicando a epidemia de sarampo, a ameaça mortal que representa e pedindo socorro. Assinamos eu e Boudin. Foerthmann se absteve. Nosso amigo disse que sua função é outra aqui. Respondi que tomava essa providência por um dever humanitário para com os índios e, ainda, porque como funcionário devo zelar por eles, na medida de minhas possibilidades, embora a minha função não seja também esta.

Mais um registro mal-humorado que não devia estar aí. Depois de realizado o trabalho de uma expedição dessas, quando se obtém bom resultado, como espero, cada qual, sentindo o valor do que fez, esquecerá, por certo, essas bobagens. Agora, por exemplo – e lá vai mais bílis –, sinto que ambos andam ressentidos porque assumo, inadvertidamente talvez, uma posição de chefe, deixando-os em segundo plano.

Esforço-me o quanto posso para evitar isso, mas, como devo decidir as coisas, essa gente simples, desde Viseu, quando nos apresenta a conhecidos, tende a me destacar como o encarregado geral, embora eu sempre frise que somos colegas, cada qual responsável por sua tarefa específica. Como esse ressentimento ficou mais claro outro dia, entreguei a Boudin o encargo de todo o material e o caixa. Ele havia sugerido a divisão dos brindes porque, dizia, assim cada qual terá suas oportunidades de conquistar a simpatia dos índios, para melhor realizar seu trabalho. Concordou, depois, que os brindes são destinados à troca por artefatos e que a divisão deva ater-se somente a fumo, sabão, sal, barras de ferro e outras pequenas coisas que trouxemos para que fossem fornecidas aos índios.

Mesmo depois de entregar-lhe aqueles encargos e embora tenha dito que agora ele era o responsável pelo material, e a ele devem dirigir-se todos quando querem qualquer coisa de nós, os índios continuam apelando sempre a mim. Não posso ir além dessas concessões, creio que o mais importante é assegurar nossa unidade de vistas e o bom humor, para que possamos trabalhar juntos. A equipe tem importância maior que o trabalho particular de cada um de nós; no conjunto é que sobressairão nossas contribuições. Esses são problemas que sempre ocorrem quando se trabalha coletivamente, antes de acertar o funcionamento do grupo. Espero e farei tudo para que isso se resolva prontamente.

Primeira expedição – Canindé

Voltemos aos índios. O Miranda diz saber que os Urubus tiveram outras epidemias de sarampo e que nas aldeias há alguns com o rosto marcado delas. Desejo muito que seja assim, mesmo porque todos os nossos planos podem ser prejudicados se o sarampo se alastrar, fazendo vítimas como costuma ocorrer com grupos indígenas.

Nosso projeto de seguir dentro de poucos dias para a aldeia do Piahú e lá nos estabelecermos para fazer a filmagem está prejudicado. Pelo menos por um mês mais não haverá condições de realizar ali esse trabalho e, nesse período, outros grupos irão sendo afetados. Poderíamos seguir imediatamente para o Filipe Camarão, estabelecer lá a nossa base e iniciar o trabalho pelas aldeias daquele lado. Porém, isso nos afastaria mais ainda de qualquer recurso. Aquele posto está abandonado, não tem nem casa onde possamos abrigar o material que levamos. Contudo, é a melhor alternativa que temos, ainda que a epidemia possa chegar lá também e atrapalhar. Estamos entre a epidemia e a chuva. Se demorarmos, o inverno não permitirá qualquer filmagem e devemos chegar ao menos alguns dias antes da peste.

Depois de feita a filmagem, percorreremos as aldeias de lá e voltaremos para conhecer as daqui. A começar pela aldeia do Piahú, se bem que muito pouca margem há, nessas situações, para uma previsão segura. Caso a epidemia ataque fortemente, os índios se meterão na mata, onde podem ficar tanto um mês como um ano, até que o sarampo mate todos os que tenha atingido e os sobreviventes tomem coragem de voltar e construir novos aldeamentos.

Lembro-me, agora, dos esforços daqueles dois jesuítas na primeira missão junto aos Guaikuru, em 1613, quando os índios fugiram para a mata, aterrorizados com o sarampo que os dizimava. Morriam à míngua, largando para trás os que iam adoecendo e que serviam de pasto para as onças e urubus. Outros, meio perdidos e atordoados, morriam de fome na pressa e no terror com que procuravam escapar da doença. É uma perspectiva triste essa, mas provavelmente os Urubus já têm defesa orgânica contra essa enfermidade e ela desaparecerá logo. Ao menos, esse é meu desejo.

Assim que chegar João Carvalho, o encarregado do posto, com o motor que o Eurico prometeu mandar, colocaremos nele toda a nossa tralha e iremos adiante. Lá nos arranjaremos como pudermos. João ficará no posto, cuidando de nossas coisas, e Alfredo, que virá com ele, pode ser de alguma utilidade. Se lá nos esperam mais mosquitos e isolamento, também nos espera uma roça de mandioca, que nessa nossa pobreza será muito bem-vinda.

Desde ontem trabalho com a papelada velha do posto, roída de cupim e outros bichos, viveiro de ratos, baratas etc. Mas já descobri coisas preciosas, relatórios de Soera, datados de 1930 e 1931, sobre os trabalhos da pacificação e muita coisa mais. Vou continuar lá dentro minha estação de espirros, até que o sol baixe um pouco para percorrer as casas. Tenciono recensear os moradores do posto. Há aqui algumas famílias tembés e uma família timbira, alguns negros e mais gente que vou ver.

**23/dez./49** – Novas notícias das aldeias: a epidemia continua grassando. Num dos grupos já morreram quatro mulheres. No outro, dois homens. A nova foi trazida por um casal da aldeia do Serapião, que chegou hoje à procura de brindes. São os pedaços de ferro que trouxemos de Belém para pontas de flechas que começam a entusiasmar o pessoal. O homem do grupo é moço ainda, ali por seus 25 anos, a mulher terá vinte, e trazem uma criança de dois anos, ainda mamando, enganchada numa dessas faixas que as índias usam para carregar os filhos, a tipoia. O rapaz veste uma velha calça, a mulher uma tanga de tecido "europeu". Graças a Deus, ao menos a menininha está nua, ainda.

Ontem, trabalhei de manhã enterrado na papelada velha, agora tenho toda a história disso aqui, dia por dia, durante os três primeiros anos de trabalho – os diários de ocorrências e relatórios anuais. Isso coloca as coisas em seus eixos: foi David mesmo que operou o pé do índio e o primeiro civilizado que visitou suas aldeias. Vão por terra as fanfarronices de João Mendes. De início, pensei em resumir aquilo e até iniciei o serviço, mas vou levar os papéis, que é melhor. Só um acaso os salvou até agora, nesse clima e com esse desleixo dos funcionários. No Rio, provavelmente estarão mais seguros.

## Censo

À tarde fiz o recenseamento do pessoal que mora aqui, umas sessenta pessoas, fora os funcionários e familiares. Só o Mota tem família, de que começa a participar o Raimundo, que não é tão mau rapaz como Miranda pintava. Moram aqui, ou estão de passagem, 27 Tembé, dez Timbira, sete caboclos, oito negros, três mulatos, um Urubu, um mestiço tembé-caboclo; num total de 57 pessoas, homens, mulheres e crianças. Beleza, mesmo, só se vê numa jovem mulata seiuda.

## Pênfigo foliáceo

O trabalho revelou algumas coisas interessantes. Vive aqui, ou melhor, morre aos poucos de podridão uma moça índia de uns vinte anos, completamente abandonada. Nasceu numa aldeia tembé no Igarapé da Palha, alto Gurupi; foi depois para o Filipe Camarão, de onde mudou-se para Viseu, com o pessoal do Miguel Silva. Lá, casou-se, separou do marido, que hoje vive num posto do Oiapoque. Não sendo aceita na casa dos Silva, encontrou oportunidade de ir para as minas do Chegatudinho. Depois de dois anos lá, cheia de doenças, foi trazida aqui para o posto, onde está paralítica, com a metade do corpo aberto em chagas e exalando mau cheiro terrível.
    Ouvira falar dessa moça, mas quando cheguei à casa onde está, não imaginei que fosse ela. Vi uma índia nova, de cara limpa e até bonita, numa rede imunda.

Primeira expedição – Canindé

Toda a casa exalava a catinga, mas não percebi que vinha dela. Notei quando começou a falar, com uma desenvoltura que não se encontra nos índios tembés. A vi tão bem-disposta que imaginei poder curá-la com uma das drogas que trazemos, por isso fiz baixar a rede para ver. É impossível, a pobre moça é só uma chaga profunda da cintura até os pés. Só o preto Chico Ourives trata dela, lavando a chaga enorme com um cozido de ervas. Todos os mais fogem de medo e nojo. Será o pênfigo foliáceo que vi em Mato Grosso?

## Marginais

Índia kaapor fazendo farinha.

Encontrei, também, duas índias marginalizadas. Havendo perdido suas famílias, tiveram que se agregar a gente estranha. Na casa da moça doente vive uma índia urubu de uns quarenta anos. São as únicas ocupantes. Essa Urubu está no posto há mais de um ano e não quer voltar às aldeias. Contou que perdeu o marido e todos os cinco filhos que tivera. Parece meio atordoada, vive do que lhe dão e isso significa uma dieta de permanente jejum. Conta o Mota que ela não quer voltar à sua gente, porque não tendo quem a proteja é obrigada a ficar na casa como burro de carga, carregando paneiros e fazendo todo o serviço bruto para os outros. Aqui, embora faminta, é livre.

Vive em casa do encarregado a filha da mulher do David, cujo nascimento quebrou as esperanças do velho, que se preparava para receber uma filha e viu uma cria de seu pescador. É uma bonita menina, de traços finos, e tem uns doze anos. Serve de criada na casa, trabalho adoçado pelo tratamento paternal que lhe dá o Mota, tão caridoso em criar essa pobre indiazinha...

## Timbira

O que ainda resta dos Timbira vai chegando para o posto. São tão poucos que os dez moradores daqui perfazem quase a metade da população timbira do rio Gurupi. Chegaram há dois meses. Um grupo vive ainda na casa do encarregado, a cuja família servem de empregados. Outro está hospedado com uma família de negros, ali construíram uma casa própria. Aqui está também, e veio a nosso chamado, o Timbira André, que é de sua gente o que melhor fala português. É o mesmo André que serviu no posto durante a pacificação, antes da primeira fala com os Urubus, quando ainda se supunha que eles fossem Timbira.

Espero obter dele alguns mitos e que faça seus parentes daqui cantarem alguns de seus cantos para o nosso sonógrafo e, ainda, a terminologia de parentesco. Boudin tem trabalhado com ele no levantamento da língua, que lhe parece ter alguma coisa de comum com o maxacali. Talvez até o levemos conosco. Trabalhou muitos anos com Miguel Silva e conhece as aldeias urubus, onde é bem recebido.

Por enquanto, ele me deu uma melancólica lista completa dos Timbira do Gurupi. São 23 pessoas, dez aqui e os demais no Filipe Camarão e na Aldeia Sordado, que deve contar umas vinte almas, se tanto. São todos aparentados ou, ao menos, pude relacionar todos num só diagrama que exprime seus parentescos principais. Dentre esses 23, existem alguns mesticados, inclusive os dois filhos de André, que é casado com uma negra. Os elementos estranhos, metidos no grupo por casamentos, são aquela negra; o Chico Ourives, também negro, atualmente trabalhando aqui; e dois Tembé, um dos quais é casado com duas mulheres, mãe e filha, e um caboclo. Vamos à relação e ao diagrama.

## Os Timbira do Gurupi

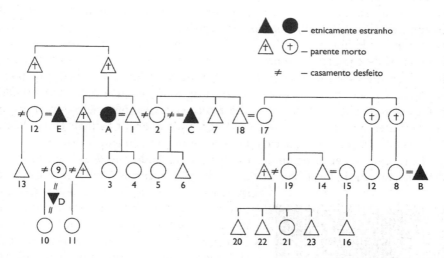

1) André – 40
2) Rosinha – 40
3) Joana – 10
4) Sofia – 5
5) Odete – 6 – cafuzo
6) Jonas – 1 – cafuzo
7) Pompeu – 30
8) Maria – 20
9) Nazareth – 40
10) Olinda (Deolinda?) – 20

11) Tereza – 10
12) Cacilda – 30
13) Augusto – 6
14) Jacu – 30 (Kúi-ukuá)
15) Joaquina – 30 (Tá-púi)
16) Raimundo – 19 (Kar-hapiê)
17) Margarida – 40 (Púru-pékin)
18) José – 45 (Auá-ikô Katôn)
19) Mariquinha – 35 (Pupi-íi)

20) Guilherme – 17
21) Lídia – 9 (Lian-hô)
22) Luiz – 15 (Á-hôg)
23) Izaac – 4 (Pagá-pôn-ni)

A) Alízio – 40 – negro
B) Alfredo – 20 – caboclo
C) Chico Ourives – 50 – negro
D) Emiliano – 40 – Tembé
E) Leandro – 20 – Tembé

Primeira expedição – Canindé

# Margem maranhense

**24/dez./49** - Anoiteceu rapidamente ontem, com esse tempo chuvoso que temos, e interrompi a conversa sobre o que fiz. Madruguei, antes das sete já estava a caminho de uma aldeia urubu, que fica a pouco mais de duas léguas do posto. Foi um bom passeio pela mata, mas cansativo, e o pior é que não encontramos os índios. Chegamos às dez, estafados, e já sabendo que não encontraríamos ninguém, porque não obtivemos resposta para a buzina que o Mota improvisou para anunciar nossa chegada e que tocou com toda valentia.

Esses índios vieram para o lado paraense, para tão perto do posto, por insistência dos encarregados. É parte daquele plano aloucado de trazer os Urubus para a jurisdição do Pará. Na verdade, ela é que os assiste, mas, como moram no Maranhão, um dia o Xerez pode querê-los. Isso é explicação do Mota, que é muito maldoso. O Malcher tinha, na realidade, boas razões para isso. Acredita que no lado paraense haja mais caça e pesca e aqui poderia mais facilmente obter a legalização das terras em que os índios fossem viver. Só não contava com esse apego do índio à terra, que porá abaixo qualquer plano de extradição.

Aquilo não é bem uma aldeia, mas um pobre pouso. Derrubaram a mata num quadrado de cem metros de lado e plantaram mandioca, melancia, algum milho, abacaxi, carauá (uma fibra para cordas de arco e outros fins) e algumas bananeiras. Enquanto trabalhavam a roça, moravam em tapiris tão pequenos que mal davam para cobrir a rede. Cada homem, com sua mulher e filhos, tinha um desses ranchinhos de 2,5 metros de comprimento por 1,1 de largura e dois de altura, sem qualquer proteção lateral contra sol ou chuvas de vento. Ao lado daquelas cobertas de palha havia alguns cercados de varas, que Mota explicou como sendo arranjos para prender cachorros quando chega visita. Enquanto a roça cresce na mata, eles foram colher a que plantaram o ano passado no alto Coracy, onde também há mais caça e peixe. Assim, somente daqui a uns quatro ou cinco meses voltarão àquele pouso.

Regressamos, depois de um quarto de hora, andando com os pés dentro de um riacho, sem ver um índio depois de tanto esforço. Chegamos à uma hora da tarde, extenuados, pelo menos eu, que ainda não estou acostumado a essas andanças. O caminho pela mata é árduo, cheio de paus caídos que se tem de rodear, sumindo, às vezes, no meio de uma infinidade de sendas, cada qual mais coberta de mato.

Os cachorros, bem uns cinco, iam à frente, cuidando de espantar toda caça que acaso pudéssemos encontrar. Pois a menos que alguém se disponha a segui-los na disparada louca que fazem em círculos pela mata, obrigado a andar de quatro, não se caça. Mas eles mesmos, às vezes, conseguem apanhar alguma coisa: ontem foi um gambá dos grandes. Além dessa "caça", que vimos

Darcy na mata.

Diários índios

e cheiramos, o Mota matou um macaco-prego e eu um filhote de guariba, querendo atirar na mãe para apanhá-lo vivo.

A canseira da viagem foi aliviada pela barulheira dos macacos e por longas histórias dos desmandos, roubos, imoralidades, canalhices que formam a crônica desses postos. Sobretudo depois da chegada do Miranda e da transferência do Miguel Silva. Não é à toa que aquele Elias, agente do posto, está descansando por conta própria há mais de um ano em Curucaua. O Miranda fez tantas sujeiras em sua companhia que não tem mais autoridade sobre ele, como de resto sobre qualquer outro funcionário da região. De volta, tomei um banho, almocei e dormi umas horas, como um justo. À tarde, escrevi e conversei com os dois índios da aldeia de Serapião, que vieram atrás de brindes.

O Boudin anda trabalhando muito e bem. Não conseguiu no André o intérprete que ele parecia dar, o homem ainda precisa de um bom curso para ajudar. Em compensação, descobriu um Tembé que é um achado. Alfabetizado, fala perfeitamente o Tembé e o Urubu. Serviu de informante a Horace Banner durante muito tempo, quando ele fazia sua gramática. Já está maduro, portanto, para nosso trabalho e irá conosco, como intérprete, para as aldeiras urubus. Chama-se José Aurelino, e Boudin está entusiasmado com as boas qualidades do homem.

**25/dez./49** – Natal. Vou comer uns doces que Boudin guardou para hoje. Ontem trabalhei com dois Timbira na terminologia de parentesco, vamos conseguindo o material. Quando estiver pronta iniciarei a coleta das designações tembés. Estamos preparando os informantes para a gravação de alguns mitos e cantos. Por enquanto está muito verde para ser anotado aqui, fica mesmo no borrador.

**26/dez./49** – Nada de importante. Um dos meus Timbira ficou na rede com um acesso de impaludismo. O outro aproveitou o Natal para caçar. Chegaram as coisas que deixamos em Camiranga, assim toda a carga está aqui. Mas teremos, ainda, de esperar o motor para seguirmos até o Jararaca, de onde iremos para as aldeias. Isso nos pode prender uma semana aqui.

Mas tenho uma anedota de Curt Nimuendaju para lhe contar. E, convenhamos, isso é bem melhor que a pobre palha de que tenho feito este caderno tão vazio e sonso. Curt estava num posto dos Canela, no Maranhão, do qual Miranda era o encarregado. Conversavam uma noite e a mulher do Miranda lamentava a sorte das mulheres:

— Coitadas – dizia –, elas é que têm a pior parte. O filho elas têm que carregar um tempão na barriga e, quando vai nascer, é quase um caso de morte. E que dores...

Então o Curt pondera:

— É sim senhora, acho que nisso a natureza andou errada. Tem razão.

Todos, aí, o olharam, esperando que se explicasse, e o Miranda pergunta:

— Mas, por quê?

— Ora, acho que as mulheres deviam era botar ovos. Tudo seria mais simples, não doía tanto e a gente ia juntando. Quando quisesse filho, podia chocar logo uma ninhada e, em épocas de crise, aqueles ovos sempre ajudariam.

*Primeira expedição - Canindé*

E outra: no mesmo posto, um grupo de pessoas contava casos de raios que matavam gente. Aí, o Miranda postulou:

— É, raio mata, mas um aerólito é que é. Caindo em cima d'um, não tem salvação.

Curt confirma:

— Aerólito? Pois é, arrebentando em cima d'um, é difícil escapar alguma coisa.

— Escapa nada, homem, já se viu?

— A alma até pode escapar, mas é bem amarrotada – responde Curt.

Essas historietas aqui empolgam a gente, mas no Rio não sei qual seja o efeito delas.

## O sarampo se alastra

Chegou, hoje, mais um casal de índios com dois filhinhos, ambos e a mulher doentes. É o sarampo. Trata-se de um irmão do capitão Piahú. Não sabe o que se passa na aldeia daquele, porque não foi vê-lo, com medo de apanhar a peste. Mas ela veio atrás dele. Não temos qualquer remédio, ao que saiba, para sarampo. Assim, vou dando antifebris e analgésicos.

Ele trouxe uma notícia desoladora: também as aldeias do Jararaca já foram atingidas pela epidemia e os índios começaram a fugir para a mata no rumo do Pindaré. Sendo verdadeira a notícia, temos ameaçada nossa última possibilidade de filmagem e também o meu trabalho estará seriamente prejudicado.

Para não ficar aqui olhando a chuva, enquanto o tempo passa e o sarampo se alastra, resolvi seguir, depois de amanhã, para o Jararaca. Irei com o Mota e, de lá, seguirei imediatamente para as aldeias a fim de ver, eu mesmo, o que está acontecendo e tentar segurar os índios ali. Enquanto isso, o Foerthmann irá à aldeia do Piahú dar uma olhada. Caso um de nós veja que há condições de trabalho onde se encontra, manda chamar o outro. Eu faria descer um índio para avisá-lo que devia seguir com o motor, assim que chegasse. Tenho esperança de que isso dê certo e lá ainda encontre gente numa das aldeias.

Senão a alternativa seria bem triste: Foerthmann voltaria ao Rio, para resguardar o material cinematográfico que aqui, em pouco tempo, se inutilizaria com a umidade. Eu teria de andar de léu em léu, à procura de índios que andam fugindo, para fazer umas perguntinhas que eles, com boas razões, não teriam qualquer vontade de responder. Só o Boudin, ainda assim, tem condições de trabalhar. Aqui pode estudar, tão bem como em qualquer outro lugar, ao menos as línguas tembé e timbira. Eu teria, ainda, a oportunidade de ir pesquisar em Camiranga e nas minas, num estudo de comunidade, o que sairia muito caro e não atenderia nada a meu apetite indigenista.

Diários índios

Bolas com essa melancolia! Melhor é preparar-me para ir à frente, ver com os olhos que Deus me deu o que há de certo no meio dessa encrenca e decidir prontamente. Vou combinar com o Mota a viagem para a madrugada de 28. Levarei o Cezário comigo, o que é uma esperança de um café miserável, mas servido a toda hora.

**27/dez./49** – Viajo mesmo amanhã pela madrugada. Serão três jornadas, ainda mais enfadonhas que as de Camiranga para cá, porque iremos com um piloto e dois remeiros apenas.

O Foerthmann deve seguir também no dia 29 rumo às aldeias daqui. Visitará os grupos de Piahú, Anakanpukú e Kaaró para fazer uma ideia das possibilidades de trabalho lá. Caso encontre condições para a filmagem, mandará avisar e eu descerei. Se não for realizável o plano, ele e Boudin aguardarão um aviso meu sobre as aldeias do Jararaca.

Primeira expedição – Canindé

# Jararaca

**31/dez./1949** – Na boca do igarapé Jararaca, município de Carutapera, Maranhão, Posto Indígena Filipe Camarão.

## Miguel Silva

Afinal, chegamos. Isso é uma tapera. Apenas se arrastam entre os ranchos de palha, todos em estado deplorável, uns poucos Tembé remanescentes da povoação que o velho Miguel Silva mantinha aqui. É um dos postos mais antigos do SPI, fundado em 1910, pelo capitão Pedro Dantas, para pacificar os Urubus. Fracassando em sua missão, ficou, por fim, como posto de atendimento aos Tembé. Sempre com o peso de um sentimento de culpa, por não ter atraído os Katú-kamará que, então, mais espertos, não queriam saber de cristão.

Chegou a prosperar como aldeamento tembé. Aí estão essas imensas capoeiras, atestando quanto se trabalhou aqui. Depois da pacificação dos Urubus, de 1930 a 1940, isso, como todo o SPI, entrou numa fase de completo abandono pelo governo. O velho Miguel Silva, tendo que atender aos Urubus que vinham exigindo ferramentas, roupas e bugigangas, organizou sua economia, plantando roças, coletando drogas da mata, vendendo e comprando alguma coisa para sua gente e para os Kamará.

A coisa marchava mais ou menos, até que um dia o SPI resolveu "fazer isso aqui entrar nos eixos, acabar com os desmandos e punir as irregularidades". Veio, para tanto, esse calamitoso Miranda. Mancomunando-se com Elias – aquele resto de gente que se estiola em Curucauá –, tantas fizeram que expulsaram o velho Miguel Silva do posto que criara. Transferiram-no para o Maracaçumé, antigo poleiro de Elias, que veio substituí-lo. Foi a derrocada, Miguel Silva doente, sem recursos, morreu lá. Os índios se revoltaram contra Miranda, que, cheio de pavor, demitiu o filho de Miguel Silva, que ainda mantinha alguns índios aqui. Foi o golpe final num posto com quase quatrocentos índios, o único que tinha roças suficientes para receber os enormes grupos urubus que o visitavam e mantê-los por temporadas. Ficou isto...

Não há aqui um só rancho em bom estado. Escrevo do melhor deles, que só tem uma sala da frente com coberta capaz de aparar a chuva de um lado; o outro e todos os demais cômodos estão quase ao relento, com as paredes esburacadas. Uma pocilga.

Mas, vamos ao que importa. O capitão Koaxipurú, que tem o grupo mais próximo do posto, foi embora para as aldeias do Tury, fugindo do sarampo, cuja notícia já correu aqui. Da aldeia do Major, ninguém sabe coisa alguma. Das outras, então, nem se fala. Vou arrumar os panos para seguir logo que seja possível. O tempo é que anda muito instável, com fortes chuvaradas todos os dias, mas isso não será empecilho.

## Viagem

Você gosta de histórias de viagens, não é mesmo? Pouco diferem umas das outras essas subidas morosas e cansativas, mas vou contar o que vi pelo caminho. Saímos do Canindé depois das seis, porque adiante há umas corredeiras que só podem ser atravessadas em dia claro. Foi a mesma trabalheira de saltar n'água, carregando o batelão quase nos ombros, ou nadar correnteza acima com uma corda para firmar-se numa pedra e puxá-lo. Sempre há o perigo de vê-lo rodopiar, desgovernado sob a força das corredeiras, levando tudo para o fundo, principalmente porque só tínhamos dois remeiros para uma embarcação grande, que exige quatro.

Passadas as ditas "cachoeiras", o rio corre remansoso, quase sempre espraiado e raso nas margens, para poder subir à zinga, que são varas fortes e flexíveis que estes índios e negros manejam à perfeição. Os dois rapazes tembés trabalharam como desesperados. Não é à toa que essa gente morre "como passarinho", alimentando-se de chibé e remando doze a catorze horas por dia, sem descanso, meses a fio. Vinham sempre calados, cuidando só de seu trabalho árduo. De momento a momento, um deles parava e dizia: "nhambu", "jacaré", "mutum", "paca" ou o nome de outra caça, mostrando com o beiço uma das barrancas, mas só eles viam. No último dia, ao entardecer, tendo remado desde as três da manhã, estafados, ficaram mais loquazes. Passando um poção, um deles disse: "Tem cobra aqui". Depois de perguntarmos muito, contou que, uma noite, dormindo na canoa, a viu aproximar-se lumiando como um candeeiro.

Afora isso, só diziam palavras soltas sobre árvores que viam, lugares por onde passavam, referências à chuva que ameaçava cair e aos relâmpagos. Descobri, depois, que era efeito da maconha. Ela lhes dá resistência para esse esforço extraordinário, mas abre a mente e a alma para cantares singelos com que se expressam.

— Não lumeia.
— Chuva, não cai.
— Não molha nós, chuva.
— Espera nós chegá.

Já perto do posto, vinham repetindo como um refrão:
— Jararaca, chega mais perto.
— Caminha pra cá, Jararaca.
— Jararaca, fica mais perto.

Eram o cansaço, os temores da boca da noite, o sono e a fome que os faziam falar, além do alento adicional da liamba.

Diários índios

No primeiro dia (28), passamos pela célebre pedra Mão d'Onça, que fica bem no meio do rio e é cheia de histórias. Muita gente acredita, e até anda registrado em livros, que aquele que gravou seu nome ali na pedra o fez para marcar um tesouro que enterrou. Até as cifras eles citam, seriam 900 mil contos (em 1922). A pedra tem uns sulcos em uma das faces, que "tipificam" (o Mota que me empreste esta sua expressão) um rastro de onça, e, ao lado, a seguinte inscrição:

*Gervázio Garcia*

A marca é bem visível, embora a pedra esteja toda marcada de ricochetes de balas, porque ali é ponto de caçada e todo caçador quer deixar sua marca. Sendo analfabetos, escrevem a bala. Um deles, mais afoito na procura do tesouro enterrado, esgravatou com um formão a data que Gervázio Garcia havia gravado perto do nome, na esperança vã e estulta de encontrar ali a riqueza. Hoje não se pode mais ler a data.

# Sordado

Chegamos à aldeia dos Timbira, denominada Sordado, porque lá, há muitos anos, esteve um destacamento da Colônia Militar, não se sabe se atrás de cabanos ou mocambeiros. Ali mora o André, que tem uma casa realmente suntuosa – diante de tanta palhoça porca que suja essas barrancas –, alta, bem coberta de sapé, com paredes, divisões internas, até cozinha de pau a pique.

É a morada dos Timbira que ele consegue manter consigo. Os que foram para o posto ou andam soltos por aí são os que não o reconhecem como capitão. Ou seja, a velha Margarida, que pretende ser, também ela, um "capitão" e quer dirigir seu próprio grupo; e o Miguel Jacu, que vivia com André, mas rompeu com ele por um motivo bem interessante.

A mulher do André é uma negra (irmã do capitão Inácio e de Arminda). Um seu irmão morava, também, no Sordado e tinha uma roça. Como uma velha timbira estava com fome e não tinha para quem apelar, colheu umas mandiocas ali. A negra não gostou e reclamou. Jacu a repreendeu, dizendo que eles eram índios e o sistema era aquele mesmo, todos eram aparentados e podiam se socorrer uns aos outros. Se ela e o irmão não gostassem, que caíssem fora. Chega André, apoia a mulher, briga com Jacu e este muda para o posto, desgostoso. Um "civilizado", no caso uma negra, no meio de índios é mesmo uma cunha quebrando suas relações. Com esses vinte e poucos Timbira desaparecerão os Timbira do Gurupi. Seus filhos, misturados com negros e outros índios, já nem falam a língua.

# Jiboia

Dormimos na casa do André e, no outro dia (29), saímos cedo. Paramos no Jiboia para preparar o almoço. Era muito cedo, mas eu queria ver a redondeza e aproveitei a oportunidade. Mora ali um grupo de caboclos, todos aparentados. O chefe deles é um velho trabalhador do Filipe Camarão. Veio criança para cá, com a mãe, que era amigada com um trabalhador. Aprendeu a ler e escrever na escola do posto e cedo entrou para a turma de diaristas. Aqui viveu até a transferência do velho Miguel, quando Miranda o demitiu. Casou-se com uma moça da família Noronha que vivia nas nascentes do Gurupi, no Cajuapara, explorando os Tembé de lá. Aos poucos, os cunhados foram se juntando a ele, hoje vivem todos em Jiboia, terra dos índios, e têm o melhor sítio que eu vi nessas barrancas, boa roça, muitas fruteiras, um forno de farinha e casas limpas. Vive com eles uma família tembé.

Jiboia daria uma boa oportunidade para estudo de ocupação ecológica, como um assentamento humano bem-sucedido na floresta tropical. Também nesse caso, o fator de êxito é não dependerem de nenhum regatão, o que lhes dá liberdade de proverem suas próprias necessidades, antes de se dedicarem a qualquer produção mercantil.

Saímos de lá para dormir na embocadura do Urucum. É um rio largo e correntoso, que pode ser navegado por grandes batelões muitos dias rio acima. Armou-se uma barraca com minha lona, redes e mosquiteiros dentro. Acordamos cedo, bem antes desse preguiçoso sol de inverno, e viajamos até a morada do capitão Mané. Um velho tembé, dono orgulhoso de uma bonita espada, casado com uma menina de treze anos, que bem podia ser sua neta. Aí chupamos umas laranjas verdes, comemos beiju de polvilho de mandioca, ouvimos falar mal do SPI e seus desserviços e seguimos para o ponto do almoço, que seria em Roncador.

### Caboclos do Jiboia

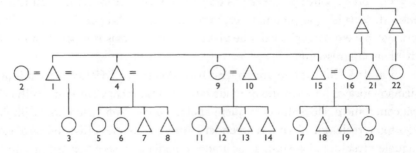

1) Luca Noronha – 50
2) Maria David – 20
3) Jaci – 12
4) Mariano Noronha – 45
5) Gilda – 20
6) Irene – 18
7) Mariano – 15
8) Cornélio – 4
9) Escolástica Noronha – 40
10) Fortunato Dias da Silva – 40
11) Jovelina – 23
12) Juvenal – 18
13) Justo – 13
14) Jonias – 1
15) Zinho Noronha – 30
16) Maria Francisca – 25
17) Filisbina – 14
18) José – 12
19) Expedito – 10
20) Rosa – 6
21) Mariaz – 7
22) Beatrix – 14

Diários índios

## E a família tembé

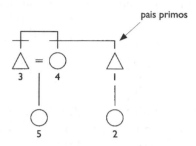

1) Manoel Mucura – 40
2) Eulália Mucura – 14
3) José Bento – 35
4) Julieta – 40
5) Bibiana – 2

# Guajá

Lá, fui visitar os Guajá, ainda com um resto de esperança de encontrar Guajá mesmo. A casa fica bem um quilômetro adentro na mata e se alcança depois de atravessar enorme roça de mandioca já bem criada. Os dois Tembé que iam comigo cuidavam de avisar, por assobios e gritos, a nossa chegada. Mesmo assim, ainda os encontramos vestindo calça, um deles, e o outro amarrando um pano na cintura para cobrir as vergonhas. Sentamos e fiquei calado, ali, um tempão. Eles não falam português, apenas umas palavras misturadas com sua língua, que não entendo.

Depois, entramos no rancho. Há todo um arsenal de flechas, todas dos Urubus, conseguidas por troca. É a família de índios mais rica que encontramos, têm boa roça, farinha, carne de caça moqueada e jabutis, que nos ofereceram. Aceitei um quarto de queixada moqueada, ótimo, aliás. E são, naturalmente, os mais primitivos, porque quando se "civilizam" caem na dependência de algum vínculo mercantil e, em consequência, numa miséria desoladora.

São chamados Guajá porque vieram do Pindaré, mas são os mesmos Tembé que lá têm um grande grupo chamado Guajajara ou Tenetehara, do qual esses desgarrados devem ser um grupelho isolado e primitivo. Ele se diz Tembé e contou que, na viagem para o Gurupi, levaram dez dias andando pela mata. Também estiveram algum tempo escravizados a Lucas Tavares, mas fugiram e se meteram naquela mata para fazer vida própria. Por isso estão prósperos. Não têm qualquer roupa, senão o par de calças do mais novo, o trapo do velho e uns panos podres, com que as mulheres enrolam os quadris quando têm visita. Além dos dois homens (45 e trinta anos), vivem ali uma mulher velha, doente de "catarro", magra como um espeto; uma bonita moça de uns dezoito anos, mãe de um filhinho de meses; uma mocinha de treze anos; e um rapazote de doze; além de meia centena de cachorros, um macaco-prego e outros xerimbabos de asas.

Primeira expedição – Jararaca

Em troca da queixada, farinha e banha que nos deram, eu lhes dei anzóis, linha de pesca e uma cuia de sal. Prometi uma faca, tabaco, ferro para flechas e outras coisas, quando eles forem ao Canindé, para que o mais novo, que é pajé, cante para o nosso sonógrafo.

## Jararaca

Chegamos ao Jararaca no dia 30, às sete ou oito horas da noite, cansados, com dor de cabeça dessa soleira terrível que levamos na cara durante três dias, e famintos. O Mota anda com febre. É impaludismo apanhado no pouso que fizemos na morada do Lucas, quando íamos para o Pedro Dantas. Precisa sarar, arranjar gente para fazer farinha e ir comigo, se for possível, às aldeias urubus.

Má notícia: o sarampo já chegou aqui. Os moradores de uma aldeia tembé, vizinha do Jararaca, já estão atacados. Foi trazido por um dos índios que fez a malfadada viagem a Bragança com Piahú e que está custando tantas vidas. A gente daqui está aterrorizada, breve os veremos aconselhando os Urubus a se meterem na mata, rumo ao Pindaré, por julgarem que longe deles escaparão ao flagelo.

Cezário acabou de preparar uma bacia de vinho de bacaba e eu vou tomar. É uma delícia, a fruta é um coquinho, semelhante ao açaí, que amolecem em água, esmagam e passam na peneira. Deixa um suco grosso como mingau, muito oleoso, que comem com farinha. Eu prefiro tomá-lo com açúcar.

Noitinha – Estive, outra vez, metido em papéis velhos, lidando com ratos, baratas e traças, para ver se descobria alguma coisa nessa papeleira do posto. O resultado foi alguns relatórios antigos e – o melhor – vários recenseamentos, dos quais um é excelente, o de 1919, que deve ter servido ao Censo Geral do Brasil, porque é feito em papel com timbre especial. Discrimina a população indígena por tribo, nome, sexo, idade, estado civil, naturalidade (Pará ou Maranhão) e, às vezes, até filiação embaixo. Somei alguns deles, referentes ao posto, para ter uma ideia, embora pretenda levá-los para uma apuração completa.

**População tembé do P. I. Filipe Camarão**

| Anos | Índios | Civilizados | Total |
| --- | --- | --- | --- |
| 1915 | 291 | 4 | 295 |
| 1922 | 149 | 50 | 199 |
| 1923 | 116 | 50 | 166 |
| 1928 | 118 | (?) | 118 |
| 1929 | 126 | 30 | 156 |
| 1930 | 137 | 46 | 183 |
| 1931 | 117 (+ 20 Urubus) | 34 | 171 |

Encontramos, ainda, um registro de nascimentos e óbitos que é o melhor retrato dessa proteção: nascem muitos, mas morrem muitos mais.

# Andarilho

Planejamos a viagem às aldeias. O Mota irá comigo, tornando dispensável a ida do Cezário, que voltará ao posto para cozinhar para Boudin e Foerthmann. Amanhã, irei visitar um aldeamento tembé e um urubu (Guapipurú – grafia do velho Miguel Silva), que fica perto do posto, umas três léguas. Conforme a viagem, dormirei lá ou voltarei. Já sou um bom andarilho, capaz de dar uma voltinha de vinte quilômetros antes do almoço.

Em seguida, iremos à aldeia do Major, que fica nas nascentes do igarapé Jararaca. Será um dia ou mais de boa marcha. De lá, iremos visitar os outros dois aldeamentos urubus desta banda de águas. Se o sarampo estiver atacando muito e não houver condições de trabalho, seguirei talvez para o Tury. Caso contrário, romperemos mata rumo à aldeia do Piahú, para encontrar Foerthmann, ou ficarei esperando por ele. Devo recensear o pessoal daqui ainda hoje, para adiantar o trabalho, e ouvir um pajé tembé que encontrei, se for possível.

# Ano-Novo

Então, Bertinha querida, o ano está acabando. Tanta gente, por aí, cultuando o Ano-Novo. Você, provavelmente, sairá com Matilde para verem o movimento e até podem ir ao cinema. Eu terei minha diversão aqui com o pajé, se ele quiser cantar. Não tenho nenhuma notícia sua desde o dia 16 do mês passado e, talvez, fique ainda muito tempo sem cartas. Desejo muito que tudo corra bem para você e que o Ano-Novo seja um dia alegre.

Escrevo de uma sala esburacada, à luz de um candeeiro a querosene, mas tenho um café ali à mão e, logo mais, os docinhos que você me deu. No Natal, só comi a metade, para ter um pouco mais com que recordá-la hoje também. Até logo, amor, a saudade é muita, mas não há remédio senão trabalhar muito para mais merecê-la quando voltar.

Não sei as horas porque não tenho relógio e lua não regula para mim, mas deve estar perto de meia-noite. Vim tomar café à beira do fogo e deu vontade de escrever. Lá fora, dois pobres pajés tembés cantam, acompanhados por algumas mulheres. Os coitados tinham medo de cantar para mim, porque eu podia ser, imaginaram, uma armadilha para pegá-los em pajelança e prendê-los.

# Melancolia

Gosto cada vez mais desse resto de humanidade, que são os Tembé, vivendo os últimos dias de um povo antigamente forte e alegre. Eram numerosíssimos no começo do século. Vi avaliações deles que lhes atribuíam uma população de 32 mil pessoas. Vê-los se acabar tem sido terrível para quem tem olhos e coração de ver. Mota contou que, quando esteve aqui, há meses, o pastor protestante Horace Banner foi com ele visitar aquela moça meio podre, lá do Canindé. O pastor chorou, vendo-a, e se lamentou por ver perdidos, sem um fruto sequer, os onze anos que viveu e pregou no Gurupi. Disse que tinha boas razões para se lamentar, mas que muitas mais devia chorar o general Rondon, se visse, como ele, esses índios antes, nos dias da pacificação e hoje. Pacificação que foi a morte e a miséria deles.

Bom, preciso atender aos meus pajés e ouvi-los. Essa melancolia dos povos esquecidos e esse sentimento de sua destruição não ficam bem no dia de Ano-Novo, que todos comemoram com alegria. Talvez, amanhã, ache um consolo ou uma ideia de como ajudar esse povo a sair da miséria em que vive. Duvido, eles infelizmente amam essa vida, se acostumaram a ela e só nela, hoje, encontram motivação para justificar e encher a existência. De qualquer modo, o nosso pastor, tão sentido, devia acrescentar, à sua litania, que ele próprio saudou, com as palavras mais entusiásticas de seu português tão britânico, a pacificação; que também eles, embora por outros caminhos, promoveram muitas pacificações com resultado igualmente deplorável.

O que mais terá doído nesse missionário devotadíssimo é ter dado tantos anos de sua vida aos índios do Gurupi em vão. Depois, transferido pela ordem para evangelizar os Kayapó, deu a eles outros tantos anos de devoção. Acabou assassinado por seus catecúmenos, junto com sua família, sem converter nenhum índio. Dor velha essa, que já sofrera Nóbrega quatro séculos antes, dizendo, depois de quarenta anos de catequese dos Tupinambá, que "com um anzol os converto, com dois os desconverto". Também os inacianos não converteram ninguém. Nem se preocuparam com isso, porque a conversão é a incumbência de Deus. Ao missionário só cabe cumprir sua tarefa evangélica e, se Deus for servido, alcançar melhor destino que o martírio, como ocorreu com o velho Banner.

O certo é que não sabemos nos aproximar de outros povos sem destruí-los. Nossa civilização ocidental, cristã e europeia, tão destruidora e igualmente má para si própria, cria um tipo de sociedade que só tem podido viver e prosperar à custa de milhões de vidas escravizadas e anuladas. O preço de nosso adiantamento técnico e mercantil tem sido a dignidade do próprio homem; uma organização social que é uma máquina de criar párias. Isso é o que temos tido. Essa é a obra do homem branco.

Você andará pensando que esse seu marido passou um dia melancólico, com tanta choradeira. Sei lá, o que preciso é ralar o cérebro para compreender mais profundamente isso, a fim de que um dia possa exprimir essa realidade dolorosa com tanto vigor, como eu a sinto. Quero escrever um livro que seja minha mensagem.

Diários índios

Uma vergasta em tanta consciência dormida e podre, fazendo muita gente mais participar desse sentimento e encontrar eco para esse clamor. Sou mesmo um cruzado, indignado com esse mundo tal qual é.

## Pajés tembés

**1/jan./1950** – É noite, acabei de jantar e vim escrever um pouco. Foi um dia cheio, felizmente, depois de tantos meses vazios. Ontem, tivemos a cantoria dos pajés até depois de meia-noite. Começou um só, cantando uma litania monótona, que me disseram ser canto de dança; depois, chegou outro e, por fim, um terceiro. Cantavam, então, em coro, acompanhados por algumas mulheres vindas, há pouco, das aldeias de Cajuapara e que, por isso, conservam mais o patrimônio cultural próprio.

Os pajés cantam fumando grandes cigarros de tabaco enrolados em entrecasca de tauari e, tanto nos cantos de Cariuára (feitiço) quanto nos de dança, marcam o ritmo com maracás. Contaram que nos bons tempos, quando as aldeias tinham muita gente, juntavam-se grupos de dezenas de cantadores nas noites de luar, umas vezes para divertir-se e cantar e outras para espantar doenças.

Creio ser possível e muito interessante levar esses cantadores até o Canindé para gravar o que ouvi ontem e, depois, tentar traduzir. Quem sabe que surpresas esses roncos monótonos nos reservem? Provavelmente as mesmas que os lamentos das velhas kadiwéus. Mas, antes disso, verei esse célebre pajé tembé, de nome Domingos, que mora com os urubus e parece até ser o chefe de uma de suas aldeias. Tentarei fazê-lo cantar para mim e também levarei, como meu bagageiro, o Leandro – um moço esbelto, de seus vinte anos, dentes escarificados, nascido numa aldeia do Pindaré (não urubu) e que é o melhor cantador daqui. Poderei compará-los.

Combinei com alguns Tembé o preparo de artefatos para a nossa coleção. Um deles vai fazer um parelho de arco e flechas, à moda tembé autêntica. Hoje usam o tipo urubu porque as compram feitas por eles, são pagas em flechas. Outro fará uma maça ou tacape. Outro, alguns trançados e um colar de chifres e dentes conformados como tatuzinhos, jabutis e outros penduricalhos interessantes que tenho visto. Quero descobrir, ainda, uma boa trançadeira de rede e alguns outros artefatos.

## Bacabal

Saímos hoje, muito cedo, para a aldeia tembé – depois de comer um desses mingaus de banana verde, em que o Mota se especializou e a que vou me acostumando. O percurso pela mata, ainda molhada de orvalho, quase sempre em caminho amplo, foi penoso, mas suportável. Andamos sempre em direção leste, umas duas horas e meia.

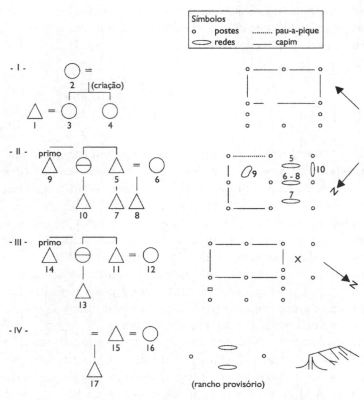

Vejamos o diagrama de parentesco do grupo urubu do Bacabal:

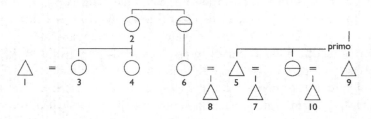

Vejamos o censo:

Família I
1) Tatá-hú – 20 / Urubu, Tury – sarampo, terçol
2) Tukuá-rumby* – 50, sogra nominal / Id. – sar., ter., catarro
3) Iú-in (suponho) – 14, esposa / Urubu, F. Camarão – ter.
4) Danina – 10, cunhada / Urubu, F. Camarão

* Faleceu dois dias depois de minha visita.

Família II
5) Capitão Mário (Xã-tãrinxã) – 40 / Urubu, Tury
6) Ó-nín-na ou Ion-Ní – 20 esposa / Idem
7) Vicente – 9, filho / Urubu, F. Camarão – sarampo
8) Marciano – 1, filho / Idem – sarampo
9) Xikú – 30, primo / Urubu, Tury
10) Makú (mudo) – 10, sobrinho / Urubu, F. Camarão

Família III
11) Ben-ná – 35 /Tembé, Gurupi- -Mirim
12) Gerarda – 30, esposa / F. Camarão
13) Loriano – 6, sobrinho / Campinho
14) João – 35, primo / Nazareth

Família IV
15) Emídio – 30 / Tembé, F. Camarão
16) Pricila – 13, esposa / Tembé, Boa Vista – sar.
17) Inez – 8, filha / Campinho – terçol

Diários índios

Por fim, chegamos à ponta de um grande roçado, que fica bem no meio de extensas capoeiras já de seus trinta anos. Era o Bacabal. Ali, antigamente, havia uma grande aldeia tembé, que desapareceu. Hoje, mora lá um pequeno grupo deles, que nada tem com a antiga povoação, toda extinta. Têm uma casa de forno e quatro casas de morada, sendo que uma delas é apenas um rancho provisório que abriga um casal, enquanto levantam um rancho maior. Moram, ali, duas famílias tembés e duas urubus. As últimas sob a chefia de um capitão que, desde a pacificação, morava no Jararaca, tendo ido para o Bacabal depois do afastamento do encarregado. São todos aparentados e pertenciam a grupos do Tury, tendo, depois, morado algum tempo em Major e, finalmente, no posto, até há pouco, como disse.

Os encontramos trabalhando na farinha. Das 27 pessoas, três estavam atacadas de sarampo, cinco sofriam terçol e uma tinha "catarro". A roça, plantada no mesmo quadro mas com fileiras e subquadros individuais ou familiares (investigar isso), era de quase duzentos metros de lado, plantada, principalmente, de mandioca e batata-doce.

O capitão Mário é um índio alto e forte, imponente demais para um capitanato tão modesto. Tem um irmão de nome Parae, que também é capitão de uma aldeia nas águas do Tury.

# Koaxipurú

**2/jan./50** – Do Bacabal, seguimos viagem, sempre no mesmo rumo, hora e meia mais, até alcançar o aldeamento de Koaxipurú. Fica, também, no extremo de um roçado grande, onde vimos plantações de diferentes mandiocas, de cará, inhame, batata-doce, urucum, carauá, pimenta, mamão, bananas e timbó para veneno.

O capitão Koaxipurú e alguns mais foram para uma aldeia do Tury, que fica a três dias de viagem, fugindo do sarampo ou, talvez, levando-o para lá. Estava na aldeia um seu irmão, capitão Xapó-mirá, moço de uns 25 anos, simpático. Embora ardendo em febre, com a cabeça estalando de um "catarro" que trouxe de Belém, conversou conosco toda a tarde. Junto da roça grande estão algumas famílias. Ali morava, também, Koaxipurú. Meia hora de marcha adiante, abriram outra clareira e estão plantando roça. Lá, num rancho provisório, estão duas outras famílias, o referido capitão Xapó-mirá e a gente de Ricardo, outro Urubu.

No primeiro acampamento, dois homens dançaram para nós, cada um de *per se*, ao som de um tambor de dois tímpanos, tendo um deles uma fieira de pauzinhos, que dão um efeito de chocalho quando vibram um no outro. Dançam com o tambor a tiracolo, afastando-se de costas, em passos cadenciados, uns cinco metros, e voltando de frente. Deve ser uma dança bonita quando há muitos figurantes, todos adornados de plumária, com os corpos pintados e afogueados de cauim. Assim, apenas nus, um deles com cabeleira cortada à europeia, não tem muita graça.

Vejamos ao lado a composição do grupo. Primeiro a roça velha, gente do Koaxipurú:

Vejamos, agora, o grupo do Xapó-mirá, ou seja, a roça nova:

Vejamos, agora, o diagrama do grupo Koaxipurú. Estranhei não encontrar parentesco entre o grupo V e os demais ligados ao Koaxipurú. Por mais que perguntasse não descobri nada.

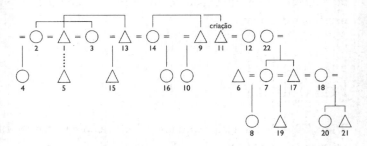

Família I
1) Koaxipurú – 35 / Urubu, Tury
2) Joana – 28, esposa
3) Pan-Nery – 22, esposa
4) Dária – 12, filha de 2
5) Paulo – 10, filho de criação / Tembé

Família II
6) Manezinho (Ixí-Reuí) – 30 / Maracaçumé
7) Pen-mí – 30, esposa / Tury
8) sem nome – meses, filho
9) Koaxi-apuín (nariz de quati)– 28 / Tury (louco)
10) Marín-Dé – 5, filha de 9

Família III
11) Araruai-apíre (Capitãozinho) – 30
12) Pãin-érin – 25, esposa (sem parentesco)

Nota:
– 2 e 3 são irmãs
– 4 é filha de Joana com Mandioca, filho de Miguel Silva
– Todos ausentes

Família IV
13) Cap. Xapó-mirá – 25 / Tury
14) Muru-y (espinho de Murú-murú) – 25, esposa / Tury
15) Manoé – 4, filho de 13
16) Djúrú-raíra (boca pequena) – 10, filha de 14

Família V
17) Ricardo – 35 / Tury
18) Tum-dy – 30, esp. / Tembé (sem parentes)
19) Sen-rin – 5, filho
20) Doquinha * – 7, filha de 18
21) Eduardo * – 5, filho de 18
22) Juana – 65, mãe
* órfãos do cap. Tomé

Diários índios

Um dos dançarinos já era meu conhecido. Tem crônica rica que corre mundo, ou esse mundinho aqui. É louco (*kaú*) o rapaz, e de vez em quando fica furioso querendo flechar gente. Numa ocasião deu uma enorme pancada na fronte da mulher. O capitão Koaxipurú mandou amarrá-lo e dar, no mesmo lugar e com o mesmo terçado, uma pancada ainda mais forte. Depois, mandou arranhar todo o corpo do louco com dente de peixe e esfregar malagueta até nos olhos. Aí o soltaram mais louco ainda. Sem dúvida, essa gente nada sabe dos estudos de Charcot e Freud. O remédio não foi bom, porque quando o rapaz tornou a pegar a mulher deu não uma, mas várias pauladas, agora com uma mão de pilão, até prostrá-la, e fugiu para a mata. Quando voltou, o capitão já estava mais calmo e nada fez. Também, ele tem uma irmã, cunhada de Koaxipurú, e a mulher não tinha nenhum parente!

Conversei bastante com Xapó-mirá sobre sua gente, os costumes e a vida deles. Está consciente de que foi a pacificação que os destruiu. Disse que antigamente as aldeias eram grandes, cheias de gente; andava-se ali tudo, em cada casa não se encontrava ninguém doente, nem catarro, nem sarampo, nem terçol, nem febre. Todos fortes, não conheciam doença, havia muitos meninos e muitos velhos.

Depois de conversarem com os Karaí, no Canindé, sobretudo depois que eles vieram às aldeias e tomaram chibé com os índios, começou a desgraça. Vinha o catarro e matava gente. Vinha o sarampo e acabava com outra aldeia. Agora, são poucos. Quando saem para Belém ou para o Chegatudinho, ou para o Pindaré, sempre morre alguém e ainda trazem mais doença. Também o karaí vai à aldeia levar doença. Estão acabando com os índios.

Falando de seus costumes, contou que furam o lábio dos meninos três dias depois de nascidos, quando cortam o umbigo. Furam a orelha das meninas mais ou menos na mesma ocasião. A festa de nominação se faz quando a criança começa a sentar. É a maior cerimônia festiva deles. Pelo que disse, não têm festa de iniciação para as meninas, que apenas ficam em reclusão. Nem ritos de passagem para os homens, senão o casamento, que marca o estágio de auá, homem feito.

# Katú, katú

Obtive do capitão Xapó-mirá algumas informações sobre o roteiro das aldeias que ele conhece. Como você vê, vivo pensando na segunda expedição que farei para o Pindaré. Mas vamos deixar isso para depois. Chegou aí um grupo de Urubus. Vieram quase todos que visitei ontem e é preciso atendê-los. Nada tenho a dizer-lhes e nem saberia, mas é preciso olhá-los com um bom riso na cara e, de vez em quando, dizer katú.

 Ri muito, dizendo katú, katú, embora a contragosto, porque só tristeza me dão esses pobres índios, tão abatidos, cheios de medo do sarampo e da morte. Antigamente, vinham aqui em grandes grupos, chegavam cantando com seus tambores para dançar. Agora, chegam calados, deixam os arcos escondidos no mato. Vêm humildes.

Primeira expedição – Jararaca

Trouxeram algumas flechas ponta de ferro para trocar comigo e alguns enfeites de penas, mas não troquei nada, prometi mandar-lhes miçangas, facas e fumo por elas. O Mota trocou um potezinho de brilhantina, que custa um cruzeiro e meio, por uma flecha feita com aço de machado que os índios desfizeram. Tive que intervir, fazendo-o prometer mandar-lhes metal para fazer outra. É incrível o número de arcos e flechas que tem saído daqui. Não só para Belém e para o Rio, mas também para armar os índios e caboclos de todo o rio. O preço era duas flechas de metal ou cinco de madeira por um cruzeiro de metal, isso comprando a dinheiro, porque nas trocas saem ainda mais baratas as flechas.

Aqui esteve um malandro, acompanhando uma pintora, que trouxe miçangas, um meio quilo, e com elas carregou todas as flechas dos índios. Levou tantas que, enquanto se manteve no posto, os pobres índios iam pedir a ele flechas emprestadas para caçar. Fazer uma peça dessas é um trabalhão, não só o metal é raro, como eles têm de partir de um terçado velho ou mesmo de uma enxada ou facão para chegarem à ponta da flecha. Valendo cada uma dessas pontas, de quase um palmo, o preço de uma boa faca, deviam ser pagas a trinta cruzeiros, e na verdade custam muito mais trabalho.

Porém, sempre podemos nos consolar pensando que esse regime de trocas pode ser comparado ao comércio que nós próprios mantemos no mercado internacional. Vendendo o sangue e o suor de nossa gente, que labuta no campo, na maior das misérias, por quinquilharias que não lhes custam qualquer esforço nem longinquamente comparável. Esse intercâmbio desigual, no caso dos índios, só pode ser mantido porque, havendo-se reduzido drasticamente sua população, sobrou um enorme estoque de flechas, que está acabando.

Depois de lhes dar algumas agulhas, tabaco, sabão e um pouco de surubim, que comprei ontem, despediram-se e voltaram para casa. Amanhã os verei novamente, porque sua aldeia é passagem obrigatória no caminho de Major.

Mas continuemos nossa conversa interrompida. Falava da tarde que passei com Xapó-mirá e das indicações que ele me deu sobre as outras aldeias. Vamos copiá-las aqui, no propósito de visitá-las, uma a uma, esse ano ou nos anos seguintes:

Filipe Camarão / um dia até:
Major – igarapé Jararaca / um dia até:
Ianawakú – igarapé Gurupiúna / meio dia até:
Domingos – igarapé Gurupiúna / um dia até:
Xapy – Águas do Tury / um dia até:
Oropó – Águas do Tury

Domingos é a antiga aldeia do capitão Maíra, falecido há um ano, e que parece estar sendo substituído por um pajé tembé desse nome. Oropó é a maior aldeia. Ali mora o índio desse nome, célebre por ter assassinado Benedito Araújo, o funcionário que mais contribuiu para a pacificação. Isso ocorreu em 1930, um ano depois dos índios darem fala. Oropó parece ter sido isolado pelos Urubus que não apoiaram seu

Diários índios

crime (?) e sempre viveu nas aldeias mais distantes, nunca tendo voltado ao posto. Uma vez foi encontrado na aldeia do Piahú (o antigo) por Miguel Silva Filho, mas não apareceu e, sabendo da presença dele, retirou-se. Dizem que sua aldeia nunca foi visitada por civilizados, ao menos por gente ligada aos postos do Gurupi. E que eles hostilizam os brancos. Outro roteiro possível para as aldeias é o seguinte:

Major – três dias – Karapanã (igarapé Araça-Tiwa – Gurupi)
Karapanã – dois dias – Tapuí (igarapé Tury)
Tapuí – três dias – Posto Indígena Gonçalves Dias (Pindaré)

Segundo o mesmo informante, as aldeias de Major, Ianawakú, Domingos, Xapy, Karapanã e Tapuí são pequenas e têm sido muito atacadas por epidemias de catarro e sarampo. As maiores aldeias seriam as que ficam perto do Parawá, mas ele não as conhece senão por informação. Das que já visitou, a mais populosa, atualmente, é a de Oropó. Sairemos amanhã para iniciar a viagem à aldeia de Ianawakú. O Mota irá para o Canindé. Eu ficarei lá, se houver possibilidades de trabalho e, havendo condições para a filmagem, mandarei avisar o Foerthmann e organizarei o transporte de seu material.

Obtive de Leandro o diagrama familial dos Guajá do Roncador. Lá, com eles, foi impossível compreender aquela complicação, mas Leandro fala bem (mais ou menos) o português e é aparentado deles. Veio com eles do Pindaré. Viviam na aldeia do Sapucaia, chefiada por um capitão Manezinho, que fica a três dias de viagem do Posto Gonçalves Dias. Diz o Leandro que se trata de uma aldeia tembé.

Leandro é enteado de Vicente e parece participar das duas mulheres de Jacinto (mãe e filha), enquanto espera Terezinha ter regras para casar-se.

Silvério é o chefe do grupo, trabalha para o posto, casou-se com uma Urubu e vive com mais conforto. Emiliano é um aventureiro, dizem que já tentou apanhar a outra filha de Nazareth, ficando com as três Timbira como esposas. Morava no Jiboia com os Noronha, chegou aqui há dois dias. A mulher de Lopes, seu irmão e primo vêm do Cajuapara, onde Lopes foi procurar mulher, assim como Emídio, depois de ser abandonado por Cacilda, que se apaixonou por Leandro. Todos vivem nas pocilgas do posto, em que moravam o agente e o auxiliar no tempo do Miguel Silva e do Mota.

## O grupo falsamente Guajá

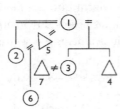

1) Maria – 40, Ego
2) Mundica – 15, filha (coesposa 5)
3) Terezinha – 11, filha (noiva de 7)
4) Joquinho – 10, filho
5) Jacinto – 45, esposas 1 e 2
6) Sem nome – meses, filho de 2 e 5
7) Vicente – 35, noivo de 3

## Recenseamento do Filipe Camarão, a 2/1/1950

- I -

1) Silvério – 40
2) Tupã-Rimí – 18 / Urubu

- II -

3) Emiliano – 40 / Cajuapara
4) Nazareth – 40 / Timbira
5) Deolinda – 14 / Idem
6) Tereza – 10 / Idem

- III -

7) Alcides – 45 / Filipe Camarão
8) Cristina – 12 / Idem
9) Ernesto – 10 / Idem
10) Felipe – 8 / Idem

11) Lopes – 40 / Idem
12) Izabel – 15 / Angelin
13) José Balaio – 20 / Idem
14) Celeste – 13 / Filipe Camarão
15) Pituca – 8 / Idem
16) Alexandre – 18 / Angelin

- IV -

17) Leandro – 20 / Pindaré
18) Cacilda – 25 / Timbira
19) Augusto – 8 / Timbira

Diários índios

# Major

**4/jan./50** – Da deserta aldeia do Major. Depois de viajar tanto nessa mata, entramos afinal na aldeia e a encontramos deserta, nenhum cachorro, só uma galinha faminta, que fugia de nós aterrorizada, e as pulgas subindo pelas pernas, se metendo nos cabelos. Foi uma desilusão.

Saímos do Filipe Camarão pouco depois das seis horas, andamos até o Bacabal, ali paramos um pouco para redistribuir a carga entre nossos quatro carregadores. Também Bacabal estava deserta; todos, exceto uma mulher, haviam saído. Não apareceram nem para o enterro de uma velha urubu, falecida pela madrugada. Havia estado ali um dia antes e tomado o nome dela com a indicação de que sofria de sarampo, "catarro" e terçol. As três pestes brancas que assolam as aldeias.

Do Bacabal fomos à aldeia do capitão Koaxipurú, onde somente encontramos o aloucado Koaxi-apuín fazendo farinha de mandioca. Descansamos um pouco e nos metemos na mata, atravessamos o Jararaca bem atrás da aldeia e viemos andando. Ao meio-dia, paramos junto a um igarapé para assar uma jacutinga para os homens e fazer minha sopa, que eles chamam *puhang* (remédio). Tomei um bom banho para refrescar o juízo e prosseguimos para nova parada, mais rápida, só para outro banho, ali pelas três horas.

Dessa última parada viemos à aldeia, chegando às seis horas; foram, portanto, dez horas de marcha rápida, mas não me cansei, como esperava. Estou em boa forma para ir adiante. O caminho é regular e deve ter sido bom quando essas aldeias tinham muita gente que nele transitava à procura do posto. Mas está sendo tomado pela mata e, dentro de alguns anos, desaparecerá de todo se continuar nesse abandono.

Andamos todo o dia dentro da mata molhada, primeiro o orvalho e a chuva da noite anterior, depois os chuviscos que caíram à tarde. As árvores mais grossas na beira do caminho estão todas marcadas de desenhos recortados na casca. Representam animais, aves e homens, mais simbólicos que descritivos, porque quase nunca pude saber que animais queriam figurar.

Os carregadores tembés se cansaram muito, traziam carga demais para viagem na mata, em que um terço do percurso tem que ser feito quase de quatro. Esperava poder mandá-los de volta daqui, mas terão que continuar, porque não há quem os substitua. Silvério, o chefe de nossos Tembé, disse que os índios, fugindo do sarampo, devem ter ido para a roça nova. Hoje, antes do amanhecer, saiu para procurá-los.

Acabam de chegar os Tembé, acompanhados de um grupelho de Urubus. Vêm três homens, um forte, como o estereótipo que tenho deles, os dois outros magros e fracos, como mocinhas anêmicas. Estes últimos são os "salvados" do sarampo, sofreram-no na adolescência, devem ter perto de dezoito anos e nunca se desenvolveram. Com eles vieram duas mulheres – uma forte, gorda; outra parecida com os dois pobres "salvados" – e quatro crianças.

Estes são todos os moradores do Major que estão de pé e podem andar; os outros que não foram para as aldeias do Tury estão na mata, ardendo em febre e com

Primeira expedição – Jararaca

o corpo coberto de sarampo. Mota comentava, há pouco, a alegria deles quando os visitou há um ano. A aldeia cheia de gente; todas as casas, hoje enterradas no mato, tinham grandes terrenos limpos e bem varridos e o receberam com festas, cantos e danças. Hoje é essa desolação.

Vou ao pouso onde estão para socorrê-los e recenseá-los e voltarei aqui, ainda hoje, para dormir e pegar o caminho, amanhã, para a aldeia de Ianawakú, onde espero encontrar a mesma desolação. De lá irei ao Domingos, onde decidirei meu destino. Ou volto ao Canindé e fico lá ou sigo rumo ao Tury.

Uma nota alegre para você. Veja, esse teu marido é mesmo um tampinha. Lembra-se dos Kadiwéu, que gostavam de me chamar Dotôyegui (doutorzinho)? Pois os Urubus, que nada sabem de doutorias mas ainda creem nessa lenda do Papai Grande, de que já se desesperaram os Kadiwéu, me puseram o nome de Papai-raíra – papai pequeno, ou até papaizinho, se você quiser.

Conversei um pouco com os Tembé nos pousos em que descansamos. Embora amigos e solidários com os Urubus, parecem ter uma hostilidade remarcada por eles. Comentando Oropó, o matador de Araújo, todos confessaram que não têm coragem de visitar sua aldeia e disseram que ele devia ser morto porque matara uma pessoa. Depois generalizaram que os Urubus mataram muita gente por esse rio afora e agora estão sofrendo:

— Quem mandou matarem? Que aguentem a revanche.

## Morte na mata

Estou voltando do pouso onde se arrancharam os índios. Não há nada de roça, nem de aldeia nova, estão é fugindo da doença que aqui, no descampado, talvez os veja. Armaram seus minúsculos tapiris lançando uma corda entre duas árvores, amarraram tudo com cipós e cobriram com algumas folhas de palmeira. Aí armaram as redes. Quem está mais perto das árvores centrais fica no meio, mais protegido da chuva. Os outros amarraram as suas redes das árvores fronteiras para as centrais, para cima do tapiri, e estão quase ao relento.

Há sete pocilgas dessas, vinte e poucas pessoas morrendo dentro, no meio daquela umidade da mata, ouvindo tossidos, gemidos, peidos, escarros de todos os lados. Já morreram três, só um homem e uma mulher restam fortes, mas mesmo estes, já atacados, começam a tossir. Nunca vi nada mais horrível. Não têm o que comer, porque ninguém pode ir à roça buscar mandioca e torrá-la, nem caçar, nem pescar, nem catar frutos, nem nada. Ninguém pode nem mesmo buscar água. Vi uma mãe pressionando uma menininha para que fosse longe buscar uma latinha d'água. O fedor é insuportável, porque todos se sujam nas próprias redes. Alguns estão tão quietos no fundo delas que temo até que estejam mortos.

O caso mais doloroso é o de José. O índio mais forte das aldeias do Jararaca, célebre por seu corpo gigantesco, a cara redonda, cercada por uma cabeleira descomunal, que todos queriam ver dançando o tamborim. É um moribundo, pesará uns quarenta quilos, se tanto, porque o esqueleto é enorme. A mulherzinha do gigante se enrosca no resto dele e chora de fazer dó. Outro caso terrível é o de Pau-nembú – a Urubu forte e bonita que foi dada ao Miguel Silva e o serviu como amante por muitos anos –, é um resto de gente, tossindo e fedendo de sarampo e catarro.

Jovens e crianças esqueléticos, todos famintos, rodam por ali desesperados, cegos pelo terçol, repelidos pelos adultos. Tive que preparar para eles as sopas que levava para mim. Comeram, também, forçados por nós, umas bananas verdosas, que só as há muito verdes. Nem pudemos fazer um mingau para os que estão mais fracos. A crença de que possam fugir do fantasma da doença que assaltou a aldeia metendo-se no mato, acrescida do sofrimento que isso importa, de morrer de fome e de sede, joga esses índios numa condição humana incomprimível de miséria. Quem está naquele bolo, temo eu, preferirá morrer logo a lá ficar. Essa louca enfermaria na mata, de doentes que se cuidam, mas de fato se descuidam de si mesmos, é o que já vi de mais pavoroso.

Deparamos, ali, com uma mulher que tinha no colo um filhinho nascido há dez dias, tão feio e pequeno que parecia um frango depenado, se não fosse a cabeça de macaco. O ranchinho dessa mulher era o único que tinha folhas de palmeira do teto até o chão, com paredes, mas apenas amontoadas ali, provavelmente para protegê-la no dia do parto. Ela enterrara, há dois dias, um outro filho, morto de sarampo.

Trata-se nada menos que a mulher daquele capitão Ventura que encontramos doente em Camiranga. Passava muito mal e o mandamos para Curucaua, onde está o Elias, para ser cuidado. Estava com seu irmão, capitão Irá-murú, que foi com ele a Belém e ninguém sabe agora onde se encontra. Piahú o deixou em Cachoeira, um povoado vizinho das Minas do Alegre, de lá vieram (talvez esteja enterrado lá). Onde estarão? A ausência desses capitães pode ter contribuído para criar esse bolo humano de tristeza, dor e fedor. Ventura e Irá-murú são de uma família de capitães urubus. Três de seus irmãos, todos com o mesmo título, vivem e chefiam a aldeia de Karapanã, que fica mais ao sul, nas águas de um afluente do alto Gurupi. Chamam-se Karumbé, Tan-gui e Tarun-mã. Fortalece-se cada vez mais em mim a ideia de que esses capitães são apenas homens mais enérgicos, com grandes roças próprias e alguma liderança ou simpatia que atraem outros índios para junto deles.

Amanhã, pela madrugada, retornaremos à vereda na mata. Espero encontrar apenas uma família na próxima aldeia, a do capitão Ianawakú, e, na seguinte, somente o Tembé Domingos. Mas ainda vamos ver, para decidir que rumo tomar. Faz um calor sufocante e as pulgas famintas dessa aldeia deserta não nos dão sossego. Devidamente ajudadas pelas mutucas, carapanãs, maruins e tantas pragas que o diabo inventou para atentar a gente. Tomara que chova; bem que o tempo promete água.

O povo da aldeia Major, foragido no mato, a três quilômetros, fugindo do sarampo:

Primeira expedição – Jararaca

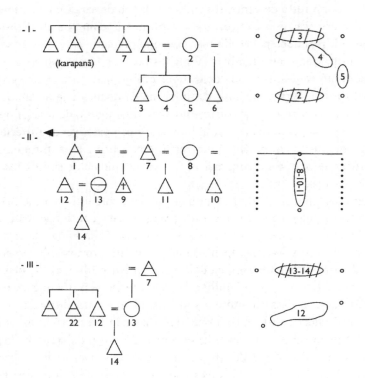

Família I
1) Capitão Ventura – 35 (em Curucaua)
2) Iá-iá – 20 (não tem parentes)
3) Saul-aú (saúva?) – 11
4) Iôn-rín – 8
5) Am-mé – 5
6) Pan-nák – 23 (Xapy)

Família II
7) Capitão Irá-murú (desaparecido) – 45
8) Iapuká-in-ñerimbí – 18 (não tem par.)
9) Tan-pan-xã – 10 (falecido anteontem)
10) Má-cé – 4
11) sem nome – 10 dias

Família III
12) Xen-en – 25 (irmão de 8 e de Iú-irá-í desaparecido) – único homem sadio
13) Catarina – 17 (filha de 7)
14) Mundiquinho – 3

Diários índios

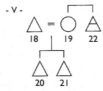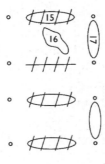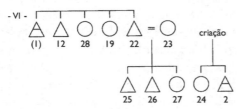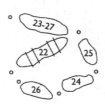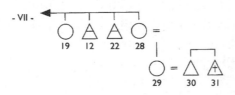

(1) Iú-irá-í, que também foi a Belém e não voltou.

Família IV
15) José-Come-Tudo (Irã--ñañon) - 35
16) Kain-nan - 18 (Maíra)
17) Sã-noá-ríg - 10

Família V
18) Ãmiá - 40 (não tem parentes)

19) Juana - 30 (irmã de 15)
20) Pakô-pirãg - 7
21) Kauí-rãni - 5

Família VI
22) Iká-tarã (José) - 30
23) Pirun-ín - 25 (Xapy)
24) Puçá-í - 11
25) Içé-pin - 6

26) Ianõ-ãn - 5
27) sem nome - 3 meses

Família VII
28) Papé-remby - 28
29) Nen-sim - 12
30) Papai-raíra - 18
31) Aren-tum - 25 (falecido há dois dias)

Primeira expedição - Jararaca

# Domingos, antigo Maíra

**5/jan./1950** – Sempre no encalço da peste, andamos todo o dia, desde as seis da manhã até quatro da tarde, com uma só parada para comer um jacu que já vinha cozido. Aliás, péssimo, principalmente para mim, que começo a ter uma disenteria.

O caminho é o pior que tenho andado, porque, ao invés de seguirmos para a aldeia do capitão Ianawakú e voltar de lá ao Domingos, viemos por uma picada velha, abandonada. Mas a diferença só é realmente sensível quando se atravessam capoeiras e na travessia dos córregos. Dentro da mata é quase o mesmo caminho, ali é senda funda e batida a peso de passos. Como a sombra permanente das árvores impede a invasão do mato, pode conservar-se transitável quase indefinidamente.

Nessas andanças pela mata, minha principal sensação é a saudade dos campos abertos dos Kadiwéu. Mas, se eu tivesse de atravessá-los a pé sob esse sol abrasador, bem preferiria a mata, que é úmida e orvalhada, cheia de cipós traiçoeiros, que a cada passo ameaçam-nos com rasteiras, e de espinhos e urtigas disfarçadas na folhagem fresca e lisa. Estou como o cavalo do inglês; quando ia me acostumando a essas caminhadas sem fim, o sapato estragou-me um dedo e um espinho, através da bota, me feriu o pé. Estou quase capenga.

Além do timbó, os índios cultivam o cunambi para o mesmo fim: pescar à tinguijada. Faço essa observação para sair do espanto de uma linda arara que come os frutos do cunambi bem ali, diante de mim.

Ao chegar, ouvimos gritos dos índios a nos avisar que ainda estavam por aqui. Também fugiram da aldeia e se esconderam na roça nova, a um quilômetro de distância, e cujo caminho corre bem uns duzentos metros dentro de um igarapé. Talvez o estratagema seja para enganar Jurupari, que com suas pestes já lhes matou quatro companheiros. Aqui é a mesma tristeza, mas uma tristeza de índios que, mesmo abatidos por tantas misérias, não negam esse seu riso bom e confiante. Lamentam seus mortos, pedem remédio para os vivos, mas sem desesperos e clamores exagerados.

A peste daqui veio de outro rumo. Um índio foi ao Maranhão e trouxe um belo terçado, que me mostrou muito orgulhoso. Não tendo como exprimir minha revolta por essas viagens que os destroem, atirei longe o facão, num gesto tão patético quanto tolo, dizendo que com ele vieram o catarro, o sarampo e o terçol. Esse andarilho do terçado perdeu suas duas mulheres, uma delas até conhecida por sua esbelteza, e um irmão, todos jovens e fortes. As doenças já fizeram o mal que podiam, deixaram todos magros, esqueléticos. Mas as roças são grandes e a vontade de viver maior que essas misérias. Dentro de alguns meses retomarão o carro da vida para conduzi-lo vigorosamente à frente, até outra epidemia.

Logo depois de chegar, tomei um banho, abri minha maleta de medicamentos e me pus a tratar gente. Primeiro, os feridentos. Depois, os que estão com dores de cabeça do sarampo que seca ou do catarro. Finalmente, o terçol. As crianças é que estão em melhor estado, alguns jovens ainda chegam a ser belos tipos de adolescentes. Vivem também de tomar chibé. Ninguém é bastante forte para caçar ou pescar e suas bananas, aliás deliciosas, apodrecem, porque seu único resguardo é não comê-las quando doentes.

O grupo é bem pequeno, mas talvez aqui eu tenha as melhores condições que possa encontrar, em meio a essa precariedade, para meus estudos. O pajé tembé que vive com eles e os capitaneia, Domingos, parece ser um bom homem, já virou dos quarenta há uma meia dúzia de anos. Tem uma perna seca de mordedura de cobra, que nunca sarou, e uma cara enorme e grave. Fala um português entendível, o que é preciso.

Na roça nova, vi a pandora de um índio cheia de coisas belíssimas. Vi colares e braceletes de suas esposas mortas, seus colares de penas de arara e flauta de perna de gavião real, que serviu na nominação dos filhos, e muitos outros adornos que ele mostrou com uma vaidade preciosa.

Ali vêm eles em fileira, parece que todos se dirigem para cá, já que aqui estamos. O panema das pestes deve estar quebrado. Vêm com araras, cachorros, paneiros de farinha, panelas, redes e mil coisas mais. As mulheres, agora, estão trazendo lenha para os fogos de cozinhar e para os que acendem debaixo das redes para dormir.

Meu amigo viúvo lá vem carregado, coitado. Foi vestir-se, talvez pensando que assim o consideremos mais. Traja uma calça de algodãozinho listrado e uma camisa de meia, na cabeça uma touca vermelha, em forma de chapéu de cozinheiro, e no furo do beiço uma pena metida à tembetá.

Uma coisa notável dessa aldeia é seu forno de farinha, do tamanho dos maiores de bronze, embora seja feito de barro. A oleira que o queimou foi uma das falecidas. Contaram-me que, quando vão fazer obras assim grandes, a oleira isola-se com o marido no mato e ficam ali, sozinhos, até terminar o trabalho, ninguém o pode olhar antes de pronto, senão quebra todo. Para fazê-lo cavam um buraco na terra à moda de forma, ali o modelam e, depois de fazer um rancho bem acabado em cima, baixo e forte, tocam fogo. Assim é queimada a peça.

Já está escuro, as cigarras cantam nos paus secos da capoeira, mas se ouve mais distintamente o ronco dos guaribas, sua gritaria infernal de toda tarde. Devem estar a algumas léguas daqui, mas se ouvem distintamente. Agora, os grilos e sapos entraram na orquestra; logo mais, serão os carapanãs e estará mais escuro ainda.

Forno de farinha.

Diários índios

## Cerâmica

**6/jan./50** – Dormi muito mal, o dedo ferido pelo sapato doeu demais e, hoje cedo, tirei dois bichos-de-pé bem criados, que essa gente chama "pulgas". Ficaremos aqui todo o dia, porque não sou o único estropiado. Aproveitarei para ver e falar com eles. É a melhor aldeia que percorri: melhores roças, aquele forno de barro para farinha de que falei, o enorme pote para chicha, que aqui tem outro nome mas é feita também de mandioca, banana ou caju, as casas amplas.

Mas vamos devagar com essa conversa. Primeiro ao pote. Como o forno, é ótimo trabalho de oleiro, superfície bem lisa e forma regular, além do tamanho. Tem quatro palmos e meio de altura por nove de circunferência maior, um de pescoço e meio de boca. Outros trabalhos de cerâmica, que tenho à vista, são panelas de fundo afunilado e boca revirada, uma de palmo e meio, outra de três palmos de altura.

Na panela grande se cozinha a banana comprida (*pacó-pucú*), apelidada costela de vaca, para fazer o caldo que se deixa fermentar, ou se cozinha o suco de caju para o mesmo fim. O cauim de mandioca (*mandiocaba*) é feito pela fermentação em água de um beiju grosso de mandioca que assam ao forno e deixam exposto à umidade alguns dias, até embolorar. Os nomes das bebidas são: de mandioca, *mandiocaba*, de caju, *caju-cauim*; de banana, *pacó-cauim*.

Cerâmica.

## Casas

Todas as casas são de quatro águas, sem paredes externas e divisões internas. As cumeeiras dispostas arbitrariamente. Os ranchos comuns são construídos sobre seis vigas laterais, tendo, quase sempre, duas no meio que sustentam a cumeeira; às vezes são três, nos ranchos maiores. A casa do principal é sempre maior que as outras, mas raramente tem divisões internas.

Os pertences são guardados em cestos e paneiros – alimentos e tralha – ou em caixas de madeira, a plumária. Tudo isso, mais as flechas, tipitis e peneiras, é dependurado em achas que colocam entre as vigas e servem de prateleiras. Fora das casas, há cercados pequenos de varas, cobertos também de ubim, onde se abrigam as galinhas à noite.

Casa.

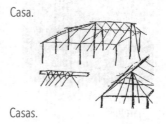
Casas.

Primeira expedição – Domingos, antigo Maíra

Todo o madeirame, das cumeeiras aos caibros, é amarrado com cipós; raramente recortam a ponta das estacas em forquilha. As folhas de ubim, uma palmeira, são dobradas na extremidade, ao redor de uma vara, e presas com cipó. Essas fileiras de ubim são dispostas umas sobre as outras, formando a cobertura. Cada fileira tem o comprimento de toda a área que vai cobrir e é presa aos caibros com amarrilhos de cipó. Assim, os capotes laterais de ubim têm forma de trapézio e os menores, frontais, de triângulo. Sobre a cumeeira e nos encontros dos capotes, armam folhas piniformes, sustentadas por vigas amarradas de fora.

## Menina índia

Estou, desde que acordei, prestando atenção numa garotinha de seus oito anos. É a única criança bonita daqui. Gordinha, de olhos limpos – os outros todos remelam de terçol – e sempre sorridente. Desde cedo ela se agita de um lado para outro, ocupada com alguma coisa. Primeiro foi apanhar água em sua pequena cuia pintada, depois sumiu para reaparecer vergada sob um paneiro de mandiocas e batatas que fora colher. Acendeu um foguinho, soprou, soprou, quando fez brasa, a cinza esquentou, pôs as batatas para assar. Então foi ajudar o irmãozinho a lavar os olhos com água e limão pra eu pôr remédio. Depois fez chibé para si e para ele e tomou com um jeitinho de gato lambendo leite, com a mão. Lava a farinha em água, amassa bem com as mãos, quando o caldo engrossa, encosta a cuia na boca e, com um espadanar rápido dos dedinhos, vai jogando aquilo na língua e chupando.

Quando sentou-se e eu pensei que ia descansar de tanto trabalho, ela chamou um garotinho e se pôs a catar-lhe piolhos, só achou uma pulga, que prontamente prendeu na língua úmida e quebrou nos dentes. Pois depois de todo esse trabalho, quando eu descansava de olhá-la, cuidando que estivesse a passear na roça, voltou com outro paneiro cheio de folhas: que seria? Antes de eu saber a resposta, ela foi ao fogo, tirou as batatas, de que eu já me esquecera, e se pôs a descascá-las. Quando estavam prontas, distribuiu entre os irmãos e me trouxe duas, aliás bem insossas, porque ainda estão muito novas. Que a coitadinha não saiba dessa indelicadeza!

Aí, sem descansar um instante, tomou o terçado (facão) do pai e começou a cavar um buraco, jogando terra para todos os lados. Os culuminzinhos logo arrodearam-na para ajudar naquele serviço engraçado, mas muito séria ela os mandou brincar e continuou o trabalho. Quando o buraco alcançou um bom palmo e meio de largura e fundura, ela foi buscar uma mão de pilão, tirou as folhas do paneiro, encheu o buraco e se pôs a socar com valentia. Aí, não resisti à curiosidade, perguntei que folha era aquela, soube que era cunambi para matar peixe. Após uma boa hora de socação, juntando sempre as folhas esmagadas noutro paneiro, ela o pôs nas costas e saiu no rumo do riacho. De todas as redes pularam crianças, os

A garota vivaz.

Itsin, a guria mais trabalhadora da aldeia, logo depois se casaria.

Primeira expedição – Domingos, antigo Maíra

meninos com miniaturas bem-feitas de arcos e flechas (ponta de ferro), as meninas com cuias, algumas com tocos de faca.

Acompanhei o pequeno rebanho e, atrás de mim, o encarregado, o cozinheiro, os Tembé, que todos queriam ver a tinguijada. Ela foi diretamente a uma enorme árvore morta, que fica dentro do riacho, cujas raízes grossas estão escravadas e cheias de água, onde há ninhadas de peixes. A meninazinha fazia bolas daquela lama de cunambi, a fechava nas duas mãos e espanava água dentro dos recôncavos das raízes. O cunambi dissolvia-se, esverdeando a água clara. Mas tive de esperar muito pelos peixes, só depois de uma meia hora, já impaciente, vi as piabinhas que começaram a pular e se retorcer como embriagadas. Rapidamente, ela e o pequeno rebanho as iam juntando, quase todas tão pequenas como os seus dedos e bem poucas. Porém, a menina não desanimou, saiu igarapé abaixo, cunambizando outras tronqueiras. E eu voltei, cansado de tanto vê-la trabalhar.

Enquanto eu escrevia, ela fez seu honesto e árduo trabalho; agora vem de volta, saltando alegre com todo o bando de culumins, cada qual com seus peixinhos minúsculos. Certamente, vão assá-los.

## Gente

Ao redor da casa do forno, onde nos arranchamos, os índios armaram suas redes e aí estão, falando, tossindo, às vezes gemendo. Como devia ser movimentada e bela a vida nessas aldeias antes da pacificação. Hoje são esse resto de gente.

Conversei com Domingos sobre as festas deles, a principal é a de nominação. Quando a realizam, junta-se na aldeia do festeiro toda a gente das vizinhanças e deve ser uma boa ocasião para a filmagem. Na aldeia do capitão Ianawakú, para onde nos dirigimos, há uma criança quase em idade de festejar. Vou ver se consigo um "convite" para assisti-la.

Tembetá.

Comprei hoje um parelho de arco e flechas muito bonito e uma rica coleção plumária. Inclusive um colar da festa de nominação, arranjado em torno de uma canela de gavião real, que tocam como flauta. Foi feito pelo falecido capitão Maíra, um dos melhores artistas urubus em plumas. É realmente maravilhoso. Também digno de nota é o tembetá que Passarinho, o meu amigo duplamente viúvo, me vendeu. Mas é tolice descrever coisas tão delicadas e belas, são para se ver.

Todo o grupo daqui é relacionado por parentesco com uma mulher de uns 45 anos, muito falante, casada com Domingos. Ela é a verdadeira líder do grupo, embora os Tembé repitam sempre que Domingos é o capitão principal. Doquinha, assim a chamam os cristãos, deve ter sido uma mulher bonita, mas 45 anos é idade demais para uma Urubu. Curiosa como ninguém, põe os olhos em todas as minhas coisas e não é só isso, quer saber se eu tenho pai, se ele é alto e forte ou baixinho como eu; se tenho mãe, se ela é da idade dela; se tenho irmãos, quantos, que idade tem o mais velho e o mais moço. Todos homens, onde moram? Quantas mulheres e filhos eu tenho, se os trouxe comigo, antes os tivesse trazido, não fossem as dificuldades desses matos a atravessar.

Quatro adultos morreram de sarampo na última semana e um homem com mulher e filho mudou-se, perdera uma mulher que era filha de Doquinha e foi para a aldeia dos parentes da outra. O grupo está todo abatido e custará muito tempo para voltar à normalidade, embora não lhes falte alimento e vontade de viver. Também aqui há um casamento duplo de um homem com mãe e filha, a mãe tem seus 35 anos, a filha uns quinze, ambas estão amamentando.

Dessa vez não farei o esquema das casas, porque não as têm.

**Antiga aldeia do Maíra**

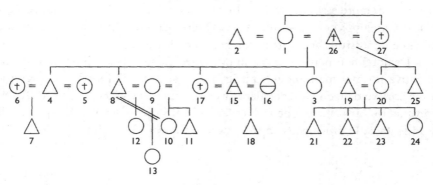

Família I
1) Doquinha (Jakun-Day) – 45
2) Domingos – 50
3) Belinda – 8

Família II
4) Aruá-kí – 25-(Çá-é)
5) Káu-Au – 25 – (falecida)
6) Helena – 16 (falecida)
7) Benedito – 4

Família III
8) João Pirí – 25

9) Iraxí-Rimí – 30
10) Nazareth – 15
11) Nejará-Nimbí – 10
12) Iraxí-Arimbí – meses
13) Iapí-Rimbí – 1
14) ...

Família IV
15) Pitáu-Akán – 25 (mudou-se)
16) Arakú-Djan – 20
17) Puín-Perimbí – 15 (falecida)
18) sem nome – meses

Família V
19) Dukã-Nín – 35
20) Djá-Nimpá-Rimbí – 35
21) Parakú-Iuij – 13
22) Patú-Ahú-Riú – 10
23) Tatã-Bor – 5
24) Uirá-Marã – meses
25) Açurin – 10
26) Cerutí – 70 – falecido há anos, irmão de Ianawakú (pai e mãe)
27) Tirá – 50 (falecida agora)

28) Xirimbí – 40
29) Araxí-Rãna – 14
30) Arará-Péna – 25
31) Joãnin – 10

Primeira expedição – Domingos, antigo Maíra

Só depois de passar a limpo, perguntando mais, pude compreender esses parentescos. Toda essa gente é a parentela de um tal Cerutí, irmão do pai da mãe do capitão Ianawakú, cuja mulher morreu há poucos dias (ele há muitos anos), e que era casado, também, com Doquinha. Depois de sua morte, Domingos desposou-a e ficou nessa posição dominante.

O único aparentado do falecido Maíra era uma sua viúva, que também foi para o Tury, fugindo das doenças com seus dois filhos (29 e 31, que não são filhos de Maíra) e seu genro. Moram no Xapy, viajaram com os números 15 e 18. Cavando um pouco sempre se arranja mais alguém. Esses meus intérpretes são mesmo umas pestes, custam a me entender e parecem traduzir só a metade do que ouvem, por incapacidade de memorizar tudo. Mas vamos em frente. Gostaria de perguntar mais agora, porém, se eu não anotar tudo, também esqueço e amanhã, na casa do Ianawakú, haverá mais coisas a escrever. Mereço um quarto de hora para um banho, senão esse calor me mata.

Estive todo o dia espreitando o tempo para tirar umas fotografias desse pessoal, mas qual... Sempre essas nuvens de chuva e esse calor. O velho Domingos, algumas crianças e uma mulher são ótimos tipos. O farei, depois, talvez, se eu voltar aqui, o que não é impossível. Vou tomar meu banho de igarapé.

Demorei pouco, não foi? Assim que entrei no igarapé, a chuva desceu e penso que chuva faz mal mesmo dentro d'água, que acha você? Essa letra desgraçada é porque escrevo deitado na rede, além das outras razões conhecidas, e talvez por isso escreva tanto. Mas em casa de índio não há banco ou qualquer coisa que se sujeite a uma sentada. O único pouso é rede mesmo e lá vai letra ruim.

## Aldeia e morte

Esta aldeia está condenada; aqui estão, junto de nós, mas já tratam da mudança. Uma só morte seria bastante para isso, quatro é até desperdício. Construirão a nova ali na roça, onde estavam acampados. Essas boas casas, muitas delas novas e todas representando enorme trabalho, porque são feitas pelo próprio casal interessado, serão abandonadas. Por esses matos há centenas de escombros assim.

Soube algumas coisas sobre morte e enterramento. Quando um parente adoece, qualquer que seja o parentesco, lhe dão assistência, ajudam a obter alimentos e o consolam, às vezes até dão um remédio. Se a doença é desconhecida e perigosa, o parente fica ameaçado de ser abandonado sozinho, o que tem acontecido muitas vezes em caso de catarro, sarampo e outras doenças contagiosas. Somente as relações de pai a filho, marido e mulher e entre irmãos parecem ser bastante fortes para resistirem a esta provação. Quando a doença começa a atacar uma aldeia, todos a abandonam, ao menos todos que estão sadios e, logo depois, os próprios doentes e seus parentes mais próximos que os estão cuidando ganham também a mata. A ideia é que o mal que os assolou está na aldeia, em suas casas e roças. Veem a doença como uma entidade mística que tem de ser evitada e até enganada, que os persegue pessoalmente e da qual se podem esconder.

Assim que morre uma pessoa, ela é abandonada *incontinenti*. Caso morra em dia claro, na aldeia, levam para o mato dentro da própria rede e deixam lá entre árvores, coberta por um tapirizinho, com um fogo debaixo, e voltam correndo. Quando morre fora da aldeia, num pouso ou num couto, onde se escondem de doenças, abandonam ali o morto.

Uma índia chegou muito mal no Canindé, acompanhada de parentes. O encarregado e moradores deram remédio, estiveram olhando e foram embora, logo depois a mulher morria. Os índios a fecharam na rede, enlinharam toda com cordas, como um molho de fumo, e foram para o pouso do outro lado do rio. Só na manhã seguinte avisaram que a companheira falecera. E nem foram ajudar o enterramento.

Quando é o caso de sepultar, cavam um buraco comprido, fundo, em que possa caber a rede. Fincam dois paus no fundo e neles atam a rede com o defunto. Por cima, sem tocar no cadáver, fazem uma armação de paus que cobrem de folhas e, depois, a enterram até o nível do chão. Então, armam um pequeno tapiri em cima, dentro dele deixam farinha, água, tabaco e um foguinho aceso. Além do fogo e alimentos, o morto recebe suas armas, mas o homem vai nu e a mulher apenas com a tanga usual, ambos sem qualquer adorno. Quando alguém sente que vai morrer, chama os parentes e distribui seus bens, as roupas, os adornos, todos os seus pertences. Se não o faz, os próprios parentes se presenteiam.

Além de atar o cadáver na rede, como aconteceu naquele caso do Canindé, tomam outros cuidados para que o morto não os persiga. Abandonam a aldeia para fugir à zoeira que o parente vai fazer para amedrontá-los e despistam o caminho de volta da sepultura, atravessando-o com paus, abrindo novas picadas ou fazendo clareiras na mata. A morte é um inimigo perigoso e traidor.

Aí está um esquema, para o caso da descrição não ser satisfatória. Mas eu preciso é ver um enterramento e não apenas descrições dele. Não será difícil, infelizmente.

Iawaruhú abrindo uma sepultura.

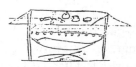

Esquema do sepultamento.

# Oropó

Essas aldeias urubus de hoje são pequenas manchas na mata. Clareiras onde vivem, junto de seus roçados, grupinhos de vinte a quarenta pessoas. Segundo Domingos, não há mais nenhuma aldeia grande. Mesmo a de Oropó, que dizem defender-se do contato com os brancos, estando consciente de que por eles é que lhes vem a morte, é pequena. Aliás, contaram-me que Oropó não permite nem aos outros índios que estão em contato com cristãos visitar sua aldeia, por medo das doenças. Todos esses Tembé o temem, falam dele como um caboclo enorme, fortíssimo e mau.

Nenhum deles teria coragem de me acompanhar à morada de Oropó. Como seria interessante ouvir esse homem que resiste ao avassalamento. Ver se, de fato, procura isolar-se e se não está, ele também, afetado pelo amor às bugigangas civilizadas, que fazem esse pobre amigo daqui trocar toda a sua caixa de plumária, que jamais poderá obter tão perfeitas, por uma calça velha. Claro que lhe dei mais que isso, mas vi em suas coisas níqueis que perfazem um cruzeiro e noventa centavos, trouxe do Maranhão. Quem sabe o que ele vendeu por essa quantia?

A causa da morte do Araújo é, também, um mistério que só Oropó, talvez, possa decifrar. Já duvido da história do João Mendes, segundo a qual o índio teria vingado a morte do filho do capitão Arara e do próprio capitão, e até de que Oropó houvesse ameaçado matá-lo quando chegou de Viseu com os índios doentes. De qualquer modo, quando Araújo morreu, pouco depois da pacificação, já eram claros os efeitos do contato com os *karaís*. A mortalidade já começara e um homem inteligente poderia bem ver aquilo e reagir como Oropó. Suposição sobre nuvens de conjecturas. Tolice.

## Ainda a garotinha

Ainda a garotinha. Esqueci-me dela e não vi o que fez em todas essas horas. Agora está trazendo lenha, vem com seu corpinho vergado sob quatro e até cinco lascas grandes. Prepara o fogo para assar o pato selvagem que meu amigo viúvo flechou. Acabei de jantar um resto do pato que comemos ontem, guisado e até bem feito, mas um pouco salgado, por isso o cortei em fatias e comi com leite condensado. Isso depois de um prato de sopa e duas bananas verdoengas.

Às vezes me surpreendo dizendo essas tolices a você. Mas me justifico, pensando que as conversas diárias são feitas dessas coisas mesmo e, assim, me sinto falando com você. Olha, veja que para o velho Domingos, que agora mesmo lamento não poder fotografar, estragou-se tudo, ficou meia hora atrás de seu rancho com um outro Tembé e voltou com a cara mais mirrada desse mundo: esteve botando abaixo aquela cabeleira que lhe dava um belo ar selvagem. É assim, à medida que fui chegando nas casas os homens foram depressa abotoando os calções sobre as vergonhas, até um menino de catorze anos tem calças, um desperdício. Sob os calções se vê bem que o membro anda embutido para dentro e preso com um amarrilho na ponta do prepúcio. Isso é sinal de que, assim que os deixarmos, voltarão à sua nudez.

Um lamento com uma desculpa: aquela menina já não me parece tão angélica: acaba de matar a pauladas, aqui junto de mim, um patinho que nem chegou a criar asas. Ontem comemos um, há pouco um índio matou outro, agora ela acaba com o

Diários índios

terceiro e último da criação de Domingos. O pessoal que trouxe comigo está jantando, assaram uns peixinhos no espeto e os comem com farinha. Tem muito cuspe na boca essa gente, para derreter tanta farinha seca precisam de litros.

João saiu para caçar e voltou com um guariba, o capelão do bando. Como parece gente esse bicho, meu Deus. Sobretudo despelados, mãos, cara, pés, olhos, orelhas, gogó, tal qual. Até rabo eles também têm e visível a olho nu. Foi uma festa, tanto para os Urubus famintos de carne (tenho que descobrir a autodesignação dessa gente com urgência, para não continuar caindo nessas frases desconjuntadas), como para os Tembé. Em dois tempos despelaram o bicho, cortaram em postas, enfiaram em espetos e panelas para assar e cozinhar, vai ser uma festança.

Falando em guariba, cabe uma observação. Este, como outros macacos, pegam as mesmas doenças dos homens e têm também suas epidemias de sarampo, varíola e outras pestes, como o catarro. Há até uma tosse que aqui chamam "de guariba", tanto se parece a dos homens com a dest'outros macacos. Um Urubu conta que tem tosse de guariba há muitos anos. Se os homens, ou seja, esses pobres homens brancos não trouxessem diretamente suas pestes, elas viriam através dos macacos. Não seria, talvez, um ataque em massa, mas acabaria dando no mesmo. Isso tudo é para dizer que, por umas e outras razões, eu próprio devo trazer alguma peste. Ora bolas, bobagem.

Dando acabamento à casa das festas.

Primeira expedição – Domingos, antigo Maíra

# Ianawakú

**7/jan./1950** – Felizmente encontrei uma aldeia não atacada pelas epidemias, todos sadios, fortes e alegres. Até parece outra nação. Agora é ficar e evitar que eles também sejam dizimados e, principalmente, aproveitá-los para nossos trabalhos.

## Alegria de viver

Escrevo cercado de índios, índias, jovens e velhos (até isto há. Hosanas!) que olham apalermados para minha pena correndo no papel. Comentam os arabescos, nada entendendo do que dizem. Mas se vê em seus rostos a curiosidade e nem seria preciso isso, porque imitam meus gestos, escrevendo no ar e até na outra folha do meu caderno.

Homens nus, os membros contidos por um amarrilho na ponta do prepúcio. Mulheres e até meninas recém-nascidas com suas tangas que acompanham a linha da barriga, as virilhas e descem aos joelhos, com um assungadinho coquete na frente. Todas fortes, vigorosas, plásticas. Uma ou outra até bonita.

Alguns homens exibem calções velhos, cheios de remendos e sujos como a necessidade. Mas nenhum deles tem orelhas peladas, todos trazem pequenos enfeites de penas de beija-flor no furo das orelhas e alguns até penas de aves nos lábios, à moda de tembetá. As crianças gritam e olham as araras gritar. Os cachorros, até eles gordos e fortes, se assanharam. Eu me abro em felicidade, depois de tanta desesperança.

O Mota esteve comigo uma hora. Logo o mandei seguir para o Canindé, levando consigo os dois índios da aldeia de Domingos que nos acompanharam, ambos suando o sarampo e ainda com terçol. Era manifesto o temor e a repulsa de todos. Mal os viam aproximar afastavam-se temerosos e as mulheres gritavam em voz alta, olhando-os e repetindo sempre, *sarán, sarán,* o que me dá bem a deixa do assunto. Ficaram comigo o negro Cezário, cozinheiro, e Emiliano, um dos Tembé que servirá de intérprete, embora esta não seja, positivamente, sua vocação.

Ianawakú é homem passado dos cinquenta, um velho forte e esbelto, tem mesmo ares de capitão em sua nudez sem concessões – pois não tratou de pôr calças para nos falar. Usa o pano

Ianawakú, da aldeia Gurupiúna, com seu capacete de capitão.

vermelho amarrado na cabeça à moda de pirata e tem uma cabeleira vasta, cercando um rosto grande e forte. Dei-lhe um terçado, miçangas, uma faca, anzóis, agulhas, sal e tabaco, mais daria, se mais tivesse. Ganhei dele um cocar de penas de arara, outro colar com flauta, dos que usam na festa de nominação. Ele está fazendo um novo cocar de tipo diferente.

Escrevi ao Foerthmann e Boudin dizendo que viessem, se não encontraram coisa melhor, o que é muito de duvidar, e pedindo que pagassem aos Tembé que nos acompanharam, ao Urubu que me seguia e outras coisas.

Estamos morando numa casa enorme que, normalmente, devia ser a do capitão, mas onde mora um genro. Ele está é numa das casas do forno – têm duas, ambas com fornos de barro bem velhos e quebrados.

Além de bananas, limão, peixe moqueado e farinha, ganhei um belíssimo pato, é o segundo em poucos dias. Cezário é que parece não gostar, porque não o deixo ferventar o pato, como faz às outras coisas. Tem que cozinhá-lo e fritá-lo com carinho, que, com os diabos, isso é fazer jus ao pato. Há fartura, roça grande, muito peixe no Gurupiúna, a quilômetro e meio, e vejo, pendurados na casa onde estou, três jabutis. Ainda não os recenseei, mas vou fazê-lo logo, estive todo o tempo arrumando minhas coisas e vendo o capitão trabalhar no novo cocar.

Aqui, também, há desses enormes potes para as cauinagens, um maior, outro gigantesco e, nas casas, miniaturas deles, usadas para carregar e guardar água, me parece. Notável é que os daqui foram envernizados com alguma resina e brilham num tom negro embaçado.

A mulher do capitão é uma velha de cinquenta anos, seios murchos e cara chupada, baixinha, agitada como azougue e muito simpática. Por ela e pelo marido, espero agradar o grupo, porque a todos diretamente é impossível atender, quando, como sempre, esperam que a gente venha com as mãos cheias de presentes.

Os mosquitos também aqui me atormentam, é um suplício, já tenho todo o corpo marcado. Até ínguas nas virilhas, que depois de muito me preocupar verifiquei serem consequência de tanta picada de insetos.

Já conhecia alguns dos moradores, os dois primeiros casais urubus que vi, no dia seguinte ao que cheguei ao Canindé, são daqui e me receberam muito alegres. Por enquanto, somos novidade engraçada, que se examina com toda a inocência. Estes meninos pegam meu cabelo, puxam os pelos dos braços e pernas, como a ver o que é aquilo que sua gente não tem, só falta me cheirar. Os homens apalpam o pano das calças, experimentam o sapato e o chapéu e provam de tudo que eu como e bebo. Mas isso passará logo, o necessário é que se estabeleça um papel satisfatório para as etapas seguintes, mais difíceis. Dois meninos, incitados pelos pais, me trouxeram um cacho e mais algumas pencas de bananas verdoengas. Que continuem assim, pois terei muitos dias aqui para comê-las.

Diários índios

# Banhos

Esta gente se banha que não para. A cada instante chega um molhadinho do córrego e, mal seca a água do corpo, volta a molhar-se. Não me entusiasma muito esse seu banheiro; é um corregozinho enlamado e a gente tem que se agachar numa raiz e jogar água nas costas com uma cuia. Amanhã cedo vou ao Gurupiúna pescar e banhar-me com gosto.

Djó-mãe toma banho e banha o filho.

Os índios tomam esses banhos tão frequentes, duas, três e até mais vezes por dia, em tempo de frio ou de calor, estejam sãos ou doentes. Dizem os Tembé, e o Mota lamenta, que é por isso que o sarampo mata tantos: quanto mais alta seja a febre, mais banhos eles tomam, na esperança de refrescá-la na água e que, "de molho", o sarampo encolha.

Bem, larguemos do caderno, que o banco está duro demais.

Banho no igarapé.

**8/jan./50** – Não sei como deram este nome (Ianawakú) ao velho capitão, ele me disse chamar-se Karurin. Também aqui, todo o grupo local é ligado por relações de parentesco, são seis casais com seus filhos e irmãos. Mas vamos conversar fiado um pouco, antes de copiar o recenseamento.

Tive um dia mais cheio e mais alegre. Também, estou entre gente sadia, que se agita, faz coisas que eu desejo ver e participar. Não é aquela tristeza das aldeias atacadas pelo sarampo.

Acordei muito cedo e saí com dois homens, um meninote e meu intérprete para caçar e pescar. Não conseguimos nada. Eu imaginava que o igarapé fosse muito próximo e não comi, resultou foi numa fome danada, porque daqui lá é bem uma hora de marcha acelerada. Os índios conseguiram uma meia dúzia de traíras, algumas grandes, apanhadas à flecha. Para isso, dois ou três trabalham combinados: um fica bem quieto, agachado numa ponta de pau que deita sobre um trecho de águas claras, em que o riacho corre sobre areia; e os dois outros entram n'água, a uns duzentos metros de distância, para espantar os peixes e fazê-los passar debaixo do flecheiro; aí os matam.

# Coleta

No caminho, encontramos diversos trechos da mata bem capinados, limpos. Logo soube do que se trata: as mulheres e crianças, em seu trabalho de coletarem frutos, limpam o terreno que fica debaixo das fruteiras, para colhê-los depois. As árvores frutíferas são, geralmente, muito altas; nesta mata enorme é impossível subir para colher frutos. Tem de se esperar que caiam alguns de maduros ou sobras das festanças dos macacos, araras e outros seres melhor dotados. Homens, jabutis e veados ficam juntos, no chão, esperando as sobras. É grande o trabalho das crianças, sobretudo das meninas. Na coleta desses frutos, andam todo o dia pelo mato em grupos de três ou quatro. Afora essa atividade, os rapazotes são muito eficientes na pesca e as meninas para juntar lenha, cuidar do fogo, moquear. Sobretudo quando a mãe cuida de um filho mais novo ou se dedica a outro trabalho, como fazer farinha.

## O forno

Casa de farinha, onde se encontra, também, um tear de rede.

Ñakãrupik monta, com pedaços de cupinzeiro, o assento do forno de assar farinha.

O centro da vida na aldeia é a casa da farinha, o rancho tosco que abriga o forno de torrar farinha – uma peça redonda, que chega a dois metros de diâmetro, feita de cerâmica, pousada em pedaços de cupim que deixam espaços para atiçar o fogo. Cada dia, uma família toma conta do forno para fazer sua provisão de farinha, o pão nosso dos Urubus do Gurupi.

É o milagre da mandioca que, uma vez madura (oito meses), pode ficar um ano mais na terra, esperando que a colham, sem nenhum requisito de armazenagem. A mulher, ajudada pelo marido, colhe a mandioca e a mergulha no igarapé para fermentar. O homem ajuda a trazer a mandioca do igarapé, onde esteve pubando mais de uma semana. Mas é a mulher que faz o trabalho mais duro: descascar a mandioca, passá-la na peneira, meter no tipiti e espremer para extrair o suco venenoso – ácido cianídrico. Até esfacelar e torrar no forno os bolos já espremidos é tarefa da mulher, enquanto o marido, ao lado, olha, fala, acaricia as crianças, aceita os moqueados, chibés e frutos que os filhos lhe vão oferecendo no correr do dia.

Eu, é preciso dizer, os ajudo muito nessa árdua tarefa de comer tudo que se colhe e se prepara na aldeia. Eles participam também de minha comida, há sempre um grupo olhando e todos dispostos a provar um pouco. Hoje, abri, desolado pelo tamanho da assistência, uma de minhas poucas latas de leite condensado, que fiz cozer para ter doce, porque o açúcar está no fim e nem dá para o café. Depois de aberta, tirei uma terça parte e pus num prato para provação quase ritual. Uns gostaram um pouco, outros não gostaram nada e as crianças até cuspiram fora aquele horror. Isso me alegra porque, d'agora em diante, abrirei as latas de doce sem a impressão de vê-los com a boca cheia d'água, olhando. Poucos homens pedem e nenhum insistentemente. As mulheres, sobretudo uma trintona, filha do capitão, pedem mais e insistem, mas, quando digo petaiim (um só) ou quando mostro para outro e digo aninderé, elas se satisfazem muito lamentosas.

No dia em que chegamos, dei ao capitão algumas coisas para ele e para distribuir. Ao contrário do que me diziam, ele ficou com a parte do leão, pelo menos no sal e tabaco. Hoje, um homem tornou a pedir tabaco. Resolvi, por isso, fazer coisa diferente com o sabão, que só agora distribuí.

## Troças

Continua a mesma curiosidade simpática em torno de minhas características que contrastam com as deles. Não se cansam de me falar – creio que disto –, embora eu quase nada entenda do que dizem, e a me examinar as características com toda meticulosidade. Até meu bigode um quis apalpar, dois quiseram examinar os pelos das pernas e a contextura dos cabelos.

Cezário, meu velho cozinheiro preto.

Meu cozinheiro, Cezário, que é preto, anda triste que não pode, de tanto ser observado com curiosidade insaciável. Nada entende, passa os dias calado. Às vezes, as crianças o rodeiam, olhando seu pretume, e ele arranja logo alguma coisa para elas. Já teve de desfazer-se de uma toalha e um pente e uns carretéis de linha, as índias viram sua mala e começaram a pedir, o coitado não teve coragem de negar. De quando em quando, calcula a altura que devem ter alcançado o Mota e os companheiros no caminho do Canindé. Há pouco dizia: Seu Mota agora há de estar gritando lá no barranco, pedindo passagem. E, neste momento, diz ao intérprete que a esta hora o Mota já estará em casa e irá contar mentira que só ele. Não pretende participar dos assuntos daqui, vive do que a imaginação lhe dá.

Já está muito escuro, mal vejo o caderno, vou pedir o lampião para ajeitar um modo de iluminar. Tudo bem. Uma história gozada do Cezário: enquanto arrumava a lâmpada, contou que, quando estávamos pescando, ele ficou aqui sozinho e os índios o arrodearam fazendo perguntas. Ele não entendia quase nada, só repetia que tinha mulher, que não era velha, que tinha filho já homem. Mas eles não paravam de perguntar. Aí ele teve vontade de largá-los aqui e ir atrás de nós, mas teve uma boa ideia: enrolou-se num cobertor e fez que estava dormindo. Suava sob o cobertor neste calorão do meio-dia, mas continuou até os "caboclos" se cansarem de falar e irem s'imbora.

# Tralha doméstica

É noite, espero a sopa rala e tenho, ainda, um resto de peito de pato: verdadeiro banquete que, com as frutas comidas durante o dia, fará ótima dieta. A tralha doméstica dessa gente é bem modesta. Seu equipamento só tem algum realce nas técnicas de caça e pesca e nos adornos de penas. Além da cerâmica, de que tenho falado, e de um sem-número de cuias de todos os tamanhos, geralmente com a borda decorada em faixa pintada ou escavada a fogo em motivos simples, como triângulos, semicírculos e pontos. A mais bonita que vi pertencia ao Domingos e foi feita por um Tembé do Pedro Dantas, que também é exímio entalhador em chifre.

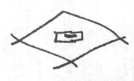

Karapuá, batata-redonda.

Além dessas manifestações estéticas, a única realmente alta e bem elaborada é a plumária que, como técnica de compor as peças, atando e embricando as plumas, e como gosto de combinação das cores de penas, é extraordinária. Encontramos, em todos os caminhos percorridos nestas matas, troncos de árvores com as cascas recortadas em desenhos de animais e gente. Fazem o mesmo em paus caídos na estrada. O desenho de losango regular com um pequeno retângulo no centro representa o órgão genital feminino. O masculino, eles nunca representam, segundo Emiliano. Veremos isso quando tivermos o caderno para colher seus desenhos.

As redes de dormir e as tipoias, que todas as mulheres carregam a tiracolo para enganchar os filhinhos até três anos, são feitas com a mesma técnica. Ao invés dos teares, fabricam-nas em séries de linhas estendidas entre dois paus fincados perpendicularmente no chão, amarrando umas linhas às outras com cordões em série.

Usam, também, de outras fibras na fabricação de redes, o carauá e outras que preciso identificar. Este último é comum nas roças. Em todas as casas o temos visto em meadas, de que tiram fibras para as cordas de seus arcos, as linhas com que costuram os artefatos plumários e para outros fins. Em todos os ranchos há, dependurados, cofos de moquecas de certa folha usados para guardar as penas que vão colhendo, antes de as utilizar. As grandes, de arara, e as mais raras são guardadas em canudos de taquaruçu, que eles abrem ao lado, tiram o miolo e fecham – com as penas – hermeticamente, amarrando-o com cordão e colocando algodão nos encontros.

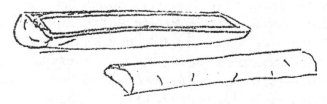

Canudos de taquaraçu para guardar penas.

Diários índios

Os artefatos plumários já preparados se guardam em caixas feitas com tábuas bem lacradas, que também fecham hermeticamente com amarrilhos, algodão e cera de abelhas. Assim os defendem dos insetos que atacam as penas.

Além das redes e caixas de guardados, há sempre alguma armação alta, onde dependuram as armas, inúmeros paneiros e jamaxins para farinha e outros alimentos, além de servirem para guardar qualquer tralha pendurada na cumeeira ou nos caibros mais altos.

Ao lado das redes, dentro da casa, fazem também armações de varas altas em que vivem os xerimbabos; outra onde guardam os cachorros, quando chega visita, e onde as mães deixam os filhos, enquanto fazem qualquer serviço rápido.

Índio urubu com seu patuá de adornos plumários.

Há casas que têm dois e até três desses cercadinhos e outros tantos do lado de fora para semelhantes fins. Os cachorros dormem em redes especialmente feitas para eles e atadas bem perto da rede do dono; as galinhas e patos em buracos cavados junto da casa, que ainda não sei se cobrem à noite.

Karixan na sua rede, rodeado de paneiros de mantimentos.

Os fogões onde cozinham têm sempre uma trempe de madeira de meio metro de altura para os moqueados. Debaixo de cada rede, à noite, há um foguinho que ateiam de madrugada, quando o frio aperta.

O admirável aqui é a preocupação de beleza expressa na perfeição desses objetos. Desde os mais simples aos mais complexos, todos são feitos com perfeição muito superior à sua função de utilidade. Quero dizer que, não havendo mercantilismo e a tendência decorrente de fazer tudo de qualquer modo para fazer depressa ou para vender bem, a perfeição ganha lugar de importância.

Um urubu cuida dos arranjos em que criam seus xerimbabos.

Creio, mesmo, que a função real de tudo que os índios fazem é criar beleza. Só subsidiariamente eles se prestam para caçar, cozinhar ou outro fim prático. Acresce que cada artefato retrata tão fielmente a quem o fez, como a caligrafia de uma carta nos retrata. Denuncia-se desse modo qualquer desleixo, assim como ressalta à vista de todos o primor de uma *factura* que pode orgulhar seu artesão.

Sipó-wiwá esquenta peixe moqueado.

Primeira expedição – Ianawakú

## Colaboração

Tive que parar de escrever porque a assistência quis participar mais ativamente do espetáculo. Começaram por querer passar as páginas para mim, depois quiseram experimentar a caneta, sugeriram que eu desenhasse uma moça, o que fiz lá atrás, na contracapa, e também um deles desenhou outra cara, aliás melhor que a minha.

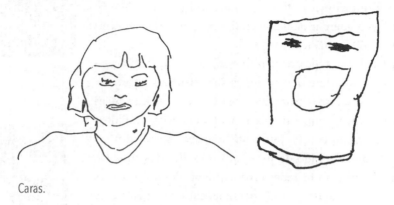

Caras.

Tomei minha sopa, com a devida ajuda das crianças, que provavam e cuspiam. Ao fim, já era um jantar musicado, porque meu intérprete conseguiu que Serapião começasse a cantar e logo os outros se juntaram no coro. Triste coro, dissonante e monótono.

## Cantoria

Mas vamos dar atenção a esse coro, que já está animando toda a população e é cada vez mais alto. Duas vozes fazem contraponto, sempre com a mesma toada sem palavras. Serapião dirige (parece), porque grita mais alto e, às vezes, parece dizer uma palavra. Agora, até das outras casas respondem e lá parece haver uma voz melhor e mais entoada que as daqui. Mas vamos largar, sem demora, este caderno para ouvi-los de perto.

**9/jan./50** – Ontem tivemos cantos até muito tarde. Assim que eu me juntei ao grupo, mandamos chamar o cantador que eu pressentira na casa vizinha. Chama-se Arí-djú ou Txuán, para os cristãos, e realmente tem voz admirável e grande entusiasmo. As mulheres iam pedindo para cantar tal ou qual canção: Socó, Ararajuba e outros nomes de pássaros, e ele ia satisfazendo. O coro sempre acompanhava.

Em certo momento, ele afastou-se, foi para o outro extremo da casa, se pôs de cócoras, começou a cantar, levantou-se depois, cantando sempre, e movendo o corpo ao ritmo do canto. Então, os outros se juntaram a ele e começou a dança que logo empolgou a todos. Também tive que entrar no bate-pé e cantar com eles algumas vezes. Nessa altura, veio chegando o capitão com mulher e filhos, cada qual com sua rede, armaram-nas ali e ficaram escutando. Ainda agora continuam ali, talvez até o velho se tenha mudado para lá. As crianças e mulheres também cantaram, mas não dançaram, senão a velha do capitão. Todas as outras tinham crianças de peito, a única que não tem cria nova estava com o pé machucado.

Não consegui ver grande diferença de uma música para outra. Algumas, entretanto, são mais melodiosas e até parecem conter frases. Cada qual se refere a um pássaro ou, ao menos, é designada com um nome deles. Dançam com as mãos enlaçadas, marcando o ritmo com os pés, todos com o corpo inclinado para a frente e para trás, com fortes flexões dos joelhos.

Estou parado há quase uma hora, ouvindo as mulheres pedirem coisas, sem entender o que dizem além da palavra *sam* (miçangas), que repetem sem parar. O melhor mesmo é não lhes dar atenção e escrever, assim desanimam e vão embora.

Descobri, afinal, a complicação do duplo nome de Ianawakú. Este é seu próprio nome tribal. Karurin é como o chamou um dos encarregados, quer dizer, Carolino. Muitos deles têm, assim, dois nomes, um cristão, completamente deformado, e outro tribal, que recebem na cerimônia de nominação.

Aliás, soube que uma criança daqui, o netinho mais novo de Ianawakú, ainda não tem nome. Olhando o patuá do seu genro, vi uma riqueza enorme de artefatos de plumas ainda novos, quis obtê-los mas nada de minhas "riquezas" o atraiu o bastante para uma troca. Explicou que só poderia dar-me-los depois da festa de batizado. Ele me convidaria quando chegasse a ocasião. Mas duvido que façam uma festa grande, têm medo de receber gente de outras aldeias que lhes traga doenças, e com muita razão.

## Colares

Todas as pessoas aqui usam adornos: colares de miçangas, pulseiras, trançadeiras, tornozeleiras de penas – até eu já uso uma pulseira –, pentes também ornados de plumas e lindos brincos de colibri. Também os cachorros levam colares de pedaços de madeira, intercalados com ossos. Os xerimbabos são inúmeros, cada casal tem alguns: são mutuns, macacos, várias espécies de papagaios, araras e periquitos, jacamins, todos com nome de gente e tratados com muito carinho e portando, eles também, seus adornos.

Junto às casas tenho visto enormes fieiras de ossos amarrados uns nos outros, com cordões, nos arbustos próximos, bem

Filha do capitão Kaaró com seus adornos e colares.

Primeira expedição – Ianawakú

Iadnú guardando longe dos cachorros ossadas das caças.

como penduricalhos de moquecas cheias de ossos pequenos e restos de tripas. É o que resguardam dos animais que comem, para que os cachorros não os comam. Os ossos vão sendo reunidos naquelas fieiras, as tripas em moquecas. Isso deve estar ligado a alguma crença, que preciso descobrir.

Aqui não há pajé, os cantos de ontem foram todos profanos, mas na aldeia de Koaxipurú há um, o Manezinho. Segundo contou Emiliano, quando o filho do capitão engasgou com um espinho de peixe e ficou à morte, chamaram Manezinho, que cantou e chupou, tirou o espinho e deixou o menino bom.

Também aqui não há tamborim e, talvez, aquele belíssimo em que Koaxí-apuín tocou e dançou na aldeia de Koaxipurú seja um dos raros. Soube que Koaxí-apuín – o louco – é um dos mais reputados tocadores, dançarinos e cantores dos Urubus. Isso interessa muito ao nosso sonógrafo. Preciso juntá-lo com Arí-djú no Canindé, quando for possível.

Todos os dias, de manhã, temos nossa sessão de tratamento. Vêm todos os que têm doenças pedir *puhang*. O caso mais grave é o do filho do capitão, que tem uma ferida no pé que já lhe deu uma enorme íngua supurada na virilha, chagas feias que tenho espremido e tratado sem grande resultado. Por isso lhe apliquei hoje uma penicilina, vamos ver o resultado.

A essa hora – duas da tarde – toda a gente está na sombra. Os homens e meninotes saíram para caçar e pescar por aí, só as mulheres estão na aldeia. É hora de lazer. Nada se pode fazer com esse calorão. O casal que trabalhava hoje no forno de farinha parece já haver terminado. Daqui por diante, darei o fora também eu a essa hora. Cezário tinha razão, ontem, em fingir que dormia para livrar-se das mulheres. Andaram por aí e voltaram, mas estão caladas agora, somente olham o meu trabalho. Algumas crianças têm o rosto pintado de urucum, fazem uma linha sobre os olhos, passando pela base do nariz, descendo pelas maçãs até o queixo.

Mas vamos ao recenseamento, embora eu tema por sua correção. O Emiliano entende muito mal o dialeto urubu, os índios precisam repetir uma coisa inúmeras vezes para ele poder responder a uma pergunta minha e, frequentemente, o apanho em erro. Tentei registrar com ele alguns mitos, foi impossível. O idiota ouve longamente o índio, sem me dizer nada, e depois se põe a falar. Percebi, aí, que em vez de interpretar os mitos ele estava dizendo aos índios que tudo que diziam era bobagem e dando a versão tembé, única expressão da verdade. Vi, então, que não me servia mesmo de intérprete. Mas como arranjar outro ou esperar até que eu alcance o domínio completo da língua?

Há um rancho vazio, que foi morada de um índio vindo da aldeia de Pary para procurar mulher. Casou-se e voltou. A casa do forno de farinha é de uso comum, mas é a morada do capitão. Há outro forno mais velho que parece em desuso.

Vejamos o diagrama de parentesco deste pessoal. As posições de maior realce são as do capitão e da viúva Uirakã-xi.

À base desse diagrama, vou tentar a definição de alguns termos de parentesco com ajuda de Emiliano. Antes, mastigarei isto bem, para perguntar precisamente os tratamentos recíprocos de todos os membros do grupo.

# Intérprete

**10/jan./50** – Preparei todo o esquema, mas não consegui nada, embora tentasse durante horas. Este Emiliano é, no fundo, na superfície e nos lados, um idiota. Entende muito pouco do que os índios dizem e me dá um trabalho enorme fazê-lo compreender o que quero. Geralmente, faço uma pergunta, explico-a exaustivamente, por exemplo: como se diz *filho do irmão*. Ele fala um quarto de hora com os índios, os faz repetirem a resposta muitas vezes e depois me diz que irmão se diz de tal forma; tenho de recomeçar sempre. Queria me fazer crer que avô e avó eram designados como em português, assim como *pai* e *mãe* (e tios, igual aos pais) e *irmão*.

Emiliano, índio tembé que acompanhou as duas expedições.

Ele não tem mesmo jeito para o trabalho. Tenho falado inúmeras vezes do que eu espero dele e procurado formá-lo como intérprete, mas o pobre homem é bronco demais. Preciso conseguir outro; talvez fosse melhor ter ficado com o Silvério, embora isso causasse dificuldades por ser o responsável pelo Filipe Camarão.

## Capitão Ianawakú

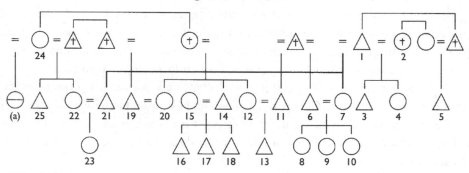

(a) Iraxí-rimi

Família I
1) Cap. Ianawakú (Karurin) – 50
2) Ân (não tem parentes)
3) Merehí-hunuán – 6 (gêmeo de 4)
4) Uiratãkã – 6 (gêmeo de 3)
5) José Maria – 5 (filho de criação)

Família II
6) Arakãnã – 25
7) Uirapuiên – 30
8) Makín – 9
9) Man-putíre – 6
10) Ahík – 1

Família III
11) Itá-nurú – 20
12) Arará – 20
13) Juçendúi – 1

Família IV
14) Japú-kái – 28
15) Jurumum – 22 (parentes no Tury)
16) Aguiripín – 3
17) Muïz – 5
18) Tãmarã – 8 (órfão – filho de criação, surdo-mudo)

Família V
19) Serapião "Capitão" – 45
20) Sipó-putire – 20

Família VI
21) Arí-djú ou Txuán – 25
22) Uaxinxirã – 22
23) Tirí – 4

Família VII
24) Uirakã-xí – 50
25) Uirapipó-rijú – 28 (hóspede: casa grande)
26) Migué – 20 (de passagem)

Primeira expedição – Ianawakú

# Carneação

Ontem, tivemos uma tarde divertida. Um dos caçadores abateu uma veada e isso movimentou a aldeia. Estive toda a tarde vendo-os tratar a caça e não vi tudo o que é preciso. O índio que abateu a veada veio apenas com as armas, deu a notícia e foi deitar-se na rede, só se levantou horas depois para tomar banho. Seu companheiro é que carregou a veada, levou-a para sua casa, preparou e repartiu. Começou o trabalho desatando as embiras que amarravam os pés e mãos do animal, que já veio com os ferimentos da flecha tapados com folhas. Mandou a mulher fazer fogo e o menino que ele cria tirar madeira para o jirau de moquear. Então, tomou a veada e foi sapecar o pelo no fogo e raspá-lo com uma faca, assim como costumamos fazer com os porcos de casa. Depois, lavou-a bem da cinza que tinha aderido à pele, cobriu o chão com umas folhas grandes e colocou a caça em cima.

Abriu, cortando em losango a barriga da veada, retirando, assim, as mamas e a carne que cobre o ventre até a linha das costelas. Por esse buraco retirou as vísceras, que foi juntando num paneiro de folhas verdes; destacou o braço, que deu a seu cachorro, primeiro contemplado da festa. Rasgou o diafragma e puxou o coração e pulmões, que foi juntando ao lado. Aí, lavou novamente a caça, retirando todo o sangue do vazio, e começou a carneação.

Primeiro, retirou os pernis, depois duas porções das costelas, uma de cada lado. Em seguida, destacou as duas mãos com as paletas e o resto das costelas. Por fim, partiu o espinhaço em dois, ficando uma parte presa à cabeça, que logo destacou, e outra com os lombos seccionados, que ele ia cortando e colocando ao lado.

Terminando o trabalho, entregou à mulher, uma por uma, as duas paletas e um pernil, cada qual mandado para um contemplado, juntamente com um pedaço do fígado. Não acompanhei a entrega, mas estou certo de que deu o pernil ao matador, uma paleta ao capitão e a outra ao irmão do matador. Todo o restante ficou em sua casa.

Cortou o pernil em pedacinhos para cozinhar e moqueou as outras peças no jirau para conservar. Depois de cozinharem seus pedaços, alguns dos felizes destinatários redistribuíram aos não contemplados, inclusive a nós. Do moqueado recebemos, hoje, nossa porção, aliás bem modesta. Mas as principais perguntas ainda não têm resposta: de quem é a caça abatida? De quem a viu primeiro, do matador ou do último a feri-la? Como se faz a entrega das porções, qual é o critério da distribuição? O certo é que a carneação a que assisti é um procedimento universal.

Quando fiz esse registro não sabia ainda que aquela espécie de veado branco é identificada com os homens, o que faria de sua carneação reproduzir o preparo dos mortos para a antropofagia. Assisti, assim, a um rito crucial sem saber do que se tratava. Mesmo porque estes índios fazem o maior mistério quanto ao tema, o que não se explica, uma vez que admitem a hipótese de carneação de um homem.

Emiliano contou que, certa vez, os viu distribuir pedaços de uma caça, notou que nunca entregam mão a mão e frente a frente as porções. Se o recebedor está perto, voltam-se de costas para ele e entregam sua parte com a mão voltada para trás. E que, uma vez, quando estava caçando, perto da aldeia de Ventura, com um grupo tembé, mataram uma onça e levaram-na à aldeia para assar. Chegaram à casa do capitão e ali mesmo foram tirando postas do animal e encostando no fogo. Na manhã seguinte, morreu um filhinho do capitão Ventura, que estava doente há dias, e eles atribuíram sua morte ao "*iámá* da onça". Ele quis matar os Tembé, só não o fez por intervenção de outros índios e porque foram embora.

## Guaribas

Parei de escrever uma boa hora porque um bando de guaribas gritava a meia légua daqui e saí com dois índios para caçá-los. Foi divertido, embora só tenha trazido um guariba bem pequeno, deixando lá, com duas balas no corpo, o capelão do bando. Ando cada vez pior para atirar; nessa brincadeira gastei quinze balas e o pior é que sempre atirava certo de que ia errar, porque a vista não dá mais para fazer pontaria num alvo distante.

Depois de correr muito e suar litros, refresquei-me com uma chuvarada que inundou a mata por uma hora. Saímos molhadíssimos, o que só tem gravidade para mim, único que levava roupas sobre o corpo. Vimos uma enorme preguiça, em que não atirei porque os índios disseram que não a comem. Soube, também, que eles não comem onça e comem certa espécie de sapo dos grandes, na verdade uma rã. Durante a caçada aos guaribas, os índios entusiasmaram-se a valer, gritavam imitando os urros dos macacos e os perseguiram por quilômetros, seguindo sua corrida nas árvores, saltando troncos, numa disparada infernal no meio da mata fechada. Jogaram muitas flechas para espantar os guaribas quando eles se escondiam entre as folhas, na grimpa das árvores mais altas, e batiam com o maço de flechas nos arcos, puxavam os cipós e saltavam, ribombando os pés no chão.

Ontem, à tarde, tivemos uma chuvarada aqui na aldeia, hoje duas já. É uma festa para a criançada. Todos os meninos saem para o terreiro, saltando e correndo numa alegria sem fim. As meninas, mais recatadas, ficam em casa, aparando com a língua a água que cai das goteiras ou, sempre serviçais, fazendo regos em torno da casa com enormes enxadas, que mal podem levantar, para impedir que a enxurrada as invada. As mulheres cuidam das crianças mais novas e os homens, bem deitados nas redes, olham e riem do rebanho feliz. Estamos em pleno inverno e, pelo visto, muita é a água que terei de levar nos lombos durante essas caçadas e andanças de aldeia a aldeia, nesta quadra do ano.

A curiosidade em torno de nós continua a mesma, não posso tomar o caderno para escrever sem uma assistência sempre atenta para os movimentos da minha mão. A cor do Cezário e a contextura de seu cabelo são motivos também sérios da atenção de todos. Outro dia, as mulheres queriam vê-lo nu e, ontem, o encontrei retorcendo-se de rir com a expressão mais malandra que tem. É que o velho Serapião lhe perguntara como se chama em português a genitália masculina e feminina.

O capitão continua como o provador obrigatório de tudo que comemos e não cuida de satisfazer o apetite que sua mulher, filhos e companheiros hão de ter. Consome sozinho tudo que lhe damos. A propósito, o Cezário não pode resignar-se com o fato de que o velho Serapião coma sozinho não só o que lhe damos mas, ainda, tudo que ele consegue caçar ou pescar ou ganhar dos outros. E a sua mulher, trinta anos mais nova que ele, é gorda, que sobra, de beber chibé.

Eu estou muito bem, tenho um apetite arrasador, mesmo para essas coisas insossas que tenho de tomar e comer como ossos do ofício. Os chibés frios e quentes do capitão, as bananas verdoengas, os moqueados e cozidos sem sal e temo que, hoje, até esse guariba que matei. Assim, ao menos poderei ter uma ideia longínqua do gosto de nossa carne, se ela tem tanta semelhança com a do guariba quanto parecença ele tem conosco.

## Nominação

Ontem, consegui saber mais alguma coisa sobre festas de nominação à custa de mil perguntas e irritando-me de ver os índios descreverem-na, longa e minuciosamente, a Emiliano e só ouvir dele algumas frases sacarrolhadas a um estribilho de: o quê? como foi? que disse ele agora?

Vão fazer uma festa destas aqui para "batizar" a neta mais nova do capitão. Para isso, na próxima lua, começarão a ralar mandioca e preparar os beijus que irão sendo guardados num jirau de quatro metros por um, que está aqui entre duas vigas da casa, bem em cima do meu mosquiteiro. Todo aquele beiju, uma vez fermentado, irá encher os dois potes que ficam no outro extremo da casa. Somente convidarão o pessoal do Capitão João Arakú, que é irmão de Ianawakú e vive em águas do Maracaçumé, há dois dias daqui. Temem convidar outros por causa do sarampo que anda aí, matando gente.

No dia da festa, esta casa, de vinte por sete metros, ficará cheia de redes que, à noite, serão servidas de quanto *cauim* possam suportar. A mãe do batizando, com um belo pente na cabeleira e um colar de penas, novo ainda, servirá os convivas. Primeiro, uma rodada de cuias pequenas; depois, outra de uma cuia maior; afinal, uma terceira e quantas mais suportarem, em cuias de dois litros. E toda aquela gente bêbada começará a cantar, dançar e cambalear por aí, a caminho do mato, para mijar, cagar e foder. Cada convidado virá com sua rede em que se deitará, seu terçado que descansará debaixo dele e um feixe de flechas, tão grande quanto sua importância social. Trará, ainda, os seus melhores adornos de plumas para exibir enquanto bebe.

Um dos meus espectadores resolveu ajudar-me mais, tomou o caderno e escreveu o que se lê (?) aí atrás. Que pensará ele disso? Saberá o que seja escrita e leitura ou cuidará que eu apenas me divirto desenhando arabescos? E valerá o que eu escrevo mais que os arabescos dele? Pode aí estar o resultado de tanto esforço e tanta saudade; mais de meio ano metido aqui, nesses matos, para isso? Na marcha em que vou, custará muito juntar algum material. Mas continuemos com a festa.

Na manhã seguinte à bebedeira, com todos ainda embriagados, é que se faz o cerimonial do batismo. A madrinha vai à casa da mãe buscar a criança e a entrega ao padrinho, que a passeia um momento na frente de todos, com os braços estendidos e tocando sobre a criança sua flautinha de tíbia de gavião real. Depois disso, se inicia a troca de flechas, cada homem troca flechas feitas por ele por outras dos que vêm de aldeias distantes. Ao fim, o dono da festa, pai do batizando, desfaz o cipó que prende seu molho de flechas e as joga no chão, convidando os presentes a levarem as que desejarem como lembrança. Assim acabam as coleções de flechas laboriosamente conseguidas, trocando as que fabrica, uma a uma, por outras nas festas de que participa. O capitão, contando isso, falou também de cocares e outros adornos plumários, de roupas, terçados, facas, miçangas que trocam ou dão. Mas esse intérprete imbecil não entendeu.

A casa de festas, onde estou, foi feita por dois homens apenas: Itá-nurú e Arakãnã, irmãos, e que são os pais das duas crianças a batizar. Mas a história estaria incompleta, segundo meu intérprete. Ambas as crianças, de menos de um ano, já teriam sido batizadas e a nova festa anunciada é outro batizado delas, embora já tenham tido um na ocasião que fizeram esta casa e os potes de *cauim*. Quando procuro aprofundar a coisa, o pobre imbecil do Emiliano, ao invés de perguntar ao capitão ou aos pais, fica racionalizando: "Decerto, agora, vai ser cachaçada, ora, eles quando querem bebem, têm mandioca muita, fazem cachaça e bebem". É o diabo.

## Visitas aos *karaíwas*

O filho do capitão – Saracura (Arí-djú) – contou uma viagem que fez a Pinheiro, cidade do Maranhão, creio que na baía do Turiaçu. Saíra daqui para ir à aldeia de João Arakú (um dia), seu tio, e de lá foi à aldeia Küi (três dias), de onde um grupo ia partir para uma dessas caminhadas para as cidades dos *karaíwas*. Foi com eles, eram dez ao todo. Andando como podiam, de um lugar ao outro, chegaram até aquela cidade, vendo coisas espantosas pelo caminho. Cavalos muito diferentes e mais bonitos que os do Canindé (que só tem burros). Bois muito maiores (zebus). Porcos enormes e outros animais desconhecidos, cujos nomes o intérprete não sabe traduzir e crê, também,

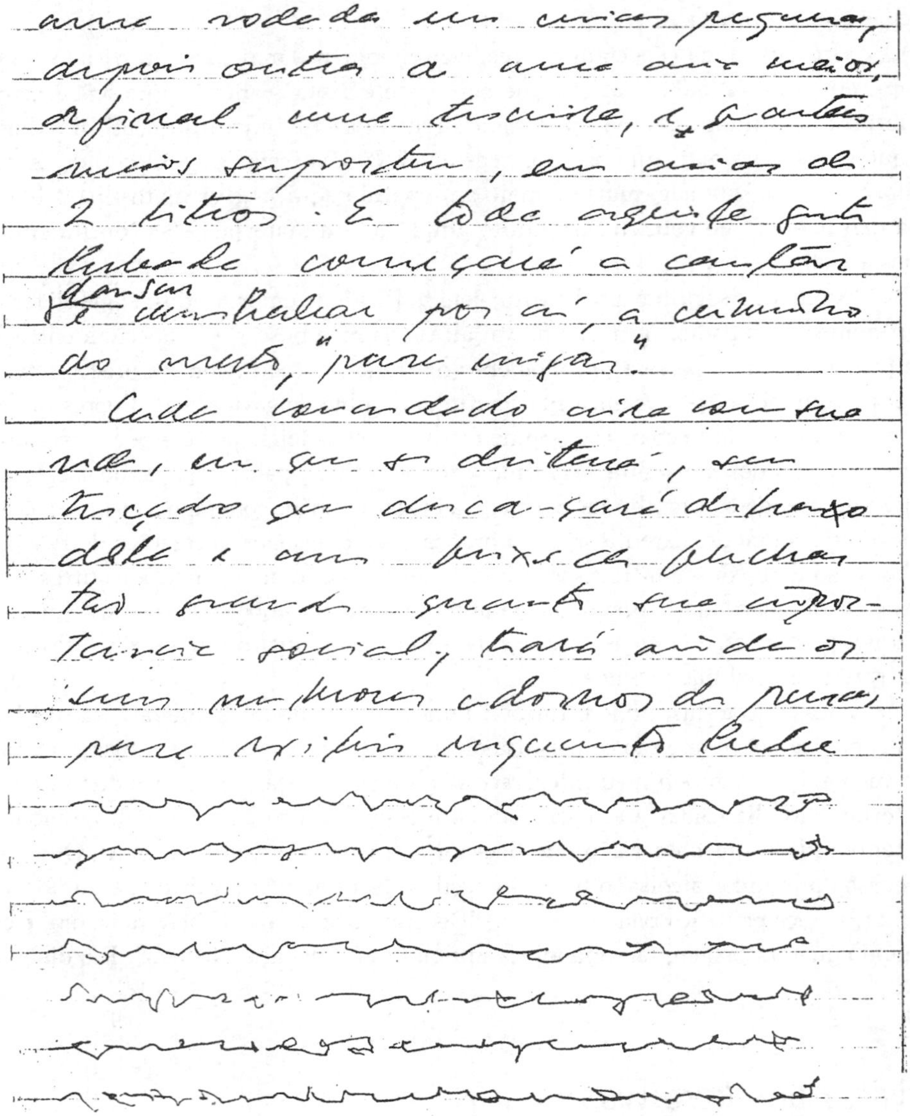

Página do diário.

serem coisas espantosas. Fala dos campos imensos que viu lá, onde se pode andar dias sem ver árvores como aqui. De Pinheiro, um grupo de índios foi ao "Maranhão" (São Luís) pelo ar. Ele não teve coragem de entrar no avião.

Foi o seguinte o roteiro deles:

Ianawakú – João Arakú (dois dias)
João Arakú – Küi (três dias)
Küi – Piquiá (um dia)
Piquiá – Guarimã (um dia)
Guarimã – Maracãdó (um dia)
Maracãdó – Pinheiro (a cavalo, um dia)

Voltaram pelo mesmo caminho, no propósito de repetirem a viagem nesse inverno para ganharem novos presentes e conhecerem lugares distantes.

A aldeia de João Arakú tem somente duas casas, mas aí mora mais gente que aqui. Küi é ainda maior, tem umas dez casas e sua gente anda sempre para o lado do Tury. A gente daqui anda somente pelo Tury, não gosta do Pindaré. Dizem que ali não lhes dão nem farinha para comer durante a viagem. Saracura conhece também as aldeias do Xapy, Pãnapy e Oropó, a um dia de viagem uma da outra e das quais a maior é a de Oropó, vindo depois Xapy. Pãnapy teria apenas de oito a dez moradores.

Cezário já viajou para o Maranhão. Disse que os negros de Camiranga têm muitos parentes ali e sempre os visitam. Vão a cavalo pelo corredor da linha telegráfica; são dez dias de viagem do Gurupi ao Tury, no inverno. Afirma que o rio que os índios chamam Parawá seja o São Joaquim, onde há, do lado esquerdo, que é de campos, muitos moradores cristãos. A linha telegráfica atravessa esses campos, indo do Maracaçumé ao Tury.

# Filmagem

O belo pote grande foi feito pela mulher do capitão; o pequeno, por sua filha, ajudada pelo marido. Ambos são notáveis pela regularidade da forma e acabamento externo com verniz. Uma das coisas que devo programar é ver fabricar uma peça grande dessas. Seria também um bom motivo cinematográfico.

Aliás, tenho pensado, nos últimos dias, num roteiro de filmagem que permita mostrar, com unidade de vistas e interesse estético, documentadamente, um aspecto de sua cerimoniália com todas as técnicas a ela associadas. Seria o caso de se focalizar a festa de nominação, mostrando, porém, a construção da casa grande, a feitura dos potes, a preparação dos adornos e armas a serem exibidos e trocados, a colheita da mandioca, a preparação dos beijus e dos alimentos a servir aos convidados. Por fim, a festa em si, com suas danças, bebedeiras e rituais.

Para isso, o cinematografista poderá ir colhendo o material em várias aldeias. Assim, onde estiverem construindo uma casa, ou fabricando potes ou preparando adornos, ele registrará. O roteiro serviria depois para juntar isso numa unidade. E teria a vantagem de mostrar os índios, não como sempre os mostram, nos seus dias alegres e divertidos, mas apresentando o que sempre escondem: este árduo trabalho diário e toda a canseira de meses que custa um dia de festa. O diabo é fazer Foerthmann me acompanhar nessa andança a pé pela mata e sobretudo carregar todo o peso da maquinaria de 35 milímetros.

Vi, hoje, um outro patuá, também muito rico, o do filho do capitão. Tem um desses esmaltes de penas de beija-flor, que as mulheres usam pregados na testa em dias de festa, e um cocar de penas amarelas. Ambos belíssimos pela combinação de cores e pela perfeição técnica com que foram executados. Há, ainda, muitos outros patuás a ver, aos poucos os irei visitando e pedindo vistas de suas riquezas escondidas.

## Crianças

Agora, as crianças estão brincando. Vi, na frente da casa, dois meninos se divertirem com um mutum, que parece não servir para outra coisa além de suas alegres judiações. Um deles tem uma vara de um metro com um cordão de dois metros preso a ela e que traz um pauzinho na extremidade. Corre atrás do mutum e procura enlaçar suas pernas ou pescoço com aquele arranjo. O bicho foge, mas volta correndo e, se o menino não correr mais, leva uma bicada, que é um furo na perna. Eles se divertem, porém o mutum se faz respeitar e temer, brincando também.

Outros garotos brincam adiante, cada qual tem uma vara de um metro na mão. São quatro, um deles joga um molho de raízes, finas como cabelo, com o pau, alvejando o rosto ou o corpo de um dos companheiros, que tem de defender-se, desviando as raízes com a vara. Riem muito. Quando um deles é atingido em cheio, deve ser o gol do jogo, a gritaria alegre explode esplêndida.

O capitão acaba de me trazer um quitute. Este realmente extraordinário. Sei, agora, o que andou fazendo sua velhinha, que ralou mandioca o dia inteiro, passando a massa numa peneira para tirar o caldo e depois, ainda, cozinhando aquilo durante umas três horas numa panela. Fazia o mingau que tomei e que é doce como se tivesse açúcar, muito açúcar. É uma bebida leve. Ingeri bem um litro, a dose que ele me deu, e gostaria de tomar mais depois. É o extrato de uma

Teró e seu rimbá.

mandioca gorda que cultivam especialmente para obtê-lo. Depois do mel é o que têm de mais doce.

Hoje contei tudo que vi; se continuo assim, dou fim logo a este caderno, o que não é meu propósito. Quase toda a gente está aqui, junto de mim, como acontece ao entardecer, que é, também, a hora do meu jantar. Espero, por esses dias, um portador do Canindé que talvez me traga cartas e outras encomendas que fiz. Se ele servir como intérprete, dispensarei Emiliano, que não suporto mais. Caso o Foerthmann ainda vá se demorar por lá, irei fazer uma visita de uns três dias à aldeia do Xapy. Já está completamente escuro. É hora de candeeiro. Até amanhã.

Perã com seu inseparável soim.

**11/jan./50** – Acabo de tomar meu café da manhã, único que presta. Depois é ele mesmo, guardado na garrafa térmica, azedando cada vez mais, que tomo o dia inteiro. Quase não temos pó e o açúcar é ainda mais apoucado.

Devem ser cinco horas. Há sol, mas é frio, de tão novinho. Acordo sempre cedo aqui e não podia ser diferente nessa casa sem paredes, onde o dia entra inteiro e, com ele, essa zoada de cuias e ralos, o vozerio de mulheres e a gritaria alegre de meninos que esperam o primeiro chibé. Há, também, nesta hora primeira, o rumor intensíssimo dos pássaros cantando, assoviando, trinando na mata, que parece cheia deles. Cezário já está na lida com um galo velho que ganhei ontem; quase se entristeceu ao ver o galo e outro pato selvagem que me deram e que serão devidamente comidos.

Ontem, tivemos a melhor noite, por isso estou aqui tão cedo, de caderno em punho. Logo que me juntei ao grupo, esperando a boia esquentar, o filho do capitão, esse notável Arí-djú, começou a cantar. Primeiro, imitou umas litanias de vaqueiro que ouviu no Maranhão. Depois, começou a cantar, com sua voz cheia, os cantos tribais. Não têm palavras a meus ouvidos, mas são musicalmente mais ricos em melodia e em ritmo que os cantos ofaié, que me fizeram lembrar.

Acabo de tomar um mingau muito bom que o Capitão me trouxe. O bom do velho sempre divide comigo seus petiscos. Pago na mesma moeda. Foi uma mistura de banana comprida, amassada com farinha d'água, a cru me parece, de ótimo cheiro e paladar fino, sobretudo quando a gente aprende que esses grãos maiores da farinha d'água não precisam ser mastigados: é só engolir, a moela os trata depois. Até o chibé, feito dessa farinha fermentada, suspensa em água, eu tentava mastigar.

Primeira expedição – Ianawakú

## Escritura

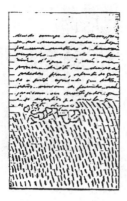

Agora temos, também, um manuscrito do capitão Ianawakú, que teve a bondade de me ajudar nesse trabalhinho gozado de rabiscar tanto papel. Quis fazê-lo desenhar um homem ou uma mulher, mas o velho não se deu por achado, continuou a fazer meticulosamente o seu escrito. A princípio pensei que ele fosse desenhar, mas estava era experimentando a caneta, logo pegou o jeito. "Risquinhos é que ele faz", deve ter pensado, e se pôs a malhar o resto da página. Depois de um momento de descanso, continuou o trabalho. O resultado é o que se vê ao lado, que, me disse, através do intérprete, ser um homem. Se a tinta não acabasse, onde iria ele com este seu homem?

Já que eles começaram o seu trabalho aqui, eu os farei desenhar nesse caderno mesmo. Quero ver se consigo fazê-los reproduzir em papel, com um lápis (o capitão prefere a pena para escrever), os desenhos que fazem a ponta de flecha nas cascas das árvores dos caminhos.

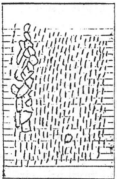

Páginas do diário.

## Cantos e mitos

Vamos às cantigas de que falávamos. O moço cantou durante horas, acompanhado de sua mulher e de um ou outro homem que se entusiasmava e fazia coro para um canto preferido. Todos os que ouvi têm nome de pássaros e ele afirma, muito emocionado, que não são cantos de pajé, que ele não sabe cantar à pajé. Alguns nomes de que me lembro são: socó, socó-fêmea, paturi, cigarra, carará, macho e fêmea.

Quando ele parecia cansado demais, eu disse ao Emiliano que o velho capitão Maíra e o capitão Tomé (já falecidos) contavam algumas histórias muito bonitas sobre o começo do mundo, sobre o primeiro Urubu que apareceu, sobre o sol e a lua, sobre o fogo e outras coisas. Desejava que ele perguntasse ao velho capitão quem sabia contar melhor, hoje em dia, esses casos.

Levei quase uma hora para fazê-lo entender. Primeiro, o Emiliano queria contar a história da pacificação, depois histórias de caçadas, só ao fim acertou e muito decepcionado, porque afirmava que os índios não sabiam casos, só os antigos já falecidos, e que eles não entendiam o que ele lhes dizia. Tive de ser enérgico algumas vezes, obrigá-lo, quase, a repetir corretamente minhas perguntas para os índios. O pobre se queixava de que já estava cansado demais, que isso é trabalho para dois homens. Levava o assunto para uma banda com um índio e vinha outro puxando casos diferentes. As histórias estão muito estropiadas, mas já é uma grande coisa e valem o que custaram. No sonógrafo, mais tarde, entrarão completas, o caso será traduzi-las bem, depois.

### Maíra manon-ín, Maíra hán-tan
(*Maíra não morre, Maíra é forte*)

— Papai-raíra já viu Maíra-Piahú por lá (sul?). Ele foi para aquele lado e nunca voltou.

Maíra tirou gente do oco do pau, um homem e uma mulher. Deles dois nasceram todos os "caboclos". O homem chamava-se Soó-kán e a mulher Manumí-pitang. Foram tirados os dois deste pau *uirapitang*.

Quando Maíra tirou, disse que não iam morrer nunca. Ensinou o homem a fazer flecha de taquara. As flechas de Maíra não quebravam. Caçava anta, jogava flecha e a anta saía correndo com ela no mato e não quebrava.

Soó-kán fez dois filhos em Manumí-pitang, depois fez mais dois, agora eram quatro. Ele experimentou a flecha neles. A flecha não entrava, batia no peito deles e caía. Estes quatro foram fazendo filhos até juntar toda a gente que tem.

Eles queimaram o cocar de penas que Maíra tinha na cabeça. Maíra falou que quando tivesse muita gente, ia tocar fogo no mundo. Acabar tudo.

### Maíra-ira e Mucura

Saiu do pau um bicho Tapurú, que logo virou mulher e foi andando naquela estrada. Adiante, tinha uma encruzilhada, de um lado ia o caminho de Maíra, que estava bem sujo, cheio de mato. Do outro, o caminho de Mucura, que estava bonito, bem limpo. A mulher tinha que ir para a casa de Maíra, mas foi parar na de Mucura. Lá, Mucura prenhou a mulher também. Quando ela saiu por ali, andando, veio a onça que estava escondida e *pik*, pulou na mulher, matou e foi comendo. Comeu primeiro a cabeça, depois o peito e, quando foi chegando na barriga, o filho de Maíra, que estava lá, pulou dentro d'água e, daí a pouco, o filho de Mucura pulou também.

Ficaram quatro dias debaixo d'água. Quando saíram, já estavam grandes. O filho de Maíra cresceu mais, assim (sete anos). O filho de Mucura cresceu menos, assim (cinco anos). Foram já matar aquela onça, cada um vinha com um terçado. Pelejaram muito com a onça que comeu a mãe deles, mas não puderam com ela.

Aí pularam outra vez dentro d'água. Quando saíram, o filho de Maíra já estava grandinho, assim (14 anos), e o filho de Mucura estava assim (dez anos). Foram atrás da onça para matar, aí eles fizeram arco e flecha para caçar aquela onça, pelejaram muito, mas não puderam. A onça era grande demais para eles.

O filho de Maíra foi fazer o rio para poder matar a onça. Fez rio grande e pôs uma ponte de cipó no meio, atravessando de um lado pro outro. Ficou numa ponta e o filho de Mucura na outra, esperando a onça. Quando ela foi atravessar o rio para o outro lado e estava bem no meio, eles cortaram os cipós da beirada e a onça foi cair bem no meio do rio. Os dois foram correndo pelo barranco, quando a onça queria sair eles cortavam ela com terçado. Mataram a onça que tinha comido a mãe deles.

Quando acabaram de fazer aquele serviço, começou uma ventania danada, arrancando pau pela raiz e carregando tudo pro ar. O filho de Maíra pegou pelo braço o filho de Mucura e saiu pelo ar com ele, mas veio um pau, separou os braços deles e o filho de Mucura foi bater lá no chão, quebrou todo o corpo. Só ficaram bons os dois pés...

Aí os dois irmãos foram para a casa de Maíra. Quando chegaram lá, o filho de Maíra apontou para o filho de Mucura e falou:

— Nós dois somos os que o senhor fez na nossa mãe, este também é seu filho.

Ele queria enganar o pai, dizendo que o filho de Mucura era filho de Maíra também. Os dois saíram para andar por uma estrada que Maíra mandou andar. Quando estavam lá, andando, as pedras da beirada foram mexendo e caindo umas em cima das outras; o filho de Maíra não teve nada, mas o filho de Mucura ficou imprensado e foi para o fundo.

O filho de Maíra ficou muito zangado com o pai dele, largou a casa e foi embora. Parou ali no rio Maracaçumé, carregou uma pedra grande, pôs no meio do rio e fez um buraco enorme dentro dela para morar. Depois foi adiante, subindo o Gurupi.

Estava viajando e ouviu zoada de tambor dos *karaíwa* que vinham atrás. Depois, ouviu o tambor do pai dele. Foi andando e fazendo aquelas pedras todas que estão lá, no meio do rio.

Quando o filho de Maíra estava lidando com a onça ali, no meio do Gurupi, ela bateu a pata numa pedra e ficou lá o rastro, até hoje está lá.

Ninguém sabe para onde foi o filho de Maíra. No tempo de lua cheia, o pai dele sobe, anda o dia inteiro para chegar lá, e desce de noite, com o luar.

Dizem que, quando a gente ouve o trovão aqui, o raio cai lá na terra de Maíra-Piahú.

## Os *karaíwas*

A morada de Maíra é para lá (norte), depois de um rio grande, que quase não acaba.

Uns *karaíwas* passaram, uma vez, descendo o rio para ir à casa de Maíra e levaram um "caboclo" (Urubu) ainda novo com eles. Andaram, andaram, aquele caboclo já ficou homem. Aí foram atravessar uma terra e um Camaleão juntou com eles. Queria ver Maíra, também, para arranjar um couro novo.

Foram andando, chegaram num lugar que era só cobra, as cobras subiram na perna do caboclo e enrolaram, mas o Camaleão cortava elas pelo meio. Aí o caboclo voltou, não quis mais seguir viagem para adiante: Os *karaíwas* foram.

Quando aquele caboclo voltou, já era velho e o Camaleão veio com ele, por isso é que tem aquele couro feio, todo encolhido.

Aquele caboclo ia com os *karaíwas* para arranjar uns terçados e ferramentas com Maíra. Os *karaíwas*, quando ele voltou, lhe deram muitos terçados que o velho trouxe.

Os *karaíwas* seguiram viagem, andaram muito, atravessaram aquele rio grande e chegaram na morada de Maíra. Aí viram ele, que estava trabalhando em ferro, era *tin-tin-tin*, aquele barulho dele batendo nos ferros para fazer machete. Tinha casa grande, cheia de tudo que é ferramenta.

Maíra viu eles e já pegou os que pôde, uns cinco, e foi batendo na cabeça deles. Cada um que ele batia ficava enterrado até a cintura no chão e morria ali. Os outros *karaíwas* fugiram.

### Cana

Outro pajé queria ir à morada de Maíra, juntou gente com ele e foi. Para atravessar o rio grande, foram fazendo pontes de pau e uma de pedras umas sobre outras, até atravessar. Aí encontraram a terra onde estava a casa de Maíra. Mas saiu gente que viu eles chegando e veio com as flechas atacar. Um morador matou aquele pajé com duas flechadas no peito. Ele caiu lá.

Os outros voltaram. Quando vinham pelo caminho, encontraram daquelas frutas compridas como um braço e finas como o dedão do pé, que os *karaíwas* comem muito (canas). Eles comeram daquela fruta também e continuaram viagem. Quando chegaram na aldeia deles, já foram ver a viúva e falar o que tinha acontecido com o companheiro dela:

— Agora a senhora só tem três dias de vida, já vai morrer, porque seu companheiro já mataram na terra de Maíra, seu fígado já vai arrebentar para a senhora morrer.

Aquela mulher ficou ali triste, aí ela chamou um homem para foder ela, mas, quando ele ia trepando, deu uma dor aqui, na barriga dela (externo), e ela morreu.

Não confio nada nesses relatos do Emiliano. Ele, que nunca traduz nada coerentemente, os disse com certa espontaneidade. Temo que sejam versões tembés que ele conhecia e me ditou. Cuidado.

# Sarampo

Que gritaria é essa das índias ali? O Emiliano está caçando, todos os homens estão fora. Que será isso?

Fui ver, primeiro não entendi nada, diziam *saran* e gritavam desesperadas. Cezário achou que alguém tinha sido mordido de cobra, uma confusão. Afinal, entendi algumas palavras que deram sentido. "*Manon iakarussú Piahú, Canindere saran.*" Isso no meio de mil expressões de terror e numa gritaria infernal. Vi que alguém tinha morrido no Canindé e lá o sarampo estava atacando. Perguntei, por gestos, quem havia dado a notícia, como sabiam do Canindé? Então, elas me levaram pela estrada e, a uns duzentos metros da aldeia, encontrei Passarinho e dois outros índios urubus que vinham trazendo minhas encomendas e cartas suas, Berta.

Naquela confusão, tomei as coisas e vim para cá, carregando eu mesmo o saco. Quando cheguei, notei que os índios que vinham me acompanhando já não estavam. Certamente as mulheres não os deixaram entrar na aldeia. É o terror ao sarampo. Os homens estão caçando. Aí me pus a ler as cartas, mas a gritaria e as correrias continuaram. Tive de chamar as mulheres e dizer-lhes que os homens tinham ido embora, que não havia perigo, eu tinha remédio forte, capaz de matar qualquer sarampo. Só então acalmaram-se, mas continuam aqui, comentando o caso e, às vezes, se emocionam e gritam um pouco mais. Cezário encolheu-se na rede, não se mexe, está com medo das índias.

Li todas as cartas, duas suas (17 de novembro e 26 de novembro/5 de dezembro), quantas outras me terá escrito depois disso? Recebeu as minhas? A carta para Baldus ficou ótima. Quanto ao trabalho para Simeão Leal e a elaboração do material ofaié, não vejo possibilidades por agora, tenho muito trabalho que somente aqui pode ser realizado.

Foerthmann e Boudin escreveram, vão bem. Foerthmann virá, dentro de dez dias, com toda a aparelhagem para filmar. Boudin ficará cuidando de seu trabalho nas gramáticas tembé e timbira, desistiu mesmo de estudar o dialeto dos urubus, que era seu encargo. Qualquer estudo é bom, mas só o do dialeto Urubu me ajudaria. O nosso sonógrafo já está funcionando. Ótimo.

Agora é esperar aqui e aproveitar esses dias, enquanto ele chega. Gostaria de ir ao Xapy, mas temo que Foerthmann chegue ou mande alguém na frente com as coisas. Ficará para depois. Essa gente terá de me aguentar algum tempo mais, vamos ver se não enjoam de mim. Tenho que adular o intérprete para não ir embora antes da chegada deles.

Boudin esteve alguns dias no Cocalzinho com uma família tembé, "gente desprezada e boa", diz ele. Como irá seu domínio do Tupi? Precisamos dele, com urgência, para nos livrarmos desses intérpretes. Ilusões, ele não se disporia a andar comigo atrás dos índios. O linguista, podendo ter um ou dois informantes assalariados, faz com eles todos seus estudos, no conforto. Sair catando migalhas da língua dos Urubus com diversos falantes seria um desespero. De fato, o meu sonho mesmo era ter um estudo linguístico tão intencional que ajudasse a melhor entender a cultura, vendo como a língua se apropria da paisagem, das plantas, dos bichos e das relações humanas e as espelha. Coisa que não há para língua nenhuma. Ilusões de etnólogo. Rachid escreveu, também, mas não falou nada do assunto mais importante, que é o dos alimentos e doces que ficaram lá.

# Bestice

Berta, quanto ao puritanismo cretino do Simeão Leal em não publicar o trecho do meu artigo referente aos berdaches (homossexuais guaicurús), só qualificando como fiz acima: cretino! Citei porque precisava caracterizar bem e documentadamente um aspecto quase sempre escamoteado nas descrições de costumes índios. Acresce que o trecho foi publicado, originalmente, numa das revistas mais circunspectas que temos. A *Revista do Instituto Histórico e Geográfico Brasileiro*, dirigida por uma comissão que incluía o imperador Pedro II e que recomendou a publicação do artigo que cito, que constitui uma de suas glórias maiores. Mas a gente tem que contar sempre com essas imbecilidades, tanto piores e mais nojentas porque posam de moralistas, em nome de um pudor que não têm. Caso eu faça o resumo do artigo – se o tiver com meus papéis lá no Canindé –, com ele mandarei uma nota ao Simeão sobre isso.

Uma amolação, agora. O Emiliano, meu intérprete, chegou do mato e, vendo que não mandaram ninguém para substituí-lo, zangou-se e está aí resmungando que irá embora amanhã. Procurei convencê-lo de que não pode me deixar aqui sem alguém com cuja ajuda me possa entender com os índios. Mas ele está irredutível. Tenho um último argumento: o pagamento; não lhe darei nada aqui, se quiser ir mesmo terá de seguir para o Canindé com uma carta pedindo para me mandarem outro e pagarem quando eu chegar. Não devo ameaçá-lo aqui de não pagar, porque ele se vingará, procurando indispor-me com os índios, mas sairemos logo dessa atrapalhada. Penso que o melhor será deixá-lo cozinhar-se no próprio molho, acabará ficando à força de ameaças veladas, que não o façam trabalhar ainda pior do que já faz.

## Desenhos

**12/jan./50** – Aí estão os desenhos dessa minha gente sem nomes. Arí-djú – o filho do capitão, que a gente do Canindé chama Saracura – primeiro "escreveu" um pouco, depois, a meu pedido, fez alguns desenhos de auá, mirixó, da sua companheira, um socó, um guariba e um veado. Afinal, o meu retrato. Parece representar o homem sempre por dois círculos, o superior tendo um pequeno no meio, que deve ser a boca, e o inferior com quatro prolongamentos, os membros.

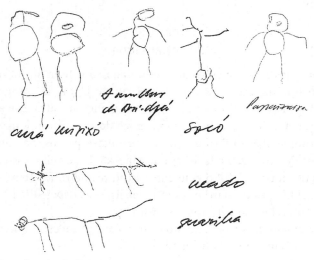

Desenhos dos índios.

Primeira expedição – Ianawakú

Esta página foi ilustrada por Japú-kái, que também desenhou a mim, ao Arí--djú e fez homens, mulheres e crianças. Os seus desenhos têm certa homogeneidade, parecem também representar a cabeça, com a boca, e riscos que, talvez, simbolizem os membros. Não há dúvida de que trabalham muito melhor com suas pontas de flecha nas cortiças das árvores. Depois de colher os desenhos, vejo que é ainda mais necessário fotografar aquilo.

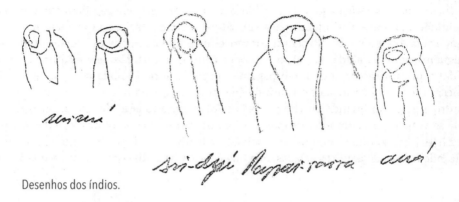

Desenhos dos índios.

## Cantos e mitos

Ontem, à noite, tivemos outros cantos, poucos, porque o cantador queria mesmo era ouvir Cezário cantar as toadas dos pajés negros que aprendeu em Camiranga. O capitão contou duas histórias mais, muito estropiadas. Uma se refere à viagem de um (ou dois) velhos. A outra fala da origem do fogo e é resposta a uma pergunta minha a respeito. Infelizmente, muito sumária. Mas sempre fica a indicação do mito para colher depois.

### Antepassados

No tempo dos meus avós velhos, saiu daqui um homem (ou dois?) que foi descendo o Gurupiúna, atravessou o Gurupi, ali no Canindé, e seguiu subindo o Coracy. Viajou muito, dormiu quatro noites na mata para alcançar a cabeceira do Coracy e mais uma noite para chegar num braço do rio Capim, longe daqui.

Nessa travessia, já no Capim, ele matou quatro porcos. Seguiu andando até chegar à morada de nossa gente lá, a casa de Magãkã. Lá, o velho casou e fez sete (ou oito?) filhos, todos fortes. O filho dele que nasceu primeiro foi Teuy, depois nasceu Tuyxá, depois Takhiy, depois nasceu Atonín, depois Maé, depois Piripí, depois nasceu o último, que tinha dois nomes, Tomé e Marakay.

Aquele homem quis ir adiante do Capim para conhecer o que havia lá. Saiu, mas não pôde ir adiante, teve que voltar.

Diários índios

### O fogo

Os homens primeiro tinham fogo que não deixavam apagar. Comiam tudo cozido. Um dia, veio esse Urubu-Rei (Urubu-ramói), desceu no meio dos homens, roubou o fogo e voou com ele. Os homens correram atrás, mas o Urubu-Rei ficou em cima do pau mais alto. Eles subiram lá, mas o urubu tornou a voar.

Aí, ficaram sem fogo, esperaram o Urubu, mas ele não vinha mais. Tiveram que comer tudo cru. Quando pegavam um jabuti, esfregavam o casco dele com um pau até esquentar e comiam. Mas não podiam cozinhar mesmo, nem moquear nada. De noite, não tinha fogo debaixo deles, fazia frio mesmo.

Então, veio Maíra para tomar o fogo do Urubu-Rei para ele. Esperou até o Urubu-Rei descer, correu para tomar o tição, mas o Urubu voou. Ele pulou e tomou o fogo, caiu uma brasa dentro de uma panela e Maíra levou para casa. Lá, fez fogo grande e chamou os homens. Mandou tirarem esse cipó Tatá-y, cipó de fogo. Quando trouxeram, Maíra ensinou a fazer fogo, esfregando as pontas. Esfregou, esfregou uns nos outros até sair a faísca, aí tirou fogo. Depois, os homens sempre tiveram fogo.

O velho se referiu a uma luta dos homens contra Maíra quando eles o jogaram no fogo, mas nem o seu Uiraráu queimou. Não consegui pormenores e o resto da história.

## Nome tribal

Sobre a autodesignação do grupo, tentei pesquisá-la, perguntando como Maíra chamava às outras tribos e que nome dera aos Urubus. O capitão citou vários nomes próprios como dados por Maíra, mas nada do nome tribal. Falou de Iuá-pen, Uirapitã, Maniô-pitã, Ira-ridjú (Arí-djú), Timanguin. Mudei de técnica e tornei a tentar, mas ele não foi além de Cambô, dando ele próprio a chave Cabô, Cabôco, num esforço para dizer *caboclo*. Isso foi o que se conseguiu, ontem, com o velho capitão, que eu deixei cansadíssimo com minhas perguntas.

A vida aqui continua tal qual. Já estão mais acostumados conosco, mas igualmente atenciosos. Tenho um estoque enorme de bananas e mamões que ganho todo dia e não tenho coragem de recusar, por medo de ofendê-los. Ganhei mais um pato e, ontem, metade de uma cutia e todo um jabuti. Além disso, comemos de nossa cozinha e da cozinha do capitão. Tomamos todos os seus caldos, a mandiocaba, que é deliciosa, o mingau de farinha com banana – que hoje já comi –, e seus cozidos e moqueados. Boa gente, da qual me afeiçoei cada vez mais e que gostaria, imensamente, de compreender um dia. Só me desagrada esse apego deles às roupas, que quebrarão em breve com sua nudez tão salutar e tão decente.

Primeira expedição – Ianawakú

# Retratos

Quero dar, hoje, uma ideia da gente com quem vivo. Tentarei descrever alguns tipos. Vejamos, primeiro, o capitão Ianawakú. É homem de sessenta anos, alto, forte, cuja idade só se nota no andar pausado e cheio de dignidade e na pele que vai encolhendo, como uma fruta madura, quando começa a perder o viço. Os cabelos são também negros, embora não tenham o brilho da cabeleira vasta de seu filho. Anda sempre nu, mas é preciso que a gente esteja muito apegado a essas besteiras de nossa cultura para ao menos notar que está nu quando se fala com ele. É uma nudez cheia de recato e dignidade. De pé, andando, sentado ou deitado, esse velho encontra sempre um ar soberano e dominante.

Sua voz é profunda e calma, nunca se alteia, mesmo quando toda a aldeia se enche de gritos ela é pausada, grave e solene. Todos se calam quando ele fala e as crianças gostam de rodeá-lo, caladas, olhando-o trabalhar. Dirige com doçura, comandando pelo exemplo apenas. É honrado por todos como o chefe, mas não se impõe à força. Ele está muito mais próximo de nossa ideia de um patriarca que seja, também, mais um sacerdote que um chefe guerreiro.

Entusiasma-se quando fala, mas sem exageros. Contando um caso, imita ruídos e vozes, faz gestos largos e quase se excita, os olhos brilham, porém o tom da voz, embora expressivo e variado, nunca se alteia demais. Passa todo o tempo na aldeia. Desde que aqui estou, nunca saiu para caçar, pescar ou cuidar de sua roça. Seu filho e os outros homens dividem com ele o que conseguem, mas ele tem seu próprio roçado na mata. É um artífice exímio em trabalhos de penas e são de sua lavra os cocares e a maioria dos outros adornos.

Agora mesmo está sentado aqui – passou a morar na casa em que estou – raspando o cipó com que fazem os seus vimados para trançar um jamaxim que levarei. Pouco pede e nunca para si próprio. As poucas vezes que me fez pedidos foi de pequenas coisas – como caramelos para as crianças ou indicações para que eu contemplasse um que, inadvertidamente, não tinha recebido algum presente distribuído aos outros.

Não usa qualquer adorno, senão os brincos plumários, como todos os homens, e tem duas linhas de carauá enroladas no tornozelo e outras tantas nos punhos. Usa o cabelo como os demais homens e mulheres, cortado em linha bem certa três dedos acima da sobrancelha, de uma orelha a outra, e o restante cobrindo a nuca, sem alcançar os ombros. Tem também seu furo no lábio inferior, mas sempre desprovido de penas. O rosto completamente limpo de qualquer pelo. Os retira com cinza quente, mal tentam aparecer. O membro viril é mantido dentro do corpo por um amarrilho que prende a ponta do prepúcio e mal aparece entre os pentelhos ralos.

Sua mulher, Ân, tem a mesma idade ou pouco menos. A outra, mais velha, morreu há alguns anos e ele não quis tomar mais uma esposa, embora tivesse esse direito. Pequenina, seios murchos, pele já bem encarquilhada, poucos dentes e uma imensa simpatia. Sempre sorridente, ativa, anda todo o dia de um lado para outro, carregando enormes pesos, como os jamaxins de mandioca que traz da roça; mantendo

Diários índios

o fogo sempre vivo, dia e noite; cozinhando; cuidando das crianças, dos cachorros, das araras, periquitos e papagaios. Ainda encontra tempo para tecer redes e fazer tipoias para sua nora, a filha e a enteada do marido. Faz, também, potes, panelas e imensos camucins de barro, toda a farinha que comem e comemos, e mil coisas mais. Como essas longas horas de carinho que dedica, à noite, aos seus filhinhos e netinhos, catando piolhos e fazendo cafuné para dormirem.

Nesse momento está ali, fazendo tantas coisas num só tempo que deixariam até você surpreendida. Raspa mandioca num ralo com incrível rapidez. Quando acaba uma porção, ela anda alguns metros, tira outras raízes, traz para descascar e se põe a ralar. Enquanto isso, ainda cuida de um mingau que cozinha e de um peixinho que o filho lhe deu para moquear; olha as crianças que brincam perto, rolando o corpo nessa poeira grossa e cheia de cinza do meio da casa como pequenos potros. E, ainda, está atenta às costas do capitão para matar cada mutuca que o venha incomodar. De vez em quando, olha para mim, franze as sobrancelhas e ri seu riso bom. Agora, afastou-se para trazer mais lenha para o fogo.

Usa muitas fieiras de miçangas no pescoço – algumas que lhe dei –, outras nos braços e nos pulsos, com uma pulseira de penas vermelhas, bem usada, e ainda dois fios de carauá nos tornozelos. Veste uma tanga velha de algodãozinho que provavelmente serviu de saco de sal. É apenas um pano de dois palmos e meio de largura, fechado em círculo, e com um cordão numa extremidade que serve para cingi-lo à cintura, ficando mais alto nas costas e acompanhando a linha do ventre, na frente. Às vezes, levanta uma ponta e prende no cordão para ter as pernas mais livres ou carregar alguma coisa.

A filha mais velha do Ianawakú é um mulherão de trinta anos, alta, forte, gorda, enormes seios de boa parideira, balançando uma tipoia, onde quase sempre está a última cria, uma menina de um ano. Ativa, como a mãe, trabalha sem cessar de manhã à noite nessas duras tarefas femininas, desde varrer a casa, preparar os alimentos, cuidar das três filhinhas, mantê-las alimentadas, sadias, limpas e, ainda, adestrá-las para cumprirem também seu destino de abelhas.

Além disso, ajuda a plantar, conservar e faz toda a colheita da roça. Acompanha o marido, carregando um filho a tiracolo e vigiando o outro, de quatro anos, que vem atrás, em longas caminhadas pela mata para caçar e pescar, trazendo depois parte da caça ou peixe obtido. E ajuda muito, nessas andanças, excitando os cachorros para que não abandonem uma caça prometida, cuidando ela mesma de vigiar para que um veado, uma cutia ou um macaco não escapem à vista ou à flecha do marido. Nas pescarias, mete-se dentro d'água para jogar o timbó ou cunambi e pegar os peixes flechados pelo marido, ou fazê-los ir para onde ele está com a flecha certeira. Ocupa-se, ainda, de embelezar-se e às suas filhas, enfiando para elas as miçangas que lhes dei, e de lhes dar sua ternura de mãe e ao esposo seus carinhos de mulher.

Arí-djú, filho de Ianawakú, é um moço de 25 anos, forte como raros atletas e o mais perfeito tipo físico daqui. Rosto largo, cabeleira cheia, os brincos e o tembetá de penas. Anda, quase sempre, vestido com uma calça nova que enfeitou com vários remendos falsos de uma chitinha pintada. É o melhor cantor da aldeia. Desde que cheguei, o tenho visto sair, quase todos os dias, com o arco, as flechas e os cachorros para caçar e pescar. Às vezes, se faz acompanhar da mulher e da filhinha. Ela é jovem, de vinte anos, corpo cheio e forte, seios duros, que apenas começam a inclinar, e onde a filha de três anos ainda encontra leite. É a moça mais bonita da aldeia. Cuida, também, da casa, de si, do marido e da filhinha, que sempre traz limpa, enfeitada e pintada de urucum e jenipapo. A garotinha é a menina dos olhos do pai, que se deita no chão ou se agacha para deixá-la puxar seus cabelos e morder o rosto ou saltar sobre seu peito.

Nas folgas que tem em seu trabalho, descansa em casa quase sempre conversando com a mulher e fazendo alguma coisa. Grande é o trabalho que lhe dá manter em forma o armamento. Depois de cada dia de caçada, é preciso rever as flechas, aguçar-lhes a ponta e amolar o fio, refazer as quebradas e defeituosas e preparar novas que substituam as perdidas ou imprestáveis e aumentar a coleção. Cuida que a casa sempre esteja abrigada da chuva, prepara os cercados para os xerimbabos que traz da mata, faz adornos e os trançados em que guardam e carregam seus pertences. Hoje, cedo, foi à mata e voltou com um jabuti e carregado de cipó, que trouxe para si e para o pai fazerem paneiros e jamaxins.

Afinal, nessa série de retratos ligeiros da boa gente de Ianawakú – que toda devia ser descrita se eu pudesse distinguir melhor seus personalismos –, vou falar de um outro velho. Os cristãos o chamam Serapião, e ele se diz Serapião Capitão, como é conhecido, hoje, até no meio de sua gente, que há muito esqueceu seu verdadeiro nome.

Cinquenta anos, baixote, com apenas dois dentes incisivos na boca enorme, penugem de desleixo no lábio (ou vontade de ter bigodes), cabelo encaracolado como de cafuzo. Já o conhecia do posto, onde foi pedir tauxim (ferro) e o mais que eu lhe quisesse dar. Risonho e cara de bobão, parece ser levado pouco a sério por sua gente. Afeiçoou-se a nós mais do que os outros, mas não propriamente a nós, e sim às nossas comidas. Aqui está quase todo o dia, raramente sai para caçar ou pescar e volta logo, olhos brilhantes, atento para o que cozinhamos, de tudo quer provar. Não pede, mas olha com o olhar mais infeliz desse mundo e sempre recebe.

Ficou muito amigo do cozinheiro e do intérprete e os espreita o dia inteiro para não perder uma refeição. Quando fazem o prato, ele vem, se agacha junto, muito risonho, até que o mandam servir-se e ele mete a mão com gosto. Mas não é só a nossa comida que ele come aqui, tudo o mais que consegue, que pesca, caça ou ganha traz logo para preparar em nosso fogo. Quando é muito, até guarda, aí, espetado na coberta de ubim, algum peixe moqueado ou casca de jabuti sapecada.

Serapião, fumando um tauari, exibe o guariba que caçou.

Sua mulher, Sipó-putire, podia ser sua filha, terá vinte anos, talvez. É gorda de oito arrobas e quase só banha. Um mulherão peitudo e quartu-

Diários índios

do, que anda balançando aquele corpanzil como uma pata gorda. E para toda essa gordura, nosso Serapião não contribui nada, pois tudo que arranja, como disse, traz para cá e aqui come sozinho. É gordura de chibé, a menos que ela arranje alguma outra comida com as mulheres. Não tem filhos e toda aquela carnação exuberante se derrete no calor desse sol, porque pouco trabalho tem a mulher casada sem filhos. Principalmente quando o marido é um Serapião, que não lhe dá o trabalho de cozinhar muita carne e peixe ou de acariciá-lo, que para isso ele já não serve muito.

Em sua casa, a melhor rede é a do cachorro magro que eles têm, quem sabe foi tecida pela mulher, na esperança de embalar um filho que não veio e agora, desesperada, cedeu-a ao cachorro, pois só a ele e ao papagaio pode dar carinho.

Só falta falar, agora, do casal mais amoroso daqui, do que anda sempre junto e que se namora o dia todo, com uma gritaria de vexar a gente. É também o mais bonito, mais limpo e mais querido de todos. São as araras do capitão, *ararapuítãn*, vermelhas com tom amarelo-ouro e azul-marinho. Você gostaria de vê-las em sua beleza que realça como uma mancha de vida pulsante, mesmo no meio de tanta vida e tanta cor dessa mata.

Embora não esteja programado e também não seja capaz de fazê-lo com a mesma medida e objetividade, devo falar de outro membro do grupo. Há aqui um *karaíwa* que se tem demorado mais que qualquer outro antes dele e que nem se sabe quando irá embora. É bom e é ruim, tem dado presentes, algumas miçangas, um pouco das coisas salgadas, azedas, doces e ardidas que come. Até facas deu, se bem que poucas. Mas não dá bastante, porque se sabe que nas suas malas de pano há coisas que nenhum patuá daqui tem. Ele anda, anda, pergunta coisas pra o Tembé e vai lá, mexe um pouco e traz miçangas. Depois, torna a passar um dia, fala, come e dorme numa casa de pano que armou dentro da casa, e vai lá, torna a tirar miçanga, faca e doce. Tem uma arma ruidosa com que anda por aí pelo mato e também tem muito anzol bom, mas não pesca nada, nem caça nada. Só come o que lhe dão. E como come esse homem, banana então é um horror! E cigarro que fuma, pequenos eles são, mas é toda hora e daquilo não dá a ninguém.

Está aqui, mas não sabe falar nada. Ele e o preto com quem anda. O preto, sim, este ainda cozinha, lava roupa e canta de noite para Arí-djú aprender. Mas ele, nada, só assobia um pouquinho. Tem um livro e o que lá sei, todo dia ele está mexendo ali, risca, risca, risca, pra quê, não sei e ninguém sabe, mas ele não enjoa daquele brinquedo.

É Papairaíra, veio lá da morada do Papaiuhú; será filho dele? Disse que não é e nem pode, tão pequeno... E ainda deixa o cabelo da boca crescer e na frente da orelha é aquela tabelada e tem olho esbugalhado de gente ruim, mas ruim não é muito. Só que não dá logo para a gente o que guarda naquelas malas tão cheias, quanta coisa deve estar escondida lá?

Será assim? Que sei eu da ideia que fazem de mim. Devo conter esses elementos e muitos outros que não sei. Bem, me deixe viver um pouco mais com eles, preciso largar o caderno.

Primeira expedição - Ianawakú

Hoje, eles quiseram saber como é minha casa e as casas dos que vivem em minha aldeia. Descrevi, tão minuciosamente quanto pude, os arranha-céus com seus elevadores, as casas com água e luz em todo lugar, os quartos só para dormir, só para comer ou cozinhar e banhar. Mas falei também das dificuldades, do transporte, essa maravilha carioca, da carestia e da vida dos que têm que viver do trabalho diário; do medo da polícia e da lei; da anulação do homem pela máquina e pelo lucro; das opressões de toda a classe, bem como da usura e desumanidade dos donos da vida. Na verdade, apenas tive vontade de falar, eles não me entenderiam, assim como não têm consciência do destino deles mesmos nesse caminho do convívio pacífico com o *karaíwa*.

**13/jan./50** – Há meia hora estou olhando essas araras para ver se uma cata piolho na outra ou se isso é cafuné do legítimo, não sei ainda. O capitão trabalha em seus cipós, preparando tiras para trançar. Sua mulher carrega água. A filha fia algodão. Cezário cozinha e eu assunto.

Quase todos os homens saíram para caçar ou pescar, alguns levaram mulher e filhos. Ontem foi um dia vazio, choveu tanto que minha vó diria ser o novo dilúvio para acabar com esse mundo sofredor. Por isso, talvez, todos estiveram tristes, metidos em suas redes, ou chegaram da mata, onde as bátegas os surpreendiam, molhados e friorentos, procurando borralho. À noite, recolheram-se cedo. Cezário perguntou a um casal, que estava por aqui, onde andava Serapião, que não aparecera, e ela respondeu muito naturalmente:

— Ele está espetando o *rankuãi* no *karapuá* dela.

Espantou-se muito da gargalhada grosseira do negro velho, que ouviu a frase como se saísse de uma conhecida de Camiranga. O capitão meteu-se na rede e ficou calado, com toda a família aconchegada em torno. Não havia meios de provocar nossa conversa costumeira sobre mitos. Mas temos tempo, e o velho precisa de descanso.

O dia está frio, mas toda a aldeia se agita no trabalho. A velha viúva, também agitada, muito simpática, está remendando o forno de farinha para torrar mais tarde. Arará vai chegando da roça com um imenso jamaxim de um lado e o filho do outro, na tipoia, carregada de mandioca e de batata. Atrás dela, com as armas e uma cuia de farinha para o chibé na mata, vai seu marido, com a perna bem enfeitada de meus esparadrapos. A nora do capitão ajuda sua mãe, a viúva, a amassar a mandioca puba para encher o tipiti; sua filhinha de três anos ajuda, socando a massa com uma mão de pilão e chorando quando a vó a toma para socar. Serapião afia um terçado e Arakãnã, que já me fez comer três bananas maduras, vem me trazendo uma cuia de mingau, que terei de ingerir, embora o apetite seja pouco. Vou ver o capitão trabalhar.

Diários índios

# Novos planos

Novidades. Carta do Foerthmann e mudança de planos. O Mota chegou agora com a carta para mim. Ele pondera que, como a aldeia do Piahú está em vias de restabelecimento e o próprio capitão já bem de saúde, que nos dirijamos pra lá, porque esse meu pessoal daqui bem pode, de uma hora para outra, ser atacado pela epidemia, fazendo perder todo o trabalho de trazer a maquinaria até cá. É muito razoável, há efetivamente esse perigo. Mesmo o pessoal que viesse trazendo a enorme tralha cinematográfica poderia transmitir a peste e eu não gosto nada da ideia de ser a causa de qualquer mal para essa boa gente.

Como esperava o Foerthmann, com toda a sua arte de fotógrafo, não me preocupei em fotografar os tipos e coisas daqui. Agora, terei de ficar mais um dia para esse trabalho. Hoje não há luz suficiente e, se amanhã não fizer sol, terei de ficar sem elas.

Alguns retratos dariam uma ideia mais viva de cada tipo do que eu poderia fazer com mais um caderno cheio de palavras. Estou gripado e não tenho passado muito bem nas últimas noites, febre e alguma tosse, corpo mole. Mas terei mesmo de arrastar-me assim nesses últimos dias de marcha para o Canindé. Quero aproveitar o tempo que for passar no posto para pôr em dia as anotações e mandar esse caderno, com cartas e, talvez, o resumo do artigo para o Rio, além do pito para Simeão.

Este diário é a carta mais longa que jamais se escreveu. Você bem poderá orgulhar-se de ter recebido uma das mais grossas "epístolas" da história. Entristeço-me, um pouco, de não poder fazer o trabalho aqui; temo que Piahú não seja tão sugestivo e essa gente convalescente não possa apresentar o mesmo vigor e gosto de viver que a de Ianawakú. Hoje e amanhã ainda trabalharei com eles, vamos ver se sai mais uma lenda, ao menos, e indicações mais seguras e mais completas sobre outros aspectos. Apesar desse intérprete infeliz. Creio e temo, aliás, que as lendas que me saem mais fluentes sejam dos Tembé, que é seu povo, e não interpretações das daqui.

**14/jan./50** - Infelizmente, não teremos fotografias. A máquina emperrou com o filme e não deu nada. Uma lástima. Mas talvez volte aqui para levar mais alguns artefatos ou de passagem para Xapy e outras aldeias do Pindaré. Viajaremos mesmo amanhã, para chegar ao posto no dia 15, se as pernas derem. A gripe que me acabrunhava melhorou muito, dormi bem à noite e me sinto bem disposto hoje, ainda bem.

Ontem não fiz nada; à tarde tentei trabalhar com o Emiliano, mas pouco produziu e, à noite, nada. Também, a casa estava cheia de gente, o que torna muito mais difícil dirigir uma conversa. Falando da mulher que Maíra criou e prenhou, o capitão passou a conversar com José Mirá - um Urubu que veio com Mota - sobre sua mulher, perguntando se ele já a havia prenhado também. E, logo, lamentava que Mirá a tivesse deixado no Canindé, onde, certamente, iriam trepar com ela. Todos se riam meio acanhados. Falam fluentemente de sexo, dizendo quem está trepando com quem. Mas é uma fala envergonhada que se ativa quando há estranhos.

Os índios já têm medo de levar suas mulheres ao posto devido a desrespeitos do pessoal de lá. Desde o inspetor até os trabalhadores, todos tentam conquistá-las. A outra mulher do Ianawakú, contou-me ele, morreu do parto de um filho que fizeram nela à força lá no posto. O autor do trabalho continua lá, razão por que o velho não gosta de ir ao Canindé, nem que os seus viajem para lá.

Mas prometeram ir na próxima lua, quando passar o sarampo, para procurar uns presentes que prometi e trocar artefatos por facas e outras coisas. O que mais desejam e necessitam, as mulheres pelo menos, é roupa. Infelizmente, não trouxe pano devido a esse meu preconceito antivestimenta, que vai se tornando prejudicial.

Ianawakú trabalha ativamente num jamaxim que vou levar. Nunca para esse velho, durante dois dias esteve aí preparando as talas de cipó. Depois de alisá-las bem, iniciou ontem a tecedura e, hoje, ao anoitecer, me entregará a peça acabada. Representa um trabalho enorme, pois tem mais de um metro por um e meio de superfície tecida com essas talas duras, que ele vai dobrando à força.

## Registros

Vejo, logo aí, diante de mim, cenas boas para fotografar. É uma pena não poder registrá-las. O velho tecendo, com o filhinho de cinco anos ao lado, limpando talas para ajudá-lo. A velha fumando um cachimbo de barro, velho, quebrado, que só mantém acesas as folhas de fumo ainda úmidas porque ela põe uma brasa viva em cima. O Serapião, ao lado, fuma seu enorme cigarro de folhas murchas, enroladas entre folhas de tauari. Sipó-Putire traz um filhote de guariba, ainda novinho, abraçado na cabeleira; de vez em quando, o bichinho grita e ela lhe dá uma palmada para calar-se. Ele tem as mãos bem seguras numa mecha de cabelos e os pés abraçando as orelhas, o rabo enrolado no pescoço da moça. Ainda seriam motivos gratos o Arí-djú, com esse seu corpo esbelto, sua mulher e filha, todos adornados com aquela riqueza plumária que está no seu patuá.

Agora mesmo chegou mais coisa sugestiva, Arará, uma índia moça, forte, com seu filho de um ano a tiracolo na tipoia e, no colo, uma cuia de farinha, de que ela vai tomando porções, mastigando e empurrando na boca do guri. Lá fora, os meninos assam um dos guaribas abatidos ainda agora pelo João. Ontem e hoje mataram sete guaribas, duas cutias e colheram três jabotas. É muita fartura para quem gosta disso.

Um dos guris está meio agachado, porque sentou-se sobre o calcanhar. É uma posição meio infeliz de ver, mas não tão incômoda. O outro segura, muito sério, uma miniatura de arco e todo um feixe de flechas em miniatura, tão perfeitas como as verdadeiras. Uirapuiên despela uma cutia, como fizeram com o veado, que descrevi. Já sei o destino desta, metade para o capitão, porque foi abatida por seu genro, e, dessa metade, nós comeremos boa parte num daqueles cozidos a que só me acostumaria se ficasse aqui um mês mais.

A mulher de Arí-djú fia algodão sentada na rede e sua mãe sopra fogo para um assado de peixe. Até as araras zombam de mim sem máquina, estão atormentando os cachorros da casa. Saem beliscando de um a um, até obrigá-los a mudar de cama; de vez em quando, trocam bicadas entre si, que bem podem ser beijocas.

Mais uma desse meu ótimo intérprete. Resolveu, agora, voltar para o Jararaca, ao invés de ir conosco, levando minhas coisas, até o Canindé. Sei o que ele tem, enganou os índios em trocas por coisas que nunca poderá dar. Vou ver se me arranjo com os homens de Ianawakú.

Bom, vou tratar de arrumar as malas. É hora.

# O diário

É noite e está escuro. Tento escrever só para contar o que aconteceu, agora, com este caderno. Como vou embora amanhã, os índios estão pedindo tudo que tenho, minhas roupas, redes, sacos, panelas, arma, sapatos. Agora, um pediu o diário com uma eloquência notável. Para mostrar que lhe seria útil, primeiro tomou-o nos joelhos, como faço todos os dias, e fez que escrevia com o dedo. Depois, passeou com ele debaixo do braço, muito senhor de si, num jeito de catedrático afetado. Parou, em seguida, e, colocando o caderno sobre as mãos estendidas na altura do peito, dançou assim como se fosse o menino numa festa de batizado. Por fim, abriu-o sobre a cabeça, a modo de cocar e de chapéu, mostrando para a chuva que cai lá fora. Terminou, fazendo um gesto de arrancar uma página, o que já era eloquência demais. Apenas queria dizer que também servia para fazer cigarros e, quem sabe, seria essa sua maior utilidade? Gostou da história? Até logo – o Emiliano criou juízo e resolveu ir comigo. Deve ter lido em meu rosto as intenções que fermentava a seu respeito.

Vou-me embora amanhã de manhã, com saudades disto aqui. Guardarei no peito esse povo de Ianawakú, com minha imagem do índio silvícola ainda posto em seus pés, mas com o coração já afetado pelo desejo de conviver com os brasileiros. Sabe da civilização que vem e é inevitável, mas nem suspeita do seu horror, que virá destruir a adaptação ecológica e a convivência solidária que têm, raríssima. Nossa civilização é incapaz de criá-las ou preservá-las. No mundo inteiro, seu papel foi destruí-las, empobrecendo, apropriando, dizimando os povos que encontrou.

# Volta ao Canindé

**15/jan./1950** – Estou cansado como um boi na canga. Só o preceito de meu velho Bét-há, *nule die sine linea*, em seu lastimório de fim de século, me dá ânimo de dizer alguma coisa.

Esses meus pobres pés carregaram seu marido por mais de seis léguas – 38 quilômetros, eu calculo. Saímos às sete horas, são cinco e só paramos uma hora para almoço. Choveu metade do dia, era tanta a água que caía e que íamos recebendo das folhagens da picada, que esse preto velho, meu cozinheiro, resolveu aproveitar a experiência dos índios: tirou as calças e amarrou-as na frente como tanga, indo com o traseiro nu. Como sua posição na marcha é à minha frente, porque é aparentemente o mais fraco, tive que forçá-lo a retomá-la. Veio vexado, cobrindo a bunda com as duas mãos por longo tempo, para eu não ver.

Quando chegamos ao pouso do almoço, a chuva caía a cântaros. Molhadíssimo, não tive outra alternativa senão tirar, eu também, a roupa e ficar em cuecas, para secá-la ao fogo, assim como o sapato e as meias. Capa nada vale na mata, pesa muito e não impede a água, que tanto vem de cima como de baixo. Contudo, meu encerado de borracha foi útil, serviu para fazer conservar mais o suor sob a camisa, que, ao fim, estava tão molhada como a do Mota, que veio levando toda a chuvarada no lombo.

Por azar, ainda à uma hora, quando íamos atravessando um igarapé, cuidando de não molhar mais os pés – previsão supérflua –, quis atravessá-lo por um tronco com três grossuras minhas, que parecia ótima pinguela. Quando cheguei no meio, o pau, muito podre, arrebentou e eu fui parar lá embaixo, molhando o que ainda tinha para molhar.

Amanhã alcançaremos o posto lá pelas três da tarde, mas daqui em diante iremos somente o Mota, Cezário, Emiliano – que resolveu vir – e eu, porque os dois índios que nos acompanham temem o sarampo do Canindé. Irá também conosco, de volta ao posto, um Urubu que o Mota trouxe de lá, João Mirá, que, aliás, deu motivo a conversas muito interessantes no correr da viagem, em que aprendi várias coisas sobre a vida sexual dos índios. Mas isso fica para amanhã; vou apressar esse café para esquentar o couro e tomar um analgésico. O pessoal está todo ao redor do fogo, assando os jabutis que viemos colhendo, quatro grandes. Comerei os fígados, que me cabe a parte do leão, e isso me apetece mais que a sopa insossa que ingeri pela manhã.

**16/jan./50** – Cheguei muito cansado, mas sem gripe; parece que o suador de ontem, com aquela corrida depois do banho, me consertou o corpo. Saímos depois das sete horas e chegamos antes das duas, marchando mais depressa do que fizemos em qualquer outra ocasião. Esse gosto de chegar a uma casa, de tomar um banho num rio mesmo, em que se possa nadar e até mergulhar, me estimulou.

## No posto

Todos bem aqui. O Foerthmann chegou há uma semana e está entusiasmado com as possibilidades de filmagem no Piahú. Boudin continua lavrando sua gramática tembé e tem feito algumas gravações de conversas, mitos e cantos.

Interessante só dois casos do Foerthmann, um passado no caminho do Piahú, onde uma cobra saltou-lhe na perna, mordeu a bota e quis enrolar-se nas canelas dele. Mas o moço é ágil, saltou valentemente, embora o romântico alemão não acreditasse antes que cobra pudesse atacar assim, sem qualquer motivo de queixa, só pelo gosto de morder. O outro, já na chegada: um tombo da proa do batelão, quando atravessava o rio para vir ao posto. Foi ao fundo com botas, sacola, muita roupa e ele dentro. Conseguiu vir à tona graças ao Alfredo, que teve sua chance de fazer um heroísmo, oferecendo-lhe o braço para sustentar-se e pescando o rifle do Boudin, que tinha ficado no fundo.

Afora isso, a boia é que melhorou com a chegada do novo encarregado, João Carvalho, que é auxiliar de sertão e parece bom sujeito, jovem, menos de trinta anos, casado com Leudi, filha do Rachid. E as ciumeiras do Mota (agente), posto de lado, que não se consola de não encabeçar essa joça. Nas intrigas de Miranda, o Raimundo – o antigo encarregado – foi embora sem conversar com o Mota sobre a filha deste, que ele noivou todos os seis meses que passou aqui e nem deu satisfação ao pai.

A população está toda doente. No quarto ao lado, gemem duas meninas índias, criadas da senhora do encarregado, atacadas de sarampo. Pelas outras casas é só gripe, sarampo e terçol.

**17/jan./50** – Olhei agora no mapa o percurso que fiz. Foi um viajão subir três dias este rio a remo e, depois, descer a pé pela mata. Visto ali, até parece um feito. Principalmente porque o mapa tem boa escala.

Já estabeleci com o Foerthmann nosso plano de trabalho para o próximo mês. Ele seguirá no dia 20, levando suas máquinas para o Piahú. Eu irei mais tarde, porque preciso de uns dias aqui para completar umas anotações que tenho de mandar pro Rio.

Devemos ficar na aldeia todo o mês de fevereiro, fazendo a filmagem e a documentação fotográfica. Do Piahú iremos, depois, ao Ianawakú e Maíra (Domingos) a caminho do Xapy. Eu irei, ainda, ao Anawakú, Kaaró e Arakú antes de me estabelecer no Canindé para as gravações, o que espero fazer lá para abril. Agora, vou arranjar as coisas para o Foerthtnann levar, preparar a carga de alimentos, brindes e outras coisas de que necessitaremos.

**18/jan./50** - Não há novidades, tudo bem, os preparos para a viagem estão adiantados. João, Alfredo e alguns trabalhadores foram ao Jararaca fazer farinha para nós. Precisaremos de muita para receber os índios que deverão nos procurar aqui assim que a epidemia lhes der folga.

## Vida sexual

Estou devendo umas conversas sobre a vida sexual dos índios. São apenas indicações iniciais, pistas para explorar melhor quando houver condições. O tratamento recíproco de homens e mulheres é simétrico, embora sempre se portem com decoro nos gestos. Há mulheres que gostam especialmente de falar de sexo, comentando quem estaria trepando com quem, até as mulheres casadas. Não têm qualquer discrição nas palavras, falam de todos os assuntos com naturalidade, comentando a vida sexual de cada membro sem constrangimentos.

João Carvalho conta que, por duas vezes, uma durante o dia, outra à noite, aqui no posto e em viagens, viu casais de índios amando e que eles não deram importância à sua presença. Apenas viraram as costas e prosseguiram no doce ofício.

Tenho a impressão de que eles se preocupam tanto como nós com os temas sexuais, o que é uma indicação de desequilíbrio e insatisfação. Há homens que não conseguem mulher e, mais ainda, há mulheres sós ou mal servidas pelos maridos, o que dá bastante base para trazer a sexualidade à tona.

Não parece haver qualquer perversão generalizada, mesmo a homossexualidade, ao que me disseram, é desconhecida. Chega a causar espanto quando é referida. Os casais são afetuosos, andam quase sempre juntos e, não raro, se acariciando – no cafuné e nas bolinas. As conversas eróticas são comuns, delas participam pessoas de todos os sexos e idades. Devem agir como estimulantes, além do fumo, que os embriaga do modo como usam os charutos – aspirando fortemente e retendo a fumaça no peito –, e das bebidas fermentadas, que dão lugar a orgias.

Sobre a concepção do ato sexual, se puro, natural, doloroso, perigoso, eu não descobri nada ao certo. Mas há um nítido esforço dos homens para convencerem as mulheres de que as que têm relações com *karaíwas* morrem em consequência disso. Baseiam a suposição no fato de algumas terem morrido no parto de filhos gerados por brancos e em doenças venéreas apanhadas durante as andanças, que também têm causado dores e mortes. Porém, as mulheres não parecem lá muito convencidas disso; contudo, devem temer. Os homens não têm nenhuma inibição para as trepadas. Sua expectativa é de que se uma mulher se abrir, acolhedora, eles transarão.

O característico erótico atribuído ao branco ou ao preto é o avantajamento da genitália, que eles creem ser tão exagerada no homem como na mulher. Essa visão surge do fato de que eles, não usando os amarrilhos que embutem o membro para dentro do corpo, os mostram ao natural, fazendo parecer maiores. Alguns índios são referidos como portadores de membros descomunais "como o dos brancos". São, por isso, desejados e temidos pelas mulheres.

Não sei nada sobre a regulamentação, o período e frequência do intercurso sexual de marido e esposa. Arí-djú afirma que, em sua aldeia, somente o Japú-kái estava mantendo relações sexuais com a mulher, porque todos os demais têm filhos pequenos. Ele próprio é pai de uma menina de três anos, e não podia ter sua mulher porque ela não queria engravidar de novo. O Serapião, que não tem filhos, teria também relações, mas como sua mulher não deseja ainda engravidar e parir, por ser nova e não querer ficar presa à criança, ela o retira de si antes da ejaculação. Ele desejaria filhos. O Uirapipó-rijú, que é solteiro e tem mais de vinte anos, embora viril "não conhece mulher, só depois de casado; quando conseguir uma é que irá conhecer". Se estivesse em outra aldeia onde houvesse moças e mulheres sem marido, não aparentadas, ele poderia experimentar o amor antes do casamento, mas lá em casa mesmo é impossível.

Essas informações me parecem suspeitas. Seria incrível que, só depois do filho ter quatro anos e libertar-se completamente da mãe, o pai pudesse cobri-la novamente. Todo esse período e os meses mais próximos de antes do parto seriam de abstenção? Arí-djú afirma que sim, têm que agir dessa forma para que a mãe possa cuidar do filho, senão teria dois muito pequenos e nem poderia criá-los, fazendo suas outras tarefas. Há o expediente da mulher do Serapião que pode contornar isso. Seria usado habitualmente pelos casais nessas condições? Isso faria deles o povo do coito interrompido. As conversas sobre milagrosas drogas abortivas dos índios são invencionices.

Sobre relações pré-conjugais não adiantei mais nada que o caso daquele homenzarrão, de vinte anos, donzelo. Quanto às extramaritais, tenho a impressão de que os índios não reagem com violência quando os brancos perseguem ou mesmo possuem suas mulheres, como se vê pelos casos do posto, nenhum dos quais teve consequências sérias. A tolerância recíproca nas relações entre eles mesmos será ainda maior.

A preocupação de João Mirá a esse respeito é também reveladora. Tanto mais porque, aqui, soube que quem dormiu com sua mulher essas noites foi um outro índio de sua aldeia. Ela comentou, faceira, que nada diria ao marido para que "não fique triste".

Isso é tudo que soube naquelas conversas de viagem, somado a algumas observações diretas. O assunto é muito do gosto dos índios e se poderá voltar a ele quando tivermos um intérprete melhor e alguém que queira contar seus casos e os alheios.

Diários índios

# Autodenominação

Na última noite que passamos na casa do velho Ianawakú, tornei a fazê-los falar da autodenominação tribal. Estou convencido, agora, de que eles se designam mesmo como Cambô ou Cambã, que talvez nada tenha a ver com o nosso caboclo, senão uma infeliz semelhança. Disse a ele que ouvira de alguém ser Turí-uára o nome deles, assim como Tembé é dos Tembé, e Timbira, Guajá e Brasileiro de nós outros. Conversávamos, o velho, sua filha, a mulher e vários outros índios. Todos se indignaram com a história, não gostando de minha insistência. Turí-uára, me disseram, talvez sejam esses índios de que Mota fala (Gaviões), que usam peças enormes no beiço, andam nus, com o membro solto, enorme.

— Nós somos é Cambô. Não somos atrasados como esses Turí-uára. Temos roça, sabemos fazer farinha, moramos em casa, os homens amarram o membro e as mulheres, desde menininhas, usam tanga.

Afinal, me fizeram ver que gente de tão alta civilização, que eles se orgulham de ser, não pode ter outro nome senão Cambô, exclusivo deles.

**22/jan./50** – Não tenho escrito nada esses dias. Ocupo meu tempo em remendar, para publicação, um material ofaié que trouxe e preparar a viagem. Foerthmann está adoentado e ainda não pode partir, mas não demorará. Eu irei logo, também.

A situação aqui é deplorável, há 32 doentes de cama com sarampo, gripe, terçol e outras atrapalhadas. Depois que chegamos já morreram cinco pessoas, o que é um recorde para tão pouco tempo e população tão pequena. Não temos remédios para ajudá-los e a Inspetoria só se lembrou de passar um telegrama me autorizando a tomar todas as medidas administrativas que julgar convenientes. Ora, bolas, dessas medidas a única boa seria demitir todos os funcionários do SPI no Pará, ele inclusive.

Eu vou bem, forte e até com dois quilos a mais, se não for erro de balança. A chuva cai impertinente desde há uma semana; não temos uma manhã ou uma tarde de sol. Se na aldeia continuar assim, os filmes levarão o diabo. Mas dizem que com a mudança de lua sempre há um veranico, tomara.

Uma anotação útil no meio de tanta bílis. Na aldeia de Ianawakú, vimos no dia da saída uma lança de pesca de 22 metros, com dois grampos de metal na ponta, muito mal acabada. Para que serviria? Outra novidade foi ver um grupo de crianças jogando pião feito de coco-babaçu, com furos que o faziam zoar. Jogam como as nossas crianças.

**24/jan./50** – Começo hoje esse novo diário, que será mais difícil de ler porque o papel é pouco, a letra sempre ruim e tenho de espremer para chegar ao Rio com este caderno.

A chuva ainda não nos permitiu sair. Aproveitamos o tempo arranjando a tralha de que precisaremos nas aldeias e colhendo material aqui. O posto continua um sanatório, sanatório infeliz, sem remédios e até sem alimentos. Mais de trinta pessoas doentes, muitas à morte, e nada se pode fazer por elas, senão abrir nossa farmácia, que já está no fim e não se presta para essas doenças. Quem os trata mesmo é um negro, velho morador da zona, antigo garimpeiro desiludido do ouro. Trata-os com raízes, cozeduras em que até jasmim de cachorro é ingrediente limpo e bom e tem curado alguns. É Chico Ourives, alto, seco, limpo e até belo no seu estilo de negro nilótico.

Tenho trabalhado com André na terminologia de parentesco timbira, que caminha bem. Colhi todos os termos, mas eles ainda exigem alguma verificação. Hoje, ouvi do André um mito que transcreverei adiante.

Bom, isso é meio caminho. Com mais uma verificação, estará correto. Agora, tenho é de completar o tembé, antes de me meter na aldeia novamente. Boudin devia interessar-se mais, creio eu, mas para ele parentesco é mania ou tabu de antropólogo. Não é, não. Com ele, Morgan quis classificar as sociedades humanas, não conseguiu. Lévi-Strauss tirou caldo dessa pasta, compondo uma espécie de gramática da cultura. Eu nem sei por que me ocupo tanto dele. É mesmo mania de antropólogo, decorrente da expectativa secular de que, através dos modos de designar aos parentes, poderíamos ter uma classificação confiável das sociedades humanas. Sobretudo das pré-urbanas, cuja vida social se rege pelo parentesco.

Mas vamos à lenda timbira do André que ficou prometida. É mais uma versão da história do Maíra e ainda há uma outra, tembé. Seria interessante compará-las, procurando ver se as semelhanças ou diferenças retratam aspectos e interesses particulares de cada uma das culturas. Para André, a razão disso é bem simples: contou que ouviu a lenda, pela primeira vez, quando menino, lá nas cabeceiras do Cajuapara e que, provavelmente, os Urubus a conheciam desde há muito tempo, porque todos os povos são um povo só.

## A diáspora

Todas essas nações vêm duma só. Era uma aldeia grande, antigamente ali estavam os avós de todos nós. Mas brigavam muito por causa de mulher e era até uma mulher que mandava naquela aldeia grande. Isso contam os antigos.

Não sei por que aquela mulher resolveu espalhar todos por esse mundo. A aldeia era redonda, ela chamou os que moravam pegados uns nos outros numa banda e mandou embora, disse:

— Vocês vão embora, agora são os Urubus.

Chamou outros vizinhos e mandou pra o outro lado; ficaram sendo os Tembé. Depois, mandou outros, assim apareceram esses Guajajara, Timbira, Canela, Karakatí, Amanajó, Guajá, todos.

Como já brigavam quando moravam juntos, continuaram brigando. Tembé contra Timbira e Timbira contra Tembé, Urubu contra Guajá e Guajá contra Urubu, Timbira contra Canela e Canela contra Timbira, como era antigamente. E cada uma daquelas bandas ficou com uma gíria diferente.

Diários índios

# Terminologia de parentesco dos índios Timbiras do rio Gurupi

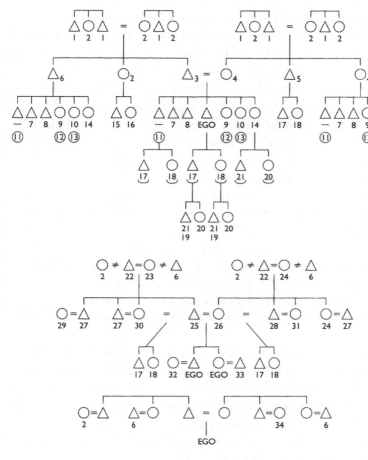

Nota: As designações são registradas com os possessivos, que são os seguintes: *i, in, im*: meu; *a*: teu; *õ, iõn*: seu (dele); *nõn*: teu, respondendo. O H soa como no inglês, o Y molha a consoante anterior ou dá um *I* próximo ao *U* francês. As outras letras têm o mesmo valor que no português. Nosso informante não tem grande segurança na pronúncia das palavras, embora seja o Timbira que melhor conhece sua língua. Por falar também o português, o tembé e o urubu, talvez, nos arranje confusões.

1) In-krã-túm
2) Tí-yê (voc.)
3) Ítxú-é (voc.) In-pãm
4) In-txê (voc.) In-nã
5) Kí-ty
6) In-txúm
7) Ion-hê-uyê
8) Ihá-yê
9) In-ton-yê
10) Itoá-menty
11) Itoá-mehum
12) Iôn-hí-kúi
13) Ipiá-tyu-yê
14) In-tõi
15) Í-tuá
16) Ké-té (m.f.)
17) Ikám-tére ou Ií-krá
18) Iká-txú-yê ou Ií-krá
19) Ikam-hirôn (voc.)
20) Iá-pái-txúi
21) Iá-pái
22) Pái-kê-yê
23) Ítu-katúi-yé-yê
24) Hó-txú-yê (= 29)
25) In-pien
26) Idí-ty
27) In-piá-iõ
28) In-pá-yê (= 32)
29) Hó-txú-yê (= 24)
30) Ítu-katúi-yê
31) Ítua-hatxú-yê (tem filhos)
32) In-inpã-yê (= 28)
33) In-piá-iõ-yê (= 27)
34) Mé-iprõ (mesmo que amigada)

Ií-prõ – amante do marido
In-pien-gitó – amante da mulher
Apré-ké-yê – sogros, tua
Mé-krá – os filhos, seus
Iá – sobrinho (?)
Ií-kráng-kêi – filho adotivo
Yê – diminutivo
31) Itú-katú-iétê – sem filhos

Primeira expedição – Volta ao Canindé

## A Mãe de Deus

Este Maíra estava com um pessoal, aí num igarapé, tirando óleo de copaíba. Todo dia saía pela mata, aí encontrou uma árvore bem bonita; olhava sempre aquela árvore, até que viu no meio do tronco uma brecha bem parecida com isso que os "camarada" chamam *karapuá* (xoxota). Um dia, ia passando e a coisa dele endureceu. Ele foi lá, meteu naquele tronco e, sempre que passava, parava para meter. Este Maíra não tinha mulher. Quando acabou o serviço de copaíba, ele foi embora daquela ponta de mato.

Aí, um dia, o pau rachou e saiu de dentro uma mulher prenha. O filho de Maíra estava na barriga dela, mas já falava, estava ensinando pra mãe dele o caminho da casa do pai. Ela ia andando, lá de dentro o menino via flores e pedia pra mãe dele ir buscar, ela apanhava e punha ali, na tipoia. Uma vez ela foi apanhar uma flor que ele pediu e cobra pegou ela. A mulher já ficou com raiva, disse:

— Você ainda não nasceu e já está querendo flor, cobra me pegou e foi culpa sua.

E bateu na barriga para espancar aquele filho. Aí ele ficou mudo, não falou mais nada. Ela perguntava:

— Onde que é o caminho pra casa de seu pai, menino?

Mas ele estava calado, não falou mais. A mulher foi andando sem rumo até que deu numa casa, era a morada desse Mucura. Ela perguntou:

— Estou procurando a casa de Maíra. Será que estou no rumo certo?

— É, o caminho é este, mas ainda está longinho daqui, a senhora pousa esta noite, amanhã vai.

A mulher ficou, armou a rede e se deitou. Começou a chover e Mucura foi furando o telhado bem em cima da mulher, ela armava a rede noutro lugar. Mucura tornava a fazer goteira em cima dela, já era uma peneira a casinha dele; a mulher teve que ir chegando pra onde estava a rede de Mucura. Aí ele falou:

— A senhora está se molhando aí, porque não vem deitar comigo?

Ela desarmou a rede e foi dormir com aquele Mucura. De noite, ele meteu nela, no outro dia ela perguntou o caminho.

— É esse mesmo. É só a senhora seguir, amanhã vai achar uma encruzilhada, é só andar para a esquerda e vai ter lá.

Ela seguiu viagem, mas já ia prenha também daquele Mucura. Eram dois filhos na barriga dela.

O senhor sabe, mulher assim não anda muito, nem olha direito o caminho, passou aquela encruzilhada e ela tocou, foi pra direita. De tarde foi dar numa aldeia, aí pensou: — "Bom, já cheguei, há de ser aqui a morada deste Maíra". Era aldeia grande, com barulhada de mulher e meninada, muitas casas. Quando chegou, as mulheres foram arrodeando e falaram que ela estava errada. Ali era a morada dos Onças.

— Nossos maridos são maus, vão é maltratar e comer a senhora. Melhor é ir embora antes deles chegarem da caçada.

— Qual. Eu fico aqui mesmo, estou cansada de andar. Aí as mulheres a levaram pra uma casa lá. Arrastaram um caldeirão bem grande que tinham, emborcaram e puseram a mulher dentro. De tardinha, os homens chegaram, mas já foram vendo aquela diferença. Um perguntou:

— Quem emborcou esse caldeirão aqui?

A mulher falou que ele estava estorvando e puseram ali pra não estar derrubando gente.

— Qual. Vocês estão é com mentira, decerto tem alguma coisa escondida aí, já vou ver.

Quando viraram o caldeirão, aquele filho de Maíra fez a mãe dele virar uma veada e sair correndo pro mato.

Os Onças puseram cachorrada atrás, até pegar a veada prenha, com aquele barrigão não podia correr muito. Carnearam e levaram pra aldeia. Lá, uma velha já quis comer aqueles veadinhos. Os Onças deram. Mas quando os enrolou nas folhas e ia botar no fogo, a mão dela é que queimou e os bichinhos saíram vivos. Mas, aí, já eram cutias. A mulher gostou e disse:

— Ora, é cutiazinha, vou criar todas as duas.

Criaram aquelas cutias, mas os Onças sabiam que não era cutia e estavam sempre querendo comer as duas. Aí, elas fugiram pro mato, tornaram a virar gente. O filho de Maíra disse:

— Agora, vamos atrás da casa do meu pai, antes que esses Onças nos comam.

Os Onças os perseguiram muito, mas os dois chegaram na casa de Maíra. Aí, o filho dele contou o que tinha acontecido pra mãe e como nasceu aquele irmão, filho de Mucura. Maíra falou:

— Está bem, fiquem morando aqui, agora.

O filho de Maíra convidou o irmão para pescar e saíram por ali, andando na beira do rio. Logo encontraram um bichão barbudo, grande, pescando. Era o lobisomem, jogava a linha, mas os peixes estavam enganando ele, não pescava nada. O filho de Maíra foi, disse:

— Vamos roubar o anzol desse bicho, eu vou primeiro, depois você vai.

Saltou n'água, mergulhou até onde estava o bicho, afrouxou a linha e cortou com o dente. Quando lobisomem sentiu e puxou, só achou um pedaço de linha. Ele saltou adiante com o anzol.

— Já tenho um, agora vai você. Mas, veja bem, não vá pegar no anzol, segura a linha bem em cima, corta com o dente e volta ligeiro que é pra o bicho não machucá-lo.

O filho daquele Mucura virou piranha, pegou bem no anzol, quando ia cortar o bicho pescou ele. Ficou alegre com aquele peixe, largou a vara e já foi assar, comeu toda a carninha daquela piranha e jogou os ossos por ali.

O filho de Maíra já viu a besteira que o irmão fez. Esperou o lobisomem comer tudo, aí virou *tapiãin* (formiga) e foi juntar os ossinhos, carregou todos. Depois, foi apanhar folha de sororoca (banana brava), arrumou bem os ossos, pôs folha em cima como carne e fez virar o irmão dele outra vez. Aí falou:

— O bicho pescou você e comeu, agora vou buscar o outro anzol.

Primeira expedição – Volta ao Canindé

Foi e trouxe, mostrou:

— Olhe aqui, já tenho mais anzol pra pescar.

O filho de Mucura tornou a cair n'água para arranjar um anzol. Mas aí ele fez como o irmão dele, veio e falou:

— Agora eu também tenho, olha aqui.

Voltaram para casa; Maíra perguntou o que viram no rio e eles contaram que tinham encontrado aquele lobisomem e mostraram os anzóis que roubaram dele.

— Tá bom assim.

Logo, o filho de Maíra tornou a chamar o irmão para ir ver se o bicho ainda estava lá. Estava ainda pescando, aí o filho de Maíra falou pro irmão:

— Agora, vamos queimar a barba desse aí para descontar a maldade que ele fez pra você.

Viraram beija-flor e foram voar bem na barba do bicho. Ele largou a vara e foi espantar.

— Sai, passarinho.

Bateu com as mãos, mas um voou por baixo e tocou fogo na barba dele. Depois, ficaram olhando, o fogo foi subindo, queimando e espocando a cabeça do lobisomem. Então o filho de Maíra disse:

— Agora, vamos andar aí na mata.

Quando voltaram, o filho de Maíra contou o que tinham feito e que viram um beija-flor dormindo num pau e disseram que iam voltar para ver se ainda estava lá.

Estava; esse filho de Maíra fez arco e flecha e matou o beija-flor. Quando abriram o papo dele, estava era com carne de gente. Aí eles levaram aquele papo para mostrar ao Maíra.

No outro dia, foram caçar, andaram até passar um rio largo, maior que esse Gurupi. Aí, eles pegaram as flechas; o filho de Maíra jogou uma na outra barranca, o filho de Mucura jogou outra que pegou bem na bunda daquela. O filho de Maíra tornou a jogar outra que também pegou. Assim fizeram aquela pinguela. Quando pegaram na ponta daquela fieira de flechas, elas viraram uns paus bem grossos, assim eles atravessaram o rio pra outra barranca. Lá, acharam um bando de queixadas e foram caçar. Mataram muitas, foi quantidade muita mesmo. Cada um fez um jamaxim e levou daquela carne pra casa. Lá, contaram a caçada para Maíra.

— Ora, desperdiçar à toa. Pra que fez isso? Agora, não tem quem aproveite, aquela carne vai apodrecer.

O filho dele foi, respondeu assim:

— Qual. Não vai, vou chamar os Onças pra comer, eles carregam toda.

— É, isso é bom, chama eles pra aproveitar.

Os dois irmãos foram chamar os Onças. No outro dia chegaram, era aquela fieira de gente, homem e mulher atrás de carne. Os dois levaram aquele povo para mostrar onde estava a caça, atravessaram a pinguela e chegaram. Cada um foi fazer um jamaxim; quando vinham voltando, estavam todos carregados que não podiam mais. Aí esse filho de Maíra chamou o irmão e disse:

Diários índios

— Passa pra frente deles, fala que vai consertar a pinguela que está ruim. Nós vamos é matar eles todos que comeram nossa mãe.

— Está bem, eu vou.

Passou pra frente, falou que ia consertar a pinguela e foi. O filho de Maíra ficou atrás de todos. Quando aquela gente dos Onças estava toda na pinguela, o filho de Mucura chegou na ponta, aí os dois irmãos apodreceram os paus e jogaram aquela gente toda dentro d'água. Iam carregados da carne dos queixadas e ninguém escapou, o peso os arrastava pra o fundo. Voltaram, mas não falaram nada praquele Maíra. Aí, de noite, ele perguntou:

— Cadê aqueles Onças que foram buscar carne, será que ainda não voltaram? O filho dele disse:

— Não sei, deixamos eles lá na carne. No outro dia, Maíra tornou a perguntar:

— Aquela gente não passou aqui, que será? O filho dele só disse:

— Não sei, deixamos eles lá. Ir atrás é que não vamos.

Depois, não sei mais o que aconteceu praqueles dois.

## Comparações

Assim rematou a história o André, como a dizer que talvez a história toda fosse comprida demais para sair de um só fôlego. Não há dúvida que o homem é bom *conteur,* tenho de valorizar-lhe a veia. Na viagem o pego.

É interessante a diferença de tratamento do mesmo tema. Na versão urubu, embora tão estropiada para comparar, a gente acha um certo tom heroico, as pessoas mais leais e os personagens mais impregnados da terra em que estamos. Todos os aspectos mais notáveis da própria geografia do território urubu lá estão inscritos. E há mais vivência, Maíra está vivo em algum lugar, prodigioso e ameaçador. É uma esperança e uma advertência. Seu filho, também vivo, há de estar pelo sul, onde? Eu já ouvi falar dele? O encontrei alguma vez? É o que me perguntam.

**26/jan./50** – Continuamos aqui, preparando a viagem, talvez possamos partir amanhã, quando o Miranda seguirá para Belém.

O sarampo, com as pragas que arrasta, continua martirizando essa gente, agora também fustigada pela disenteria amebiana que veio com a cheia. Ontem, fizemos a conta e já soma mais de duas dezenas o número de mortes de que temos conhecimento; e, veja-se, não temos notícia da maioria das aldeias atacadas.

Escrevi uma carta ao inspetor Eurico, outra para o diretor do SPI, e as mandei pelo Miranda.

Meu caro diretor:

Venho dar algumas notícias dessa sua equipe aqui no Gurupi. Todos vamos bem de saúde, só um pouco cansados do trabalho de enfermeiros, em que tivemos de nos improvisar, para atender tantos doentes. A epidemia de sarampo, com todas as doenças que arrasta atrás de si, já passou pelas aldeias mais próximas, muitas das quais se encontram em pleno restabelecimento. Breve os veremos retornar à vida normal, diminuídos em número, mas esquecidos dos sofrimentos passados, que assim é o homem, com essa extraordinária capacidade de sofrer e continuar vivendo e amando a vida. Na próxima semana iniciaremos a filmagem, com dois meses de atraso e já em pleno inverno, mas com grandes esperanças de levar um material de que possamos nos orgulhar.

Finalmente recebemos o motor da Inspetoria. Veio tarde, mas a bom tempo de levar o Foerthmann, que voltará assim que terminar seu trabalho. Boudin e eu ficaremos até maio, para aproveitar ao máximo a estada nesta região.

Quero agradecer-lhe a presteza com que atendeu a nosso apelo e a gentileza, tão característica de seu cavalheirismo, com que atendeu a minha senhora quando o procurou aí no Rio. Aqui ficamos, sempre às suas ordens e desejando-lhe um ano de felicidades pessoais e proveitosa administração. Aceite um abraço do auxiliar e amigo, bem como do Boudin e do Foerthmann, que estão no mato. D. R.

**27/jan./50** – Foi um dia de escrever cartas, não fiz mais nada ontem e hoje cedo. Despachei o Foerthmann para a selva, não pude seguir, também, porque era necessário deixar parte da carga por falta de carregadores e apressar umas encomendas que fizemos aqui. Seguirei segunda-feira com tudo isto, acompanhado do João, que é ferreiro, e do Rosemiro, carpinteiro, que vão fazer umas armadilhas em que Foerthmann se dependurará para efeitos especiais de filmagem.

**29/jan./50** – Mais uma morte. José Mirá, o índio que veio comigo da aldeia do Ianawakú, acaba de morrer: sarampo, catarro, terçol, todas as pestes daqui. Cheguei lá, a mulher estava enrodilhada na rede, com o rosto coberto, e soluçava. A uma pergunta do João respondeu que é o segundo marido que perde. Era viúva e tinha dois filhos. Casara-se havia dois meses e, voltando à aldeia de onde a tirou, Mirá, muito orgulhoso, disse ao capitão Ianawakú que já havia prenhado a mulher. Agora morre, deixando-lhe mais um menino de cinco anos. Há dias, quando muito atacada pelo sarampo, abortou o filho do Mirá.

Comentavam aqui que os índios não sentem a morte dos seus. Assim que falecem, os abandonam e vão para longe. Todo o soluço e o enrodilhamento da viúva não os impressionam, obcecados pela ideia de que, como meio bichos, não podem sentir. Ora, ela vai voltar à sua aldeia viúva, com três filhos, irmã de outra já pesada ao grupo, terá que trabalhar mais duramente que qualquer outra mulher. Cada vez que alguém for fazer farinha, a chamará para ajudar e lhe dará, ao fim, uma cuia. Sem homem que a proveja de caça e peixe, terá de viver disso, até que apareça outro marido, e um terceiro é difícil, mesmo porque já está envelhecida.

Caldeirão parece chefe de grupo que vive para além do Piahú. Esteve ontem aqui, ficamos bons amigos. É um homem maduro (quarenta anos), bem-humorado e forte, embora tenha se levantado há poucos dias do sarampo. Perdeu a esposa e disse que para seu lado morreram dez pessoas, o que eleva a trinta a nossa relação de mortos. Acrescentou que isso não é nada diante das aldeias do Parawá, lá é que morreu gente aos montes, principalmente mulheres. Curioso isso, o número de mulheres mortas pela epidemia é superior ao dos homens.

Amanhã viajaremos para o Piahú. Que lá haja mais saúde.

**30/jan./50** – Tenho trabalhado ultimamente na terminologia de parentesco dos Tembé. Devo levá-la às aldeias para levantar lá as designações de parentesco urubu correspondentes. Vou passar a limpo aqui os resultados já obtidos, mas dependem de verificação. Confirmei isso com Aurelino e ele não mostra lá muita segurança em alguns termos, mas ao menos o esqueleto estará correto.

Continuamos no posto, nossos carregadores foram ao Jiboia buscar uma canoa e encontraram uma festa lá. Preciso esperá-los porque, indo sozinhos depois, poderiam estragar esses materiais. E os dias vão passando com esses atrasos todos.

Ontem, ouvi umas histórias interessantes para a geografia mítica do Gurupi, a história do pajé que subiu o rio prendendo os "bichos" e acabando com os encantamentos que enfeitiçavam estes poços. A versão é muito pobre, vou registrá-la depois, quando conseguir um *conteur* melhor.

Fizeram a divisão dos bens do José Mirá. Sua rede e sua faca ficaram com Parí, o capitão da aldeia, que é seu primo. As flechas ficaram para um irmão do Parí e as roupas serão divididas na aldeia quando voltarem. Esses são todos os seus bens. Foi enterrado sem sua rede, porque Parí levou a sua e a mulher não quis ceder a própria e dormir no chão para lhe dar esse conforto.

A divisão foi feita logo depois da morte. Lá chegando, encontrei o Parí fazendo uma espécie de recomendação. Quando saíram, já carregaram as coisas do morto; logo depois mandaram tomar a rede da qual a mulher havia se apossado, colocando o morto na sua própria rede, nem assim ela conseguiu herdar. O filho do Mirá foi, também, para a casa do Parí morar com ele. A mulher, com seus dois filhos, mudou-se para a casa de uns negros que moram perto daqui. Deve estar esperando o sarampo secar para voltar ao Ianawakú. Deve ter cuidado, porque lá não será muito desejada pelo medo do sarampo que pode levar.

**31/jan./50** – Miranda viajou agora, saiu numa pequena montaria com quatro remeiros. Leva nossa correspondência e o diário que mando para Berta. Tenho outro dia de atraso, porque meu pessoal ainda está festando rio acima. Que fazer? Se demorarem muito, darão tempo para a volta dos carregadores do Foerthmann e eu os farei regressar comigo, mas ficaria sem o intérprete, que é o reais necessário.

A chuva não para mais, é todo dia e quase o dia inteiro. Donde virá tanta água? E o Ceará tão seco; acho que o sangue da gente, aqui, deve ser pura água, o ar pesa no pulmão de tanta umidade.

## Terminologia de parentesco tembé

**Consanguíneos**

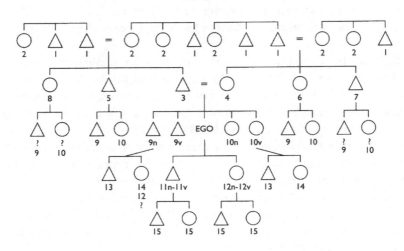

| Homem falando | Mulher falando | Homem falando | Mulher falando |
|---|---|---|---|
| 1) Hé-ramúy | Tamúi (voc) | 10v) Hérê-inir(a) | Hé-rikér(e) |
| 2) Hé-zârí | Zay (voc) | 10v) Hé-rá'ir(e) | Hé-memir(e) |
| 3) Hê-ru(u)w | (rú) | 11n) Hé-ra'ir-pitikay | |
| 4) Hé-xy | (hy) | 11v) Hé-ra'ir-ipy | |
| 5) Papái-za'i | | 12) Hé-ra'zir(e) | |
| 6) Mamã-za'i | | 12n) Hé-ra'zir-pitíkay | (Hé-mêmir(e)) |
| 7) Hé-tutyre (tiu'ay) | | 12v) Hé-ra'zir-ipy | |
| 8) Hé-zay'hé | | 13) Hé-ri'ir(e) | |
| 9n) Hé-ri'wir(e) | Hé-kiuir'ay | 14) Hé-ratipéra | (hé-peng) |
| 9v) Hé-riki'ir(e) | Hé-kiuir(e) | 15) Hé-remí-mynô | (He-peng) |
| 10n) Hé-rêinir'ai | Hé-kipi'yr(e) | (acentos do Boudin) | He-remi-ariró |

## Terminologia de parentesco tembé

### Afins

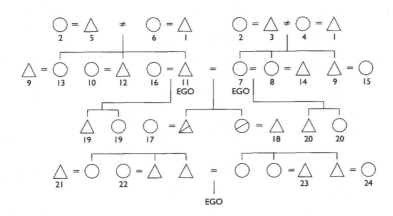

| Homem falando | Mulher falando | Homem falando | Mulher falando |
|---|---|---|---|
| 1) Hé-ru'angáu | | 14n) Hé-kipi'i-wên | |
| 2) Hê-iíre | | 14v) Hé-rike-wên | |
| 3) Hé-ratiw | | 15) Hé-kiw'ire--hemirekó ou hê uky-y | |
| 4) Hé-rayhó | | | |
| 5) Hé-menú | | | |
| 6) Hé-mexi | | 16) Hé-zemôi (coesposa) | |
| 7) Hé-remirekó | | 17) Hé-rai'ratí (h. f.) | Hé-mêmi'taty (m. f.) |
| 8n) Hé-remirekó-riké | | 18) Hê-razi-wên (h. f.) | Hé-peôm (m. f.) |
| 8v) Hé-remirekó--kipi'ir(e) | | 19) Hé-mimí-rangáu (afilhado) | |
| 9) Hé-rairw'ir(e) | Kuái-ty (voc.) | 20) Hé-rai'rangáu (afilhado) | |
| 10n) Hé-riwir-aty | | 21) Hé-zay'hê-mên | |
| 10v) Hé-riki'í-aty | | 22) Papáizaí-remirekó | |
| 11) Hê-mên | | 23) Mamã-zaí-mên | |
| 12) Hé-mên-iwir(e) | | 24) Hé-tutyr'emirekó | |
| 13) Hé-wky-y | | Hê-hi'angáu – madrinha | |

Primeira expedição – Volta ao Canindé

# Piahú e Koatá

3/fev./1950 – Finalmente na aldeia do Piahú e sem a caneta, tendo de martirizar mais ainda seus olhos com a escrita a lápis.

Piahú, o capitão, é um homem alto (1,70), forte e sério, ri poucas vezes, embora não se possa dizer que seja mal-humorado. Preocupa-se muito com sua gente e é ótimo caçador, o que vale dizer: ótimo chefe de família. Sua mulher já é velha e está grávida. Segundo as más línguas, ele se compensa com uma mocinha nova, casada há pouco, realmente muito bonita, chama-se Pinú-arãna.

Piahú tem uma filha, de quase trinta anos, que era a grande beleza dessa região; dela é que tinham ciúmes as mulheres da aldeia do Anawakú quando diziam que, vindo para cá, eu certamente lhe daria todas as miçangas que trouxe, não deixando nada para elas. Coitada, é hoje um resto de gente, quase morreu de sarampo; salvou-se, mas o terçol lhe roubou uma vista. Agora, é uma mulher magra, de olhos secos, medrosa, que não me deixa dormir de madrugada, de tanto que atormenta o filhinho de cinco anos para que mantenha o fogo aceso debaixo de sua rede. A outra filha do Piahú morreu antes de minha chegada, parecia mais ajuizada que esta, tanto que tinha um marido disputado por ambas. O filho homem será seu sucessor, é um garoto de três anos. Dele só direi que, agora, gosta de passear pelo pátio da aldeia de mãos dadas comigo; fiz um esforço enorme para que o pequeno "me amestrasse"; assim que cheguei não podia me ver sem pôr a boca no mundo, num berreiro sem fim.

O capitão auxiliar do Piahú, seu irmão – chama-se Antonio Uhú (grande) porque é muito alto –, mora na roça nova e pouco aparece. Daria também um bom chefe, mas é o segundo filho. Seu terceiro irmão, o caçula, Iawaruhú (cachorro grande), é meu conhecido do posto, mas só pelo nome pude saber que era o mesmo. Quando esteve lá, era um atleta risonho e brincalhão, hoje é uma ruína de gente, sempre febril e faminto. Também mora na roça nova.

A irmã do Piahú que mora aqui tem uns trinta anos; é conhecida de todos como Maxin-mãe, ou seja, a mãe do Maxin, um garoto de doze anos, muito alegre e vivo, que lidera toda a meninada daqui e é uma simpatia. Seu marido, um homem magro e alto, é o tal que tanto trabalho me tem dado com a inchação no pé. Nunca sai da rede, mas sempre que me vê ri e me diz *katú*. De manhã, quando acordo, é dele o primeiro *katú* que ouço, parece estar atento desde que acorda para não perder essa prioridade. Ele é o pai de Pinú-arãna, mulher de Alexandre, o principal cantador no terreiro da casa. Homem de 28 anos, moleirão, mau caçador, que parece ter uma grande vocação, ainda não revelada, para pajé.

Xenxin, a beleza maior do povo kaapor.

Primeira expedição – Piahú e Koatá

Sua mulher, Pinú-arãna, é a beleza daqui, dezenove anos, seios muito bonitos, boa dentadura, sempre rindo, principalmente para Piahú.

A mãe de Alexandre é uma velha de sessenta anos, surda-muda, que diverte a todos com seu modo desengonçado, amola sempre as crianças, que não a poupam também. Trabalha de manhã à noite sem parar, às vezes acorda pela madrugada, toma o tambor e começa a tocar com toda a estridência e descompasso de uma surda e a dançar freneticamente. Para espantar o frio, decerto.

Além deles, ressalta o Anakanpukú, de quem já falei muito. É meu principal informante e dele só resta um traço bem peculiar a contar. É homem forte, ótimo caçador, trata muito bem sua família. É respeitado por todos e é, ainda, o avô mais carinhoso que jamais conheci. Perdeu uma filha e o genro durante a epidemia, ficando com uma criança de meses, magra, cheia de terçol, sapinho, coruba e o diabo, que ele luta para curar. É principalmente esse velho capitão que cuida da netinha. Muitas vezes tenho ficado horas vendo-o com ela nos braços, conversando em sua língua (a menininha tem uns seis meses) e ainda mastigando batatas para pôr em sua boca, dando banho e trocando a tanguinha quando ela se suja. Essa criança doentia, feia e magra só tem alguma beleza quando está em seus braços, pela alegria que ele põe em seus olhinhos.

Há muita gente mais aqui, mas por hoje chega.

Anakanpukú acorda no meio da noite para dar de comer a sua neta que chorava.

Encontrei o Foerthmann mais magro e mais falante. Depois de ficar aqui sozinho cinco dias, com dois negros, um dos quais meio abobado, o homem estava sedento por uma prosa. Eu vinha cansado da caminhada, só queria era sair para um banho e comer alguma coisa. Mas o rapaz se pôs a falar de tudo que pensou sozinho nesses dias todos, do que fez e do que pretende fazer. Tive de ouvir.

## O sarampo outra vez

Depois da saída dele, a peste tornou a cair sobre essa pobre gente. Encontrou-os novamente metidos na mata, morrendo de fome, de sede e de frio, mais que da doença que os assola. Com sua chegada, juntaram-se os enfermos para ele tratar. A maioria ainda está dispersa pela mata. Aqui estão o Piahú, mulher e uma filha muito doente (a outra morreu), além de uma meia dúzia de seus sequazes e do capitão Anakanpukú, com mulher e filhos. Este acoitado, porque sua aldeia foi extinta.

Assim que a doença bateu lá, todos foram para a mata e ele saiu, de aldeia em aldeia, como mensageiro da peste. Cada uma que visitava era logo atacada e, hoje, todos o acusam como o culpado de ter levado a morte às suas aldeias, nem sua gente quer vê-lo. Ainda agora, ele dizia que ia mudar-se para o Canindé ou morar com o Ingarussú, único Urubu do lado do Pará, que parece também repelido por sua gente. Procurei dissuadi-lo, dizendo que devia voltar para sua roça, fazer casa nova e logo sua gente voltaria. O pobre homem sorveu minhas palavras com uma alegria indizível, isso é o que ele também deseja.

A propósito desse sentimento de responsabilidade pela transmissão de doenças, é interessante também a reação do Piahú para com o Foerthmann quando aqui esteve pela primeira vez. O capitão não consentiu que ele passasse daqui, proibindo mesmo formalmente. Não só negou homens para acompanhá-lo, mas, ainda, não deixou ensinarem o caminho. Dizia que os outros ainda estavam sãos e caso adoecessem o culpariam por tê-lo deixado ir.

Piahú é um homem maduro (35 a quarenta anos). Parece enérgico e tem, sem dúvida, muito de sangue branco. Passaria facilmente por um "cristão", não fosse sua língua atravessada. A família dele tem o mesmo aspecto de *karaíwa*. Aqui, a meu lado, não há um só índio adulto nu, todos estão vestidos com boas calças e camisas. Mesmo as mulheres, todas usam vestido, exceto uma velha que traz o busto nu.

# Desespero

Com a saída de Piahú, que esteve no posto logo depois da visita do Foerthmann, seu grupo se descontrolou completamente. Ele os havia deixado convalescendo do sarampo e outras pestes. Mas uma de suas filhas piorou, deu um ataque e começou a gritar à noite, todos se aterrorizaram e fugiram para a mata. Vendo-se sozinha, ela se levantou, tomou os tições que encontrou pelo chão e começou a jogar nos companheiros. Eles voltaram, puseram a moça numa rede e amarraram-na bem. Não satisfeitos com isso, ainda acenderam dois enormes fogos ao lado da rede. A pobre gritou toda a noite que estava morrendo de calor, pela madrugada calou-se. Estava morta. Enterraram-na e fugiram novamente para a mata. Lá, com a umidade e sob um temporal que caiu à noite – eles nem tinham armado tapiris –, as doenças voltaram.

Piahú os encontrou na mata. Soube assim que chegou do que acontecera à filha. Atirou no chão seu jamaxim e suas armas. Depois, retomou-as, saltando ameaçador. Gritava que já havia perdido uma filha e, agora, a outra ia morrer. Abandonou-a ali e foi para a mata.

Assim, nesse estado de desespero, encontrou-os o Foerthmann, que logo pôs em ação suas recônditas e envergonhadas qualidades de pastor alemão. O preto Chico

Ourives retomou seu ofício de curandeiro, tirando folhas de mastruço e tantas outras folhas e cascas que conhece para preparar beberagens, com que foi curando os doentes. O porrete de sua farmacopeia é chá de jasmim de cachorro, para sarampo é "pai d'égua". Os índios nunca mais deixaram perderem-se excrementos tão preciosos, aproveitam quanto os seus famintos cachorros produzem.

Ainda agora, sob a chuva, saiu o nosso missionário, vestido em minha capa, para tratar os enfermos recalcitrantes que não querem sair da mata. Sem ele, muitos outros teriam morrido. Ninguém teria voltado a essa aldeia condenada, onde já enterraram umas quatro pessoas, e não haveria filmagens.

Quando morreu, a outra mulher do Piahú deixou uma criança de meses; Foerthmann chegou logo depois do enterramento da mulher. A criança estava jogada no chão desde que a mãe morrera e a segunda mulher, também doente, não queria tomá-la. Em certa hora, a menininha sujou o chão; Piahú levantou-se, jogou terra sobre as fezes e, com uma pedra na mão, simulou uma pedrada na cabeça da criança.

Foerthmann tratou a meninazinha que chorava desesperadamente, deu leite condensado e entregou-a ao Piahú, recomendando que a tratasse, senão morreria. Foi para o Pedro Dantas, deixando a criança com a mulher, que prometia cuidar dela. Mas, quando voltou, soube que, mal havia sumido no caminho, todos voltaram à mata, deixando a criança abandonada sobre um jirau. Só muitos dias depois, quando Foerthmann voltou para cá, eles vieram e enterraram a meninazinha, já em adiantada putrefação. Esta é a história trágica das duas filhas que Piahú perdeu.

Nossa viagem foi penosa, viemos muito carregados e são dez léguas puxadas. Dormimos a meio caminho numa barraca armada sob uma chuva terrível. Três carregadores, que vinham cansados demais para armar um tapiri e não couberam sob o meu toldo, dormiram encolhidos sob a chuva. Creio que se eu passasse uma noite assim me derreteria, mas eles são insolúveis.

**4/fev./50** – Estou deitado numa rede na casa de Koatá. Por aqui não há mesa, nem qualquer outra coisa que se preste para escrever. O melhor é mesmo ficar embalando em rede alheia. A minha está na casa do capitão, no meio de todos os doentes. Este é, sem dúvida, o lugar onde mais fortemente senti cheiro de humanidade. Que bicho federá mais que o homem?

## Volta a alegria

Afora os odores, tudo vai bem. Como toda pobre gente, esta também é uma boa gente. Mesmo gemendo de dores, acha forças para rir. Estão se refazendo aos poucos, o pai que abandonou o filho, depois de perder a mulher, já acaricia os sobreviventes e até sai, ainda febril, cambaleando por essas matas à procura de algum alimento para eles. A mulher que há dois dias atirava longe de si o filhinho que queria mamar já lhe dá docemente o seio seco e mastiga farinha para pôr em sua boca. Todos esses "sentimentos nobres", tão mais deles que nossos, estão voltando. Já estão mais na disposição de fazer reviver a sua aldeia deserta, abandonada aos fantasmas dos parentes que enterraram aqui. Já têm coragem de passar mais perto das sepulturas. Até pode acontecer que continuem aqui depois de sairmos, porque a violência de nossa intervenção desmoralizou seus fantasmas.

Quando Foerthmann chegou aqui há uma semana, embora nem se tivesse passado um mês de sua primeira visita, encontrou a aldeia invadida pelo mato, parecia tapera antiga. Essa mata não dá folgas, quem quiser um nicho claro em seu seio tem que pisar cada dia o palmo de terras que quer limpo. Senão, em umas poucas semanas, a mata retoma todo o terreno perdido. Tem sido um trabalhão limpar isso, pôr abaixo a mataria para que a máquina de cinema tenha alguns ângulos azuis ao fundo e os fantasmas de meus pobres índios fiquem sem uma só touceira onde se esconder para suas traquimanhas noturnas.

André, o índio timbira, veio comigo para ajudar como intérprete, fala bem a língua dos Urubus. Teria ficado no Jiboia para festar um pouco com o povo de lá. É bem compreensível. O pobre-diabo não vê alegria durante anos. Perder uma oportunidade dessas é uma pena. Chegamos a tempo. Agora resta esperar que a chuva cesse de cair e nos dê uma estiada para a filmagem. Enquanto isso, estudo essa gente.

# Filmagem

É o seguinte o plano de filmagem que fiz para o Foerthmann executar. As condições em que trabalhamos não permitem grandes coisas, mas se realizarmos o que idealizei será o melhor filme da Seção de Estudos do SPI. Também se o sol não continuar tão sovina.

Planejei alguns conjuntos que possam ser filmados aqui, numa aldeia vizinha que tem gente mais bonita e, talvez, também no Ianawakú, se Foerthmann se dispuser a marchar até lá. Serão painéis ligeiros que mostrem aspectos essenciais da cultura, ligados uns aos outros pela narração. (Como é difícil escrever com uma dúzia de índios sentados com a gente na rede ou agachados dos lados, examinando a barra da calça, o cordão da botina e falando coisas ininterruptamente. Agora, resolveram me fazer tragar seus enormes cigarros de tauari e fumo temperado com *cunaricica* e almíscar.)

O filme deverá apresentar uma festa urubu, a maior deles. Talvez a única grande pagodeira dessa gente. É realizada como parte das cerimônias de nominação, para batizar uma criança que começa a sentar na tipoia. A apresentaremos de um ângulo diferente do usual, ao invés de mostrar apenas índios bem adornados, pulando e cantando numa alegria mentirosa, como se costuma fazer. Filmaremos a dura labuta que antecede a festa, os meses de trabalho e sacrifícios para que se produza o suficiente para fartar todos os convidados durante alguns dias.

Começaremos mostrando o complexo da mandioca, um casal e dois filhos na roça colhendo mandiocas, a mulher desenterrando as raízes, enquanto o homem trança um apero para a filha carregar. A arrumação da mandioca e das batatas no jamaxim e a viagem de volta até o rio. Percurso que o homem e o filho fazem, seguindo-as com as flechas na mão, atirando em pássaros. No rio se verá a descarga e o preparo da mandioca para pubar. Depois, seu transporte até o forno, a secagem, "tipitagem" e torração pela mulher, ajudada pelas filhas, enquanto pai e filho assam batatas no forno. Aí se filmará, também, o preparo dos beijus para a cauinagem e uma cena da menina ralando mandiocaba e espremendo para tirar o líquido doce, que tomam depois de cozido. Este será um painel.

Outro, referente à coleta, mostrará um casal a caminho da mata, a mulher subindo numa palmeira para tirar bacaba, enquanto o homem, sempre de flecha em punho, aprecia de longe. Depois, eles, debaixo de outra árvore, comendo frutos caídos no chão e carregando muitos mais no jamaxim da mulher. O homem, de passagem, raspará a casca de uma árvore para fazer um desenho qualquer. Depois, encontrará um jabuti que irá, também, para as costas da mulher. Finalmente, os filmaremos na aldeia, preparando a bacaba e tomando.

Outro quadro mostrará um homem caçando, flechando qualquer animal de porte, transportando-o para casa e o moqueando aqui, depois de despelar. A pesca será mais movimentada, um grupo de índios andando na mata até um igarapé, onde ficam acampados na margem à procura de peixes que, por fim, flecham. Depois, filmaremos crianças fazendo tinguijada com cunambi e adultos com timbó. Os peixes serão moqueados e comidos com chibé ao fim da pescaria.

Filmaremos, ainda, a fabricação de arcos e flechas, a trançagem de redes e tipoias e, se houver algodão aqui, a tecelagem de uma saia ou de uma rede. Registraremos, também, a trançagem de um paneiro ou jamaxim e a fabricação de um patuá de tábuas. Alguma coisa de cerâmica (camucim, panelas e potes), que será o mais difícil, teremos também que filmar. Fica faltando muita coisa, como toda a plumária, os trabalhos em cabaças e tantas técnicas mais, porém o tempo é pouco e se fizermos o programado já será bom. Precisamos filmar, também, os cigarros de tauari que são servidos aos convidados.

# Coruba

**5/fev./50** – Tudo bem, assumi as funções de missionário para dar descanso ao Foerthmann e para que ele possa cuidar da filmagem. Hoje, já fiz os curativos da manhã, à tardinha haverá mais. Nunca vi tanta coruba e como é horrível essa coceira que os faz abrir a carne em chagas de tanto coçar. Alguns homens estão com os membros e imediações num estado miserável. As mulheres são mais atacadas na barriga e as crianças na cabeça. Felizmente, tenho aqui o Chico Ourives, entendido em beberagens, que vai preparar uma cozedura de andiroba e aplicar, o que é mais importante.

Mas continuemos com a descrição das sequências a filmar.

O quadro final será a festa da nominação; todos os anteriores serão apresentados como os longos e laboriosos preparativos para uma festa grande. Procuraremos filmar a preparação da bebida, a feitura dos enormes beijus de mandioca e sua fermentação nos camucins ou o amassamento dos cajus, se for o caso.

Um dos doentes que herdei do Foerthmann está gritando por socorro com um pé inchado. Vou vê-lo, depois continuo essa conversa tão interrompida.

Voltei. O homem está mal, seu pé tem uns três volumes do normal, mas eu usei bem da gilete que levei, dei-lhe uns bons rasgos e espremi o sangue pisado e o pus. É claro que o homem berrou muito mesmo, espero que essa violência dê bom resultado.

Finalmente, se filmará a cerimônia da nominação e a troca e distribuição das flechas. Todas essas cenas finais serão feitas com índios enfeitados com todos os seus adornos e bem pintados. Assim mostraremos a parafernália urubu, bem como suas danças e cantos.

A oratória será também filmada com o índio que programamos para padrinho: Anakanpukú. Ele contará a um grupo a grande aventura de sua vida: a guerra que enfrentou contra os Guajá. A luta que teve com um grupo de quatro deles, dois dos quais abateu, saindo com uma enorme cicatriz de flechada nas costas, que é sua condecoração por bravura. Contando esse caso, Anakanpukú salta como um tigre e imita com gestos de pantomima cada passagem da luta, caindo finalmente no chão, ferido. Creio que nessas narrações de caçadas e lutas é que está uma das origens do teatro. Em filmes, deve dar bom efeito.

O princípio do filme mostrará a mata, algumas paisagens calmas, índios num ambiente idílico, junto de igarapés sem mosquitos e miasmas, até sua chegada à clareira, onde está a aldeia, que será apresentada, então, em vários ângulos. Por fim, mostrará cenas interiores, domésticas, índios se embalando em redes, coisas assim. Muitas outras pequenas cenas podem ser feitas no meio de cada conjunto, para dar vida às sequências.

A vida aqui está boa, só esse trabalho de enfermeiro é que me amola e os cheiros humanos, tão insuportáveis aqui como na China ou na Suíça, quando se tem ocasião de apreciá-los. O tempo está bom, temos tido bonitas manhãs e tardes chuvosas, continuando assim será ótimo.

Amanhã farei o recenseamento e, assim que puder, examinarei as roças que são enormes e muito bem-feitas. Têm duas roças velhas e duas novas, parece que cada ano plantam um roçado novo e replantam um velho. À medida que melhoram de saúde e vão se acostumando aos fantasmas dos parentes que plantaram por aqui, se movimentam mais.

Agora mesmo tenho um grupo diante de mim, brincando na maior alegria. Uma moça, dois garotos e um cachorrinho brincam na rede, ela faz o bichinho mamar-lhe o seio e todos riem à gaitadas. Ela tem o rosto pintado com uma lista larga de urucum, que passa entre as sobrancelhas, sobre as maçãs e debaixo da boca, como uma moldura. Quis desenhar isso, mas o melhor mesmo é fotografar mais tarde.

Primeira expedição – Piahú e Koatá

Arranjamos outra casa para depositar o pesado material cinematográfico, que não pode receber poeira. Foerthmann ficará morando lá para descansar da semana que passou aqui na enfermaria. Eu ficarei em seu lugar, porque não posso afastar-me dos índios. Preciso estar junto deles para observá-los melhor.

Agora, vou escrever ao Boudin pedindo uma caneta e mais comida.

**6/fev /50** – A vida corre igual, já almocei meu arroz e feijão camuflados com extrato de carne, porque a caça que arranjaram foi guariba e ainda não me convenci que aquilo seja comível. Influências nefastas do Darwin.

Nosso trabalho vai bem adiantado, essa tapera já tem aspecto de aldeia bem viva. O terreiro todo capinado e muitos índios movimentando-se por aí, roçando, trazendo bananas, pedindo meus últimos cigarros, comendo no meu prato, tossindo e gemendo. Os doentes diminuem. Os convalescentes engordam depressa.

Nossa ocupação tem sido a limpeza e povoação da aldeia, atraindo os mais medrosos, que ainda estavam enrustidos na mata, e no preparo de algumas engenhocas de que o Foerthmann precisa para seu trabalho. Hoje recensearei o pessoal, se a chuva não se apressar muito. Não há nada de notável a registrar, senão uma história estranha que desejo contar.

## Perdida na mata

Ontem, apontaram para uma garotinha, de seus oito anos, magrinha como a necessidade, com uns olhos espantados e gestos nervosos, e contaram sua história. Há coisa de três meses essa criança perdeu-se na mata e esteve dez dias sozinha. No princípio, a procuraram muito, dois ou três dias depois consolaram-se com a ideia de que era mais uma vítima das onças. Aqui, elas são mesmo comuns, caçam cachorros na clareira da aldeia e andam em bandos de seis a oito na época do cio.

A guria foi encontrada pelos cachorros de um caçador, que a acuaram como fazem a qualquer caça. Estava morando num buraco já muito longe do lugar onde se perdera quando andava na mata, com os pais adotivos, colhendo frutas. Quando se viu sozinha, começou a andar, procurando-os, gritou, chorou mas, não os encontrando, meteu-se num buraco e ficou calada. Saía quando tinha fome para colher frutas de maçaranduba e vagens de ingá, bebia água de um córrego próximo. Quando os cachorros a encontraram, avançaram sobre ela, que se defendeu com ramos de mato até a chegada do caçador. Os índios perguntam a ela se não viu curupira ou outro de seus duendes, se não teve muito medo de estar sozinha na mata tantos dias. Ela só responde que não estava sozinha, que à noite muita gente dormia em redes junto dela, conversavam e cantavam.

Está anoitecendo, já é muito escuro para escrever, mas o melhor que tenho a fazer é isso. Estou arrodeado de índios que me fazem perguntas, mal os entendo e só quando dizem as coisas mais simples. São simpáticos, mas a gente se cansa da barreira linguística, de tanto repetir as mesmas palavras para responder tudo.

Já escolhemos o elenco do filme, um pobre elenco remelento e magro que procuramos às pressas curar da coruba, do sarampo e evitar uma epidemia de gripe que estragaria a filmagem. O *set* está quase pronto. E essa aldeia está ficando até bonita. Não me deixam escrever, querem saber quantas mulheres tenho, como é o nome delas, o de meu papai, de mamãe e de Mário, meu irmão. Onde eles moram, se são bonitos. Isso tenho que dizer a cada amigo que faço, felizmente são muitos.

**7/fev./50** – Consegui uma caneta, mas é tão difícil escrever com ela que tenho vontade de voltar ao lápis. Continuo bem, o pessoal vai melhorando de saúde e se tornando mais interessante, os astros e estrelas do filme, curados das corubas, vão animando mais a gente. À noite, é sempre a mesma gemedeira que me sobressalta não sei quantas vezes. Felizmente, me acostumo a tudo. Quando acordo com um deles que passa debaixo de minha rede para soprar o fogo ou atender uma criança que chora, apenas interrompo meus sonhos, me digo que não estou aí em casa, mas na aldeia do Piahú, e retorno ao sonho.

Recenseei o pessoal, talvez tenha alguns erros que corrigirei com o tempo. Isso aqui é uma confusão dos diabos, toda a gente do Piahú está morando na casa grande, onde eu também estou, é uma trapalhada de redes e fogos que a gente tende a confundir uns com outros.

# Aldeias

Neste conjunto de clareiras em que estamos, vivem três grupos diferenciados. O de Koatá, que antigamente morava com Piahú e era seu principal ajudante, mas separou-se dele com toda a parentela há uns vinte anos, não sei por que motivos. Hoje, os ligam relações de convivência apenas. Piahú foi criado pelo irmão de uma velha, sogra do Koatá, que era capitão de aldeia (capitão pajé). O pessoal daqui, como o de lá, é todo interaparentado, mas sem relações uns com os outros, senão estas. Parecem manter convívio amistoso.

O pessoal do Piahú está dividido. Dois de seus irmãos e um ex-genro moram na roça nova, ainda não tiveram coragem de voltar, porque todos perderam parentes aqui. Mas, talvez, haja outras razões além dessas e da casa grande já estar cheia de gente (segundo alegam). Não parecem ser lá muito amigos esses irmãos.

Na quarta casa está a gente de Anakanpukú, capitão de um grupo relativamente grande que se dispersou com a epidemia. Diz ele que pretende continuar por aqui. Vai construir uma casa perto de onde o Piahú fizer sua nova aldeia, para morar com ele. Já desesperou de reunir novamente sua gente, talvez não o deseje também. Além desse estranho, há um homem com dois sobrinhos que vieram da aldeia do

Kaaró, correndo da epidemia, que os apanhou aqui; pretendem voltar assim que melhorarem. É um caso típico dessa correria que o sarampo provocou, espalhando gente para todos os lados. Cada qual procurava fuga num rumo, cuidando que ali não iria a peste, mas a levavam consigo ou a encontravam lá.

Antes da epidemia tinham a seguinte distribuição de residência:

1) Piahú
2) Wirapurú
3) Uiri-una
4) Alexandre
5) Kosó
6) Antonio
7) Tauaruhú
8) Tuakang

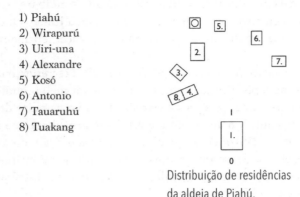

Distribuição de residências da aldeia de Piahú.

**8/fev./50** – Tivemos um dia cheio. Embora chovesse bastante desde cedo, levei o Foerthmann ao Koatá para fotografar um casal de resguardo e combinarmos a filmagem de alguns motivos. O pessoal de lá está melhor de saúde que o daqui e trabalha mais, tem duas redes iniciadas. Uma delas belíssima, feita de faixas brancas, marrons, azuis, vermelhas e verdes (com que tingem tão bem o algodão?). Os homens preparam arsenais de flechas nas horas de lazer.

O resto do tempo estive aqui, revi a terminologia de parentesco timbira e preparei os diagramas para anotar a dos Urubus. Serviço que apenas pude iniciar, porque cansa muito a essa boa gente desacostumada de esforços desse gênero. Mas já entenderam o que eu desejo, amanhã será mais fácil.

# Caça

Todos esses dias os homens têm saído para caçar, não obstante as chuvas. Geralmente, descansam uns dias depois da caçada, deixam-se ficar na rede, servidos pelas mulheres, até acabar o produto da caçada e coleta, então tornam a sair. A quantidade de caça que abatem e de produtos que coletam é comparável ao que lhes dão as roças.

Quando conseguem abater um veado grande ou encontram uma fruteira carregada, dividem o produto com os outros. Cada casal ganha um pouco, incluindo o pessoal do Koatá, que procede do mesmo modo. O próprio caçador, ou seu acompanhante de menos idade ou menor prestígio, traz a caça. Aqui, a mulher cuida de limpá-la e o marido divide em postas para a distribuição.

Diários índios

# Recenseamento do povo de Koatá

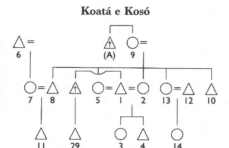

## Capitão Mirá

(A) Capitão Pajé, pai de criação do Capitão Piahú.

I
1) Koatá – 26
2) Tahírini – 22 (bréu--almécega)
3) T'eremu-ranxin – 6
4) Uiray-iãpui – 1
5) Araruhú-unin – 18
6) Mirá-kú – 45
7) Xiry – 18
8) Iuy – 20
9) Mã-daé –
10) Tulmá – 10
11) Rihí-ãpíre – 2

II
12) Kosó – 25
13) Xiyrá – 20
14) Terê-puá – 2

III
15) Iumpi – 22 (em *couvade*)
16) Itá-xirini-16 (resguardo)
17) s/n – dias
18) Perá

IV
19) Kaápy – 23
20) Tikirin – 18
21) Iraxí – meses

V
22) Cap. Mirá – 80
23) Atí-kikí – 35
24) Irapá-puã – 14
25) Xiré - 12 (capitão)
26) In-arin – 45
27) Kaátirin – 40
28) Saí-ró ou Iã-tun ou Maracujá
29) Irihí – 14

VI
30) Sokó – 28
31) Prin-xin – 25
32) Djouin – 5
33) Nenê – 1

# Recenseamento do povo de Koatá

continuação

## Capitão Piahú

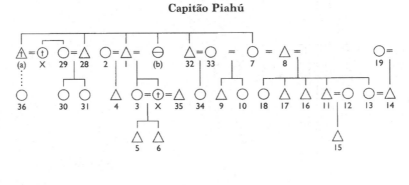

(a) Capitão Wirapurú – falecido há um mês, vítima da epidemia de sarampo.
(x) Outras pessoas falecidas em consequência do sarampo, farei uma relação à parte de todas as vítimas.
(b) Xiá (suja) no Gurupiúna, fugindo do sarampo.

I
1) Cap. Piahú (Irá-tirík) – 40
2) Nã-ná-çá – 30
3) Ãnakã – 28
4) Jorge –
5) Maturupá – 5
6) Mãnekí ou Aiá – 1
7) Ayrí-una – 30
8) Irakãn-rupyki – 45 – par. do Ianawakú
9) Maxin – 10
10) Mereinrã-rimbi – 8
11) Iuákang – 22
12) Kurú-miú – 20
13) Pinú-arãna – 18

14) Alexandre (Iuá-kóuy) – 25
15) Euclides – 1
16) Aristides – 14
17) Arirí-uhú – 8
18) Pinú-aró – 6
19) Ñambú – 60
20) Anakanpukú – 45
21) Kurini – 35
22) Xiã-nu – 16
23) Pirã-guáy – 12
24) Kará-mugín – 1
25) Tapiá-rimbá
26) Kaxã – 6
27) Pí-rã-pin – 15

II (na roça)
28) Antonio (Uin-rã-in) – 45
29) Iá-púi-rá – 30
30) Arí – 10
31) Xiuaró – 7
32) Iauá-ruhú – 30
33) Xiurá – 22
34) Matá – 5
35) José (Ãnãnguy-rahú) – 25
36) Kaar – 5 – entregue pelo pai a Wirapurú

Diários índios

A distribuição, muitas vezes, se faz depois de moqueada a carne. Então, parece ficar à disposição de todos, não a retiram do jirau em que assam e em pouco tempo a consomem. Vi um veado inteiro ser comido por eles durante uma noite. Lá para as nove horas é que ficou assado e começou a comedoria, de madrugada não havia nem ossos à vista. Até os cachorros passaram a noite banqueteando-se.

Não tendo modos nem razão de conservar a carne, o que fazem é comê-la. Mas em outras condições reservam alimentos, é o caso das festas e dos partos. O capitão Piahú esteve dizendo hoje ao Anakanpukú que está juntando jabutis na mata, há muito tempo, para que, quando tiver o filho, só comam jabutis brancos até passar o resguardo.

## Couvade

No dia em que chegamos nasceu a criança da aldeia de Koatá cujos pais estão de resguardo. Quero ver até quando o homem ficará recluso com a mulher. Estão numa casinha coberta de palha por todos os lados, como aquela que vi na aldeia do major Ventura, mas sem homem em *couvade*, porque o marido andava viajando.

A moça está sempre sentada na rede com a criança pequena, como uma boneca, porque nasceu antes do tempo (observação deles), já que era esperada para a próxima lua. O homem deitado na rede, falando baixo, sem levantar-se para nada, parece que nem fuma, porque pôs de lado um cigarro que lhe dei. Dorme com eles e os serve uma menina de catorze anos, irmã do pai, e na casita mal cabem os três. Quero obter informações sobre a *couvade* e essa é uma boa oportunidade.

Casal em *couvade*.

Ontem (ou hoje), tive uma noite triste, fez um frio de rachar, mas consegui enfrentá-lo com uma camiseta de lã. O pior foi a barulhada dos índios. Não tendo uma camiseta, puseram-se a soprar os fogos, tossir e gemer que foi um horror. Sobretudo as crianças, que choravam, procurando calor no corpo de seus companheiros de rede, que as repeliam e até batiam.

O melhor foi ver essa velha Nambú, surda-muda, de seus sessenta anos, a pessoa mais trabalhadora daqui. Para esquentar-se, resolveu tocar o tambor como uma louca (ou uma surda) e dançar entre as redes, batendo os pés no chão com toda a força que tinha. Isso, ali pela madrugada, é um espetáculo raro e triste, mas concordo que ela sabe sua utilidade, porque depois, logo depois, dormiu de roncar. Eu é que fiquei velando algumas horas.

De comida, temos passado mal, somos muitos e a comida pouca. O café acabou ontem, embora viéssemos tomando um só gole pela manhã; temos leite para um dia mais. O arroz acabou há dias, agora é só no feijão, e o pior é que as caças andam alertas e não caem nas armadilhas do João. Comemos carne quando os índios nos dão, quase sempre jabuti, que já me sabe como um petisco. Mas as bananas nos têm salvo as tripas, infelizmente só bananas de assar. As outras, quando aparecem, são tão poucas que não dá gosto.

## Pretos

Estão aqui conosco dois auxiliares do posto: o João Carvalho, que é o encarregado, e o Rosemiro. Um faz trabalho de ferreiro e caçador, outro de carpinteiro para armar as engenhocas do Foerthmann. Além deles, temos três trabalhadores negros. O Zico e o Irá, que serram madeira. O Chico Ourives, que é nosso curandeiro oficial e cuja ciência de beberagens nunca poderei louvar bastante. Com os meus remédios de farmácia, apenas, essa gente nunca chegaria a constituir um *elenco*. E ainda temos outro preto, meu cozinheiro Cezário, que não tem elementos aqui com que mostrar suas artes, mas ajeita bem os jabutis, mesmo sem gordura. E o André, intérprete que não aproveitei ainda, porque o João fala gíria tão bem quanto ele e é mais inteligente. Quase me esqueço do Ariuá, sempre bom menino, que se diverte a valer nesse reencontro de sua vida de aldeia, mas não deseja continuar aqui. Já faz parte dessa fauna destribalizada que só se ajeita no posto.

Outra virtude do Chico é a de cantador. Esse negro maranhense, magro, alto, parecendo um guaribão, é um tipo notável. Tem certos ditos, que repete a cada momento com voz cantada, que até os índios vão aprendendo. Não fala senão português, mas conversa o dia inteiro com os índios. É um espetáculo vê-lo falando com eles. Conta longos casos, dá conselhos, passa pitos como se falasse com crianças. Os índios não entendem palavra do que ele diz, mas ouvem com gosto. Repete a cada momento:

— É menino novo, não sabe...
— Menino novo, não conhece...
— É Maranhão nestas horas...
— Vocês precisavam é ser soldados de Papai Grande. Não sei por que ele não quer vocês para soldado. Só *karaíwa* é que morre pra defender vocês, e vocês aí dormindo na rede, seus malandros.
— Venho ser capitão de vocês, com facão aqui e revólver aqui, e só deitado, mandando um carregar pra aqui, pra ali. Não vou dar descanso pra vocês. Aí, suas mirixós vão ter sossego, seus tratantes. É tiro à toa, tum, tum, tum e facão no lombo.

Assim, contando casos, ameaçando, aconselhando, passa o dia com eles. À noite canta logo que escurece, se faz bom tempo. Começam a chamá-lo pelo apelido que botaram: capitão Festa. Vem o Chico, toma um dos tambores dos índios e tocando, como se fosse pandeiro, desfia suas cantorias aprendidas nas farsas do Bumba meu Boi do Maranhão. Conta a história de cada cantador célebre de sua terra e vai explicando as toadas, geralmente críticas ao governo, comentários sobre a miséria dos pobres e o descaso em que vivem. Vou anotar algumas.

Agora, vou jantar meu feijão puro, que hoje não temos outra coisa, mas com pimenta, misturado com farinha de pau aqui do Pará, dá ainda para comer.

É noite, Chico está cantando para alguns índios. Outros estão aqui, pedindo remédio e brilhantina. Outros, ainda, olham um companheiro tocar caixa e dançar. É o Alexandre, que não parece ter outro gosto na vida, a mãe dele (é a velha surda-muda) e a mulher lhe dão de comer. Tem até umas poses de grande senhor, vestido em seu pijama, que não sei onde conseguiu, sobretudo quando se deita na minha rede. Vou mostrar a você como se vive aqui, descrevendo a gente que tenho ao meu redor. Tomei o caderno para espantar os pedinchões.

# Festa

**9/fev./50** - Outra noite divertida. Afinal entendi os motivos da festança dos índios cada madrugada. Acordam todos muito antes do sol nascer, ali pelas três e meia e quatro horas, a mulher levanta e prepara chibé para o marido e para os filhos. A que acorda primeiro começa seu serviço e vai conversando com sua família e acordando todos os outros. Geralmente é uma criança que dá o alarme, chorando com fome. Em pouco tempo, todos estão acordados, soprando o fogo, aquecendo-se e conversando.

Aí, um a um, os homens e às vezes também as mulheres velhas, vão tomando a caixa, tocando e dançando. Como eu estava bem acordado e comecei a conversar com o Ariuá, eles se puseram à vontade e dobrou a barulhada. O Anakanpukú me

Chico Ourives, o curandeiro negro que vivia numa aldeia kaapor e me acompanhou nas duas expedições.

disse, através do Ariuá, que era assim sua gente: acordava ainda de noite para tomar chibé e era sempre aquela alegria, tocando tambores e dançando.

Na aldeia do Koatá também batiam tambores. Quando o nosso silenciava um pouco, podíamos ouvir nitidamente aquele ribombar no meio da noite e os meus amigos iam identificando pelo toque cada tamborista: "Este é Kosó", "Este é Koatá". Toda essa farra antecede ao menos de uma hora a algazarra dos pássaros quando acordam. Aliás, bem parecida. Mas apenas levantam para reavivar o fogo, beber o chibé frio, tocar caixa, dançar e, às vezes, cantar. Depois, voltam à rede e ficam ainda uma hora, sobretudo nesse tempo chuvoso.

Ao anoitecer ocorre a mesma coisa, tomam chibé, comem a carne que tenham, tocam, cantam e dançam. Anakanpukú me disse que, quando a aldeia é grande, ficam até depois de meia-noite nessa alegria. Aqui eles se recolhem assim que anoitece, ficam conversando cada qual de sua rede e ouvindo e vendo as exibições artísticas, só se acomodam mesmo ali pelas nove ou dez horas.

Diários índios

# Mitos timbiras

Ontem, fiquei algum tempo na pocilga onde moram Chico Ourives e o André. Queria ouvir alguns mitos timbiras e os ouvi. Um dia vou gravá-los na língua timbira. Um é a história dos homens-morcego. Outro, um mito do Sol e da Lua, que explica a origem dos campos. E uma versão timbira, muito interessante, da gênese. É o Velho Testamento através das experiências e da sensibilidade dessa gente.

## Genealogia do tuxaua Maitaré, do capitão Piahú e do futuro tuxaua Kosó

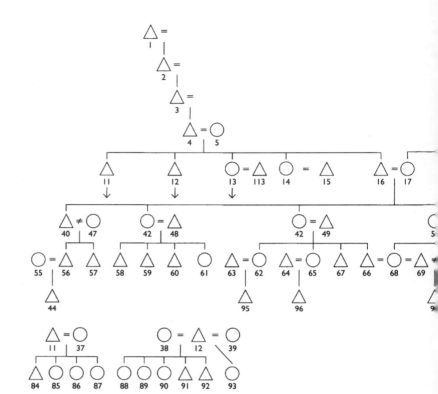

1) Kaiapy-amby (n. e + Capim)
2) Sauy-amby (n. e + Coracy)
3) Sapatú (n. Guamá + Coracy)
4) Iuçé (n. Coracy + Tury)
5) Irá-payé (n. e + Coracy)
6) Tumá-çú (n. Cap. + Cora
7) Tapini-amby (n. e + Coracy)
8) Iauá-ratá (n. Coracy + Tury)
9) Mirixy (n. Coracy + Tury)
10) Iauá-rimy (n. Coracy + Tury)
11) Tau-apin (n. e + Maracaçumé)
12) Pin-hun (n. e + Marac.)
13) Eré-xiá (n. e + Marac.)
14) Kury-hú (n. e + Marac.)
15) Tapí-xãng (n. e + Marac.)
16) Maitaré (n. Gurupiúna + Tury)
17) Ahin (n. Sarapó + aqui)
18) Nó-y (n. Marac. + Tury)
19) Uçá-mir
20) Tapiíxã
21) Pãtã
22) Uirá-kú
23) Ã-un
24) Mun-pík
25) Mapiá-rimby
26) Pitá-y
27) Tõ-mé
28) Kury
29) Matrê-y
30) Urú-kãby
31) Ierá
32) Pã-nãm
33) Mirá-tuyre
34) Mary-ú
35) Angú ou Tapingõi
36) Arixá
37) Tará-iú
38) Apá-á
39) Piá-ié
40) Wirapurú
41) Iry-kiá
42) Môn-bík
43) Piahú (ió-rú)
44) Antonio-uhú
45) Ary-uni
46) Iawaruhú
47) Meré-y
48) Araçú
49) Mirá-mondok
50) Tauá
51) Nã-ná-çá
52) Iá-púi-rá
53) Iraká-rupík
54) Xiurá
55) Xiyra
56) Kosó
57) Taiá (+ 16 anos)
58) Paxá
59) Mirá-iuin
60) Sauaé-xing
61) Iriky-níng
62) Irin-by
63) Mirá-pitãng
64) Arã-kuã
65) Pin-nin
66) Iky-rirú
67) Tã-ken
68) Xixy (Cecília)
69) Á-ñãng-uy-rahú
70) Anakã
71) Jorge
72) Ary
73) Xiuaró
74) Maxin
75) Menreirã-rimby
76) Iuá-kang
77) Kurú-miú
78) Pinú-arãna
79) Alexandre
80) Pinú-aró
81) Aristides
82) Ariry-uhú

Diários índios

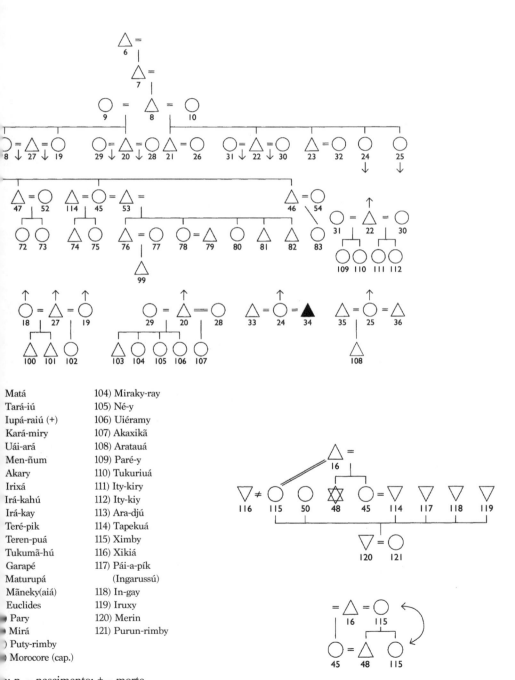

| | |
|---|---|
| Matá | 104) Miraky-ray |
| Tará-iú | 105) Né-y |
| Iupá-raiú (+) | 106) Uiéramy |
| Kará-miry | 107) Akaxikã |
| Uái-ará | 108) Aratauá |
| Men-ñum | 109) Paré-y |
| Akary | 110) Tukuriuá |
| Irixá | 111) Ity-kiry |
| Irá-kahú | 112) Ity-kiy |
| Irá-kay | 113) Ara-djú |
| Teré-pik | 114) Tapekuá |
| Teren-puá | 115) Ximby |
| Tukumã-hú | 116) Xikiá |
| Garapé | 117) Pái-a-pík |
| Maturupá | (Ingarussú) |
| Mãneky(aiá) | 118) In-gay |
| Euclides | 119) Iruxy |
| Pary | 120) Merin |
| Mirá | 121) Purun-rimby |
| Puty-rimby | |
| Morocore (cap.) | |

n. – nascimento; + – morte

Primeira expedição – Piahú e Koatá

Vejamos os mitos.

## O fogo e o campo

Antigamente, não tinha gente no mundo. Nossos avós é que contavam essas histórias. Só andavam aí, pela mata, Sol e Lua, que eram como gente e falavam como nós mesmos. A comida deles era esse coco de buriti. Mas o Sol sempre dava um jeito de arranjar uma comidinha boa para ele. Lua via onde ele sujava, o sujo só tinha casca fina, olhando para o sujo dela era só casca grossa. Aí, ela falava:

— Ah! Compadre, você está é escondendo as fruteiras boas de mim. Por que não me diz onde tira as que come?

— Quá, compadre, é desta mesmo que o senhor come.

Lua sempre se queixando e mostrando o sujo dela, cheio de casca grossa.

Um dia, Sol estava andando na mata, aí encontrou esse pica-pau de cabeça vermelha, achou bonito aquele chapéu do passarinho. Aí falou:

— Oh! Companheiro, por que não me dá um chapéu desse seu? Bem que eu queria um.

O passarinho virou e respondeu:

— Você garante aparar o fogo que eu vou jogar?

— Garanto mesmo.

— Pois lá vai fogo, apare com a mão. Se garantir mesmo, fica com o chapéu.

Aí o pica-pau virou a cabeça pra trás, assim ligeiro, e saiu aquela bola de fogo, que veio caindo e Sol aparou. Saía tudo entre os dedos dele, mas ele tornava a aparar, ficou com a mão toda queimada, mas o fogo não foi ao chão, aí ganhou o chapéu. Pôs na cabeça e foi para casa. Lá guardou numa mala.

Aí ouviu o barulho da gente dele, derrubando pau na mata, fazendo roça. De repente, o barulho parou. Sol foi ver o que era. Chegou, o pessoal todo tinha corrido, estava escondido por ali. Ele juntou os machados – eram de pedra nesse tempo, os antigos não conheciam machado mesmo –, encostou nos paus e tornou a pôr a gente dele no trabalho. Falou assim:

— Quá, acho que foi aquele meu compadre mesmo que assustou meu pessoal.

Quando ele estava lá na roça, Lua esteve na casa e foi ver o que tinha na mala, viu aquele chapéu e achou bem bonito.

— Onde será que meu compadre arranjou um chapéu assim?

Quando Sol chegou, Lua estava lá esperando. Lua falou para Sol:

— Oh! Compadre, quero perguntar uma coisa pra você, você não se ofende comigo?

— Não, meu compadre, pode perguntar.

— Então, me diga onde foi que o senhor achou um chapéu tão bonito. Eu queria um também.

— Ora compadre, o senhor já foi mexer nas minhas coisas. Toda vez que saio, vem aí mexer em tudo. O chapéu eu arranjei aí no mato.

Diários índios

— Qual, compadre, nunca vi chapéu bonito assim no mato.
Então, cantou aquele pica-pau bem perto e Sol falou assim:
— Pois foi aquele passarinho lá que me deu.
— O senhor garante que foi ele?
— Sim, garanto.
— Vamos lá que eu vou pedir um também.

Sol explicou pra Lua que era preciso aguentar o fogo na mão, se deixasse cair, todos iam morrer queimados, não sobrava nada. Assim mesmo Lua queria.

— Eu garanto que seguro o fogo, pois o senhor não segurou?

Foram lá no mato para Sol mostrar qual era o passarinho. Lua garantiu que pegava o fogo e Sol foi saindo, já sabia que a força do compadre não dava para agarrar aquele fogo. Cobriu a casa dele toda com barro e se fechou lá dentro.

Lua estava debaixo do pau quando o pica-pau largou a bola de fogo. Lua pulou para segurar, mas não aguentou a queimadura e deixou cair no chão. Aquele fogo foi espalhando. Lua corria para um lado, mas o fogo a alcançava. Já estava chorando com medo do fogo e corria sem parada. Aí entrou numa casa de marimbondo, mas o fogo arrodeou e foi esquentando. Lua teve de fugir, aí achou este marimbondo que faz casa de barro e entrou dentro.

No outro dia, Sol abriu a casa dele e olhou pra fora. Já disse:

— Qual, o compadre não aguentou aquele fogo. A essa hora já está morto, queimado por aí.

Lá fora estava tudo queimado, era só fumaça subindo daqueles restos de paus.

Sol saiu andando por ali para procurar alguma coisa. Achou um monte de capivara na beira de um rio, todas mortas. Foi logo cortando uma por uma, separando as gordas de um lado. Estava naquele serviço e olhou pra diante, lá vinha o compadre dele andando.

— Eh, compadre, então o senhor não morreu?

— Qual, estou é bom, mas com fome. Não achei nenhuma caça queimada para comer. O senhor achou tanta, compadre, deixa eu tirar pra mim.

— Pode tirar está aí mesmo para o senhor.

Lua já pegou no monte de queixada magra e foi assar. Os antigos, para assar caça, faziam um buraco no chão, queimavam lenha, depois jogavam a caça em cima e cobriam com barro e umas folhas. Assim eles assaram aqueles queixadas. Quando foram tirar para arrumar no apero, Lua viu Sol com uma moqueca que era só gordura na mão, e logo se queixou:

— Qual, compadre, o senhor me deu queixada magra, ficou com todas as gordas.

— Qual nada, compadre, se o senhor quer gordura, apara lá.

Jogou aquela moqueca quente, Lua errou a mão e a moqueca foi e pegou bem na barriga. Ele saiu correndo para o rio e caiu n'água com a barriga queimando. Foi rolando com a correnteza, que a dor nem deixava ele nadar. Lá num remanso, Lua pegou num galho e saltou fora, veio andando onde estava Sol e falou:

— Qual, compadre, o senhor foi bem ruim comigo, podia ter me dado aquela moqueca e foi jogar. Agora, estou todo queimado e quase morri na correnteza.
— Que nada, compadre, o senhor foi que não soube aparar, eu joguei direito.
Puseram os aperos cheios de queixadas nas costas e saíram andando por ali. Era só campo.

Nesse ponto, André interrompe a história e conclui:

Há de ser nesse tempo que apareceu o campo, só ficou mato pro lado de cá. Quando a gente vai para Imperatriz, anda muito dentro da mata grossa, como a daqui mesmo, depois desce uma serra e é aquele descampado, só tem pau baixinho e esses coqueiros, como buriti. Lá é a morada de nossa gente. Timbira é do campo, não é da mata, nossa patriciada ainda está pra lá: os Canela, Krahô, muitos. Nossos avós moravam aqui, mas sempre andavam lá pelo campo. Eu mesmo me conheci lá nas matas das cabeceiras do Cajuapara, ia com aqueles velhos pra Imperatriz e pra um lugar chamado Chapadinho, conheço aquilo tudo por lá.
Naquele tempo, a gente não brigava mais, estava tudo em paz. Antigamente é que brigavam, por isso é que acabamos aqui na mata. Quem pôs minha gente pra fora dos campos foram esses Karakatís e os Amanajós; foram brigando até que o Timbira teve que ganhar a mata.

## Os homens-morcego

Os antigos contavam que antigamente tinha uns homens-morcego. Eram assim como gente, mas finos pra cima e grossos pra baixo, com umas asas nos braços, orelhona que batia nos ombros e os dentes pra fora como cobra. Eles moravam numa casa no meio do campo. Era uma casa só, redonda e tudo bem limpo ao redor.
A patriciada foi acabar com aquela gente. Quando iam chegando, uma nambu voou e foi assentar bem na porta da casa. Era uma porta só, no meio, tudo fechado dos lados. De lá saiu um morcego daqueles e olhou pra fora. Mas os patrícios todos deitaram no chão e ele, não vendo nada, tornou a entrar. Depois, os patrícios tornaram a avançar. Aí foi outro pássaro que voou e foi cair bem na porta. O morcegão tornou a sair, olhou, mas não viu nada. Aí os patrícios esperaram anoitecer. Quando estava escuro, entraram na casa, estava cheia de gente, as redes uma por cima das outras. O capitão estava dormindo lá em cima, perto da cumeeira. Os patrícios foram derrubando os morcegos, cada um que caía ia para a porta e lá eles matavam, assim mataram todos. Até aquele capitão, que foi o último. Um patrício nosso morreu também, ele foi sair pela porta e não avisou, outro desceu o pau e ele ficou morto ali.
Aí os patrícios pegaram as criações daqueles morcegos e carregaram para casa.

Vejamos, agora, a versão timbira da gênese hebraica. Eu gosto até mais dela que da oficial. Escolha também você e me diga.

Diários índios

## A gênese

Primeiro, não tinha sol, nem lua, nem terra, nem água, nem gente, nem nada. Era só a escuridão.

Aí, apareceu um homem no meio daquela noite; ele falou em sol e apareceu o Sol, falou em lua e a Lua apareceu. Depois fez a terra, fez a água com os peixes todos que a gente come, fez a mata e encheu de caça.

Então ele pegou barro e fez um menino; quando estava pronto soprou no nariz e o menino viveu. Ele criou aquele menino; quando estava crescido, numa hora que dormia aquele filho, ele tirou duas costelas e fez uma menina. Quando acordou, ele viu aquela menina ali junto e disse:

— Olha, tem uma menina aqui.

Aí veio aquele filho de Deus e disse assim:

— É pra você criar essa menina, mas não pode mexer com ela.

Eles cresceram ali, mas um não enxergava o outro. Quando o menino ficou um rapaz forte e a menina ficou moça, veio aquele homem e mostrou uma fruta pra eles.

— Desta fruta aqui vocês não podem comer, não é bom.

Um dia, chegou o pé de ganso e disse à mulher que aquela fruta era a melhor de todas. Ela, então, tirou uma, comeu e levou um pedaço para o rapaz, dizendo que era boa. Ele pôs na boca, quando ia engolir, lembrou-se do conselho daquele homem e quis cuspir. Já era tarde, o pedaço da frente ficou preso aqui na goela dele. Até hoje todo mundo tem esse gogó. Quando acabaram de comer, a moça correu pra o mato com vergonha do rapaz, voltou já coberta de folhas, o rapaz também arrumou umas folhas para se cobrir.

Quando chegou aquele homem e viu como eles estavam, já entendeu tudo.

— Vocês já comeram daquela fruta. Agora, precisam trabalhar para viver. Têm que fazer roça e caçar para comer.

Eles saíram por ali, já foram fazendo roça e caçando. Naquele tempo, os bichos falavam como gente mesmo; quando um via o rastro de uma anta, dizia:

— Olha, aqui tem rastro fresco de anta.

A anta lá de dentro do mato, onde estava deitada, respondia:

— Estou aqui mesmo, venham ver como estou velho. Tem muito rapaz novo, forte e gordo andando pela mata. Por que não pegam um deles?

Mas eles pegavam era aquela mesma. As capivaras, como todo bicho, eram assim. Eu é que não mexeria com bicho que falasse, mas eles comiam era daqueles. Até os peixes falavam. Se não fosse aquela fruta, tudo seria fácil, machado é que trabalhava pra gente, não carecia tanto cansaço.

Eu ouvi essa história dos meus avós, disse André. Eles não sabiam falar português, era só Timbira. Ouvi quando era menino. Depois, contaram em português, igualzinha. É mesmo verdade, pois como é que português também sabe?

Os antigos viviam mesmo nus, nem homem amarrava nada. Mulher era também nuazinha, toda a vida. Conheci meus avós já vestidos com tanga, que faziam a modo de rede, como os Tembé antigamente. Também os caboclos urubus, quando

Tecendo um tipiti de espremer mandioca.

Cozinhando a comidinha da família.

apareceram a primeira vez lá no posto, estavam todos com as coisas amarradas no jeito deles e as mulheres com tangas.

Como são vivas para eles essas histórias, à base delas explicam a vida presente e misturam mitos com recordações reais, como se fossem a mesma coisa.

Aproveitamos uma horinha de sol para filmar à tarde, mas não deu quase nada, o sovina sumiu logo. Apenas pudemos começar o registro de uma técnica de cestaria, um tipiti que encomendara ao Anakanpukú e já tinha me custado muito trabalho para fazê-lo esperar pela máquina e pelo sol. O coitado há de estar confuso; sempre viu os *karaíwas* apressados, tratando-os como se fossem preguiçosos, agora achou um que gosta de trabalho vagaroso. Mais tarde, com um solzinho acanhado, conseguimos fotografar algumas mulheres trabalhando mandioca e cozinhando. Foi só.

**10/fev./50** – Você já viu que recebi minha caneta, com ela a vida é bem melhor. Chegou ontem, com um pouco de açúcar, um vidro dos grandes, de sal de fruta, cheinho de café moído – uma riqueza. Veio leite condensado, nescau e até umas bolachas embrulhadas no meu casaco de lã. Além de feijão, de modo que estou sentenciado a passar mais um mês comendo feijão com farinha.

## Lua

A noite de ontem foi melhorzinha, muni-me de um relógio, para saber ao certo quando começam a algazarra noturna e foi precisamente às 2:10. Assim que a lua saiu. Com isso, aprendi que é o aparecimento da lua que os acorda para a chibezada, as cantorias, o forrobodó. Ontem estavam mais calmos, apenas conversaram, reacenderam os fogos, tomaram chibé, continuaram na rede, até ali pelas cinco horas. Acredito que esse desalento se deva à fome (só tinham farinha), mas hoje, com jabutis, um veado e uma paca que caçaram, a coisa promete, tanto que já começaram a preparar um novo tambor.

Com minha visão ou cegueira urbana do mundo, eu não via que, sem luz artificial, se precisa da lua para se conviver vendo-se uns aos outros. Como, a cada dia, a lua nasce quase uma hora depois do dia anterior, e pode nascer às sete da noite ou às quatro da madrugada, eles vivem as noites em ritmo lunar. Se há lua clara, ficam conversando noite adentro ou acordam para conversar no meio da noite. Se há escuridão, se recolhem a suas redes para dormir.

## Filmagem

Acordei animadíssimo, eram sete horas e o sol vinha saindo com um brilho que era uma beleza. Fui chamar logo o Foerthmann para aproveitarmos aquela preciosidade. Aqui amanhece tão tarde porque a clareira da aldeia tem apenas uns cem metros e o sol precisa subir muito para passar sobre toda essa muralha de árvores e chegar até nós, aqui no chão. Combinei logo filmarmos o conjunto da mandioca, que é mais demorado e exige um dia bem claro.

    Preparamos bem o trabalho, porém mal chegamos ao meio e as nuvens foram juntando; logo tivemos de trazer de volta a máquina, correndo. Assim que chegamos, a água caiu forte até meio-dia. Foi um novo entusiasmo, embora mais moderado, porque umas nuvenzinhas morenas nos ameaçavam. Reiniciamos o trabalho do tipiti com Anakanpukú, mas (sempre um miserável mas) nem deu para começar e foi outra corredeira.

    Temo que não se possa fazer nada se o tempo continuar assim, e ainda dizem que na segunda quinzena do mês é que a água desce mesmo com vontade. O essencial é manter o bom humor e as esperanças. Mesmo sem muito sol se pode levar um bom documentário e de qualquer modo essa estada aqui me proporciona oportunidade preciosa para ir fazendo meus estudos e me familiarizando com os índios.

    Ando sempre arrodeado deles. Agora mesmo, aqui estão, olhando o *papé-pinima* (carta, escrito), dois rapazes, um menino e um casal muito atentos para a pena. Felizmente tenho, desta vez, um outro caderno para seus exercícios, lá já fizeram uma boa coleção de horríveis desenhos. Por ora só desenham homens, mulheres e crianças, mas breve teremos ali toda a fauna da zona, se continuarem com o mesmo gosto pelo desenho.

    Sempre começam fazendo linhas paralelas, que depois enchem, formando um retângulo negro; dali fazem um prolongamento que é a cabeça, outros para braços e pernas; mas o melhor desenhista já anda querendo representar as pinturas de jenipapo que usam no corpo, só que as põe fora do desenho. Sua última mirixó tem saia, boca e olhos, de que as outras são desprovidas. Mas, nessa riqueza de pormenores, ele chegou a lhe dar uns três dedos mais nas mãos e nos pés.

    Tenho estado sempre ocupado com essas pequenas coisas. Mas vou anotando, à parte, algumas observações que depois registrarei aqui. Sinteticamente, vou focalizando sobretudo a vida material.

**11/fev./50** – Chuva. Não para mais esse aguaceiro. Ao meio-dia o sol começou a mostrar sua graça, armou-se a máquina e, quando humildemente esperávamos para filmar uma mulher trançando rede, escureceu. Mas não importa muito, afinal com chuva ou sem chuva a vida prossegue e há certas coisas a fazer. Isso é para me convencer de que devo ficar bem humorado.

Essa atrapalhada me deu uma boa ideia: no próximo ano farei construir uma casa perto do posto que seja a cópia fiel duma daqui, lá faremos toda a filmagem das técnicas. É assunto demorado, que exige tempo e muita disciplina por parte das índias e dos índios. Os coitados têm que trabalhar em seus tipitis e redes quando há luz suficiente para a máquina. O diabo é que, apressados, querem ver os artefatos prontos e não entendem por que mandamos parar e esperar. Para filmarmos a fabricação de uma peneira, tivemos que fazer umas três.

A noite foi muito calma, não houve música nem cantos, só as quatro horas me acordaram e já começava a clarear. Conversei lá da rede até as cinco e, aí, levantei. Toda a minha expectativa de viver uma boa noitada foi por água abaixo. Estou trabalhando na terminologia de parentesco, mas ainda são muito crus os resultados.

Aqui, nessa monotonia, o remédio é conversar fiado. Ontem fiquei até tarde ouvindo o João contar histórias do Uaçá. São horrores o que ele diz do Eurico, desde sua nefastofilia até os desmandos mais absurdos. Assuntos tristes, mas bons para uma tarde tão chuvosa.

# Os Kaapor

**11/fev./1950** – Conversava, agora, com o Foerthmann sobre coisas da mata e da civilização. Daqui a gente tem lentes especiais para ver isso. Falamos de saúvas, de guaribas e até da bomba atômica. Sobre as formigas, concluímos que as saúvas são uns amores de bichinhos trabalhadores, sérios, muito melhor organizados que nós. Nem se nota a presença delas, perfeitamente equilibradas bioticamente com a floresta, não se percebem suas atividades, que nada têm de destruidoras.

O homem sim, ele vem, derruba a mataria, toca fogo, pensando aproveitar e exaurir isso numa dezena de anos. Depois arrasará outro nicho. No lugar da mata, planta umas rocinhas de nada, digo, que nada valem em relação à massa de vida que custaram. Vem a saúva procurando honestamente seu alimento escamoteado e é aquela xingação. Coitadas! Tão trabalhadoras e com uma sociedade cooperativa tão perfeita.

Também, elas não têm esse trambolho terrível que é o indivíduo. Sem ele, nós também poderíamos ter um ditadorzinho que pusesse tudo bem nos eixos. Toda essa canalha trabalharia como deve, haveria fartura, seríamos como as saúvas. E que beleza as cabecinhas delas. Ó, se o homem fosse assim.... Não têm mais que o tamanho necessário para não fazer besteira e nós com este cabeção que só serve para apanhar coques.

A propósito de um guariba, o Foerthmann comenta que não devíamos permitir essa matança. Pondera que o homem corre um grande perigo de não durar mais uns milhões de anos. Então, estes guaribas bem poderão tomar nosso lugar, até com certas vantagens. O receio cínico dele é que tendo mãos e pés bem desenvolvidos, que podem usar para pegar frutas, qualquer dia desses segurarão um pau e o movimentarão nos braços. Daí até usar o pau para quebrar a cabeça de outro guariba levará apenas um milhão de anos e, nesse momento, estarão bem perto de nós. Com qualquer tempinho mais nos alcançam.

Outro assunto de conversa mole foi a guerra. Com a conclusão de que o melhor para o capitalismo seria estabelecer um *modus vivendi* com o socialismo. Um tratado pondo a bomba atômica fora da lei e determinando que só se usem bombinhas à toa. Por exemplo, até dez toneladas de dinamite e estabelecendo uma guerrinha de dez em dez anos. Aí, sempre haveria o que reconstruir, mercados famintos de mercadoria, rendosos tratados de paz e de segurança e se evitaria o perigo de acabar com a brincadeira. Pois a bomba atômica pode destruir tudo e, aí, nem fogo nem fumaça. Ora, bolas.

**12/fev./50** – Foi um dia melhor, tivemos sol durante algumas horas, era intermitente, quase pingado, mas sempre deu para filmar parte da coleta de mandioca e bater algumas fotografias.

## Kaaró

Além disso, conversei bastante com os índios, tomei chibé a valer, comi desse feijão ruim e bichado que temos, purinho, trabalhei com Anakanpukú e recebi o capitão Kaaró. Chegou de manhã, quase cego de tanto terçol (aliás, ainda não disse que eu também tenho um olho remelando disso). Ele é um homem alto, de boa aparência, um pouco abatido pela epidemia, que também entre os seus fez muitas vítimas. É claro como um branco e chama João de *nê-môn* (irmão), mostrando a cor de sua pele e a do rapaz. Contou que seu pai era branco, viera do Maranhão ainda jovem, embora não tivesse sido apanhado pelos índios. Não sabe que nome teria em português. Se é verdadeira essa história, o que sua cor confirma bem, esse visitante deve ter chegado aqui aí por 1905 a 1910, pois o homem tem entre quarenta e cinquenta anos.

Dizem a mesma coisa de Piahú e de seus irmãos, que são tão brancos quanto Kaaró. Dele seria a mãe a fonte da brancura. Contam que ela foi apanhada menina, depois dada em casamento a um capitão, do qual teve todos esses filhos, acostumou-se tanto a esta vida, tanto se urubuzou, que ainda ao tempo da pacificação esteve no posto como índia, passando por tal. Será isso verdade? Aqueles relatórios velhos que li nada contam disso e se os antigos funcionários do Pedro Dantas soubessem de uma coisa assim não deixariam de registrar. Quero ouvir isso do próprio Piahú quando ele estiver de jeito. Tem parado muito pouco aqui, anda sempre caçando ou tirando palha de ubim para a nova casa que vai levantar.

## Kaapor-té

Kaaró, com sua loquacidade, me deu chance de voltar ao assunto da autodenominação grupal. Disse que Temí-rukur é o nome dos Tembé (ou de outro grupo), não deles, que são Cambó. Ou melhor, disse ele: *Kambô Kaá-por Xirikitã*. Estranhíssima essa frase do capitão para definir a identidade étnica dos Urubus. Significaria: *caboclo*, morador da mata, *cristão*. Ele diz *kambô*, no sentido genérico de índios para os neobrasileiros regionais. *Kaapor* seria silvícola e viria de *Kaa*, que é mata, e *Por*, morador. O mistério desafiante é *Xirikitã*, porque significaria *cristão*. Seria reminiscência de uma identificação induzida pelos velhos jesuítas? O sentido geral do que ele me disse é: somos caboclos, moradores da mata e cristãos. Com efeito, a frase registra, como reminiscência, um convívio deles com missionários quaisquer. E permite, também, a dedução de que têm, como denominação e autodefinição genérica, o nome que a gente do seu contexto lhes dá: *caboclos*. Mas surge, límpida, pela primeira vez, a autodenominação, o nome tribal de seu povo: Kaapor. Quer dizer, povo da mata, silvícola em latim.

Felizmente não tenho mais de chamar esse povo, os Tupinambá vivos, pelo apelido depreciativo de "Urubus". Eles são é Kaapor, afinal descobri, e como tal serão doravante designados.

## Filmagem

Meu olho perrengue não gosta muito desse esforço de escrever à noite. Amanhã conversaremos mais. Mudei, novamente, o plano de filmagem. Vimos que era impraticável documentar pormenorizadamente todas as técnicas, a cerimoniália, tudo que se pudesse ver de sua cultura. Esse é o objetivo da documentação cinematográfica da Seção de Estudos. Ocasionalmente, se poderia reagrupar partes desse material para fazer um filme de conjunto, que desse uma ideia da vida do grupo e servisse aos fins de divulgação e propaganda do SPI.

Darcy com Kosó.

Depois, fiz o plano mais modesto delineado atrás, contando que teríamos, no mês que vamos viver aqui, suficiente luz para fazer aquele conjunto. Desistimos, agora, disso também. Ontem sugeri ao Foerthmann um novo plano e combinamos focalizar um só casal e filmar tudo que pudermos com ele apenas, além de várias cenas de conjunto, apanhando-os na aldeia junto de outras pessoas para situá-los na vida de grupo. Assim, embora se obtenha apenas um material fracionado – como temos obtido –, se poderá formar um conjunto, porque partiremos da pretensão estreita de mostrar a vida diária de um casal índio, na floresta tropical, como uma versão típica da cultura tupi, ao invés de pretendermos documentar e descrever a vida de todo o grupo.

O *elenco* já está escolhido. É Kosó, o moço bonito, de 22 anos, tuxaua. Sua mulher, de dezoito anos, linda, Xiyra, irmã de Koatá, o capitão da aldeia vizinha. E o filhinho deles, de dois anos, que só receberá nome no próximo cerimonial denominação.

## *Couvade*

Morreu a criança cujos pais estavam de resguardo; faleceu anteontem. O homem e a mulher continuavam reclusos, vou ver hoje o que ocorre. Verifica-se, assim, que a *couvade*

Darcy com Xiyra, mulher de Kosó, e seu filhinho.

procura proteger não só o filho, mas também o pai, que é tido como "em perigo". Senão abandonaria o rito após o falecimento da criança. Também pode ser luto. Um caso interessante.

O capitão Koaxipurú, cuja aldeia fica perto do Filipe Camarão, tem duas mulheres que são irmãs. Uma delas teve relações com o filho de um funcionário do posto e ficou grávida. O velho capitão fez o que pôde para matar a criança, deu à mulher beberagens de inúmeras folhas e raízes abortivas; não conseguiu nada, ela nasceu. Então, em nova tentativa de matar a criança ou como ato de não reconhecimento da paternidade, ele não ficou em *couvade*. Comeu de tudo, sem seguir qualquer das prescrições culturais para aquela ocasião. Agora, essa criança tem uns doze anos e ele a quer como filha.

**13/fev./50** – Boa manhã, muito sol, mas todo o *elenco* saiu antes de amanhecer para uma tinguizada. Ficou apenas o Koatá, com quem filmamos parte da técnica de fabricação de flechas. Aliás, muito interessante e extremamente elaborada. Aqui está a indústria em que essa gente pôs a sua alma e a que dedica seus melhores esforços. Nela, portanto, é que deveriam aparecer suas melhores obras de arte. Realmente, seus arcos e flechas, pela perfeição técnica e pelo acabamento apurado e a beleza em si mesmos, são obras-primas somente comparáveis à plumária. Esta a supera visivelmente, porque também se assenta numa técnica apuradíssima e porque atende ainda mais sua vontade de beleza. Aliás, comprei também do Koatá uma bela coleção de objetos de pena. Com o diadema do Anakanpukú e as outras maravilhas que vi em seu patuá, farão uma bela coleção.

Kaaró voltou com toda a família e mais gente ainda. Tem quatro filhos fortes e bonitos. O resto é mesmo um resto de gente, fustigada pelo sarampo e pela coruba. Uma pobre moça de dezoito anos, em estado deplorável, tem o corpo todo inchado e empolado dessa coceira terrível.

À tarde, depois do almoço – farinha escaldada com jabuti, porque o feijão já é insuportável de tanto caruncho e podridão –, saí com João, André e Ariuá e um grupo de índios para caçar uns guaribas que gritavam perto. Andamos muito na mata, corremos, gritamos, atiramos e eu matei dois. A algazarra dos índios nessa caçada é uma festa, balançam os cipós, atiram flechas, gritam ameaças para espantar os pobres bichos escondidos nas grimpas mais altas das árvores. Vou acabar mesmo comendo esses parentes. Todos dizem que é uma carne ótima e já me sinto até roubado, vendo o gosto com que eles arrodeiam o fogo onde assam as que caço. Vá Darwin às favas, mesmo porque aqui não há nem favas. Mas não será hoje, pois ganhei muitos peixes.

Ver um guaribão despelado e assado inteiro é como se visse um menino. Igualzinho. Sobretudo as mãozinhas, com os dedos que a gente estala nos dentes.

**14/fev./50** – Boa manhã, tarde medíocre para a filmagem. Conseguimos adiantar a coleta da mandioca puba que já estava a caminho do forno. Qualquer dia de sol, agora, dará para terminar. O mais difícil já foi feito.

Choveu muito à tarde, mesmo assim pude chegar à casa do Koatá e passar algumas horas na rede, olhando-os viver. Ali pelas cinco horas começaram a dançar. Revezavam-se os homens, cada um por sua vez tomando o tambor e dançando. O Koatá os fez rir muito com uma farsa, creio que imitava o estilo de dança do capitão Piahú porque, de momento a momento, lançava a cabeça para trás, num gesto altivo, tal como faz o nosso amigo.

# Boia

O capitão Kaaró voltou desde ontem, como eu disse, mas ainda não procurou o Piahú. Parece que não gostam de seus cheiros. Fiz perguntar ao Kaaró porque não visitara Piahú e ele respondeu que era capitão, não iria lá. O outro que o viesse ver. Hoje, Piahú esteve aqui pedindo fumo, pensei que fosse para presentear a Kaaró. Mas era para o irmão dele, que passou todo o dia na casa do Piahú, recebendo as maiores honras de sua hospitalidade. Inclusive essa suprema gentileza com fumo alheio.

Vamos muito mal de comida: não temos mais nada, tomamos hoje a sopa que restava e, por azar, nem guariba se caçou. Jantaremos um caldo que mandei fazer com o tempero que nos resta e farinha local. Por sobremesa, teremos bacaba, esse açaí branco. É muito bom, mas amanhã e depois me sairão explodindo.

O João vai amanhã para o posto visitar a mulher que faz anos, olhar as coisas e nos trazer boia e um caçador. Senão morreremos de fome antes que essas chuvas nos matem de tristezas.

Está anoitecendo, hora de movimento nas duas aldeias. Quando o tambor para aqui se ouve o de lá rufando. É o resto de alegria de uma boa pesca, comem os últimos peixes, apanhados ontem com cunambi. Pena não ter podido acompanhá-los, deve ter sido interessante. O grupo era de umas trinta pessoas, homens, mulheres e crianças. Voltaram todos carregadíssimos, mas uma noite é tempo bastante para consumir qualquer quantidade de alimentos. Assim que chegaram, foram abrindo os aperos e tirando os peixes e as frutas que colheram no caminho. Até cacau de uma espécie nativa daqui. Não seria expansão do cacau plantado pelos jesuítas nessas paragens ou da Colônia Militar? Aqui, as ruínas de missões são cacauais selvagens, que outra coisa a mata não deixa conservar-se. Isso deve ser bobagem minha, porque sabidamente o cacau é brasileiro nativo, como nós.

Primeira expedição - Os Kaapor

# Peixes

Os peixes grandes vinham nas fieiras, os pequenos em moquecas de folhas, assim mesmo foram arrumados sobre fornos de moquear. Estes eram apenas ramas de maniva de três pontas, deitadas sobre o fogo com uns pauzinhos atravessados, a efeito de trempe. Aí assam os peixes que vão comendo noite adentro, entre cantigas e danças. Cada vez que acordam e durante toda a noite há sempre um que vela pelos outros, se agrupam cantando e comendo peixes com chibé, a que acrescentam o suco ou massa das frutas que trouxeram (bacaba e bacuri). Foi uma festança e o Foerthmann bateu umas boas fotografias.

Kaaró traz da mata seu apero cheio de peixes.

Assando peixes sobre trempe de madeira.

Trempe de madeira para assar peixes.

# Saúde

O pessoal daqui já está todo bom, só o amigo do pé podre ainda sofre com os curativos que faço todo dia. Hoje, o Anakanpukú e alguns outros amanheceram com dores de barriga, de tanto que comeram ontem. Mas já estão ativos e alguns até bonitos. Recomeçam as atividades costumeiras, caçadas mais demoradas e mais proveitosas, bem como coletas mais ricas de frutos, fibras, resinas e pescas, como a de ontem.

Uma mulher tem ânimo de desfazer e refazer sua rede. Outra, trabalhou toda a tarde preparando fibras de carauá para cordaria. A mulher do capitão foi com uma amiga buscar uns potes novos num acampamento onde muitos índios ainda estão acoitados, com medo do sarampo. São umas cinco pessoas. Os potes novos são para o resguardo e a *couvade*, pois nosso capitão Piahú (quero dizer, sua mulher) espera um filho para a próxima lua.

Diários índios

O grupo de Koatá sempre ativo. Lá estão duas redes novas nos teares que as mulheres vão adiantando nas folgas de fazer farinha para elas e para nós. Os homens sempre trabalham na conservação e fabricação de novas armas, além disso fiam algodão e trançam paneiros. O velho Tamoi com sua mulher – os mais velhos e mais trabalhadores do grupo – fazem tapioca para nós. Essa tapioca é minha esperança mais segura de não jejuar amanhã.

Ontem, estava deitado na rede, pensando, quando um índio me mostrou aos outros e comentou: *Papai-raíra apiay*. Quis saber o que era e explicaram: "está longe, está aqui, mas está em sua casa, longe, pra lá".

**15/fev./50** – Tivemos outra manhã clara, que deu para completar a filmagem da fabricação de flechas. À tarde choveu muito, como sempre. Saí com os índios para matar guaribas, andamos umas duas horas na mata à procura do bando e afinal matei o capelão. Será uma alegria para as nossas tripas, que não tinham nenhum consolo para o jantar.

Tudo corre igual. De manhã, filmamos – quando há luz; à tarde, saio um pouco, faço os curativos e dou remédios; à noite, converso, com a ajuda de João Carvalho, que se revelou um excelente intérprete. Tenho, assim, resolvido finalmente o maior problema da pesquisa. Agora que ele viajou será mais enfadonho, porque com André não posso falar com os índios, ele é lerdo demais para esse trabalho. Vou aproveitar para conversar com ele mesmo sobre sua gente.

Foerthmann com o elenco.

# Etnografia

Estou trabalhando hoje numa relação de assuntos e motivos mais importantes para serem documentados fotograficamente. Temos oportunidade de fazer nesse campo um trabalho completo e não podemos perdê-la. Alguns assuntos são muito gratos e basta estar de olhos abertos, daqui para frente, para apanhá-los assim que se apresentem. Já temos boa documentação sobre *couvade*, enterramento, mas o principal está por fazer.

Quero dar o melhor cuidado na documentação da plumária. Será ótimo se obtivermos fotografias de homens e mulheres usando seus adornos de penas, em cores, de modo que fiquem bem documentados. Nos livraremos, assim, daquela trabalheira de fazê-los fotografar como artefatos mortos aí no Rio. Os teremos funcionando. Com esse mesmo critério se pode bem conseguir conjuntos homogêneos que deem para ilustrar qualquer estudo parcial que venha a fazer. Alguns deles poderiam ser:

• *Tipos* – com variação de sexo, idade e cor, pois temos desde brancos até morenos bem escuros.
• *Uma economia agrícola e extrativa* – focalizando a coleta de pequenos animais, plantas, resinas, a caça e a pesca com todas as suas formas, além da lavoura.
• *Tecnologia* – trançados, tecidos, cordaria, cerâmica, plumária, trabalhos em madeira, ferro e outros materiais.
• *A casa* – mostrando a residência, os móveis que não têm e as ferramentas em função da rotina diária de uma família.
• *Alimentação* – preparo e consumo de alimentos, bebidas, fumo e condimentos.
• *Parafernália* – os arranjos plumários, vestimenta, adornos, pintura de corpo.
• *A presença da beleza* – desenho em cascas de árvores, música, dança, oratória.
• *Cerimoniália* – compreendendo desde o nascimento, resguardo, *couvade*, nominação, iniciação e casamento até enterramento.
• *A caça e a pesca* – como atividades coletivas mais movimentadas, interessantes e rendosas.
• *Transporte e higiene* – todas essas coisas podem ser feitas e bem-feitas aqui, além de muitas mais, como transporte, higiene etc.

Darcy com o elenco do filme.

Uma cultura, mesmo singela, tem inumeráveis conteúdos comportamentais e técnicos que devem ser registrados criteriosamente. Não basta, porém, descrevê-los. É preciso entendê-los no contexto em que operam e significam. Daqui deste diário eu os extrairei ou subsumirei numa monografia etnográfica que os retratará de corpo inteiro. Melhor, entretanto, os retratará nosso filme.

Não obstante as carrancas do sol, o filme está saindo bem. Já temos quase completo o complexo da mandioca e a fabricação das flechas, além de inúmeras cenas esparsas, quase todas com o casal que resolvemos focalizar como centro de interesse. Se o tempo continuar assim, o resultado será muito bom.

Quando recenseava ontem um grupo de fora – o pessoal de Anakanpukú – e procurava obter sua genealogia, tive um grande trabalho para fazê-lo compreender minhas perguntas. Depois, entendeu tão bem que deu nome por nome de dezenas de ancestrais e, ao fim, com toda naturalidade, disse que tinha quatro cachorros e queria que eu registrasse seus nomes.

**16/fev./50** – Um dia feio, só ali pelas doze horas fez algum sol. Depois foi chuva sem cessar até há pouco. Estive na aldeia do Koatá, onde encontrei meu intérprete, André, rodeado de índios muito atentos. Ele lhes ensinava como os Timbira trançam suas belíssimas peneiras fundas. Assim, vão se espalhando esses elementos culturais.

Diários índios

Não há casa de Urubu em que não tenha visto algum artefato tembé ou timbira. Em geral trançados. Os obtêm em troca de patuás, de cipó, de balaios, de guarimá, de peneiras, malas, além de flechas e arcos, porque nenhum desses grupos fabrica mais nenhum desses elementos.

A aldeia de lá, sempre viva. As mulheres, umas dez de todas as idades, bonitas, feias e muito feias, trabalhavam no forno de farinha, esta é a faina diária. Os homens aprendiam um trançado novo e alimentavam o professor que a cada momento dizia ter fome ou desejo de comer bananas, beiju ou beber chibé, ou comer os últimos peixes moqueados que os índios têm em seus paneiros.

Jupará, filho de Anakanpukú, tirando farinha do paneiro.

Sokó chegou da mata, quando estávamos lá, trazendo duas cutias, e nos deu uma delas. Régio presente, é uma das melhores carnes de caça. Tive pena de aceitar inteira, porque bem sei que a outra será dividida em pedacinhos diminutos distribuídos a todos. Sempre fazem assim e, quando o produto é mesmo irrisório, como um só peixe para trinta pessoas, eles o assam, cortam em pedacinhos e distribuem em cuias com farinha. Mas aceitei, nossa penúria é ainda maior e não permite luxos. Aqui chegando, encontrei o Piahú de volta da caçada, trazendo-me um bom pedaço de veado, outra carne deliciosa. Assim, hoje temos banquete e, até amanhã, não faltará boia.

Meus doentes continuam melhorando. Ontem, o Alexandre me apareceu com uma íngua na virilha, que hoje está inchadíssima. Um outro índio arranjou uma frieira que ameaça comer-lhe um pé. O grupo de Anakanpukú, hoje disperso, perdeu sete pessoas durante a epidemia. Era também uma parentela toda relacionada ao capitão. Com sua saída, talvez volte a juntar-se em torno do Caldeirão, que é tido também como capitão.

**17/fev./50** – Ontem não foi possível continuar escrevendo. Os índios chegaram, querendo ajudar-me nessa brincadeira, e tive de lhes dar a pena e outro caderno.

À noite foi como eu esperava. Tanta carne moqueada não lhes permitiria mesmo dormir em paz. Às oito horas, quando fui deitar, porque me atrasei conversando com eles, já estavam assadas as postas do veado e começou a distribuição. Cada índio foi chegando e recebendo um pedaço, que ia comer em sua rede, com farinha, e de meia em meia hora havia nova distribuição. Assim toda a noite. De madrugada, antes de amanhecer, chegou o pessoal do Koatá, vinham participar do banquete. Quando levantei (5h30), nem o jirau do moquém existia mais.

Os índios estão outra vez aqui, ao meu redor, e todos vestidos. Como gostam dessas roupas que tanto me desgostam. Ali está uma mulher de 35 anos, bem conservada, até bonita, com um camisolão horrível. Uma filha dela, de dez anos, vestida com uma anágua de jérsei, lembrança de uma velha suíça que esteve aqui, pintando-os, e era acompanhada por um rapaz que eles não esquecem: trouxe muita miçanga e levou toda a sua plumária. Só nos consola a nossa estrela, Xiyra, a mulher de Kosó, apenas com sua tanga, o filhinho sempre nos braços ou pendurado na tipoia, ambos e o marido com os rostos pintados de urucum.

## Kaaró e Piahú

Ainda não contei que Kaaró e Piahú parecem ter feito as pazes. Ao menos, conversaram ontem durante umas duas horas aqui. Ambos agachados, cada um virado para um lado, quando um falava o outro ia confirmando frase por frase com um refrão. Assim que o outro tomava a palavra, o primeiro fazia o mesmo. Mas Kaaró não apareceu à noite para o banquete, talvez tenha ganho sua porção à parte.

É mesmo um banquete o que essa minha gente faz. Cada vez que apanham uma caça grande, comem sem parar, no meio de danças e cantos, até acabar a carne. Eles têm uma carência permanente de carne e uma oportunidade assim é preciosa para o restabelecimento das energias e para saírem da dieta de chibé e farinha enfeitada com migalhas de peixe e pedacinhos de jabuti.

## Desenhos

Parei novamente de escrever para atendê-los. Estavam todos aqui. Aproveitei para fazê-los desenhar. Não saem nunca de um esquema geral de dois braços, duas pernas, cabeça, tudo retinto a lápis. Quando percebem que se pode desenhar cabelos, os fazem acima da figura, assim como as orelhas, boca e olhos. Às vezes, são feitos mais fortemente sobre o negrume da cara e mal aparecem, embora quase furem o papel para representá-los.

Resolvi desenhar hoje para ver se reconheciam minhas obras-primas. Que nada. Tomaram casas por pessoas e vice-versa. Nosso desenho, embora o meu não seja lá muito representativo dele, é em grande parte simbólico e, sem o conhecimento de seus valores convencionais, não se pode entendê-los. Eu nunca imaginei que a representação a dois espaços – fotos, desenhos – fosse simbólica, convencional, tão natural nos parece. Não para eles. Este seria um bom tema para discussões sobre arte acadêmica e moderna. Algumas das figuras foram reconhecidas, mas sem qualquer atenção pelos pormenores. Vejamos o resultado: cabeças de homem por *tapir* (anta); felino (onça) por *mirixó* (mulher); casa por calça e por gente; flores por mulheres (*mirixó*); cabeça de índio por calça; cabeças por casas; cutia por porco de casa; faca e copo por casa e calça; árvores e palmeiras por casa; homens por mulheres.

Acertaram duas casas e um porco de casa, provavelmente ao azar. Essas interpretações partiram de crianças, adolescentes e adultos. Um dava palpite, outros acrescentavam hipóteses, cada qual mais descabível, como casa por calça e outra coisa qualquer por um rosto em que pus toda a minha capacidade artística. O certo, porém, é que, não estando familiarizados com a representação em duas dimensões, que para nós parece tão evidente, eles têm dificuldade de reconhecer até seus próprios retratos.

## Rotina

Dei uma volta por aí, a casa do Piahú está movimentada. Vi que não comeram todo o veado, ficou o couro que, embora moqueado, conserva o pelo. É o que estão comendo agora com farinha, mastigam, que faz dó, aquela borracha. Piahú conserta suas flechas e olha uma panela onde cozinha urucum para preparar a pasta com que se pintam. Iuákang aproveita a fartura de urucum, estava pintando o rosto e cortando os pelos com uma faca. Sua mulher, já pintada, lavava farinha para o chibé. Meu doente principal aproveitou o calorzinho do sol para tomar banho; como não pode andar, sua mulher trouxe um pote d'água e uma cuia, eu dei o sabão e o homem se entregou com gosto. Alexandre está com a íngua cada vez mais inchada, aquilo virá a furo por estes dias, até lá terá que sofrer muito; já lhe apliquei uma penicilina.

Foerthmann resolveu bater umas chapas, é tempo, tirou umas vistas da aldeia. É uma lástima que não tenha fotografado ontem a moqueação, temos lâmpadas e filmes, mas o homem tem mais razões de ordem técnica que falta de material. Afinal, é sua gaita, ele que a sopre. Não foi possível filmar nos últimos dias porque o sol anda sumido, vem alguns minutos e logo desaparece.

## Koatá

A aldeia de Koatá sempre cheia de vida. Ele matou uma paca e seus companheiros outras caças menores. Tomei chibé e aprendi, afinal, que aquilo não é comida, mas um refresco. A gente tem que engolir a água grossa de farinha como se fosse uma limonada ou coisa parecida. Ganhei uma cutia e uma moqueca de bacaba, estamos muito bem de comida estes dias. A velha Atikikí estava preparando tempero, cozinhava sal de cinza em água com pimenta; aquilo deve ferver até a água evaporar, então fica o sal limpo, entranhado de pimenta. Mas é fraco mesmo, porque os índios que sempre usam isso não suportam a minha comida por ter pimenta ou sal demais para seu gosto.

André, desde ontem, ensina a trançar peneiras. Hoje, terminou o serviço, mas iniciou um paneiro. O que quer é estar lá, na boa vida de professor, o que não deixa de ser uma mostra de bom gosto. Pior são os outros que, quando não têm o que fazer, dormem.

Terei que rever o diagrama de parentesco daquela gente, parece que há erro. Conforme as informações filtradas e deformadas através do André, a Katirini é filha do capitão Mirá, o que mudaria todo o esquema.

Assisti a um belo exercício de tiro ao alvo quando voltava. Vi um pica-pau de cabeça vermelha pendurado na ponta de uma vara, no meio do caminho para cá, defronte da casa de Koatá. Quis saber o que era e acabou naquilo: quatro homens atiraram flechas, umas três ou quatro cada um, de uns trinta a quarenta metros de distância; nenhum acertou, mas todos fizeram boa pontaria, as flechas passavam bem perto do bichinho. Depois, mostrei minhas habilidades, mas só acertei no terceiro tiro.

**18/fev./50** – Outro dia de chuva. Ficamos de braços cruzados olhando a água cair. Nem pude ir à aldeia de Koatá ver o que se passa lá. A umidade é tamanha que o Foerthmann nem pôde carregar uns filmes, eles pregavam no chassi como grude. Cezário culpa a lua, nós não temos a quem culpar.

## Comidas

De comidas vamos bem, ontem ganhei outra cutia e dois jabutis, além de uma moqueca de bacaba, que tomamos sem açúcar, porque este acabou há tempos. Hoje me deram mais dois jabutis e um jamaxim de bacuris, a melhor fruta da Amazônia. Mas a falta do café é tal que toda hora falamos dele e tive a feliz ideia de olhar o vidro de sal de frutas em que Boudin nos mandou aquele pinguinho. Veja que sorte, o vidro estava sujinho de café, uma maravilha o Cezário ser porco e não ter mania de lavar as coisas. Enchemos o dito de água quente e, assim mesmo, sem coar, para não perder material tão precioso, ingerimos a bebida: bom café.

Os cigarros também acabaram e entramos no fumo que veio para ser dado aos índios. Cada dia, de manhã, faço doses de fumos com sobra para dar a eles. Como o fumo é pouco, aprendi uma bela lição: ainda somos felizes porque há degraus a descer. O André, com seu jeito simples, disse que não carecemos de fumo, folhas verdes de tabaco os índios têm bastante, é só torrar. Acabando essas, há na mata árvores inteiras de um tal *jardim* cujas folhas os índios da barranca do Gurupi fumam, quando não têm outro, e até mascam.

Mas o João deve estar a caminho. Amanhã ou depois nos trará mantimentos. A sopa de *saroma* com farinha escaldada, que tomamos no almoço e no jantar, bem merece um descanso. Meus doentes vão bem, o homem do pé inchado até mandou partir madeira para fazer um arco. Piahú esteve fora, parte do dia, caçando, e ocupou a tarde no conserto de suas flechas estragadas, não só mudava a taquara, como as pontas mesmas.

O pessoal do Kaaró passou o dia lá pela mata, alguns deles tiveram que voltar às suas roças para fazer farinha, porque não os podemos sustentar e a gente daqui não lhes dá nada. O velho se queixa sempre disso com o André. Sua mulher, hoje, me disse que Piahú é *katú-im* (mau), porque só lhes deu um pedacinho de veado, que mal dava para Kaaró provar. Vê-se que essa solidariedade, ou mesmo o comunitarismo, se dá nas relações entre membros da comunidade, nas intergrupais a atitude é diferente.

Também o Kaaró se coloca numa posição de muita dignidade, pouco rendosa. Instalou-se numa das palhoças e não sai de lá. Também, ninguém o procura, a não ser Anakanpukú, e nada ganha. Já seu irmão, também chamado capitão, não sai das outras casas, anda com um filhinho, passou uns dois dias em casa do Piahú, deitado na rede, conversando reverencialmente e sendo servido como hóspede de honra. Até fumo Piahú veio pedir para ele. Nos outros dias, andou de casa em casa na aldeia do Koatá, comendo do melhor que fazem e caçam e fumando, ali também, o meu tabaco.

Mostrei hoje os desenhos a que me referi ontem a uma mulher e uma mocinha. Elas reconheceram todos os rostos como de gente e até uma faca e uma casa, mas tomaram copo por casa, pote por homem, cabeça de perfil por *canguerá-uhú* e não souberam dizer o que era uma paisagem com árvores e palmeiras.

Os dois irmãos do capitão Piahú continuam morando na roça, numa casinha ordinária, não sei por que razão. O mais velho deles perdeu uma filha, mas o outro não tem defuntos plantados aqui, seu filho morreu e foi enterrado no Sarapó. A única razão que vejo é estar muito cheia a casa do Piahú e termos ocupado suas duas casas. Haverá outro motivo? Precisava?

Minha casa na aldeia de Piahú.

**19/fev./50** – O João Carvalho chegou, trouxe correspondência, apenas um telegrama seu dizendo que nada sabe de mim há seis semanas. Como é possível, com tantas cartas que lhe tenho escrito? Ao menos, tantas quantas as oportunidades que tive de remetê-las. E por que você não escreveu, teriam extraviado as suas cartas? Mamãe mandou uma linda carta; minha querida mãezinha, esse seu amor tão humilde e simples sempre me deixa magoado comigo, pelo pouco que faço pela felicidade dela. De agora em diante será difícil receber cartas suas, somente no fim de março, quando o João voltar de Bragança.

# Fotos

Foi um dia melhor, choveu menos. Embora estivesse quase sempre escuro, Foerthmann bateu umas fotografias aqui e o fiz acompanhar-me numa caçada de guaribas, onde teve oportunidade de tirar ótimas fotografias. Já é alguma coisa. Não há novidades, meus doentes melhoraram, agora tenho três recém-operados, porque hoje abri a íngua de um deles, que horror.

Com a volta do João poderei retomar meu trabalho num ritmo melhor, o André é muito lerdo para o serviço de intérprete. Agora preciso compensar os dias perdidos

Xoanin, cego de um olho mas bom caçador.

durante sua viagem, que só pude aproveitar para organizar o material com que terei de trabalhar. A filmagem me toma muito tempo, mas estes longos dias sem sol podem ser bem aproveitados. Principalmente agora, que temos alimentos e não precisarei ter os intérpretes caçando.

Anakanpukú, que havia viajado com João, voltou também e trouxe um enorme apero carregado de moqueados. Veio de tudo, desde cutias até jabutis, que jamais imaginei se pudesse moquear. Na verdade, é o que melhor compensa este trabalho, porque assim se evita carregar o casco, mais pesado que a carne.

Descobri na aldeia do Koatá uma maravilha de rede, feita de fibra de entrecasca. Pertence a uma menina; a explicam por não terem algodão com que fazer-lhe uma rede boa, mas daria a minha por aquela, uma maravilha etnográfica.

O casal de *couvade* continua bem, a mulher em resguardo ainda não sai da casinhola. O homem, desde o segundo dia após a morte do filho, anda até a casa vizinha, deita-se ali na rede e fala com os outros, ou melhor, os ouve, pois está quase sempre calado, não faz qualquer trabalho. Vê-se bem que a *couvade* não só protege o recém-nascido contra influências maléficas, mas também o pai, cujo equilíbrio se quebra com o nascimento do filho. Se não fosse assim, após a morte do filho, levantariam as prescrições, o que não acontece.

Hoje, vi o Piahú carregando um enorme jamaxim de mandioca puba, trabalho feminino. Mas logo percebi a razão: sua mulher está grávida, próxima da parição, e isso explica atenções tão especiais e me diz que uma das coisas que o pai pode fazer durante a gravidez é carregar peso. Se não fosse assim, não comeríamos também aqueles enormes veados que ele tem caçado, nem seus jabutis, que nos alegram a alma, via tripas. Todos esses dias foram de passar bem, tivemos café, cigarros, doce, arroz, uma festança.

O Boudin não veio. Era a última oportunidade este ano dele ver uma aldeia urubu. Coisa de linguista. Para ele, vocabulário e gramática bastam, enchem sua barriga.

# Genealogias

**20/fev./50** – Dia chuvoso, doentes melhorando. Kaaró voltou para sua aldeia depois de trabalhar meio dia comigo no recenseamento de sua gente e na sua própria árvore genealógica, que abrange sete gerações. Consegui melhorar, também, a de Anakanpukú, mais extensa que a primeira e muito interessante, porque mostra bem a progressão dos Kaapor do Pará para o Maranhão.

Veja-se: ele nasceu no Maracaçumé, seu pai no Turiwá, seu primeiro avô morreu no Tury, o segundo no Coracy, o terceiro no Guamá e o quarto no Capim, sendo que nasceu no Acará. Disse que não sabe de sua parentela daí por diante, porque sua gente foi dispersada pelos Guajá e outros índios, contra os quais lutavam no nicho primitivo. Acredita que muitos de seus parentes ainda vivam lá. Aliás, Ianawakú, Kaaró e outros capitães dizem o mesmo. Mas não têm nenhuma notícia deles.

Sua genealogia abrange muitas gerações que ele ditou e repetiu com toda a segurança e sem grande esforço. Não tomei o ramo materno, porque é o mesmo do Kaaró, irmão de sua mãe, o qual registrei com a ajuda dele. Calculando uma diferença de vinte anos de geração a geração, seu último avô teria vivido em 1810; o seguinte, em 1830, estaria já pelo Guamá; o outro, em 1860, andaria pelo Coracy, de passagem para o lado maranhense, onde nasceriam e morreriam seus descendentes. Esses dados são confirmados por outras fontes, que dão o ano de 1856 como o da entrada dos Kaapor no Gurupi, ao menos de suas primeiras incursões.

A história de que o pai (ou mãe) do Kaaró era branco é mais uma balela. O nosso amigo, embora repetindo que ele era branco, no sentido de mais claro, nos ditou os pais de seus pais até três gerações adiante, todos muito bons Kaapor. Aqui há o entrevazamento de duas ordens de dados. Por um lado, no caso dele e de Piahú, a cor clara, o rosto com barba, pelo no púbis e nas axilas, e há notícias de um pai ou de uma mãe branca. Por outro lado, a força do parentesco que define como pai ou mãe a alguém, não quem o gerou, mas aquele que no grupo ocupava posição parental de pai ou mãe e toda a extensão infinita de seus ancestrais.

Adiantou-se um pouco a terminologia de parentesco, mas é assunto que cansa ligeiro essa minha gente e vou adiando. Os termos consanguíneos estão quase todos registrados e confirmados.

Piahú continua carregando palha para sua nova casa. Não será uma outra casa grande, provavelmente continuará naquela. Vai é construir um ranchinho bem fechado para o parto de sua mulher. É o terceiro caso que vejo de preparo de uma casa especial para esse fim. Nos outros, a parturiente parecia morar anteriormente no rancho, mas o reconstruíram e cobriram de palha por todos os lados para a chegada do novo filho e, em ambos, a situação não era normal. Num deles, o pai estava em viagem, no outro, o filho nasceu antes do tempo.

# Kaaró

## Ritos

**20/fev./1950** – Vamos registrar alguns dados sobre o nascimento, a *couvade*, o resguardo e a iniciação. O pai prepara a casa para o parto, começando esse trabalho um mês antes do tempo previsto para o nascimento. Não têm, pai e mãe, qualquer restrição alimentar antes do parto, somente as relações sexuais deixam de se processar desde o segundo mês, quando a mulher se sente prenha. Nesse período, alguns casais jovens, que não podem suportar a abstinência, mantêm relações, mas o homem não introduz o membro, apenas se esfrega por fora. Se tiverem relações durante a gravidez, o filho sairá com a cabeça achatada, dizem eles.

Depois de preparar a casa, o futuro pai trança uma esteira tupi ou tupé, que fica debaixo da rede nos últimos dias. Uma velha, geralmente tia ou mesmo mãe da mulher, sempre está de sobreaviso esperando o parto. Quando chega o momento, o homem tira a mulher da rede e, sustentando-a de costas para ele, pelas axilas, a coloca suspensa num buraco aberto previamente no chão do rancho e coberto de folhas de sororoca, para que tenha ali o filho. Nisso, chega a velha que fará o trabalho de parteira, cortará o umbigo com uma espátula de taquara (atualmente tesoura, quando têm) devidamente preparada, retirará a placenta e dará à mulher um banho com água quente. Depois, ainda enterrará dentro do rancho, debaixo da rede da mãe, a placenta e o umbigo num buraco mais fundo que a altura de seus joelhos. Antes de sair para esse trabalho, entrega a criança já enrolada num pano à mãe, que está sentada na rede.

Nesse momento, o pai já estará deitado com as mãos atrás da cabeça e assim ficará, ainda mais imóvel e calado que a mulher, durante alguns dias. Nesse período, a velha parteira cozinhará para eles; pode também ser uma irmã do homem ou da mulher, ainda menina, como observamos. O casal só pode comer farinha e carumbé (jabuti branco). No terceiro dia após o nascimento, se é homem o neonato, vem o seu futuro padrinho, irmão do pai, oferecer-lhe uma miniatura de arco e flechas, que amarra no braço da rede como oferenda de bom presságio, para que o novo menino seja bom caçador. Parece que o arco pode ser feito pelo próprio pai, pois temos um amigo aqui que, ainda durante a gravidez da mulher, esperando que seu primogênito fosse homem, preparou-lhe um arco (e nasceu uma menina). Quando é menina, uma tia, irmã da mãe, é que vem fazer a oferenda, traz uma tanguinha, sua primeira roupa, que tem também o mesmo sentido de bom augúrio.

Primeira expedição – Kaaró

No quarto dia, a mãe retira o cordão umbilical que, então, já está soltando e faz com ele uma pulseira para o braço esquerdo do neonato, a fim de que, quando crescer, seja um bom caçador de veados, antas, onças. Ou, se mulher, uma boa tecedeira de redes e habilidosa nas outras tarefas femininas.

No quinto dia, o pai se levanta pela primeira vez e se aproxima do filho, mas não pode ainda tomá-lo nos braços; esquenta a mão no fogo até o ponto suportável e achata o nariz do filho, para que não fique muito comprido. Esquenta novamente a mão e faz uma massagem na testa, sobrancelhas, olhos, para ficarem bem abertos e evitar a zarolhice. Ainda uma vez, esquenta as mãos, para alargar os ombros e o peito do filho.

O tempo de resguardo do homem varia com a quantidade de carumbés (jabutis) que tenha juntado, e esse é um ponto de honra para um Kaapor. Se é preguiçoso, somente ficará os cinco dias, que é o prazo mínimo, ao sexto irá caçar. Se juntou bastante, ficará nove dias na rede, levantando-se no décimo para caçar. Mas poderá continuar no seu resguardo por um mês ou mais.

No dia que levanta, vai primeiro ao rio lavar-se. Depois, para a mata, mas não abaterá caça nenhuma, ainda que as veja, o que sempre acontece. Só pode trazer jabutis brancos para casa. A morte de qualquer caça porá em perigo a vida e a normalidade do filho. Continua assim até o menino começar a sentar-se, pouco antes das festas de nominação.

A mulher só pode ir ao rio tomar banho dois meses depois do parto e continua com a mesma dieta do marido. Só que pode andar mais desenvolta, falar alto e trabalhar um pouco, enquanto ele não pode fazer nada disso, nem tomar muito sol, para não prejudicar o filho, restrições que observa até que o filho ande.

O período de resguardo que sucede ao parto, os dez primeiros dias, é chamado *ninnõ*. Homens e mulheres são ditos estarem nesse estado, sobretudo os homens, quando não podem receber visitas.

Duas luas depois do nascimento o pai pode começar a caçar "animais mansos" como anta, cutia, veado e paca. Mas ainda não pode caçar jacamim e mutum, que às vezes caem gritando, o que pode fazer o filho ficar doido; quati, pela mesma razão; onça (não sei por quê); porco e tatu, para o filho não comer terra.

Após a cerimônia de nominação, o pai dá ao filho um colar de ossos de pássaros, como símbolo de que ele já tem nome. Quando começa a andar, troca esse colar por outro, feito com os dentes menores da oncinha maracajá, para que seja um bom caçador de cutia. A menina, depois da nominação, ganha um colar de penas de tucano vermelho, que equivale ao masculino de ossos de passarinho.

Nada sei ainda do caso da criança não ter pai conhecido. Situação em que, segundo Anakanpukú, o pai da mãe o substitui. Ainda preciso de dados sobre a hipótese do pai falecido ou ausente e do filho natimorto ou que morra antes de finda o *ninnõ*.

As relações sexuais entre os cônjuges só se restabelecem depois da nominação, mas geralmente evitam mantê-las por um ano ou mais, até que o filho cresça bastante para que a mãe possa desmamá-lo e cuidar do outro. Nesse período, a mulher se nega ao marido e, quando permite o intercurso, o repele de si, violentamente, momentos antes da ejaculação. O intervalo médio entre um filho e outro, que veremos melhor pelos dados dos diagramas de parentesco, parece ser de, no mínimo, dois anos e meio. É o caso do pessoal de Ianawakú.

## Nominação

Vejamos, também, alguma coisa mais sobre a cerimônia de nominação. Depois da noite de bebedeira, quando todos estão bem tocados pelo cauim, ali pelas oito ou dez horas da manhã, a Mamâi-rangá (Hê-hyranga), que costuma ser uma irmã da mãe, vai buscar a criança e a entrega ao Papai-rangá (Hé-rú-rangá), que a toma nos braços e começa a dançar. Todos o rodeiam, então, com seus melhores adornos e com o corpo pintado. O Papai-rangá dança, tocando a flauta sobre a criança, que chora muito, até que ela adormece, tonta (que morra, dizem). Então, a entrega à mãe. O pai se levanta, então, de sua rede, onde cantava um canto especial. Está todo pintado de urucum e com seus melhores adornos. Ao menos, um grande cocar de penas amarelas de japi. Acercando-se do filho, cingirá no alto de sua cabecinha aquele cocar em forma de sol, provavelmente o ofertando a Maíra.

Todos estão cantando. Os mais embriagados, sustentados pelos amigos, gritam: *Hotá-xôtei* – "vou embora". Ao que respondem, homens e mulheres: *Anin, mapík, mapík* – "não, sente-se, sente-se". A mãe e as mulheres também choram e também cantam.

Enquanto o Papai-rangá dança, o verdadeiro pai pergunta, gritando com voz rouca e a toda altura:

"Ce deray pitá har-pê apapó-ríãm"
*(Este menino nome qual será, dançador?)*

Até que o dançador, que é, muitas vezes, o mesmo que oferece a miniatura de arco e flechas à criança (irmão do pai), diga qual é o nome que levará a criança.

O batizando, que é chamado He-ray-rangá, se menino, Hê-randí-rangá, se menina, pelo Papai-rangá, e Hê-membir'angá ou Hê-memi-rangá pela Mamâi-rangá, nos mesmos casos, está todo pintado de pintinhas vermelhas. É a primeira vez que usa o urucum. Antes da nominação, só pode ser pintado com jenipapo. É notável a semelhança desse cerimonial e dos ritos ligados ao nascimento dos Kaapor com os dos velhos Tupinambá.

Temos café e eu tive a boa ideia de guardar metade de minha dose do jantar para esquentar agora. Deixe-me tomá-lo.

**21/fev./50** – Outro dia chuvoso, com um pouco de sol à tarde, que mal deu para bater um filme. Mas deixou grandes esperanças de uma virada no tempo, porque há mais de quinze dias não víamos essa raridade, chovia toda tarde. Como temos tido noites claras com céu estrelado, é possível que venhamos a ter os dias secos, tão necessários para completar a documentação.

## Etno-história

Terminei hoje a genealogia do capitão Kaaró, que vai adiante, e levei bem à frente a do Piahú, sempre com ajuda do Anakanpukú, que é uma espécie de Alfredo Ellis dos Kaapor. Contou hoje que dois ancestrais comuns deles foram os que chegaram primeiro a estas terras. Viviam antes lá pelo Acará, Capim e Guamá, desceram para o Coracy já perseguidos por índios e brancos. Aí foram apanhados pelos brancos, que fizeram um extermínio e debandaram todos os adultos. Foram, então, para o Capim, onde os Guajajára "tomaram seus cocares".

Os dois velhos a que me referi, chamados Turukú-rãxi e Uruãtã (reciprocamente "irmãos-rangá"), saíram com as crianças e vieram dar no lado maranhense. Nunca mais encontraram seus parentes e casaram-se com as crianças que traziam, fazendo filhos. Assim como eles depois se casaram uns com os outros, criando a população atual daqui. Trouxeram consigo, entre outros, ainda meninos, Miarú e Sarapatú, ancestrais de Piahú. Uruãtã trouxe também seu filho Té-uy, tuxaua nascido no Guamá e enterrado no Coracy. Disse, ainda, que antigamente tinham uma só mulher, agora é que inventaram essa história de duas, três ou mais, o que não pode ser verdadeiro.

Para indicar o lugar do nascimento, Anakanpukú sempre fala de sítio "onde o umbigo está enterrado". Para falar do lugar onde morreu, fala "de onde está a sua cabeça". Está escurecendo e essa relação de nomes dos parentes do Kaaró (mais de cem) me deixou meio atordoado; além disso, preciso conversar com os índios.

**22/fev./50** – Manhã feia, de chuva fina, depois de uma noite cheia de choros de criança. Aliás, essas últimas noites têm sido todas atormentadas. Anakã, a filha do Piahú, anda muito nervosa. A coitada perdeu uma vista, está esquelética, restabelecendo-se muito vagarosamente do sarampo; tem dois filhos, um de cinco anos e outro de um e pouco. Ao primeiro ela não dá sossego, mandando acender seu fogo inúmeras vezes durante a noite, o garoto chora, é espancado e acaba obedecendo. O mais novo é mesmo chorão. Cada pessoa que acorda e faz algum barulho (e todos acordam algumas vezes durante a noite) o desperta e começa o berreiro. A mãe vai, acalenta, dá palmadas e, quando o choro alteia mesmo, cobre a boca do guri com a mão e a gente ouve ainda uma meia hora o choro violento e abafado, temendo que o menino esteja sufocado.

Ontem, nosso novo caçador trouxe dois guaribas e três cutias. Houve, portanto, grandes comilanças dos índios à tarde e ao anoitecer. Cantaram e dançaram até quase dez horas, o que valeria em horário do Rio umas duas ou três da madrugada. Quase só adolescentes dançaram. O Alexandre, já melhor de sua íngua, cantou um pouco, mas quem aguentou mesmo o canto foi uma mulher de quarenta anos, muito simpática, que sempre vivia calada, cuidando do marido doente (o do pé que tratei). Como ele está melhor, ela exprimiu sua alegria. Já me acostumei a esses cantos e até gosto deles.

Tivemos, também, o número humorístico com a dança de Ñambú, a velha surda-muda. Levantou-se precipitadamente da rede, com um jeito de tonta, tomou o tamborim que um garoto esticava ao fogo, colocou-o à tiracolo e começou a bater. Compassadamente, aliás, e a dançar fazendo voltas que quase a levaram ao chão. Todos riam e os garotos ainda procuravam atrapalhá-la. Essa velha é a graça da aldeia, muito trabalhadeira, está sempre desmanchando e retecendo as redes de sua gente, fazendo cordas de carauá, torrando farinha, enfim, trabalhando ativamente todo o dia e sempre séria. Às vezes lhe dá a veneta de brincar, aproveita uma contenda de crianças, se mete no meio e sai correndo das pedradas que lhe dão nas canelas.

# Capitães

Anakanpukú continua comendo os seus moqueados. Ontem trouxe bacaba e esteve toda a tarde escaldando-a, espremendo e retirando caroços e casca com a mão e misturando o caldo com um beiju de farinha azeda. Aliás, não foi só ele que amassou ontem esse quitute, que todos parecem apreciar muito e tem um gosto meio azedo mas agradável.

Está juntando material para fazer uma puxada no barracão. É sinal de que ficará mesmo aqui, vai levantar mais um lance para ele na casa em que mora o Piahú. Como conseguem esses capitães viver juntos? Provavelmente, ele não se meterá em assuntos do grupo do outro, mas, com sua capacidade de liderança, simpatia e inteligência, breve estará à testa de todos. Veio para cá desgostoso com a morte da filha e meio escorraçado por gente de seu grupo. Principalmente o Manezinho, que perdeu todos os parentes na última epidemia, mãe, mulher e filhos, e o culpa de haver trazido a peste em sua viagem de Belém para cá.

O capitão Uyuá, "irmão" de Kaaró, ainda continua aqui. Vivendo de casa em casa, uns dias com cada amigo e passando bem. Arranjaram-lhe até um casamento. Quem teve a ideia foi Anakanpukú, conversando com uma velha que ficou viúva com o sarampo, quando foi ao posto, há dias. Dizem que o capitão está muito triste por ter perdido as duas mulheres. Todos procuram ajudá-lo a obter outra, para se consolar. Talvez a isso se deva a boa hospedagem que goza em todas as casas, seria alguma coisa como o tratamento dos convalescentes entre os antigos Tupinambá ou a cobrança do luto que ainda exigem, algumas vezes, do pessoal do posto.

# Genealogia e parentela do capitão Kaaró

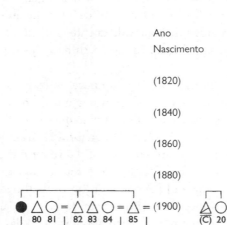

| | | |
|---|---|---|
| 1) ? | 20) Iry-uái | 39) – |
| 2) Mandú-ambyr | 21) Kaaró | 40) Tapuiú |
| 3) Sukirá | 22) – | 41) Iñengay |
| 4) Miarú | 23) Maraió-róuire | 42) Iá-ehá |
| 5) Iró-uyri | 24) – | 43) Uyuá |
| 6) Auary-rumby | 25) Paxin-uarini | 44) Piriú |
| 7) Iauá-ripó | 26) Kiry-pitin | 45) Araruna |
| 8) Sarun | 27) – | 46) Aramy-aruna |
| 9) Arã-pin | 28) Kã-in | 47) My-iuy |
| 10) Mará-táu | 29) Mã-kuen | 48) Papingüé |
| 11) Mun-dík | 30) Arauy-ari | 49) Xa-in |
| 12) Kará-uá | 31) Urury | 50) Pukú-y |
| 13) Canun-by | 32) Iry-kyú | 51) Takuá-rirã |
| 14) Má-iá | 33) – | 52) Takuary |
| 15) Paxí-pé | 34) – | 53) Ien-neruçá |
| 16) Mã-tem | 35) Kaiá-uiry | 54) Kauy-ren |
| 17) Moin-him | 36) Tupiry | 55) Ã-numy |
| 18) Urukupé | 37) Miãng | 56) Uin-rã-cen |
| 19) Sauy-ambyr | 38) Caraxiá | 57) Tukúriuá |

Diários índios

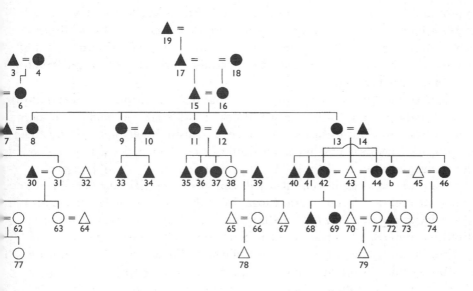

| | | |
|---|---|---|
| ã-uaxin | 77) s/n | 96) Tóky |
| | 78) "Cigáhú" | 97) Mitú-rupík |
| ararahó | 79) s/n | 98) Cipó-rã |
| arixay | 80) Ará-ikuéra | 99) Parauy |
| úi-mó-rinbí | 81) Mirá-kitã | 100) s/n |
| irã-nimí | 82) Kakãdjú | a – Xinin-by |
| ren-xin | 83) Tupiá-rimba (f) | b – Anakã |
| í-pukú | 84) Mirá-pirimby | c – Cap. Anawakú |
| enenra | 85) Tauy-rixang | d – Uirã-nimí |
| oá-rain | 86) s/n | e – Iorin-hini |
| Jirá-kiin | 87) Miú-ituy-rimby | f – Ou Tomaz |
| uoi-xing | 88) Arakú | g – Káxã |
| -kang | 89) Iun-arã | h – Pinrãpin |
| aranã-piririk | 90) Pomó-uy | |
| i-y | 91) Iuy-puy | |
| uxiry | 92) Irã | |
| rá-rin-my | 93) Irãniú | A – Ver 2 – dig. Ank. P |
| | 94) Bakorí ou Pinpã | B – Ver 26 – dig. Ank. P |
| uri-xin | 95) Kuruy | C – Cap. Uruãtã do Parawá |

Primeira expedição – Kaaró

A escolhida é a viúva do Mirá, que morreu no posto, no princípio do mês, e está com a gente do Pary. Ela tem um parente aqui que já consentiu no casamento. Parente longe, mas deve ser um dos poucos homens velhos da parentela e com força para essas decisões. O capitão sairá hoje para buscar a mulher. A filha dela já foi prometida e será dada a um outro homem do Kaaró, também enviuvado pelo sarampo. É uma menina de uns dez anos apenas; a menos que ele esteja disposto a quebrar seus mores, terá de esperar uns anos para ter mulher. Há uma grande corrida sobre as mocinhas e viúvas: muitas mulheres morreram com a epidemia e os vazios precisam ser preenchidos.

Piahú está de saída para uma caçada de cinco dias, principalmente com o fito de colher jabutis brancos. Talvez seja sua última excursão por um grande período, pois todo o "resguardo" ele terá de passar abstendo-se disso. Estou torcendo para que a criança nasça logo, seria uma ótima oportunidade de observar e registrar os ritos ligados ao nascimento.

É pena que só tenhamos dez dias mais aqui para fazer tudo que falta e ainda orientar a filmagem e o documentário fotográfico, o que me toma muito tempo. Mas não posso deixar de fazê-lo, porque é indispensável levar alguma coisa para o Rio; se não tiver fotógrafo nos próximos anos, boa parte estará feita e bem-feita.

Chegou, agora, um grupo de índios da aldeia do Caldeirão, do lado paraense. Aqui estão repetindo as mesmas perguntas que me canso de responder, o nome de meu pai, minha mãe, mulher, irmãos, num esforço para estabelecer algum parentesco comigo. Sem dúvida, essas perguntas não são ocasionais, devem ser as mesmas que fazem quando chega um desconhecido qualquer às suas aldeias. Seu objetivo é situá-lo socialmente, ver que tratamento lhe deverão dar no esquema das relações entre parentes, que coordenam todas as relações sociais na aldeia. E, sobretudo, esclarecer bem o que podem esperar dele e com quem ele pode sururucar (foder).

Não se cansam de perguntar e sem qualquer escrúpulo puxam minha mão para que os ouça melhor. Trouxeram bananas e cana, ganharam fumo, mas decerto ficarão para o jantar e quererão facas, miçangas e tantas coisas mais. Desgostou-me neles estarem todos vestidos e mesmo as mulheres com a cabeça pelada. É resto do sarampo, quando têm febre se tosam assim; e como vivem perto das Minas do Alegre e Chegatudinho, facilmente obtêm panos e roupas em troca de farinha, que fornecem aos garimpeiros. Estes serão os primeiros destruídos pelo contato com o branco; um deles até entende umas cinco palavras de português, como *môn-kêrê*, *nôm-xírola*, *camizáua*, *tabák*, *saban*, e outras mais.

# Sexo

Vamos anotar alguns dados sobre a iniciação, o casamento e o intercurso sexual. Quando uma mocinha tem a primeira menstruação, é encerrada numa casinha coberta de ubim e de paredes fechadas com pindó, preparada pelo pai perto de sua residência. Fica ali, numa rede, e a mãe leva seu alimento, que é carumbé branco e cará – o peixe de Tupã. Tanto que se a gente jogá-lo violentamente nas rochas solta relâmpagos para todos os lados, só se pode assá-lo devagar, longe do fogo. Quando tem suas necessidades, a mãe cobre sua cabeça com um tupé (a mesma esteira que serve à parturiente) e a carrega para o mato. Nenhum homem pode entrar naquele rancho, porque isso levaria a moça à loucura e ele correria perigo de vida. Essa reclusão dura uns dez dias; sempre no mesmo regime, ao fim dos quais a moça toma banho e está pronta para casar.

Rancho de palha para moça em menarca.

As menstruações seguintes não exigem reclusão em casa especial. Moças e casadas ficam apenas na rede, sem levantar-se senão com muito cuidado para satisfazer imperativos fisiológicos. Podem comer carumbé, mesmo não branco, e tomar chibé, mas é vedado alimentar-se de guariba, veado, anta, cutia, pesca e todas as caças. Permanecem na rede, sempre embrulhadas ou ao menos com um vestido sobre a tanga, por quatro dias; no quinto levantam-se.

Ary, a mocinha em flor, esperando a menarca para casar.

A alegria que notei ontem na mãe do Maxin, atribuindo-a ao restabelecimento do marido, não é mais que o gosto de ver o fim da própria menstruação. Tomou banho, pôs roupa limpa, pintou-se de urucum e cantou muito à noite. Hoje, outra mulher começou a reclusão, é Pinú-arãna, que está deitada desde cedo sem levantar-se e assim ficará os quatro dias; senão, esperemos para ver.

Quando os pais de uma moça ou seus parentes mais próximos, na falta daqueles, as dão em casamento a um homem, marcam o dia da cauinagem. Nesta, a moça fica sentada na rede todo o tempo, vendo os homens e mulheres beberem. A certa hora, seu pai toma o noivo pelo braço e o leva até a rede da moça, dizendo:

— Agora você já vai casar.

Lá, senta-o junto da filha e começa a gritar:

— Você vai caçar muito, vai matar anta, vai matar veado, vai matar paca, vai matar cutia. Vocês vão comer muito.

Os abraça, deixando-os ali. Nessa noite, eles ainda não têm relações, só na seguinte, quando vão para a casa onde irão morar.

A expectativa do primeiro marido de uma moça é de que ela seja virgem. Quando acontece não ser, ele a espanca um pouco, lamentando-se de ter casado com uma mulher má, que andou com outros homens, mas continua com ela. Geralmente não quer saber quem foi o deflorador, nem a moça o revela.

Primeira expedição – Kaaró

As relações extraconjugais dos homens são consideradas como aventuras galantes, de que ele pode vangloriar-se junto aos amigos. Como não fazem o amor sozinhos, haverá tantos homens adúlteros quanto mulheres. Todos acham que quando um homem chega em casa de um outro e não encontra o marido, provavelmente anda com a mulher dele.

A atitude para com as mulheres é diferente. Se espera, ao menos os maridos esperam, que elas sejam fiéis e as castigam com pancadas e até ameaçando passar pimenta nos olhos e na genitália delas quando não o são. Isso se explicaria perfeitamente pelo cuidado que têm na determinação da paternidade. Ouvi muitos casos de adultério e nenhum de castigo grave. A fidelidade é uma expectativa, um desejo, não mais. Acreditam que nenhuma mulher, quando grávida, tenha relações completas com qualquer homem, aquela que assim fizesse morreria. A concepção se dá pela cópula, não sabem bem como. Os filhos são feitos pelo homem. Não sabem muito bem qual seja o papel da mulher na concepção.

O intercurso sexual se dá quase sempre na rede, à noite. Casais jovens, às vezes, têm relações no mato quando passam dias em caçadas e coleta, ou mesmo na roça quando vão colher mandioca. Nas relações usuais noturnas, o homem senta-se diante da mulher, ambos atravessados na rede, com as pernas para fora. Ele põe as pernas dela em cima das dele, descobrindo assim sua genitália, e deita-se sobre ela. Esta é a posição considerada correta. Admite-se que outros índios façam de modo diferente, como os Tapiruhú, por exemplo. Mas os que moram por aqui, todos fazem assim.

No namoro ou mesmo entre jovens casados é habitual que um chame o outro para o mato, dizendo assim:

— Vamos cagar, bem?

Nunca vi, mas suponho que depois sururuquem.

Sobre incesto, ainda não colhi todos os dados. Sem dúvida são tabus, além de pai, mãe, irmãos e filhos, os primos paralelos, que eles chamam irmãos. De fato, para cada índio, homem ou mulher, cada outro índio é seu parente de uma das duas ordens possíveis: os sururucáveis e os vedados.

Felizmente teve fim, ou terá em breve, a inquirição sobre assuntos escabrosos. Não que eles se envergonhem de falar de questões sexuais, falam livremente junto de mulheres e crianças, que até se metem na conversa para me ensinar alguma coisa. Mas não é lá muito agradável falar e insistir sobre homossexualismo, assunto que parece desconhecerem.

Anakanpukú comentou comigo o caso de um rapazote que passou uns dias aqui conosco. Eu já o conhecia de Belém, quando Miranda o levou ao hotel para me contar as coisas mais escabrosas das relações dele com o Eurico. Veio para o posto a mando do próprio Eurico, que não queria tê-lo em Belém batendo a língua nos dentes. Deu ordens de mandá-lo a uma aldeia assim que chegasse. Por azar, veio parar aqui, pois sua intenção devia ser não só afastá-lo da sede, mas também impedir que falasse conosco.

Diários índios

Aqui, comportou-se como um histérico. O pobre, tirado ainda menino de uma família kaapor e criado por um padre que o iniciou, teve uma vida infeliz como pederasta de pensões suspeitas do *basfond* de Belém, até que Eurico o adotou. Aqui, simulou doenças e não sei o que contou aos índios sobre Eurico, ele ou Ariuá, que está também a par da história. O certo é que Anakanpukú, quando ele estava gemendo na rede, me disse que era aborto, havia posto fora, no mato, o menino que lhe fizeram em Belém. Mas não parece ter entendido bem ou aceito sua história e, no outro dia, Piahú o mandou embora. O pobre garoto voltou para o posto com uns carregadores nossos, sem ao menos nos dizer que ia, certamente pensando que impediríamos sua ida.

**23/fev./50** – Dia claro, mas nuvens em quantidade acumulando-se no nascente, breve descerá água para enjoar. É até gozada essa vida, ontem tínhamos um belo sol, mas o *elenco* estava todo na mata, caçando e pescando. Hoje, temos *elenco*, mas o sol falha. Além disso, o astro principal amanheceu com uma papeira, a bochecha inchou tanto que nem parece aquele Kosó.

Todo o elenco está aqui, me olhando escrever e esperando o sol, que talvez não venha; nunca se cansam de apreciar este brinquedo de pena escorrendo sobre o papel.

# Anakanpukú

**23/fev./1950** – Trabalhei de manhã com Anakanpukú e outros informantes na terminologia de parentesco. Está quase completa, com uma revisão mais virá para o caderno. Os coitados se amolam a valer e essa relação lhes custou muito trabalho e uma chateação enorme. Hoje, um deles dizia ao Anakanpukú:
— Ele duvida do que você diz. Por que não escreve logo? Por que fica perguntando tantas vezes a mesma coisa?
É que tenho de perguntar como designam, um por um, todos os parentes de cada geração e são, geralmente, designados pelos mesmos termos. Há, ainda, as verificações que me fazem repetir cada pergunta muitas vezes.
Tarde: O sol não voltou mesmo. Trabalhei bastante com Anakanpukú, amolei o homem a valer, mas consegui rever todos os termos de parentesco. Vamos registrá-los aqui para submeter a nova prova daqui a alguns dias. Alguns dos princípios estruturais da terminologia já estão bem claros, como a equivalência para o lado materno e paterno (bilateralidade); as distribuições de geração e de grupos de idade dentro de cada geração (*novo, maduro e velho*), além do genérico, aplicável a quase todos os termos, sobretudo na geração de ego; as distinções entre primos paralelos e cruzados, em função do casamento preferencial; a aplicação de termos de parentesco consanguíneo às relações afins (tios para sobrinhos, primos para cunhados etc.). Parece não ocorrer o casamento avuncular, sendo preferencial o consórcio entre primos cruzados (a verificar). Quase todos os termos são registrados com o possessivo *Hê*, meu, como no caso do avô – *Hê-ramúi*; na terceira pessoa genérica seria *Tamúi*.

**24/fev./50** – Seis horas: dia claro, grandes promessas de sol e de filmagem, céu sem nuvens. Um solzinho morno nascendo através da mata: chegará até aqui?
14 horas: Filmamos até agora, sol belíssimo, completou-se o registro do complexo da mandioca. E ainda temos esperanças de uma tarde clara, ensolarada. Nossos artistas já estão bem afiados, sabem bem como comportar-se diante da máquina, entendem à maravilha nosso dialeto para mandá-los iniciar e terminar o trabalho e não se amolam em repetir, inúmeras vezes, sequências cansativas. A paciência dessa gente é mesmo inesgotável, tanto esforço para receber uma faquinha e algumas miçangas, pois esse é o único fim desejável dessas caceteações. Além, naturalmente, do desejo de nos contentar.

# Sistema de parentesco dos Kaapor

1) Hê-ramúi
2) Ay ou ary
3) Hê-rú ou papái
4) Hê-hy ou mamãi
5) Hê-tiá-y
6) Hê-tutyre
7) Hê-iky-y
8) Hê-imun
9) Hê-rendyre
10) Hê-kiw'yre
11) Hê-iãmun ou iãnãm (minha família, meus parentes)
12) Hê-kuáyar
13) Hê-xun-iãn (Kuiã?)
14) Hê-ra-yre
15) Hê-ra-dyra
16) Hê-membyre
17) Hê-tá-yre
18) Hê-tá-dyre
19) Hê-ipeng
20) Hê-cunhã-membyre
21) (Hê)-iáxípera
22) Hê-rainõ
23) (Hê)-miá-rirun
24) Hê-rákehára ou hê--rúmiúi
25) Hê-soá-é

A – Rayra – mais novo (antes de amarrar)
B – Tain-duhú – já amarra o membro
C – Tamoi – mais velho, pai de filhos
D – Cuñãtã-uhú – depois de iniciada
E – Ay – mais velha, mãe de filhos

Consanguíneos:

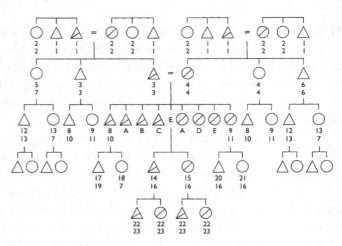

Afins:

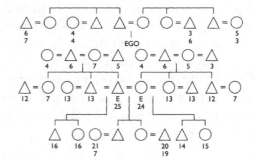

Filhos dos avós:

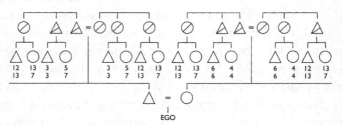

## Capitãozinho

Um outro elemento do *elenco* acaba de excluir--se. É o capitão Faozinho, um garoto de doze anos, tratado assim por todos e obedecido, meio de brincadeira, pela gente do capitão Mirá. De certo modo ele é que os dirige, o velho está alquebrado, trabalha muito, mas não manda nada. Esse garoto vivo é que os movimenta, manda fazer farinha para nós e trazer água para me servir chibé. Quando vou vê-los, arruma a rede para eu me deitar, tudo com ares de grande chefe.

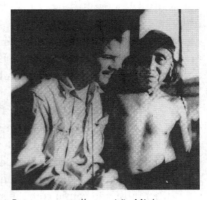

Darcy com o velho capitão Mirá na aldeia de Koatá.

Aliás, esse é o único chefe que vi. Aqui, ninguém além dele pretende mandar nos outros. Não há dúvida de que é o líder dos guris, mesmo de seu irmão e outros mais velhos. Não vi ninguém mais ativo que ele. Mas, afinal, quase não dizia por que meu capitãozinho escamoteou-me. Apareceu agora, muito alegre, com a cabeça completamente raspada. Perdeu-se, pois, para nós, como personagem do filme.

Vou atender a uma mulher que está aqui, há meia hora, dizendo: *puçú ahik, papai-raíra, puçú ahik*.

A tarde não deu nada, logo escureceu e tivemos de voltar da mata correndo, para evitar que a máquina se molhasse. Apenas se pôde bater algumas fotografias do Anakanpukú carregando uma paca e outras de crianças.

Chegaram carregadores do posto trazendo filmes que provavelmente não serão utilizados. Ao que vejo, a expectativa do Foerthmann era não fazer nada, porque já tivemos de mandar vir filmes duas vezes, o que quer dizer que ele não trouxe quase nenhum. Qual! É má vontade minha, resultante do cansaço. Certamente ele os mantém lá para defendê-los da umidade daqui.

Não veio comida e a que temos já está acabando. É até engraçada essa história de comida, sempre em penúria, vem aos pouquinhos e nunca chega. É que trouxemos pouco para tanto tempo, desperdiçou-se muito e a nova feira encomendada em Viseu ainda não chegou.

## Mitos

Ontem, à noite, conversei umas três horas com Anakanpukú. Queria ouvir novamente a história do Maíra, mas acabei contando a versão do velho Ianawakú e escutando muito pouco. O homem estava cansado e amolado. Eu o tinha atormentado o dia inteiro com a terminologia de parentesco e a regulamentação do matrimônio, principalmente o incesto. É incrível que ele, o maior dos intelectuais kaapor, não possa contar o mito mais importante do grupo, seu grande herói, ao qual devem quase toda a cultura. Tentaremos novamente. Ele falou também de um dilúvio mítico, com poucos pormenores; vejamos os fragmentos que colhi.

Primeira expedição – Anakanpukú

## Maíra

• Este Maíra andou aqui também, os velhos contavam. Diziam que apareceu nesse pau vermelho (*mirá-pitang*). Ele é *karaíwa*?

• Quando saiu do pau já tinha um cocar, foi ele que ensinou os velhos a fazer cocar.

• Andava aqui e fez arco e flecha pra caboclo caçar.

• Naquele tempo que Maíra estava aqui, fazia muito frio, não tinha fogo; aí caiu uma dessas pedras de fogo, ele tirou fogo; queimou cipó e ensinou a tirar fogo com *tatá-y*.

• Não tinha paus nesses matos, aqui era tudo limpo, Maíra foi que plantou: saiu andando por aí tudo onde tem árvores, enfiando-as no chão.

• Maíra não comia como a gente. Caçava caititu e os velhos perguntavam onde estava a caça que ele matou, não dizia nada. Quando estava podre, cheia de bichos, ele ia comer os bichos, disso é que vivia.

• Os velhos daquele tempo viviam nus. Maíra ensinou a enrolar o pau. Disse que assim era bom.

Sobre a gruta de pedra do Maracaçumé não soube dizer nada. Perguntou se o Maíra era branco e se não anda por lá onde moram os *karaíwas*.

## Incesto

Teve uma festa grande, *cauim-uhú*, todos estavam bêbados, aí um irmão pegou a irmã dele e fez *suruk*. Logo, o fogo começou a tomar conta de tudo, foi queimando a mata toda. Aquela gente correu, fugindo, foram andando e encontraram com os Kará-uãtã; disseram que eles fugissem também, que o fogo vinha correndo. Eles responderam que iam ficar ali mesmo, na terra deles (Tokãnxim) tem muitos desses paus brancos que não queimam. O fogo não chegou lá. Nossa gente foi se esconder no Capim.

## Dilúvio

Num tempo as águas começaram a crescer, foram subindo, subindo, aí os caboclos fugiram para não morrerem afogados. Foram para uma pedraria lá do Tokãnxim e ficaram lá em cima com os Kará-uãtã até as águas baixarem. Aí desceram, mas lá embaixo os Munduruku estavam esperando e mataram quase todos. Estes Munduruku são baixinhos, *pihun* (escuros) e têm cocares bonitos. Os que escaparam dos Munduruku foram para o Capim; os Kará-uãtã voltaram para o Tokãnxim.

As identificações do rio Tocantins, bem como do povo Munduruku, são inegáveis. Como explicar isso e também os nomes brasileiros para os rios: Capim, Guamá e Coracy? Só podem ter sido aprendidas de brancos. Como? Quando?

**25/fev./50** – Sempre início estes bilhetes falando do tempo. Isso porque é o assunto principal aqui e a preocupação constante da gente. Agora chove e choveu um pouco de manhã, mas tivemos uma tarde de luz envergonhada, que sempre deu para umas fotografias. Trabalhei bastante com Anakanpukú. Trouxe-o para o rancho onde está o Foerthmann para ficar longe da algazarra da casa grande, onde todos querem responder minhas perguntas. Quando não riem delas.

Tratamos das regras de matrimônio, da terminologia de parentesco, porque ainda me faltam os filhos dos avós paralelos e cruzados; do incesto e do capitanato. Vejamos o que sabemos sobre incesto, embora ainda tenha muito que aprender nesse assunto.

# Parentesco

Todos os parentes afins, exceto marido e mulher, são designados com termos também usados para indicar parentes consanguíneos. Essas designações evidenciam o fato de que o casamento de primos paralelos (filhos de irmãs da mãe ou irmãos do pai) é incestuoso, tanto que eles são designados como irmãos. Ao contrário, os primos cruzados (filhos de irmãs do pai ou de irmãos da mãe) constituem a união ideal, pois são chamados cunhados. A palavra para sogro indica também o tio materno, e para sogra a tia paterna. Os cunhados são chamados pelos mesmos nomes que os primos cruzados e, finalmente, genro e nora são designados pelos mesmos termos que os sobrinhos, filhos de irmãos do sexo oposto.

Tenho ainda dúvidas quanto a uma designação – *Iky-y*, que ocorre em três gerações, com o sentido de sogra, cunhada, genro e tia paterna, prima cruzada e sobrinha na geração de ego; significará fodível? Talvez haja outra designação para essas posições parentais.

A conclusão a tirar do sistema de parentesco dos Kaapor é que ele constitui mesmo o ordenador básico das relações sociais de toda a tribo. Como cada Kaapor pode definir precisamente o seu parentesco com qualquer outro, o sistema de parentesco, de fato, divide o povo todo em dois grupos, os que com respeito a ele são fodíveis (cunhados, sogros, genros e nora) e os incestuosos (pais, irmãos e filhos).

Um sistema extremamente habilidoso porque não só faz o que todos os sistemas de parentesco fazem, que é estabelecer nas relações recíprocas direitos e deveres das pessoas, umas com as outras, mas regula toda a atividade sexual. A resultante disso é que a conduta de um índio para com um tio ou tia de sexo diferente do pai ou da mãe, a que ele chama *sogro* ou *sogra*, é de evitação, respeitosa, como convém com respeito a quem possa vir a ser mesmo seu sogro ou sogra. Totalmente diferente do tratamento que ele dá àqueles tios de sexo igual ao pai ou à mãe, a que ele chama *pai* ou *mãe*.

O mesmo ocorre quando ele trata com um primo cruzado, que designa como *cunhado* ou *cunhada*, em que as relações são maliciosas, porque envolvem a possibilidade de intercurso sexual. Totalmente diferente da conduta para com os primos paralelos, tratados informalmente e familiarmente como *irmão* ou *irmã*, de modo fraternal.

A ênfase que os velhos Tupi davam ao casamento avuncular não se reflete absolutamente entre estes nossos Tupi-Kaapor. Ao contrário, entre eles o casamento entre tios e sobrinhas é vedado, sendo preferencial o dos primos cruzados. O casamento avuncular, que estava associado à tradição tupi (tupinambá, principalmente), terá desaparecido, não se pode saber por quê.

Porém, como no caso do avunculato, o casamento preferencial entre primos pode ser compreendido como um mecanismo de retribuição retardada. O homem que leva uma mulher de um grupo assume o compromisso de devolvê-la, entregando aos filhos do irmão da mulher as suas fêmeas. Aqui surge um problema a investigar, o do consentimento para o casamento. Se é dado pela mãe, o princípio de retribuição retardada funciona perfeitamente, distribuindo os filhos entre as duas famílias consorciadas. Se pelo pai, os filhos da irmã podem ser preteridos pelos filhos dos irmãos da mulher, cuja amizade o marido precisa conquistar (mas até na idade das filhas se casarem?).

Além de confirmar isso, precisamos colher mais dados sobre os filhos dos avós. Pelo que sabemos, parece haver uma distinção entre os filhos dos avós colaterais do mesmo sexo que os reais e dos de sexo diferente, sendo uns tratados como da geração dos pais, outros como dos irmãos, estes casadouros e aqueles sogros. Vejamos os termos aplicados aos parentes consanguíneos e afins.

| Geração | Significado | |
|---|---|---|
| Termo | Consanguíneo | Afim |
| *1ª ascendente* | | |
| 5) Tiá-y | tia paterna (h. f.) | sogra (h. f.) |
| 6) Tutyre | tio materno (h. e m. f.) | sogro (h. m. f.) |
| 7) Iky-y | tia paterna (m. f.) | sogra (m. f.) |
| *Ego* | | |
| 7) Iky-y | prima cruzada (m. f.) | mulher do irmão |
| 12) Ruá-iar | primo cruzado (m. f.) | marido da irmã |
| | primo cruzado (h. f.) | mulher do irmão |
| 13) Xú-iãn | prima cruzada (h. f.) | mulher do irmão |
| *1ª descendente* | | |
| 7) Iky-y | filha do irmão (m. f.) | genro |
| 19) Ipeng | filho do irmão (m. f.) | nora |
| 20) Cuñãmenbyre | filho da irmã (h. f.) | nora |
| 21) Iá-xipera | filha da irmã (h. f.) | genro |

Consanguíneos:

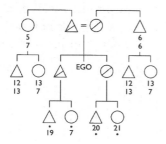

Afins:

Como se vê, o sistema de parentesco dos Kaapor é extremamente funcional. Num grupo em que todos se conhecem, é fácil determinar o parentesco com qualquer pessoa. Tratando-se de um estranho, torna-se indispensável encontrar um ancestral comum para saber como tratá-lo. A insistência de todos em saber os nomes de toda a minha parentela era a procura de um ancestral comum.

O parentesco divide, de fato, as pessoas em duas categorias. Os parentes que chamamos consanguíneos (irmãos, pais, avós, filhos), com os quais qualquer relação sexual é vedada como incestuosa. E os afins, classificados como casadouros, no caso sogros, cunhados, genros e noras. Dentro do sistema de parentesco classificatório deles, a tribo inteira se inclui nessas duas categorias.

Releve ter obrigado você a me acompanhar em todo esse emaranhado de parentescos, mas eu estou muito orgulhoso de havê-lo desentranhado e descrito, constatando afinal que é, ao menos para mim, de uma claridade solar. Além de ser de uma elegância e beleza incomparáveis.

É muito tarde, estou caindo de sono, só amanhã poderei contar o resto da conversa com Anakanpukú. Aliás, muito interessante. É a história recordada dessa gente, que sabe muito mais de si própria do que eu imaginava. Agora vou dormir. Chove, faz frio, ouço de longe dois capitães conversando com esse jeito cantado, que é seu modo

Primeira expedição – Anakanpukú

reverencial de falar. Afora isso, só a chuva que cai, tamborilando nas palmas da casa. Quero dormir, sabendo que mesmo se não quisesse me acordarão amanhã antes das seis e que, durante a noite, terei horas de olhos abertos e ouvidos cheios de choros de crianças e conversas de adultos comilões. Ademais, são nove horas de uma noite escura e aqui ninguém gosta de notívagos. Enchi com muito e bom trabalho o meu dia.

## Veado-vermelho

Kaapor traz um veado-vermelho até a entrada da aldeia.

**26/fev./50** – Um bom começo de dia. Acordei com a barulhada do João trazendo um veado que caiu na armadilha. O céu prometia claridade que não chegou a realizar-se completamente, mas deu para fazer as primeiras cenas do filme. Kosó andando na mata com o veado nas costas e sua mulher com um jamaxim de bacuris que tínhamos pronto há dias. Com sol teríamos obtido um grande resultado, porém, mesmo sem ele, talvez dê alguma coisa aproveitável. O diabo é que o veado era vermelho e eu não dei a ele o tratamento especial que exige. Há regras para entrar com ele na aldeia. Deve ser destrinchado no mato e já entra em postas e sem pelo. Não pode ser tostado no moquém, como o veado branco que vi trazerem na aldeia de Anawakú.

Mas tudo acabou bem, ou mais ou menos bem. Quebramos o tabu trazendo-o à aldeia inteiro, passeando-o ainda inteiro nas costas de Kosó e entrando com ele, assim, em duas casas. Se lhes acontece alguma coisa, alguma desgraça, sem dúvida a atribuirão a essas heresias. O mais sensível nisso é o Anakanpukú, que não quis tocar no bicho e disse que não queria comer sua carne.

Equilibramos a coisa dando todo o veado ao Piahú, que acedeu em descarregá-lo das costas de Kosó. Com isso ganharemos a possibilidade de filmar a moqueação, se a chuva parar, e criamos um problema com a gente do Koatá, que nos forneceu farinha e muita carne e sairá prejudicada na divisão. Mas não via melhor saída para o caso.

Nossa presença aqui já está ficando pesada demais. Outro dia, o Piahú perguntou ao Ariuá por que não lhe damos quase nada dos guaribas que matamos. Creio que ele acredita nisso por que lhe seria mais difícil explicar a verdade, que é o mal-estar que lhes dá a presença de um grupo tão grande por tanto tempo. É principalmente minha mala cheia de brindes que ainda lhes estimula a hospitalidade. Se os tivesse distribuído, nossas relações seriam hoje muito menos cordiais.

É uma atrapalhada fazer pesquisa de etnologia com uma equipe tão grande como a indispensável para o documentário cinematográfico. Resolveremos isso no próximo ano com a tal casa-estúdio projetada para construir lá no posto. Nela serão feitas as filmagens mais demoradas, toda a tecnologia e outros assuntos. Ficando para filmagem direta apenas temas ligeiros, impossíveis de realizar fora das aldeias.

## O intelectual índio

Além da filmagem, Anakanpukú está cansado de mim. É tamanha a distância entre o domínio da cultura kaapor que ele tem, como grande intelectual que é, e a sapiência do melhor depois dele. Por isso, tenho feito pesar sobre Anakanpukú quase todo o trabalho e ainda tenho muito a fazer. O diabo é não ter uma motivação adequada para estimulá-lo. Simples promessas de presentes não são suficientes, mesmo porque ele, no conceito de sua gente, deve ser riquíssimo. Tem a melhor coleção plumária que já vi e em suas viagens a Belém tem conseguido muitas coisas. Em sua mala tem três mudas de roupa, duas redes, muitos panos para calças e saias, além de facas, tesouras etc. Até uma navalha velha. Assim, há pouco a oferecer-lhe, embora tenha uma ambição respeitável pelas porcarias que consegue dos civilizados. Isso é que me dá esperanças de conseguir sua plumária em troca de minha rede, algumas facas, tesouras, miçangas e o mais que ele desejar.
É um tipo interessante, 1,60 de altura e setenta quilos, muito bom humor, loquaz e sério. Todos parecem estimá-lo e respeitá-lo por suas qualidades de caçador, de bom companheiro, de líder e de intelectual – grande conhecedor

Darcy ouve seu principal informante, o extraordinário Anakanpukú.

de sua própria cultura. Tem estado sempre em contato com o posto, mas mal saberá umas vinte palavras de português, que mistura em altas doses na conversa com brancos, esforçando-se para ser entendido. Deve ter sido um dos astros do filme que os americanos fizeram aqui. Desse período, recorda-se do nome de dois deles, Jorge e Mike, e duas palavras inglesas, OK e *all right boy*, que ele pronuncia *Ó-kuêi* e *Ó-hái bói*. São divertidíssimas quando gritadas por ele, nuzinho, aqui no meio do mato. Falando comigo, ao invés do *katú* (bom) dos Kaapor, me diz *Ó-kuêi*.

## Eu mesmo

Não pude conseguir outro papel melhor que o de enviado de Pai-uhú, o tal Papai Grande de que o SPI tanto falou a esses índios para personalizar o doador dos brindes que distribuía. Em algumas tribos, ele é Getúlio; minha versão é Rondon, que está muito velho. Perguntam sempre por esse Pai. O seu nome, se é baixinho como eu ou forte, e se é bom. Como é sua casa, se tem miçangas, facas, ferros, panos por lá. Se tem paneiros e tipitis como os daqui. Se come farinha de mandioca e jabuti.

Como pessoa que vem através do posto, acompanhado do encarregado, que me serve como subordinado, eu teria mesmo que cair nesse papel. Daí meu nome Papai-raíra, que, por extenso, como às vezes dizem, dá Papai-uhú-miri, Filho de Papai Grande. Desenganei-os, revelando que não era filho mesmo, mas filho *rangá* (adotivo) e chamava-me Darcy. Hoje, imitando o João, dizem Totô Daxy, frisando muito o *O* para não dar em Tutú, que é Jurupari (o diabo).

Esse papel faz de mim um "doador", pessoa que vem para lhes dar coisas. Mas me permite, também, levar algumas outras que serão trocadas pelos meus brindes e até por conta do que já ganharam, o que paga a boa vontade em fazer trocas comigo. Tenho dito ao Anakanpukú que preciso conhecer os seus nomes, parentescos e genealogias, por exemplo, para que Papai-uhú não se engane sobre quais são os verdadeiros capitães e tuxauas. Os mitos, para que ele tenha conhecimento de como apareceram o Sol e a Lua; de como obtiveram arco e flecha, fogo e tipiti; de como aprenderam a casar como casam, a amarrar o membro e tratar a caça, coisas que Papai-uhú desconhece, porque os *karaíwas* não sabem.

Mas estimular um indivíduo como Anakanpukú, independente, voluntarioso e enérgico, a falar de sua gente e de tantos pormenores de sua cultura, durante horas e horas, dias e dias, é coisa que exige um reforçamento nessa motivação. Enquanto tratávamos de "extrair" ontem os nomes dos antigos tuxauas e capitães para estudar o parentesco de uns com os outros, Anakanpukú deu um sumário melhor da história do grupo. Vejamos.

# Etno-história

Moravam no rio Guamá e Capim, onde lutavam contra outros índios. Aí, chegaram os cristãos e começaram a atacá-los. Depois da morte do capitão Amarú e de outro índio chamado Xikú, eles foram para o Coracy. Nisso, morre o tuxaua Tapiá, que é sucedido por Teu-y, nascido no Capim e morto no Coracy.

No Coracy, encontraram outros brancos, que também os atacaram, obrigando alguns grupos a passarem para o Maranhão. Vieram, primeiro, Piripy, Tumen, Maiuré, Tauaxó, que se localizaram no Gurupiúna. Aqui havia outro inimigo a combater, os negros. As cabeceiras do Gurupiúna estavam ocupadas por pretos que viviam em grandes aldeias. Entraram em luta contra os mocambeiros até expulsá-los para águas do Maracaçumé. Nesse período eram chefiados por Piripy.

Um outro grupo veio logo depois para o Maranhão, liderado por Mangá, capitão no Coracy. Esse novo grupo reiniciou a luta contra os negros, obrigando-os a descer o Maracaçumé. Mas não ficaram aqui, apenas colheram a mandioca que haviam plantado e voltaram para o Coracy, onde logo depois Mangá foi morto pelos *karaíwas*. Seus principais companheiros nessa expedição foram Pã-ui-ihók, Iõ-mará, que depois da morte de Mangá voltaram para o Maranhão.

## Tuxauas e capitães

Os tuxauas são chefes gerais de guerra, de sucessão hereditária patrilinear. Em cada região há um tuxaua liderando vários grupos locais. São chamados Iakãpinin – cabeça pintada, porque usam capacetes de pele de onça –, ou simplesmente Tuixá. São eles que amarram ou atam o membro dos jovens quando eles ficam adultos. Quem foi atado por um tuxaua, se torna seu *miaçu* ou soldado.

Mirá com seu capacete vermelho de capitão.

Os capitães são chefes locais, também de sucessão hereditária patrilinear, como no primeiro caso, havendo preferência pelo primogênito quando tem qualidades de chefe. Há dois tipos de capitães. O capitão-té, ou verdadeiro, e seu ajudante, que também recebe o mesmo tratamento, mas é tido como um homem de trabalho, um *miaçu*, enquanto o outro concentra as funções de chefe. São também chamados Íakã-pitang, ou cabeça vermelha, pelos capacetes cobertos de pano vermelho que usam. Mesmo antes da pacificação usavam esses panos que, assim como o ferro para flechas, conseguiam assaltando casas de civilizados. Os atuais capitães das aldeias do Gurupiúna e seus prováveis sucessores são os seguintes:

• Piahú era capitão auxiliar do tuxaua Wirapurú, seu irmão. Agora é o chefe único até que Kosó, filho de Wirapurú, alcance plena maturidade e assuma as funções de tuxaua único do Gurupiúna. Piahú será sucedido por seu filho, Jorge, seu capitão auxiliar é Antonio Uhú, que não tem filhos machos para sucedê-lo.

• Anakanpukú na aldeia de Piahú, foragido da sua, mas recebendo tratamento de capitão. Será sucedido por Pirãguara, seu segundo filho, porque o primeiro não apresenta as qualidades necessárias para a função. Este (Xiã-nu) ficará como "capitão de trabalho".

• Karó, que lidera auxiliado por seu irmão Uyuá, será sucedido por seu primeiro filho, Papingüé, que será auxiliado por Takuararana, segundo filho de Uyuá; ou por Orang, se ele tiver oportunidade de alcançar a liderança, o que naturalmente dependerá de sua capacidade, já que seus títulos como filho de capitão auxiliar não são tão bons como ocorre com Papingüé.

Primeira expedição – Anakanpukú

• Araruna, que será sucedido por Matamatahú, seu primogênito, e pelo filho seguinte, como ajudante.
• Xiwarakú será sucedido por seu primogênito Marãniú.

O sol não apareceu. Em compensação, o inverno já trabalhou bastante os escrúpulos do Foerthmann e ele resolveu filmar a moqueação do veado mesmo sem o "indispensável sol brilhante". Assim ficamos pagos de o haver dado a Piahú e o pessoal de Koatá foi consolado com um capelão que nosso caçador trouxe. Anakanpukú não apareceu para continuarmos a conversa, esteve dormindo todo o dia e vendo o veado assar. Tem razão, é preciso estar atento para não perder nenhuma das porções minúsculas que o assador vai distribuindo pela mão das mulheres. Amansei-o um pouco com conversa mole. Lá vem ele agora, mas o intérprete não está; de qualquer modo vou receber bem essa visita tão importante e desejada. Até logo.

## Genealogia

Trabalhei duas horas mais com Anakanpukú, pensava liquidar logo com o capitanato. Iniciamos uma genealogia que inclui o mais velho tuxaua de que lembram e a partir do qual contam umas dez gerações. Nos recua uns duzentos anos atrás e deverá incluir uns trezentos nomes com respectivos parentescos. Depois procurarei estudar o matrimônio daquela gente (monógamo e polígamo), o significado dos nomes, distinguir entre eles os tuxauas e capitães, vendo como se sucedem hereditariamente. Sendo possível, as doenças que os mataram, o número dos abatidos em combates contra brancos e negros.
 Seria um maná, o material mais precioso que poderia desejar para o estudo da organização social dessa gente. É um poço de saber este Anakanpukú. Naturalmente, compreende-se que é nessa ciência de seus antepassados que se assenta sua posição social. Mas não é mesmo notável que um homem possa citar de cor, sem qualquer forma de memorização, trezentos parentes lineares e colaterais de dez gerações sucessivas? Quem mais poderia fazê-lo?
 Com a oferta do veado, nossa posição melhorou sensivelmente, há mais simpatia nos rostos e mais alegria na aldeia de Piahú. Agora mesmo, estão cantando e dançando lá na casa grande. Vou levar Foerthmann para umas fotografias e ver aquilo.

# Kosó

## A mata

**27/fev./1950** – Continuamos girando nas pontas do dilema: com sol sem *elenco* ou vice-versa. Tivemos uma bela manhã, que não teve outra utilidade senão secar bem um dos mandiocais para que eu o medisse a gosto. Nossos artistas estavam no mato. Coisa que não posso impedir, mesmo porque eles têm que cuidar de sua vida. Já é demorado o tempo que eu os retenho, filmando ou esperando o sol para filmar. A paciência deles é infinita. Tanto o jovem tuxaua Kosó, belo tipo de homem que é nosso principal ator, como Xiyra, sua mulher belíssima, e o filhinho de quase dois anos, sempre enroscado ao corpo dela pela tipoia.

Foerthmann aproveitou o tempo filmando algumas cenas da mata que abrirão o filme, criando um ambiente idílico nessa maravilhosa hileia. Depois de estar na mata umas três horas, escolhendo posições e ângulos, aquela calma me penetrou. Até pensei que era verdade, que o lírico existe e que uma mata assim não é só mosquitos, fome, suor e lamaçal, tão raro é poder gozá-la em sua plenitude de beleza.

No fundo, o que me encantava mais devia ser o descanso de não estar precisando falar mil vezes, através do intérprete, para conseguir uma pose adequada. A mata lá estava, firme. Nós é que nos movimentávamos para encontrar ângulos favoráveis. É mesmo uma beleza essa mataria em que vivo, tudo que se possa imaginar de cipós e lianas, nas tessituras mais delicadas, está aqui em realidade. Quando uma réstia de luz toca uma folha, depois de atravessar aquela cobertura densa de folhagem, é como se ela tomasse vida. O foco movente reflete sua luz em torno, iluminando flores, folhas secas de mil cores, pequenos insetos transluzentes e a água cristalina, que corre docemente nos riachos.

Mas deixemos disso, na verdade a mata é bonita, mas para ir lá você teria que atravessar um igarapé com água pelos joelhos, atolar-se na lama, cair algumas vezes, ser furada de espinhos e andar muito. Chegaria tão cansada e suada que quereria voltar logo à casa para tomar um banho quente, um café e ler um vespertino.

Só depois da gente estar aqui meses a fio, quando roupa molhada, lama, suor e espinhos já não impressionam, se pode sentar sobre um pau podre sem pensar em cobri-lo, descansar os pés num poço de lama e apreciar a beleza da mata, e ela não parecerá tão bonita quanto aí, projetada na tela e vista de uma poltrona confortável. Mas eu creio que, depois de descobrir mil vezes a mata estando dentro dela, depois de apreciá-la muitas horas mortas, que não se contam, então a gente levará dentro de si um pouco daquela paz e daquela beleza.

## Gente

São quatro horas, chove e faz frio. Falaremos, hoje, dessa gente que ainda não apresentei. Estão muito melhores agora e merecem esta notícia, não só o presente do veado restabeleceu a paz – veado e algumas miçangas para reforçar – mas, principalmente, já se terão acostumado conosco. Não nos ligam mais, voltaram a guardar suas calças e camisas de meia, que davam aos homens um aspecto de malandros cariocas com cabeleira de mulher. Agora, andam sempre nus; as mulheres, naturalmente, com as tangas, pois sem elas seria um horror viver numa aldeia onde moram tantas velhas feias.

Geralmente têm o rosto pintado com algumas linhas simples de urucum ou com pontinhos nas bochechas, queixo e testa. Usam sempre brincos de penas e colares de miçangas. Os homens jovens ainda enfiam uma pena amarela no lábio e trazem pulseiras de penas de arara. Todos têm os cabelos compridos: exceto uns poucos, que os tosaram durante a epidemia para aliviar-se do calor da febre ou como manifestação de desconsolo pela morte de parentes próximos. Os outros os trazem compridos: as mulheres usam franjinhas que vêm até as sobrancelhas, os homens um pouco mais altas; ambos cortam em linha de uma orelha a outra pela frente e, atrás, deixam cair até o ombro.

Lendo este diário, caí no sono. Sonhei não sei quanto tempo em milagres. Sonhava com você, Berta, que estava lá longe, no Rio, jovem e bela. Seria? Estudava e trabalhava quando cheguei, entregando estes diários e mostrando uns artefatos lindos que levava. Acordei. Saudades.

## A mulher índia

Há outro assunto que sempre interessou a você, a posição das mulheres nas sociedades primitivas; pois vamos falar dela, então. É uma posição elevada. Aparentemente a mulher é, aqui também, a "besta de carga" de que tanto falam observadores apressados. Mas não há nada disso. As atribuições femininas são muitas e trabalhosas. Elas também envelhecem mais rapidamente que os homens, o que só se pode dever a um maior desgaste de energias, mas isso não significa que elas sejam consideradas, em absoluto, como seres inferiores.

Aqui, como entre nós (melhor diria, vocês), os homens têm ideias meio exclusivistas, achando que são as maravilhas da criação, mas isso não é lá muito verdadeiro. Primeiro, aqui nenhum homem poderia viver sem mulher, são de tal modo divididas entre os sexos as tarefas diárias, desde as ligadas à subsistência até as cerimoniais. Um homem solteiro ou separado, sem uma mulher ao menos para servi-lo, se veria em situação embaraçosa. A recíproca é igualmente verdadeira.

Vejamos essa cooperação entre sexos, por exemplo, na luta pela subsistência. A economia do grupo é mista, consistindo na lavoura, caça, pesca e coleta, todas importantes como fontes de suprimento, embora a primeira delas forneça a maior massa dos alimentos. Estes, entretanto, não podem ser consumidos sem os produtos das outras áreas: carnes ou frutas.

Tive de parar essa conversa para atender um grupo de visitas. Conversamos muito nessa meia língua que vou desenvolvendo; acabaram me pintando a cara com urucum. Primeiro, acharam que também podiam escrever e eu lhes dei outro caderno. Depois, descobriram que minha tinta devia ser feita de jenipapo e, como tal, boa para pintar o rosto, e pintaram-se. Ao fim, descobriram que eu tinha uma cuiazinha de urucum, que vou levando para o museu, então se repintaram e pintaram a mim com linhas cheias e ponteados no queixo e nas faces. Agora, estão fazendo o mesmo serviço no Foerthmann, o que me dá tempo para esta conversa.

Anakã vem da roça com um jamaxim e um apero carregados de produtos.

Pois bem, nessas atividades, a mulher trabalha lado a lado com o homem, fazendo tarefas específicas, é certo, mas igualmente importantes. Na lavoura, os homens brocam, derrubam e queimam a mata; as mulheres plantam, colhem e preparam os alimentos. Enquanto os homens brocam, derrubam e queimam, elas cuidam das casas, levam água e alimento para eles. Depois de preparado o terreno do roçado, eles saem para caçar. Enquanto o fazem, não saem para nada, trabalham de manhã à noite. Quando não estão na mata, ajudam as mulheres, abrindo as covas para elas plantarem.

Na colheita e na preparação da comida, que se faz todo o tempo, pois é na roça que têm suas reservas de alimentos, também se entreajudam. O homem vai à roça com a mulher, ajuda a desbastar o mandiocal, a arrancar as raízes, a arrumá-las num jamaxim e a carregar. Durante a fabricação de farinha, ele provê a lenha e, ocasionalmente, pode ajudar na secagem, na prensagem pelo tipiti, na peneiração e na torrefação da farinha. Essas são atribuições femininas e eles não se sentem obrigados a realizá-las, mas geralmente, nos casais jovens, que sempre vivem juntos, há cooperação mesmo nessas tarefas e até

Xiwarakú chega em casa com seu jamaxim carregado.

Primeira expedição – Kosó

Kará fazendo fogo na mata.

Erenxin trazendo para casa um caititu.

Mulher kaapor socando pilão.

entre os velhos, quando a mulher está grávida (caso do Piahú) ou doente.

Claro que, tendo que caçar, ele não poderá ajudá-la, mas sempre equilibram as atividades de modo que estejam juntos, auxiliando-se. Nas atividades de caça e pesca, a mulher muitas vezes acompanha o marido, principalmente quando ela não está pejada.

Também saem para excursões demoradas. As caçadas, propriamente ditas, se fazem num raio de cinco léguas da aldeia. Saem de manhã e voltam à tarde, dando uma grande volta. Quando desejam percorrer território maior, saem para pousar, então vão com as mulheres e filhos mais crescidos. Nesse caso, as mulheres marcham na frente, levando um jamaxim com as redes e a farinha e, às vezes, o filho mais novo. O homem vai atrás, com arco e flecha, pronto para abater qualquer caça que apareça ou para defender a família, caso seja necessário. Quando voltam, caminham na mesma ordem, a mulher trazendo, às vezes, a caça, mas o marido sempre a ajuda quando acabam de atravessar o terreno em que se espera encontrar caça ou haja perigo.

Vi muitas vezes o Anawakú sair com sua filha, o marido e filhos, desde o que está mamando até a mais velha (doze anos), para caçadas e voltarem sempre trazendo as caças e as crianças, cada qual com um apero, de acordo com suas forças, carregado de frutas ou jabutis. Mesmo durante as caçadas, as mulheres saltam, correm, perseguindo as caças para que o marido não as perca de vista.

Uma proibição muito forte é que as mulheres toquem nas peças de caça ou pesca ainda vivas. Quem as corta e põe no fogo é sempre o homem, daí em diante a mulher se ocupa da distribuição e de servir.

Na coleta, que é quase sempre uma pequena excursão de caça, andam na ordem descrita; o homem ajuda a colher as frutas caídas no chão, derruba as árvores frutíferas, se for o caso, e quase sempre traz o seu apero mais leve que o da mulher, porque deve ter as mãos livres para usar as armas.

A pesca menor, de pequenos peixes, em igarapés próximos à casa, é feita geralmente pela mulher e pelas crianças. Isso é feito quando o marido demora na caça ou está doente e falta com que misturar a farinha. A grande

Diários índios

pesca é feita em grupo, geralmente dela participam todos os moradores de uma casa grande ou de um grupo local. Lá, as mulheres e crianças que levam o cunambi preparado o aplicam e ajudam os homens a pôr timbó e colher os peixes ou a espantá-los para o lugar onde o marido os espera com as flechas.

Além dessas atividades, todas atribuídas a um ou outro sexo, mas realizadas em comum, há outras que, demandando preparo especial, são exclusivas, como a preparação de arcos e flechas e sua conservação, em que cada homem ocupa muito tempo; ou a fabricação de potes e todo o trabalho de fiar e tecer o algodão, nos quais as mulheres enchem suas horas de lazer.

Muitas tarefas são comuns, como a cozedura de alimentos, preparação de chibé, cuidado com os filhos, manutenção do fogo, corte de lenha e até provimento de água. Homens ou mulheres as realizam, se não têm filhos menores que delas se ocupem, realizando-a o marido, se a mulher trabalha na rede, ou a mulher, se ele descansa de uma caçada mais longa ou fabrica novas flechas.

Cabe ao homem o provimento de carne. Assim, quando chega de uma caçada, sempre cansado da longa caminhada e da perseguição do animal, toma banho junto com a mulher, que lhe prepara um chibé no córrego, e deita-se. Enquanto houver carne, ele se manterá em casa, comendo, restabelecendo suas energias e, quando descansado, dedica-se às suas indústrias, como o arranjo das armas e a plumária.

O fato de ter como atribuição uma tarefa mais intermitente, embora mais cansativa, dá ao homem a vantagem de mais longas horas de lazer. As ocupações femininas, sendo mais rotineiras, de torrar farinha, sempre nas mesmas quantidades, o que a faz voltar à roça e ao forno umas duas vezes por semana; bem como o provimento de água e de lenha, quando o marido não está; o cuidado com a casa, os filhos e os xerimbabos, que é também diário, não lhes deixa tempo de folga. Assim, sobram poucas horas para o restabelecimento das energias desgastadas. Muitas de suas tarefas são penosas, como o preparo da farinha e o transporte, que de modo geral é realizado por elas.

Esquecendo os esquemas de atribuições que são demasiado formais, o que se vê realmente é a cooperação

Fiar algodão e certas folhas é uma das ocupações principais das mulheres.

Matá-mãe fiando algodão para tecer redes e saias.

Xoanin-mãe (Xixirumbí) fiando algodão.

do homem e mulher e sua interdependência absoluta. À noite, homem e mulher, cada qual na sua rede, esforçam-se igualmente para manter o fogo. Como o homem tem sempre mais o que falar, porque ela fica em casa e ele corre a mata, tendo cada dia uma nova aventura de caça a contar ou ouvir, elas principalmente escutam e mantêm os filhos atentos para a conversa dos adultos. Não se negam a manifestações de carinho, o homem trazendo para a mulher os pássaros e pequenos animais que encontra na mata; ela cuidando e pondo todo esforço na realização das tarefas que lhe cabem. Muitas vezes, me alegra vê-los pintando-se, um ao outro, com urucum e jenipapo; catando piolhos ou simplesmente coçando a cabeça num cafuné. Enfim, todas essas atitudes informais, que são a doçura da vida em comum na aldeia.

Foerthmann acaba de me dizer que não há qualquer deslize em estarmos pintados a urucum. Também no Rio, hoje, poderíamos estar assim, pois é o último dia de Carnaval. E eu nem sabia. Gozado esse nosso carnaval daqui, assim fantasiados. Ele com esse seu jeito europeu dizendo a um índio *Hê cambô* (eu sou índio) e eu mais loquaz (*Hê amôn kaapor cambõ xirikitã*).

## Chico Ourives

Ontem, à noite, tivemos mais cantorias. O Alexandre foi o tenor principal; dançaram bastante. Depois desejaram ouvir o Chico, que os engabelou durante umas duas horas com seus ditos, tão pessoais e repetidos que quase todos os índios já sabem de cor. Embora não compreendam o significado, gostam muito. Aproveitamos para fotografar os índios nas redes, esquentando fogo e até casais dormindo. Esse Chico é um negro de um metro e oitenta e não pesará mais que cinquenta quilos. Um Quixote de cor, comprido e angular, que sentado mais parece uma aranha. Canta cantigas de negros maranhenses, tocando o tamborim dos índios à modo de pandeiro e, imitando os velhos festeiros de sua terra, anuncia os cantos:

— Eu imbaxadô, sinhô, canta mais uma e canta uma cantiga pra mim.

De vez em quando, intercala um de seus ditos:

— Eh! Maranhão estas hora.

— Eh! Guimarães.

— Maranhense é que é boieiro. Paraense só quer toma tacacá.

E os estribilhos que os índios repetem:

— Eh! Menino novo, não sabe, não compreende, não gosta.

Mas não é quixotesco só no físico, esse negro velho e maltrapilho, sobrado dos garimpos. Ainda não se desesperançou de encontrar uma mina de ouro. Nem uma

Diários índios

índia com quem se casar. Seus cantos são quase sempre críticas sociais ao governo, que não os protege. Ao Legislativo, que só faz escrever papel e gastar dinheiro. Aos patrões, que exploram os lavradores, expulsando-os das terras que eles valorizam, depreciando o preço de seus gêneros. Esmagando-os em nome de uma lei que só serve aos patrões.

Na verdade, orgulha-se muito de seu estado e tudo que ele tem. Fala de "nossos governadores". Até "nosso imperador", "nosso doutor fulano que é mais curador", "nosso advogado beltrano que discursa melhor", como se fosse gente de sua casa. Cita ruas e casas de São Luís, como essa rua do Sol que não lhe sai da boca, com o tom de quem fala da rua onde mora. E sempre comenta, em suas conversas com os índios (que eles não entendem), sua incompreensão diante do governo que não os convoca para o Exército:

— Não aproveitá estes caboclões fortes para a marinha mercante ou a de guerra!

Essa parece ser sua grande preocupação.

Conhece as canções com que foram aclamados ou repelidos nos Bumba meu Boi do Maranhão cada candidato à presidência da República e situa suas memórias pelos períodos presidenciais. Conta, por exemplo, que viveu algum tempo em certa praia do Maranhão, comendo o que pescava, que o melhor cantador do povoado era fulano e a melhor casa a de seu sicrano, e precisa: "Foi no tempo do Bernardes, quando tudo vivia em estado de sítio, era só porrete no lombo de preto". A época áurea do Maranhão, para Chico, foi um período em que o governador era mulato, o chefe de polícia e o presidente do Tribunal eram pretos. Então:

— A gente metia a mão na cara de um branquinho bonito, corria lá na polícia e dizia pra "doutô fulano": ele, seu juiz, um branquinho, quis me bater e eu desci a mão nele.

Trabalhei algumas horas com Piahú na sua genealogia, agora a tenho quase completa (o que se lembra, é claro). Mas algumas perguntas ao Anakanpukú ainda são necessárias. Ele não tem aparecido, não quis trabalhar ontem e hoje cedo saiu para caçar.

A manhã foi fria de doer. Agora (duas horas), faz um solzinho prometedor, se as nuvens não se assanharem poderemos filmar alguma coisa do muito que falta.

Aqui está, me amolando, uma boa velha, chama-se Atikikí. É a mãe do garoto capitão de que falei e quem nos fornece a farinha que comemos. Quer ganhar miçangas ou, ao menos, saber se ainda tenho algumas. É uma velha de cinquenta anos, magra, sem dentes na frente, mas bonita, deve ter sido uma das beldades urubus no tempo da pacificação. Anda sempre com o rosto pintado de urucum e, como os homens e mulheres quando sadios, sempre muito limpa. Mas deixe que eu me lamente um pouco mais: Atikikí me lembra farinha e farinha é comida, a única que temos já há dois dias. Restam-nos café e duas latas de leite e uma de Ovomaltine, as últimas. Pouco valem agora, porque precisamos guardá-las para a viagem. Com café, a fome é mais doce e esses fortes cigarros de fumo paraense ajudam, também, matando o apetite.

Em grande parte, este é um caderno de lamúrias. Faço isso como comentário. O mal é que, depois de passada a fome, ficará uma lembrança dela atrapalhando a gente cada vez que queiramos rever esses dias, se isso chegar a acontecer em algum tempo. Mas como não dizer que temos passado a bananas, talvez isso valorize os dias em que só possa comer feijão.

Chegaram o Rosemiro e seus remeiros sem a canoa, deixaram num braço do Gurupiúna, a um dia de marcha daqui. Depois de remarem dois dias, acharam que já deviam ter alcançado e, talvez, até passado de nosso pouso. Foi uma trabalheira tirar troncos, em dúvida, diante de cada boca que despejava água no riacho: será que esta vai dar lá? Fizeram nova provisão de farinha e voltaram hoje com dois rapazes urubus. Gozado será se perderem a canoa nessa trama intrincada de igarapés.

# Retorno

**28/fev./50** – Acabou fevereiro. Rosemiro já deve estar a caminho para fazer nossa retirada. Aliás, ela tem certos tons heroicos que não explorei ainda. Pois veja que viagem "aventurosa" fizemos.

Nossa viagem para cá foi feita no rigor do "inverno"; creio que já falei dos igarapés enchendo, que atravessamos com água pelo joelho e até um pouco acima, nos lamaçais e baixios e nos longos trechos de picada cobertos de água corrente.

Sobre esse aguaçal caiu mais um mês de água, as chuvas de que tenho me queixado tanto tornaram aquilo intransitável e impossível. Mesmo porque, para levar o material cinematográfico com certa segurança, teremos que arranjar uma saída melhor. Como passa pouco adiante um braço do Gurupiúna que vai sair no Gurupi, bem perto do posto, resolvemos descer por ele. Durante o verão é um corixinho vagabundo que se atravessa a pé, mas engorda muito no inverno e, provavelmente, permitirá essas dez ou doze léguas de navegação.

O igarapé deve sentir-se muito honrado, porque é a primeira vez que se navega por ele e nós sempre poderemos dizer que cercados por água de todos os lados, depois de suportar um mês de chuvas torrenciais, só tínhamos uma saída. Era descer à altura da galharia das árvores, por um rio desconhecido de que não fala nenhum mapa e que ninguém antes havia navegado.

Essa saída está datada para o dia 5. Para isso, o pessoal se deslocou, no dia 25 passado, com duas montarias (canoas) e muitos machados e facões para ir abrindo caminho através das milhares de árvores caídas no riozinho. A descida talvez se faça em dois dias.

É possível que não saiamos no dia 5. Falta muita coisa a filmar e eu ainda preciso de alguns dados, que só posso obter aqui, com Anakanpukú. Mas o atraso não pode ser maior que dez dias. Dias ruins, porque nossa comida é pouca e os índios, com esse agual todo, não pescam nada e quase não conseguem nenhuma caça. É o tempo de emagrecer. Parte do pessoal que está conosco terá de voltar por terra, melhor diria por água, mas a nado, porque temos muita carga a carregar. Nós, a mais preciosa, naturalmente, a tralha de cinema e meus artefatos.

Diários índios

# Anta

**1/mar./50** – Hoje é dia de festa, um caçador do Koatá flechou uma anta ontem e todo o seu pessoal e o daqui saíram muito cedo para persegui-la. O rapaz assegura que a feriu bem e todos contam comer carne à farta. Inclusive nós. Tanto as mulheres daqui como as da aldeia vizinha estão providenciando lenha para um moquém gigantesco e já puseram meus trabalhadores a seu serviço.

O dia amanheceu claro, filmamos algumas cenas domésticas com a mulher de Kosó e outras, mas o céu está fechando cada vez mais.

Recebemos hoje uma visita importante: veio buscar uma faca o capitão Araruna. É um tipo alto e forte. Aliás, o Urubu mais vigoroso que já vi, com uma carranca das mais inamistosas. Dei-lhe o que queria e um pouco mais. Só não o deixando escolher as coisas, para não dar em abuso, e o fotografamos. Gozado é que se negou a tirar um blusão que vestia para ser fotografado de busto nu, como vive sempre. Essa demonstração de personalidade seria admirável, se ele se negasse a vestir nossa traparia. No caso, não me empolga muito. Confirmou inteiramente a sua parentela, que me havia sido ditada por Anakanpukú.

Chegou o pessoal da caçada. Já da mata, deram tamanhos gritos que toda a mulherada se alegrou, dizendo *tapiire* (anta) e pulando. Logo foram apanhar água no córrego, acender fogo, juntar e lavar as panelas. Minutos depois, chegaram cada qual com seu apero pesado de carne. Descarregaram e foram contando a caçada. Já encontraram a anta morta, mas um deles abateu também um veado e pescaram peixes de passagem pelo igarapé, tirando-os com as mãos de locas em paus podres. Jogaram os aperos no chão e foram logo retirando pedaços e picando para jogar nas panelas que as mulheres tinham aprontado.

Curioso é que nenhuma delas pegou na carne. Cansados como estavam da caminhada com aquele peso, mesmo assim eles cortaram tudo que devia ser cozido. As postas com o couro ficaram para o moquém, cujo jirau prepararam ajudados por elas.

Nosso caçador que os acompanhou conta que foi Piahú quem carneou e distribuiu as porções da anta e do veado. Ele, Koatá, o filho do capitão Uyuá e Kosó, a nobreza da terra, ganharam porções maiores. Nosso caçador e os outros, pequenas quantias; a do próprio caçador não foi maior que a do Piahú e talvez tenha sido tão grande porque ele é da realeza. Hoje vamos ter movimento, já espero que passada a chuva comecem as danças e continuem noite adentro, porque temos o que comer até de manhã.

Andei medindo as aldeias a passos, inclusive as casas. Calculando um passo em oitenta centímetros. Quando tiver medido as capoeiras e roças todas, farei um mapa geral das duas aldeias e seus roçados, fontes de água, lenha e pesca.

## Comilança

**2/mar./50** – Noite de festança, a casa ficou cheia de redes porque toda a gente veio participar do banquete. A anta e o veado partidos em postas foram colocados no moquém comum, sob a guarda de Piahú. Só Anakanpukú e uma irmã de Piahú ganharam carne para cozinhar, os outros comeram da panelada do capitão, e esse foi o primeiro petisco. Depois conversaram, fumaram, cantaram, descansaram e comeram toda a noite, olhando o jirau cheio de carne. De vez em quando, Piahú tirava uma porção e, pela mão das mulheres, distribuía, em pequenos pedaços, uma cuia com um pouquinho de farinha para cada pessoa. Pela manhã, a montanha de carne estava bem reduzida, era um morrinho à toa.

Nós é que não ganhamos mais carne que a trazida pelo caçador. Eles nos tratam como a si próprios e é natural que nos achem mesquinhos por agirmos de modo diferente. Assim é que ganhamos um peixe trazido pelo Rosemiro e só demos um pedaço ao Piahú. Era muito pouco para tentar uma distribuição e somos sete bocas, fora as indígenas, que vêm sempre comer no meu prato. Eles teriam assado o peixe, esmigalhado em pedacinhos mínimos, misturado com farinha e satisfeito a todos. Claro que não gostam de nosso processo. Qualquer que seja o produto de suas caçadas e pescarias, desde uma anta até um coelho ou um peixinho, é dividido entre todos. O caçador ou pescador é quem cozinha e distribui depois de preparado. Uma caçada grande, como a de ontem, é mesmo um banquete, porque assam num só moquém e comem juntos, o que faz da comilança um acontecimento social, com cantos, danças e longas conversas. Além de voltas pela escuridão do terreiro e até pela mata ao redor, para satisfazer necessidades e para encontros amorosos.

## Koatá

São muito curiosas as relações do pessoal de Piahú com o de Koatá. Separaram-se em 1946, depois da morte de um irmão do segundo, que ficou desgostoso e mudou-se da antiga aldeia comum. Esse pesar era a gota de exaustão, a gente de Koatá queria era ver-se livre da exploração dessa família real. São bons caçadores, suas roças são maiores e suas mulheres trabalham mais, de modo que, mesmo separados, continuam fornecendo muitas coisas aos daqui.

Nesta caçada, por exemplo, foi a gente de Koatá que abateu as caças, mas ficou com menos carne que a daqui e, ainda hoje cedo, a mulher de Piahú e uma outra foram pedir carne lá e trouxeram grandes porções, mesmo tendo aqui todo aquele morrinho de carne. As bananas e a farinha que ganhamos de lá são disputadas por eles, que as pedem incansavelmente enquanto temos. Ontem, deixaram a eles o encargo de nos dar carne de veado, embora ficassem com a porção menor.

A voracidade desses meus índios é também extraordinária. Depois de uma noite de comedoria pantagruélica, procuram farinha para chibés, pedem bananas e vão derrubar uma maçarandubeira para comer os frutos. A árvore enormíssima na orla da clareira da aldeia, carregadíssima de frutas excelentes, era uma tentação. Dói ver aquela árvore esbelta ser tombada por amor às frutinhas. Caímos todos sobre a fronde, adultos e crianças, homens e mulheres, uma verdadeira festa.

Hoje à tarde nada restará da anta e do veado. Mais de cem quilos de carne terão sido comidos por cinquenta pessoas. A única provisão que fazem é de mandioca em suas roças e de farinha por alguns dias, o demais comem assim que obtêm e depois curtem fome, comendo em comum caranguejos que as mulheres desenterram da beira do córrego, piabinhas e periquitos. Deixe-me registrar, aqui, minha admiração pela mandioca, que é cultivada em uma dezena de variedades. Inclusive aquela gorda, suculenta, dulcíssima. O admirável da mandioca é que pode ficar na roça por mais de um ano, esperando que a gente vá colhê-la, o que faz da roça um celeiro.

O dia está claro e promissor, talvez possamos filmar um pouco, e hoje ninguém sairá, porque começa o lazer que sempre gozam depois das grandes caçadas, digerindo ao embalo da rede as comedeiras fabulosas.

Temos poucos dias mais aqui e muita coisa para fazer, não só filmagem, mas principalmente obter informações. Embora eu não pretenda levar esse ano mais que uma visão geral da cultura kaapor, assuntos há que precisam ser completados tanto quanto possível.

Vou dedicar-me à genealogia de Uruãtã, que parece ser o ancestral comum de todos esses capitães e o mais velho avô de que eles se lembram. Terei que amolar muito ao Anakanpukú para completar isso, só ele, com sua sabedoria prodigiosa, pode ditar-me essa genealogia. Vamos anotando já os resultados obtidos e confirmados.

Trabalhei bastante com Anakanpukú. Ao fim, já cansado, ele começou a se confundir; também já está lá pelo 248º descendente de Uruãtã. Disse que falou tanto para o Papé-pinima, que não sabe mais. Transcrevi os primeiros cem, dando de cada pessoa o nome, o título, o lugar de nascimento e o de morte. Quando possível, também a *causa mortis*.

Não sei onde iremos parar com essa linhagem que vem dos ancestrais mais remotos até a gente de hoje, dando-lhes os respectivos parentescos e muitas informações mais. Isso é, de certa forma, a genealogia de Anakanpukú ou a relação circunstanciada de todos os ancestrais de que se lembra, de dez gerações sucessivas, e de seus parentescos com os Kaapor vivos. Não canso de me espantar com a sabedoria prodigiosa desse intelectual índio. Não conheço, nem sei de ninguém que sem nenhum registro escrito possa reconstituir uma linhagem ou parentela tão vasta.

Primeira expedição – Kosó

Xaé e Arixihú, excelentes flecheiros.

**3/mar./50** – Nosso trabalho de ontem rendeu bastante. Anakanpukú, antes de cansar-se, levou bem adiante a parentela de Uruãtã. Tivemos um magnífico sol à tarde, com que filmamos uns meninos atirando flechas, o que será talvez a melhor cena da filmagem.

Nos intervalos, entre um nome e outro, Anakanpukú para, às vezes para citar os feitos principais da pessoa citada. A propósito de um tal Nã-irã, me contou os esforços dos Kaapor para pacificar a equipe do Pedro Dantas.

## Pacificação

Os moradores de uma aldeia que ficava num braço do Maracaçumé estavam em festa, bebendo cauim, quando chegaram os brancos. Ninguém viu. Só uma mulher que foi ao córrego voltou contando que um homem de chapéu, um *karaíwa*, estava do outro lado. Tinha feito sinais para ela, convidando-a a ter relações com ele, mas ninguém levou a sério.

No dia seguinte, quando acordaram, viram que ao redor da aldeia havia muito rastro de gente calçada. Saíram pesquisando e, um quilômetro adiante, viram um curral e uns homens de fora. Enquanto eles bebiam, os brancos cortaram paus para fazer aquele cercado, de uns cinco metros de raio, na margem de um igarapé. Quando os índios foram percebidos, um dos homens saiu com terçados e panos na mão gritando: "Temos terçados. Temos panos. Temos miçangas, tudo para vocês".

Gritava oferecendo aquelas coisas. Um dos índios aproximou-se enquanto os outros gritavam, ameaçando. Quando chegou bem perto, flechou o que estava falando; a flecha não pegou, mas o homem entrou para o curral. Aí, todo o grupo rodeou e começou a atirar taquaras, encheram o curral de taquaras. Os brancos, lá dentro, gritavam que tinham presentes para eles e que parassem de flechar, senão os matariam a balas. A certa hora, começaram a atirar sobre os índios e feriram um que subira numa árvore para atingi-los com flecha por cima do cercado. Este morreu. Era aquele Nã-irã, que foi o primeiro a aproximar-se e a atirar nos brancos.

À noite, os brancos fugiram, deixando a casa cheia de coisas que os índios carregaram: terçados, facas, tesouras, miçangas, panos, tudo vermelho de sangue.

Anos depois, no Filipe Camarão, um dos índios da aldeia vizinha reconheceu em Miguel Silva o matador de Nã-irã, mas o velho disse que foi um Timbira que atirou, ele estava lá, mas não deu tiros.

Cezário, meu cozinheiro, conhece um preto que pertenceu à turma de Pedro Dantas e conta a história aproximadamente do mesmo modo. Só não fala do episódio do córrego e do sangue dentro da casa, mas confirma que um índio foi abatido na luta, embora o capitão tenha dado ordens para só atirar para o ar, a fim de espantar os índios. Gozado é que Anakanpukú não fala do gramofone, ao qual atribuem o insucesso da tentativa. Disse mesmo que na casa não havia nenhum, mas como sabe isso por informação, certamente os participantes atribuíram aquela gritaria à bravura dos encurralados. Naquele tempo não conheciam gramofones.

## Oropó

Respondendo a uma pergunta nossa sobre os melhores elementos da turma de pacificação em 1928 de seu ponto de vista, Anakanpukú falou de Raymundo Caetano e do Araújo, estimados por todos os índios. Contou, ainda, os motivos por que Oropó matou Araújo.

Uma epidemia de gripe varreu as aldeias dessa região, matando gente, principalmente mulheres e velhos, como essa última de sarampo. Na aldeia do capitão Marajoira, morava Oropó, que perdeu a mulher e um filho, ficando desesperado. Dias depois, Oropó saiu com seu arco e flechas; o capitão perguntou aonde ia, ele respondeu que ao Canindé pedir um terçado. Então, Marajoira o advertiu:

— Você não vá matar o Araújo nem o Caetano, eles são bons.

Oropó respondeu que não ia matar ninguém.

Chegou ao posto, atravessou o rio e foi direto à casa onde estava Araújo. Conversou com ele, que lhe ofereceu terçados, facas, panos. Ele não queria nada. Tomou a flecha e começou a contar como matava anta e onça. Virou-se, subitamente, e flechou Araújo e, logo depois, um Timbira.

Quando voltou, perguntaram o que tinha feito. Marajoira estava desconfiado porque Oropó não trouxera nenhum terçado, mas ele negou que tivesse matado alguém. Contudo, Marajoira, desgostoso, foi para as aldeias do Tury, mas logo voltou, seguindo diretamente para o posto. Lá, gritou pelo Caetano, chamou três vezes, mas não foi atendido. Por fim, responderam, em voz baixa, perguntando quem queria atravessar. Ele reconheceu a voz de Caetano e disse:

— É Marajoira, seu irmão.

Tratavam-se como irmãos, porque Caetano lhe havia dado um filho para criar quando ele perdeu o único que tinha.

Caetano veio com a canoa e o levou, na casa deu presentes ao capitão, mas nada disse dos mortos. Marajoira perguntou várias vezes por Araújo e Caetano só respondeu:

— Não sei, não sei.

Só na aldeia ele soube o que Oropó tinha feito. Ficou desgostoso e voltou para o Tury. Pouco tempo depois, Oropó também se afastava para morar sozinho no Tury, hostilizado por todos. Aos poucos, em torno dele foi se formando outra aldeia; morreu há poucos anos de gripe, em seu lugar está um seu irmão, o capitão Morocore.

Primeira expedição – Kosó

As perguntas insistentes de Marajoira sobre o objetivo da visita de Oropó indicam claramente que já haviam falado do matador deles, por os culpar de terem trazido a epidemia. Ademais, ainda hoje, quando um índio perde um parente próximo, fica *íarõn*, raivoso. Todos se afastam dele, porque nesse estado pode matar qualquer pessoa sem motivo algum. Curioso é que, nessas ocasiões, cobram do posto um brinde para se consolarem da perda e são especialmente bem tratados pelos outros.

Antes da pacificação, conta Anakanpukú, quando um índio ficava *íarõn*, tomava suas flechas e outra arma que descrevem como uma maça em forma de terçado, feita de madeira dura, e ia para a linha telegráfica matar um *karaíwa*. Ou para a casa de algum morador mais próximo, esperar uma oportunidade para matar alguém e roubar ferros e panos.

Foi mais um dia escuro. Continuo o trabalho com Anakanpukú, que progrediu pouco, porque recebemos a visita do pessoal do capitão Xiwarakú, que veio quase todo para cá ganhar presentes. Anakanpukú esteve toda a tarde falando com eles. É uma conversa cerimonial, o *ñeeng-hantã*, cheia de reverências, em que um capitão vai repetindo as últimas palavras de cada frase que o outro diz. Não se pode interromper isso.

Nossa "motivação" vai funcionando bem: preciso levar seus nomes ao Pai-uhú, para que ele saiba quais são os verdadeiros capitães e para que lhes mande mais presentes. Depois de cada hora de conversa, ele me faz citar as coisas que lhes trarei no próximo ano.

**4/mar./50** – Rosemiro chegou hoje cedo com seu pessoal; fizeram a subida em cinco dias, não pela distância, mas principalmente pelas tronqueiras que atravancam o rio. Pensa que podemos descer em três dias e meio; se o rio não mudar, porque subindo ou descendo meio metro tornam-se imprestáveis as passagens que abriram. Foerthmann ficará uns dois dias no posto para tirar uns retratos e esperar as cartas que precisamos mandar por ele. Descerá em seguida com o João. Por ele mandarei notícias e receberei as cartas que você tiver escrito.

É impossível escrever, há uns dez índios aqui pedindo coisas. Com mil diabos, preciso de toda a paciência do mundo para tratar a essa minha gente como eles merecem, mas bem podiam ser um pouco menos pedinchões.

## Ternura

Trabalhei de manhã com Anakanpukú e um pedaço da tarde. Não pude prosseguir porque ele, que já amanheceu mole, depois do meio-dia ficou completamente *apiay*. Deitou-se na rede com a netinha e pôs-se a acariciá-la, com a cara mais triste desse mundo. Disse que não estava aqui, tinha ido para o céu, estava com a filha que perdeu. Que fazer, senão respeitar sua dor e deixar para amanhã o trabalho.

Aliás, quero contar que ele teve um gesto de extrema delicadeza para com você, que eu não tenho como retribuir. Enquanto conversávamos, sua mulher lhe catava os piolhos e os estalava nos dentes. A certa hora, ele tomou alguns desses amáveis bichinhos, pediu que eu me aproximasse, e os aninhou em minha cabeça, dizendo que era para você catar quando eu voltasse. Embora muito sensibilizado com essa prova de afeição, procurei convencê-lo de que era melhor guardar os piolhos num vidrinho mesmo, porque, sendo poucos, não podiam reproduzir-se como era desejável para longas horas de carinho e cafuné. Então, ele me pediu um cabelo do peito e um fio de bigode para guardar como lembrança minha, que podia mostrar à sua sogra, e com os piolhos me deu uma madeixa de cabelos.

Nossos hospedeiros, principalmente Piahú, se alegraram com a notícia de que só dormiremos três noites mais aqui. Isso significa que, afinal, o patuá de presentes será distribuído entre eles e que estarão livres dessa gente que demorou mais que qualquer outra antes. Livres também da máquina de cinema, que os obriga a ficar ao sol um tempo enorme, repetindo inúmeras vezes gestos e atitudes que, isoladas, não têm sentido. Livres de minha perguntação sem fim.

O nosso astro principal, Kosó, futuro tuxaua, é uma das pessoas mais pacientes que jamais conheci. Repete cada cena, quantas vezes queiramos, sempre alegre e não insiste em ganhar presentes, aceitando sempre de bom humor as minhas dádivas. Mas ele também já está cansado de nós. Quando chegamos à sua casa ontem, o João já estava lá e ele perguntou por nós e se iríamos com a máquina, propondo:

— Vamos quebrar logo aquele troço?

Quando fomos ao córrego fazer umas cenas que faltavam, ele levou um pau que bem podia servir a esse fim, mas apenas para fazer graça para seus companheiros. Depois, o Foerthmann ficou atrás do aparelho e mandou que ele flechasse um alvo a seu lado, bem perto, para dar a impressão de que lançava a flecha sobre o aparelho. Aí, ele já pediu que afastássemos o alvo porque tão próximo era *katú-im*.

Foerthmann em ação.

Creio que para um trabalho como filmagem, que exige muito dos índios e os caceteia demais, não se pode ficar em cada aldeia mais que dez dias e se deve fazer em aldeias diferentes cada tipo de registro. Coitados, afinal, sustentar de farinha e dividir a caça com um grupo tão voraz e suportar seus olhos sempre abertos para sua vida mais íntima é muita provação.

**5/mar./50** – Um dia como os outros, um pouco de sol para umas fotografias. Diferente porque foi o primeiro de fome. Ainda não foi mau, sempre arranjamos umas bananas para enganar a barriga. Às cinco horas, quando ela mais reclamava, ainda havia esperanças, porque o caçador e os rapazes que tinham ido pescar podiam trazer alguma coisa; senão comeríamos novamente farinha com pimenta e limão.

Primeira expedição – Kosó

O forno de farinha em função Isolamento.

Trabalhei bastante com Anakanpukú, que já está cansado de citar nomes, sobretudo de repeti-los quando eu preciso rever os dados. Passamos o dia na aldeia do Koatá, junto da casa do forno, vendo fazerem farinha e conversando. De vez em quando dava uma folga para ele se refazer. Temo que volte a ficar *apiay*, se agarre à netinha e me deixe às moscas. Aliás, não é preciso deixar, porque o cansaço vem de longe, já incomodamos muito em muitos meses demais.

Tivemos mais visitas, as casas abandonadas estão cheias de gente. Vieram de aldeias distantes ganhar presentes e não tenho o que dar, já havia trazido relativamente pouco e, com um assalto que fizeram a meu patuá, a coisa se agravou mais. Pior é que tenho muitos artefatos a arrecadar e pagar.

A filmagem está praticamente completa, faltam umas poucas cenas de ligação. Será, provavelmente, agradável de ver, mas na realidade uma pobre caricatura da cultura kaapor. Para dar unidade a tantos pedaços de registros incompletos, se chamará a isso alguma coisa como "cotidiano kaapor". Dizendo que se pretende dar uma ideia da vida de todos os dias desses índios da floresta tropical. Eu gostaria mais de chamar o filme de documentário impressionista de uma cultura. Mas preciso levar alguma coisa para justificar tamanhas despesas e ter oportunidade de voltar para um registro sério de tudo isso, o que era impossível este ano com o atraso que tivemos, a epidemia e tantas atrapalhadas mais. Apesar de tudo, não conheço nenhum documentário etnográfico mais rico e detalhado que o nosso.

Aqui está um dos visitantes, quer tabaco. Depois que eu der, pedirá sal, sabão, miçangas, minha calça, meu pente, até este caderno já pediram. Só atendendo.

## Isolamento

**6/mar./50** – Manhã fria e ameaça de chuva grossa. Toda gente procura fogo para se esquentar. Só o Chico está ativo e alegre com seus ditos, salta, com seu corpanzil enorme, contando como pescava peixes com sua rede no Jararaca.

— Era peixe de fazê dó. Uma rodada daquela e tá'qui, caboclo comia mesmo. Eu, da barranca, comandava no gesto.

Agora, fala de pretos e índios, das brigas que tiveram no tempo dos mocambos, e que são a mesma gente.

— É, língua de preto e língua de caboclo ninguém entende. Sou é africano. Pihúna mistura bem com caboclo, não vê esses pihuninhas aí, tudo é cria dos mocambeiros.

Cezário anda triste e nervoso, outro dia brigou com Chico, anda sempre xingando e se lastimando. Sua obsessão é somente servir a mim e ao Foerthmann, qualquer dos rapazes que lhe peça um favor recebe logo uma xingação.

— Se queria empregado, por que não trouxe? Meu patrão é um só.

Acaba fazendo o que pedem, João o atormenta quanto pode para vê-lo nervoso. Até os índios já se acomodaram a seu gênio de galinha choca. Assim como repetem os ditos de Chico, dele repetem sempre: "*Sai, sai, sai*", gritando com voz de falsete e balançando as mãos como se tivessem formigas. É que aproveitam os cochilos do Cezário para se agacharem junto de seu fogo; quando ele acorda está arrodeado que não pode mexer, então explode com os: *Sai, sai*.

Também eles inspecionam seu trabalho dia e noite, olhando e perguntando por tudo que faz, além de quererem experimentar de tudo, o que é mais grave nessa penúria. O Cezário já está aqui, comigo, há meses. É homem de sessenta anos e esse isolamento naturalmente o perturba. Para qualquer pessoa, viver sempre vendo as mesmas poucas caras estranhas, por tanto tempo seguidamente, é difícil; se não tiver uma válvula, pode espocar. Por isso ele tem crédito comigo para mais algumas explosões.

Minha situação é semelhante, nada me causa mais dor que viver arrodeado, obrigado a conviver com esses meus índios o tempo todo. Nossas casas são estruturas de apartação, os quartos e as portas resguardam-nos uns dos outros e permitem isolamento. Aqui, ao contrário, a casa é uma estrutura de comunicação. Suas redes, armadas juntinhas umas das outras, deixam todas as pessoas visíveis, toda gente se vê o tempo todo, comendo, conversando, dormindo, fazendo amor. Eles são fruto dessa convivência compacta, nós não.

Por isso, dei para fugir da aldeia já há algum tempo. Saio, acompanhando um rio, querendo andar para tão longe quanto possível para me livrar deles, a fim de viver um pouco comigo mesmo. Mas os diabos já descobriram essa minha tendência à fuga e puseram a meninada a me acompanhar. Caio em acesso de raiva quando os descubro me seguindo.

A aldeia, sua unidade local, é um agrupamento humano que vive numa clareira aberta na mata, enormíssima. Cada pessoa que se afasta conta a alguém, de passagem, para onde vai. Assim, todos sabem, a qualquer tempo, onde está cada um. Isso significa que, mesmo fora da convivência forçada da casa, estão não apenas coexistindo, mas convivendo a vida toda, o que acaba por ser insuportável para gente como nós.

## *Anhanga*

O André voltou para o posto, foi ver sua família que está toda de cama, com sarampo. Isso está parecendo uma notícia de jornal. Pois vai mais: Rosemiro está no rio, dormiu lá, voltará mais tarde com os peixes que apanhar. O caçador está na mata, anda *panema*, embora faça todo o dia um exorcismo para se livrar dos *anhanga*. Curioso é que ele e o João estão ensinando aos índios suas rezinhas de caçador. Ontem, o Anakanpukú veio pedir o *Arapuhá-puhang*, ou seja, o "remédio para caçar veado". É uma defumação de *cunaricica*, almécega e muitas folhas e raízes aromáticas que cheiram como cabelos de cauda de veado ou de bigode da paca, e é "pai d'égua". Depois de aplicada, a gente pode "chegar junto da caça, ela fica olhando a gente feito besta", mas, no primeiro dia, não se pode atirar.

Eu acredito nessa história, só que procurei convencê-los de que no primeiro dia é que se deve matar a caça. Não quero perder um dia de trabalho do caçador. Cada vez que ele se defuma, como se defuma sempre, nunca caça e sempre atribui isso a *anhanga*. Estamos sempre sem carne. A eficiência disso, ao menos no primeiro dia, se deverá ao fato de que a caça pressente o caçador antes pelo faro que por outro sentido, teme o caçador pelo seu *pitiú*, que é anulado pela defumação. Acontece o mesmo com os coletores de óleo de copaíba, se impregnam tanto do seu cheiro forte que a caça os deixa aproximarem-se sem correr.

As razões dessa falta de caça e de pesca que afeta também os índios é a cheia dos rios e igarapés. Suas águas se derramam por imensas extensões, tornando a pesca impossível naquela massa enorme de águas. Impossibilitam também a caça porque os bichos se dispersam por toda a parte. Não há mais as referências habituais, que são os lugares onde eles bebem água, ou mesmo os rastros, que permitem segui-los. A chuva empapa tudo.

Danei-me outro dia com o caçador que contratamos porque descobri que o f. d. p. urinou no cano do meu precioso fusil Mauser e o deixou três dias enferrujando. Seu objetivo, que alcançou, era a bala, que, em lugar de sair precisa para o alto, saiu doidona, furando um buraco na caça. Estava certo de que, com os buraquinhos que as minhas balinhas fazem, os bichos iam embora passando bem. A tensão minha com ele aumentou muito ultimamente porque o desgraçado começou a cutucar a barriga de Cezário com a ponta da faca, a ponto de sangrar. Meu pobre negro morria de pavor. Danei-me. Desde então, tenho meu revólver à mão, para o que der e vier.

## Marginal

Ariuá continua sempre alegre e bem-humorado. Sai todo dia para caçar com um ar esportivo e heroico, carregando, às vezes, uma espingarda e um rifle. Está sempre conosco, visita os índios como nós mesmos, mas os considera como "estranhos". Não deseja por nada ficar aqui. Gosta mesmo é de roupas e de gente vestida, da comida temperada e de armas de fogo. Quando chegou aqui um seu tio, o capitão Araruna, o João lhe disse que ele devia ir tomar a bênção do velho. Ele respondeu logo:

— Eles são bobos, não sabem nada.

Acompanhou o João quando foi ao posto e lá encontrou uma mulher (Sipó--putire) que conheci na aldeia de Anawakú, casada com um velho. É prima de Ariuá e, assim que se viram, outra mulher que estava junto contou que o marido da companheira não prestava, se ele quisesse tomá-la era só falar. Bem que desejou, conta ele, mas estava sem munição para a arma que levava e nem tinha flechas. Senão teria rompido essa mata para fugir com ela até o Maracaçumé, onde tem parentes. Talvez uma saia, ou melhor, uma tanga tenha a força de fazê-lo voltar à aldeia. É a única possibilidade. Dos outros trabalhadores não dou notícias, é muita gente. Somos, agora, com o pessoal que trouxe as canoas, catorze bocas ou almas, como dizem os que têm bastante boia.

## Idades e gerações

Além dos termos distributivos de categorias de idade aplicados aos parentes designados como irmãos e primos, Raira, Tain-auhú, Kunhã-tã-uhú, Kun-hantãi-ay e Tamoi, colhemos alguns outros genéricos para as várias classes de idade.

| Categorias de idade ||
|---|---|
| Homens | Mulheres |
| *Táin-meen* (criancinha) ||
| • *Kurumin* (de 2 a 5 anos) | • *Tã-in* (até 2 anos) |
| • *Tuy-háu-tuã* (de 5 a 8) | • *Kuñã-tã-i* (de 2 a 8) |
| • *Tuy-háu* (de 8 a 13 – antes de amarrar) | • *Kuñãtã-raí* (de 8 a 10 – crescendo os seios) |
|  | • *In-muñã* ou *Xãby-ramun* (de 10 a 13 – antes de menstruar, brotando os seios) |
| • *Sauaé* (de 13 a 18 – depois de amarrar, tem barba) | • *Iay-ramun* (de 13 a 15 – depois de menstruar) |
| • *Saú-ay-té* (de 18 a 30 – casado, pai) | • *Puã-ramu* (de 15 a 25 – casada, mãe) |
| • *Tamoi* (de 30 a 50 – adulto) | • *Ay* (de 25 a 40 – adulta) |
| • *Pai-tamói* (mais de 50) | • *Ay-kohé-hára* (mais de 40) |
| *Ambyr* (antepassado) ||

Elas descrevem bem os estágios de desenvolvimento biológico e social de ambos os sexos, distinguindo crianças antes de andar (e novinhas) das que já andam e, depois, a pré-adolescência. A adolescência e puberdade, que no homem é marcada pelo arranjo de decoro na amarração do membro e na mulher pelo ritual da primeira menstruação. Em seguida, os jovens casados sem filhos ou com poucos filhos e, depois, já maduros, os adultos. Finalmente, vêm os velhos, com envelhecimento bem visível entre homens e mulheres.

Devíamos partir hoje, mas nem amanhã será possível; Anakanpukú saiu para caçar ontem e hoje está enjoado de ditar nomes. Já tenho toda a descendência de Uruãtã, somente falta parte dos descendentes de seu irmão Temei-kirãxin. O principal trabalho que tenho para ele, agora, é "explicar" a sucessão dos tuxauas e dos capitães e uma confirmação a mais da terminologia de parentesco.

Também o tempo anda mau, nem fotografias se tem podido tirar, senão à noite com *flash*. Mesmo assim, somente as posadas, porque há um defeito na máquina que não permite ao Foerthmann tirar *flash* sincronizado; uma pena.

Tenho trabalhado mais é em dar ordem à genealogia para que possa controlar as informações que vou obtendo. Creio que poderei levar, este ano ainda, toda a gentalha que vem de Uruãtã, mais de mil pessoas. Uma grande coisa. Uma interpretação ingênua faria dizer que toda a gente kaapor descende daquele par de ancestrais únicos. Permitiria até prová-lo, com um tipo de raciocínio dos que fazem genealogias. Suspeito que a coisa seja muito mais complicada. Estes são os nomes das pessoas importantes de que eles se lembram e cuja existência prévia é assinalável para sacramentar as importâncias sociais e os mandos políticos atuais. Certamente, eles tiveram em cada geração muito mais contemporâneos que os assinalados. Cada um de nós teve quatro avós, dezesseis bisavós e 64 tataravós, mas nem em uma família nobre se lembram deles todos. Só se registram uns poucos. Aqui é a mesma coisa.

## Saqueio

Iniciei, hoje, o saqueio aos artefatos dos índios. Havia deixado esse trabalho infeliz para o fim, mas acabo de trocar dúzias de flechas, muitos arcos e, sobretudo, muita plumária por umas faquinhas, miçangas, tesouras, canivetes, pedaços de ferro para flecha e outras bobagens que eles adoram. Levarão anos para refazer a coleção, precisarão abater milhares de pássaros diferentes, ir arrancando cuidadosamente as penas e as conservando a todo custo para, aos poucos, refazerem seu tesouro, até que venha outro surrupiá-lo.

Só me consola saber que vão para um museu e que muito mais tiraram todos os aventureiros que passaram por aqui para fazer presente ou vender como exotismo, dando quase nada em troca. Devo parecer romântico, mas somente para os que ainda não experimentaram o gosto (ou desgosto) de ver dias a fio, por meses, bem adornadas, pessoas a que a gente se afeiçoa, para acabar levando seus adornos. Afinal, me parecem tão deles como o nariz ou os olhos – o colar de dentes de onça que o Ucatá deve vir juntando desde menino; o pente que Pikuy nunca tirava da cabeleira – e, depois, os ir despojando daquilo em troca de brilhantina e contas de vidro que só os enfeiam.

Alguns poucos se apegam a seus enfeites e não os trocam por nada. Insisto quanto posso para levá-los, mas acabo lhes dando também as mesmas coisas que os outros ganharam. E também eu faço minhas concessões. Hoje, por exemplo, troquei a rede que trouxe para dormir por uma redezinha de um índio que é uma maravilha, pois me parece tratar-se da rede tramada, cujo fabrico era segredo dos homens entre os velhos tupinambás.

Sairemos amanhã de tardezinha para dormir a uma hora daqui, na barranca do Gurupiúna. Só assim poderemos fazer uma madrugada, senão o transporte da carga ocupará um meio dia. Ademais, essa gente está cheia de nós, um mês com eles, espreitando-os, amolando com filmagens, com perguntas e com essa presença de estranhos, os cansou. E quem não se cansaria de visita tão demorada? Anakanpukú não parece disposto a continuar o trabalho. Terei mesmo que deixar passar uns dias e esperá-lo no posto para completar os dados.

# Castigos

Assisti, hoje, pela segunda vez, a uma cena impressionante: pais castigando filhos com pimenta. Não sei o que fez a garotinha, ela tem uns seis anos, me chama Katú-porang, porque estas são as únicas palavras que me ouve dizer. É muito bonitinha. O pai avançou sobre ela, que se irritara com um irmão, de passagem tirou a pimenta com sal que sempre tem no paneiro de farinha para temperar seus pratos, pegou-a e esfregou a pimenta nos lábios. A menina chorou, gritou, cuspiu, arrancou os cabelos, pulou num desespero indescritível durante uma hora.

Esse não é o único recurso para "educar" os filhos. Também espancam com o que têm à mão, beliscam e puxam os cabelos. Nisso são tão pródigos quanto nós. Presenciei tanto pais como mães castigando filhos. Pareciam civilizados, tão diferentes dos xinguanos.

O recurso da pimenta é também usado em outros casos: os loucos possessos são acalmados por esse processo, bem como os assassinos raivosos. As mulheres adúlteras recebem esse tratamento até na genitália, dizem.

As brigas entre adultos praticamente inexistem, nunca vi nenhuma. Soube, é certo, de muitas, todas ocorridas na embriaguez das cauinagens. Eles se recordam até do caso de um índio kaú pela bebida que matou outro. Quando há rixas, como a que presenciei entre Piahú e Kaaró, são ciumadas que os levam a estabelecer relações claramente evitativas, a fim de impedir que se agridam.

Talvez o aspecto mais singular e admirável da vida social desses meus Kaapor seja seu enorme talento para a convivência pacífica e gratificante. É equivalente a outro talento deles, que é a vontade de beleza e perfeição que põem em todos os objetos que fazem. E, também, de sua qualidade maior, que é a capacidade de organizar uma economia solidária em que é inconcebível que alguém passe fome ou tenha necessidades que alguém do grupo possa satisfazer.

Anakanpukú, meu querido amigo, primeiro capitalista dos Kaapor, paga por isso um alto preço. Seu pendor a acumular bens além de suas necessidades provoca roubos de facas, facões e outras coisas que o irritam demais, contra os quais não pode fazer nada. Ele próprio diz que, quando o índio necessita de alguma coisa, necessita mesmo. Essa tendência, que só vi encarnada nele, se contrapõe francamente ao gênio kaapor que está sempre mais propenso a dar que a tomar.

A glória de um chefe de grupo local é ter mais roças, fazer mais artefatos para não só atender à gente que mora com ele, mas para receber dadivosamente a quem o visite. Não há glória maior para um Kaapor que, numa ocasião cerimonial, sobretudo na nominação de seus filhos, dar uma festança em que toda a gente da vizinhança coma até fartar e passe pelo menos uma noite e um dia inteiramente embriagada.

## Crianças e jovens

Naturalmente, devo acrescentar que a atitude geral dos pais para com os filhos é a mais carinhosa. As mães os levam sempre a tiracolo, em tipoias, até que andam livremente e mesmo depois disso. Tenho visto meninos de quatro anos ainda carregados e mamando. Só aos cinco são deixados à vontade, mas quase sempre sob a atenção vigilante de um adulto.

Sipó-putire com seu garotão.

Ali pelos sete é que se juntam aos garotos de sua idade para correrias pela clareira. Mais tarde, ingressam nos grupos de passarinheiros, que começam a correr os trechos de mata mais próximos à procura de frutos, ninhos e aves. Quando já "rapazotes" acompanham os caçadores (pais e irmãos) e carregam a carga na volta. Depois, já mocinhos, quando começam a se envergonhar de suas vergonhas, têm sempre as mãos sobre elas, como temerosos de que se manifestem em público. Então, começam a amarrar o nozinho com um fio de algodão. No princípio, forçando o membro a enrustir-se para dentro do corpo.

Nessa idade, as moças passam pelas cerimônias de iniciação e se aprontam para casar. Desde muito antes, trabalham arduamente com a mãe, adestrando-se em todas as atribuições femininas. Quando se casam, já têm um completo domínio das técnicas dos trabalhos femininos.

Terepí, mulher do Toy, brinca com os filhos.

Curioso sobre a passagem da adolescência à puberdade é a atitude dos mocinhos daqui em relação às calças. Encontram nelas uma saída para seu problema de esconder o sexo, quando ainda não se acostumaram ao fio estrangulador. Eles quase nunca tiram as calças; alguns eu nunca vi nus,

Diários índios

mesmo à noite parecem dormir com calças. Essa geração provavelmente se ligará definitivamente às roupas, não creio que quando adultos as abandonem. Fazem, hoje, todo esforço para obter panos. No futuro, farão ainda mais. Por esse caminho é que, em breve, se empregarão como madeireiros ou cederão sua força de trabalho a quem lhes queira dar os artigos de que não mais poderão prescindir.

Mãe e filho sorriem felizes.

## Turismo

Recebi, hoje, um presente triste. O capitão auxiliar, irmão do Piahú, trouxe um colar de dentes de onça que preparou para mim. Tem cinco dentes grandes misturados com arranjos plumários. É tipicamente um artigo para turista. Começa a surgir, assim, entre eles, essa indústria. Creio que esse colar seja a primeira tentativa de fazer alguma coisa com semelhança superficial de seus artefatos e que possa agradar a estranhos. Dentro de alguns anos estarão peritos nisso. Como é um caminho inevitável, só resta desejar que não acabem gostando, eles também, desses *ersatz*, e que cheguem à perfeição dos índios americanos nesse campo.

Fiz o Foerthmann tirar um retrato dele com o colar, estava vestido com uma camisa de meia, calças de mescla, tinha na cabeça um casquete vermelho e, no olho, um terçol. Será um retrato fiel de vinte anos de pacificação. Posto ao lado de outra fotografia deles, como ainda os encontrei, com seus adornos, em sua nudez e vigor, será um *antes* e *depois*. O etnólogo que tiver de visitar esse grupo daqui há vinte anos terá nela uma fotografia *atual* da gente que irá estudar; até o terçol estará lá para marcar o que ganharam com a pacificação.

## Guajá

Anakanpukú me contou outro dia sua excursão aos Guajá. Disse que foi matar Guajá porque tinha perdido quatro mulheres e estava desesperado, nenhuma mais o queria e talvez trouxesse alguma de lá. Mas acrescentou que no próximo verão irá vê-los novamente, porque está raivoso com a morte de sua filha e quer matar Guajá.

Da primeira vez, foi acompanhado por um grupo grande. Chegaram até as aldeias kaapor do Pindaré e, de lá, à aldeia guajá, que ele descreveu como um amontoado de casas de palha de açaí ou pindó, sobre paus dobrados ou partidos a pauladas porque eles não têm terçados. Eram onze homens, mataram quinze Guajá, inclusive um velho e uma criança, sendo oito homens e cinco mulheres. Dois deles saíram feridos, inclusive Anakanpukú, que tem uma enorme cicatriz de flecha no ombro. Os participantes da expedição foram os seguintes, que mataram, respectivamente:

- Anakanpukú – dois homens, uma mulher
- Atuá – um homem
- Tapekuá – um homem (feriu), uma mulher
- Manduquinha – um homem
- Ué-ãm – dois homens, três mulheres
- Mandueki – uma mulher
- Iryangüare – saiu ferido
- Suirá – uma mulher
- Ianam-uiú – um menino
- Aximãn – um velho, um homem, uma mulher
- Taky – uma mulher

Contou, ainda, que de vez em quando um deles sai para matar Guajá, quando é corajoso e está *iarõn*. Os Guajá nunca vieram atacá-los, porque são muito medrosos. Contaram-me que Anakanpukú é um grande guerreiro, de coragem a toda prova. Mesmo ferido, com enorme flecha pendurada no ombro, sangrando muito, continuou brigando e matou o Guajá que o ferira.

Ainda estou escrevendo sob uma luzinha miserável da bateria de cinema, é menos que uma vela, e aí vem Cezário com um mutum para nosso jantar. Hoje é dia de festa, pois as alegrias não vêm das tripas?

# Retorno

**10/mar./1950** – Pena nova na caneta! Mas não pude escrever nada nos últimos dias. A finalização da filmagem foi uma correria e uma trabalheira, especialmente no último dia que passamos na aldeia. Ontem viajamos até anoitecer. A viagem foi muito melhor do que esperávamos, pois prevíamos dois ou três dias de descida e tivemos um só. Mas vamos em ordem nessas notícias: como o Foerthmann irá embora amanhã, tenho muitas cartas a escrever e essas notícias têm de ser ligeiras.

## Despedida

Visitei casa por casa para despedir-me de todos os amigos que fiz no grupo do Piahú e no do Koatá. Todos se disseram *apiay*. Talvez estivessem, mas é mais provável que lhes desse mais alegria a partida de tanta gente que tanto os incomodara. Recolhi os artefatos que ainda necessitava nalgumas casas e partimos para dormir na barranca. A última conversa com Anakanpukú foi interessante; eu lhe pedi dois fusos de fiar algodão e ele me mandou escolher num maço. Tirei os mais bonitos. Como notei que sua mulher não gostara muito da história, perguntei: "Está bem, Korí?". Ele reagiu imediatamente, dizendo: "Não. Ela não sabe nada. Quem sabe e resolve sou eu. Eu é que sou bom, se eu quero dar ela tem que dar".
    O pito valeu a pena porque esclareceu otimamente a ascendência do marido sobre a mulher. Ou o Anakanpukú é caso especial de machão e Korí caso enfermiço de cordura?

## A mata

Ontem tive a manhã mais bonita de toda esta viagem. Descemos o rio numa manhã clara e fresca. Como o igarapezinho está transbordando de cheio, a canoa navegou todo o tempo no alto, entre árvores enormes. O rio corria muito e os remeiros tiveram pouco que fazer. O maior trabalho foi do proeiro, que vinha com uma forquilha para desviar-nos das árvores ou firmar-se nelas para impelir o barco. Viajei toda a manhã deitado sobre o toldo, olhando a mata, que nunca me pareceu tão bonita. Via sem cansaço as frondes, porque toda a rameira curta estava coberta pelas águas. A tarde não foi tão boa. Ao meio-dia, quando íamos parar para um almoço que devia compensar o jejum do dia anterior, começou a chover fortemente e não parou mais até nossa chegada ao Canindé. Tivemos de passar mais um dia a chibé, molhados até na alma. Mas chegamos bem e naturalmente uma maravilha de manhã, como a de ontem, tem seu preço e foi uma imensa vantagem descer em um só dia um riozinho que custou cinco e meio para subir. Esses igarapés amazônicos são assim, depois de um temporal de chuvas engrossam espantosamente e correm correntosos como um grande rio por meses.

O trabalho do pessoal que desbravou o corregozinho foi gigantesco para trazer a enorme carga cinematográfica. Isso se pôde ver em todo o curso, cheio de enormes árvores, que eles tiveram de cortar para nos dar passagem. A cheia fez do igarapé um labirinto de mil braços e furos que tiveram de explorar para ver qual deles levava adiante.

Triste foi que não coube todo o pessoal no barco, Ariuá e Chico Ourives ficaram na aldeia para virem por terra. Na última noite lá na barranca em que dormimos, enquanto acendia um fogo debaixo de minha rede para espantar os maruins, Chico se lamentava de não descer conosco. Comentando esta imensidão de terras desertas, o ouro que ele crê existir por aí e é impedido de procurar, dizia:

— É muita terra à toa, se um tabelião batesse meu nome num papel e me desse, eu vinha tomar conta disto. Mas ele não assina os papéis que eu quero, terra tão longe, nem ele lá sabe se existe isto. Como é grande esta mata. Veja só, o Brasil foi descoberto há tantos anos e ainda ninguém desceu este rio com terras tão boas.

Aqui no posto tudo está bem. Boudin prossegue em sua gramática tembé e já esgotou o dicionário de Montoya fazendo o seu. Mas tinha uma má notícia para mim: com chuva não se pode gravar, o fio molhado transmite para o rolo todo o ruído do motor. Uma trapalhada: meu programa de subir novamente o Gurupi para a gravação de mitos, música e documentos religiosos guajajaras, tembés e urubus vai por água abaixo. Vamos até mandar os gravadores com o Foerthmann, que leva nossos últimos cruzeiros. Não fosse a necessidade de esperar Anakanpukú e completar o material tembé e timbira, desceria agora eu também.

**11/mar./50** - Canindé: Foerthmann adiou a viagem para tirar umas fotografias da gente daqui. Não há novidades.

**12/mar./50** - Essa vida de posto tão insossa. Koatá e três companheiros, além de uma mulher, vieram buscar os presentes que lhes prometi. Estão hospedados no casarão da escola onde também moramos, mas isso não será grande reforma. Quando formos embora, voltarão a se arranchar em tapiris que eles próprios farão na outra barranca do rio. Contudo, apenas pago a hospitalidade com que nos receberam e trataram por tanto tempo. Foerthmann partiu hoje, com ele foi João Carvalho, o encarregado, a esposa e o Cezário, o que é notícia triste para nossas tripas. Inácio ficará cozinhando.

Vou aproveitar uma viagem do Mota ao Jararaca para mandar trazer uns artefatos que combinei trocar com índios de lá. Estou pensando em arranjar meio de fazer vir o cocar e outros adornos do Anakanpukú. Talvez resolva mesmo atravessar este mar d'água e ir até lá com o João, assim ouviria outros contos do velho capitão. Mas isso só será possível depois do regresso dele e quando houver concluído as verificações que devo fazer aqui do material tembé e timbira.

**13/mar./50** - Isso aqui está mais calmo, agora que saíram quase todos os moradores e os doentes sararam ou morreram. Somente Boudin e eu ocupamos o casarão que ainda é agitado pelas andanças dos índios. Pela primeira vez, eles se veem livres de andar aqui para ver o que lhes apeteça, mas irão embora hoje.

Anakanpukú não pode tardar e preciso concluir os dados para trabalhar com ele. Sempre há um quê atrapalhando a gente, desta vez é o querosene: João enganou-se e, ao invés de nos deixar uma lata para iluminação, deixou foi gasolina. Assim, na próxima semana, isto estará escuro ou claro conforme a lua.

**14/mar./50** - Dia bonito, cheio de sol. Aliás, depois que o Foerthmann saiu com sua máquina de foto e cine, os dias têm sido claros, de sol brilhante. Continuo trabalhando na descendência de Uruãtã. Hoje, para descansar, conversei toda a tarde com André, fiz mais uma verificação da terminologia de parentesco timbira, das regras de matrimônio, e obtive algumas informações sobre o grupo.

# Krê-yê

André fala a mesma língua, porém com sotaque diferente da sua mulher Margarida. Explicou que são de grupos diferentes. Ela veio do sertão maranhense. Já sua gente morava nos campos acima das nascentes do Gurupi, que alcançaram fugindo de outras tribos com que viviam em guerra. Dali foram descendo e se acabando com as epidemias sucessivas de gripe e sarampo que os reduziram dos milhares que eram aos vinte e poucos atuais. Mesmo esse número inclui o pessoal de Margarida, que é o mais numeroso. Ela veio do lado do Pindaré, também fugindo de inimigos. Vieram ter no Gurupi, na altura do Filipe Camarão. Ela própria nasceu para lá e só chegou aqui quando mocinha. André autodesigna sua gente como os Krê-yê, diferentes dos Karakaty, dos Canela (sic) e dos Manasó, que falam a mesma língua ou parecida, mas são inimigos (ou eram). É pois dos Krê-yê a terminologia de parentesco que colhemos.

Quando André era menino, toda a sua gente, então numerosa, vivia acima do Cajuapara, numa aldeia chamada Sapucaia. Seus pais tiravam óleo de copaíba, seringa e outras drogas da mata que vendiam a um Cezário Noronha, que ele não chegou a conhecer. Estabelecido em Cajuapara, junto de uma grande aldeia tembé, foi sucedido por seu filho Emídio, que André conheceu bem como regatão, vivendo ainda em Cajuapara. Quando André desceu o rio pela primeira vez, aos dez anos, ainda não havia moradores krê-yê fora de sua aldeia e imediações, todos fazendo comércio com o tal Emídio, mas havia aldeias dos outros Timbira em Praia e Araparitiua, acima do Filipe Camarão, e no igarapé Grin-Krin, abaixo. O último grupo era o mais antigo. Sua gente deslocou-se depois para Rae, onde vivia um cristão de nome João Coelho que comprava sua produção; daí foram andando para Araparitiua.

Enquanto isso, seu povo descia o rio (depois de entrarem em luta com os Tembé do Cajuapara) e se fixava, também, em Araparitiua, onde se havia localizado o regatão José de Almeida, mas não se deram bem, andavam em desentendimentos e acabaram saindo para fazer nova aldeia em Mangueira. Aí os foi encontrar outro regatão, Chico Bonafonso, que anos depois abandonava esse comércio. Alguns voltaram para Araparitiua, outros se fixaram no Filipe Camarão, porque não podiam viver longe de um regatão que os provesse de ferros, sal e remédios. Os primeiros morreram todos, assim acabou a gente de Araparitiua. Fustigados pelas epidemias e guerras, e já sem produção com a queda da borracha, desapareceram dispersos em grupinhos que nunca paravam num lugar. Os outros tiveram igual destino, morreram no posto, sendo os remanescentes estes poucos que André fixou em Soldado e os daqui.

Abaixo dou um gráfico mostrando a posição relativa dessas aldeias e a sucessão, além das informações que obtive sobre sua composição.

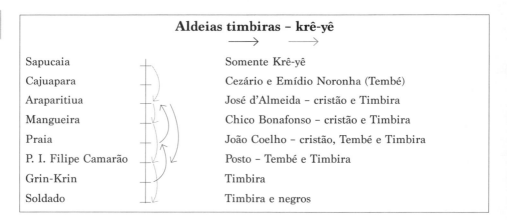

## Depopulação

André deu, ainda, algumas informações sobre os grupos tembés, que moravam na barranca do Gurupi e que ele viu desaparecer nos seus 45 anos de vida. Mostra bem como essa gente foi sempre "juntando os trapos" em novas aldeias a cada epidemia que os assolava, concentrando-se no posto e desaparecendo, até se reduzirem aos poucos que são hoje, em trinta anos apenas.

Quando André tinha dez anos, em 1915, havia 21 aldeias timbiras (Piquí, Cararú, Majatiua, Laranjal, Tucunandiua, Cajuapara, Bacurí, Apuí, Carvão, Caranandiua, Japuatá, Bacaba, Ipanema, Gurupi-Mirim, Boca Funda, Manoel Antônio, Nazareth, P. I. Filipe Camarão, Três Furos, Cap. Manoel, Daruahim). Quando completou quinze anos, em 1920, havia só catorze aldeias (Cararú, Laranjal, Tucunandiua, Cajuapara, Bacurí, Apuí, Ipanema, Gurupi-Mirim, Manoel Antônio, Nazareth, P. I. Filipe Camarão, Três Furos, Cap. Manoel, Daruahim). Em 1935, aos trinta anos, sobravam quatro aldeias (Cajuapara, Nazareth, P. I. Filipe Camarão, Cap. Manoel).

Vejamos, agora, a terminologia de parentesco dos tais Krê-yê. Não, é melhor verificar novamente, ainda não tenho absoluta confiança nisso, há certas equivalências desconcertantes, como sogra e irmã do marido para a mulher e sogra e irmã da mulher para o homem, além de genro e irmão do marido ou marido da irmã (mulher falando) e nora e irmão da mulher. Isso só nos afins. Dois únicos termos para avós extensivos à mulher do tio paterno, mulher do pai e irmã do pai (avó); mãe para irmã da mãe, irmão do pai para marido da tia e marido da mãe, além de primo paralelo (homem falando). Na geração dos irmãos são distinguidos os primos cruzados dos paralelos, sendo os últimos equivalentes a irmãos, exceto pelo designado como tio. Os filhos são designados como os filhos dos irmãos e diferente dos filhos das irmãs, que equivalem a netos. O sistema de parentesco krê-yê já é complicadíssimo. Se tivéssemos tomado todas as variantes timbiras, seria um horror.

Também há língua demais no Brasil. Só nessa região temos umas cinco, quatro variantes do tronco tupi, que são meus Kaapor, os Tembé do Gurupi, os Tenetehara do Pindaré e os Guajá, escondidos por aí entre os dois vales. Da família Jê temos hoje só os Timbira-Krê-yê, mas havia muitos mais.

Martius, o sábio alemão que primeiro classificou as línguas indígenas do Brasil, encontrou tantas que declarou serem um *colluvies gentium*. Creio que significa lugar de encontro e desencontro de povos falantes de línguas diferentes, uma confusão. O sábio supôs que seriam deteriorações de uma só língua original, correspondente a uma alta civilização que teria entrado em diáspora, diferenciando-se umas das outras.

Sabemos hoje que há mais que ele ignorava, mais de mil línguas ininteligíveis umas das outras, classificáveis em vinte e tantos troncos, e mais umas sessenta línguas alófilas, quer dizer, inclassificáveis. Tudo isso só se pode ter dado, a meu ver, no nosso longuíssimo processo de fazimento, de dezenas de séculos. Não por uma deterioração e diferenciação de uma protolíngua original, mas pela diáspora a que milhares de povos se viram submetidos, desdobrando-se em novos grupos e desenvolvendo novas falas, que acabariam por fundir-se na medida em que o processo civilizatório aqui fosse aglutinando algumas civilizações.

O diabo é que, no curso desse longuíssimo processo, chega um dia o lusitano para interromper tudo. Seu furor assassino para chacinas, a mortandade provocada pelas pestes que trouxera, as caçadas de índios. Os homens para vender como escravos, as mulheres para prenhar e trabalhar, dizimaram nossas populações originais. Ainda assim, o que resta é uma babel, tão variada que ajudará muito, quando os linguistas souberem estudá-la, a compreender a natureza da mente humana, feita de falas. Porque imaginem que quase todas as línguas europeias (o português e o russo, inclusive) são de um mesmo tronco, o indo-europeu, enquanto aqui no Brasil há dezenas de troncos linguísticos.

**16/mar./50** – Tem chovido até pouco. Sempre há, durante o dia, um pouco de sol pra animar a gente a ir ao rio tomar banho e até para se torrar um pouco no costado do batelão. Às vezes, a chuva pega a gente lá e é preciso voltar correndo, mas hoje aprendemos uma boa coisa. Também se pode tomar banho sob a chuva. Estávamos na beira do rio, procurando coragem para entrar n'água, quando caiu uma bátega destas geladas. Voltar sob a chuva fria era pior e ela devia passar logo; mergulhamos, foi bem uma meia hora de chuva e nado. Em certo momento, ficou tão escuro que parecia anoitecer, mas aguentamos firmes e, por fim, tivemos outra meia hora de sol para esquentar o couro.

## Comida

Viemos almoçar às duas da tarde. A cozinheira, uma mulher aleijada, de cara muito boa, que Rosemiro nos cedeu porque o capitão Inácio não tem mesmo vocação para cozinheiro – menos ainda para faxineiro –, estava espantadíssima. A coitada nunca almoçou em hora de jantar, nunca viu tanta gente se banhar com chuva, deve nos julgar uns loucos, pois ainda a espantamos mais. Hoje ela teria mesmo de quebrar todas as ideias que lhe meteram na cabeça sobre os doutores.

Fomos valentes para a mesa; nos esperava um pacu, de quilo e meio, moqueado. Aqui devo dar uma explicação: depois que a dona da casa saiu, fazemos cozinhar a nosso modo. Acabamos com os cozidos diários de peixe e mandamos moqueá-los, ao jeito dos índios. Cada qual ganha um peixe quando há dois ou divide o único, quando é o caso; a cozinheira depois come a cabeça e lambe o rabo. Fizemos nosso molho de limão e pimenta e avançamos. Mas com talheres não se destrincha aquilo, a mão é melhor. Dei para comer também com os dedos, primeiro o peixe, depois o arroz mesmo. Foi um passo lógico e um achado; não tivemos espinhas a nos entalar, nem a pobre moça talher a lavar.

Comemos como índios na fartura e, quando o peixe desapareceu, nos veio a mulher com um bule de bacaba, uma espécie de açaí branco, da consistência de um creme de abacate. Era preciso comer, senão azedava, disse ela; obedecemos *incontinenti*. Depois, ainda tivemos café. Enquanto era servido, preparamos dois cigarros com entrecasca de tauari de um palmo cada um: foram os charutos do banquete. Eles deram até uma ideia ao Boudin. Quer levar algumas palhas ao Rio, são ótimas mesmo. Não é à toa que os índios, que nos ensinaram a fumar, os fumem, e do

Diários índios

tamanho que fizemos é um conforto só dado aos pajés, homens de alma forte para suportar tanto "espírito".

Não é preciso concluir que, depois disso, restava ir para a rede dormir; foi o que fizemos. São quatro e meia e levantei para contar estas proezas. Acordei sobressaltado com alguém que me dizia: o trem chegou, estão chamando o senhor na estação. Me figurava dormindo num lugarejo e minha mulher, você, passando de trem, mas logo reconheci o quarto e o caderno sobre a mesa.

Não há mais a dizer, só essas coisas simples da vida diária aqui no posto. Continuo trabalhando na genealogia que Anakanpukú me ditou. Já soma mais de mil nomes, cobrindo dez gerações. É coisa extraordinária que ele guarde na cabeça, sem qualquer registro, tantíssimos nomes. Me dá não só o nome de seu ancestral ou parente, mas o lugar em que tem enterrado o umbigo e a cabeça. Vale dizer, onde nasceu e onde está sepultado. Hoje acabarei de passar a limpo e conferir. Começarei, então, a catar os casais para ver o parentesco dos cônjuges, isso até que chegue Anakanpukú. Quero, ainda, entremear tudo isso com a conclusão dos trabalhos sobre Timbira e Tembé, de que eu tenho me ocupado também. Depois restará esperar o João para uma viagem ao Anawakú. Vou mesmo enfrentar o aguaceiro, mas tenho ainda dados dispersos nas cadernetas a organizar, como uma visão de conjunto do sistema integrativo dos Kaapor, através das observações sobre a adaptação ecológica do grupo de Piahú.

Vamos agora trabalhar, páginas atrás, na linha de nomes. Estou no 1022º descendente (afim) de Uruãtã.

**17/mar./50** - Quando tomávamos banho, ouvimos gritos do outro lado, e mandamos o André atravessar com a canoa para sondar. Eu cuidava que fosse Anakanpukú. Nada, eram dois velhos conhecidos da aldeia de Anawakú que vinham pedir remédios para Arí-djú, seu filho, que continua mal do pé. Mota já esteve lá, tratando-o, mas parece que sua dedicação foi a mesma de quando foi acudir a gente do Piahú atacada de sarampo; voltou no outro dia, cheio de palavras. Eu dava este rapaz por curado e agora vem isso; o pior é que nem temos medicamentos nem intérprete. Eles pedem que eu vá com eles, mas não adianta, tenho que esperar Anakanpukú e de nada vale estar lá de mãos vazias, acabamos as pomadas e as sulfas tratando o pessoal de Piahú. Resta mandar o Chico Ourives, que, com sua habilidade de ervateiro, fará melhor que nós.

## Perdidos na mata

André passou a noite na mata: estava caçando uma anta e se perdeu, sem fósforos, comida e rede, teve de ficar acordado espantando os maruins com as mãos; está todo empolado. São comuns aqui esses desvios. Outro dia foi o João. Alguns dos perdidos têm ficado até quinze dias na mata, quase sempre sem fogo, perdendo o facão e a arma no segundo dia, quando os levam, e comendo frutas até encontrar um caminho. Certo morador de Jiboia saiu para caçar e andou nove dias perdido na mata; acabou saindo em Marajupema, na embocadura do Coracy, tão magro e assustado que morria três dias depois. Pior foi um preto, morador de Camiranga, que andava procurando umas vacas tremalhadas, acompanhou-as até à mata, perdeu-se e, quinze dias depois, saía também na embocadura do Coracy, nu, todo rasgado de espinhos; só tendo consigo o laço de manilha que trazia para pegar a vaca quando saiu de casa.

O João perdeu-se durante uma caçada, confundiu os igarapés e a noite apanhou-o desorientado. Subiu numa árvore e passou a noite agachado numa forquilha, lutando contra os mosquitos. Perdera a faca, não levava fogo e choveu durante toda a noite. Conta horrores da mosquitaria e do desespero. Quando encontrava uma picada, saía correndo como um louco, para decepcionar-se ao ver que se fechava adiante e só conseguira meter mais espinhos no corpo. Chegou aqui ao anoitecer do segundo dia, faminto, todo lavrado de espinhos; e ainda teve uma semana de rede para curar os tumores, que logo a seguir lhe foram arrebentando pelas pernas, provavelmente lembrança de aranhas peçonhentas que ele nem sentiu quando o picaram, tal era o desespero. Essas são as histórias daqui, coisas de que todos gostam de falar, frisando muito o perigo das cabas (marimbondos) e, sobretudo, das cobras e onças.

Terminei a anotação da genealogia Uruãtã; já fiz, também, a verificação possível. Agora é esperar o informante para colher outros dados, como a posição social de toda aquela gente e as *causa mortis* mais interessantes, como os mortos por brancos, por negros e por outros índios.

**18/mar./50** – Nada de novo. Chegaram da aldeia de Piahú o Alexandre, sua mulher e dois rapazolas. Vieram pedir mais facas, terçados e miçangas. Trouxeram uma flecha e algumas pulseiras para trocar. O malandro deixou lá sua flauta de taquara que eu tanto queria, mas voltarão de mãos cheias, porque tenho a pagar a hospedagem de mais de um mês em sua aldeia.

**19/mar./50** – Nada de novo, esta rotina do posto e algum trabalho com André têm sido nossa atividade.

Alexandre conta que Piahú está *ninnõ*, sua mulher teve o filho que esperava para o próximo mês. Ainda bem que ele foi providente, vinha juntando carumbés brancos há uns três meses, assim terá o que comer durante seu resguardo. Aliás, é uma menina, o que deve deixá-lo *apiay*. Têm preferência decidida por filhos homens, sobretudo os capitães, mesmo já tendo um filho para sucedê-lo, como é o caso.

Anakanpukú está a caminho com a mulher e o sucessor, um garoto de doze anos muito inteligente. Chegarão hoje ou amanhã e já é em tempo, porque tenho pronto o material para nosso trabalho. Agora, o que cabe fazer é prendê-lo aqui alguns dias para as conversas. O difícil é que o posto está sem provisão de farinha, como sempre, aliás. Mota foi ao Jararaca, ficou uma semana e, de volta, só trouxe para ele.

Diários índios

Deixe-me contar uma boa: sabe como os índios chamam o Foerthmann? Tamoi Kohehara. Não contentes de chamá-lo "avô", ainda acrescentam este "velho". O Boudin se diverte muito com o apelido.

Estou programando meu trabalho de modo que regresse ao Rio, aproximadamente, a 5 de maio. Assim, chegaremos exatamente seis meses depois da partida. Uma boa temporada de mato, não há dúvida. Para isso, será necessário partir daqui a 20 de abril, ou seja, daqui a um mês. Este tempo o aproveitarei até o dia 30 no trabalho sobre os Tembé e Timbira, completando os dados a respeito dos Kaapor com Anakanpukú.

Depois de 30, irei com João ao Anawakú, quero ver se é possível acabar de desbravar o Gurupi-Mirim, ir até a metade do caminho que fizemos e, de lá, nos metermos no braço que avança para sudoeste, rumo àquela aldeia. Por lá poderemos ficar uns dez dias e os restantes aqui no posto, preparando o regresso. Isso deve ser feito com verba ou sem ela; se atrasarmos, esperando por eles, poderemos ficar aqui até setembro.

# Parentesco timbira

Os designativos de compadresco que demos junto aos de parentesco referem-se a relações criadas pelo "reconhecimento" de recém-nascidos. André se exprimiu assim:

— Quando a mulher começa a ficar com dores, todos já ficam de olho. Quando nasce o filho, logo perguntam o que é. Se nasce menino, o tio vai até lá onde ele está deitado no chão, abre as pernas sobre o menino, cantando não me lembro o quê. Se é mulher, vai a avó ou a tia fazer o mesmo serviço; esta parenta fica sendo *Ikú-êré* do pai e da mãe do menino, que é como compadre; o do menino fica *Í-krã-kêi* deles, que é quase como filho, e chama aqueles padrinhos de *In-pã-kêi* ou de *In-nã-kêi*, quando é mulher.

Sobre regras de casamento, ele só me adiantou que não se pode casar com ninguém que se trate como parente de qualquer grau. A distinção entre primos cruzados e paralelos não envolve permissão de matrimônio. Acredita que os filhos dos irmãos dos avós devem ser tratados como *tios* e *tias*, mas não está certo disso. Acha que não são parentes os netos dos irmãos dos avós, sendo permitido o casamento com eles, pois "já se tratam pelo nome mesmo".

Mas, ainda, há uma questão a desvendar: a velha Margarida, que pertence a outro grupo, não poderia dar, através do André, sua terminologia de parentesco? Vamos tentar.

## Terminologia de parentesco timbira
### Krê-yê (cabeça pequena)

Consanguíneos:

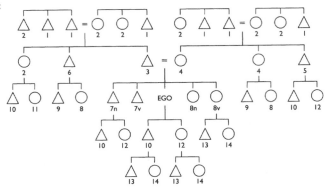

Afins:

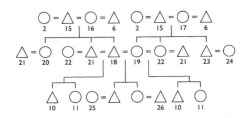

**Termos**

*Homem falando / Mulher falando*

1) In-krã-tum / –
2) Tí-yê / –
3) Itxú-é (voc.) In-pãm / –
4) In-txê (voc.) In-nã / –
5) Kí-ty / –
6) In-txúm / –
7n) Iõ-hé-uyê In-tõ-ué / Itoá--mehun-mé
7v) Ihá-yê É-intõ / Itoá-mehun
8n) Itoá-menty In-tõ-yê / In--iõ-hé-kwo-yê
8v) In-tõi / Ipiá-txú-yê
9) Iõ-hé-ikêd
10) In-kãm-tére (voc.) / Ií-krá
11) Í-túa
12) In-katxú-yê (voc.) / Ií-krá
13) Ikam-hirõ (voc.) / Iá-pái
14) Iá-pái-txúi
15) Pái-kê-yê
16) Ítu-katúi
17) Hó-txú-yê
18) In-pien
19) Idí-ty
20) Ítu-katúi-yê (com filhos)
21) In-piá-iõ
22) Hatxú-yê
23) In-pá-yê
24) Ituá-hatxú-yê
25) In-pã-yê
26) In-piá-iô-yê
27) Mé-iprõ

Ikú-êré – compadres
Í-krã-kêi – afilhado
In-pã-kêi – padrinho
In-nã-kêi – madrinha
In-prõ – amante do marido
In-piê-gitó – amante da mulher
Apré-ké-yê – teus sogros
Mé-krá – seus filhos

Nota: Yê – diminutivo
I ou In – meu
A – teu
Õ, Iô – dele
Non – seu, respondendo
Kéi – substituto, "tal como"

## Genealogia do André

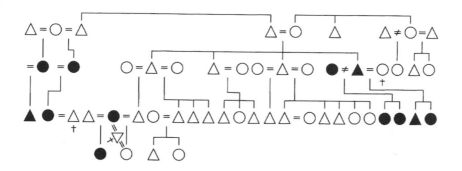

Nota: Os estranhos ao grupo estão marcados com uma cruz e os vivos em negro.

# Cantos dos índios

**20/mar./50** – Ontem tive uma revelação interessante: os cantos urubus, que ouvi tantas vezes, cuidando que fossem litanias nostálgicas ou alegres, sem palavras, têm suas letras. São cantados de modo tão engrulhado, com as palavras de tal modo fundidas umas às outras e estropiadas, que um ouvido mouco como o meu nem percebe. Mas as têm, é o que importa.

Verifiquei isso porque ontem um rapaz caçou um socó e o trouxe aqui. Logo Alexandre aproximou-se e começou a cantar o Socó; cantava compassadamente, indicando as partes do pássaro que ia descrevendo, e dois índios tembés e André, que estavam junto de mim, foram traduzindo o que podiam.

Desejei tomar todo o texto na língua dele, pois sei que será impossível grafá-lo no rolo, mas não consegui, ele não é capaz de recitar as palavras, apenas as pode cantar num ritmo mais lento, que é por demais ligeiro para eu acompanhar escrevendo. Assim, me contentei com as frases soltas que os índios foram dizendo, que devem dar uma ideia do canto. Vejamos:

> Sou o socó, meu arpão (bico) é grande e forte
> Tenho um arpão bom para procurar peixe
> Minha cabeça é vermelha e o meu pescoço pintado de penas brancas.
> Socó bonito
> Eu já estou num galho alto na beira d'água, pronto para pescar.
> Minhas asas são fortes e boas para voar.
> Minhas asas são bonitas, suas penas de baixo são lindas como a cauda
>                                                                         [do Jacamim.

As guias de minhas asas são bem cinzentas
e as plumas de cima são pintadinhas, avermelhadas.
Minhas canelas parecem taboquinhas e minhas garras são como agulhas.

À medida que cantava, ele ia mostrando o bico longo, forte e dentado do socó, que compara com um arpão; a plumagem do pescoço entremeada de penas que dão o efeito de um colar. Passava depois às asas, que abria, mostrando as penas internas, e acabou falando dos pés. Como seriam os outros cantos deles? Têm um grande repertório sobre pássaros, quero conseguir isso.

Afinal, Anakanpukú chegou. Ali pelo meio-dia, ouvimos buzinar na outra barranca, era ele; trouxe consigo o filho mais novo e três índios que vieram atrás de presentes. Pretende ficar apenas dois dias, a dificuldade será alimentá-los nesta penúria em que vivemos. Por hoje está jantado, já trabalhou umas horas na genealogia e agora dorme com o filho no meu quarto.

Boudin é que não gosta nada das confusões que os índios criam aqui no posto. Para seu trabalho precisa de silêncio e sossego. Sobretudo porque seus informantes, já naturalmente sem grande capacidade de atenção contínua, se distraem com qualquer coisa e confundem tudo. Mas os índios não desconfiam, rodeiam-no como a mim, olhando o que faz Boudin, intermeando perguntas suas às que ele faz ao informante ou querendo tomar o lápis para escrever. Neste momento, Alexandre canta lá no outro quarto com toda a força dos pulmões. Queria vê-lo trabalhando na aldeia com cem demônios assanhados em torno, teria de se acomodar.

## Desafios

As questões que tenho de verificar com Anakanpukú são:

- Genealogia Uruãtã;
- Verificação dos nomes de pessoas;
- Categorias de idade;
- Terminologia de parentesco;
- Distribuição das aldeias, roteiro 1951;
- Relação de tuxauas desde Uruãtã;
- Discriminação da coleção plumária;
- Expedição aos Guajá;
- Governo e justiça;
- Ritos de passagem: nascimento, resguardo e *couvade*, nominação, iniciação, casamento, morte, enterramento e luto;
- Relação de plantas cultivadas, animais de caça mais frequentes, principais produtos de coleta;
- Nomes relativos à terminologia e ao equipamento civilizado.

Tenho, naturalmente, muitos outros problemas, mas, se resolver estes, será uma grande coisa, os outros podem ser obtidos ou verificados com a gente de Anawakú.

E nessa lista nada consta da maior esfera da cultura, que só pode ser revelada através da mitologia, do xamanismo, dos cantos e histórias de casos que este ano não pudemos atingir, nem quisemos, para nos concentrar nos aspectos mais "visualizáveis" da cultura.

**21/mar./50** – Trabalhei todo o dia com Anakanpukú. Revi todos os assuntos programados, exceto os nomes dos artefatos plumários, o que farei hoje à noite. Amanhã ele voltará, mas promete estar aqui de volta dentro de cinco dias para pegar a calça e a saia que lhe prometi mandar vir pelo João. O mais importante dessa nova visita será a aquisição de seu patuá, que ele prometeu trazer. Vou encomendar-lhe, também, a flauta do Alexandre e um tambor, se for possível conseguir com Kosó.

Mas deixemos essa conversa para amanhã, que está escuro e temos o que fazer depois do jantar.

**22/mar./50** – Anakanpukú acaba de embarcar para o outro lado, fizemos bom trabalho. Infelizmente, não consegui uma relação de nomes de artefatos, senão as designações gerais pelas quais são indicados, geralmente referentes ao pássaro de que são feitos, e nem esses nomes pude obter em português porque o Mota é bem fraquinho em nomes de passarinhos.

# Genealogia

A genealogia Uruãtã ficou completa e confirmada de baixo para cima e de cima para baixo. Desconfio que ainda tenha alguns erros, mas não pude verificar mais. São mil nomes em que a gente e o informante se confundem se começam a repetir muito. A terminologia de parentesco ficou terminada com a obtenção das designações dos filhos dos avós. Merece minha confiança, mas vou verificá-la com Anakanpukú, ainda assim. Obtive ainda uma pequena lista de nomes, com os significados, que dá uma amostra dos motivos geralmente escolhidos para nomes de pessoas. Vimos, também, as categorias de idade e distribuição das aldeias, expedição dos Guajá e alguma coisa mais, embora pouca sobre controle social.

A terminologia aplicada aos filhos dos avós revela que se processa o casamento de sobrinhos com tios avós, filhos dos tios cruzados dos pais, pois são designados como os primos cruzados com termos equivalentes a "marido da irmã" e "mulher do irmão". Curioso é que os indivíduos da geração dos pais filhos dos avós, com que o casamento é possível, são designados pelos pais e pelos filhos com os mesmos termos, sendo ambos casadouros com eles. Precisamos verificar isso; não é estranho, pois em outras posições ocorrem os mesmos termos para tratamento de diferentes gerações, mas merece atenção especial.

A avó pode, também, ser designada pelo termo Ary que, entretanto, parece ser mais convenientemente aplicado às irmãs dos avós. É outra questão a exigir provas. Os problemas que continuam me preocupando nesse campo, além dos dois últimos, são a designação *Imu* e *Iãmu* para irmão e irmã, semelhante demais à portuguesa, e a aplicação do termo *Iky-y* a três gerações diferentes.

O tuxauato e o cacicato dos Urubus são patrilineares e de sucessão hereditária, com preferência pelo primogênito, que entretanto pode ser postergado em benefício de um segundo ou terceiro filho, se o primeiro for incapaz ou um dos outros muito mais capaz que ele. O pai escolhe seu sucessor, podendo mais de um filho obter o título.

O capitanato é conferido por um capitão que, numa festa para este fim ou aproveitada para isso, junto dos camaradas, senta-se ao lado do futuro capitão (estando ambos com o boné vermelho) e toca no boné com a mão direita, dizendo que "agora, é capitão verdadeiro"; depois troca com o novo o seu arco de *mirá pirum* e algumas flechas. Essa descrição sumária nos foi dada por Anakanpukú, que promete fazer esperar a "coroação" do Kosó como tuxaua até nossa chegada. Essas coisas só vistas mesmo.

Essa coisa de chefia é muito estranha. Suspeito que "capitães" ou *acang-pitang*, cabeça vermelha, como eles dizem, seja influência nossa. Chega-se às aldeias perguntando pelo "capitão". Trata-se como tal, respeitosamente, ao índio mais prestigiado e poderoso. Os índios teriam adotado o nome capitão como o ouvem, que é *acang* (cabeça) e *pitang* (vermelha), passando a pedir panos dessa cor para coroar as chefaturas que os levamos a reconhecer. O certo é que nenhum "capitão" manda em ninguém. Pode é influenciar se tem prestígio. Quando pedi a Piahú e a Koatá que me dessem índios para carregar minha carga até a beira do rio, eles tão somente disseram, numa reunião do fim da tarde, que iam me ajudar a levar a carga eles mesmos. Diversos índios disseram que também iam me ajudar.

Na prática, "capitão" é um homem muito relacionado por parentesco com outros membros de sua aldeia, que faz grandes roças, é bom caçador e, em consequência, dá mais do que recebe. Nada parecido com o nosso conceito de chefias mandantes. Essa minha teoria só falha porque a designação *acang-pitang* é antiga, como se vê nas genealogias, de sucessão hereditária e costuma ser ratificada por uma cerimônia de imposição do tal casquete vermelho. Regras válidas também para o tuxaua, que entretanto não tem obrigação de dadivosidade, cuja função reconhecida era chefia na guerra e talvez também nos cerimoniais de antropofagia, e no encargo de "amarrar" os jovens que entram na puberdade, fazendo deles seus comandados – *miaçus*.

Diários índios

## Linhagens de tuxauas e capitães

Tuxauas
- 1) Uruãtã
- 2) Té-uy
- 3) Pã-dák ou Kun-mã
- 4) Tapiuin
- 5) Sarí
- 6) Té-uy
- 7) Iú-rungüí – atual, do Tury
- 8) Daxí – sucessor

- 1) Kaiapy
- 2) Sauy
- 3) Sapaté
- 4) Iusé
- 5) Maitaré
- 6) Wirapurú
- 7) Kosó

Capitães
- 1) Temikí-rãxi
- 2) Tapiá
- 3) Takí-acyk
- 4) Marukú
- 5) Marary
- 6) Urukú
- 7) Kã-uiren – não teve descendentes, interrompendo a linhagem.

- 1) Sauy
- 2) Tamúi-pé
- 3) Kaiapy
- 4) Maty
- 5) Ti-angüara
- 6) Tun-mé
- 7) Nuar

### Nomes de pessoas e seu significado

1) Uruã-tã – nambu corcovado (duro)
2) Temikí-rãxin – *temiriki*, rabinho, como de anta ou porco; *rãxin*, ponta.
3) Taky-asík – o mesmo que Pã-néun-asík, uma espécie de cobra-boi (?)
4) Piripy – raiz de uma gramínea cultivada pelos índios que serve para fazer colares; tem um perfume característico
5) Koaxí-uhú – quati grande
6) Tapiá – uma espécie de arara
7) Tatú – tatu
8) Tun-mé ou Katumé – banana são tomé
9) Tõ-ken – peixinho que vive na areia dos igarapés e ferra os pés da gente
10) Irapá-ray – títalo, cipó que usam para enrolar no arco
11) Teren-sá – madeira tatajuba, que se usa para fazer canoas
12) Tapinin – nome de um pequeno pássaro
13) Páu-rin – farinha
14) Aré – flor de pau-d'arco
15) Marukú – o mesmo que Urukú
16) Iry-karú – árvore que dá uma resina como almécega, boa para defumação
17) Tauá-xó – almécega fofa que usam para misturar com o fumo no tauari
18) Tákuá – taboca grande, taquara
19) Uy-tar – saracurinha, passarinho que pula no chão com o rabo arrebitado
20) Eremy – abelha, espécie
21) Iusepá – lagoa
22) Manen-ken – espécie de árvore (?)
23) Orasára – urubu
24) Iauá-Tatá – cachorro grande (ou fogo)
25) Ná-irã – peixe jeju
26) Karauá – acará, peixe
27) Xará – abelha, espécie
28) Kaiá-uiry – inajá
29) Numiã – nambu-relógio
30) Makapin – peixe, acari
31) Paí-apyk – árvore, maniva de veado

Primeira expedição – Retorno

32) Murary – o mesmo que Uirary, madeira que tem no rio Capim
33) Tapií-xãby – peito de anta
34) Nin-iú – formigão
35) Matrin-ña – macaco cuxiú
36) Matá-uakú – peixe, cascudo
37) Kupá-rinby – perdição da mata
38) Uary-rumy – beija-flor
39) Tã-uã-ipen – arara grande
40) Soá-puy – homenzinho
41) Aramí-ãtã – arara dura
42) Marí-aton – Maria (?) da noite
43) Kaiuré-rinby – caburé
44) Iauá-rupik – cachorro grande
45) Matáiá-rinby – periquitinho
46) Mapiá-rinby – céu vermelho
47) Uarakú-rinby – peixe (?)
48) Kurú-rin – nambu corcovado
49) Pã-nã-rinby – borboleta
50) Terenbehú – língua grande
51) Teren-bey – língua pequena
52) Tãby – seio
53) Itá-djá – pedra de amolar
54) Ará-iunby – arara
55) Iã-uakin – jenipapo
56) Uirá-iurá – tucano
57) Katirin – seringueira
58) Iapú-rixã – japu grande
59) Trotó – peixe
60) Iurá-humã – gavião grande
61) Kiréri – cigarra
62) Iauáruhú – cachorro grande
63) Parãnapukú – rio comprido
64) Icorahi – rio do sol
65) Ã-pin – besouro, broca de pau
66) Kuaxí-ã-pui – focinho do quati
67) Tapiír-uhú – anta grande
68) Anakanpukú – *anakã* grande
69) Mirá – pau
70) Mirá-pihun – pau preto

## Relação das aldeias atuais e respectivos capitães

Gurupiúna
1) Piahú – capitães Piahú, Anakanpukú, Koatá, Pa-yn-a; tuxaua Kosó
2) Pary – cap. Pary
3) Anawakú – cap. Anawakú
4) Maíra – cap. Passarinho; Ieren
5) Arasú – cap. Arasú
6) Irí-kiú – não tem capitão; Narãi, que é de lá, mora com Kaaró, seu sogro

Maracaçumé
7) Kaaró – capitães Kaaró, Uyuá, Narãi
8) Caldeirão – o cap. é Anakanpukú, que está na aldeia de Piahú
9) Xiwarakú – cap. Xiwarakú

Parawá
10) Tarikí – capitães Tarikí, Muxixí
11) Pikuy – capitães Iupukú, Kaiauiry, Tuety, Iuapá-ray
12) Tá-iú-í – capitães Tui-kã, Iun-gi-uhú, Kirisá

Tury
13) Uirápary – capitães Cipó, Karay-mondok
14) Djú-ru-gy – tuxaua Djúrugy; capitães Mirahú-riú, Sinariú
15) Morokóro – cap. Morocore, Makapá-iué
16) Xupé-kity – cap. Xupekity
17) Parã-napuk – capitães Ipá-ruri, Xi-ruyre

Braço do Tury
18) Xapy – capitães Xapy, Irã-pin
19) Tukuá-uhú – capitães Tukuá-uhú, Iukapé-puy
20) Tapuro – cap. Tapuro
21) Uirá-kuno – cap. Uirá-kuno
22) Karapãnã – cap. Karapãnã
23) Ixin-nariú – cap. Ixin-nariú

Jararaca
24) Koaxí-purú – cap. Koaxí-purú
25) Major – capitães Ventura, Uirá-y, Xã--tarixã

Coracy
26) Ingarussú – capitães Ingarussú, Manduquinha, Xapó, Uirá-iusé

**Notas sobre as aldeias a que se refere o recenseamento de 1943**

• Taráe – Ou Tumé, morreu em 1946; o que resta de sua gente está na aldeia de Koaxipurú.
• Tumé-uhú/Piahú (antigo) – A velha aldeia de Piahú do tempo da pacificação, reduzida a umas vinte pessoas, ainda existe; ele foi sucedido por Tumé-uhú, que o foi por Major e este por Wiramurú, falecido aqui no posto há dois meses, atualmente o capitão é Ventura.
• Maíra – Faleceu em 1948.
• Tã-guá – Extinta, toda a sua gente já morreu.
• Arixã – Extinta, os remanescentes moram com Tapuro.
• Asará – Filho de Caldeirão, não é capitão; a aldeia ainda existe.
• Tuahutí – Morreu, sucedido por Xiwarakú, no Maracaçumé.
• Toró – Quase toda a sua gente morreu; mora agora, com uns três mais, fora do "território", debaixo da linha telegráfica do Tury para Maracaçumé.
• Hiuiuá – Ou Uyuá, mora com o irmão, Kaaró.
• Aihú – Faleceu, sua gente está com Tóy; não têm capitão, moravam onde está hoje Piahú.
• Curáu (Acurau) – Ele e toda sua gente morreu de catarro (gripe).
• Uiturapí – Todos morreram de catarro.
• Marakãbá – Sucedido por Tué-ty.
• Miarí – Pirú-y sucedeu.

A maior das aldeias atuais parece ser a de Xapy, que fica em águas do Tury Não há mais índios urubus no Pindaré; segundo Anakanpukú, ali, hoje, só moram *karaíwas* e Guajajaras. O roteiro do posto Gonçalves Dias para cá deve ser o seguinte:

• P. I. Gonçalves Dias – Pindaré (quatro dias)
• Sipó – Tury (dois dias)
• Takiry – Parawá (um dia)
• Xiwaracú – Maracaçumé (um dia)
• Piahú – Gurupiúna

Do Piahú se pode sair para Xapy, que fica no Tury, mas muito acima de Sipó.

• Piahú (dois dias)
• Xapy (dois dias)
• Tapuro (um dia)
• Xipé-kity (um dia)
• Xi-nariú (um dia)
• Major (um dia)
• Jararaca

# Guajá

A expedição aos Guajá, a que nos referimos, foi realizada por todo o grupo citado atrás, liderados por Anakanpukú, que os convidou para a façanha. Foram depois de

Primeira expedição – Retorno

uma epidemia de gripe que matou muita gente. Todos os participantes estavam *iarõn* (ou *apiay*) pela perda de alguns membros da família e foram se consolar com os inimigos que lhes restam. O motivo de cada um deles ter participado foram os seguintes: um perdera sua terceira mulher e não encontrava outra, estava triste e raivoso; três outros também ficaram viúvos, por morte da mulher; dois deles perderam o pai; três sentiam-se órfãos dos filhos mortos; um mais sentia-se órfão do filho morto; um ficou órfão de mãe; outro perdeu a irmã querida.

Moravam em aldeias diferentes, se juntaram para esse fim e depois debandaram. Vale dizer, fizeram dos Guajá seu saco de pancadas em que se consolam de suas dores.

Aqui, no posto, se fala sempre de índios arredios que vivem nessas matas; ora os situam no Coracy, ora no Uruaim ou no Capim e outros lugares. Os descrevem, uns, como índios louros de olhos azuis, outros, como pretos. O ingênuo Ingarussú, ouvindo uma conversa dessas, acreditou logo que fossem Guajá e perguntou onde estavam, disseram-lhe que entre Coracy e Uruaim. Depois de ouvir isso, ele ficou alguns meses sem aparecer aqui; quando voltou e lhe perguntaram onde andara, contou que estivera procurando os Guajá. Queria matar alguns para afastá-los dali, podiam vir atacar o posto e ele queria evitar. Estava irritado com a mentira que lhe pregaram, pois não encontrara sinal de moradores em toda a mata.

O fato indica bem como estão atentos com os inimigos tradicionais e como persistem, vinte anos após o convívio pacífico com os brancos, suas motivações de guerra. Principalmente esta, tão expressiva, da *vingança compensatória* pela morte de parentes queridos. Anakanpukú fala em ir vê-los novamente no próximo verão para se consolar da morte de sua única filha, ocorrida recentemente. Entre tantos enlutados pelo sarampo, por certo encontrará sequazes.

**23/mar./50** – Tudo bem, João chegará até o dia 30 e, então, terei novas cartas. Andei meio gripado ontem e hoje, por isso somente preparei o material, não escrevi nada; agora estou tratando de preparar o presente que vou levar a você. Não sei se dará certo, quero fazê-la experimentar o prato paraense mais gostoso, a comida que tive à mesa aqui nos melhores dias dessa viagem, uma conserva de fígado e ovos de jabuti. Vamos ver se você gostará.

Tem chovido muito, felizmente ao meio-dia temos, quase sempre, uma hora de sol que dá para o banho e é a hora mais agradável do dia.

## Conflitos na aldeia

A respeito das formas de controle social formal, obtive muito pouco do Anakanpukú. Eis aí: nunca ouviu falar de um companheiro que tivesse assassinado outro, somente se lembra daquele caso do índio que foi atacado por um branco a bala, tomou a arma e o matou. Chegando à aldeia foi contar a façanha. Então, manobrou a arma como havia visto o *karaíwa* fazer; nisso, um outro chegou os olhos bem na boca do cano para ver o que havia lá e a arma disparou, prostrando-o. Conta que muitas vezes um deles fica com raiva do outro, podem brigar até, mas nunca se matam. Quando um espanca o outro, ninguém toma conhecimento disso, é um assunto particular que os interessados resolverão. O capitão não pode intervir nesses casos, senão para apaziguar. Não castiga ninguém. Um homem pode ficar *iarõn* (raivoso) por infidelidade da mulher, morte de parentes ou outra razão. Dirá que está nesse estado – *ihen-iarõn-té*. Todos se afastam dele, evitando qualquer contato, ainda que o raivoso tome um terçado para cortar os esteios, derrubando casas, e para cortar os punhos das redes. Todos ficam distantes, esperando que se acalme. A única válvula legítima que a cultura lhes proporciona é ir a um grupo estranho, inimigo, antigamente os brancos e negros, hoje os Guajá, e entrar em luta com eles.

Anakanpukú nunca ouviu falar, também, de um caso de suicídio. Eu já, aliás relatei vários nesse diário. Os espancamentos são muito raros, podem ocorrer por ciúme da mulher e, em geral, é somente a ela que o marido espanca, podendo, ocasionalmente, tentar bater também no conquistador. O castigo das mulheres adúlteras reincidentes é levar pimenta nos olhos e no sexo. Disso só ouvi falar vagamente. Ninguém nunca viu ninguém fazer isso. Também tenho que desmentir meu querido informante. Soube de notícia certa que nas bebedeiras das cerimônias de nominação mais de um índio bêbado atacou outros com seus terçados, havendo casos de morte.

Deixe-me confessar aqui que, doido que sou, quis ver um *iarõn* cara a cara. Aproximei-me, disfarçado, arrodeando uma casa, supondo que ele estava no meio do terreiro. Mas ele estava ali perto e me olhou olho no olho, com seu arco armado, pronto para matar-me. Desejei até que o fizesse, tão arrependido estava de desmoralizar um costume indígena de tamanha importância. Mas também essa regra tem exceções, deve valer para os próprios índios. O *iarõn* me olhou feio e se afastou dois passos, dando-me tempo para dar-lhe as costas e andar passo a passo muitos passos, esperando o coice das flechas dele nas minhas costas. A certa altura, já na volta da casa, tomei coragem e disparei correndo. Envergonhadíssimo. Eu nunca disse isso aos índios. O *iarõn* certamente também não. Assim que só você me lendo aqui, agora, sabe da besteira que fiz.

O único caso de violência mortal que conheço é o de Koaxi-apuín, pouco representativo pois se trata de um *kaú* (louco). Muitas vezes, em suas crises, atenta contra os outros. Da primeira vez que deu em sua mulher, o capitão mandou prendê-lo, amarrá-lo e arranhar todo o seu corpo à faca, para que melhor sentisse a massagem de pimentas que se seguiu, e expulsou a mulher do grupo. Mas ela voltou, tornou a apanhar e ele foi novamente castigado, ainda mais duramente, porque tentara flechar um outro índio, atingindo um galo que matou. Mas a mulher, teimosa, continuou no grupo e um dia foi morta pelo marido louco. Então, nada lhe fizeram.

Os pajés atualmente mais conceituados são os capitães Xá-pyk, Syrúiú e Karapanã, todos do Tury. Todos *pajé-rangá*. Haverá mesmo pajés ou a cultura kaapor os perdeu? É quase incrível que um elemento cultural tão importante para os povos tupis se esvanecesse até desaparecer. O certo é que, nas aldeias alcançadas por mim, não há nenhum pajé kaapor autêntico.

**25/mar./50** – Recebi correspondência, inclusive uma carta sua, de 7 de fevereiro, dando tão desoladoras notícias. Como, então, o pessoal do SPI se aproveita, novamente, de nossa ausência para outra estocada pelas costas. Isso é o que se pode esperar deles. De algum modo, representamos a consciência do índio no Serviço e nossa presença é um clamor por novos rumos que encaminhem essa máquina nefasta a seus fins. Revisando, novamente, a verba de expedições, voltaremos àquele regime de só receber os primeiros meses do primeiro semestre em maio, e os do segundo em setembro ou outubro. Será uma tortura ter que voltar ao sertão sem deixar-lhe com que viver e temendo sempre que a verba não saia um semestre e fiquemos sem recursos.

Preciso voltar ao Rio com urgência e de qualquer modo para ver como fica isso e procurar uma solução, antes que seja tarde demais. Cada vez que nos acontece uma dessas, meu impulso é mandar essa gente às favas, dizer-lhes umas verdades e deixar o SPI. Mas, agora, mais do que nunca, preciso de calma. Iniciamos a pesquisa mais ambiciosa que já se tentou no Brasil no campo da antropologia e precisamos concluí-la. É uma miséria que, aos sacrifícios que fazemos aqui, ainda tenhamos que aceitar o acréscimo de suplícios desnecessários, devido tão somente à má vontade, incúria e venalidade de tantos patifes que assaltaram essa repartição.

De qualquer modo, preciso regressar. O pior é que, junto à sua carta, recebi um bilhete do Foerthmann, datado de Chatão, em que nos conta os "pregos" que deu o motor, acabando por quebrar um eixo. Agora, se o João não conseguir consertá-lo em Bragança, só poderá voltar no próximo mês e, se não houver conserto lá, estaremos novamente dependendo da Inspetoria nos mandar outro, o que tanto pode custar um mês quanto um ano. Se, quando subimos, tendo verba, eles não nos arranjaram nenhum motor, agora com muito mais razão.

Assim, o que nos resta é descer a remo, como subimos, e faremos isso no máximo a 5 do próximo mês. Amanhã o Rosemiro seguirá para o Anawakú a fim de ver se me traz o capacete e outros adornos que tem lá, no dia 30 estará de volta. Enquanto isso, receberei as encomendas da aldeia de Piahú, completarei os meus dados sobre o sistema familial tembé e estarei pronto para descer. Com a cheia, mesmo a remo, será possível atingir Viseu em três dias; de lá irei a Bragança como puder, onde receberei os cinco contos que você me mandará. Outra vez teremos que financiar o SPI, essas pesquisas sempre têm sido pagas também por nós. Além de toda a trabalheira, das preocupações, ainda temos que desembolsar o dinheirinho que você economiza com tanto esforço. Mas não posso deixar de ir e não espero que mandem a verba suplementar, aqueles safados não enxergam, nem se emocionam pelo que esteja a um milímetro de seu umbigo.

De Bragança, pagas as dívidas que faremos, irei a Belém, onde tomarei o avião para São Luís e Rio. Tudo correndo bem, estarei em casa a 20 de abril no máximo.

Sobre o Simeão, só tenho a dizer que foi uma nova decepção para mim. É incrível a inocência desse mestre em "técnica de periodismo" em entregar a uma jornalista o produto de nosso trabalho suado no sertão, para publicar em primeira mão. Não quero saber se era meu artigo ou uma fotografia, todo material é um conjunto que ele devia respeitar. Se estivesse aí, só permitiria publicar isso depois de posto na rua o meu artigo. Então, cada jornalista que pegasse o que lhe agradasse mais. São coisas que deixam a gente azedo. Felizmente, tenho muito que fazer aqui, senão estaria me torturando até a volta com essas sujeiras cariocas.

E já que falo nelas, aí vai mais uma: o Foerthmann levou o nosso último conto de réis para fazer suas despesas de viagem até Bragança e prometeu nos mandar o troco, uns setecentos cruzeiros, que seria nossa caixa de descida. Pois bem, com o estrago do motor, nos diz que terá de pagar sua viagem de Viseu a Bragança, o que significa: meterá a mão nos nossos últimos tostões e ainda será bom se não fizer dívidas para pagarmos.

"Mundo, mundo, vasto mundo, se eu me chamasse Raimundo seria uma rima, não seria uma solução."

O Boudin anda de peso com os bichos; além de sempre torturado pelos mosquitos, os escorpiões parecem preferi-lo também. Achou um na roupa um dia e, no seguinte, um outro o mordeu. Felizmente, era um filhote.

**27/mar./50** – Continuo na mesma vida de posto. Pus o Rosemiro, hoje, a caminho do Anawakú. Não poderei ir lá, ele foi e trará os artefatos. Terminarei aqui alguns trabalhos, quero fazer isso logo para descer antes do dia 5.

Boudin e eu estamos adoentados, ele arranjou uma dor nas costas que não lhe dá sossego. Eu tenho gripe, essa moleza característica, alguma febre e muito medo que isso piore mais do que deve nessas alturas.

Estou trabalhando com Anaudelino no sistema de parentesco. É um Tembé muito aculturado que viveu anos numa missão protestante. Alfabetizou-se bem e se marginalizou melhor ainda. Já não é índio, nem nada, apenas foi. Ontem demos uma boa prosa e hoje já fizemos uma verificação dos termos, breve isso estará pronto.

O clima (é preciso sempre falar nele, que aqui é tão ruim): muita chuva, o céu esvaziando e o rio enchendo. Nos dois últimos dias, nem pudemos tomar banho, por não haver hora de estio, e passamos boa parte do dia no escuro, com as portas e janelas fechadas para evitar as borrascas de vento. Agora mesmo chove a cântaros. Sempre começa com uma ventania violenta, depois se ouve o barulho grave da chuva caindo na mata e vai aumentando com o tamborilar da água nas telhas.

Anaudelino me deu ontem uma notícia ligeira sobre o nascimento, nominação e iniciação dos Tembé. Anotei isso com o Boudin, que ficou de verificar a parte linguística. Depois de pronto, registrarei o ritual definitivamente. Conversei com ele sobre a questão dos intérpretes. Mesmo para um especialista em linguística, esse é um problema difícil. Encontrar um grande tradutor linguístico seria difícil. Mesmo para ele, atuar como intérprete seria um desafio. Em todos os meses de estudo que tem aqui, não achou uma saída boa. Precisaria ficar anos estudando uma língua até falar seguramente. Só então, confiaria em si mesmo como intérprete. Melhor é buscar alguém cujo saber, mesmo precário, se possa utilizar, orientando-o.

## Nascimento e resguardo

Pouco antes do mês em que espera o filho, o pai prepara o quarto onde dormem, fechando todas as goteiras com palha, e faz um buraco no chão, redondo, de um palmo de fundura por uns dois de diâmetro.

Assim que a mulher sente as dores, ela se agacha ali, sustentada pelo marido; ele a ampara pelas axilas, entrega-lhe uma garrafa para soprar até que a criança nasça, pousando naquele buraco que foi coberto de folhas de bananeira selvagem. A mãe, então, diz: "Já pari", ao que o pai responde: "Já pari também". Ele vai para a rede e ela toma a criança, retira a placenta e corta o umbigo com uma tala de "flecha". Banha o filho ou o faz banhar por uma velha e enterra dentro do quarto mesmo a placenta e o umbigo. Então descansa a criança numa pequena rede e deita-se. Quando a criança chora, ele a leva à mãe para ser amamentada.

O resguardo do homem é de cinco dias, ou melhor, dura até a queda do umbigo, que ele toma, enrola num pauzinho, coloca num patuá e, com ele, sai para caçar. Essa moqueca do umbigo do filho lhe dá sorte. Mais longo é o período de cuidados porque ele está muito debilitado pelo parto. Caso precise sair da casa antes dos cinco dias ou mesmo quando vai satisfazer alguma necessidade, amarra um pano à testa, "para não ficar careca depressa", e leva uma flecha no ombro, "para não perder a vista".

A mãe fica dez dias na rede sem levantar-se. Ao fim desse prazo, pode andar dentro de casa sem fazer grandes esforços; só ao vigésimo dia do parto pode sair, mas ainda por muito tempo estará fraca, não devendo fazer trabalhos pesados.

Durante o resguardo, homem e mulher só devem comer farinha seca e jabuti branco. Quando a mãe levanta, faz uma moqueca de pano bem pequena, coloca dentro o umbigo seco do filho e prende num colar de dentes e chifres de caças lavrados, que o pai dá ao filho.

Nesse primeiro período, o filho é chamado por um nome provisório. Depois, numa cerimônia especial, é que ele adquire seu nome permanente. Essa cerimônia se dá quando brotam os primeiros dentes.

A iniciação dos homens é feita quando os pais notam que o rapaz começa a mudar de voz. A festa é essencialmente idêntica à feminina, que se dá por ocasião da primeira menstruação.

Diários índios

Na festa de nominação, a criança prova de um bolo de carne de nambu pemba, que é depois servido às moças na festa de iniciação também. A primeira marca a data em que ele começa a alimentar-se de carne, mas só pode comer aves finas, digo, caças finas, como jabuti, nambu, veado. Após a segunda, quando as proibições são suspensas, ele pode começar a comer mutum, jacamim, qualquer caça. Logo depois da iniciação, a moça pode ter relações com homens: às vezes se casa antes. Nesse caso, o marido ajuda a fazer a festa de iniciação e, só depois dela, tem relações com a jovem mulher.

Tenho insônia, devem ser umas três horas. Talvez muito menos, mas as horas correm tão vagarosas à noite quando se está desperto. Aqui reina um silêncio profundo, ainda mais realçado por uns roncos de sapos na beira do rio. Numas duzentas léguas em torno de mim, tudo deve dormir, exceto eles e eu. Dito assim, uma insônia até parece coisa importante. Mas de que falar no meio da noite?

Conversei com Boudin umas duas horas depois do jantar, depois fui ler, mas não tenho aqui nem leitura mais, há meses que releio o que trouxe. Apaguei a luz e fiquei pensando na necessidade de voltar logo, nessas trapalhadas que a gente do Serviço sempre nos arranja; também eles não servem para outra coisa, e já é vantagem terem eficiência ao menos em não deixar os outros trabalhar em paz, se sua função é mesmo fazer desse Serviço essa vergonha que conhecemos. Pensei em você, em nossa casa, depois vi que não dormia mesmo e me pus a fazer planos: como elaborar melhor o material que já revi? Que tempo dedicar aos Kadiwéu para completar seu estudo? E a estes Kaapor para começá-los? Mas pouco demorei nisso.

# Tembé

Vou anotar uns dados que um velho morador desta zona me deu hoje sobre os Tembé. Ele nasceu em 1906 no igarapé Panema, filho de uma mulher que seguia com o pai e irmãos rio acima, rumo a Imperatriz, em Goiás, onde pretendiam morar. Mas um dos tios pegou uma doença na perna e não pôde prosseguir, ficaram por aqui mesmo.

Até 1919, andou do Panema para o Cajuapara, sem nunca descer o rio. Conta que, então, ainda havia muitos regatões negociando no Gurupi e que os índios eram sem conta, as menores aldeias tembés tinham uma centena de moradores. Depois foi vendo as ondas de epidemias, principalmente sarampo, varrê-los, aldeias inteiras desaparecendo em meses. Os poucos remanescentes iam se juntando em novas, que breve tinham o mesmo destino. Hoje restam uns setenta Tembé dos milhares de então.

Em 1919, desceu para o posto Filipe Camarão, onde foi aprender a ler, e somente subiu o rio em 1925, quando foi casar com uma moça que conhecera lá, ainda menino, e depois, em 1934, quando foi buscar a mulher que o pai levara ao Cajuapara. Quando chegou ao posto, moravam lá quatrocentos índios e a aldeia independente

Primeira expedição – Retorno

maior, Bacurí, devia ter outro tanto. Em 1934, estavam reduzidos a duzentos, os do posto e Bacurí quase extintos. Conta que durante as epidemias de sarampo, quase anuais, eram comuns os dias em que se enterravam três índios. Nessas suas viagens conheceu as seguintes aldeias tembés:

|  | 1919 | 1925 | 1934 |
|---|---|---|---|
| Laranjal (acima do Cajuapara) | | x | - |
| Piquí (pouco abaixo do Tucun.) | | x | - |
| Bacurí (400 moradores) | | x | x |
| Apuí | | - | - |
| Manoel Antônio | | x | x |
| Nazareth | | x | x |
| Jararaca (400 moradores) | | x | x |
| Três Furos | | x | x |
| Ig. Grande | | x | x |
| Uruahim | | x | - |

Esteve aqui no posto, há uns três dias, de volta para o Cajuapara, o "capitão" Bahiano, *chefe* dos Tembé de lá. Vinha da morada de um regatão, de nome Tavares, que tinha trazido à força para pagar dívidas quase todos os índios adultos lá de cima, que estavam fazendo roças para ele. Além dos homens trouxera duas mulheres com as quais vivia. Todos estavam doentes, alguns já haviam morrido de gripe, impaludismo e sarampo, e todos desejavam voltar. Veio o "capitão" arrebanhá-los, pois do posto eles não podem esperar nada mesmo.

Segundo ele me contou, restam lá três aldeiocas, próximas umas das outras, que são:

| 1) Tamanduá | 2 casas | 14 pessoas |
|---|---|---|
| 2) Angelim | 9 casas | 29 pessoas |
| 3) Cararú | 4 casas | 14 pessoas |
| | 15 casas | 57 pessoas |

Quinze casas e 57 pessoas que, com as poucas que restam no Jararaca em casa do capitão Manoel e aqui, perfazem cem pessoas. É o saldo de trinta anos de atividades protecionistas do SPI e o prognóstico que oferecemos aos Urubus, que ainda vão a meio caminho na mesma estrada.

Preciso parar de escrever porque o querosene da lâmpada está acabando. Aliás, nem é querosene, mas uma mistura de óleo e gasolina que me ensinaram a fazer e venho usando há dias.

Diários índios

**28/mar./50** – Nada de novo.

**29/mar./50** – Nada de novo, nada de interessante. Chegaram, hoje, o capitão Ingarussú e três homens de sua aldeia, a única do lado paraense. É a primeira vez que nos visita; tinha medo do sarampo, não vinha nem deixava nenhum dos seus vir ao posto, o que deve ter custado grande autoridade, pois sabiam que os meus brindes estavam acabando com as levas sucessivas de índios do lado maranhense que vinham buscá-los. Mas foi uma medida sábia: não tiveram a epidemia, todos estão sãos e fortes.

**31/mar./50** – Estes últimos dias têm sido bem desagradáveis, apanhei uma constipação séria ou, ao menos, muito amolante. Veja que tenho dor de cabeça desde ontem e o corpo de um velho esclerosado. Por que falar disso? Só pensei nesses dias vazios em que não se faz nada, nem se escreve, e quis dar uma notícia. Estamos esperando o Mota vir do Jararaca para entregar o posto a ele e descer. Rosemiro chegou ontem da aldeia Anawakú, trouxe as coisas que encomendei, o que completam, mais ou menos bem, a nossa coleção de artefatos urubus.

Ainda preciso trabalhar um dia com o Anaudelino para completar o estudo do sistema familial tembé, que tem de curioso suas falhas. Veja, por exemplo, que nem ele nem nenhum dos Tembé que conheci sabem que designação se deve usar para os primos cruzados. Os paralelos são ditos irmãos, mas todos concordam que aqueles não podem ser designados do mesmo modo e não sabem como fazê-lo. Mesmo o *doutor* deles, que é esse Anaudelino, educado pelos missionários protestantes; lê e escreve bem, é um desajustado, como se podia prever, mas precioso como informante.

**1/abr./50** – Nada.

**2/abr./50** – Preparando viagem.

**3/abr./50** – Partiremos mesmo amanhã, e a remo, como viemos. Já fiz todos os preparativos para dar o fora, as despedidas, os empacotamentos e as anotações que ainda se podia tomar aqui.

Chegaram, agora, alguns índios do Tury, vieram também atrás dos presentes e é nada menos que uma comitiva dos três maiores capitães urubus – o Xapy, Urucum e um outro, cujo nome não sei. É uma lástima terem chegado tão tarde, depois da distribuição de quase tudo que nos restava de brindes. Mas posso, ainda, arranjar-lhes alguma coisa e isso é importante, porque no próximo ano eu é que serei hóspede deles.

# Em viagem de volta

**4/abr./1950** – Descendo o rio cheio, fizemos em um dia a viagem que nos custou três na subida, num enorme batelão cheio de remeiros. Viemos num casquinho somente com um piloto e dois remeiros. Projetávamos trazer quatro, mas, na hora de embarcar, vimos que a canoa mal nos aguentava e dispensamos os outros.

Saímos de madrugada, antes do sol. O posto estava cheio de gente e todos com esses ares tristes de despedida. Levo boas recordações deles, todos se esforçaram um pouco para nos ajudar.

A viagem foi boa, choveu pouco. Viemos encolhidos debaixo de uma paliçada tão baixa, que não se pode sentar dentro, recostados em quinas de caixões, mas foi rápida e esta é a qualidade de uma viagem. Cachoeiras e rebojos que levamos horas para atravessar, carregando a canoa nos braços, quando subíamos, agora com as águas altas são calmas como lagoas.

Só paramos um pouco em Marajupema para comprar umas bananas. Viemos diretamente até aqui, pensando dormir na casa do húngaro que nos hospedou da última vez e tomar o seu café. Qual nada. Ele está para Chegatudo. Andando à toa, na esperança de que alguém nos convidasse para pousar, acabamos vindo acampar no barracão da festa. Fica ao lado da igreja e é onde os pretos daqui (que são somente pretos) festejam o são Benedito, com tamanha fé que não temos nenhuma goteira. Os santos, sempre hospitaleiros. Agora, Rosemiro está por aí "campeando" o que comer; vai de casa em casa, perguntando se têm alguma coisa que nos possam ceder, eu espero o resultado aqui.

Chegou, arranjou uma galinha por vinte cruzeiros; querem ficar ricos à nossa custa. Boudin até pensa vir criar galinhas aqui. Mas ele vai voltar, pagar e pedir à dona o obséquio de cozinhá-la para nós, assim tudo se arranja a contento.

# Curucaua

**5/abr./50** – Descemos o rio com o Boudin passando mal. Tinha tanta febre que eu achava que ia morrer. Malvado que sou e influído pela maconha que os remeiros fumavam e cujos fiapos de fumo eu também fumava, alimentei na imaginação uma sequência de desastres possíveis e até desejáveis. Ao passar as corredeiras, pedia que ele morresse ali, porque seria fácil enterrá-lo depressa, debaixo de umas pedras, sem cavar sepultura. Compunha, então, na cabeça, longas explicações para Alma, sobre os heroísmos de Boudin na mata, seu amor aos índios e sua sabedoria.

Estamos, afinal, na casa do Elias, o tal funcionário (agente) do SPI que descansa, há dois anos, neste lugarejo, esquecido do posto. Férias prolongadas tem essa gente do Pará. Não pudemos alcançar Gurupi porque chegamos aqui já muito tarde para atravessar uma cachoeira que fica uma hora adiante. E, sobretudo, porque o Boudin passa muito mal; desde ontem, ao anoitecer, tem febre altíssima, geme e parece ter alucinações. Isso me preocupa.

Para curar a febre de Boudin, Elias me propôs dar a ele o melhor e mais forte remédio que tem. Mostrou a caixinha redonda, de papelão, muito ensebada, com a inscrição quase invisível. Em cima, lia-se "pílulas contra". Embaixo, com letras maiores: "estupor". Mandei dar. Horas depois, Boudin entrou numa caganeira de chorrilho que empesteou todo o quarto em que dormíamos. De manhã estava melhor. Salvou-se.

Amanhã cedo tomaremos, novamente, a canoa para outro dia debaixo de chuva e sem comida. Em toda esta barranca não encontramos um só peixe, mesmo seco, para comprar. Comemos, no almoço, nossas últimas sopas. Para o jantar matei, a tiros, depois paguei, o leitãozinho de um morador que não queria vender. A fome é mais forte que a vergonha. Ou seria a maconha, mesmo fumada de longe, que me dava esses ímpetos?

## São José do Gurupi

**6/abr./50** – Recebi uma carta de Berta, mas é de 28 de janeiro; anterior, portanto, à última que me chegou ao posto. Deixou-me ainda mais apreensivo, porque já nessa você falava das imundices que essa gente do Serviço vem fazendo. Seguirei o mais depressa que puder para ver se consigo atalhar seus golpes baixos. Passaremos a perceber pela verba de expedições, o que significa maiores atrasos, menores direitos. Na verdade, um processo hipócrita de demissão, porque não há quem possa trabalhar recebendo os salários com seis, sete meses de atraso, ou trabalhando esse tempo todo para, ao fim, saber que não se vai receber um níquel, porque o ministro não aprovou o plano. Esse é nosso prêmio por tanto trabalho e sacrifício. Eu sou mesmo um idiota, só um tolo ou um louco planejaria pesquisas tão trabalhosas, sérias e penosas num Serviço desses, chefiado por gente tão indigna que chega a esta suprema imoralidade de praticamente nos demitir quando estamos ilhados há meses aqui no mato, sem ao menos nos mandar dizer. Mas, naturalmente, seria demais esperar daqueles ladrões e moleques qualquer ato digno.

Alma ainda manda dizer que você foi procurá-los várias vezes pedindo providências para nós. Não gosto disso, eles não merecem qualquer atenção sua e bem podem tratá-la com brutalidade, o que me obrigaria a sujar-me esganando um daqueles ratos. Mas deixemos isso, você foi lá para me ajudar, porque está sempre preocupada comigo, está certo. Não posso tirar esse caso da cabeça. Nos últimos dias, desde que recebi sua carta anterior, tenho tido o desgosto de estar sempre pensando naquela canalha.

Boudin está melhor, passou a febre, a viagem até aqui foi rápida. Estamos em casa do Rosemiro. Seu pai foi funcionário do SPI por muitos anos, é um bom velho. Ficaremos até sábado porque esta gente não gosta de viajar no "dia grande" e para dar tempo a você de mandar o dinheiro a Bragança. Com ele pagarei aos rapazes que vieram remando, alguns diaristas que trabalharam conosco no posto e minha volta. Sempre acabamos financiando de nosso bolso as pesquisas da Seção de Estudos. Além de não termos diárias, nem qualquer direito de funcionários, ainda esta sobrecarga.

**7/abr./50** – Recebi duas cartas suas, duas da mamãe e ainda um telegrama dizendo que mandou-me dinheiro para Belém. É uma pena, porque o necessito em Bragança, mas nos arranjaremos. Estou feliz por saber que vai tudo bem. Foi o João que trouxe a correspondência. Soube que estávamos encalhados aqui e tinha o motor em ordem, então decidiu entre nós e Cristo e ganhamos a parada: o moço viajou no dia de Deus, que é só para rezas e choros.

Estamos hospedados na casa do Mota, o único cristão aqui de Gurupi. Eu não chorei hoje pela morte de Deus, mas orei muito, li a bíblia durante uma hora, era a única leitura que havia na casa. Reli, pela milésima vez, o Cântico dos Cânticos.

"Ó amada, os teus cabelos são como o pelo das cabras de [...]. Vem minha doce amada ao meu jardim, comeremos os frutos das macieiras. Eu sentirei a mirra que exala do teu corpo de marfim e me deliciarei com as rosas de teus seios. Teus olhos são como pombas à beira de um riacho. Teus seios são duas jovens gazelas gêmeas em um campo de lírios [...]."

Esse Salomão sabia dizer as coisas. Durante o jantar, reli, devagar, emocionado, alguns versos salteados para a família do Mota, que me escutava escandalizada. Ele até veio para acompanhar, por trás de mim, a leitura, crendo que eu inventava aquilo.

Sei que fomos mesmo excluídos da tabela de mensalistas. Não sermos funcionários regulares, como os burocratas de lá, é o que estão alegando. Nos colocam junto aos trabalhadores braçais, os camaradas contratados para serviços eventuais. Você não fala disso, mas não tenho mais esperanças. O diabo é que isso não me sai da telha.

Viajo amanhã com o João para Viseu. De lá, iremos logo a Bragança e dali para Belém. Ainda não imaginei um meio de conseguir dinheiro, mas deve haver. O João conta que tenho em Viseu três embrulhos, devem ser as encomendas de que você tem falado tanto e que ainda não recebi.

# Viseu

**9/abr./50** – Estamos chegando à civilização. Hoje já tomei um banho de cuia, tirando água de uma tina e derramando em mim. Fumei cigarros de uma fábrica paraense bem ruinzinhos. Mas me descansaram do fumo virgem, que já me amargava a boca e a vida.

Recebi seus três pacotes aqui. No posto ou nas aldeias eles seriam o melhor presente do mundo, mesmo aqui foram ótimos. Li os jornais, olhei as figuras das revistas, comi uns doces, bebi um pouco do *brandy* e ofereci um banquete a nossos hospedeiros, a gente do Rachid. Ele não está, anda por Belém curando-se de uma crise de coração, que eu já antevia antes de me meter no mato. Depois lhe contarei o caso, agora a sala está cheia de gente.

A viagem de Gurupi para cá foi ótima; viemos na lancha do João, voando com o motor que não corre lá muito, mas em comparação com os remos é maravilha. Fez uma tarde bonita e eu gozei toda a viagem sentado de pernas cruzadas, à Kadiwéu, no toldo, olhando as margens do rio. Está muito cheio, boa parte das margens inundadas e há muitas garças e marrecos felizes de tanta água revoando nas barrancas. Algumas garças acompanhavam o motor por muito tempo, voando para uma prainha ou um tronco adiante, cada vez que nos aproximávamos. Iremos para Bragança na mesma lancha, dois dias num casquinho cortando ondas do mar e fugindo delas pelos furos, onde são menos violentas. Será também uma viagem agradável.

**10/abr./50** – Um dia cheio. Saí cedo com um amigo, o promotor da cidade, para uma vila que fica a umas duas léguas, fomos a cavalo por uma estrada péssima. Alcançamos, primeiro, uma propriedade com umas duas centenas de coqueiros, alguma pimenta e uma boa casa de telha e ladrilho, que está à venda por sete contos, só aqui pelo Gurupi dinheiro ainda vale tanto. Adiante fica o povoado; chama-se Coimondeua, é uma grande praça com uma velha igreja jesuíta construída em boa pedra e até bonita, ficam no centro e ao redor dela várias casas. Uma de argamassa, onde mora um outro sírio com uma cabocla, pai de muitos filhos e filhas. É o oposto do Rachid, um tipo rude, que ganhou dinheiro e cria sua família sem querer outra vida. Só recebe visitas a contragosto e as belas filhas nunca aparecem. Ficam escondidas, lá dentro, nas alcovas.

Voltamos às duas horas, almocei e saí novamente para ver um barracão para serraria, que um outro conhecido está querendo montar, e demos uma volta pela cidade à noite. Tivemos visitas do subprefeito, o chefe político baratista e outros desconhecidos. Estou cansado da conversa que tive com eles, sobretudo desta prosa de um a três, em que eu procurava assunto que lhes pudesse interessar. Quando conseguia um, mal o iniciava, um deles perguntava ao outro se iriam mesmo carnear esta semana, ou se o compadre fulano tinha mesmo encontrado um pote de ouro enterrado.

Preciso é ir embora e dependo, para isso, de um dinheiro que só chegará quinta-feira. Só resta, portanto, aguentar isto aqui, queira ou não.

*Diários índios*

11/abr./50 - Arranjei quinhentos cruzeiros emprestados que devo pagar a:

*Filomena Bogea*
*R. João Balbi, 344*

Com este dinheiro, poderemos viajar amanhã. É um favor do Temistodes Bogea.

# Rachid

Eis o caso do Rachid de que lhe falei. Você se lembra da moça que andamos tratando em Viseu, quando esperávamos o motor? Pois bem, aquela dedicação do velho não era só paternal. Agora em todo o rio se goza a história. Estão apaixonados, trocam cartas de amor, que as filhas do Rachid acharam e "publicaram" através do mexerico.

A doença do velho, que anda em Belém "tratando do coração", é esta de ter querido fugir com a moça e ser apanhado pelas filhas. Ele diz querer divorciar-se de sua mulher para casar-se com ela, mas é conversa. Que divórcio, aqui não vale nem desquite. Não podendo casar-se, a moça está disposta mesmo a amigar com o velho e ir morar no Sul. Como ele esperava torrar os bens que juntou na terra por duzentos contos, o plano lhe parecia exequível. Até que os filhos se meteram no meio.

O gozado é que a Julieta da história é filha de um genro do Rachid, mais velho que ele, o Leopoldo, a quem Rachid deu uma filha de dezesseis anos para casar. Agora ele quer pagamento, e o genro, que também lhe deve dinheiro e está de olhos grandes nos tais duzentos contos, não pode negar. Mas a filha, madrasta da namorada, separou-se do velho e está disposta a não dormir com ele até que a história se esclareça.

O povo de Viseu goza a história, como o romance mais novo, mais escabroso e inesperado da história da vila.

# Planos de retorno

Combinei detalhadamente com João Carvalho minha segunda expedição. Voltarei às aldeias dentro de um ano, mas entrarei no território kaapor pelo lado maranhense. João, com um grupo de índios, irá ao meu encontro, no posto indígena Gonçalves Dias, no rio Pindaré, centro do Maranhão. De lá iremos até o rio Maracaçumé, subiremos por ele até o Gurupiúna e, por esse rio acima, alcançaremos o Gurupi. Esse volteio nos permitirá visitar numerosas aldeias de acesso difícil pelo Pará. Lá vou eu, voltando e já querendo regressar.

O que combinamos é, de fato, inverossímil: encontro para daqui a não sei quantas luas, com um grupo de índios que nos guiará de volta pela mata, através de uns oitocentos quilômetros, levando nossa tralha, que eles carregarão, e comendo o que caçarmos e pescarmos pelo caminho. Uma bela aventura porque, ao fim das canseiras de cada longa andança, terei mais índios para ver, conhecer e continuar meu estudo.

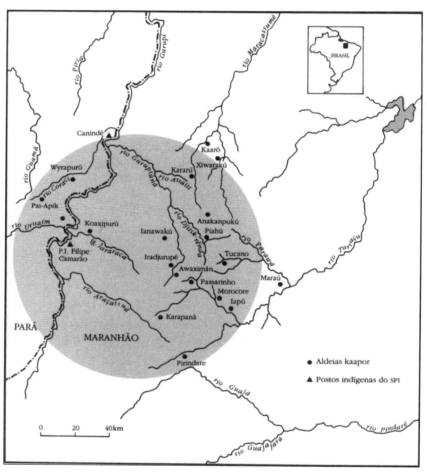

Território Kaapor.

Diários índios

# Segunda expedição

O tuxaua Kosó.

# Pindaré

**Posto Indígena Gonçalves Dias, 1/ago./1951** – Bertinha, início hoje outra longa carta a você. Aqui contarei tudo que me suceder, tudo que eu vir, ouvir, falar e pensar nesses longos meses de separação que nos aguardam. Você, querida, será em todo esse tempo o motivo principal de meus cuidados e de meus mais carinhosos pensamentos. Darcy.

## Esperando João

**2/ago./51** – Novamente me encontro à entrada das aldeias kaapor. Desta vez os procurarei por um caminho diferente, alcançarei suas aldeias partindo da margem do rio Pindaré, no centro do Maranhão. Aqui estou, aguardando João Carvalho e os companheiros índios com quem farei a travessia de centenas de quilômetros dessas matas até suas aldeias no Gurupi. Iremos palmilhar território até hoje geograficamente desconhecido. Não trouxemos mapas, nem roteiros de qualquer espécie, porque não existe nenhum. Só os índios conhecem essas latitudes de seu território até agora indevassado. Eles serão os nossos guias. O que existe é um registro aerofotogramétrico, feito pelos norte-americanos durante a guerra e nada confiável. Onde havia nuvens, eles usavam a imaginação traçando arbitrariamente os rios que imaginavam. Nenhuma informação dos índios confere com as deles.

As aldeias kaapor mais próximas daqui foram visitadas por alguns índios guajajaras e diversas delas por um sr. Beghin, que deixou, de sua viagem, algumas indicações numa carta que escreveu ao Museu Nacional. Deste senhor sei apenas que escreve em francês, esteve algum tempo morando no convento dos capuchinhos de São Luís e voltou para a Europa. As informações a que me referi são vagas e imprecisas, pouco passam da citação do nome do cacique de cada aldeia visitada.

Um missionário protestante que trabalhou muitos anos com os índios kayapós, Horace Branner, fundador da missão do alto Gurupi, extinta há vários anos, fez, segundo me contaram, uma viagem do Gurupi até Engenho Central, hoje Pindaré-Mirim. Ele nos poderia dizer coisas interessantes; infelizmente nunca o encontrei; sei apenas que viajou pelas nascentes do Turiaçu, gastando onze dias na travessia. Estou certo de que não publicou nada sobre essa viagem. Vamos, pois, a terreno desconhecido, olhando pelos olhos dos índios. Todavia, não foram sempre eles as bússolas do Brasil ou os "geógrafos das bandeiras", na expressão de Jaime Cortesão?

Não estou pretendendo passar por um bandeirante perdido neste nosso século e também orgulho-me de não estar procurando nessas viagens os mesmos objetivos que eles – a preia e o saqueio.

Quando estive nas aldeias kaapor, procurei sempre colher itinerários para essa viagem e, assim, meu diário está cheio de notas sobre viagens feitas por diversos índios que conheci para essas bandas. Pouco adiantarão, entretanto, se eu não contar com eles próprios como guias.

Essas considerações vêm a propósito das preocupações que me tem custado o atraso de João Carvalho com os índios kaapor que viajarão conosco. Eles ficaram de chegar aqui no dia 20 do mês passado e até hoje não apareceram. Não sei a que atribuir transtorno tão grande; poderia imaginar muitas coisas, e a contragosto as imagino, vendo ameaçados os meus planos. Talvez não tenham partido do Filipe Camarão impedidos por algum sucesso muito importante. Talvez um deles esteja doente, mordido de cobra ou o que sei eu de mais tragédias possíveis – atrasando a marcha dos outros. Perdidos na mata não creio que estejam, um índio não se perderia por tantos dias.

Mas as suposições de nada adiantam. O que cabe, em vista desse atraso, é tomar uma resolução e eu já decidi o que farei. Como é possível que haja acontecido alguma desgraça a um deles, esperarei aqui até o dia 20 próximo. Então, teremos esperado vinte dias, tempo suficiente para virem até aqui ou para terem voltado ao posto do Gurupi; se isso foi necessário. Naquele dia eu me comunicarei com a única estação telegráfica do Gurupi, para saber se têm conhecimento de alguma ocorrência que possa interessar à minha viagem e irei, em seguida, a cavalo, pelo caminho da linha telegráfica até Curucaua. Dali, seguiremos para São José do Gurupi, onde poderei conseguir uma embarcação para subir o rio até o Canindé.

Tomarei essas providências muito a contragosto, porque elas implicam a desistência de visitar as aldeias kaapor do lado de cá, que ainda não conheço, e me obrigarão a voltar um dia para realizar esse projeto. Contudo, será a única alternativa que nos permitirá prosseguir. Caso contrário, teremos de voltar, pois aqui no posto não há ninguém capaz de nos acompanhar até as aldeias kaapor. Sem os recursos e a sabedoria indígena que João Carvalho nos deveria trazer, não será possível a travessia da mata. Desejo, por tudo isso, que cheguem logo. Tenho os olhos e os ouvidos atentos para qualquer sinal de aproximação. Cada tiro, cada grito que ouço, logo imagino serem eles.

Com João Carvalho ficaram de vir três caciques kaapor; um deles é velho amigo meu e foi o melhor informante que encontrei na minha pesquisa anterior, o Anakanpukú. O outro é Koaxipurú, chefe de uma aldeia que fica perto do P. I. Filipe Camarão. Não o conheci no ano passado porque, quando cheguei à sua aldeia, ele tinha viajado para o Tury, fugindo à epidemia de sarampo que se alastrava nas malocas do Gurupi. O terceiro é Ingarussú, meu conhecido também. Mora na margem paraense do Gurupi, aliás é o chefe do único grupo kaapor que vive daquele lado. Koaxipurú vem a convite de Anakanpukú, por ser um dos melhores conhecedores das aldeias que iremos visitar e por já ter vindo até aqui. Ingarussú vem espontaneamente para conhecer melhor sua gente. O primeiro é considerado homem ponderado e amigo; do segundo nem todos dizem o mesmo, parece ser mais instável e irritadiço que o comum dos Kaapor.

## Chico Longo

Levo comigo, como companheiro de pesquisa, Francis Huxley, bolsista do Itamaraty, doutorando de Oxford. É antropólogo social, num sentido bem inglês, está particularmente interessado nos grupos tupis e pretende estudar mais detidamente o sistema de parentesco dos Kaapor. Vem a pedido, também, o professor Muller da Escola de Sociologia e Política de São Paulo, onde me formei. Para ser franco, Muller se encanta até o delírio de ter qualquer relação que seja com gente como o Huxley. O rebento terá saído aos antepassados ou será um fruto de ponta de rama? É alto, risonho e simpático.

Quanto a mim, pretendo prosseguir os estudos iniciados em 1949/50, quando estive seis meses nesta região. Não tenho nenhum problema particular a focalizar porque meu propósito é obter um conhecimento profundo da cultura e do sistema social kaapor e, para isso, deverei estudar detidamente todos os aspectos de sua vida. Meu propósito real é observar neles, em suas formas de conduta, o que terá ficado dos antigos Tupinambá que ocupavam a costa brasileira em 1500 e que mais fortemente se imprimiram em nós.

Os Kaapor habitam a orla mais oriental da floresta amazônica, o território que fica entre os vales do Pindaré e do Gurupi. Suas aldeias estão situadas à margem de pequenos igarapés que correm para aqueles rios e para o Turiaçu e o Maracaçumé. Território vasto que eles dominam completamente pelo medo que infundem nas populações paraenses e maranhenses vizinhas.

1) P. I. Gonçalves Dias
2) P. I. Filipe Camarão
3) P. I. Pedro Dantas
4) Serra Tiracambu

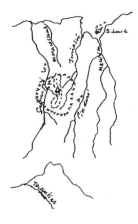

Esse mapinha mostra, aproximadamente, o percurso que deveríamos fazer, saindo daqui (1), através das nascentes do Turiaçu e da serra do Tiracambu (4), para

Segunda expedição - Pindaré

o P. I. Filipe Camarão (2). Compreende pouco mais de dois graus geodésicos. Mas, considerando que deveremos visitar todas, ou ao menos o maior número possível de suas aldeias (1), resulta que caminharemos em ziguezague, o que nos fará percorrer uns setecentos quilômetros a pé, através da mata. A experiência do ano passado me deixa confiante. Andei, aproximadamente, a mesma extensão naquela época e sei que isso é possível sem esforços sobre-humanos.

E pensar naqueles campos ensolarados dos Kadiwéu, em nossas extenuantes jornadas de oito a dez léguas a cavalo; aqui, dentro da mata, protegidos da canícula pelas frondes imensas que apenas deixam coar alguma luz, encontrando, de espaço a espaço, riachos de água cristalina e fresca, para matar a sede e para o banho reanimador; aqui, nessas condições se pode fazer a pé, cada dia, as mesmas dez léguas.

## A viagem

Quero registrar, ligeiramente, o itinerário que fiz desde que saí de casa, há mais de um mês. Vejamos. Saí do Rio no dia 23 de junho à tarde, chegamos em Belém depois de seis horas de voo no Constelation. Fiquei ali até 5 de julho, tratando de problemas do SPI, entrevistando-me com políticos, banqueiros e outros tipos. Foram dias cheios de trabalho, pouco proveitosos, como era de prever-se, e somente úteis porque me tornei ainda mais consciente das dificuldades que o SPI encontra para realizar seus objetivos.

Ele é o órgão que, em nome de um Estado de seringalistas, politiqueiros, pescadores de votos e comerciantes interessados na indústria extrativa, procura conter os apetites desenfreados dessa camorra em benefício dos índios. Só muita habilidade e uma compreensão justa da heterogeneidade do nosso desenvolvimento social pode permitir algum resultado. Os estados do Sul, que já não dependem de uma indústria extrativista, que exige a cobertura de áreas enormes e que não têm índios ocupando essas áreas, valendo-se de sua maioria nas casas legislativas, fizeram votar leis em benefício dos índios que os resguardem da exploração desenfreada de que são vítimas. Mas será sempre quase impossível a aplicação dessas leis em estados como o Pará, que vive e morre da indústria extrativista, que exige acesso às áreas em que possa sangrar alguma seringueira e o recrutamento do exército miserável de coletores de drogas da mata de todos os braços disponíveis, inclusive os índios.

A borracha, a castanha, a copaíba, o pau-rosa e as dezenas de outras drogas nativas da mata amazônica são a base da economia desta região. Base miserável que só se pode manter porque, no preço do produto exportado para outras terras, nunca se inclui o custo em vidas, em sofrimento, em doenças e em humilhação que impõem aos povos da floresta. Enquanto se mantiver essa estrutura economicamente deficitária e socialmente criminosa, o Pará e o Amazonas viverão as tristes condições de hoje. E o índio, como a vítima mais indefesa desse sistema, continuará sendo triturado nessa máquina infernal.

De Belém fui para São Luís no dia 5. Ali estive até 21, vendo a cidade com suas ruas e casas coloniais tão bem conservadas pela estagnação econômica, sobretudo as belas casas azulejadas. Ficamos numa pensão sem hóspedes, que por isso punha a sala, a cozinha, tudo, até a dona, a nossa disposição. Lembrarei sempre o carinho que põe ao coar e servir o cafezinho das nove da noite. Aproveitamos uma manhã para visitar São José de Ribamar, cidadezinha praiana, que fica dentro da ilha de São Luís e que, além de linda, é célebre por seu santo milagreiro.

Visitamos, também, Alcântara (dias 10 e 11), velha cidade da antiga nobreza maranhense, hoje reduzida a escombros, tristes ruínas de palácios suntuosos do século passado. Alcântara teve, nos velhos tempos, mais de 9 mil escravos contados pelo fisco. Hoje, tem apenas 1365 moradores (1940). Ali vive, agora, uma população de pescadores que, quando não encontra trabalho numas salinas vizinhas, estiola-se numa indolência forçada. Como São João del Rey, até pouco tempo, Alcântara vende suas melhores casas para serem demolidas e transportadas para São Luís, como simples material de construção. Dizem que o SPHAN tombou, agora, a cidade, que fica a seu cargo. Mas que poderão fazer eles, se não têm recursos para manter Ouro Preto e outras joias há muito tempo sob sua guarda?

# Redes

Demoramos em São Luís mais do que programáramos, aguardando um dinheiro que d. Heloísa Torres ficou de mandar para a aquisição de uma coleção de redes maranhenses para o Museu Nacional. Como a remessa se atrasava demais, resolvi adiantar-me a ela e adquirir as redes com meus próprios recursos, na esperança de reembolsar-me mais tarde. Fomos, para isso, numa avioneta precaríssima, a São Bento, cidadezinha campestre que se liga por um canal, a que chamam vala, aos rios Periaçu e Aurá, que vão ter à baía de São Marcos.

A quase totalidade de sua população feminina dedica-se ao fabrico caseiro de redes de dormir e alcançou tal maestria nesse trabalho que São Bento é célebre em todo o estado por redes. Os homens dedicam-se, também, a algumas indústrias artesanais, ao fabrico rudimentar de tijolos, telhas e de carvão vegetal para fornecer a São Luís. Ambas as atividades são muito pouco rendosas e os proventos da mulher tecelã, somados aos do marido oleiro, mal dão para manter uma vida miserável. O trabalho das rendeiras é mais organizado, vale dizer, mais explorado. Todo um comércio especializou-se no fornecimento de fios às redeiras e na compra e venda de redes, vive delas e delas tira a maior parte de seus rendimentos.

A zona rural é dominada pela pecuária. Os campos naturais prestam-se bem à criação de gado, embora sejam sujeitos a perigosas inundações na estação chuvosa e às secas ainda mais desastrosas, que ameaçam rebanhos inteiros nos meses de estio. Além do gado, São Bento exporta, também, algum arroz, embora o importe igualmente na entressafra porque é produzido por pequenos lavradores que não podem reter a produção à espera dos preços mais altos daquela quadra.

Em São Bento, organizamos a coleção de redes para o museu, um conjunto de onze redes magníficas, bem representativas do que se faz de melhor nesse campo. Somente faltam à coleção dois tipos: uma rede tecida em linha de carretel, com intervalos de um centímetro, e a outra mista, tecida e batida, em linha mercerizada. A primeira custa setecentos cruzeiros e excedia a verba que levamos; a segunda só podia ser obtida por encomenda, e a tecelã, uma velha muito doente, precisaria de seis meses para entregá-la, ficando por 1500 cruzeiros.

A morada das redeiras, perto da cidadezinha, é disposta num círculo de casas, ao redor de uma praça de chão batido. Cada casa tem, à frente, uma varanda, onde estão armados os teares de tecer redes. Ao chegar, a cavalo, a aldeia estava vazia, porque todos tinham saído para abrir uma roça coletiva em mutirão. Só uma guria me atendeu, desarreou meu cavalo, armou minha rede e me pôs a dormir até o povo voltar. Passei três dias vendo o povo de São Bento viver. Conversando com os hóspedes da pensão, com um sargento valentão e com a mulher dele, que aparecia assim que ele sumia para a sua ronda.

De volta a São Luís, remetemos a coleção de redes para o Rio, por via aérea, e ficamos aguardando uma embarcação para Pindaré-Mirim (antigamente São Pedro, depois Engenho Central e, finalmente, Pindaré-Mirim). Partimos no dia 21, às nove horas da noite. Aliás, nesse dia, apenas embarcamos, ficando na lancha à espera da maré até as duas da madrugada. Chegamos a Viana no dia 22 à tardinha, ainda a tempo de dar uma volta pela cidadezinha, que é uma das mais velhas do Maranhão e foi, durante longo tempo, sede de uma missão jesuítica.

## Oratório

Aí encontramos uma preciosidade para juntar às imagens de madeira e marfim conseguidas em São Luís e muito melhor. Um magnífico oratório, muito antigo, sem entalhes, pintado no estilo dos altares jesuíticos. Penso ter conseguido obtê-lo para mim. A dona aceitou minha proposta de trocá-lo por um novo, depois de algumas horas de boa conversa. A coitadinha tem um enorme apego àquela peça, que vê em casa desde criança. Dizia-me não saber rezar diante de outro santuário. Mas considerou, depois, que só tem uma filha, já senhora, que esta não tem filhos e que era melhor entregar a peça para quem possa cuidar dela com carinho, do que deixá-la na mão de pessoas descuidadas. Tem toda razão a pobre velhinha, tratarei sempre com o maior carinho aquela maravilha. Xerez ficou de procurá-lo na volta, fazer embalar e levar para São Luís, de onde o remeterá a você.

Saímos de Viana no dia seguinte, ao meio-dia, e viajamos até a madrugada de 23, quando alcançamos Pindaré-Mirim. Dali, fomos para Santa Inês, em caminhão, e no dia 24 viemos a cavalo para cá, iniciando, desde então, essa longa e enervante espera.

# Viana

Creio que cabem duas palavras sobre cada uma dessas cidadezinhas. Todas são muito pequenas, a começar por Viana, a principal. Fica à margem de um lago (Aquiri ou Viana), do qual os moradores tiram a metade da alimentação e ainda algum dinheiro, transportando passageiros e a carga das lanchas para a cidade. Ao chegarmos, vários remeiros disputavam passageiros, cobrando cinco cruzeiros de ida por cabeça.

Quando o casco em que embarcamos aproximava-se da cidadezinha, assistimos a um espetáculo raro, um teco-teco (do táxi aéreo em que viajamos de São Luís a São Bento) procurava descer no terreno que fica diante do lago. O piloto tentou aterrissar três vezes, só conseguindo fazê-lo na última, porque cavalos e bois que pastavam a grama rala que cresce ali punham-se diante do aparelho. A cidade é quase toda calçada com pedras grandes arredondadas, que dão às ruas um aspecto de "pé de moleque". Parecem apropriadas para andar a pé, porque nus os pés se acomodam àquelas formas. Andar, ali, com sapatos é um suplício.

A antiga igreja foi remodelada e perdeu completamente a feição antiga; interiormente está toda borrada com uma pintura infame, que imita mármore até nas vigas de madeira das esquadrias. E pensar que, antigamente, o altar teria uma pintura a ouro, como a que encontrei no "meu" oratório... Mas não cabe lastimar; Xerez aprovou muito o carinho da população pelo seu templo e comentou:

— Esta é a norma positivista que se deve seguir: "conservar melhorando".

Esse Xerez é o encarregado do órgão regional de proteção aos índios, que mantém a tradição protecionista de pendor positivista de Rondon.

# Pindaré

Pindaré-Mirim é ainda menor, fica à margem do Pindaré e também entrou na dança de topônimos nos últimos anos, o que nos tem custado muita confusão. Era, antigamente, a Vila de São Pedro, passou depois a chamar-se Engenho Central e ainda é conhecida de muita gente por esse nome, ultimamente ganhou estoutro. Domina o lugarejo um barracão de tijolos vermelhos e cobertura de zinco, suportada por uma estrutura de aço, e provido de uma enorme chaminé. Daí o nome do lugar: era o engenho de cana, a usina central que produzia açúcar e ocupava muita gente nas máquinas e nos canaviais cortados por trilhos, que ainda enferrujam, perdidos nas velhas capoeiras. Ali por 1910 foi vendida a maquinaria, ficando somente o casarão, que nunca mais teve hóspede mecânico.

## Santa Inês

Santa Inês é distrito de Pindaré, tem menos casas, mas um comércio mais ativo, porque é um dos maiores centros produtores de arroz do Maranhão. Toda essa zona tem muita má fama como couto de bandidos facinorosos. Vêm para cá não só os criminosos fugidos daquela engraçadíssima penitenciária de Alcântara que, não tendo espaço para acomodar todos os condenados do estado, os deixa livres e lhes dá uma diária de 6,20, para irem matando a fome, enquanto não quiserem fugir. Mas, como dizia, não só os criminosos que passaram pela Justiça e escaparam dela, mas os que não foram apanhados e que fugiram dos lugares que escandalizaram com seus crimes, os desajustados, toda essa camorra vem ter aqui, acobertar-se à boca dessas matas, onde nenhuma polícia tentaria perturbá-los.

A cidade tem, por isso, métodos muito próprios de tratar com criminosos. Desconhece a história de cada forasteiro que chega, a menos que ele queira contá-la numa fanfarronada, e, mesmo nesse caso, a ignora. O delegado não se perturba em prender ninguém por assassinato, cuidando somente de ajudar os proprietários a se defenderem de ladrões e a castigar por conta própria os que apanha. Esses comerciantes dão crédito e não cobram a alguns facínoras de nome e os jogam uns contra os outros que os queiram explorar ou que não se deixem explorar.

Em Santa Inês comemos e dormimos na Pensão Violeta, cuja dona esforçou-se quanto pôde para nos tratar bem, embora lhe fosse impossível, porque, no lugarejo, nem dispondo de dinheiro se encontra o que comer. Pedia tantas desculpas pelo mau trato que até me intrigou. Na manhã seguinte, julguei compreender por que dizia, a toda hora:

— Estamos procurando melhorar, senhor, mas a pensão não deixa nada, nunca tem hóspede, por isso os senhores hão de desculpar a falta de conforto.

A privada era pior que a de Carutapera, pois nem existia. A gente tem que arranjar-se, ali, num canto qualquer do quintal, quase à vista das lavadeiras que coaram roupa e da vizinhança que espera nossa saída para fazer, também, seu serviço no próprio quintal, só separado do nosso por uma linha imaginária.

Já falei bastante sobre esses lugares, não é mesmo? Vamos agora ao posto, ou melhor, venhamos ao posto, que também tem suas histórias dignas de registro.

## O posto

Não sei quando o Posto Gonçalves Dias foi fundado, mas posso adivinhar facilmente em que estação do ano ele foi instalado. Isto é, em que época o antigo posto, que ficava vários dias de viagem rio acima, foi transferido para o local em que se encontra hoje, para conforto do encarregado, que desejava ver-se mais perto da civilização... Foi, sem dúvida, na estação de estiagem, porque ele está plantado num igapó, que durante o período das chuvas fica todo submerso, destacando-se da água somente a croa das casas. Por que não foi mudado depois das primeiras chuvaradas só essa triste inércia dos servidores públicos pode explicar.

Fica à margem esquerda do rio Pindaré, à distância de uma jornada ou menos de Pindaré-Mirim e de umas duas horas a cavalo de Santa Inês. Em que consiste esse posto? Vale por uma fazenda bem instalada, onde vivem alguns índios, como uma reserva de mão de obra, quase sempre difícil, às ordens do encarregado, que aqui faz as vezes do fazendeiro. O Gonçalves Dias tem uma casa para o encarregado, com galpão grande, que acomoda os hóspedes civilizados e os índios de passagem pelo posto e, ainda, acolhe o depósito e a cantina, quase sempre vazios. Tem, ainda, uma escola que não funciona e um hospital sem enfermeiros e sem remédios, que nos próximos dias será transformado em caniceria e em padaria, malgrado os pesteados que, por certo, morreram aí nos seus muitos anos de existência e de poucos serviços. Todas essas casas são de taipa e cobertas de telha, exceto a escola, que tem cobertura de zinco e palha. Outras benfeitorias da fazenda são o curral velho, bem no meio do tal igapó, e ruínas de uma antiga engenhoca de açúcar e de uma casa de farinha.

Distante uns cem metros do posto fica a chamada maloca, ou seja, a série de casinhas de palmeira, mandadas levantar por um encarregado antigo para abrigar os índios que ele fez descer para o posto, como faziam os bandeirantes e os jesuítas de antanho, empenhados em alargar os domínios de sua majestade fidelíssima e da santa madre Igreja. Nessa maloca, centenas de índios vivem torturados, no esforço de se acomodarem ao nosso sistema econômico. Aqui perderam o que lhes restava da organização social tribal e do sistema de controle social, que ainda os mantinha vivos e unidos.

# Guajajara

Hoje, restam aqui e nas malocas vizinhas pouco mais de oitenta índios. Nessa zona, entretanto, ainda vivem uns quinhentos Guajajara, alguns nas terras que estão sendo legalizadas pelo posto, outros na margem oposta, os quais Xerez pretende atrair para cá. Porque isso é mais simples e barato que fazer uma série de pequenas demarcações para contemplar cada grupelho nas terras que ocupam, segundo reza a Constituição.

Esses Guajajara vêm resistindo há séculos de contato conosco; foram descidos pelos jesuítas para suas missões e deram gente para muita outra missão e colônia desde então. Mas o grosso da tribo se mantém sempre livre, longe do nosso domínio, no alto Pindaré e alto Grajaú. Ali puderam conservar-se e contribuir periodicamente com a "boiada" para o sacrifício. Vale dizer, o grupo de índios chamados para cada tentativa de "integração na comunidade nacional".

Lá, também, eles foram atingidos pelas nossas peçonhas, pela pinga, pelo amor apaixonado às nossas bugigangas, desde as miçangas, espelhos, cheiros, ferramentas,

Segunda expedição – Pindaré

até o sal, panos e armas de fogo. Quando elas se tornaram necessidades indispensáveis e inadiáveis, ocorreu o inevitável, ou melhor, teve início o processo de decomposição que os arrasta hoje nas últimas agonias.

Para atender a essas necessidades novas, tiveram de integrar-se em nossa economia, procurar um lugar para eles em nossa estreitíssima estrutura social. E que lugar lhes coube? Por certo não têm aptidões para concorrer com os caboclos já cicatrizados no trabalho estafante da enxada. Ficaram, pois, por baixo desses nossos famélicos patrícios, trabalhando sob condições de vida ainda mais desgraçadas que as daqueles párias.

O antigo ciclo anual que os mantinha ocupados, cada hora de cada dia, na caça, na pesca, na coleta, nos ciclos cerimoniais, que mantinha o sol em seu movimento e sustentava o céu sobre suas cabeças, não permitindo que despencasse de lá, tudo isso ruiu. Era preciso produzir o mesmo que antes, pois apenas dava para se manterem fortes e alegres, e, mais ainda, uma sobra considerável de farinhas e peles, de produtos da mata e mais muitas horas de trabalho escravo para trocar pelos artigos de que só os brancos dispunham.

Antes, todos produziam ou podiam produzir tudo; mercê do equilíbrio ecológico que alcançaram em séculos de esforço adaptativo à vida na floresta e graças ao sistema integrativo que os relacionava uns com os outros, para coletivamente agirem sobre a natureza. As aldeias estavam cheias de gente, as crianças podiam brincar despreocupadas e os velhos descansar quando lhes aprouvesse. Havia diversão para todos e a vida era farta e era bela. Até que um dia... Bem, nesse caminho eu acabaria com esse caderno, que é para contar muitas outras coisas ainda por acontecer.

Esses Guajajara, que vivem hoje sob a dependência do posto, ocupam-se principalmente em colher cocos-babaçu e quebrá-los para tirar as nozes, que vendem ao posto à razão de três cruzeiros o quilo, em troca de artigos da cantina: farinha, arroz, sal, fósforos, querosene, fumo, munição, roupas e tudo o mais que comem, que vestem e gastam. Sempre sobra alguma castanha ou, na falta dela, um machado adquirido no posto, para dar uma fugidinha, de vez em quando, a Colônia e lá trocar por pinga a alegria que resta.

Já não plantam roças, nem produzem a farinha puba de que se alimentam; engajaram-se inteiramente em nosso sistema. Tanto que os jovens, para casar, já não precisam fazer uma roça sozinhos, como antigamente, basta que quebrem um mínimo de babaçu. Esse mínimo é diminuto: enquanto um civilizado que se dedica a esse trabalho produz quinze a vinte quilos por dia, eles produzem cinco a seis e não trabalham todos os dias. Sempre lhes falta, em consequência, a comida que a roça antiga nunca negava e estão apelando todos os dias para o rio Pindaré, na esperança de que ele supra em peixe o que faltou em coco, para trocar na cantina.

O Xerez organizou esse sistema, ou melhor, o tornou mais humano e protetor, transferindo todo o comércio para o posto, que, hoje, lhes vende as coisas por preços mais acessíveis, não os engana no peso, lhes paga um preço mais alto e não aproveita seu pendor à embriaguez para roubar-lhes as mercadorias. Antes estavam vivendo

Diários índios

essa mesma vida e em piores condições, porque comerciavam com os negociantes dos lugarejos vizinhos: Colônia e Pindaré.

Agora, depois dessa primeira fase de reconquista da confiança dos índios, muito abalada com as decepções que sofreram com os antigos encarregados, sócios dos comerciantes, agora, Xerez pode passar à segunda fase. À transferência dos índios para o interior, sua localização na mata, onde possam manter roças, dedicando-se ao babaçu depois de fazerem suas plantações e intercalando a coleta do coco com caçadas que lhes provejam mais carne.

Isso é o melhor que se pode fazer ou que se pode tentar e Xerez é bastante persistente, bem-intencionado e cabeça-dura para obrigá-los a esse progresso. Mas isso lhe tem custado um imenso trabalho e até sérios perigos. Basta dizer que a primeira cantina que ele montou foi saqueada pelos índios aos gritos de que lhes estavam vendendo o que receberam para lhes dar. De outra feita, o Xerez passou por maus pedaços, quando foi dominado por um grupo de índios, jogado no ar por um deles e aparado por outro, saindo em disparada para fugir de um terceiro mais violento ainda, que o ameaçava com um terçado e o teria morto se ele não encontrasse uma porta aberta para meter-se por ela e trancar-se.

Admirável é que Xerez não tomou qualquer medida para puni-los, dizendo que isso se devia a intrigas de um civilizado que trabalhava aqui como auxiliar de sertão e à embriaguez. Não puniu os culpados – o que foi grande mal, segundo penso – e, mais ainda, não tomou qualquer represália contra esses índios, continuando a esforçar-se para que eles compreendam quais são os seus objetivos e os aceitem. É o método persuasivo, único admitido pelo catecismo de Rondon, que Xerez fez seu.

**3/ago./51** – Sexta-feira. O posto tem como encarregado um rapaz que antes trabalhava como servente da Inspetoria Regional. A escolha foi acertada. Ele é cuidadoso, trabalhador, inteligente e, embora quase analfabeto, pode vir a exercer muito bem essas funções. O posto tem, ainda, um capataz que toma conta do gado e seis trabalhadores, inclusive uma mulher que cuida das criações de penas – galinhas, patos, paturis, marrecos e perus.

Com esse pessoal e mais alguns índios pagos pela cantina, o posto fez uma roça que produziu dez toneladas de arroz e está preparando uma outra, para o próximo ano. Com exceção do casal que cuida do gado e das aves, todos os demais trabalhadores são índios – não, enganei-me, há ainda um rapazinho branco que faz o transporte e as compras menores para o posto e para os índios.

# Indigenismo

Como se vê, o trabalho está sendo bem orientado, o que me convence ainda mais de que a propalada e real semiloucura do nosso amigo Xerez é das mais sensatas desse desvairado SPI. O caminho que ele seguiu é o único que, a meu ver, pode elevar o nível de vida dos índios. Não tenho ilusão de que, na mata, plantando roças e longe da cachaça, voltem ao "primitivismo" de que fala Xerez. Sei que isso já é impossível e nem é desejável. O que espero é vê-los atingir um novo equilíbrio, pois é certo que não estavam maduros para os contatos maciços a que foram submetidos com nosso sistema social e, se continuarem nisso, dentro de poucos anos não restará um só deles.

Assim, o que cabe fazer não é segregar os índios do contato, mas facilitar sua integração em nosso sistema econômico, de modo que ele seja menos destrutivo. Permitir, ou, em termos acadêmicos, reconhecer-lhes o direito e a liberdade de se engajarem espontaneamente em nossa estrutura social, sem considerar que o lugar que lhes caberia nela seria o de párias, seria levá-los ao matadouro.

Mas as medidas econômicas, por si sós, não resolvem o problema. Xerez as compreende melhor e é mais atilado em encontrar as mais apropriadas que qualquer outro funcionário dos muitos que conheço. Elas só, porém, não resolvem e podem tornar-se perigosas em mãos de funcionários desonestos, que as vejam como simples aperfeiçoamento de seus sistemas atuais de exploração dos índios postos sob suas guardas.

É preciso que se compreenda mais profundamente o problema que estamos enfrentando e, agora mais que nunca, se fazem necessários os cursos de qualificação que preparem alguns funcionários de cada Inspetoria como "visitadores" ou assistentes capazes de dar orientação aos encarregados. Esses assistentes indigenistas deveriam ser preparados no Rio, em cursos intensivos que, em seis meses, lhes dessem uma soma de conhecimentos de etnologia, de assistência social e médica, de agricultura e de normas administrativas. Grupos de funcionários desses visitando os postos e passando uns três a quatro meses, em cada um deles, transmitiriam, informalmente, seus conhecimentos aos encarregados. Assim se poderia dar um longo passo para uma melhor assistência aos índios.

# Aculturação

Os Guajajara que conheci, os do posto, são dos mais aculturados; somente em Grajaú se encontram outros grupos nesse mesmo nível de "civilização". Todos falam sua língua, sendo que muitos dos que moravam até há pouco nas aldeias do alto Pindaré nem conhecem o português. Os homens só usam uma calça curta, que mal lhes cobre os joelhos. Camisas e outras peças só em dias de festa. As índias andam de tanga, com o dorso nu, e trazem os filhos a tiracolo em tipoias feitas do mesmo riscadinho das tangas. Todos se identificam como índios, têm elevado *esprit de corps* e uma grande reserva para com os *karaíwas*. A população cabocla das vizinhanças os discrimina perversamente, considerando-os como pessoas perigosas, perversas, ladras, porcas e por todos os títulos inferiores.

Nas comunidades mais próximas, vivem alguns índios que ainda falam sua língua e, às vezes, aparecem aqui para visitar os patrícios. Todos eles foram criados por "civilizados", tendo, por essa razão, se acomodado mais ou menos à vida civilizada. Vejamos os casos que consegui colher.

Em Pindaré, vive um rapaz guajajara, de dezoito anos, com a família de brancos que o criou. Fala fluentemente a língua, embora tenha saído da aldeia aos cinco ou seis anos. Considera-se índio, vem ao posto às vezes, ficando hospedado com os índios, e, provavelmente, se casará aqui, mudando-se então para cá. Edson, o encarregado, que me falou dele, disse que esse rapaz poderia encontrar uma moça civilizada que se casasse com ele. Quando lhe perguntei, porém, se – independente da pobreza do rapaz – uma sua irmã o aceitaria como esposo, ou uma irmã de sua mulher, ele respondeu prontamente que não. Só poderia casar-se com gente mais humilde, ponderando, ainda, que mesmo esse casamento era improvável, porque os civilizados são mais trabalhadores e podem dar mais conforto às suas esposas. Ora, mesmo tendo o rapaz uma formação quase idêntica à de um civilizado, ele não preenche as condições, porque, sendo índio, sempre se comportaria como tal, submetendo sua esposa ao sistema de vida dos demais índios.

Que fatores interferiram em sua educação tão fortemente que não lhe permitiram adquirir as aptidões e as atitudes de um civilizado? Fatores psicológicos – personalidade básica, já definida nos anos de vida tribal – ou fatores sociais – o preconceito, a atitude dos criadores para com ele, o índio, fazendo-o sentir, cada dia, em cada gesto, seja quando castigado, seja quando o aprovavam, sua qualidade de índio.

Em Colônia, vive um velho guajajara, de seus oitenta anos. Foi criado também por civilizados e sempre viveu entre eles. Fala bem a língua, identifica-se como índio e vem aqui, vez por outra. Mora com um civilizado que é casado com uma mestiça – índio/branca – e que tem autorização para fazer sua roça em terras do posto, porque sustenta esse velho índio. Uma meia-irmã dele, criada pela mesma família, porém mestiça, conseguiu acomodar-se melhor: chegou a trabalhar como telegrafista em São Luís, onde vive hoje aposentada.

Além desses casos, só conheço um outro, de um velho que mora em Lagos, foi criado também por civilizados, esteve casado até alguns anos atrás com uma cabocla. É lavrador e remeiro, aparece aqui, às vezes, em visita. Numa dessas, conheceu uma moça índia, criada pela família de um antigo encarregado, que fora trazida de São Luís para o posto, porque se prostituíra. Depois de viver aqui algum tempo, fugindo frequentemente para Santa Inês, onde voltava à vida antiga, adquiriu novas moléstias até não resistir mais e ser trazida ao posto para tratar-se. Depois de uma longa temporada assim, casou-se com o tal velho de Lagos e foi morar com ele, mas o abandonou pouco depois, voltando para São Luís com uma família que a levou como cozinheira. Essa moça dizia sempre que não queria ser índia, nem viver como índia, desejava casar-se com um civilizado e voltar à civilização. Embora o lugar que lhe coubesse em nossa sociedade fosse o de prostituta pobre.

Segunda expedição – Pindaré

Aqui, no posto, vive uma mulher que foi criada, também, por civilizados, antigos agentes do posto. Fala bem o português e tem certas atitudes de *karaíwa*, mas nunca saiu do posto. É casada com um índio e parece bem ajustada à vida dos índios.

## Assimilação

Onde está a assimilação dos Guajajara na sociedade de caboclos, se como grupo continuam índios e, ao que tudo indica, desaparecerão como tal, embora munidos de um equipamento cultural cada vez mais próximo do civilizado? Como indivíduos são, nas aldeias, índios bem adaptados ao grupo e, fora delas, índios sempre, porém desajustados e infelizes.

Há, ainda, um caso de que me esquecia, Carlos, o jovem guajajara que veio conosco de São Luís. Esteve esses últimos três anos com o Xerez, que reconheceu ao fim desse tempo ser melhor trazê-lo para a aldeia, porque não sabia o que fazer dele. Já não se identificava com os índios, olhando-os com desprezo e cheio de pretensão. Mas não era identificado como igual pelos civilizados, donde estar sempre descontente, sem encontrar lugar no meio dos companheiros brancos, nem dos amigos índios. No dia em que chegou, só falava português, respondendo, sempre que lhe dirigiam a palavra na língua guajajara, que não entendia. Agora, quer falar guajajara até comigo e quando sentiu que Xerez o deixaria mesmo aqui, só com a proteção de um lugar de aprendiz no posto, voltou-se para os índios, procurando responder à repulsa com um afastamento mais violento ainda. Coitado.

Meditemos, porém. Não são as formas de produção que definem as linhas da cultura? Não é a estrutura econômica que enquadra as supraestruturas culturais? E os Guajajara, quando economicamente dispuserem do mesmo instrumental que os caboclos e das necessárias aptidões para manejá-los, não serão também caboclos?

Que significam, então, as diferenças tribais e nacionais que fazem de dois países de economia socialista ou capitalista dois países diferentes, não podendo o cidadão de um deles integrar-se, sem esforços e violentações, no outro? Cada povo tem seu próprio caminho e pode fazer, com a mesma cultura social básica, uma estrutura tribal própria e diferente. No processo de mudança social interferem fatores culturais, como estímulos ou como resistências, tão fortemente que permitem a consecução de uma mesma fisionomia cultural básica através das diferentes etapas de desenvolvimento social.

É preciso pensar mais nisso, não é, Galvão?

Diários índios

# Integração sem assimilação

O certo é que os Tenetehara não estão se integrando na sociedade rural do Maranhão, não estão se dissolvendo nela como quer Galvão. São, hoje, diferentes do que eram ontem e mais parecidos com os caboclos que então, mas são sempre Tenetehara nas motivações, nas atitudes e nas formas mais profundas de pensar, de agir e de sentir.

Como, então, se processou o caldeamento dos primeiros séculos? Como se formou a sociedade brasileira que aí está, composta de mestiços, de brancos, negros e índios? Sobretudo, como se formou a população cabocla toda mestiçada de índios da Amazônia?

Penso que existiam condições sociais diferentes no passado, que já desapareceram e que, enquanto persistiam, permitiram aquele caldeamento. Não existiam, então, segmentos sociais tão diferenciados como hoje e tão conscientes de si como a atual sociedade cabocla, orgulhosa de não ser índia. Então, não havia preconceito contra a miscigenação, e não só preconceito, porque, ainda hoje, ele não é tão forte que impeça o intercurso social de brancos, pretos e índios. Esse intercurso, porém, se faz hoje fora dos quadros do avassalamento permanente, como simples aventureirismo sexual. Um branco ou um negro está disposto sempre a ter relações com uma índia, porém quando constitui família o faz sempre com uma branca ou com uma negra, ou mesmo uma mestiça de qualquer das duas raças com índios, mas nunca com uma índia socialmente definida.

Ademais, no passado, diferentes tribos eram descidas dos altos rios para trabalhar juntas nas missões ou nos estabelecimentos civis e militares próximos dos civilizados. Ali se quebravam todos os laços de relações tribais e as unidades sociais eram refundidas. Homens e mulheres, falando línguas diferentes, passavam a agir como indivíduos isolados, em meio a grupos estranhos e semi-hostis. Os brancos, então, tomavam uma ou mais índias e se acasalavam com elas, criando uma camada de mestiços que já se integrava melhor na sociedade, por não se identificar como índios.

Vivendo na casa do branco, patrão e macho, a mulher índia não podia conservar certos padrões de comportamento tribal. Era submetida às regulamentações de intercurso sexual dos brancos e passava a ter filhos às pencas, sem os prazos de desmame e as limitações que, na aldeia primitiva, reduziam seus filhos a dois ou três, mantendo apenas o corpo social do grupo, sem aumentos de população que ameaçariam seu sistema integrativo.

Naquelas condições, foi possível a miscigenação em larga escala, mas elas foram superadas e, hoje, barreiras cada vez mais altas se levantam entre os índios e as camadas da população resultantes daqueles caldeamentos. Por isso, os grupos indígenas atuais, se tiverem um mínimo de condições de subsistência e se não forem obrigados a integrar-se "livremente" em nosso sistema de produção, tendem a conservar-se e, quiçá, graças aos progressos de seu equipamento civilizador e à pacificação das tribos, a aumentar de número. Sempre, porém, como índios.

Segunda expedição - Pindaré

# Cadê João?

**4/ago./51** – Sábado. Uma semana de espera, chegamos sábado passado e até hoje nenhuma notícia do João Carvalho. O Edson foi agora a Pindaré para ver se Rosemiro Noronha, de São José do Gurupi, respondeu a meu telegrama. Que terá acontecido no posto ou nessas matas? Essa pergunta e essas preocupações não me saem da cabeça, durmo, sonho e acordo sempre agarrado a elas. É uma tortura esperar.

 Afora essas amolações, a vida corre agradável. Passamos bem, graças ao esforço do pessoal do posto, que já abateu um boi, um bode, um carneiro, pacas, jabutis e vários capões para levar à nossa mesa. A rotina não é das piores. Acordo tarde, ali pelas oito horas, tomo um café reforçado e venho ler e escrever até a hora do almoço. Almoçamos, o Huxley vai sentar na rede, e eu, que não suporto deitar-me de dia, fico aqui, quentando o mormaço, conversando mentalmente com você, que a essa hora é minha única companhia. Saio, depois, às vezes com o rifle para atirar num jacaré numa das lagoas próximas, olhar os pássaros com o binóculo, que os traz bem junto de mim, e maginar os caminhos da vida.

 Ali pelas quatro e meia é o banho no rio, uma boa hora de preguiça dentro d'água. Infelizmente, os mosquitos não nos permitem espraiar ao sol e temos que ficar todo aquele tempo mergulhando ou agitando os braços e espadanando água para espantá-los. Huxley se maravilha com esses banhos, conta que não podia nadar nos rios da África, por medo dos jacarés. Os daqui são mais sociáveis, felizmente. E as piranhas são muito raras, de ano em ano cortam alguma peça essencial de alguém. Mas por que seria eu esse alguém tão raro? Pensando assim, nos metemos n'água. Nas últimas tardes, ele tem andado e atirado mais que eu, porque tenho ficado aqui, com este diário.

 À noite, depois do jantar, jogamos cartas durante uma hora e, se algum índio canta na aldeia, vamos para lá apreciar a pajelança. Voltamos muito tarde nessas noites, cansados e encantados. Ontem, à tarde, foi diferente: o Huxley saiu logo depois da sesta, com o indefectível binóculo, para olhar os pássaros. Voltou duas horas depois, dizendo que vira muitas capivaras e mutuns numa lagoa próxima. Tomamos as armas e fomos ver, andamos uma meia hora e demos com elas. Lá estavam, com as cabeças enormes fora d'água, ruminando o capim aquático. Aproximei-me quanto possível e atirei; errei de nervosismo, porque o tiro era dos mais fáceis naquele cocuruto enorme. As capivaras fizeram um enorme barulho e mergulharam na lagoa, eram umas cinco.

 Saímos, então, à procura dos mutuns. Sabe o que é isso? Uma espécie de peru selvagem, tão grande quanto os domésticos e de carne deliciosa, embora muito dura. Conseguimos ver alguns e eu me meti na lagoa para atirar num deles mais de perto. No meio, porém, com as pernas enterradas até os joelhos naquela água lamosa, entre camalotes, assaltou-me um medo enorme de ser mordido por um jacaré. Atirei, então, apressadamente, de onde estava, errei como sempre e voltei, feliz, com minhas pernas

*Diários índios*

intactas. Pois, imagine só, pensar naquelas bocas imensas, naqueles seus enormes dentes afiados, não é razão para, salvo do temor, a gente se sentir feliz?

Viemos voltando, então. Como tínhamos andado muito, imaginamos ser melhor acabar de rodear a lagoa para sair do outro lado. A lagoa, entretanto, era enorme e tivemos de andar mais de uma hora, no meio de um mato sujo, onde só havia batidas de caças. Saímos escalavrados de espinhos, cansados, já tarde, para tomar um banho horrível, assediados por todas essas miríades de pragas da boca da noite. Felizmente, eu tinha uma muda de roupa, vesti-a, pus umas meias e lembrei-me, depois, de que não tinha sapatos, o único estava ensopado. Fui, então, jantar com os pés nus, bem a gosto dos mosquitos, que não desprezaram a iguaria.

À noite, depois do jogo, fomos outra vez ver o pajé mais prestigioso daqui cantar. Voltamos muito depois de meia-noite, extenuados. Não vou falar, em particular, da sessão de ontem; falaremos adiante, em geral, do que aprendi sobre as pajelanças dos Tenetehara.

**(Carta de 28/jul./51)** – A noite foi melhor, pretextei uma dor de garganta e combinei com um pajé guajajara a minha cura. Queria ver como eles tiram o caruara. O resultado foi uma sessão notável em que nos demoramos até as duas da manhã.

Lembrei-me das noites de cantorias nas aldeias kadiwéu. Os Guajajara cantam melhor, com um rico acompanhamento de vozes masculinas e femininas e com um entusiasmo maior. Enquanto os ouvia, pensava no Galvão, que tem motivos de sobra para gostar desses seus Tenetehara. Sinto muito não poder gravar uma de suas sessões de pajelança e imagino como Galvão adoraria ouvi-las aí no Rio.

Durante os trabalhos foram tratados, além de mim, um rapazote, uma mulher e uma criança. O pajé, rapaz forte, de uns 25 anos, veio das aldeias do alto Pindaré. Ele fez preparar cinco enormes cigarros de tauari – dois dedos de grossura, por trinta a quarenta centímetros de comprimento. Fumou-os sucessivamente, tomava o cigarro aceso por outra pessoa e se punha a soprá-lo, freneticamente, atirando ao ar uma nuvem de fumaça e iluminando a sala escura com as fagulhas que largava. Depois, aspirava fortemente, expelindo a fumaça pelo próprio cigarro. Como "respirava" assim durante longos minutos, asfixiava-se, às vezes, e tossia em estertores, mantendo sempre o cigarro na boca. Entre estas "tauarinagens" cantava litanias, repetindo várias vezes cada uma delas. Nos intervalos, gemia, soprava, e desses sons passava quase imperceptivelmente ao canto. Quando ele se definia e alteava, as mulheres e os homens presentes faziam coro, repetindo uma frase melódica do canto.

Depois de fumar alguns cigarros assim, aproximou-se do primeiro cliente e demorou-se com ele uma meia hora. Veio, depois, para junto de mim e me tratou pelo mesmo processo. Começou aplicando uma massagem maciça em minha garganta, cantou, atirou fumaça sobre as minhas mãos e tornou a fazer a massagem. Várias vezes repetiu isso. Após o que, iniciou as defumações, enchia os pulmões de fumaça, aproximando-se, e a expelia com uma violência quase incrível sobre algum ponto de minha garganta. O tratamento terminou quando ele tomou minha garganta,

Segunda expedição – Pindaré

levemente, com as duas mãos e cantou primeiro em voz baixa, depois em voz alta e estertórea, acompanhado por todo o coro.

Os outros tratamentos foram feitos pelo mesmo processo, só houve diferença num momento em que o canto elevou-se muito. Um acólito colou-se atrás do pajé e ele caiu pesadamente sobre os seus braços. Ficou desfalecido, com os braços caídos durante longo tempo. Enquanto isso, as mulheres continuavam o coro em voz muito baixa, como num sussurro; continuaram assim até que ele começou a gemer, então o coro elevou-se e, à medida que o pajé voltava a si e retomava o canto, mais e mais alto e límpido era o coro.

**5/ago./51** – Nenhuma notícia de João Carvalho; Edson chegou de Pindaré ontem à noitinha e não trouxe novidades, senão a de que a linha telegráfica daqui para o Gurupi está interrompida há vários dias. Há sempre uma causa qualquer de atraso nas viagens, da última vez foram uns filmes de Foerthmann que nos obrigaram a esperar por um mês em Viseu. Agora, o atraso de João Carvalho com os índios, pior ainda, porque me deixa preocupado, a imaginar o que possa ter acontecido.

Eu falava ontem das andanças que fizemos à tarde para encher o tempo, lembra-se? Pois o Huxley voltou com uma peça magnífica. De longe já anunciava ter caçado um mutum; nada disso, era uma anhuma. Um pássaro enorme, tem as asas armadas de dois esporões e reminiscências de uma possante lança córnea da cabeça. Essa foi a novidade do dia, sensaborona, eu sei, mas nesse marasmo em que vivemos soou como a mais gostosa das graças e a aproveitamos até o fim, fazendo cozinhar para o caçador o peito da caça – que, aliás, não se come.

Entretanto, só não há novidades para nós e que nos envolvam, principalmente porque esperamos uma nova tão preocupadamente que as outras nos passam despercebidas. Veja o que se passa no posto e que, nem esforçando-me muito, consegue interessar-me. Há dias, uma onça ronda o rebanho; toda madrugada os índios e o vaqueiro ouvem seus esturros medonhos e sempre mais próximos. Nos falaram dela, pela primeira vez, há uns cinco dias e todos se lembraram, então, da outra onça que no ano passado matou umas seis reses do posto e só foi caçada quando começou a atacar rebanhos de particulares.

Hoje, dois índios que vieram de uma aldeia que fica há meia légua daqui contaram – aliás, com muito pouco assombro – que deram com a onça na mata. Você percebe? Está "esquentando", é como naquele jogo de crianças; amanhã ou depois o vaqueiro acha falta de uma rês, vem um índio e mostra a carcaça. Todos lamentam a última da onça e, assim, irão de lamento em lamento. Quando perguntei se havia um caçador, disseram que por isso ninguém morria, todos caçavam, mas ninguém tinha um cachorro onceiro.

Outra novidade, ou melhor, outra ocorrência bem atual, que preocupa duas ou três pessoas e que seria matéria para os diários daqui, se houvesse imprensa. Uns rapazes índios, que vieram há pouco de São Luís, onde estiveram aprendendo horticultura e outras bobagens para quem viria mesmo quebrar coco apenas, estão sendo

Diários índios

iniciados como pajés juntamente com alguns outros, mais novos, que não saíram. Anteontem cantaram a noite inteira em casa do João e correu muita cachaça trazida por um deles. O afilhado do Xerez, que é um dos iniciandos e nunca bebera, ficou muito embriagado e até levou um tombo por aí. Pois um garoto nos veio contar a história, o encarregado chamou-me com toda seriedade para saber que medida tomar e nós discutimos uma meia hora o momentoso acontecimento.

Afora disso, só as vespas, lagartas, minhocas e outros bichinhos que Huxley traz do mato, olha, olha e depois me deixa ver, para comentarmos um óvulo curioso, uma asa irisada muito bonita ou um aparelho picador de vespa, que nos custa algumas dolorosas picadas.

# Livros

Mas, se olharmos para dentro de nós, se eu me detiver um pouco, apreciando o turbilhão de ideias e de sentimentos que enchem essas horas mortas, desses dias mortos, então, terei muitas coisas para contar. Ah! Mas tenho, hoje, realmente o que contar. Se se realizar a metade dos planos de meus amigos e dos meus sobre essa pesquisa, ela ficará celebérrima. Veja só, já se sabe que é intenção do Boudin – além de sua função de linguista – escrever um livro sobre a vida e os costumes dos índios kaapor para publicar na França, não é mesmo? O Foerthmann, profissional fotógrafo e cinegrafista, não só pretende, mas tem adiantado o seu livro de viagens sobre a "expedição" ao território urubu-kaapor, que deverá ser publicado na Alemanha. Dos meus planos, você, ainda mais que eu mesmo, tem conhecimento e fiança. Pois temos, agora, mais um, nosso amigo Huxley. Além da monografia científica que apresentará à sua universidade para fazer jus ao doutorado, comprometeu-se com um editor inglês a mandar um livro sobre esta viagem.

Há, pois, como se vê, nesse nosso trabalho, assunto para quatro povos se deliciarem, quiçá durante gerações e gerações. Eu é que sou um errado, por não achar no meio de tudo isso outro assunto, para esses dias atuais, que a falta de novidades.

Boa ideia seria preparar, se você concorda, um livro populesco sobre os nossos amigos. Versaria sobre as duas viagens às aldeias kaapor e nisso seria mais rico que os outros. A primeira parte poderia chamar-se "O pobre Vale do Ouro"; contaria a subida pelo Gurupi, aquela miséria sem nome da população ribeirinha, a marcha da epidemia de sarampo sobre as aldeias. Seria trágico, terrível, com quadros patéticos do sofrimento que presenciei. Mas o fundamental e mais engraçado seriam as reações do francês Boudin e do alemão Foerthmann diante dos índios das margens do Gurupi, perguntando-se o que foram fazer por ali.

E a segunda parte? Que fazer, se estou apenas parado aqui, à entrada das aldeias, mas tão longe delas? Bem, seria sobre o que virá a acontecer. Até haveria um certo tom bíblico e profético. É como se já estivesse escrito – no livro do destino, talvez –, pois tanto vale a certeza de que estava escrito tal como veio a acontecer, ou havia acontecido, como a de estar escrito por vir a acontecer. Nada custa, entretanto, imaginar alguns sucessos. Assim, talvez, nos adiantássemos ao destino e como ele é, geralmente, tão pobre de imaginação, nós sugeriríamos um enredo mais literário para impor aos acontecimentos. O personagem central seria o pajé fanático andando errante entre índios zarolhos, empenhados em lhe ensinar etnologia.

Vamos ao nome, como aconteceu com a primeira parte, sim? Poderia ser "O pobre ouro do vale". Mas qual será o ouro, meu Deus? Vamos encontrar minas que não procuramos? Ou, quem sabe, outro valor maior que o do metal tão caluniado? Sim, o ouro da paz social, dos últimos dias felizes de um povo condenado. Uma descrição idílica da vida dos meus índios, ao gosto dos românticos antigos.

Pois aí está a sugestão; ao destino, agora, cabe fazê-la cumprir. Que nos encaminhe pois, com urgência, porque o tempo corre e já é pouco para dar, à vida dos meus índios, todas as tintas de felicidade que possam carregar.

## Cadê meus índios?

**6/ago./51** – Segunda-feira. Os dias passam e minha inquietação aumenta. Que terá acontecido a meu pessoal que não chega? Tomei algumas informações com a gente daqui sobre a viagem de Engenho Central (Pindaré) a Curuema (Gurupi). Eles pouco sabem a respeito, ninguém fez essa viagem. Só o Alexandre, capataz e vaqueiro do posto, andou por aqueles lados. Conta que na viagem que fez, em 1943 ou 1944, com João Mendes, o antigo chefe da Inspetoria, a uma aldeia urubu, gastaram dois dias a cavalo daqui até o Tury. Ele imagina que outros dois dias seriam necessários para alcançar o Maracaçumé, metade do caminho para o Gurupi. Vale dizer que eu precisaria de seis a oito dias a pé para cobrir esse percurso.

E devo considerar, ainda, quanto nos custaria isso em dinheiro: precisaria de cinco animais, dois de montaria para nós e dois outros para o guia, o ajudante e o cozinheiro que deveríamos contratar. Os aluguéis desses animais, os salários do pessoal e as despesas com alimentação para doze ou quinze dias – ida e volta – consumiriam os dois contos que Xerez ficou de me emprestar. E como subir o Gurupi sem dinheiro?

Em vista disso e da morosidade dessa viagem, imaginei uma outra saída. Pindaré-Mirim é servida por uma pequena empresa de táxis aéreos. Talvez pudéssemos conseguir um teco-teco com eles, para nos levar daqui até Viseu ou Carutapera, se a primeira cidade não tiver campo de pouso. É possível que fique mais barata essa viagem e seria mais rápida. Mas que distância média há entre Pindaré e Viseu? Poderá um teco-teco fazer isso num voo direto?

Veja só em quantas atrapalhadas nos coloca esse atraso do pessoal. De qualquer modo, se até o dia 10 eles não chegarem, terei de ir a Pindaré para estudar essas duas possibilidades e decidir qual delas adotar. Até então, nos resta esperar, torcendo para que João Carvalho apareça.

# Histórias

Mas será só isso o que tenho hoje a contar? Não. Tenho uma multidão de histórias. Vou até dar um nome a este capítulo epistolar: "Histórias de espantar" é justo título para tão assombrosa matéria.

Nada aconteceu que pudesse espantar, nem que enchesse de assombro trêmulo e real a Huxley ou a qualquer pessoa daqui. Trata-se de puras histórias, histórias de espantar e, se eu escrevesse naquele estilo dos viajantes que falam a seus leitores de terras que eles não conhecem e jamais virão a conhecer, até poderia torcê-las um pouco para insinuar-me como personagem de aventuras terrificantes.

Você bem sabe do que se trata, são as histórias com que a gente dessas zonas mais isoladas e pouco conhecidas enchem suas horas de ócio. Quantas vezes as ouvimos em Mato Grosso? Nunca se sabe como a conversa se dirige para o assunto, mas o gosto de falar e de ouvir dirige a gente, imperceptivelmente, para essas narrações de sucessos macabros, que poderiam e podem acontecer, mas quase nunca acontecem. Como é clássico começar com as histórias de cobras e de onças, iremos por esse caminho fecundo às corujas, arraias, centopeias e até as tão caluniadas jequitiranaboias.

Entrei feio no assunto e contei, também, as minhas histórias de espantar. O meu velho tio-avô que, mordido por uma cobra venenosa, queimou toda a batata da perna com um tição em brasa. Aquele moço sertanejo que, colhendo algodão, picado pela mesma espécie de cobra, amputa com a foice a própria mão. O encarregado falou de cobras-papagaio, verdes e venenosas, que saltam vinte metros sobre a vítima. A essa altura, Huxley protesta, já meio horrorizado: vinte metros era demais, seria a tal cobra provida de uma mola? Ou, talvez, se devesse creditar à cobra apenas mordidas venenosas e a seu homônimo, o papagaio, não o salto, mas o voo dos vinte metros. Essa interrupção não nos permitiu gozar mais o assunto e, assim, não ouvimos as histórias que necessariamente se seguiriam sobre cobras gigantescas que engolem batalhões; sobre cobras sorrateiras que, à noite, roubam nos seios maternos o leite das crianças sertanejas e tantas outras.

Passamos por isso às onças, a língua me coçou muito para contar aquela minha única e inesquecível aventura com a onça. Talvez eu só ficasse na primeira parte, o episódio da onça saltando de um cupim sobre o cavaleiro que andava à minha frente. O seu tombo, a fuga do cavalo dele, apavorado, e o meu gesto heroico, sofreando o meu corcel e atirando valentemente na onça e disparando a cavalo em sua perseguição. A segunda parte, essa eu talvez esquecesse. Aquele medo sem nome e sem propósito, que meia hora depois do heroísmo me assaltou, fazendo-me tirar o revólver do coldre e mantê-lo no bolso com o dedo no gatilho, pronto a atirar sobre outra onça que talvez nos atacasse de trás de cada novo cupim que surgia. Contudo, eu me controlei e apenas ouvi mais algumas aventuras de onças para a coleção que, um dia, talvez faça das "histórias de espantar".

Vieram, depois, as histórias de marimbondos, cobras e formigas peçonhentas que habitam essas matas e cuja picada dói - depõe o encarregado - por 24 horas,

Segunda expedição – Pindaré

sem interrupção. Falou-se de aranhas minúsculas de beijos fatais; das grandes, que atiram os pelos sobre os incautos; dos escorpiões e lacraias, até mesmo das centopeias, que ameaçam cair da cobertura de palha de cada uma dessas casas sobre as pessoas. Sobre nós. E, então, com uns olhares disfarçados para a cobertura da sala, a esquadrinhar-lhe os recantos, procurando uma possível centopeia, ouvimos a recomendação sobre o método de fazê-la desgarrar aquelas cem pernas da gente. É enfiar-lhe, por baixo do corpo, uma faca levada ao fogo até a incandescência. Cabe aqui nova nota sobre Huxley, pois o moço, que não contribuía para a minha futura coletânea, apela então para nós:

— Não haverá aqui uma milipeia?

Viu uma enorme, certa vez. Coitado, não percebia que esperávamos uma história de espantar e nem fez sua estranha milipeia picar mortalmente ninguém.

Nessa altura, Edson, temendo que se perdesse o assunto delicioso, saltou para as jequitiranaboias, descreveu sua forma repulsiva, acrescentando que aquela estranha borboleta, meio gafanhoto, trazia uma lança venenosa no peito e, quando pousava de seu voo cego, já introduzira a tal lança de veneno letal sobre o corpo da pobre vítima.

Mas, aí, eu já estava cansado das histórias e pensava no baralho que nos esperava paciente; resolvi então pôr água na fervura. Disse que a jequitiranaboia era uma vítima das más línguas, não tinha veneno nenhum, nem mesmo lança tinha a pobre, era cega, tudo aquilo não passava de calúnia. Assim, perdemos o capítulo das piranhas, das urtigas, dos sapos venenosos e todos os outros, devidamente ilustrados com casos de vítimas, quase sempre desconhecidas.

Depois da inevitável partida de buraco, viemos para o quarto e, aqui, à luz do candeeiro, abrimos outra sessão de histórias. Dessa vez, uma troca de lembranças e recordações doces e amargas sobre nossas famílias. Então, se defrontaram a família sertaneja, a cuja historiazinha eu procurei dar um certo tom vaqueiro, meio abaianado, e a de uma família de intelectuais ingleses, com suas intrigas, ciúmes e lutas, as sérias e as fúteis, todas muito humanas.

Mas isso não é, evidentemente, assunto para diário-carta, você não acha? De qualquer modo fico devendo a conversa. Deixei o diário para dar uma volta por uma lagoa próxima, tomar banho, delícia de cada dia, jantar cutia assada e guisada, jogar a partida de todas as noites e voltar à pena, para escrever sobre nada.

# Uirá

Na carta que mandei, relato o caso de Uirá, o índio kaapor que se matou aqui perto, jogando-se no rio Pindaré para ser estraçalhado pelas piranhas. No relato do SPI, se trataria de um heroico cacique índio que veio confraternizar com os *karaíwas*, mas foi tão maltratado e esbordoado – ele, a mulher e um casal de filhos – que, morto de vergonha, não quis voltar desonrado a seu povo.

Aqui, na boca da mata, pelo mesmo caminho que vamos fazer, em lugar de regressar às aldeias, matou-se. O SPI fez dele uma legenda, até deu seu nome a um posto indígena. Xerez guarda numa caixa sua ossada, tarrafeada pelos pescadores de São Pedro (hoje Pindaré-Mirim), e o termo do corpo de delito, redigido por um farmacêutico local, atesta que Uirá morreu mesmo por suicídio, comido pelas piranhas. Só restou dele, intocado, o couro das palmas dos pés e das mãos.

Estive conversando com o Huxley, mais uma vez, sobre nossa viagem. Esse é o assunto de todas as horas. Vimos que, se João não vier logo, além dos vintes dias que já perdemos aqui, iríamos perder outros tantos para subir o Gurupi, com o perigo de dobrá-los, se o João tiver saído do posto para cá com nosso equipamento de sertão. Nesse caso, teremos mesmo de esperar a volta dele para irmos às aldeias. É um transtorno medonho; o pior é que João Carvalho deve ter tido seriíssimas razões para um atraso tão grande e temo pelo que lhe possa ter acontecido. Sem ele, evidentemente os índios não viriam por si mesmos a meu encontro.

Quando, ainda agora, eu escrevia, brincando sobre os perigos possíveis que, todavia, quase nunca acontecem, nem me lembrava de João. Agora, me ponho a imaginar sobre tudo o que pode acontecer nessas matas e todas aquelas anedotas voltam à mente. Se João morreu, estamos perdidos.

Ao falar do posto, contei, se não me engano, que ele está plantado sobre um igapó. Quero dizer, agora, que mesmo isso tem sua vantagem para quem vem aqui por poucos dias – se traz um bom mosquiteiro. Temos, bem junto da casa, três belíssimas lagoas ou alagadiços, se prefere. Elas têm sido nossa distração; lá, de binóculo nos olhos, passamos horas vendo essa fauna aquática revolver-se na lama ou navegar sobre imensos camalotes – verdadeiros tapetes de plantas aquáticas, belíssimos, que cobrem quase toda a lagoa. Alcançam tal espessura e tanto se entrelaçam as plantas, que se pode andar sobre eles. No inverno, quando as águas enchem muito, eles saem rio abaixo, arrastados pela correnteza, como verdadeiras ilhas flutuantes povoadas de pássaros, jacarés e toda a fauna semiaquática da região.

Hoje, estivemos, à tardinha, numa dessas lagoas. Agora, com a seca, está sem água e parece um campo imenso que se estende por todo o horizonte, coberto do capim mais verde. O gado pastava ali, arrodeado de pássaros aquáticos que, à nossa chegada, permaneciam calmos e pousados. Era uma beleza ver aquele campo rodeado de mata e o sol do fim do dia dava à paisagem essas luzes, sombras e cores. É maravilhoso.

## Terra dos índios

Mas vamos a outro assunto. O Serviço está tratando agora, graças às aptidões de Xerez como topógrafo, de fazer a demarcação das terras deste posto, para legalizar, definitivamente, sua posse pelos índios. Em consequência, muitos moradores de

Colônia – uma vila que fica um dia de viagem rio acima –, que faziam roças do lado de cá, nas matas do posto, foram intimados a procurar outras terras.

Esse caso era mais simples; há porém grande número de famílias residindo e com pequenas benfeitorias dentro das terras do posto, próximo ao limite que Xerez pretende demarcar. Hoje, o encarregado mandou um rapaz tomar os nomes dessa pobre gente e isso os encheu de preocupações. Começaram a chegar cedo, aos grupos, para perguntar o que havia, se tinham mesmo de abandonar as terras em que vinham trabalhando. Edson não estava e eu tive de explicar-lhes as coisas, assim fui ouvindo suas histórias. É toda uma pobre gente, imbuída dessa humildade do nosso povo, desse respeito religioso à lei e às autoridades, como se fossem – e são – coisas de um outro mundo, contra o qual eles nada podem. Estão acostumados a se verem escorraçados. Assim, quando se estabelecem num lugar, já sabem de antemão que, mais dia menos dia, surgirá um "branco" dono da terra, com a mão cheia de títulos irrecusáveis.

## Pioneiros

Essa é nossa massa dos pioneiros. O equivalente das caravanas do *far west* que iam para os Goiases de lá levantar uma casa e abrir uma roça, na certeza de que a lei lhes garantiria como propriedade trinta hectares de terras. Aqui no Brasil, são eles que povoam as zonas novas, onde a propriedade ainda não está definida e dividida. Precedem à ocupação legal das terras, na verdade as desbravam e reconhecem, valorizando-as com seu trabalho até que, pela intervenção da lei, se incorporam, definitivamente, ao sistema econômico por um ato cartorial. Então, são compelidos a abandoná-las para algum figurão, afilhado da lei e do sistema social. Isso porque a posse no Brasil não dá direito algum.

De certo modo, eles se especializaram nesse tipo de vida e estão sempre à procura de uma zona bem longínqua e deserta, para onde possam transportar a família para viver alguns anos, até que cheguem os "verdadeiros" donos. Assim passam a vida, mudando-se periodicamente e sempre mata adentro.

Vários fatores tendem a fixá-los nessa vida. O costume de trabalhar independentes, sem sujeitar-se a patrões. A aceitação conformista da ordem social como um sistema sagrado, que deve ser acatado. Seus métodos de trabalho muito primitivos, que exigem áreas de mata virgem para o roçado de cada ano e, ainda, seu sistema de trabalho. Têm, como instrumentos, enxadas, machados e facões; como capital, uma caixa de fósforos, um saco de sementes e a vontade de trabalhar. À medida que progridem numa área, vão formando capoeiras próprias, nelas cresce capim que, a princípio, serve às suas criações e, às vezes, a seu cavalo. Mas, logo, surge um proprietário rico que resolve pôr seu gado naquelas capoeiras e a vida dos lavradores se torna insuportável.

O gado tem expulsado mais vezes a um deles, com quem falei, que a prepotência dos que se dizem proprietários. Ou melhor, o gado é o instrumento através do qual os futuros donos infernam a vida dos pioneiros, obrigando-os a abandonar as terras de que foram os primeiros ocupantes.

Um deles me contou que, quando a coisa se torna quente, como agora, aqui, e ele tem de procurar outra morada, sempre sabe onde estão seus conhecidos que o precederam. Porque a fama dos lugares novos, de primeira ocupação, corre sempre entre eles como de uma terra fertilíssima, onde não há gado, proprietário, ou qualquer outro escolho a seu trabalho. Vai, então, olhar o terreno. Se gosta, pede licença a um antigo ocupante, tido como o sitiador.

Passa, então, a trabalhar sua nova gleba. Nos primeiros anos, a luta é dura, porque não consegue vender nem amoitar bem a roça antiga de mandioca – base de sua alimentação, pela farinha que fabricam com ela. É, assim, com pouco suprimento de boca que tem que enfrentar a trabalheira do roçado em mata virgem, da construção do rancho, do forno de farinha e de outras poucas benfeitorias indispensáveis. Planta cereais para vender, mandioca e algum arroz para consumo. Fumo, às vezes, bananas e mamão, únicas frutas porque essas eles podem colher antes de serem expulsos. Aos poucos, outros vão chegando, a mata se enche de picadas, as capoeiras se cobrem de capim e vem, então, o gado abrindo caminho para o novo dono.

O coitado falava dos bois com tal mágoa, como se falasse de pessoas cruéis. Nada pode fazer contra eles, não há cercas que protejam as roças. Mesmo trabalhando mais na cerca que no roçado, quando o gado o descobre está perdido. Vêm e forçam com os chifres até desmontar a cerca, então invadem e, numa noite, comem metade do que amadurecia para a colheita.

Nessa altura, começam os descontentamentos, as queixas ao dono do gado. Raramente um deles toma represália, mata um boi. É, então, chamado a entender-se com a justiça e não há como escapar, foge ou se entrega, perde a questão e, além da roça estragada, tem que pagar a rês abatida. Diante do exemplo, os outros, já desanimados de reforçarem as cercas de suas roças, vão também procurar outro pouso.

Esse é o sistema de trabalho nas matas já próximas de estradas que, bem ou mal, permitem o escoamento da produção. Ele admite a formação de pequenos núcleos, de cinco a dez famílias, bem próximas umas das outras, que podem manter certa vida social, organizar suas festinhas e gozar de um convívio vicinal. Enquanto duram.

Pior é o outro, o da indústria extrativa, que isola as famílias longe das estradas, em áreas imensas, deixando cada uma na barranca de algum igarapé, a centenas de quilômetros do vizinho mais próximo. Ali mesmo, ele é procurado pelo patrão que se apropria de sua produção de copaíba, cedro, essências, do que for, e lhe deixa um pouco de suprimento em troca, que deve durar até o ano seguinte. Mas isso é coisa mais do Gurupi e já foi motivo de conversas no ano passado.

Segunda expedição – Pindaré

# Pintor

Abro, novamente, o caderno para um comentário. Conheci em São Luís um pintor, moço ainda, muito nervoso e confuso, mas com um raro sentido plástico. Ali, sem nunca ter visto um original qualquer, faz pintura melhor que a de muitos cretinos que andam expondo pelo Rio e São Paulo, e é moderno, o que me parece escandaloso. Trabalha num hospital de psicopatas e, às vezes, sua conversa me parecia influída demais por essa circunstância.

Curioso é que ele me contou, depois de uns dias de conversa, sua história. É filho de um piauiense que vive a mesma vida desses pobres batedores de mata de que venho de falar. Desde que nasceu, até sair da companhia do pai, há uns quatro anos, viveu mudando-se de um lugar deserto para outro, quando o primeiro começava a ser "concorrido" e apossado. Assim, ele me explicou, seu pai escondia a miséria em que viviam, gastava menos em roupas e não fazia dívidas. Logo que chegavam negociantes ao tal lugar onde estava, achavam mil jeitos de comprometer, através de vendas, a roça para fazê-los entregar tal ou qual produção. No fim, ele sempre tinha de deixar toda a roça e mais os porcos, cabras e galinhas, que sua mãe conseguira juntar, e tinha que ir embora, com seu olho vazado, procurar um mato mais distante, onde pudesse curtir sua nova e maior miséria.

Contei o caso e esquecia o comentário. É que esse pobre pintor, em sua inocência, estava muito interessado em saber o que era "existencialismo". A princípio, vendo que eu chegara do Rio e falara de pintura e literatura, foi logo dizendo-se existencialista. Depois, mais acostumado comigo, quis saber o que era mesmo aquilo, por que se devia pintar só para pintar sem agradar ninguém e, se possível, até desagradando. É a saga de vida pela vida, curtindo o momento que passa como a única realidade, dificilmente aplicável ali. Só faltou me pedir a fórmula de ser existencialista, com seu ordenado de funcionário de manicômio maranhense, com a mulher buchuda de impaludismo e de um filho a nascer. É a "cultura' se expandindo.

Não tenho sono; aguente, pois, mais conversa. Deixe-me contar como o tal rapaz, semianalfabeto, começou a pintar. Seu pai morou, em certa época, perto de Grajaú. Isto é, doze léguas distante daquela cidade, no meio de uma mata que estava "sitiando". Não sabe como lhe caíram nas mãos umas folhas de papel e um lápis e ele se pôs a desenhar coisas, depois pessoas. Gostou da brincadeira e, sempre que podia, comprava mais lápis e papel. Um padre viu seus desenhos e gostou, falou ao pai da necessidade de aproveitar o menino, que tinha jeito para desenho, mandá-lo para São Luís.

Um dia, fez a cara de um negociante, depois a de outro. Passou, então, a olhar revistas, conhecendo assim as caricaturas, e começou a imitá-las com as caras conhecidas. O prefeito, então, soube desses pendores e, um dia, lhe passou a mão nos cabelos. Então, já corria sua fama e começaram a pedir retratos. Ele olhava o freguês, dizia que sim e ia pro sítio. Na outra semana, andava de volta as doze léguas a pé e trazia o retrato encomendado; o pagamento mal dava para mais papel, mas sempre valia como estímulo. O prefeito, nessa altura, resolve ajudar o garoto, que lhe foi pedir fiado, no afago que recebera: tinta para tentar pintura.

— Mas com que tinta se pinta, homem de Deus? Procure lá na casa do Torquato, ele que lhe forneça por conta da prefeitura.

Vai nosso pintor à tal casa e, lá, a tinta que havia era mesmo a de pintar paredes. Não seria essa a dificuldade, o moço pegou os pós de cor, misturou com gordura, alisou umas tábuas e se pôs a pintar a óleo.

A primeira obra foi uma ceia copiada de uma gravura; saiu borrada, mas melhor que a gravura. Sua fama cresceu; passou, então, a pintar ceias, que lhe trouxeram reclamações, porque esmaeciam logo. Então, como sinal de agradecimento ao seu benfeitor, o moço resolve fazer uma caricatura que não lhe encomendaram. Vai levar ao prefeito a cara dele devidamente deformada. Isso lhe vale a inimizade do potentado da terra. Sem proteção, só lhe restava ficar no sítio com o pai ou ir para São Luís, como o padre sugerira.

Vai para São Luís, mas, nessa altura, a cerveja acabara e encerramos a confissão do meu pintor existencialista. Enquanto caminhamos para o hotel, ele só pôde enriquecer essa biografia com a história dos seus primeiros trabalhos de tinta estrangeira. Conseguiu-as da mão de um pintor que viera a São Luís como prêmio de viagem no Brasil e que ali morrera inesperadamente. Quando eu o encontrei, a tal tinta herdada do morto já havia acabado e ele não sabia como conseguir mais; lavava os tubos secos, para ver se ainda conseguia alguma cor, e sua pintura ficou baça, quase incolor, à falta de tinta.

Também, o rapaz é um perdulário, pois como não gosta do que pinta para vender – paisagens e vistas de São Luís colonial para casas de comerciantes ricos – pinta primeiro cada tela a seu gosto, depois borra e pinta, em cima, a encomenda do freguês.

>
> Oh! João Carvalho...
> Onde estás?
> Em que mata, em que gruta
> tu te escondes...?
> Há muitos dias eu te espero
> Embalde, desde então,
> Sondo estes matos
> Oh! João Carvalho
> Onde estás, onde te escondes?

Segunda expedição – Pindaré

## Ocupantes

**7/ago./51** – Terça-feira. É noite, vou dormir sobre um dia cheio de conversas... Acordei para atender um dos tais ocupantes das terras dos índios. Suportei, depois, duas horas de conversa desse senhor de Pindaré, candidato, mais ou menos hereditário, a um lugar de funcionário do SPI... Ele ainda estava aqui, quando me apareceu um velho índio que vive em Colônia, para chorar as mágoas de seu desajustamento. Depois dele, ainda veio um rapaz, mulato, muito pernóstico, ferreiro de Colônia, contar que vai tentar a vida no território do Rio Branco e me encher os pobres ouvidos com as mais inocentes bravatas de quantas ouvi nesta terra.

Todavia, cumpriu-se a rotina diária, como sempre, apesar das visitas. Além disso, mandei um rapaz a Pindaré-Mirim ver se há notícias do Gurupi, repetir o telegrama que passei para Rosemiro Noronha e remeter outros para Xerez – perguntando da possibilidade e preço da viagem em táxi aéreo daqui para Carutapera –, e ao Malcher, dizendo que continuo esperando João Carvalho. Não telegrafei a você para não complicar, com contas de dinheiro, o pobre idiota meu portador, pois ele só sabe passar telegramas oficiais. Quero contar-lhe algumas das conversas de hoje, porque são muito típicas e representam bem os problemas dessa pobre gente e o ambiente em que índios e posto estão mergulhados.

O tal "ocupante" é um pobre-diabo, como os outros de que falei. Está sendo escorraçado há anos e já acostumou-se a perder seu trabalho quando ele começa a render alguma coisa. Também já adaptou-se ao sistema, deixando de construir coisas demasiadamente duradouras ou atrativas e de plantar árvores que demoram a frutificar, porque aprendeu que, quanto mais trabalho ponha numa terra, tanto mais depressa surgirá um "dono" dela.

Contou que tem cinco filhas, crianças ainda, e pediu – com um jeito tão humilde que me desconcertou – que o deixasse ficar ao menos até colher a roça já plantada. O pobre-diabo, como os outros, ouviu falar da demarcação das terras dos índios e da presença de um "doutor" no posto, ligou as duas coisas e bateu cá para fazer seu apelo. Esteja sossegada, ele colherá sua roça; só não poderá plantar outra, tendo de embrenhar-se, novamente, nesses matos, à procura de outro pouso mais longínquo e mais deserto. Sabendo, de antemão, que breve, lá também, será alcançado por um dono desconhecido.

## Mestiço

O velho índio é aquele de que já falei, quando tratava dos Teneteharas e mestiços índios que vivem entre civilizados. É mestiço, filho de um regatão com uma cunhã. Aliás, não sei se o nome regatão é muito próprio, porque, segundo ouvi dele, seu pai não negociava em canoa, mas levava sua mala nas próprias costas e nas costas de índios que alugava. Nela ia a mercadoria para seus fregueses; seria um mascate.

Esse negociante, que morreu pobre e por essas barrancas mesmo, visitava sempre uma maloca, que ficava em seu caminho. Lá, encontrou uma cunhã a quem agradou com espelhos e outros presentinhos. Uma noite, ela foi deitar-se em sua rede; o velho, que, por esse tempo, não era mole, andou com a cunhã. Quando voltou de seu circuito, o "compadre" foi logo dizendo:

— Entra, compadre, sua mulher já tá aí esperando.

— Minha mulher tá em Colônia, lá embaixo, que é isso?

— Ora, compadre, pois tá é aqui e está buchada.

A dona veio, falaram, ele pousou ali e partiu na manhã seguinte. De volta, no ano seguinte, já sabia que nascera o curumim. Foi lá abençoá-lo e a cunhã o entregou, dizendo que era dele e ela não o queria. Levar a criança não era fácil, mas ele conseguiu ajeitá-la numa mala, fechou-a e durante os pousos lhe dava água e papa de farinha. Assim chegou até sua casa, onde já correra a notícia do filho. Todos perguntavam pela criança; ele, sério, dizia não saber nada daquilo. Até que chamou uma filha e mandou abrir a mala para tirar umas coisas que trouxera para dar. Imagine-se a surpresa; levaram a criança para a mãe, que não gostou, resmungando contra aquela história.

Viveu os primeiros anos nessa casa, benquisto pelas irmãs, mas sempre odiado pela "madrasta". Por fim, ela tomou tal aversão por ele, que não parava de espancá-lo. Veio, então, uma tia, irmã de seu pai, reclamando a criança:

— Vou levar, é caboclo, mas é meu sangue e não quero que o espanquem. O pai, se quiser, que vá abençoá-lo lá em casa.

Acabou de crescer lá, depois passou a trabalhar para uma e outra pessoa, veio para o posto quando o fundaram e, assim, correu-lhe a vida de trabalheira e miséria.

Ele tem todos os membros tomados por um reumatismo agudo que deformou suas juntas; mal pode andar e, mostrando seus cotovelos, coxas e tornozelos inchados, dizia:

— Foi isto qu'eu ganhei. Remei tanto nesse rio, que minha bunda virou um calo só. Quando não prestava mais pra trabalho, me deixaram de lado. Nem o posto me quis. E eu não quero pedir, não sei pedir um nada, fico vexado e até choro. Eu, coitado, eu. Minha irmã trabalha no telégrafo, tá em São Luís, promete sempre mandar um recursozinho, mas não manda. Os outros parentes do meu pai também só prometem. Agora, vivo na casa de uma sobrinha, por caridade e porque arranjo as terras daqui pro marido dela lavrar.

Conversamos muito, ele me falou dos vexames de sua vida entre "cristãos", gente que não pode ver índio, que odeia o posto.

— Estão sempre falando do posto, que não deixa plantar nessas terras. Eu só escuto, não digo nadinha. Também, eles não falam comigo, sou como um pau, quando falam é pra dizer que o posto, e não eles, é que tem de me dar de comer e de vestir.

Segunda expedição – Pindaré

— Que acha você, meu velho, que vai acontecer pro Tenetehara? Eles estão acabando, não é?

— Tenho ouvido dizer que, quando Rondão morrer, eles matam nós tudo e tomam conta dessas terras. Acho que isso até era melhor para acabar de vez com o sofrimento. Os cristãos andam sempre surrando nós e eles não têm razão de queixa, caboclo é que tem e este não diz nada. Caboclo vai lá, leva farinha, leva coco pra vender, cristão só diz: "Oh! Compadre, pago tapioca a mil-réis, coco a dois e duzentos, compadre". Caboclo vende, mas tá sabendo que cristão vai vender aquilo pra os outros cristãos por muito mais, tapioca a cinco mil-réis e coco ainda mais caro.

Entretanto, Filipe não pode acostumar-se também no posto. Contou que saiu porque um encarregado quis espancá-lo. Hoje, porém, sei que ele poderia vir e que aqui teria, ao menos, comida e alguma roupa para ir vivendo. O coitado acostumou-se a essa vida de lamentações. Os índios, por o verem na miséria, aceitam-no como do grupo, mas ele próprio tem uma ideia de si como superior ao índio e não é à toa que me narrou, com tanta riqueza de pormenores, a história do seu nascimento. Por que recordar tudo isso, senão porque assim comprova e legitima sua qualidade de meio branco? Não há nas expressões "cunhã nova, bonita" e "curumim" um pouco de ternura mesclada com preconceito?

# Mulato

O mulato pernóstico chama-se Jorge, é rapaz de seus vinte anos, se tanto, filho do proprietário de uma grande área de terras entre Colônia e Pindaré, na margem direita do rio. Seu pai tem títulos antigos dessas terras e seu papel, aqui, é o de dono do gado roceiro que permite a esses pobres-diabos plantar roças em suas terras, já sabendo que pouco irão colher delas, porque nenhuma cerca doma seu gado soberano. E ai de quem tocar-lhe numa rês.

O moço contou um sem-número de histórias; primeiro nos falou longamente, com uma maledicência sem termo, da missão protestante de Santa Inês. A história tem mais graça porque conhecemos o pastor quando passamos por aquele lugarejo e, como é inglês, Huxley foi tomar seu chá para matar saudades da terra.

Jorge é uma espécie de fiscal dos crentes, atento para cada deslize deles, pronto a interpretar mal tudo que acontece de pecaminoso. Frisando, sempre, a abnegação e a caridade do pastor inglês, discorrendo sobre a boa comida de sua casa, a elegância de sua mulher e os dinheiros que tira dos crentes, principalmente o dízimo que é cobrado, religiosamente, de todo o rebanho.

Começou falando de um preto que, de tanto rezar com os pastores, já apanhou até um sotaque inglês, que diverte toda a cidade. Contou isso no meio de uma longa narração em que gozava cada pormenor: um caso malicioso que levou um rapaz a espancar a mãe, contra os mandamentos da lei de Deus, porque a surpreendeu com um preto velho e feio. Depois de apanhar muito, a mãe teria dito que ele se revoltava porque se tratava de um preto; se fosse um dos irmãos brancos, não diria nada.

Podia multiplicar esses casos, porque o rapaz nos encheu os ouvidos. Boa parte das ovelhas de Alfredo e de Pio tiveram, hoje, as orelhas quentes. Principalmente um tal Pedro Crente, que era dos valentões mais temidos dessa zona, cachaceiro, brigão, marreteiro, assassino de quatro homens, infelicitado de um sem-número de donzelas e que, hoje, é todo cordura, sob o guante de Alfredo. De tal modo identificou-se com a fé que professa, que até lhe trocaram o nome de Pedro qualquer coisa para Pedro Crente. E é tal seu fervor que não pode conversar com ninguém sem perguntar logo com a mais pungida piedade:

— Meu irmão, você aceita Jesus?...

Vieram, em seguida, as histórias de assassinatos. Foi uma crônica retrospectiva das mais ricas dessa zona de banditismo. Através de seu espírito fogoso e entusiasta, Jorge nos levou a um grande número de festas a que assistiu e durante as quais uma, duas ou mais pessoas foram mortas, geralmente a faca, mas às vezes também a tiros, para variar.

Na realidade, a impressão que nos deixou foi a de estar aterrorizado e também cheio de orgulho pela valentia de sua gente. Contou, também, como fanfarronadas, as brigas em que se meteu, as duas facadas que levou, das quais exibia cicatrizes como condecorações. Viajando por toda essa zona, em negócios próprios e do pai, ele viu realmente muita coisa, mas sem dúvida se atribui aventuras alheias. Uma que ele contou como se tendo passado com outro talvez seja das poucas que lhe devam ser atribuídas.

— Andando nessas estradas, a gente encontra cada tipo perverso e atrasado que só vendo, e precisa ter cuidado, porque por qualquer coisa matam alguém. Um rapaz estava viajando, passou por um cavaleiro, pegou no chapéu e disse: "Boa tarde". O homem se aborreceu: "Oh! Moleque, é assim que se saúda um homem? Cadê a bênção, isso é que é!". Se o cara amolece, ele tem que pedir bênção é de joelhos mesmo. E isso não é coisa difícil. Tá acontecendo todo dia por aqui.

## Faroeste maranhense

Vou contar-lhe um só episódio para dar o tom das barbaridades que se praticam aqui e da naturalidade com que elas são encaradas. Por essas matas, todos andam armados com rifles, facas de três palmos, feitas de lâminas de facão e até de molas de caminhão, garruchas e outros instrumentos de morte. Nos botecos em que se encontram para beber, nas festas onde se junta muita gente, cada qual está sempre agarruchado. Quando o dono do baile não consente que levem armas para a sala onde se dança, ou reluta em proibir as facas e os terçados de que seus donos nunca se separam, nesse

Segunda expedição - Pindaré

caso, cada convidado, ao chegar, vai ao mato e bem à mão, perto da casa, disfarça, entre folhas, suas armas de fogo.

Quatro bandidos, acoitados em algum lugar por aí, bebiam numa sala certo dia. Um deles, então, de nome Gavião, saiu para urinar e fez seu serviço ali mesmo, diante da porta, à vista dos outros. Um dos companheiros, que ficara fora, toma o rifle, que descansava sobre suas pernas, e diz:

— Vou cortar a "coisa" daquele cabra.

E abre fogo. O outro, percebendo, salta a tempo de livrar o membro, mas é baleado na perna. Volta, então, capengando e senta-se num canto. Os outros continuam conversando. Um terceiro volta-se para o que atirara e diz:

— Pra que deixar um passarinho com a perna quebrada, vamos matar esse Gavião logo.

Abre fogo e o homem cai morto ali mesmo. Os dois que atiraram combinam, nessa altura, matar o outro personagem para fugir à responsabilidade do crime, pois diriam que os dois se mataram numa briga. Perseguem, então, o companheiro de momentos antes, mas ele consegue escapar e fica escondido durante vários dias, pois sabia que o estariam tocaiando. Acaba sendo morto.

A polícia, então, entra em cena, mas é claro que nenhum batalhão se meteria naquele couto de bandidos. Apenas esperam que eles saiam numa das vilas para prendê-los, porque o segundo assassinado tivera ocasião de contar a cena de que fora testemunha. Ambos foram presos tempos depois. Como se acusavam mutuamente e um deles acabou fugindo – por meio de feitiçaria, esclarece o Jorge, pois estava todo acorrentado –, à falta de testemunhas, a polícia solta o outro. Ambos vivem hoje no mesmo lugar, orgulhosos de suas façanhas impunes.

Chega de histórias por hoje, não é?

# Espera

**8/ago./51** – Quarta-feira – manhã. Voltou de mãos vazias o rapaz a quem telegrafei de Pindaré-Mirim: Rosemiro não respondeu meu telegrama. Aproxima-se, assim, sem notícias de João Carvalho, o dia 10, último desta espera inquietadora. Já não creio que eles cheguem. O que me preocupa, agora, é saber o que lhes aconteceu.

Viajando em avião daqui até Carutapera, em barco dali para Viseu, onde poderei arranjar uma embarcação para alcançar o posto, talvez, se tudo me for favorável, possa iniciar lá meu trabalho nos primeiros dias de setembro. Terei, então, três meses para estudar os Kaapor, ao invés de quatro; um se terá perdido irremediavelmente.

O único consolo que nos resta é a consideração de que essas viagens estão sempre sujeitas a contratempos dessa ordem e de que a nossa é até muito satisfatória, se esse atraso não for devido a algum acidente grave e talvez fatal com um de meus auxiliares.

Temo sair daqui imaginando que João possa chegar no dia seguinte. Mas terei que correr esse risco, valerá mais um atraso. Deveria aguardá-lo no posto, com meu material de sertão, para poder entrar nas aldeias. Procurarei contornar isso, deixando ordem para o encarregado levá-los, a cavalo, assim que cheguem, a Curucauá; lá eu os encontraria para subir o rio. Ou deixaria, ao sair, meios de transporte para eles, no caso de aparecerem depois.

Nem sei ao certo quem serão os índios kaapor que vêm ao meu encontro, pois deixei a João Carvalho o encargo de organizar o grupo. Recomendei, apenas, que trouxesse os três caciques aos quais me referi, porque, além de conhecerem o caminho, sua companhia nos valerá a segurança de um acolhimento mais simpático nas aldeias. Além deles e do João, vem provavelmente o Cezário, meu cozinheiro da última expedição. É um preto de sessenta anos, muito bom cara e capaz de resistir às marchas forçadas dessas viagens. Dois índios tembés virão com minha carga; serão, provavelmente, o Emiliano e o Chico Paixão, muito bons para esse trabalho. Todos têm experiência de viagens porque trabalharam comigo no ano passado. Todos, exceto Cezário, falam a língua dos Kaapor e todos estão acostumados a tratar com eles sem criar incidentes.

Por que, então, tanta demora? Que lhes terá acontecido?

Isso, provavelmente, só poderei responder lá e é o que cabe fazer. Ir logo para o Pedro Dantas, indagar do destino do João e seus companheiros. Depois, tratar de aproveitar da melhor forma possível o tempo de que disponha.

Chegando ao posto, assim que se esclareça essa história, que eu encontre meu intérprete, o João, e o equipamento de sertão, poderíamos ir para a aldeia de Ianawakú, que eu já conheço, passar uma temporada. Dali, seguiríamos para as aldeias do alto Tury, que são as maiores, para continuar o estudo.

Estive examinando as relações de aldeias e os roteiros de viagem que colhi no ano passado. Segundo esses dados, o melhor, voltando a Pedro Dantas, será ir a Ianawakú, daí a Xapy, no Turiaçu, de onde poderei visitar todas as aldeias que ficam em águas daquele rio e do Parawá. São cerca de dez grupos locais e neles terei material mais que suficiente para minha visão de confronto com os Urubu-Kaapor do rio Gurupi.

# Guajá

Estes índios de fala tupi perambulam por essas matas, sempre em luta contra as outras tribos. Segundo as informações de que se dispõe, são os mais primitivos habitantes da região e talvez do Brasil. Não têm aldeias permanentes, mas simples choças, muito toscas, que constroem umas após outras, em sua interminável andança em busca de alimentos. Não plantam roças, não dispõem de ferramentas, contando apenas com instrumentos de pedras, ossos, dentes e madeiras para cortar e destrinchar.

Eles costumam passar o verão nas margens do Pindaré, vivendo da pesca. Nesse período, são vistos pelos índios guajajaras, que sobem e descem o rio uma vez por ano para trazer os produtos de suas roças e da coleta, a fim de trocá-los no posto pelos artigos de que necessitam. Geralmente, os Guajá se esquivam nesses encontros, fugindo para a mata mal percebem a aproximação de alguém. Às vezes, dão fala, então pedem ferramentas e farinha e recebem, quando os viajantes guajajaras dispõem de alguma sobra.

Essas relações, todavia, não são das melhores, porque os Guajajara acham que seu papel seja o de amansar esses irmãos bárbaros e procedem para com eles do mesmo modo que os civilizados. Prova disso é que já conheci aqui no posto uns quatro Guajá, meninos, rapazes e adultos, tomados pelos Guajajara.

O dialeto dos Guajá é tão próximo do guajajara que eles podem entender-se mais ou menos bem, cada qual falando o próprio idioma. Alguns índios que desceram o rio e aqui estiveram há dias contaram que os Guajá estão, agora, na margem e falaram com eles para pedir farinha. O Filipe também contou que fala-se em Colônia de um grupo numeroso de Guajá, que está acampado a um dia de viagem a remo, acima daquela vila, pescando e caçando. Os Guajá nunca atacam os brancos e não ouvi falar, também, de lutas deles com os Guajajara. Seus inimigos irreconciliáveis são os Urubus, com os quais só se defrontam para lutas de vida ou morte.

Contam aqui que, recentemente, se deu um desses encontros, acima do Caru, morrendo uns seis Guajá e outros tantos Urubus. Não cuide que esses mortos possam ser meus companheiros, porque ouvi, pela primeira vez, essa história em São Luís, do Huxley, que a escutou de uns americanos do Conselho do Petróleo que subiram o rio. O fato se deu, certamente, muito antes do João e do seu pessoal alcançarem o território frequentado pelos Guajá.

Aliás, uma das recomendações que fiz ao João foi afastar-se o mais possível da zona percorrida pelos Guajá, porque vinha com Anakanpukú, inimigo irreconciliável deles, que não perderia uma oportunidade de fazê-lo usar da carabina que leva para liquidar alguns Guajá. Desejo muito que essa hipótese nem entre em jogo nas razões da demora do meu pessoal.

Os Guajá estiveram algum tempo acampados perto daqui, sob a proteção do posto, e foi por temor aos Urubus, que também apareciam, que eles mudaram. Achavam muito perigoso continuar algum tempo no lugar onde tinham sido vistos pelos seus inimigos e não confiavam na proteção que o posto lhes prometia.

Uma retificação: os tais americanos contaram história diferente: disseram que houve, apenas, uma escaramuça entre Guajajara e Urubus e que os últimos receberam algumas calças e instrumentos de pesca dos primeiros. Então, nessa história de luta irreconciliável de Guajá contra Urubus, que há de certo a respeito? Vou ver se alguns índios daqui ouviram mais coisas sobre esse assunto. Os tais americanos dizem saber disso há muitos meses, assim se vê que não se trata de nosso pessoal.

**9/ago./51** – Aproxima-se o dia de nossa partida e não nos chega nenhuma notícia de João Carvalho. Esperaremos ainda amanhã, depois iremos embora, tentar subir o Gurupi.

# João Carvalho

## João chega

**9/ago./1951** – Huxley, tão desconsolado como eu e também sem esperanças de ver João Carvalho aqui, afirma que ele chegará hoje ainda, às 15h30. São 13 horas; o rapaz tem, portanto, duas horas mais para gritar do outro lado do rio, pedindo passagem, a fim de nos dar uma longa explicação. Tomara que seja assim, estarei de olho no relógio e virei dizer, depois, se chegarem.

Pois chegaram! Não às 15h30, segundo a profecia do Huxley, mas meia hora antes. João e todos os companheiros estão bem, Anakanpukú e os outros caciques, Karapanã, Koaxipurú, Ingarussú e alguns mais; todos bem-humorados. Veio, também, o Cezário, meu velho cozinheiro, capengando e quase caindo de cansaço, depois dessa marcha forçada de quinze dias. Além dele, vieram o Emiliano, um rapaz tembé do Filipe Camarão e um grande número de índios kaapor. Salve! Eles chegaram, afinal. Isso tira um imenso peso de minhas costas e recompõe meus planos, que eu julgava perdidos. Vou mandar um telegrama a você, outro ao Malcher explicando o sucesso e irei com eles, logo que descansarem para suportar a marcha de volta.

João Carvalho, meu principal assessor e intérprete.

**10/ago./51** – Você viu, pelo alvoroço com que escrevi, como me emocionei com a chegada deles. Isso representa muito para mim, que já desesperava de vê-los aqui. Ontem, passei o dia matando saudades e ouvindo casos da viagem acidentada e rica, nem pude voltar aqui para continuar a conversa interrompida.

Hoje acordei cedo já ouvindo a barulheira que faziam, chamando João para lhes matar uma inhaúma de que queriam as penas para flechas. Meu único problema, agora, é alimentá-los bem, para ganharmos a mata depois de amanhã e só tão tarde porque precisam de uns dias de descanso, sobretudo o velho Cezário, que chegou bem estropiado.

O atraso foi devido ao João, que padeceu de uma violenta cólica, tendo que ficar na primeira aldeia até o dia 25, quando, já melhor, porém ainda fraco, pôde prosseguir. Calculo quanto esforço lhe custou sair da rede, ainda convalescente, para uma andança dessas. Fizeram o seguinte roteiro: partiram do Posto Filipe Camarão para a aldeia de Koaxipurú, onde João caiu doente. Dali, vieram para a aldeia do capitão Ventura, em meia jornada de marcha, e em seguida à de Karapanã, em três jornadas, e dali à do antigo capitão Tapuro, hoje dirigida por Pirindare, em dois dias.

Deixaram essa aldeia há oito dias e, desde então, só viajaram na mata, sem encontrar qualquer morador, até alcançarem a linha telegráfica, a dois dias daqui. Fizeram, portanto, quinze dias de marcha, a metade deles dando uma grande volta, para evitar o território frequentado pelos Guajá, que é, também, muito pobre em igarapés nesta época do ano. Vamos ver se, com um croqui, eu dou uma ideia melhor disso, que será, também, o meu roteiro.

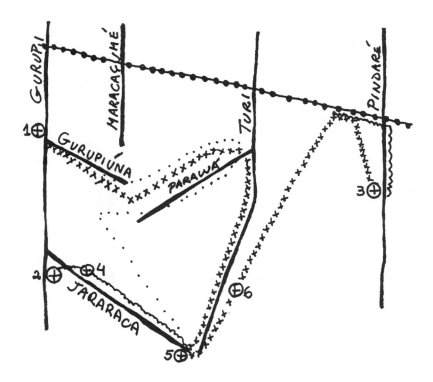

Esse meu desenho parece tudo, menos um mapa, mas vamos olhar para ele assim mesmo. Os números significam o seguinte:

1) Posto Pedro Dantas
2) Posto Filipe Camarão
3) Posto Gonçalves Dias
4) Koaxipurú
5) Karapanã
6) (Tapuro) Pirindare

A linha de pontos indica o corredor da linha telegráfica; a linha tremida, o roteiro feito por eles; e a linha de cruzes (salvo seja), o caminho que pretendo seguir. No primeiro lance, ele evita uma parte da volta que fizeram; não a evita toda, porque ali, já muito cansados, deixaram parte da carga numa casa e devemos procurá-la agora. Além disso, como disse, o caminho direto nos levaria para território frequentado pelos Guajá e, ainda, a uma zona muito seca.

Espero alcançar a primeira aldeia depois de oito dias de viagem. Será a de Pirindare, daí iremos à de Karapanã, onde João deixou um depósito de tralhas e alimentos, que servirão na viagem. De lá, tomaremos um caminho que segue pela margem esquerda do Tury, em que ficam várias aldeias. Depois, entraremos pelo Parawá, um braço do Tury, e, daí, sairemos no Gurupiúna, em terreno que conheço do ano passado. Deveremos visitar, pelo menos, as seguintes aldeias: Pirindare (três dias), Karapanã (dois dias), Xapy, Morocore, Payá-pük, Cipó, Tuy-kang, Muxixik, Pikuy, Ipukú, Xiwarakú, Kaaró, Koatá, Piahú, Anakanpukú.

Calculando, teremos uns vinte dias de marcha e uns quatro a cinco por aldeia. Precisaremos de uns oitenta dias para cumprir esse roteiro, vale dizer que só estaremos no Posto Pedro Dantas lá para outubro.

**11/ago./51** – Nosso último dia aqui. Partiremos amanhã, com Corahi-pixik, um índio guajajara que nos conduzirá diretamente à linha telegráfica, por uma picada que só ele conhece. Assim, evitaremos andar três dias pelo campo, sob esse sol causticante.

Foi um desastre eu ter me esquecido de trazer um mapa; não devia confiar no pessoal do Conselho de Geografia, que prometera mandar-me um para São Luís. Agora, toda a dificuldade em situar nossa rota encontra-se em não termos uma única carta que localize, precisamente, esse posto e os do Gurupi. Hoje, fiz Anakanpukú indicar, com uma flecha, a direção de alguns lugares. Isso mostrou que aquele meu esquema de ontem está completamente errado, pois esse posto fica mais ao sul que os do Gurupi. Lendo na bússola, aproximadamente, as direções indicadas, obtive os seguintes resultados: o Pedro Dantas fica NW 340; Jararaca a 320; Pirindare a 333 e Alto Alegre a 25.

Daqui por diante, irei fazendo um levantamento, com as possibilidades precárias de que disponho. Cada dia farei um índio indicar com a flecha o rumo do lugar onde dormiremos e, durante a marcha, marcarei a hora pelo relógio e a direção em que correm os igarapés que formos atravessando. Com esses elementos, teremos ao fim uma indicação aproximada da posição das aldeias que visitarmos e isso será melhor que nada. Tudo corre bem, exceto quanto à alimentação dos índios: eles não gostam de carne de gado, nem de porco e, muito menos, de bode; por isso, embora estando bem supridos para nosso gosto, não temos o que dar a eles.

Aliás, conversando com eles, através do João, sobre isso, aprendi algumas coisas sobre o complexo da *couvade*. O velho Karapanã não come carne de porco porque tem um filho pequeno e, pela mesma razão, não chupou laranja ontem, quando todos os outros se regalavam com elas. Quanto à carne de porco, ele explicou que se a comesse seu filho ficaria louco. Uma narração que ouvi ontem indica bem a força extraordinária dessas prescrições ligadas ao nascimento de um filho. Anakanpukú contou que, se um homem fizer filho numa mulher casada, ele morrerá por ocasião de seu nascimento, porque não se submeteria ao necessário resguardo. Falou de um rapaz que, estando bem longe daquela aldeia onde uma mulher tinha um filho seu, sentiu-se fraco e morreu.

Encontramos, assim, uma outra função da *couvade*, a de reforçar a solidariedade conjugal e evitar o adultério. Aqui não só a mulher adúltera mostraria seu pecado pela presença do filho, mas também o pai, que morre se não o reconhece através da *couvade*.

Um contratempo que talvez se agrave é uma dor que há três dias me apareceu no peito do pé direito, temo que ela aumente com o esforço da marcha; será muito desagradável, sem dúvida. Espero que passe, e se não passar terei que suportá-la, continuar andando, porque não se pode perder mais tempo.

A viagem do João trouxe esclarecimentos muito importantes para mim sobre o território tribal dos Urubus-Kaapor. Embora eu tivesse perguntado centenas de vezes a eles quais eram os igarapés que ocupavam, ficavam sempre na dúvida. Verificamos, agora, que o núcleo do território fica na serra do Tiracambu, entre os rios Gurupi e Tury, a oeste e leste; o Parawá e Gurupiúna, ao norte; e o Jararaca, um braço do Tury, ao sul. Fora desses limites só existe a aldeia de Karapanã, que é a mais meridional das aldeias que ficam em águas do Maracaçumé. Só o pessoal de Ingarussú, que o posto fez passar para a margem esquerda do Gurupi, fica fora. Agora, se o Serviço quiser delimitar o território tribal para esses índios, eu já tenho os necessários elementos para localizá-lo.

É uma pena que eu só saiba disso agora, porque não precisaria ter vindo a este posto. Como não virei mais, a fim de visitar os Urubus. Imaginávamos que eles ocupassem, também, a margem direita do Tury até muito perto daqui, o que não acontece – e por isso viemos por esse caminho. Mas essa era também a única forma de sabermos qual era seu território e, por isso, valeu o esforço.

Tarde – Meu quarto está cheio de índios, todos falando, a um só tempo, coisas que não entendo, todos pedindo ou dando alguma coisa. Fugi para cá, querendo conversar comigo a sós.

Nunca tinha entrado nesta sala; aqui tem uma máquina de costura onde escrevo agora, uma mesinha de canto, uma cadeira preguiçosa, um filtro e um couro de veado muito velho. É bom lugar para essas fugas. De amanhã em diante, estarei em clareiras da mata ou nas aldeias, sempre arrodeado de índios, o que, aliás, não me desagrada, senão nessas horas em que se precisa de um pouco de solidão.

Deixe-me falar do grupo com que viajarei. Somos catorze pessoas; delas você conhece muitos, pois falei de quantos conheci no ano passado. Os outros são desconhecidos para mim também. Depois do Anakanpukú, o mais importante é, sem dúvida, Karapanã, cacique de uma das maiores aldeias. É um homem alto, magro, muito sério e, ao mesmo tempo, muito bem-humorado. Você me entende. Só entre os índios eu conheci pessoas assim, que têm sempre um sorriso aflorando nos lábios, mas de quem não se pode dizer que são risonhos. Olha a todos e ouve sempre com uma atenção bondosa, sem qualquer esforço aparente de agradar. Tem uma certa altivez nos gestos, na postura, na entonação da voz que, por si sós, o definem como líder.

Huxley ainda está um pouco espantado com eles e suas dificuldades em falar o português ainda não lhe permitiram estar à vontade nem com o João. Ele tem um bom jeito para tratar os índios, sobretudo as crianças; acostumou-se logo a deixá-los comer em seu prato, lamber metade de seu café, fumar em seu cachimbo e provar os quitutes dele. Também já ganhou um nome, ou uma definição, se você prefere, é agora o Saépuku, que significa cunhado comprido. Os índios não param de comentar, alegremente, a altura do nosso Saé, imaginando se ele poderá passar pelas picadas e quantas vezes terá de inclinar-se para andar até as aldeias.

Descobriram-me aqui. Depois falaremos mais, até a mata que entraremos amanhã.

**14/ago./51** – Terça-feira. Interrompi nossa conversa sábado e só hoje posso retomá-la. Desde então aconteceram várias coisas que quero contar, apertando-as para caberem na hora de repouso de que disponho.

Desacostumei-me de escrever na rede e encontro enorme dificuldade em arranhar a pena no papel de modo que você possa compreender. Deixe ver, agora, se recordo os acontecimentos, as conversas, os pensamentos desses primeiros dias de marcha.

# Na mata

Saímos do posto no domingo, às dez horas da manhã. Tão tarde porque um dos carregadores e o índio que nos serviria de guia resolveram passar a noite numa festa e só chegaram àquela hora, cansados e bêbados. Tinham ido na tarde anterior, prometendo voltar logo depois de verem a "morte do boi", mas ficaram para espiar o baile, entraram na pinga, viram brigas e embriagaram-se até a manhã seguinte.

A primeira jornada foi boa; andamos até quatro e meia da tarde, a princípio por capoeiras muito extensas. Depois, através de uma mata seca e pobre de caça. Andamos devagar, porque meu pessoal está muito carregado. Além de toda a minha tralha, trazem farinha e carne seca para alguns dias de viagem, o que pesa muito.

Almoçamos carne seca assada, arroz e farinha d'água, à beira de um igarapé, e fomos dormir à margem de outro, que só tinha água num poço, tão suja que dava nojo. Aí tomamos banho, bebemos chibé com os índios, descansamos e tentamos dormir. Foi impossível. Tantos eram os mosquitos, que mesmo com o cansaço do primeiro dia de marcha não conseguimos dormir. Noite angustiada, não quero vê-la repetir-se e espero que isso não aconteça. Os índios dizem que só há "pragas" (muriçocas) em águas do Pindaré e em breve nos veremos livres delas.

Partimos cedo no outro dia, aí pelas seis horas, dispostos a fazer uma boa jornada, embora cansados de uma noite de vigília. Seguimos sempre pela picada dos Guajajara com que vínhamos, através da mesma mata baixa e feia. Andamos, então, até meio-dia sem encontrar água, tendo que tirá-la de um cipó vermelho que dá água límpida, com um gosto de caldo de cana sem doce. Experimentamos, também, raiz da imbaúba, que não é tão boa, mas mata sede.

Calculei mal, não tinha uma hora de repouso, os índios já partiram e eu não posso atrasar-me, temos muito que caminhar hoje. Até outra ocasião.

**16/ago./51** – Quinta-feira. Só hoje volto a minha carta. Todos esses dias, enquanto caminho, escrevo mentalmente a você. Estou acostumando-me a esse esporte extremamente agradável – rememorar os acontecimentos em tom de quando os conto a você, boca a ouvido. Assim, me custa menos o esforço da marcha. O sol queima menos nas clareiras.

Temos vivido dias muito duros. O Huxley então tem sofrido por demais; se eu que tenho costume de viajar por essa região quase fraquejo, imagine ele. Às vezes, se atrasa muito e vem tão cansado e abatido que parece dançar a dança da fraqueza entre esses cipós, inclinando-se quase até o chão, para passar sob os galhos baixos, e saltando sobre os troncos do caminho. Não imagine que eu ande muito melhor, só tenho a vantagem de ser da estatura dos índios e poder, por isso, andar pelos caminhos que eles abrem.

Mas continuemos a narração da viagem, que muitas coisas se acumularam esses dias e eu não quero esquecê-las, embora não me agrade muito recordá-las. Falava do segundo dia de viagem, não é mesmo? Pois após aquela manhã de marcha pela mata seca, sedentos, só encontrando água nos cipós, demos com o fim da picada, não havendo água para cozinhar. O Guajajara, que nos serviu de guia, voltou para o posto e nós seguimos, já agora, fazendo nossa própria picada mata adentro, à procura de um igarapé.

Fomos encontrar água às duas horas da tarde. Era apenas um poço velho, lamacento e fétido, mas ele nos pareceu precioso naquela situação. Ali nos refrescamos, comemos, descansamos um pouco e retomamos o caminho. Então com preocupação dobrada, como você verá.

Desde aquela manhã, os índios vinham encontrando na mata sinais de passagem dos Guajá, seus inimigos "preferidos". Identificam seus caminhos pela forma de quebrar o mato. Como não têm ferramentas, apenas dobram o mato mais ralo com as mãos e têm uma forma especial de quebrá-lo e afastá-lo. Cada picada dessas era motivo de conversas minuciosas e longas paradas. Nós ficávamos ali e os capitães saíam para correr o mato próximo à procura dos Guajá. Os sinais de sua passagem eram evidentes, mas os arbustos quebrados deixavam também muito claro que, pelo menos nos últimos quinze dias, nenhum deles andara ali. Entretanto, cada local era motivo de um minucioso exame, agora também examinando os coqueiros, porque os Guajá têm como base de alimentação uma farinha feita de amêndoas de coco-babaçu.

O nervosismo chegou ao máximo quando os cancãs, que nos haviam "amado", chegaram a "amar" alguma coisa nos dois quilômetros adiante. Deixe-me explicar, primeiro, que história é essa de "cancãs amando". Trata-se de um pássaro grande que grita, como o nome indica, quando vê gente, onça ou bandos de queixada. Não só gritam mesmo, mas acuam como os cachorros. Pousam nas árvores acima da gente e fazem uma gritaria infernal, que anuncia para toda a mata a presença do visitante estranho.

Ora, ouvindo cancãs "amar", imaginaram logo tratar-se de índios guajás. Anakanpukú tomou uma de nossas espingardas, Koaxipurú armou-se com suas flechas, retesou o arco, e saíram para ver o que era. Só voltaram meia hora depois. Não encontraram nenhum Guajá, mas sua preocupação os fez enxergar folhas viradas, rastros dissimulados e outras coisas que, talvez, indicassem a presença de seus inimigos.

Era uma situação difícil convencer Anakanpukú de que não devia atacar seus inimigos, dos quais tem tirado tantas glórias e tantas cicatrizes. Era impossível. Eu temia o encontro. Acalmava-me, considerando que meus amigos guajás o evitariam a qualquer custo, porque certamente teriam visto ou ouvido que levávamos armas de fogo e porque nunca atacam "civilizados". Por outro lado, os amigos kaapor não se sentiam à vontade para brigar, porque eu não lhes daria nossas armas e as deles tinham ficado na mata.

Veja, agora, qual a consequência dessa atrapalhada. Desarmados e temendo um encontro, resolveram, por si mesmos, o que fazer. Anakanpukú, sem nada dizer sobre seus planos, alegando apenas que não esperava o almoço, pois iria adiante abrindo picada para nós, deixou o rumo que vínhamos seguindo e que nos levaria, depois de dois dias de marcha pela mata, à picada que leva às aldeias – e abriu caminho na

Segunda expedição – João Carvalho

direção da linha telegráfica, muito para o norte. Quando começamos a andar, João e Cezário notaram a mudança de rumo, mas só nos restava seguir por ali. Andamos até quatro horas e encontramos um caminho velho muito batido, pelo qual Anakanpukú seguira. Nos metemos também por ele e logo ouvimos latidos de cachorros e cantos de galos a indicarem uma morada de civilizados por ali. Logo depois a alcançamos, era um "centro", como se chamam no Maranhão os acampamentos de lavradores que se metem pelas matas. Ali, numas quatro casas, moram de vinte a trinta pessoas, que encontramos rodeando o velho Anakanpukú muito ansiosas, porque nunca tinham visto um índio e muito menos um Kaapor.

Verificamos também, então, quanto nos havíamos desviado do rumo: estávamos apenas 28 quilômetros distantes de Balsas, estação telefônica que fica a vinte quilômetros de Pindaré-Mirim, depois de andarmos uns sessenta quilômetros pela mata. Fizéramos uma volta imensa, inútil, teríamos adiante outros sessenta, agora ao sol, exatamente debaixo da linha do equador, sob a linha telegráfica. Só Huxley alegrou-se um pouco, imaginando que, dessa forma, estaria livre do suplício de andar pelas picadas da mata. Mal sabia que é muito pior andar em estrada limpa sob a canícula maranhense.

Um problema sério fora resolvido: no novo caminho não encontraríamos os Guajá e meu pessoal estaria livre do temor de encontrá-los, desarmados como estavam. Dormimos no tal "centro", numa casa ampla, que nos foi cedida depois de adoçar um café com açúcar, que nos deram, e tomá-lo com excelente cará, também dado por eles. Mas tivemos que pagar por essas prendas um preço alto naquele nosso cansaço, o de satisfazer sua curiosidade sobre nós, o que fazíamos ali metidos com índios na mata, andando a pé tão tropegamente, quando tínhamos aspecto de quem pode viajar a cavalo; e sobre os índios queriam saber, principalmente, se havia perigo de serem atacados por eles ali onde estavam.

No dia seguinte (14), saímos às seis horas rumo a Balsas, e andamos até dez horas. Ali estava a linha telegráfica e os índios saudaram os fios, com gritos entusiastas:

— *Tauxim, tauxim* (ferro, ferro).

Fomos para a casa do guarda. Um preto velho nos recebeu, explicando que fora guarda durante muitos anos, agora está aposentado, mas ainda cuida do telefone que está em sua casa quando seu substituto viaja para correr a linha. Conversamos muito, tomamos seu café forte e doce, satisfizemos sua curiosidade a nosso respeito e partimos, para almoçar e esperar que o sol baixasse num igarapé pouco distante. De lá é que comecei a escrever da última vez, cuidando que contava com umas horas de descanso, quando mal tive tempo de engolir o almoço e desenfadar o corpo para retomar a estrada ensolarada.

O velho guarda-fios começou a trabalhar em 1903 e contou que foi naquela época que os Urubus começaram a atacar mais frequentemente os moradores da linha. Era, então, um emprego difícil; para cada duas e meia léguas havia dois guardas bem armados. Os ataques dos índios expulsaram toda a população dessas matas, fazendo-a rumar para Monção, Pinheiros, Peralva e São Bento. Muitos guardas tornaram-se,

Diários índios

então, célebres matadores de índios, como um tal João Grande, que costumava espetar na ponta dos postes as cabeças dos índios que abatia. Também, os índios não lhe davam sossego. Cortavam a linha em todos os pontos, arrastando-a para a mata, enrolando-a nos paus para obrigar os guardas a entrar na mata onde eles os podiam matar para tomar as ferramentas que levavam.

E veja como os tempos mudaram. Estávamos descansando no tal igarapé do Espírito Santo, quando nos apareceram algumas visitas. Mulheres que ficavam na outra margem, olhando os índios com cara cheia de espanto e a nós com os olhos cheios de admiração pela coragem de estarmos deitados na rede com eles, também meio nus, fumando todos o mesmo cachimbo. Veio, também, um homem; eu o tinha visto na casa do guarda, onde estivera fazendo cigarros para os índios. Este atravessou o igarapé, sentou-se perto de minha rede e puxou longa conversa.

Contou as dificuldades em que viviam naquela região, a carestia, a seca que esturricava as roças e a maior desgraça: a praga da gente do Mearim. Chegavam quase todo mês e se metiam com suas famílias ou se instalavam sozinhos na mata, ficando a uma ou duas léguas adiante da linha telegráfica. Pois aquela gente só servia para espantar a caça e os peixes, única carne com que contavam. Antes, não lhes faltava à mesa esses artigos, mas, agora, com essa intromissão, todos tinham fome de carne. Como eu mesmo dissera, não encontramos caça alguma em toda a nossa viagem. Exceto uma paca, uma jabota e muito rastro. Tudo porque os mearinhenses não deixavam.

Contou que os moradores da linha estavam sempre a dizer que não entrassem tanto, porque os índios um dia acabariam com eles, por estarem estragando suas matas, mas eles não se importavam. Veio, então, seu apelo, a princípio dissimulado, depois claro e, por fim, angustiado:

— Ah! Se os índios agora pegassem um desses mearinhenses, eles aprenderiam a respeitar as matas, a não maltratar caça só pra tirar o couro, a não derrubar as fruteiras. Nós até que gostaríamos, assim ficaríamos livres deles. Tenho visto muita gente dizer que esse é o único jeito de termos caça e peixe. - Em seguida, acrescentou: - Pois é, esses índios bem que podiam passar um susto neles. Não precisava matar, não. Era só jogar umas taquaras na casa de um, para assustar. Eles estão aí, mas quase todos morrem de medo dos índios; se um for atacado, vão todos embora.

É incrível ouvir um apelo desses tantos anos depois da pacificação, quando a população começa a retornar às velhas capoeiras, ao longo da linha telegráfica, e de picadas que já se transformaram em mata. As contradições são a regra da vida.

Enquanto falava nosso pioneiro decaído, que criou interesse e revolta contra os que lhes passaram à frente, os índios pescaram muitos peixes. Comemos, tomamos chibé e nos preparamos para partir. Depois que eu fechei o caderno, continuei muito preocupado com o velho Karapanã. Ele está de resguardo porque tem um filho muito novo e isso lhe custa um regime de fome, porque não pode comer quase nada do que comemos.

# A marcha ao sol

Minha maior preocupação, na verdade, era comigo mesmo. A garganta me doía, mais têm doído os pés e, o que é pior, eles agora negam-se a andar.

Eu tinha calos d'água enormes em ambos os pés e a bota me atormentava terrivelmente. Mesmo assim, tive de partir para andar uma parte, ao menos, das seis léguas que devíamos fazer ao sol. Não me esquecerei nunca dessa viagem terrível e quanto me custou cada passo sobre os pés abertos em calos, com o corpo molhado de suor, sentindo-me desfalecer. Você se lembra daquelas nossas viagens a cavalo pelos campos dos Kadiwéu? Pois aqui deviam fazer o mesmo percurso a pé e com os pés inchados.

Aprendi algumas coisas novas, como conhecer em mim mesmo cada nervo e cada tendão dos pés. Eles começavam a doer, um a um. Primeiro endurecia; eu o sentia, então, como uma corda dura a me puxar os dedos e paralisar o pé. Depois começava a doer. Parava, então, e outro começava; quando o segundo endurecia, o primeiro retesava violentamente com uma dor cruciante. Quanto custa andar com os pés assim...

Mas não é só disso que me lembrarei, há mais coisas dessas andanças, nem todas ruins. O gosto bom, o frio delicioso das águas sujas e grossas, que nos serviam nas casas por que passávamos. O cheiro delicioso dos cajueiros em flor, que encontrávamos junto das moradias, e os nomes dos lugares tão sugestivos que me ajudavam a andar sob o sol. Partíamos de Águas Boas para Vista Alegre, daí para Vida Alegre, Alto Alegre, sempre imaginando encontrar no povoado seguinte a alegria, a felicidade e a frescura que os nomes sugeriam. Andamos até o pôr do sol, então entramos na mata para pousar no poço d'água que restava de um igarapé, depois desses meses de seca.

Quando João e os índios passaram por lá, na viagem de ida, a água estava boa. Agora, porém, era podre e tão fétida, tão amarga e tão lamacenta, que nem pudemos lavar as mãos e o rosto. O café feito com ela foi intragável e eu tive que dormir com sede, tendo os pés em fogo, pois os calos que eu furara de manhã alastraram-se, tomando metade dos pés. O cansaço, porém, ajudou e pude dormir, não obstante a dor, a fome e a sede.

Gostaria de enriquecer a toponímia enganosa e feliz dessa região com um nome ao menos. Àquela poção a qual chamam Pilão eu denominaria "Cerveja Gelada" ou "Ice Tea". Isto porque ali, engolindo a saliva que restava sobre a secura da garganta dolorida, Huxley e eu falávamos de bares do Rio e de Londres, onde àquela hora se poderia beber refrescos deliciosos. Eu desejei um chope, uma cerveja e, por fim, um copo d'água de nossa geladeira. Ele queria um chá gelado, mas acabou satisfazendo-se mesmo com a água gelada que você nos oferecia.

No dia seguinte, sobre o jejum de tantas horas, caminhamos um pouco mais e demos com uma casa. Os índios foram diretamente ao poço, matar a sede e beber um chibé, nós fomos para a casa lavar o rosto e esperar o café que Cezário preparava na cozinha. Comemos bananas com farinha, tomamos café, preparamos um chocolate, lamentamos já haver gasto um quilo de café e providenciamos para que, dali em diante, só se preparasse uma vez por dia e que Cezário não o distribuísse tão generosamente aos índios. É pena fazer isso, mas para eles café é apenas uma bebida estranha e engraçada, tomam por ser doce. Para nós é, que direi? O certo é que nos resta apenas um quilo e só obteremos nosso suprimento depois de alcançar as aldeias, o que talvez nos obrigue a dispensá-lo por alguns dias.

Depois dessa farra, nos pusemos na estrada e enfrentamos outra vez a canícula. Quase não valia a pena descansar no caminho, pois meus pés inchados, depois de alguns minutos de repouso, obstinavam-se em não andar e, nos primeiros minutos de marcha, doíam tão desesperadamente que eu capengava sob a vista motejante de todos os moradores, embora pusesse nos pés toda a energia de que disponho. Só por isso continuava andando. A marcha tornou-se cada vez mais difícil; já não sentia os cajueiros em flor, não ouvia os nomes dos lugares, não parava para não ter de recomeçar o suplício, duplicando-o. Em certos trechos da estrada, a areia aflora tanto que forma camadas escaldantes e terríveis para vencer a pé. Fiz a última parada de uns poucos minutos, dez quilômetros antes do lugar onde devíamos parar para o almoço.

Então me pus, de novo, a escrever mentalmente, contando a viagem. Para distrair, contava os postes que se sucediam lentamente e eu já não podia deixar de olhar o número que trazem gravado para calcular quantos restava vencer. Considerava que, depois de passar por trezentos deles, sessenta pouco representavam. Mas os sessenta agora, com o cansaço e a dor dos pés, se contavam e se impunham um a um, como uma provação insuportável. Eu já desejava os desvios dos caminhos pela mata, porque por eles não iria ver os postes e andaria à sombra. Assim, os vi passando e calculando, faltavam trinta, faltavam vinte, faltavam dezoito.

Mil e oitocentos metros, apenas, eu imaginava. Fantasiei, então, que andava para nossa casa, calculei os oitenta metros de nossa ladeirinha e os 1700 restantes, partindo do Méier. Pus-me a andar, então, pela rua Dias da Cruz, vendo nas árvores e nos postes as casas conhecidas. Passava, assim, pelos bares cheios de bebidas geladas, de meus cigarros preferidos, cruzava por vendedores ambulantes de sorvetes e, quando o sol queimava mais, eu apertava o passo dizendo-me que não devia andar pelo meio da rua, ia para o passeio, andar sob as marquises.

Mas o pensamento voa e os pés inchados apenas andam, quase se arrastam. Assim eu passava por uma mercearia já próxima de nossa casa, identificava-a com o poste e lia, imediatamente, seu número, ainda faltavam catorze, faltavam doze, faltavam onze, um suplício, faltavam dez... Oh! Berta, não vou aborrecê-la, citando-os um a um, com reticências longas. Lido, isto é pior, talvez, que vivido.

*Diários índios*

Mas não andamos todos. Antes de chegar a Alto Alegre, paramos numa cisterna para matar a sede e lá caímos deitados, não pudemos mais andar. Estávamos estafados, os carregadores sentavam-se no chão com o jamaxim preso às costas, sem força ao menos para se livrarem deles. Só depois de algum tempo, os índios tiveram ânimo para tirar água, beber um chibé e tomar banho. Eu e Huxley o fizemos uma hora depois e, reanimados pela água fria, voltamos ao caminho, vencendo a distância que faltava.

Passamos, então, pela estação telefônica, onde passei um aviso para Malcher, dizendo que íamos bem; não lhe pude mandar notícias nossas, porque aí não aceitam telegramas particulares. Continuamos a andar, porque Cezário e alguns índios nos esperavam adiante, na casa de um certo Miguel, que em toda a linha é quem melhor se dá com os índios.

O homem nos recebeu com uma hospitalidade tão grande que nos espantamos, mas explicou logo que era paraense e sabia tratar os viajantes. Havia outra razão: os índios lhe haviam dito que vinha um "doutor" e um Francisco, este último andando passo a passo e muito estropiado, porque era grande demais para andar nessas matas. Ora, nosso Miguel conhece um Francisco belga (François Beghin?) que se hospedara por cinco dias em sua casa, depois de visitar as aldeias dos Kaapor e de quem o pobre homem tinha recordações gratas. Cuidava que Huxley fosse o tal Francisco e, mesmo vendo-o, o cumprimentou como o velho conhecido. Huxley espantou-se muito com aquela acolhida, deitou-se na rede que o homem armou para ele e tentou explicar, com seu meio português, que não era senão outro Francisco. Infelizmente. Ainda assim, o homenzinho nos tratou muito bem, passou um café para nós, preciosidade domingueira em sua vida de lavrador pobre, e nos deu água salgada para lavar os pés, insistindo para que ficássemos em sua casa ao menos aquele dia, para descansar tanto cansaço que trazíamos.

A princípio era tal nossa fraqueza que quase aceitamos. Depois, eu considerei que tínhamos andado só três léguas, faltava uma para deixar a linha telegráfica e encontrar um igarapé. O melhor seria usarmos de toda a força que restasse para vencer aquela légua. Assim, poderíamos dormir na mata e teríamos todo o dia e a noite seguintes para descansar e tratar dos pés. Viemos, então, com o resto das forças, como disse, até aqui. Chegamos à tardinha, cansadíssimos, mas satisfeitos e alegres com a ideia de que teríamos duas noites e um dia para descansar.

Em casa do Miguel, uma surpresa nos aguardava: os três índios que esperávamos encontrar haviam partido por outro caminho, seguindo diretamente para suas aldeias, e levaram quase toda a farinha que restava. Foram os caciques Anakanpukú, Payá-pük e um índio que viera com eles. Payá-pük, além de nos deixar sem "aviso prévio", entregou ao Miguel, para nos ser dada, a maca que trazia. Meus companheiros tiveram, pois, a pior das surpresas, porque tiveram que aumentar sua carga já grande. E, ainda mais, Anakanpukú levou consigo – não se sabe, mas se supõe por que – as flechas e os arcos dos índios que viajam comigo. Sem armas, eles não poderão caçar durante a viagem, um sério percalço.

Segunda expedição – A marcha ao sol

Anakanpukú vinha dizendo, há dias, que não faria conosco toda a viagem, porque estava preocupado com a filhinha que ficara na aldeia. A tal neta de que tanto falei no ano passado e da qual esse avô amoroso não se esquece. Cada vez que ele espirra, diz ser a menina que lá de longe o chama, dizendo que tem fome.

Payá-pük tem outras razões. É considerado uma espécie de prostituto pelos índios, que até têm um nome para indicar-lhe esses pendores. Homem pouco sério, vive sempre procurando conquistar as mulheres dos outros. Numa viagem que fez, há tempos, por uma aldeia que visitaremos, teve relações com uma moça; ela agora está casada, e o marido, que sabe do caso, ameaça espancá-lo. Este, porém, não vai alimentar a filha, somente foge a uma surra.

Falaram de outra razão: teriam ido porque estão descontentes comigo. Esperavam receber presentes no Posto Gonçalves Dias e eu só os darei no Canindé. Mas isso é racionalização; se eu os desse lá, nem levariam nossa carga, porque teriam perdido metade da motivação para carregá-la.

São seis horas e aqui na mata está muito escuro; escrevo sem ver e o Cezário já se espanta, porque julga que estou lendo isso. Até breve, amanhã continuaremos a viagem. Meus pés melhoraram pouco e será muito penosa, mas não posso ficar parado, porque nem temos farinha para um dia a mais, dependemos de algumas moquecas que os índios, previdentemente, deixaram pela estrada. Até quando possível.

# Iapotirendá

**19/ago./1951** – Domingo. Iapotirendá – lugar do *iapú*, pássaro de que os Kaapor tiram as penas amarelas para seus mais belos cocares. Desde que estamos aqui, temos ouvido o canto belíssimo do *iapú* repetir-se a cada hora. É um gorjeio que lembra o marulho de água derramando.

Escrevo, novamente, da rede, mas cuidarei de arranjar uma letra legível. Já se passaram três dias desde que conversamos pela última vez, mas andamos muito pouco em todo esse tempo. Estamos acampados à margem de um igarapé, com as redes armadas nas árvores ao tempo, porque nesta estação do ano chove rarissimamente. As noites têm sido frescas e muitas vezes, pela madrugada, precisamos acender fogos debaixo das redes para suportar o friozinho.

A mata que estamos atravessando é muito melhor agora. Desde que deixamos as águas do Pindaré, viemos andando em mata hidrófila, rica em espécimens altos, grossos e frondosos. Entretanto, não é uma floresta imponente como você pode imaginar, pensando nas gravuras dos livros sobre a Amazônia. Aqui, as árvores são extraordinariamente altas, mas surpreendentemente finas, mesmo as mais possantes podem ser abraçadas por dois homens. Isso surpreendeu o Huxley, que esperava encontrar aqui as matas das ilustrações de Wallace. Existem trechos assim, de floresta faustuosa, em que a cobertura das frondes gigantescas é tão densa que não permite crescerem embaixo espécimens menores por falta de sol. Estas ficam nas terras baixas, junto aos grandes vales, e estamos andando em terreno alto e mais ou menos seco. Os exploradores que não saem dos grandes rios, que fazem todas as suas viagens em embarcações, têm, por isso, uma ideia deformada da floresta. Cuidam que, para o interior, nos divisores de água, a mata seja igual à que encontram à margem dos rios, matas de castanheiras. Não é o caso.

Tratemos da viagem que já há alguma coisa para contar. Naquela noite, quando deixei o caderno, estava rodeado de índios, que se adiantaram e afinal reencontramos. Falavam, ininterruptamente, esperando a comida que esfriava à minha espera. Comemos e nos pusemos a conversar, como todas as noites. Eles amolaram um pouco o Cezário, dizendo que na noite anterior ele se transformara em anhanga e fora até o posto. Examinaram detidamente meus pés, achando-os muito brancos e muito fracos para essas viagens. Deixei Cezário contar uma história de caça e dela, a meu pedido, passou a uma versão gurupiana da gênese hebraica, que é uma delícia. Falamos do Anakanpukú, que nos deixara levando dois companheiros e quase toda a farinha.

Quando nos preparávamos para dormir, Koaxipurú começou a contar a versão mais completa que ouvi da lenda de Maíra. Essa conversa se prolongou por muito

Segunda expedição – Iapotirendá

tempo. Ele narra muito bem, com voz expressiva e com uma riqueza de gestos que quase transforma as narrações em pantomimas. Adiante transcreverei a gênese segundo Cezário e a cosmologia kaapor de Koaxipurú.

No dia seguinte, saímos muito cedo; meu pé estava melhor, com o descanso de 36 horas que eu lhe dera, e resisti, magnificamente, até meio-dia, quando paramos num igarapé para almoçar um jabuti. Daí em diante, foi uma tortura; eles incharam de tal modo dentro das botas que cada hora de marcha me custava mais que todas as anteriores. Os índios tinham vindo na frente e combinamos que nos esperariam no lugar em que, na viagem de ida, haviam deixado alguma farinha para a volta. Farinha providencial, nessa penúria de alimentos em que estávamos.

Eu não resisti andar até lá, tive de parar num igarapé pobre, de água suja, e para alcançá-lo andei bem uma hora passo a passo. Os pés me doíam de tal modo que os tendões retesavam-se, não me permitindo qualquer movimento. Dormimos ali sem os índios, tendo de comer sem sal e sem farinha. No dia seguinte, Koaxipurú e Irá-y foram nos encontrar, dizendo que dois outros, Kasoi e Marakarangua tinham ido embora para a aldeia de Tapuro, a fim de pedir que nos socorressem de farinha, porque eu não podia andar. Eles disseram que estavam acampados pouco adiante, insistindo que eu viesse com eles, que aqui tinha água melhor e mais caça.

Não resisti ao apelo e à tarde viemos; eu havia rasgado os calos de ambos os pés e tirado o pus que se formara poucas horas antes. E a marcha foi um suplício. Mas, depois do banho em água limpa e de um jantar com sal e farinha, reanimei-me, vendo porém que não poderia viajar hoje, após aquela violência. Por essa razão é que posso escrever hoje, do fundo de uma rede, dentro da mata e não de uma aldeia como eu esperava.

Não estamos bem aqui, porque hoje daremos cabo da farinha que nos resta e isso provoca tal desespero nos índios que só a custo os mantemos conosco. Todos querem ir embora. Creio que o velho capitão e Koaxipurú só ficam porque estão de tal modo atacados de gripe que mal podem andar.

Amanhã partiremos e, qualquer que seja o estado de meu pé, terei que andar muito, porque ainda nos faltam três dias de marcha para a aldeia e se os alongarmos com descansos em breve não teremos o que comer. Huxley passa um pouco melhor. Felizmente trouxe um sapato velho e nele pode descansar e curar os calos que lhe fizeram a bota e a viagem pela estrada ensolarada e areienta da linha telegráfica.

Deixe-me contar algumas observações ligeiras, antes de passar às lendas. Um cacique que conheci no ano passado suicidou-se há alguns meses pelo seguinte motivo: atribuiu a morte de seu único filho varão a ter abatido ou comido certa caça tabu no longo período de resguardo. Matou-se com uma flecha de ferro, enfiando-a no pescoço. Antes, lamentara-se com os amigos, dizendo-se culpado da morte do filho e anunciando que se mataria. Todos o aconselharam a acalmar-se e não fazer isso, mas quando se afastaram o homem furou-se.

Kasoi, que nos acompanhou até aqui, é um rapaz de pouco mais de vinte anos, muito robusto. É comprometido com uma moça, isto é, os pais de uma garota prometeram casá-la com ele quando ela ficasse mulher. Ele está atento, agora, para sua primeira menstruação e vai lhe dar três pequenos (minúsculos) jabutis brancos, naquela ocasião. Preciso saber se ela criará ou comerá os bichinhos e que ideias estão ligadas a esse costume.

Koaxipurú é geralmente chamado Dária-rú pelos outros índios, Anakanpukú, Piranguá-rú, e o velho Karapanã, Mõ-rú – isto é, costuma-se chamar os homens pelo nome de seus filhos varões, se os têm, e fêmeas quando é o caso. Assim, Koaxipurú é Dária-pai etc.

Vamos, agora, às histórias.

## Gênesis, segundo Cesarius Cucorum

Deus criou um homem e pôs nesses matos. Ali, tinha de tudo, não carecia trabalhar, comida era com fartura. Mas aquele homem estava sozinho e achava falta de uma companhia. Por isso, ele pediu a Deus que lhe desse uma companheira e Deus tirou a mulher da costela dele.

Ficaram os dois ali, tudo era bom como no começo. Aí, Eva viu aquela árvore das frutas bonitas, que não eram para comer. Logo nasceram os seios dela e aquela coisa do homem também. Mas a mulher é que foi maliciosa. O homem só perguntou pra que era aquilo, ela foi que disse:

— Ora, é pra isto.

E apontou a coisa dela. Quando acabaram de fazer, Deus apareceu e disse que era para eles trabalharem, plantarem roça pra comer e o mundo ficou assim como é.

O homem foi fazer roça e voltou chorando, disse que não tinha coragem de cortar os paus, porque eles sangravam como gente. Deus apareceu e ele falou pra ele que não podia roçar porque os paus sangravam. Deus foi, levou o homem pra roça e deu um grito, falou pros paus:

— Vocês não sangram, mas podendo pegar um, não deixem escapar. Por isso, até hoje, tanta gente morre e se machuca fazendo roça e é preciso ter tanto cuidado, quando a gente derruba um pau.

João, que saiu para caçar, acaba de voltar com quatro jabutis; será este nosso jantar, o que não é nada mau. Na verdade, o fígado do jabuti é a melhor carne do mundo. Contudo, eu gostaria de variar hoje, comendo um pernil de veado. Conta que o velho Karapanã, que foi com ele, viu um veado, mas deixou escapar porque, tendo um filho ainda novo, não pode matar essas caças. Precisamos relacionar essas proibições.

## Cosmologia kaapor

Maíra é bom. Quando andava por aqui, os índios podiam vê-lo, ele caçava para os Kaapor, matava veado, matava anta para eles comerem. Matava *iapú* também, para a gente tirar as penas e fazer cocares.

Naquele tempo, só tinha os Kaapor e os *karaíwas*, depois é que Maíra fez os outros. Aos Guajá, ele fez depois, não ensinou nada, por isso estão no mato e só comem coco. Maíra ensinou os *karaíwas* como fazer casa, fazer espingarda, fazer terçado, fazer pano, por isso eles sabem tudo. Maíra não ensinou os Kaapor a fazer pano, mas mandou amarrar o membro.

Maíra andava por aí, nessas matas. Ele tinha tudo e não precisava trabalhar. Fazia um arco e o arco ia caçar sozinho para ele. Era só mandar, aquele arco saía por aqueles matos, matava um veado ou uma anta, pulava e ficava encostado numa árvore, aí gritava. Maíra vinha buscar a carne. Ele falava em pote e aparecia um pote que ia buscar água sozinho. A roça dele, também, eram os machados que faziam, saíam pro mato um dia, com sol pequeno, e ficavam lá gritando e trabalhando como se fosse muita gente. Quando acabavam o serviço voltavam, com sol pequeno, vinham pulando e entravam em casa. Depois, ia o fogo queimar o roçado. Tudo trabalhava para ele.

A morada de Maíra é lá pra o sul, depois do segundo rio grande, longe. Ninguém pode ir lá. Os moradores de lá não morrem e quem morre aqui vai para lá. *Karaíwa* pode passar no lugar que não vê nada. Só os Kaapor antigos podiam ver.

Para chegar na morada de Maíra, tem um rio grande, quando a canoa vai aproximando não pode andar mais, porque a água vira borracha, a gente pode remar muito que ela não anda. A pé, também, não vai, a areia prega os pés da gente e não deixa andar mais. Quem vai morre, ali, sem poder sair. Gente que vai lá vira pedra. Chega um na margem do rio e grita para Maíra pedindo terçado. Ele pergunta zangado:

— Você não sabe fazer terçado?

A gente não sabe e ele faz virar pedra ali mesmo onde está.

Maíra corta uns paus, assim em pedaços pequenos, e joga n'água. Quando boiam já é gente, Kaapor e *karaíwa*, eles querem nadar para o lado de Maíra, mas ele não deixa, têm que vir para o lado de cá.

Maíra faz gente com um membro pequeno e fraco, pode fazer *suruk*, mas não é muito. As mulheres veem o membro duro e já querem fazer, ele quebra. Antigamente, a gente podia ir ver Maíra e ele fazia outro membro que não quebrava mais. Agora não pode, tem que fazer *suruk* e esperar dez dias para fazer outra vez.

Um Kaapor, há muito tempo, quebrou o braço, então os camaradas disseram a ele: Vai ver Maíra, vai nesse rumo que encontra, ele sara seu braço. Aquele Kaapor foi por ali, não voltou mais.

Maíra teve três mulheres, mas deixou todas. Pegava uma, mas largava logo, porque ela perguntava muito. Pegava outra, largava também, ia embora para outra mata e deixava aquela. Depois ele não quis mais e foi para uma mata sozinho. Lá, ele teve vontade de fazer *suruk,* mas não tinha mulher. Então, Maíra cortou um pau desses *apeir*, virou para o outro lado e falou que precisava de uma mulher. Aquele pau virou mulher e ela veio pra o lado dele.

Maíra levou aquela mulher para a casa, disse que já tinha deixado muitas mulheres porque eram curiosas demais, se ela perguntasse muito ele iria embora. Ficaram lá. Maíra fez *suruk* e já deixou um filho dele na barriga da mulher. A mulher

Diários índios

queria ir buscar água, Maíra disse que não era preciso, o pote estava cheio. Quando ele tinha fome, dizia:

— Mulher, traz essa farinha.

Aí, ela olhava e via farinha ali bem perto. A mulher perguntava:

— Quem fez aquela farinha?

E Maíra só dizia:

— Não pergunta, mulher, fui eu que fiz.

Maíra saía um pouco e já voltava com muita caça: veado, anta, jabota. Ela queria saber quem tinha caçado e ele só dizia:

— Não pergunta, mulher, fui eu, se você perguntar mais eu vou embora.

Ela cozinhava aquela carne e eles comiam.

No outro dia, cedo, a mulher ouviu gritos pra o lado da roça, parecia muita gente trabalhando. Ela perguntou quem era, Maíra só disse:

— Não pergunte mais, mulher, senão eu vou embora; fique aqui em casa, não vai olhar nada.

A mulher saiu por ali como se fosse ao mato e foi olhar. Olhou bastante e não viu ninguém, era só o machado trabalhando e cantando. Ela voltou e ficou no lado da picada, de tarde o machado voltou, *puc, puc, puc*, andando. Quando chegou perto, a mulher de Maíra pegou no cabo, aí o machado amoleceu e caiu. Não andou mais.

Ela ficou com medo, largou o machado ali e foi embora. Quando chegou, Maíra já sabia tudo. Perguntou a ela:

— Você foi olhar a roça?

Ela respondeu:

— Não, eu não vi nada, fui só ao mato cagar.

— Qual nada, mulher, você andou olhando e eu vou largar você.

— Eu não olhei nada, não vi nada.

Maíra saiu para ver, encontrou o machado na picada, não servia para nada, já estava perdido. Ele voltou bem zangado, disse pra mulher que ia embora porque ela tinha olhado aquilo; a mulher pediu pra ele ficar, Maíra não quis. Virou um *iapú* e voou pra outra mata bem longe, foi embora.

A mulher ficou lá sozinha, com o filho de Maíra na barriga, e começou a chorar. Aí o filho, lá na barriga, perguntou:

— Por que você está chorando assim?

Ela falou por quê. O pai dele a tinha abandonado e ela não sabia onde ele estava. O menino disse assim:

— Eu sei bem onde está meu pai, não chore mais, eu levo você onde ele está.

A mulher saiu por ali procurando Maíra, o filho ia mostrando o caminho para ela. Andaram até chegar no lugar do Mucura. Perguntou se Maíra tinha passado por ali, Mucura disse:

— Não sei, não vi ninguém.

O menino estava calado na barriga. A mulher armou a rede dela ali e foi dormir. De noite choveu, a casinha era fraca e a rede da mulher molhou toda. Mucura falou:

— Oh, minha rede está quente, vem dormir aqui.

Ela foi. Mucura fez *suruk* e já deixou um filho dele na barriga da mulher. Agora, eram dois meninos ali.

No outro dia, a mulher continuou a viagem, andou, andou, de tarde chegou no lugar das onças. Mas ela não sabia nada. Encontrou a avó-onça e conversou com ela, perguntou pelo marido; a velha não sabia, disse que os filhos dela estavam pelo mato, caçando, só voltariam de noite. Não falou que os filhos dela eram as onças. A mulher ficou lá.

A avó-onça a escondeu debaixo de uma panela grande e deixou num canto. De tardezinha, as onças chegaram, gritando, conversando, cada uma vinha carregada. Traziam anta, veado, cutia, paca, jacaré, toda caça. Aí uma onça começou a andar por ali, farejando, e perguntou à mãe:

— O que foi que você guardou aqui para nós? Estou sentindo um cheiro bom.

A avó-onça não disse nada, mas logo elas acharam a mulher, mataram, tiraram o couro da barriga e viram que estava prenha de dois curuminzinhos.

A avó-onça falou:

— Ó, meu filho, deem pra mim esses curumins, quero comê-los. Eu não tenho dentes para mastigar, quero comer esses, que não têm ossos.

Ela levou os curumins. Pôs água pra ferver numa panela e jogou os dois dentro. Mas eles pularam fora; ela tornou a pôr na panela e eles tornaram a pular. Da terceira vez, a velha falou:

— Ora, eles não querem morrer, vou criá-los para caçarem para mim.

Aquela velha criou os meninos, mas não falou nada sobre a mãe deles. Eles a tratavam por mamãe.

O filho de Maíra era branquinho, a pele dele toda brilhava, era como espelho; o filho de Mucura era como *karaíwa* verdadeiro, era bem branco. No outro dia, os meninos já estavam assim grandinhos, com quatro dias já eram meninos assim (dez anos). Aí, o filho de Maíra disse:

— Eu quero um arco para caçar.

E apareceu um arco. A velha viu e disse:

— Ó, este meu curumim é bom, é bem forte.

Eles caçavam ali para a velha. Ela pediu mutum, o filho de Maíra saiu e trouxe quatro mutuns, os quatro para a velha.

Com uma embira, eles já amarravam o membro, estavam homens já. Saíam por ali e caçavam de tudo que a velha queria. Toda caça que eles traziam era para a avó-onça, de longe eles já diziam:

— Mamãe, mamãe ê, tá'qui paca, tá'qui mutum, tá'qui veado pr'ocê comer.

Um dia, o filho de Mucura perguntou ao filho de Maíra:

— Onde está nossa mãe?

O coração do filho de Maíra respondeu logo:

— Sua mãe as onças mataram e comeram. Esta velha não é sua mãe. Seu pai está vivo, não é longe a morada dele.

Maíra-mirim já ficou sabendo e disse que ia vingar a mãe deles, matar aquelas onças todas.

Foi nesse tempo que Maíra-mirim fez esses rios todos, antes só tinha uns poços onde a gente bebia. Então, ele fez os rios, as pedras todas dos rios e os bichos que tem dentro. Ele pegou um pau, cortou em pedaços e jogou n'água; dizia: Este é piranha, aquele já virava piranha. Este é cobra, aquele já virava cobra. Este é jacaré, aquele já virava jacaré. Depois, ele fez este pequiá, naquele tempo não tinha pequiá. Foram pro mato e voltaram carregados de pequiá, a velha provou e achou bom, perguntou onde tinha e eles falaram:

— Ora, o mato está cheio dessa fruta.

No outro dia, os Onças todos juntaram para ir com eles apanhar pequiá, cada um levou um apero grande para trazer carregado. Quando chegaram perto do rio, todos se espantaram, perguntando:

— Quem fez esta água grande aqui?

Ninguém sabia; os meninos não diziam nada, mas tinham sido eles mesmos.

Aí, Maíra-mirim pegou um cipó, dois cipós e espichou pra o outro lado do rio, um por cima e outro por baixo, amarrou uma ponta e mandou Mucura-mirim amarrar a outra. Quando acabou aquele serviço, disse aos Onças:

— Podem passar, agora é fácil, pisem no cipó de baixo e segurem no de cima.

Os Onças estavam com medo, mas passaram, foram todos pra o cipó, só a avó-onça não foi. Quando os Onças estavam no meio, Maíra-mirim gritou:

— Vocês são ruins. Vocês não prestam. Vocês comeram nossa mãe. Agora vão morrer.

Aí ele fez sinal para Mucura-mirim e os dois cortaram os cipós, os Onças todos caíram dentro d'água, as piranhas caíram neles e não deixaram pedaço. Mataram todos, só escaparam uns dois.

Aí, os meninos foram procurar o pai deles. Foram atrás de Maíra. O filho de Maíra disse assim:

— Eu sei bem onde é, eu sou forte, levo você lá.

O filho de Mucura estava com medo. Andaram e acharam a morada de Maíra. Quando chegaram, Maíra já sabia que o filho dele estava por perto, porque as águas tinham dado lá.

Quando chegaram, Maíra estava lá na casa, perguntou quem eram, de onde vinham. Aí o filho dele disse:

— Pois nós já viemos. Somos seus filhos que você fez na nossa mãe.

A mulher de Maíra, que estava ouvindo, já zangou com ele, dizendo:

— É, são seus filhos mesmo. Decerto você já andou fazendo *suruk* com outra mulher por aí.

Ele só riu e falou:

Segunda expedição – Iapotirendá

— Não sei ainda, mulher, mas logo vou saber se eles são meus filhos.

Maíra chamou os dois e foi com eles para um açaizal, disse:

— Bem, agora, eu já vou saber se são meus filhos. Eu fiz um filho só, não foram dois, não.

Maíra-mirim já disse:

— Você fez foi dois, nós somos seus filhos. Este aí é meu irmão verdadeiro.

Maíra, então, falou:

— Pois vamos ver.

Foi falando, pegou um pauzinho e começou a rodar, como quem tira fogo. Maíra-mirim caiu, então, dentro d'água, fez *tipuum*. Maíra jogou o anzol, ele beliscou, mas não se deixou fisgar, aí pulou fora bonzinho. Maíra tornou a rodar os pauzinhos e Mucura-mirim foi pra dentro d'água. Mas ele era fraco e Maíra o pescou no anzol.[*]

Quando Maíra virou os pauzinhos, o filho do Mucura sumiu, só ficou uma gota de sangue. Aí, Maíra soube qual era o filho dele, riu satisfeito e disse:

— Você é meu filho, você é forte como eu mesmo.

Mas o filho dele não gostou, ficou muito zangado, porque o pai tinha matado o irmão dele, gritava e dizia que o filho do Mucura era irmão verdadeiro dele. Maíra dizia que não era, que ele só tinha feito um filho, o outro não era irmão verdadeiro dele. Como Maíra-mirim ficou zangado, Maíra não matou mesmo o filho do Mucura, chamou o filho pra morar com ele e disse:

— Você vem ficar comigo, porque você é meu filho mesmo.

Maíra-mirim viveu muitos dias na casa do pai dele, vendo as coisas trabalhar pra eles, como se tivesse muito camarada. Mas ficou muito zangado por causa do irmão dele e foi embora. Maíra pediu pra ele ficar lá, mas ele foi embora, gritando que Maíra era ruim, não prestava.

Maíra-mirim subiu para o céu, lá é casa dele, lá muito em cima. Quando chegou lá, começou a trovejar e cair raio; Maíra já sabia que era o filho dele, ria orgulhoso e dizia:

— Meu filho é forte como eu.

Aí, ele ficou pequenininho para o filho não achar e mudou de lugar, levou a mulher pra o sul e ficou lá no lugar.

A casa de Maíra é muito bonita. Lá não tem nada de madeira, é tudo de espelho, tudo brilha muito na casa dele. Mas ninguém pode ir à casa de Maíra. *Karaíwa* se for lá não vê nada.

## Maíra e o urubu-rei

Urubu-rei e Maíra eram muito amigos, e moravam em casas próximas. Um dia, Maíra caçou anta e veado e levou carne para seu amigo. O urubu-rei não comeu

---

[*] Aqui ele confunde a história e, ao invés de Maíra, começa a falar de Tamoyanhang, não relata corretamente a morte e ressurreição de Mucura-mirim.

logo a carne, pendurou e deixou ficar. Depois, vem gente por ali e vê urubu-rei comendo, a carne tinha apodrecido e ele só comia os bichos. Foram contar tudo para Maíra. Ele perguntava assim:

— Mas é verdade?

Maíra ficou muito zangado com aquele urubu-rei. Então, foram dizer ao urubu-rei que Maíra já estava zangado. O urubu-rei ficou também muito zangado dentro da rede, gritou e disse que ia mudar para outro lugar. Urubu-rei mudou mesmo.

Quando Maíra saiu para caçar, aquele urubu-rei voltou, entrou na casa dele, roubou o fogo e subiu para o céu com a casa toda. Maíra voltou carregado de caça, tinha matado um veado. Não encontrou casa, nem fogo, nem nada. Olhava assim e perguntava:

— Cadê meu fogo? Não tenho mais fogo. Cadê minha casa? Não tenho mais casa.

Chega um Kaapor e pede fogo para Maíra; ele não tem mais fogo e fala:

— Não tenho mais fogo, urubu-rei já roubou.

Maíra fica muito raivoso, a caça que ele trouxe não presta mais, porque não tem fogo para assar, nem moquear, nem cozinhar. Ele joga por ali, deixa apodrecer. De noite não tem mais fogo, todos ficam com frio; os Kaapor pedem fogo, ele não tem mais.

Maíra sai, então, e vai para o campo, lá se transforma, fica bem pequenininho, tão pequeno que ninguém vê, e deixa o corpo dele lá podre, cheio de bicho. Mas os urubus não aparecem. Maíra volta para casa. No outro dia, ele sai, agora vai para a mata. Lá no meio do cipoal, ele fica bem pequenininho outra vez, fica invisível e faz o corpo virar uma anta grande, podre, já com bicho. Não demora, vêm os urubus, desses pretos, olham e esperam. Eles não veem Maíra, que está invisível, bem pequenininho.

Depois, vem o urubu-rei, baixa devagarinho, fazendo círculos, pousa num galho e pergunta se aquilo é anta mesmo. Os outros dizem que é anta de verdade. Então, ele voa de novo, não vai longe e volta trazendo uma panela bem grande e um tição. A urubuzada toda rodeia a anta tirando os bichos, apanhando lenha, fazendo fogo, era aquela alegria dos urubus. Maíra não diz nada, fica só olhando, esperando o fogo ficar grande. Quando tem bastante tição com brasa, ele salta, fica grande e grita para os urubus:

— Vocês são ruins, vocês não prestam.

Os urubus todos voam assustados, com medo. Um ainda consegue levar um tiçãozinho, mas o fogo grande fica com Maíra.

Maíra, agora, está alegre, tem o fogo ali para cozinhar e para esquentar o corpo. Mas assim não era bom, podiam roubar. Ele, então, entra na mata e procura um pau bom, experimenta um, depois outro, por fim acha esse cipó *tata-yra* ou *urucum-y*. Traz, corta dois pedaços assim (um metro), assa-os ao fogo, acerta bem, esquentando sempre até a ponta endurecer muito, e então gira um sobre o outro, com força, até dar fogo. Agora sim, era bom, não precisava cuidar do fogo, o mato estava cheio

Segunda expedição - Iapotirendá

daquele cipó, era só tirar e fazer fogo. Depois, Maíra deu aquele cipó pros Kaapor e ensinou a fazer fogo.

• Maíra fez os Guajá de pau podre, os Kaapor de pau-d'arco (*tadyki*), os brancos de sumaúma (*axingí*).
• Mucura-mirim é da cor dos brancos, *puire*. Maíra-mirim da cor dos Kaapor, moreno vermelho, *pitang*.
• Mucura-mirim morreu quando Maíra girou os paus de fogo, ficou apenas uma gota de sangue, sua alma foi para o céu, por isso o filho de Maíra subiu também para o céu.
• O filho de Maíra fez, também, o inajá (além do pequiá), para atrair os Onças ao rio e matá-los.
• Os camaradas que trabalhavam para Maíra não eram filhos de mulheres, ele só falava, falava, punha porra no pote e dali nascia gente. Ou cortava seu membro em pedacinhos e de cada pedaço nascia um homem.
• Maíra nasceu do Mira-pinim.

**20/ago./51** – Segunda-feira. Escrevi ontem até anoitecer e, mal acabei de falar tão longamente dos feitos de Maíra, veio o Koaxipurú contar mais coisas sobre esse personagem notável. Falamos disso até muito tarde; depois, quando queríamos dormir, o Leandro, um Tembé que viaja conosco e é pajé, resolveu cantar um pouco. Quando calou-se, começou a barulheira de tosse dos índios, quase todos atacados de uma gripe violenta. Assim, só muito tarde pudemos dormir e saímos hoje cedo para vencer uma parte do caminho. Meus pés comportaram-se melhor e pudemos andar um bom pedaço sem aquela tortura medonha das últimas marchas.

As nossas jornadas têm sido excelentes. Sozinhos, nesta mata, com os índios sem mulheres e crianças que lhes roubem a atenção, podemos conversar longamente. Não há melhor meio de ouvir mitos e assim teremos como aproveitar os numerosos dias de marcha que nos esperam. Isso me lembra os Kadiwéu, porque foi também durante uma viagem de caçadas que colhi a maior parte de suas histórias. Agora, é necessário ter sempre à mão, em nossa companhia, bons informantes para aproveitar a ocasião.

Temos tido sérios problemas nos últimos dias. Como disse, Anakanpukú nos deixou ainda na estrada da linha telegráfica, seguindo diretamente para sua aldeia. Hoje, o velho Karapanã e o Koaxipurú foram-se também. Disseram que não podiam esperar por mais tempo, porque não temos mais farinha. Realmente, estamos comendo os últimos litros. Além disso, todos estão de tal modo gripados que temia vê-los piorar aqui na mata.

Todas essas deserções e os problemas que criam – principalmente o de dispersarem minha carga e o da falta de alimentos – decorrem dos atrasos a que nos forçaram meus pés doentes. A esta altura devíamos estar na primeira aldeia, pois perdemos três dias rasgando os calos, espremendo o pus e esperando que desinchasse. O pior

Diários índios

é que, depois de cada dia de repouso, eu voltava a andar e perdia toda a melhora que havia obtido. Agora, creio que poderemos viajar sem interrupção até o Tapuro, lá consolidarei a cura e seguiremos em melhores condições.

## Encantamentos de caça

Além das conversas com os índios, tenho aproveitado o tempo para ouvir o João e o Cezário, que me têm falado muito das crenças dos caboclos dessa região. São quase sempre histórias de caçadas e comentários sobre o valor de um sem-número de encantamentos de caça que usam: banhos, ervas e defumações dos mais complicados. Ambos são crédulos como a gente mais simples, não só admitem mas praticam todas essas prescrições mágicas de que falam. Estão sempre preocupados, querendo saber se estão em "estado de graça" com as forças sobrenaturais ou, em sua linguagem, se estão panema (sem sorte), se têm caruara (feitiço) deixado por uma embiara (caça) ou por uma pessoa. O fato de encontrarem ou não uma caça no caminho ou quando saem à sua procura, o acertar ou errar o tiro e mil outras coisas são motivos de longas interpretações.

Vou anotar alguns de seus encantamentos de caça, o Cezário os poderá ditar para mim. Só me lembro, agora, de duas de suas histórias, ambas relativas a índios. Vamos a elas.

Falando da *couvade*, Cezário comentou que os índios conhecem muitas coisas e, talvez, tenham razão em proceder assim, acrescentando que ele próprio vira uma vez como as coisas que acontecem ao pai podem afetar o filho. Contou que, tendo caçado uma anta, pusera sua carne a secar ao sol, no terreiro de sua casa. Passou, então, um conhecido que, vendo a carne, aproximou-se desejoso de experimentar dela. Conversou muito e depois disse que estava com fome, perguntando se Cezário lhe venderia um pedaço de carne. Ele disse que não vendia, iria preparar um assado para ele. Tirou a carne, temperou-a e assou ele próprio, dando, depois, ao visitante um prato de farinha. O homem comeu, agradeceu e saiu.

Daí a alguns dias, nosso cozinheiro desejou caçar novamente; pôs uma roupa velha, preparou-se e chamou os cachorros. Não veio nenhum, eles só olharam por cima do lombo e ficaram ali mesmo, esquentando fogo. Entretanto eram cachorros de caça, que não podiam vê-lo tomar a arma, mesmo para limpar, sem arrodearem-no alegres, prontos para sair. Ele foi sozinho, andou muito e não viu caça alguma. Repetiu-se a mesma cena uma semana depois, o que o impressionou seriamente. Estava ele com caruara? Que panema era aquela?

Resolveu, então, livrar-se daquilo; levou os cachorros para o mato, preparou lá um banho composto de nove coisas diferentes e esfregou-se com ele, fazendo o mesmo com os cachorros e com o rifle. Todos pegaram uma coceira desesperada. Pois

Segunda expedição – Iapotirendá

não é que, pouco depois, veio a saber que a mulher daquele homem que lhe pedira carne abortara em viagem?

Para que prova maior de que o que come o pai adoece o filho? O homem deixara caruara nele e em seus cachorros; quando ele livrou-se dela com um antídoto forte, o filho daquele homem é que sofreu na barriga da mãe.

João comentou, então, que sua mulher, quando grávida, não come embiara de ninguém, o mesmo acontecendo com a mulher de seus amigos. Procedem assim para não perderem o filho e os caçadores se dão por contentes, porque uma mulher grávida, comendo caça abatida por eles ou mesmo olhando sua arma, os deixa panema. Como se vê, a distância entre as concepções dos meus Kaapor e desses *karaíwas* não são lá muito diferentes.

O outro caso é um encantamento de caçador kaapor. Eles também estão sempre preocupados com seu "estado de graça". Além das restrições que as relações de parentesco lhes obrigam com respeito à caça, impõem-se várias outras. Quando um homem está panema não acerta nas caças que encontra. Cura-se fazendo uma formiga pequena (tocandira preta), especialmente dolorosa, picar-lhe os dois braços. Por falar em formiga, no lugar em que estamos acampados há tantas, que vou mudar seu nome de Hakang (cabelo ou cabeça) para Trakuárandá, lugar das formigas.

Vou deixar as nossas histórias de Maíra, para registrar lá na aldeia, onde poderei fazê-lo com mais vagar. Por agora, adiantemos somente umas notas ligeiras, antes que elas escapem.

O filho de Kosó, menino de dois anos, adoeceu no posto, passando muito mal de uns ataques. Os pais ficaram desolados, choraram com verdadeiro desespero, temendo perder o filho único. Então, Kosó disse ao João que a doença se devia a um abuso do tio materno do menino, que durante a viagem, sem cuidar de seu sobrinho novo, matara uma onça.

Irá-y, um rapaz de dezessete anos que nos acompanha e que provavelmente será nosso único companheiro permanente na viagem, está sendo motivo de admoestações por parte dos outros índios. Dizem que ele teve relações com uma mulher da aldeia Tapuro e a deixou grávida. Ela está casada agora, mas o filho é dele e lhe cumpre seguir o resguardo devido quando a criança nascer, senão morrerá. Nada acontecerá à criança, dizem, mas o pai sente-se cansado, vai para a rede e morre. Para safar-se, só há um remédio, que é banhar-se com folhas de *manisé*, uma espécie de mandioca. Essa infusão é usada, também, pelo pai legítimo que, estando em viagem, não estava presente ao nascimento do filho e, por isso, descuidara das rígidas prescrições. Nesse caso é a própria mulher que recebe o marido e lava todo o seu corpo com folhas de *manisé*.

Diários índios

# Tapuro Ambir Hecuhan

**22/ago./1951** – Quarta-feira. Afinal, chegamos à primeira aldeia, depois de onze dias de viagem, a maior parte deles andando e os outros preso à rede com os pés doendo. É uma alegria chegar.

Andamos muito ontem e hoje; os índios vieram na frente, adiantaram-se apenas um dia. Só hoje, ao meio-dia, partiremos para suas aldeias. Lá os encontrarei para lhes dar os presentes que merecem pela trabalheira de nos trazer quase até aqui. Não tenho muito que falar desses dois últimos dias, foram como os demais: o despertar muito cedo, ainda escuro, com a barulheira do pessoal que aviva os fogos para suportar o friozinho da madrugada; a higiene de gato; a bebida quente que Cezário já tem pronta e à mão, mal eu acordo; um curativo ligeiro nos pés e depois o sacrifício de calçar as botas e a viagem.

Às primeiras horas da manhã se anda bem, sem grande esforço, mas à medida que elas passam o calor vai aumentando e a gente anda sempre pensando se estará longe ou perto o próximo igarapé, onde se poderá beber e passar água no rosto e nos braços. Os índios andam melhor, em cada igarapé bebem um bom chibé, de que participamos com entusiasmo, e antes de sair banham-se ligeiramente. Isso é que me faz inveja, as roupas nos impedem de fazer o mesmo. Ali pelo meio-dia, começamos a perguntar se está muito longe o lugar onde combinamos almoçar; a resposta é sempre ambígua:

— Não falta muito. Só mais um igarapé. O outro é o nosso.

Os índios são mais lacônicos, dizem *pehim* (perto) ou *kotetê* (vem aí) e devem ser interpretados pela ênfase com que pronunciam as palavras, mais que por elas mesmo. Tenho andado *pehins* de três horas e *kotetês* de hora e meia.

## Jabota

A parada de almoço é ligeira, nem dá para armar a rede, é só o tempo de descansar os pés das botas enquanto Cezário assa uma jabota ou outra carne. Essa é a primeira refeição do dia e algumas vezes a única substancial. Nos dois últimos dias, acrescia outra preocupação às ordinárias: nos perguntávamos se encontraríamos farinha no ponto de almoço. É que escolhemos, para essa parada, um lugar onde pousara e deixara farinha nosso pessoal ou um grupo de índios que o precedeu na estrada, rumo a Pinheiros. Agora, como alguns companheiros se tinham adiantado e estavam tão famintos como nós, nos perguntávamos se não tinham comido toda a farinha.

Não o fizeram nunca, nós é que deixamos os viajantes de Pinheiros em situação bem triste. A principal alimentação dos dias de viagem foi carne de jabuti, que, aliás, embora a mais comum, é a melhor carne de caça e creio mesmo que não exista nada melhor que um fígado gordo de jabota branca feito farofa com os ovos. Lá no Pantanal era assim. Ontem, ao chegarmos ao tal ponto do almoço, encontramos ali dois índios da aldeia que tinham ido nos socorrer com farinha. Foi uma alegria e os saudamos com um gigantesco chibé.

A marcha da tarde é sempre mais penosa. O cansaço da manhã, a barriga cheia ou muito vazia, o calor e – no meu caso – os pés já martirizados, tudo torna mais longas as léguas da segunda etapa. Por isso mesmo, andamos pouco, quase sempre de uma a quatro horas, para chegar com tempo de tomar banho, limpar uma clareira para as redes, juntar lenha para a cozinha e para nos aquecermos à noite. E, sobretudo, para João e os índios darem uma volta pelo igarapé à procura de caça ou peixe para o jantar ou de algum rastro que permita fazer uma armadilha que nos dê a boia de carne no dia seguinte.

## Curupira

A noite é de conversas, sempre agradáveis, às vezes proveitosas, de cantorias e, outras vezes, de sustos. Quase todas as últimas foram assim, sobretudo a de anteontem para hoje, por causa de uma inadvertência do Huxley. Todo o pessoal, a começar pelo João, crê nos entes sobrenaturais com que os índios povoaram as matas, um curupira, um anhanga e outros. Descrevem o curupira, aliás, a curupira, pois para eles é mulher, como uma velhota de um metro, com os pés voltados para trás, em forma de cachimbo. Existem curupiras brancas e pretas.

Esse é, na verdade, o pior espantalho que veem na mata. Conhecem sua presença pelo assobio, muito parecido com o de certa ave, só diferente porque a tal ave canta de dia e a curupira assobia à noite. Pois bem, já há alguns dias ouvíamos os tais assobios e brincávamos a respeito, porque eles vinham de muito longe. Anteontem, porém, eu arremedei o tal pio e a pobre ave respondeu bem perto. Todos se puseram de olho no mato, ouvidos à escuta, e começaram a falar do que a curupira poderia fazer. Espancar-nos era o menos.

Eu, que os conheço bem, evitei insistir novamente, mas Huxley quis compor uma melodia com as notas do tal pio ou lembrou-se de cantar alguma canção parecida, o certo é que a ave respondeu mais perto e foi aquele alvoroço. Cezário disse que à noite não se brinca com essas coisas, João secundou que era perigoso atraí-la, Emiliano falou em ir-se embora imediatamente, se o bicho voltasse a assobiar. Vi que estávamos na iminência de uma debandada àquela hora e tive que dizer a Huxley que parasse o pio. Só no dia seguinte pude tirá-lo da confusão em que ficou sobre aquele alvoroço inexplicável.

O resto da noite foi de histórias dos mistérios da mata, de aventuras e desventuras de caçadores com a curupira. Cezário, muito impressionado, soprando o fogo, postulava:

— Tem gente que dá pro mato e gente que dá pro mar e gente que dá pra leitura. Quando não dá, não dá! A mata tem suas coisas, caçador não fala, porque tem gente que duvida, mas que tem, tem. É como o mar, mareante também vê coisas, conta histórias; acredite quem quiser. Eu, por mim, não creio nem duvido. Nunca vi nada e nem quero ver, mas muita gente séria tem visto e contado.

É notável a adaptação dessa gente, índios e caçadores, à mata. Eles falam dela quase como de um ser dotado de vontade, como de uma pessoa. Entretanto, conhecem profundamente cada árvore, cada arbusto. Cada pequeno animal tem seu nome e sua história, quase sempre realista, focalizando aspectos de sua vida detidamente observados. Porém, quando enfiam na cabeça que certa ave não canta à noite, que seu canto é o assobio assombroso da curupira, perdem toda a capacidade de ver, só sabem se assombrar.

Hoje foi um dia alegre; pude acompanhar muito bem o passo ligeiro dos índios, porque tenho os pés muito melhores. Depois de duas horas de marcha, demos com uma veada que João conseguiu matar ao custo de uma hora de andanças pela mata. Almoçamos seu fígado e parte do lombo, assados no espeto. Atravessamos um trecho da mata muito bonito e fresco, tendo tempo para um bom banho no igarapé, enquanto carneavam o veado.

## Na aldeia

Chegamos pouco depois de duas da tarde, mais cedo do que esperávamos. Antes de entrar na clareira da aldeia, esperamos os companheiros que se retardaram, tomamos mais um banho na areia e descansamos. Quando chegaram, nos anunciamos com uma buzina de chifre e entramos na roça. No meio dela, o índio que vinha trazendo o veado deixou sua carga no chão, dizendo que as mulheres viriam buscá-la. Era um veado vermelho, vinha em postas; durante o almoço os índios só comeram sua carne cozida, recusando a assada e pedindo que nós também não assássemos aquela carne na aldeia.

Ao chegarmos foi aquele rebuliço que me lembrou a entrada em outras aldeias. O capitão, que nervosamente calçara o casquete vermelho, ajudado pela mulher; crianças que corriam; mulheres que seguravam os cachorros mais bravos e a gritaria de saudação: *Katú kamará, katú saé.*

Entramos, assim, no barracão de festas, enorme, alto e novo como toda a aldeia, que não tem um ano. Ele foi levantado há meses para abrigar os convidados de uma grande festa de batizado, que se preparava quando João passou aqui, indo encontrar-me. Ali estão, tristemente vazios, os imensos camucins que, cheios de cauim de banana, alegraram essa gente durante três dias. Ao lado deles, acompanhando a linha de comprimento da casa, fica o banco onde, sentados, os festeiros foram servidos de bebida e de imensos cigarros pelas mulheres.

## A equipe

Quando chegamos, outra fila se arrumou ali, a do meu pessoal, que com a gente da aldeia quase encheu o barracão. Uns ficaram de pé, aos grupos de dois ou três adultos, e um bando de crianças agarradas às suas pernas. Todos a nos olharem como a bichos raros e a comentar nossa cor, as roupas, os gestos, com a maior sem-cerimônia.

A fila era também digna de curiosidade. Veja: na ponta do banco estava Cezário, que foi o último a chegar ainda com sua calça, que já não é mais que um monte de trapos puramente convencional, porque não cobre vergonha alguma. Pretinho, com a cara meio coberta de uma barba rala e grisalha e as maçãs pintadas a jenipapo por Koaxipurú. Depois dele, vinha o capitão da aldeia com seu indefectível casquete vermelho. É um homem de cinquenta anos, forte, rosto grande, belo como os dos outros índios. Ficou lá. Ria, meio sem graça, olhando para os visitantes, dizendo: *Katú-katú*; até que sentou-se com João para ouvir as novidades de nossa viagem.

Veio, então, examinar meus pés, de cuja dor eles já tinham notícias há dias, chegando a comentar que talvez seja melhor *papai-uhú* só mandar seus filhos visitá-los ao longo do rio em lancha a motor, porque só os índios têm pés capazes de andar bem por essas matas. Em seguida, examinou o João, que tem as pernas feridas pelos espinhos e os pés muito magoados, porque gastou sua bota na viagem de ida e teve de fazer a pé a de volta, o que lhe custou muito, embora esteja acostumado a essas barbaridades.

João é nosso intérprete e nessas horas de recepções sociais seu papel é tão importante quanto nas de trabalho, de modo que tem de falar muito para compensar meu silêncio. Entre o João e o Huxley, sentou-se um rapazote daqui, meio desajeitado porque, mal chegamos, nos disseram que ele tinha amarrado o membro – o símbolo de maturidade sexual – havia poucos dias, durante os festejos do batizado. Huxley era, só ele, uma atração bizarra, com sua altura, olhos claros meio zarolhos de cansaço, a barba de onze dias – que ele agora derruba ali adiante – e o abatimento dos quilos que perdeu durante a marcha. Um bom motivo de comentários para os índios, a maioria dos quais certamente nunca viu o que chamam um *karaíwa-té* (branco verdadeiro) para distinguir os louros dos morenos, como eu e eles (*piranga*), e dos negros (*pihun*).

Todos éramos seus conhecidos de nome, eu como Papai-raíra ou Totô-taxy, João por este nome, Huxley como Saépuku, apelido que pegou e de que ele não parece estar muito feliz. Esquecia-me de que havia ainda dois de nós na fila. Agora nem me lembro se eles ficaram sentados ali conosco, são o Emiliano e o Irá-y. Mas vejamos como chegaram. Emiliano é um índio tembé, cuja barba espessa o define como mestiço de branco; foi nosso melhor carregador, trouxe durante toda a viagem a carga mais pesada, atrasando-se um pouco, mas aceitando, sem muitas queixas, a falta de farinha e de caça quando isso acontecia. Ele também sofreu um sério abalo, está abatido, tem também as pernas machucadas pelos cipós de espinho.

Cezário vinha com a calça dobrada no meio, passada numa embira que enrolou na cintura, a modo de tanga, e com as costas e a bunda inteiramente nuas. Não sei se fazia isso para não gastar sua outra calça ou para viajar mais a fresco. Irá-y, você sabe, é o índio kaapor que nos acompanha em toda a viagem. Trabalhou muito também, anda sempre bem-humorado e devo registrar, com certa tristeza, que, à força de ver os outros me tratarem como a um superior, servindo-me tudo à mão, ele também está se esforçando para assumir esse papel. Por mais confortável que esse comportamento resulte, não é o melhor para o etnólogo. É, entretanto, inevitável numa viagem dessas, se o índio fica muito tempo com a gente, junto de trabalhadores não índios. Bem, Irá-y estava em casa, não era novidade; agora o vejo aqui ao lado, deitado com Cezário, que protesta porque sua rede não pode resistir aos dois. Veste uma camisa de meia que lhe dá uns ares gozados de índio fantasiado de malandro carioca.

Mas você não acha que escrevi demais para quem tem tão pouco papel e tanta lenda interessante e preciosa a registrar?

**25/ago./51** – Sábado. Estou gozando essa boa vida de aldeia, sempre rodeado de índios, ouvindo-os sem entender e esforçando-me para que me entendam através do intérprete. Como é difícil falar pela boca alheia, só é pior ouvir com ouvidos alheios. Imensa é a angústia de escutar o índio falar longamente e só obter uma tradução lacônica. Mas não devo queixar-me, João é o melhor intérprete que tive e, para ele, minhas perguntas e exigências, que nem sempre pode compreender, são muito mais angustiosas que suas piores interpretações para mim.

João Carvalho e Darcy conversam com mulheres da aldeia.

É uma alegria voltar às aldeias e maior ainda vê-las como estão agora. Todos livres, afinal, dos sofrimentos e dos pavores que no ano passado os dominavam, quando estavam atacados pelo sarampo. As crianças brincam alegres e despreocupadas, os adultos trabalham, descansam e se divertem num ritmo feliz.

Nós lhes temos custado muito trabalho. As mulheres não param desde que chegamos, preparando quantidades enormes de suas comidas das mais apreciadas para nós. De manhã e à tarde, entregam ao João vasilhas colossais, cheias de chibé. No correr do dia, trazem batatas, carás e macaxeiras cozidas e assadas. À noite, nos servem esse

Mariã, a dama kaapor.

Segunda expedição – Tapuro Ambir Hecuhan

delicioso mingau de mandiocaba. Além disso, repartem conosco tudo que caçam, trazendo ao Cezário postas cruas para preparar a nosso gosto e nos servindo parte do que eles cozinham, assam e moqueiam.

A aldeia é ainda muito nova e são poucas as casas permanentes, a maior parte dos moradores ainda vive em abrigos de palmas. Fica no meio de uma roça muito grande. Tem, como todas, seu igarapé, onde pubam a mandioca, banham-se e se provêm de água.

Só uma coisa aqui me entristece: é a quantidade fabulosa de baratas. Elas estão em todo lugar, até em nós mesmos, por mais que nos cuidemos sempre acham um fundo de bolso, um canto de costura para se abrigarem. Até meu cachimbo vive cheio delas e, cada vez que vou fumar, preciso examiná-lo detidamente para expulsá-las.

Os índios criam muitas galinhas. Hoje nos deram dois galos para o jantar. Elas, além das demais crias de estimação, parecem alimentar-se principalmente de baratas, pois mal se puxa um pano dependurado, abre-se uma vasilha ou mesmo levantam-se os sapatos para calçar elas correm, prontas para comer as baratas que fatalmente saltarão. Elas não têm utilidade para os índios, as galinhas – das baratas não sei –, porque eles não comem nem a carne, nem os ovos. Criam-nas, dizem, porque são bonitas e porque cantam.

O mesmo acontece com os demais xerimbabos e, nesse sentido, a galinha nos ensina que o xerimbabo pode multiplicar-se às centenas sem que, nem por isso, se procure utilizá-lo. Temos também, aqui à vista, jacamins, araras, uma grande variedade de papagaios e periquitos, dois mutuns e, a preciosidade da aldeia, uma queixada grande e gorda que grita mais como carneiro que como porco.

Já que falamos de bicho, não esqueçamos de anotar a multidão de cachorros que rondam as casas, fazendo todos os caminhos perigosos à noite para estranhos como nós. Ao lado dos jabutis, que eles depositam em cercados e criam, são os únicos animais úteis entre toda a bicharada. Será que eu acordei hoje sob o signo americano da utilidade? Pois também não é útil, enquanto proveitoso e bom, o que é belo e alegre? É necessário ser mais que isso, para que a gente cuide e ame?

# Ossos

Aprendi alguma coisa sobre as ossadas e moquecas que enchem os caminhos de todas essas aldeias. Era um pesadelo etnológico ver coisas tão estranhas e sugestivas sem encontrar explicação. Chegou afinal, ou melhor, começa a chegar. Nada sei, ainda, dos ossos da cabeça das pacas. Disseram, simplesmente, que os juntam para mostrar aos que chegam de fora que eles também caçam e comem pacas. Quanto às moquecas, fui mais feliz; ali guardam, livres dos cachorros, os intestinos das cutias, pacas, mutuns, jacamins e outras caças. Embrulham-nos em folhas e os dependuram para ficarem fora do alcance dos cachorros, porque as fezes dessas caças são venenosas e matam os cães que as comem. As fieiras enormes de ossos de jabuti têm também sua razão

Diários índios

de ser. São ossadas dos jabutis brancos comidos pelos casais que estão de resguardo. Não podem ser atiradas fora, porque isso faria mal à criança e, sobretudo, porque se um cachorro os roesse, cada vez que batesse, a criança choraria com dor de barriga.

## Fumo

Ontem aprendi uma outra coisa, o método kaapor de preparar fumo. É surpreendentemente parecido com o do Pará, mas os índios afirmam que já seus avós faziam assim. Vê-se, pois, que os paraenses é que os tiveram por mestres também nesse terreno. Quando o fumo atinge o máximo de desenvolvimento, eles retiram todo o arbusto e deixam no chão, ao sol e ao sereno, para murchar e secar. Depois disso, tomam as folhas, retiram os ramos e as nervuras maiores e juntam-nas em rolos grossos que, em seguida, comprimem quanto possível com embiras. Depois de alguns dias assim, eles retiram a embira e o enrolam com uma corda em espiral, aumentando mais a pressão; fica algum tempo assim. Por fim, substituem a corda por talas de cipó titica. Deixam-no, então, dependurado fora da casa, em lugar abrigado contra a chuva, daí só o removem para uso.

Irihy recolhendo as folhas de tabaco que trouxe da roça.

## Nominação

Eu já disse que essa aldeia esteve movimentada, há poucos dias, com uma grande festa de nominação. Ontem, à noite, conversei com os índios sobre isso, os fiz contar quanto pude a tal festança. Vejamos o que ouvi. A maior parte do trabalho preparatório foi feita pelo pai e pelo padrinho da criança, secundados por suas mulheres. O padrinho ou *pairangá*, como dizem, era o irmão da mãe da criança. Eles colheram as bananas no roçado, trouxeram-nas, depositaram aqui na casa grande até amadurecerem. Depois, as amassaram, puseram para cozinhar em potes e foram despejando nos camucins a infusão. Preparada assim toda a banana, deixaram-na fermentar por quatro dias. Nesse tempo fizeram os cigarros que deviam servir aos festeiros.

Assim que a bebida ficou pronta, iniciou-se a festa, de madrugada, antes do sol sair. Duas mulheres saíram servindo o cauim a toda gente, parte da qual ainda estava dentro das próprias casas. Vieram todos, então, para o barracão que fora preparado para a festa, armaram suas redes e continuaram a beber.

Quando o sol nasceu, o *pairangá* recebeu o menino das mãos da mãe, deitou-o nos braços e pôs-se a tocar a flauta de osso de gavião sobre ele. Mandueki, o padrinho, estava pintado, trazia o belíssimo cocar que acabaram de me ceder e seus

Segunda expedição – Tapuro Ambir Hecuhan

Os homens, sentados nas redes, bebendo cauim servido pelas mulheres na festa de nominação.

melhores adornos. Dançou assim com a criança umas duas horas, até que ela adormeceu. Entregou-a, então, à sua mulher, retirou seu cocar, que tinha colocado na cabeça da criança, e voltou à festa.

Não pude saber precisamente quando Mandueki deu nome ao menino. Disse apenas que, assim que começou a beber, *soube* o nome e o disse a todos. Continuaram bebendo todo o dia e noite seguinte e a festa prosseguiu até verem o fundo dos dois enormes camucins de cauim, dançando e cantando todo esse tempo. Foi também o Mandueki quem furou o lábio do menino, quando ele tinha apenas seis dias.

## Tuxauato

Além desses dados que não constituem novidade, aprendi algumas coisas muito importantes sobre o tuxauato. Primeiro, ao contrário do que me dizia Anakanpukú, existem alguns tuxauas aqui por estas bandas. Eles não podem ser coroados, mas *detêm* o título, são reconhecidos como tal pelos índios e exercem as funções que descobri. O tuxaua daqui chama-se Uy, é filho de Marauá, também tuxaua, e será sucedido por um garoto, quase meu xará, Daxy, neto do célebre Teuy.

Durante a festa de nominação, Uy amarrou o membro de um rapazote, seu cunhado; aproveitou para isso uma hora em que o adolescente, muito embriagado, dormia. Quase todos os homens daqui foram amarrados por Uy e gente de outras aldeias que não têm tuxaua vem para ser amarrada por ele. Segundo os índios dizem, capitão ou cacique não presta para amarrar. Só um tuxaua pode fazê-lo bem. Nessa ocasião, o tuxaua diz ao rapaz que ele não pode ter relações sexuais enquanto não crescerem e ficarem pretos os pentelhos de seu membro. Caso desobedeça, prejudicará ao tuxaua, que ficará doente por isso.

Wirapurú Tuixá, velho tuxaua, chefe de guerra dos Kaapor.

É o tuxaua que julga quando é bom tempo de amarrar um rapaz, está sempre espreitando-os e vendo se já aparecem cabelos. Eles é que anunciam o tempo próprio para a iniciação. Não fazem festas especiais de iniciação, aproveitam para isso um cerimonial de nominação. O casamento é feito também, preferivelmente, pelos tuxauas. Às vezes, são comemorados com grandes bebedeiras, durante as quais o tuxaua senta o casal numa rede, amarra suas cabeças com um pano e lhe diz que já podem fazer *suruk* para terem filhos.

Diários índios

Disseram de Uy que ele tem uma só mulher, porque os tuxauas não podem ter mais de uma. Eles quase não têm relações sexuais, podendo passar duas a três luas sem procurar a mulher. Por essa razão, acrescentaram, eles têm muito poucos filhos; como Uy mesmo, que só tem uma menina, embora seja homem de uns 45 anos.

Uy tem em casa um grande maço de flechas, muito maior que o de qualquer outro homem daqui; o mesmo acontece ao tuxaua da aldeia de Karapanã. Contaram que é sempre assim, porque todos os homens "amarrados" pelo tuxaua lhe dão flechas. Os amarrados de Uy é que vão construir-lhe a casa. Isso não seria a única ou uma das poucas sobrevivências do tempo em que os Kaapor faziam a guerra e não indicaria que os tuxauas eram seus líderes guerreiros? É preciso examinar essas questões e também se a decadência do tuxauato kaapor não se deveria ao estabelecimento de relações pacíficas com os brancos, principais inimigos deles.

Quando perguntei a meu informante o que se fazia se numa aldeia não houvesse tuxauas para amarrar os rapazes, ele respondeu muito simplesmente que bastava ir a outra que tivesse, exemplificando com a aldeia de Ventura, que procura o tuxaua que mora na de Karapanã.

A esse propósito entramos no caso de Irá-y, que nos acompanha. Ele não foi amarrado porque viveu até pouco tempo no Posto Filipe Camarão e sempre vestiu calças. Os índios riem-se dele por isso. Sente-se bem sua marginalidade, embora ele só fale sua língua e não conheça nada de português, se identifique como Kaapor e seja admitido como tal por eles. Quando comentávamos o fato de não ter sido amarrado, eu perguntei maliciosamente se assim ele poderia casar-se. Verifiquei, então, que o assunto já foi debatido por eles e seu tuxaua decidiu que sim. Ou seja, que calças substituem bem o amarrilho, tanto que Irá-y já tem uma noiva em sua aldeia.

Soube, também, que meu amigo Kosó, embora não tenha sido proclamado tuxaua, é o "amarrador" de sua aldeia e das outras do Gurupiúna. Vê-se, pois, que esses tuxauas passam a ter cada qual uma área de jurisdição. Assim, o da aldeia de Karapanã atenderia ao pessoal do Jararaca. O daqui, suplementado pelo de Xapy, à gente do Tury.

Trabalhei toda a tarde ontem e o dia inteiro hoje, levantando o diagrama de parentesco dessa gente. É muito interessante, consiste em três famílias completamente intercruzadas por casamentos. Os casos mais típicos são consórcios de um indivíduo com a sogra de seu falecido irmão; três casamentos duplos com irmãs e com estranhas; uma possível troca de esposas, pois um homem é casado com a irmã de um outro, que é marido de duas de suas irmãs, e o filho deste casou-se, ainda, com a filha daquele.

O que constitui um primoroso exemplo do casamento clássico entre primos cruzados, pois aqui o são duplamente cruzados. Há, ainda, a observar um pré-casamento. Um viúvo está vivendo com sua futura esposa, uma menina de treze anos, que ainda não teve regras; ela faz sua comida, traz água e lenha, cuida da casa, somente não tem relações sexuais com ele. Como espera sua menstruação para breve, já construiu, junto do tapiri onde vivem, um rancho muito bem fechado para recebê-la naquela ocasião e tem um grande cercado cheio de jabutis brancos.

Segunda expedição – Tapuro Ambir Hecuhan

**26/ago./51** – Ontem, à noite, não tivemos conversas, João e Huxley cantaram um pouco para divertirem os índios e dormimos logo. Hoje cedo, bati mais fotografias do pessoal e das instalações da aldeia e fiz uma planta de sua disposição enquanto Huxley levantava a da clareira para mim.

## Conversas

Deixei essa tarde para registrar os fragmentos da cosmogonia kaapor que Koaxipurú nos deu e descansar até agora o meu caderninho de notas. Deixe-me contar, antes, como está a casa grande onde vivemos nessa hora de sol. Huxley dorme numa rede; na outra João dá uma lição de geografia aos índios, procura explicar-lhes que estamos todos no Brasil e quais são os outros países do mundo. É trabalho difícil, pois os índios o fazem repetir várias vezes a explicação, sobretudo a história de estarem eles, também, neste Brasil. Irá-y conversa com algumas mulheres que estão encostadas nas redes, fala de longe coisas engraçadas, ao que parece, porque todas riem a gosto.

O assunto mais comum dessas conversas é a narração de casos de amor e todos têm uma naturalidade tal para falar disso que nos espantam. Ainda ontem Huxley estava quieto, muito calado, em sua rede com um índio e este voltou-se carinhosamente para ele e perguntou por que estava triste, se sentia vontade de comer veado, tomar um mingau de mandiocaba, deitar com uma mulher.

Não cuide, porém, que eles dariam essa mulher se ele quisesse; são ciosos de suas esposas e filhas, como nós mesmos, e por isso mesmo são frequentes as conversas sobre relações sexuais. Não é que essas relações sejam livres, ao contrário, me parece que eles – ainda aqui, como nós – libertam-se por meio dessa verbalização de uma vida sexual rigorosamente regulamentada e insatisfatória.

Mas falava da casa, vamos terminar. Cezário cochila aqui no banco, meio deitado sobre as malas; ele anda muito nervoso ultimamente, briga com João a toda hora e a propósito de tudo. Curioso é que o motivo dessas disputas é Cezário não reconhecer que João, que conheceu moleque em Viseu, seja seu superior. Também é grande a trabalheira do coitado quando estamos na aldeia, pois, além de cozinhar para nós, deve preparar toda a carne e todo o peixe que ganhamos para dividir com os índios. Afora isso, só as galinhas que andam piando pela casa, prontas para comerem as baratas que caem do teto. Dois meninos que brincam no outro extremo, enterrando varas no chão da casa e retirando-as, para repetirem a mesma operação com muita alegria. E um homem que ontem caçou uma enorme veada vermelha e hoje descansa, cuidando de seu armamento com uma meticulosidade invejável.

Emiliano saiu ontem para o posto, foi buscar mais comidas, fumo, cadernos e outras coisas boas. Nós o encontraremos na aldeia de Ianawakú. De lá, eu lhe mandarei esta carta-diário que, espero, esteja então mais rica e mais interessante.

# Huxley

Tomamos uma decisão muito importante ontem. Combinamos que Huxley não me acompanhará na viagem através das aldeias, mas ficará numa delas. Irá conosco até a aldeia de Koatá e lá aguardará nossa volta, estudando mais detidamente aquele grupo. Isso é porque verificamos estar fazendo trabalho duplo. Comigo ele pode apenas copiar as notas que eu tomo, ouvir e registrar as lendas que os índios me contam, ver as mesmas aldeias e assistir aos mesmos acontecimentos. Isso lhe dá, por certo, um material interessante para uma visão geral dos Kaapor, mas não me serviria de nada.

Ficando sozinho numa aldeia, ele poderia fazer parte (quiçá todo) do trabalho que me destinei para o último período da pesquisa, que é a observação detalhada do comportamento dos índios, sua rotina diária, seus hábitos alimentares, os períodos de trabalho e repouso, a divisão do trabalho e a distribuição dos produtos. Uma imensidade de coisas que nos permitirão ter – somado ao material que vou colher – um conhecimento aprofundado de como funciona o sistema social kaapor. Mandaremos vir do posto o capitão Inácio, um preto velho muito estropiado, infelizmente, que lhe servirá de cozinheiro e de intérprete. É pena que este seja o único com que contamos. Poderia deixar com ele o Emiliano, que trabalhou comigo o ano passado e é um pouco mais inteligente, mas não serviria. É muito *irascível*, poderia deixar o moço sozinho lá por qualquer motivo ou sem ele. Com Inácio sabemos ao menos que estará em segurança e, como o trabalho que Huxley terá de fazer depende mais de *ver* coisas que de *ouvir*, ele poderia servi-lo bem. Ademais, Inácio tem a vantagem de ser muito benquisto pelos índios e de conhecê-los bem, porque trabalha no posto desde a pacificação.

## Cosmogonia kaapor

- Tudo era claridade, não existia nada.
- No princípio não existia nada, era só Maíra e aquele clarão.
- Maíra fez a terra e os rios grandes, depois mandou um guariba gigantesco plantar as matas.
- Quando a mata estava pronta, Maíra fez as gentes. Antes disso, fez Tapixi para ser seu irmão e mandou para o norte; Maíra ficou no sul. Disse, depois, que Maíra fica no nascente e Tapixi no poente.
- Depois de fazer as coisas, Maíra perguntava o nome, elas diziam: eu sou a mandioca; cada uma dizia seu nome e Maíra os ensinou aos Kaapor.
- Maíra só fez os grandes rios e a mata, os igarapés e as caças e os peixes foram feitos pelo filho de Maíra, para que a gente pudesse viver.
- Os homens foram feitos de madeira. Maíra fez os Kaapor de pau-d'arco (*tadyki*), aos *karaíwas* de sumaúma (*axingí*) e aos Guajá de pau podre, por isso vivem no mato, não fazem casa, só comem coco.

• Maíra queria que os *karaíwas* fizessem as coisas tão bem quanto ele próprio, que fossem iguais a ele.

• Os *karaíwas* sabem fazer as coisas porque Maíra ficou muito tempo com eles, ensinando tudo.

• Maíra não quis ensinar aos Kaapor como se faz terçados, facas, machados, disse que os *karaíwas* deviam fazer isso e dar aos Kaapor.

• Maíra não ensinou aos Kaapor como fazer panos finos, disse que os Kaapor deviam andar como ele, nus; com o membro amarrado e o corpo pintado.

• Maíra ensinou aos Kaapor como fazer cocares.

• Quando Maíra acabou de fazer os homens, escolheu os que seriam tuxauas e os que seriam caciques para mandar e os que seriam *miaçus* para trabalhar.

• Maíra não queria que os homens morressem, os fez como as cobras e cigarras que, quando envelhecem, mudam o couro e ficam jovens outra vez.

• A gente dorme demais. Maíra dizia aos homens que ele fez: Não durmam tanto, fiquem acordados. Mas eles viravam e dormiam novamente.

• Maíra disse aos homens que Mirá-kurusá – a árvore de Maíra que nunca morre, porque, como as cobras, está sempre mudando a casca – iria chamá-los à noite. Pediu para ficarem acordados porque, se não respondessem ao grito de sua árvore, conheceriam a morte.

• Mas os homens dormiam muito. Mirá-kurusá chamou três vezes e eles não ouviram. Só as árvores, a cobra e a aranha estavam acordadas e responderam.

• Maíra, então, disse: Agora, vocês serão mortais.

• Desde então, quem morre aqui na terra vai para o céu, a casa do filho de Maíra. E quem morre lá no céu vem para a Terra, para a morada de Maíra. Depois, Koaxipurú disse que os moradores de lá são imortais.

• A terra é o lugar de Maíra, o céu é o lugar de seu filho, desde que ele foi lá encontrar-se com seu irmão, o filho de Mucura, que morrera.

• Todos os moradores do céu são bonitos, porque quando as almas chegam lá Maíra-miri as lava, puxa os dedos, os braços, o cocuruto da cabeça e passa água no rosto para ficarem bonitas.

• No céu não se faz *suruk* como aqui na terra. Só se faz como Maíra, com o membro longe, noutra casa, sem encostar na mulher. Quando Maíra-miri olha de lá e vê a gente aqui na mata fazendo *suruk*, ele diz: Não é bom assim, por isso eles são fracos, por isso eles morrem.

• Lá no céu não se mata caça alguma. Não comem lá o que morre; por isso, eles não morrem.

• A comida, lá, não precisa ser comida, alguém pega um copo de café (assim como você) e toma, depois olha, o café está lá, o copo está cheio e ele está satisfeito.

• Quando uma pessoa está morrendo, ela pode ver Maíra, que aparece e diz: Venha cá; abrindo o caminho que leva para o céu.

• É pertinho o céu, não tem bichos nem perigo algum no caminho (respondendo).

Diários índios

• Os mortos levam arco e flecha, porque gostam de ter suas armas lá em cima, levam farinha para mostrar a Maíra-miri quando ele pergunta: Que é que vocês comem lá embaixo? O morto mostra a farinha e diz que sabe plantar mandioca, que é farinha a comida dele.

• Os Guajá não vão para o céu porque não são enterrados. Apodrecem à toa, comidos pelos urubus.

• Maíra-miri é casado. Não sabemos se Mucura-miri também tem mulher, por certo tem.

• Maíra-miri tem muitas filhas, todas muito bonitas, mas poucos homens conseguem casar com elas.

• Um Kaapor viu as filhas de Maíra-miri e quis casar-se com uma delas; Maíra-miri consentiu e disse que ele podia casar se levasse à sua filha muitos presentes de panos, espelhos e muita farinha. Aquele homem achava que o caminho era fácil, porque parecia perto, preparou os presentes e foi levar. Não conseguiu, porque a estrada era muito íngreme e, quando ele ia subindo, uma ventania fortíssima o jogava embaixo. Mas casou-se com a filha de Maíra-miri, porque ela gostou dele e o chamou assim: Venha, eu quero casar-me com você. Quando eles se casaram, Maíra-miri puxou a pele daquele homem para que ele não morresse.

• Perto da casa de Maíra-miri há uma grande bacabeira. Tão alta que não se pode ver suas folhas e seus cedros, tem muitos cachos. Essa bacabeira foi plantada por Maíra-miri.

• Quem quer casar com uma filha de Maíra-miri deve subir naquela bacabeira e derrubar os cachos. Quando a gente os corta, larga o facão, que demora a cair no chão, depois caem os cachos e os cocos espalham-se numa área enorme. Então, as mulheres ficam muito alegres e se põem a juntar os cocos. Poucos homens conseguem subir a bacabeira; destes Maíra puxa os dedos, os braços, o cocuruto da cabeça e tira a pele para ficarem imortais e os casa com suas filhas.

• Maíra é careca, não tem nenhum cabelo na cabeça. Maíra, o pai, mora pra lá (no oeste), onde o sol se põe. Lá é tudo claro, não há terra, nem campo, nem matas. Mora numa casa de pedra. Ninguém daqui pode ir lá.

• Maíra é como os Kaapor, moreno, pinta-se também com jenipapo e urucum, amarra o membro e usa cocar como nós.

• Maíra, às vezes, aparece como um Kaapor, depois dá uma volta pela casa e já aparece todo vestido e grita: Eu sou *karaíwa-té*. Torna a rodear a casa e volta como cachorro e diz: Eu sou cachorro. Depois aparece como cavalo, como *iapú*, como cigarra. Maíra é tudo.

• Um Kaapor viu Maíra, levou seu cocar de *iapú* e, quando ia chegando, gritou: Eu sou Kaapor, sou forte. Maíra disse, também: Eu sou Kaapor, sou forte. Viu o cocar escondido e deixou aquele homem ficar lá, na morada dele.

• A casa de Maíra é de pedra, de espelho, não há nada de madeira lá. Maíra se veste com roupa como espelho, tem também um espelho na testa, olha por ele e vê longe quem vai para sua morada. Se vê alguém, ele grita: Vá embora, sua pele não presta. Ninguém pode ir lá.

• Os homens da morada de Maíra são como as mulheres daqui, são fracos, não fazem *suruk*. As mulheres lá é que são fortes, que trabalham.

• Quando elas querem fazer *suruk* para terem filho, vão pedir a Maíra, dizem que o membro dele é bonito, que elas o querem. Então, Maíra as manda embora. Depois, estica o seu membro por debaixo da terra e faz sua ponta sair em outra casa. Então, manda chamar as mulheres que querem ter filho, elas vão lá, fazem *suruk* e depois têm filhos.

• Os homens de lá têm membros pequenos, como os das crianças; quando Maíra quer, ele faz outros membros e dá a eles. Três dias depois, já estão maduros, os homens já podem fazer *suruk*.

• À noite, no verão, os Kaapor veem um grande fogo andando no céu, como um avião, ele vai para o este (ou norte), com uma lua velha e só volta com a nova; é o Iutá.

• É Maíra que viaja para a casa de Tapixi, vai visitá-lo.

• A gente pode ver Maíra sentado, com os braços duros e as mãos fechadas sobre o peito. Então, todos os Kaapor gritam: Eh! Maíra, eh! Maíra, nosso avô.

• Iutá não queima. Solta fagulhas no céu, elas caem, mas não chegam na terra. Nós, Kaapor, não temos medo, nós sabemos que é Maíra, nosso avô. Todos os Kaapor veem Iutá e Maíra sentado em cima daquela bola de fogo, num assento liso e chato como uma tábua.

• Houve um cataclismo – Iuikuai. Não sei quando se deu o cataclismo, se antes ou depois do nascimento de Maíra-miri.

• A mata estava suja, cheia de cobras gigantescas e de jurupari.

• Maíra, então, mandou seu pessoal tocar fogo na mata, para fazer depois uma nova. Saiu atrás, vendo o fogo consumir tudo.

• Maíra viu os Kaapor que estavam trepados numa bacabeira e disse: Fiquem aí, o fogo vai passar muito baixo neste lugar. Mas a fumaça é demais, só os fortes poderão suportar. Vocês são fortes? Avisou também que, se alguém caísse, viraria sapo-cururu.

• Depois, Maíra soprou o fogo e o apagou. Então, as águas que queimavam como querosene começaram a crescer.

• Antes da água baixar, um Kaapor desceu da bacabeira, este virou cururu. Maíra disse: Eu falei que a água ia desaparecer, você não esperou, agora fique sempre como Kutáu, gritando: *Kutáu, kutáu*.

• Este Iuikuai não voltará mais, a água agora é só para beber, o fogo também não voltará. Naquele tempo, quase não tinha gente, agora tem muito *karaíwa*.

• Desde que o filho de Maíra subiu ao céu para ficar com seu irmão, ele está sempre lutando contra o pai.

• Todas as pedras que se veem aí pelos rios, pelos outeiros, quebradas, achatadas, foram casas de Maíra que Maíra-miri destruiu.

• Quando relampeia e cai raio de fogo é porque Maíra-miri está brigando com seu pai.
• Maíra não pode parar muito tempo num lugar, tem que sair para outro, porque Maíra-miri não deixa.
• Maíra está magro, a cintura dele está como tanajura, porque não pode comer, o filho não deixa.
• Mas Maíra não morre, o filho não pode com ele. Quando acaba com uma casa, Maíra vira jacaré e cai dentro d'água, fica até dias lá dentro sem sair, por isso está magro.
• Água não faz bem a Maíra, por isso ele está inchado, mas o filho não o deixa fora.
• O membro de Maíra é gigantesco, enorme, ele é quase só membro viril.

## O incêndio e o dilúvio

Karapanã deu duas versões para explicar a origem do grande incêndio e do dilúvio que se seguiu. Vejamos as duas.

Na primeira, o filho de Maíra teria brigado com o pai e mudado para junto do filho do Mucura, no céu, porque Maíra teria posto fogo no mundo. Maíra-miri não gosta de Maíra, porque ele queimou tudo. Maíra-miri mandou a água grande que acabou com o fogo que Maíra pusera no mundo.

Na segunda versão, Maíra-miri, revoltado contra o pai, que teria morto seu meio-irmão, briga com ele e muda-se para o céu, provocando o incêndio do mundo. Ainda há uma outra versão, seria a de uma briga de Maíra (qual deles?) com a mulher, por isso teria incendiado o mundo.

## Maíra e o pajé

Ouvi, também, muitos fragmentos soltos, contraditórios:
• No tempo do grande fogo, tinha um pajé muito poderoso. Quando o fogo foi chegando perto do lugar onde morava, ele mudou-se para outro, levando sua casa, seus camaradas, tudo pelo ar. Quando o fogo o alcançou ali também, ele subiu para o céu e, lá de cima, jogou uma linha e pescou a casa dele e as coisas dele.
• O pajé estava tirando mel na mata quando o fogo o alcançou. Novamente, ele subiu para o céu e de lá pescou a abelha do pajé, a arara, o *iapú*, o pássaro tesoureiro, que são bichos de pajé.
• O pajé estava ali no lugar dele quando começou o fogo grande; ele subiu numa bacabeira muito alta, armou a rede lá em cima; pôs os camaradas dele, os bichos dele, tudo lá em cima.
• Quando acabou o fogo grande, veio a água apagando o fogo, estava tudo queimado. Só se salvara o que estava lá em cima com o pajé. Um homem desceu da bacabeira para ver se a água já tinha passado, quando pôs o pé na água, virou este

Uitáu. Agora, a gente sabe, quando Uitáu começa a gritar nos igarapés já é o começo do verão. Acabaram as chuvas grandes.

• O pajé pescou, também, o pau-d'arco. A casa dele era toda feita de pau-d'arco, a cumeeira, os esteios, as vigas, os caibros, as ripas, a cobertura, tudo era feito de pau-d'arco.

### Maíra e Saracura

• Quando Maíra apareceu, veio com ele o Saracura. Era gente como Maíra.

• Saracura andava com Maíra, mas ele queria matar Maíra. Maíra também queria matá-lo, mas não podia.

• Maíra saía ali pela mata, tomava timbó do Dono (*iará*) do Timbó e ia pescar no igarapé, tirava muito peixe. Saracura queria pescar, também atirava timbó no igarapé, a água toda secava e ele não podia pescar nada.

• Maíra tomou timbó do Timbó-riar e tomou cunambi do Dono do Cunambi (Arnambí-riar) e foi experimentar no igarapé. Pescou muito peixe e disse: Isso é bom, fica para minha gente pescar.

• Saracura queria matar Maíra e Maíra queria matar Saracura; mas nenhum podia matar o outro.

• Maíra, então, foi caçar queixada e convidou Saracura para ir com ele. Foram os dois.

• Maíra pegou o Dono dos Porcos e amarrou em cima de um pau.

• O Dono dos Porcos era como gente mesmo, mas tinha cabelo como de queixada.

• Maíra foi caçar com Saracura, fez um mutá muito bom para ele, com paus bem fortes, e levou um maço imenso de flechas.

• Saracura também fez um mutá e ficou em cima. O mutá dele era fraco, feito de varas muito finas, e levou poucas flechas.

• Maíra ficou em cima de seu mutá forte e gritou para os queixadas, eles todos vieram atrás do grito do dono deles, ficaram ali rodeando.

• Maíra matou muitos porcos, porque tinha muita flecha; Saracura matou poucos porque quase não tinha flechas.

• Os porcos rodearam os mutás, procurando o dono deles, e foram forçando os paus dos mutás. O de Maíra era bem forte, o de Saracura era fraco e começou a balançar, logo caiu, Saracura pulou e saiu correndo, já gritando como saracura.

• Quando o Dono dos Porcos caiu, eles o arrodearam e levaram. Estavam muito alegres de terem o dono deles.

• Maíra estava fazendo um cocar para ele. Saracura fez um cocar de carvão e foi para o igarapé. Quando chegou lá, o cocar pegou fogo e estourou sua cabeça. Desde então, Saracura, que era como gente, virou esse pássaro e canta como saracura.

Diários índios

## Iutá

- Iutá, o grande fogo, passa no verão para um lado e volta no verão seguinte. É muito grande, maior que um avião, e voa muito alto.
- Iutá é Maíra viajando para a casa dos irmãos dele.
- Maíra fez três camaradas para serem *miaçus* dele. Eles se chamam Tapixi, Mói-rú, que é o pai da cobra (*mói*, cobra; *rú*, pai) e Iawariar (*iawar*, cachorro; *riar* ou *diara*, dono).

**27/ago./51** – Segunda-feira. Novamente em viagem, rumo à aldeia de Karapanã. Despedimos hoje do pessoal que nos hospedava, distribuindo miçangas a todas as mulheres e dando alguns presentes ao capitão. Andamos pouco, porque tínhamos que ver, no caminho, o pequeno grupo que ainda está na aldeia velha para tomar os nomes, ver que parentesco os une e outras coisas. Verificamos que a mudança da aldeia nada teve a ver com a morte do capitão. Ainda em vida, ele escolheu o lugar em que ela devia ficar e ajudou a derrubada e o plantio da grande roça onde iriam morar.

# Capitão

Passamos depois por outra aldeia, que eu julgava ligada à de Tapuro; vimos que não é, só tem parentes na aldeia de Karapanã. Paramos ali menos de uma hora, só o tempo de desenhar o esquema da aldeia e tomar os nomes e parentescos dos moradores. Mas aprendi bastante ali, verifiquei o que é um grupo sem capitão e, desse modo, quais são algumas das atribuições deles. Aquele grupo não tem cacique (digo assim para não repetir capitão) e embora entrássemos na aldeia nos anunciando com gritos, que deram bem uma meia hora para se prepararem, não encontramos ninguém para nos receber.

Apenas um cego – vítima da epidemia de sarampo – falava do meio de uma palhoça, dirigindo-se a nós. Depois, foram aparecendo as mulheres e crianças e, ao fim, um outro homem. Que diferença das outras aldeias pelas quais tenho passado. Na de Tapuro, por exemplo, fomos esperados a meio caminho pelo tuxaua, que nos saudou e disse o nome da aldeia. Ao chegarmos às casas, veio o capitão com seu casquete simbólico saudar-nos e assumiu, desde então, o papel de anfitrião generoso, que nos serviu, com o melhor de suas possibilidades, durante todos esses dias.

Encontramos, no caminho, o grupo de pessoas da aldeia do Karapanã que foi a Penalva e São Bento, na esperança de ganhar presentes. Já ontem, à tardinha, tínhamos assistido à chegada triste de um homem da aldeia onde estava e que os acompanhava. Vieram de mãos vazias e todos abatidos, alguns doentes com o esforço enorme dessa caminhada através da mata do Maranhão. Eu temo que ainda seja pior. Quando passei por São Bento, vi algumas pessoas atacadas de varíola; se esses andarilhos trouxeram a peste será um desastre pior que o de sarampo. Não sobreviverão muitos Kaapor e a tribo, já tão abatida pelas epidemias de gripe e sarampo, sucumbirá. Seria terrível.

Mas, como dizia, todos voltaram desapontados. Isso vai ser uma água na fervura do entusiasmo de tantos homens daqui, que viviam sonhando realizar a mesma proeza e voltar cheios de fazendas, ferramentas e adornos. Eles estão começando a aprender qual é o preço do convívio pacífico conosco. Aquela febre de confraternização dos primeiros anos que sucederam à pacificação se devia a haver, ainda, um resto de terror ao guerreiro urubu. Temor que já passou completamente. Hoje, os *karaíwas* os recebem com a frieza com que tratam a todos os bugres. Os pobres estão decepcionados e isso é apenas o começo.

A viagem, agora, vai tomar um ritmo diferente. Eu espero que melhor para meus estudos. É que dois casais se engajaram em nosso grupo, só tem convenientes, porque me permitirá observar o comportamento dos grupos de índios em viagem e terei maior número de informantes. Em compensação, o grupo ficará mais pesado para as aldeias pelas quais passarmos, o que talvez me obrigue a demorar menos em cada uma delas.

Vieram o Mandueki e o Ianguarey com suas esposas, são casais jovens e sem filhos, sendo que a mulher do segundo está grávida de três meses. Acompanha-me, também, carregando nossas redes, Pirindare, o "príncipe herdeiro" do grupo, pois é filho de Tapuro. Assim que se tornar mais velho, assumirá a chefia, só provisoriamente ocupada por Xi-mã, seu tio. A mulher dele vinha também, mas justamente hoje apareceu menstruada e teve que ficar. Nem por isso o marido desistiu: deixou-a lá, aos cuidados de sua gente, e veio conhecer o mundo, antes que os filhos o obriguem a ficar sempre na aldeia.

As mulheres não vêm de mãos abanando, trazem uma boa parte da carga, toda a farinha que levamos para tanta gente comer até o Karapanã, além de suas redes, cuias, roupas e outros pertences.

Tenho, ainda, um registro a fazer sobre a viagem: passamos por uma clareira de uns cinquenta metros por cinquenta, derrubada recentemente, e os índios contaram que todo aquele trabalho foi feito na caça de um bando de guaribas. Desse modo o isolaram numa única árvore, onde foram abatidos todos os macacos.

Diários índios

# Karapanã

**31/ago./1951** – Sexta-feira. Aqui estamos há vários dias, trabalhando e vivendo essa vida boa e má de aldeia. Vamos, agora, registrar os acontecimentos que se foram acumulando todo esse tempo. São poucas as novidades, pois trabalho, nos últimos dias, destrinchando os parentescos dessa gente e isso é material que cabe melhor na caderneta. Vou experimentar escrever por tópicos, cada qual com o título competente.

## Chibé

No dia 25, em viagem, comemoramos o aniversário do Huxley. Ele nos falou do significado especial daquele dia, com um certo recato, quando descansávamos à margem de um igarapé de água muito suja. Tomávamos chibé e não tínhamos outra bebida com que levantar um brinde. Foi, por isso, de chibé mesmo, que tomávamos reverentemente, enquanto Huxley falava de bebidas e comidas inglesas, principalmente de seu saudoso *Yorkshire pudding*, que de tanto ser comido no dia natalício já emprestou ao dia – e, assim, ao chibé – um pouco de seu gosto.

Um Kaapor bebe seu chibé.

Você sabe o que é chibé? Falei disso no ano passado, talvez, não se recorde, é a "bebida nacional" da Amazônia. Tem como área cultural o Amazonas, o Pará e a zona da mata maranhense, que poderia, com muita propriedade, ser chamada "área do chibé". Consiste, simplesmente, em farinha d'água – esta que se faz da mandioca fermentada ou puba – e água. Seu preparo é uma das mais refinadas artes dos Kaapor. Deve ser feito numa cuia. Ali se põe a farinha e, no igarapé, deita-se água em cima, até lavar completamente a farinha dos resíduos lenhosos que contenha. Toma-se quando a farinha incha e começa a amolecer. Não sei se essa lavagem lhe empresta qualquer valor alimentício, temo até que reduza o amido, já escasso, que a espremeção no tipiti deixou se esvair. Mas concordo que seja uma excelente bebida e os paraenses, ao invés de se envergonharem e até brigar, deviam ter orgulho de ser chamados papa-chibé. Toda essa explicação nada tem a ver com o aniversário do Huxley e eu não pretendo, com ela, valorizar o nosso substituto do pudim inglês, como você poderia pensar.

Matã, filha de Iawaruhú, com sua cuia de chibé.

E isso nem é necessário, porque aqui chegamos na tarde de 28 e Huxley ainda pôde ser saudado com uma penca dessas deliciosas bananas cultivadas pelos índios e, depois, com um chibé de bananas. São mesmo magníficas, não é nossa fome de frutas que as faz parecer mais saborosas; têm a casca mais fina, a polpa mais macia, mais gostosa e mais doce que as nossas. Por que perdemos as melhores propriedades das plantas indígenas ao cultivá-las em grande escala? Acontecerá com a banana o mesmo que se deu com o amendoim indígena, enorme, doce e suculento, que emagrece quando cultivado junto do nosso, porque suas melhores características são recessivas?

## Saépuku

Falando de Huxley, temos algumas novidades mais para você.

O apelido que os índios arranjaram para ele pegou que foi uma beleza. Em cada aldeia que chegamos, ele já é aguardado como o cunhado comprido, Saépuku. Os índios até parecem admirar-se ao vê-lo, já não de seu tamanho avantajado, mas do exagero de suas próprias imaginações, que o terão pintado com pernas e braços gigantescos. Mas não há mal que não venha para o bem, como dizia vovó. Huxley, que nos primeiros dias se desgostava vigorosamente desse nome, acabou acostumando-se com ele e, eu creio, vai acabar até gostando. Outro dia me disse que já tem título para seu livro a publicar na Inglaterra. Será: *Long man in Maranhão*, ou seja, em língua de gente, Saépuku no Maranhão.

No momento, ele está aqui a exibir-se em calções, rodeado de índios, ocupadíssimo em tirar a pele de um pássaro vermelho belíssimo, que um índio me trouxe e vamos levar para identificar. De costas para ele, Mandueki, sentado, entrega as pernas à mulher, que está tirando as cascas das feridas que a última marcha lhe deixou nas pernas. De vez em quando, olha para trás e ri muito, vendo o Huxley tão absorto no trabalho de tirar couro de passarinho.

Mas eu falava do título e do apelido, não é mesmo? Pois falemos do livro também: vai ser ilustrado pelos nossos Kaapor, o que, sem dúvida, lhe dará um lugar de destaque entre os livros ilustrados. Para isso, Huxley vem copiando, pacientemente, cada desenho que os índios entalharam a facão na casca das árvores do caminho. São muito interessantes e expressivos; a dificuldade consiste em interpretá-los, porque nunca o próprio artista é encontrado para perguntar e os outros índios dizem as coisas mais desencontradas sobre o mesmo desenho.

O Huxley vai muito bem com os índios. Eles lhe querem bem e divertem-se muito vendo-o e ouvindo-o. Todas as noites e, às vezes, também de dia, nossa casa se enche de mulheres e homens que querem ouvi-lo cantar canções inglesas, ver os cachorrinhos imantados que ele trouxe, espantar-se da malandragem dos bichinhos, que só querem ficar com o focinho no traseiro um do outro, e apreciar seus truques, como o de esticar os braços. Caçoei com ele, que iria anotar aqui essas suas habilidades sob o título "Saépuku é de circo", atribuindo-lhe, também, as minhas macaquices, como essa de deslocar o polegar, que é especialidade minha.

## Recepção

Desta vez não fomos recebidos por um tuxaua à entrada da aldeia, porque o tuxaua daqui vinha conosco e até tivemos de esperar por ele para chegarmos juntos. O rapagão estava muito para trás, arrastando uma perna inchada, na longa marcha a São Bento. Mal entramos na casa que nos foi destinada – onde Karapanã tinha mandado instalar bancos e mesas de estacas de açaí, muito incômodos para assentar, mas de aparência luxuosa –, veio o capitão trazendo as bananas de que falei. Em seguida, outro trouxe um chibé com bananas. Mal tínhamos acabado de degustá-lo e já um terceiro trazia uma enorme cuia de mingau de cará. Depois de passar por esses prazeres tão espirituais, começou a tortura da fala de etiqueta. Tivemos de fazê-los provar um bom pedaço de uma paca que havíamos moqueado para nós e várias outras coisas. Veja bem, acaba de chegar o Karapanã, trazendo uma penca de bananas vermelhas; chegaram em boa hora, tenho um lugar espaçoso para elas.

Uma hora depois de nossa chegada, ouvimos uma algazarra, as mulheres pulavam quase gritando, as crianças gritavam mesmo e eu quis saber de que se tratava. Eram caçadores que chegavam, trazendo uma anta que perseguiam há três dias. Eram três e vinham todos carregados de carne, traziam-na em aperos de palmas verdes de açaí improvisados na mata. Toda a noite foi de cantorias alegres e, desde então, cantam, comendo a carne farta. Todos os homens ficam comodamente na aldeia, gozando o descanso que tanta carne lhes permite, pois enquanto tiver anta não precisarão sair para caçar.

A viagem de Tapuro para cá foi muito agradável, só a última etapa nos custou mais, porque é pobre de água e se anda por terreno mais movimentado. É a serra do Tiracambu, de que falam tão imprecisamente os mapas. Aliás, ouvi esse nome dos índios, ao passarmos por um outeiro mais elevado; preciso saber seu significado.

## A mata

A mata é sempre a mesma, alta e fina, sobre terreno sempre arenoso. Temo que essa região, se vier – como é fatal – a ser trabalhada intensivamente, se transforme em um quase deserto, porque só tem areia abaixo da camada de terra vegetal, agora muito espessa, mas incapaz de suportar muitas queimadas. Em quase todo o percurso que fizemos na estrada da linha telegráfica, andamos sobre terreno arenoso que, nos lugares mais trabalhados, aflorava em camadas espessas. Nas capoeiras, mesmo as velhas, a mata raramente se recompõe e encontramos, muitas vezes, extensos taquarais substituindo antigos trechos de mata que foram queimados.

As conversas que tivemos com dois índios daqui, que voltaram recentemente de Parawá, nos convenceram que devemos fazer nossa viagem pelo Gurupiúna, embora seja mais extensa. As aldeias que eles visitaram estão vivendo uma situação difícil, quase não têm farinha, porque estão comendo mandioca plantada no ano passado. Creio que a epidemia de sarampo as alcançou exatamente no tempo do plantio da mandioca, em 1949, e não lhes permitiu efetuá-lo bem. Estão, por isso, sofrendo a falta daquela mandioca que, agora, deveria estar madura para colher. Além disso, a estrada – melhor dito, o caminho, a senda – por aqui atravessa a serra do Tiracambu, com todos os seus outeiros pedregosos, que dificultam muito a marcha, e há ainda a falta de água que faz sofrer sede de dias.

Contaram também que aquelas aldeias estão sendo muito visitadas pelos moradores do rio São Joaquim – deve ser o nome português de Parawá. Isso talvez faça delas a principal área de contato dos Kaapor com civilizados. Essa é mais uma razão para que as visitemos e, se não é possível por aqui, iremos pelo Gurupiúna e o Maracaçumé, invertendo nosso itinerário, de modo a sairmos na aldeia de Ianawakú, a mesma por que teremos entrado, fechando um círculo de umas boas centenas de quilômetros.

## As mãos do tuxaua

Quero aproveitar as últimas luzes desta tarde para contar uma visita de cerimônia que tivemos ontem à noite. A nosso convite, o tuxaua, que descansava em casa da longa jornada e curava as pernas inchadas da marcha, foi nos ver e cantar para nós. É um rapaz de 25 anos, de físico atlético, a maior e mais perfeita estatura masculina daqui. Não duvide do que digo, pensando em suas fracas pernas, cansadíssimas. Até direi que sua mulher, quase menina e muito bonita, resistiu melhor às provações da viagem. Considere, porém, que são pernas nobres, não acostumadas a esforços plebeus de carregar pesos e andar muito. Eu, também, só pude compreender esse fato ontem à noite, durante a visita, e me recrimino por isso. É imperdoável que eu não tivesse percebido antes a identidade essencial de todas as aristocracias, o que fez Diwá tão grande e tão balofo como a maioria dos nossos cabeças coroadas.

Não lhe direi, por simpatia a Diwá, que ele canta bem, seria mentira; o rapaz, se não fosse tuxaua, talvez nem cantasse. Mas nunca vi cantor índio algum ser ouvido com maior atenção e respeito e seu canto tem até alguma coisa de medicinal. Quando ele entoa sua litania os índios batem com a mão na cabeça, certos de que o canto e o gesto respeitoso os livrará de toda dor de cabeça ou na crença de que, se não o reverenciarem desse modo, terão dores de cabeça. Não é somente seu canto que os encanta. A conversa do moço, não obstante seus constantes *Kuá-i* ("não sei"), os enche de atenção e, mal ele abre a boca, os velhos dizem aos moços e as mães repetem aos filhos: Escuta, cala, o tuxaua vai falar.

Aprendi, ontem, que os tuxauas não fazem roça, nem caçam. Recebem dos outros a farinha já preparada e boas postas de toda carne que conseguem, além de parte dos produtos de suas roças e de suas indústrias domésticas. Notei que ele não trabalhava ao apertar-lhe a mão, depois de um canto sem graça, que eu aplaudi entusiasticamente.

Não fosse tão cordial hipocrisia, os privilégios dessa nobreza me passariam despercebidos porque dificilmente me ocorreria perguntar se alguém, num grupo tão pequeno e tão laborioso, vive sem trabalhar. Explicaram que ele somente fala, somente manda, o que manda não sei bem. Disseram que é superior ao capitão e que a aldeia está submetida a ele e não a Karapanã. De que forma isso se processa, eu não sei dizer ainda, mas quero muito descobrir. Mas voltemos, por um momento, às mãos do tuxaua, a essas mãos fidalgas que você poderia até julgar inúteis, tanto eu maldisse delas. Pois às mãos de Diwá se devem os mais belos adornos de pena que eu vi na aldeia e alguns dos mais delicados e de melhor gosto de quantos me passaram pelas mãos.

Fizemos Diwá abrir ontem seu patuá, o que por certo não lhe agradou muito, pois imaginou que eu desejaria levar comigo seus tesouros, no que aliás andou muito acertado. Foi uma surpresa, de peça a peça ia aumentando nosso entusiasmo. Cada novo adorno que ele tirava de sob os montões de penas longas, para guias de flechas, de moquecas de plumas, de peitos de tucanos e outros pássaros, nos parecia melhor que todos os anteriores. Hoje, eu o fotografei e à sua mulher com aquela riqueza de plumas. Estavam magníficos e desejo muito que as chapas se salvem, para você ter uma impressão da habilidade maravilhosa desse moço de mãos inúteis. Aliás, sua nobreza não é de todo desligada desse aprimoramento na arte plumária. Suas mais longas horas de lazer, possíveis pela sobrecarga de trabalho que custa aos outros, é que lhe permitem trabalhos tão primorosos. Como sempre, o lazer é o pai das artes, mesmo na plumária kaapor.

Tarapai com seu precioso patuá.

Seu cocar de penas de arara é soberbo, seu tembetá o mais belo que jamais vi. O melhor, porém, é o pente que ele usa preso aos cabelos da nuca. Farei todo o possível para conseguir essas peças, embora, como sempre, me entristeça essa triste tarefa de trocar por calças de mescla muito ordinária, por facas, tesouras, redes das piores que o Ceará exporta e umas poucas miçangas, aquela paramentária digna de um tuxaua.

Darcy não se ornamentou como os índios esperavam para a festa de nominação. Bobagem.

Segunda expedição – Karapanã

Os ritos de passagem são os mesmos para Diwá que para os demais, algumas diferenças de que falaram ontem me parecem imponderáveis. Temo até que só as tenham acentuado porque eu procurava diferenças para satisfazer-me e para enfatizar, a meus olhos, a importância de ser tuxaua. Na furação dos lábios, o infante tuxaua é furado por um velho ou por um capitão, os capitães idem e os miaçus por um capitão. Uma menina daqui, nascida há vinte dias, teve as orelhas furadas por uma mulher. A cerimônia de nominação é idêntica para todos.

A amarração também, com a diferença de que o tuxaua pode amarrar seu próprio membro à falta de outro tuxaua, o que aconteceu com Diwá. A cerimônia de coroação ou capacitação, se você prefere assim, é a mesma. Só que caciques (capitães) usam capacetes de pano vermelho e os tuxauas os usam de pele de maracajá. A coroação se faz em meio a uma grande festa e, nesse dia, o iniciando não pode pôr os pés no chão. Fica na rede e só se põe de pé para receber o capacete, fazendo-o sobre uma esteira tupé, como acontece durante seu nascimento. O que, sem dúvida, relaciona um rito com outro, fazendo da coroação um segundo nascimento. O tuxaua que coroa outro e um capitão que encasqueta um novo capitão, lhe diz:

— Vou pôr o capacete em sua cabeça, fazê-lo capitão, agora todos estes homens são seus *miaçus* (camaradas de guerra ou de trabalho) e logo eles virão trazer flechas.

O nosso Diwá terá que coroar-se a si próprio à falta de outro tuxaua, o mesmo ocorrerá com Kosó. Mas Daxy, meu pequeno xará, será coroado por Diwá, gozando assim de um cerimonial mais ortodoxo.

## Sepultamento

**1/set./51** – Sábado. Os ritos funerários são, também, os mesmos para nobres e plebeus. Todos são enterrados em capoeiras velhas, nas quais viveram e trabalharam ou viveram e mandaram, no caso do tuxaua. A conversa estava nesse ponto quando tivemos de interrompê-la, porque os índios, já cansados de satisfazer nossa curiosidade sobre seu tuxauato, começaram a brincar e rir das perguntas. Mas isso também me ensinou alguma coisa: perguntava se os tuxauas eram enterrados em casa, quando eles se puseram a caçoar, dizendo que os Kaapor não enterravam adultos dentro de casa, mas somente as crianças. Ora, eu estava certo de que um capitão havia sido exumado dentro de sua choça no ano passado e só agora pude ver o erro em que andava.

Tristeza de um pai que leva a sepultamento seu filhinho morto.

Antes porém de chegarmos a esse ponto, falamos muito de maracás. Eu queria saber somente se os índios com os quais eu falava tinham visto maracás com velhos kaapor e se sabiam fazê-los, mas a conversa era sobre tuxaua e os assuntos se misturaram. Assim, meus dados são tanto ou quanto forçados, tirados a saca-rolha, e necessitam confirmação.

Os velhos tuxauas tinham um canto especial de dança chamado *kãmady*, cujo ritmo era marcado por um percussor feito da carapaça de um pequeno jabuti (campinima, *ianay-piréri*: de *ianay*, campinima, e *piréri*, casco). Disseram também que Xapy, um capitão do Tury, sabe esse canto. Nosso jovem tuxaua não o conhece, mas pretende ter seu próprio *ianay-piréri* quando for mais velho.

Essa condição mostra bem que Diwá ainda não está maduro como tuxaua. Aliás, nem foi coroado ainda, devendo sê-lo só daqui a três verões. Mostra, sobretudo, que a idade é condição para o tuxaua ir assumindo suas atribuições. Dizem que os antigos tuxauas usavam também maracás de cuia em suas danças, respondendo a perguntas nossas.

## A perna do tuxaua

Devo fazer aqui uma retificação a bem da verdade. Atribuí a fraqueza – desculpe o desrespeito – das pernas do tuxaua à sua condição nobre. Isso não é verdadeiro. Ontem, à noite, tivemos uma sessão de pajelança que esclareceu a questão, trata-se de caruara da mais legítima, como se verá.

Estávamos aqui descansando do jantar na rede e vendo homens e meninos se sucederem na dança ao tamborim quando escutamos Toy, o pajé da aldeia, iniciar seu canto na casa do tuxaua. Karapanã, que espreguiçava comigo na rede, explicou que, naquela noite, o pajé tiraria a caruara do tuxaua. Fomos assistir, encantados com a oportunidade de ver talvez a primeira pajelança kaapor. O tuxaua estava deitado numa rede, sua mulher em outra. Ao lado, o pajé começava a fumar seu primeiro cigarro de tauari e a cantar, ainda em voz muito baixa. Algumas mulheres e crianças, sentadas no chão, assistiam à cerimônia, conversando alegremente. À nossa chegada, algumas crianças choraram espantadas, como sempre. As mães lhes diziam para se comportarem diante desses seres horríveis e estranhos, que somos nós, senão as pegaríamos. As coitadas morrem de pavor ao nos ver.

Felizmente, nem todos os pais usam de nós como corretivo na educação dos filhos. Do contrário, não teríamos o gosto de acariciar uma cabeça de criança sem apavorá-la. Saépuku, com seu tipo físico mais diferente ainda que o meu, sofre mais essa discriminação e só a custo as crianças aproximam-se dele e sempre cheias de reserva. Para completar esse parêntese, devo dizer que a antropologia kaapor se tem enriquecido muito com essa nossa visita. Ela permitiu até uma nova classificação das raças, ao invés das três categorias exclusivas que eles conheciam: Kaapor, *karaíwa-puire* (brancos) e *karaíwa-pihu* (pretos). Conhecem quatro agora, pois dividiram o *karaíwa-puire* (brancos) em duas classes: os *té*, verdadeiros, que são os brancalhões de

Maxin, o rapazote mais simpático da aldeia de Koatá.

Kuñantuira, sempre atuante e altiva.

Areá, fazendo-se flecheiro.

olhos claros, como Huxley; e os simplesmente *karaíwa*, como o João e eu. Mas vamos às pernas do tuxaua, que esse é o assunto.

Toy fumava dois cigarros ao mesmo tempo, revezando-os. No banco em que me sentei estavam quatro outros, todos de tauari, muito grandes e grossos (um de trinta centímetros e de grossura proporcional). Ele aspirava fortemente o tauari e depois o soprava, respirando através do canudo enorme com uma violência espantosa. O tabaco fumado assim deve embriagar tanto quanto qualquer droga ou bebida alcoólica forte e não é de estranhar que leve os pajés ao estado de êxtase. A única diferença entre seu modo de fumar e o dos pajés guajajaras do Pindaré é o uso de dois cigarros, que talvez ele faça para suportar melhor a fumaça, que deve sair escaldante daquele verdadeiro tição oco.

Enquanto canta e fuma, Toy dança com movimentos lentos, segura os cigarros com a mão direita e mantém a esquerda sobre o peito, como a aliviar os pulmões da fumaceira que aspira. O canto é o mesmo dos Guajajara e, na realidade, Toy é um pajé guajajara, pois aprendeu a curar com Domingos, o pajé tembé que vive há tantos anos com os Kaapor e é tão respeitado e querido por eles. Duas das canções eu já conhecia, "Lontra" e "Borboleta", aliás belíssimas e que, em sua voz de baixo profundo, fazem efeito ainda melhor que no pajé que ouvimos no Pindaré.

Depois de cantar e fumar longo tempo, Toy voltou-se para o tuxaua e perguntou onde lhe doía, soprando o tauari para fazer luz e ver onde o outro indicava: era a perna, a perna aristocrática, carunchada pela caruara (feitiço, bicho, diriam os Kadiwéu). O pajé cantou um pouco mais, aproximou-se, agachou junto do tuxaua e começou a aplicar na perna dele aquela mesma massagem que o pajé guajajara me fez na garganta. Afastou-se, depois, com a mão que fizera a massagem bem fechada, a modo de quem leva alguma coisa dentro. Foi ao outro extremo da casa e lá aspirou fortemente seu cigarro e soprou o calor da fumaça sobre a mão entreaberta, depois atirou fora, com violência, o enigmático conteúdo. Voltou ao tuxaua, repetiu a mesma operação duas vezes mais. Da segunda vez, depois da massagem, aplicou a boca sobre o músculo que doía e chupou com a força de uma ventosa. Afastou-se e disse que tirara dois bichos (tapuru), que foram postos ali por um urubu.

Custei muito a compreender o diagnóstico, principalmente porque João, um pouco impressionado com a sessão, nos queria dizer que o tuxaua não contara o incidente do urubu ao pajé, que este, com os recursos da pajelança, adivinhara tudo. Trata-se do seguinte: durante a viagem, o tuxaua e seus companheiros passaram pela casa de um conhecido que eles sempre procuram quando viajam para São Bento e Peralva e que eu não sei onde mora, porque eles chamam os lugares pelo nome da pessoa com que costumam tratar. O Alto Alegre, por exemplo, é "capitã Migué *hecuhan"*. Esse conhecido pediu ao tuxaua uma demonstração de sua habilidade em atirar flechas. Como o único alvo vivo utilizável ali era um urubu, fizeram-no alvejá-lo. Diwá, contando o caso, frisou que por si mesmo não teria atirado no urubu, só o fazendo para atender aos *karaíwas*. Errou a flechada e – agora entra a explicação do pajé – o urubu lhe jogou sua caruara, que veio roer-lhe a perna na forma de dois bichos (tapuru). Tirados os bichos pelo pajé, sem qualquer interferência de sua nobreza, as nobres pernas do tuxaua ficaram curadas, o que demonstra quanto estava errada minha história de que a sua falta de costume de trabalhar e carregar pesos é que fazia fracas pernas tão atléticas.

Depois da sessão, eu vim dormir e durante algum tempo ainda ouvi a conversa do João, que satisfazia a curiosidade dos índios, falando-lhes de pajés, do inconveniente de maltratar urubus porque eles também são pajés. Falava também outras coisas, como histórias de peixes gigantescos, principalmente do boto, que faz *suruk* em cima d'água, deitado sobre a fêmea. Ou das relações dos homens com as botas que são tal qual uma mulher, com seios e outros emblemas igualmente volumosos e nos mesmos lugares do corpo. Sendo tal a semelhança que tem perdido muito pescador afoito que procura amor nas botas que pesca.

**2/set./51** – Domingo. Ontem, tivemos uma noite de boa e proveitosa conversa. Karapanã nos contou outros fragmentos da cosmogonia kaapor, alguns deles muito interessantes.

Hoje é nosso último dia aqui. À tardinha, faremos a distribuição das miçangas e outros presentes miúdos para essa boa gente e, assim, me penitenciarei um pouco de meus malfeitos dessa manhã, minha bisbilhotice de querer apreciar o conteúdo de todos os patuás. Sobretudo de minha insistência em obter algumas peças, mesmo sabendo que daqui a quatro meses será "batizado" o filho do capitão e todos deverão estar paramentados nesse dia. Levo pouca coisa comigo, porém eles prometeram entregar ao João, assim que deem nome ao menino, todos os adornos que eu desejar. Depois, terão que trabalhar anos, colecionando penas de pássaros raros e armando-as para refazer os adornos com que eu irei encher minha vitrine.

Sobre esse batizado, tenho uma história grata a contar. Como você sabe, pelo que tenho escrito, é o *pairangá* – geralmente o tio materno – quem dá nome à criança, inspirado pelas bebidas, que têm nisso seu principal papel. O filho de Karapanã será "batizado" por Piahú, seu tio materno, mas terá um nome pré-escolhido.

# Rondon

Não sei se isso é lá muito ortodoxo, temo que não, mas emocionei-me muito ao ouvir do velho cacique o pedido de um nome, de minha escolha, para seu filhinho. Hoje dei a resposta e, para isso, estive pensando nos últimos dias. Seria melhor, talvez, não dar nome algum e aproveitar a oportunidade para revalidar seu cerimonial, dizendo que isso devia ser feito pelo padrinho. Porém, o velho pedira e este é, certamente, seu último filho, pois ele já anda pelos sessenta anos. Mas que nome dar digno do provável sucessor de Karapanã, um nome de civilizado, que este é seu desejo, que esse indiozinho possa levar com orgulho pela vida? Pensei fazê-lo Guaicará, o nome do heroico tuxaua do Guaíra que, sob a bandeira de "esta terra tem dono", unificou várias tribos contra o invasor europeu de toda espécie, o português e o espanhol, o civil e o clérigo, não aceitando aliança alguma, senão com outros índios. Mas lembra e significa o mesmo que Uairaká, quer dizer lontra, e é nome usual na língua de Karapanã.

Que nome, então, dar a seu filho? Nessa altura, encontrei o nome, o melhor, aquele de que mais um jovem índio pode orgulhar-se: Rondon. Dizendo a Karapanã qual o nome de minha escolha, procurei fazê-lo ver quem é Rondon e o que esse nome representa. Não foi fácil, falando a um índio e, sobretudo, falando através de um intérprete, dar uma impressão legítima, por isso contei uma história.

Falei de um rapaz, filho de uma índia, que vivera toda a infância e adolescência nas vizinhanças do território de uma grande tribo, vendo as hostilidades que de parte a parte se faziam, principalmente os ataques covardes e desumanos que os brancos armavam, então, contra os índios. Esse rapaz, impressionado com aqueles morticínios cruéis, dedicou sua vida a pacificar índios e civilizados. Desde há muito tempo vem fazendo isso, hoje é um velhinho como os mais velhos índios daqui, mas continua firme em seu posto de defensor dos índios, dedicando, também, as últimas horas de sua velhice gloriosa à causa de sua juventude.

Disse, também, que foi ele quem mandou Araújo aqui para estabelecer a paz entre os brasileiros e os Kaapor e que foi ele, inclusive, que me mandou aqui, recomendando que aprendesse bem como eles vivem, o que sabem e do que mais precisam. Karapanã e os outros índios ouviram a história com a maior atenção, fazendo uma ou outra pergunta para esclarecer algum incidente que lhes escapara. No fim, perguntaram se Rondon era Papai-uhú, essa entidade estranha e benfazeja de que lhes fala o pessoal do SPI e em nome de quem lhes é dado tudo que o posto recebe para eles. Sim, eu lhes disse, Rondon é o Papai-uhú-té, o pai grande verdadeiro. Há o outro, o *rangá*, poderoso; este é substituído, às vezes, mas o permanente, aquele que através dos últimos cinquenta anos mais tem feito pelos índios, é Rondon.

O menino terá esse nome, Karapanã está satisfeito com minha escolha e eu também estou. Você bem sabe como sou cético para com os heróis e como é difícil para meu espírito crítico e irreverente acreditar em grandezas. Na verdade, dois únicos brasileiros de meu tempo merecem uma admiração sincera e respeito, um deles é Rondon, o outro... bem, isso é outra história que nada tem a ver com o filho de Karapanã.

Diários índios

# A aldeia

A aldeia de Karapanã seria das melhores para uma longa estadia de estudos. Foi visitada muito poucas vezes por civilizados, é mesmo a mais isolada das aldeias kaapor. Aqui moram, permanentemente, 65 pessoas, e tem quase sempre algumas mais em visita. A população é bem equilibrada, de homens e mulheres, velhos, gente madura e crianças. Tem seu tuxaua, três capitães, com um mais importante, e um falso pajé, que talvez seja o mais legítimo pajé kaapor.

Quase todas as situações vitais podem ser observadas aqui em um longo convívio com os índios. Os ritos de passagem, bem como toda a rotina das atividades coletivas. Ainda agora, há um casal em reclusão pelo nascimento de um filho que ocorreu há cerca de 25 dias; algumas mulheres grávidas, que darão à luz seus filhos em breve; jovens pré-casadas, que esperam a menarca para efetivarem suas relações com o esposo; uma criança que será nominada dentro de alguns meses; jovens que amadurecem para amarração do membro, que marcará sua entrada no círculo dos homens. Só falta, felizmente, gente doente, cuja morte se espere para breve.

A aldeia é velha, as casas estão carcomidas, embora se encontre uma ou outra melhor conservada, seja porque o marido goza de mais longas horas de lazer, como é o caso do tuxaua, seja porque exprimem na casa a satisfação de um casamento feliz. Tal é o caso de um velho capitão viúvo daqui que se casou, há pouco, com a irmã de seu genro.

O descuido das outras é ocasional, eles abriram uma nova clareira na mata, plantaram lá sua roça no ano passado e ali instalarão a aldeia para o "batizado" do filho do Karapanã. Preciso ver se há outros casos de mudança de aldeia por esse motivo. Já estou convencido de que a morte de um capitão não provoca, necessariamente, a mudança da aldeia. Talvez o "batizado" de um novo capitão as provoque comumente. A mudança da aldeia de Tapuro poderia ser explicada assim, a nova casa de lá só foi inaugurada depois do batizado para o qual foi construída e os próprios edificadores do barracão só passaram a dormir nela depois do cerimonial de nominação. O mesmo ocorreu na aldeia de Ianawakú, cuja casa grande eu conheci nova ainda, construída também para um batizado que se realizou pouco antes de minha visita.

# Xerimbabos

Falando de casas, cabem duas palavras sobre os cercados de que essas aldeias estão repletas: são as casas dos bichos. Constroem-nos dentro das moradas para os pássaros menores, como esses inúmeros papagaios das cores mais variadas, desde as ararajubas de penas amarelo-grená, com uma leve mancha verde na ponta das asas, até ararunas quase azuis e as araras e outros papagaios multicores. Fora das casas ficam, geralmente, os cercados dos jabutis e os abrigos dos cachorros e das galinhas, mutuns,

Xixy, filha de Piahú, com sua ararajuba.

jacamins, *jaus*, todos providos de uma cobertura de palmas de açaí. Além desses, veem-se inúmeros outros, feitos para abrigar os xerimbabos tão queridos pelos índios, as cutias, as pacas, queixadas, veados e toda a restante bicharada. Ainda filhotes, os maridos os trazem da mata para suas mulheres como lembranças carinhosas. Esse jardim zoológico não dá pequeno trabalho para seu cuidado; além de tratar das bocas humanas as mulheres cuidam também dessas, tendo de preparar chibés e outras comidas para toda a bicharada da aldeia.

## Mói

Veja, ali está, agora, Mói, a filha mais velha do capitão, dando de comer a uma ararajuba. Ela descasca uma batata que assou, mastiga-a bem e depois toma a cabeça do papagaio entre o polegar e o indicador, introduz o bico dele em sua boca e o faz comer ali, ajudando-o com sua língua. É trabalho habilidoso, que exige coragem e muita prática.

Mói tem seus 25 anos e é solteira, coisa muito estranhável, sobretudo se se considera que sua irmãzinha, de dez anos, já tem marido. É que essa moça, aliás muito bonita, cujo nome significa cobra, é aleijada: foi mordida por uma cobra quando menina, seu pé inchou, infeccionou e toda a sua perna direita foi afetada, ficando torta e mais fina que a outra. A beleza de Mói – seu verdadeiro nome é A-ky, mas todos a conhecem pelo outro, que não parece desagradar-lhe – e sua posição social de filha do capitão não lhe puderam assegurar um marido. Isso mostra bem a importância da mulher como colaboradora do marido e indica que, ao procurar uma esposa, o homem tem em vista sobretudo seu valor prático. Falando com Karapanã sobre Mói, ele contou o acidente que a filha sofrera, acrescentando triste:

— Ela não pode casar, nenhum homem pega porque é aleijada, não pode trabalhar.

Entretanto, a vida de Mói não é tão leve como poderia parecer; além da infelicidade de não ter casado, que num grupo tão pequeno deve ser bem sofrida, ela trabalha bastante.

Ainda agora a vimos alimentando uma ararajuba, no momento está na casa do forno, sustentada sobre sua meia perna, socando com um pilão a mandioca que sua irmã espreme no tipiti, mas não poderia fazer o trabalho da irmã, nem torrar a farinha, nem muitas outras coisas indispensáveis numa esposa kaapor. Não se entristeça muito com a história de Mói, ou A-ky. Ontem, ao anoitecer, ela parecia bem feliz, descuidada da trabalheira que ocupava todas as outras mulheres àquela hora no preparo de algum alimento para a família. Ela, idilicamente, tocava uma flauta de taquara que talvez seja o consolo de seus dias vazios e de suas "longas noites brancas". Mas serão mesmo tão vazios os seus dias e tão brancas suas noites, há de perguntar você?

## Reino de Diwá

Hoje, à hora do almoço, tivemos um rebuliço na casa. Enquanto procurava pimenta que nos ajudasse a engolir o feijão muito caruchento com um pouco de arroz que nos resta, João disse que sentia um cheiro bom, coisa como perfume, e pôs-se a farejar estrepitosamente, com a cara mais feliz e mais saudosa desse mundo. Huxley levantou-se *incontinenti* e pôs também suas fuças a serviço do tal cheiro. Eu os secundei, farejando também. Os três nos olhávamos, cada qual procurando meter o nariz no lugar onde o outro dizia estar sentindo essas sensações já meio esquecidas.

De onde viria aquele cheiro? De nós por certo que não, de nossas coisas muito menos, todas sujas e suadas dessas marchas. Seria algum sabonete, suprema delícia civilizada, perdido por essas matas? Não, não os trouxemos, trocando o gosto do cheiro bom deles pela utilidade antisséptica desses fétidos sabões sulfurosos. De onde, então? Não se sabe. Há, porém, disso estamos todos certos, alguma coisa perfumada no reino de Diwá. Para Huxley é a mulher do tuxaua, não sei quanto se aproximou dela seu nariz irreverente para com as realezas locais. Talvez seja, talvez não. Há, entretanto, um cheiro puro e fugaz, emanando de alguma coisa para nossos narizes saudosos.

## Pudicícia

Estive meditando, outro dia, sobre um tema raro, as relações entre a impudicícia e o recato. São coisas que, mergulhados na própria cultura, nunca percebemos bem, mas aqui, imersos num mundo tão diferente, surgem em situações bem curiosas. Veja, todas as mulheres daqui andam sempre com o busto nu, usam, como você sabe – e não sei se gosta, para mim é indiferente –, uma tanga longa que vai da rodilha do ventre, onde ele encontra as virilhas, até pouco abaixo dos joelhos. Não é uma peça única e estandardizada para todas, como poderia pensar uma moça enfadada de olhar montes de figurinos. Com essa mesma peça única, cada mulher aqui, segundo sua feminilidade, compõe uma *toilette* própria e inconfundível. É um certo jeito de amarrar a tanga que difere, num pormenor misterioso, das outras; um penduricalho de bicos de cabaça e contas de Santa Maria posto ao lado da tanga; uma carreira de plumas sobre o cordão que as sustém ou um arranjo negligente que dá mais volume às coxas, acentuando seus contornos.

Segunda expedição – Karapanã

Matã, filha do Iawaruhú. Observem o cuidado do repuxado da tanga.

Não usam a tanga simplesmente jogada sobre as pernas; só as velhas, já esquecidas das vaidades, são assim descuidadas. As moças que se prezam, depois de vestir-se, puxam um pouco o pano que lhes cai na frente e o prendem sob o cordel que sustém a tanga, bem debaixo do umbigo. Este uso elegante levanta um pouco a tanga, faz sua orla mais sinuosa e dá uma graça muito especial à *toilette*. Assim se vê que, com ser tão simples e única, uma vestimenta pode ser vária. Ou, em outros termos, que as mulheres, mesmo reduzidas a uma tanga, encontram nela meios e modos de se diferenciarem, para encanto e perdição dos homens.

Mas não são essas, por certo, as relações entre a impudicícia e o recato, há de dizer você. Sim, é outra história, que escreverei com as reservas de marido em carta à mulher. Em visita ao tuxaua, há dias, os encontramos vestidos com todo o guarda-roupa civilizado que conseguiram juntar, não sei como. Depois de ver, por tanto tempo, mulheres sempre nuas, eu quase assustei-me ao ver uma vestida. Olhei-a e reolhei. Estava na rede e – é força confessá-lo, presa ali por um motivo exclusivamente feminino – suas formas de tal modo se delineavam sob o vestido de estampado que, assim vestida, ela parecia mais nua que as outras de pé, sentadas e deitadas ali mesmo e nas outras casas, todas somente em tangas. Ao surpreender-me olhando com tanta irreverência a mulher de Diwá foi que percebi as tais relações entre recato e impudicícia, aprendendo que são, ambas, duas categorias mais subjetivas que objetivas. Ó índias kaapor, tão iguais e tão diferentes, tão comuns e tão surpreendentes. Eu as quero sempre assim, seminuas, nessa nudez tão digna e recatada; lhes faz mal e a mim também, pobre marido saudoso, a impudicícia desses vestidos tão imodestos.

Vamos, agora, aos fragmentos da cosmogonia ouvidos ontem de Karapanã.

## A casa das onças

Um grupo de homens saiu para caçar queixadas, levando um rapazinho com eles. Um dia, o rapaz estava sozinho no acampamento, que já tinha muita carne de queixada moqueando, quando chegou um homem. Era igual a um Kaapor, até trazia um colar de dentes de onça. Esse visitante comeu muita carne e saiu depois. O rapazinho, que o observava, viu bem que era um Kaapor e que, ao atravessar o igarapé, indo embora, transformou-se em onça.

Quando os caçadores chegaram e perguntaram quem comera tanta carne, o rapaz contou o que vira. Eles não acreditaram, disseram que era, por certo, um Kaapor mesmo ou, talvez, o menino estivesse mentindo. À noite, ficaram conversando durante longo tempo e esquentando fogo. De madrugada, quando o galo cantou, foram dormir. O menino disse a eles que o estranho visitante voltaria, pediu que subissem, nem seu pai subiu. Disseram que o rapaz era medroso, por isso se escondia, eles ficariam ali mesmo, eram guerreiros, se vissem alguém eles saberiam defender-se.

Pouco depois de dormirem, chegaram as onças, agora eram onças mesmo e muitas. Mataram e comeram todos os homens. Uma delas ficou ali debaixo, olhando para procurar alguém. Na versão que ouvi antes, ela dizia:

— Onde está o menino que eu vi, quero comer sua carne, que é macia.

Só saiu com sol alto, ali pelas dez horas.

O menino, que vira tudo de cima da árvore, saiu correndo e foi para a aldeia. Lá contou tudo e o pajé disse que era verdade, ele tinha cantado à noite e vira tudo. Naquela noite, o pajé tornou a cantar, cantou e fumou a noite toda, de manhã ele já sabia onde era a casa das onças. Convidou os homens da aldeia e foi, com todos eles, procurá-las.

Chegaram numa grande pedreira toda oca que era a morada das onças; eles dormiram e mandaram à aldeia buscar mais flechas. O pajé cantou e adormeceu as onças até que eles voltassem. Vieram carregados de flechas, traziam maços enormes. Quando chegaram, jogaram uma flecha e saiu uma onça, eles mataram. Jogaram outra, saiu outra onça, eles mataram. Assim, saíram muitas onças e eles mataram todas, porque eram muitos homens e tinham muitas flechas. Acabaram com as onças, depois entraram na casa delas com o pajé e mataram a Dona das Onças (*auar-uhú-iar*) – ou mãe das onças, na outra versão – e todos os filhotes. Assim, acabaram com aquelas onças que comiam gente.

Karapanã contou essa história a nosso pedido. Foi contada a João, da primeira vez, a propósito de grutas que serviam de morada às onças das quais ele falava. O narrador, antes de contar a história, perguntou:

— Vocês ainda não acabaram com elas? Aqui tinha uma pedra oca, assim, mas os nossos avós mataram todas.

Respondendo a perguntas nossas, Karapanã acrescentou:

— Esta loca das onças fica do outro lado do Gurupi, lá para o rio Capim, antiga morada dos Kaapor. Não sei o nome do pajé que matou as onças, os antigos não disseram. Antigamente, os Kaapor tinham pajés. Eu, porém, não conheci nenhum *pajé-té* [pajé verdadeiro], só estes *pajés-rangá* que aprenderam com os Tembé, como Toy. Os Kaapor não gostam dos *pajé-té*, só gostam dos *pajé-rangá*. Os pajés de antigamente quase não comiam, passavam com um só camarão por dia.

## Couvade

Acabo de fazer uma visita que ensaiava há muitos dias e deixei para o último, temendo as suscetibilidades que poderia despertar. Hoje vi, finalmente, e conversei com o casal que está em reclusão pelo nascimento de uma filha. Claro que minha demora foi, ainda, curta para mim, mas o máximo suportável por eles. As perguntas que a gente faz aos índios nessas ocasiões são mais vexatórias que as outras, já muito indiscretas. Eles se defendem, também, aproveitando a oportunidade para fazer perguntas igualmente indiscretas ou, o que é pior, para fugir delas, respondendo com brincadeiras, quando não mostram, com certa franqueza, o desgosto que lhes dá a conversa. Que fazer, entretanto? Esses são os ossos do ofício e, no meu como em qualquer outro ofício, melhor é o artífice que melhor rói seus ossos.

A conversa foi, no princípio, do primeiro tipo e eles descontaram minha indiscrição fazendo João contar, também, o parto de sua mulher e quanto ele sofrera na ocasião, espantando-se de ele não se queixar dessa provação. No fim, as respostas eram forçadas, somente sua educação, que eu jamais encontraria igual entre outro povo, os fazia demonstrar-me seu desconforto apenas com risos e risadas às minhas perguntas. Todavia, foi das mais úteis; nada aprendi de novo, mas pude colocar sobre um exemplo concreto a maior parte das informações verbais que já colhi sobre o assunto.

Quando João passou por aqui, há dias, a menina ainda não nascera. Era esperada por aqueles dias. Ao chegarmos, havia nascido há pelo menos dez dias. Isso se via porque o pai estava em meia reclusão, deitado no alpendre da casa e não dentro, como nos primeiros dias. A casa está dividida em duas partes: a que eu chamei alpendre, que fica na frente e é aberta por três lados, dando por uma porta de palmas de açaí para a outra parte, um compartimento completamente fechado, com folhas de palmeiras trançadas a modo de esteiras e em que entra muito pouca luz.

Casa de reclusão.

1) Rede da parturiente;
2) monte de cascos de jabuti;
3) rede do pai em *couvade*, fora do quarto de reclusão.

No dia do parto, o marido saiu do quarto fechado, dando lugar a uma cunhada – mulher de seu irmão – que aqui parece substituir a irmã que ele não tem. Durante o parto, as mulheres se arranjaram lá, o pai só entrou depois do nascimento e de a criança ter sido lavada. O umbigo foi cortado pela mãe, porque era uma menina, se fosse menino esse trabalho caberia ao pai. O corte foi feito com uma lasca de taquara e o umbigo foi enterrado dentro da casa, sob a rede da mãe.

Na primeira madrugada após o parto, a mãe brinca e fala com a criança. Logo após o parto o pai deitou-se em sua rede, já armada por outras mãos dentro do quarto fechado. Sentiu-se muito fraco e cansado, sensação que persistiu pelos dias seguintes, durante os quais não pôde tomar chibé, alimentando-se somente de mingau.

Antes do parto e aguardando-o, o pai, Xe-en, juntara quantos jabutis brancos pôde encontrar, pois desde o nascimento da filha ele e a esposa só têm comido isso. Tanto que hoje eles comerão os últimos. Ele se lamenta de que estão difíceis de encontrar os jabutis brancos, o que os coloca numa má situação.

Diários índios

A alimentação do casal está sendo preparada por uma menina (20), sobrinha do pai. Ela ocupa-se quase todo o dia com eles, levando-lhes água, chibé e tudo que necessitam, além de conduzir para fora os excrementos que o casal deposita nos cascos dos jabutis, que ela lhes dá. Serve-os, também, de água para banhos ligeiros, pois nenhum deles pode deixar, por motivo algum, a casa nos primeiros dias.

A orelha da menininha foi furada pela tia – mulher do irmão do pai (10) – com uma agulha. Nesse dia, o pai brincou pela primeira vez com a filha e saiu do quarto de reclusão, armando sua rede no alpendre externo. Na mesma ocasião; devia ser dada à criança uma tanga em miniatura; se fosse homem, o nascituro receberia uma miniatura de flechas. Porém, os pais não tinham nem pano, nem algodão com que tecer a tal peça e a filhinha ficou sem essa oferenda, que lhe auguraria um destino de mulher trabalhadeira – ou de bom caçador, no caso de homem.

Num extremo de violência, infelizmente necessário, entrei dentro do rancho como se não percebesse que cometia pelo menos uma terrível descortesia. Lá estava, sentada na rede, na mesma posição daquela mulher que eu vi na aldeia de Koatá, com a criancinha meio sustentada nas pernas e nos braços. A criança tem ainda, nas orelhas, o fio que passaram pelo furo, ali ficará por muito tempo, sendo substituído algumas vezes porque uns poucos dias são suficientes para que o orifício se feche não tendo aquele anteparo.

Em frente à rede estava um monte de cascos de jabuti branco, quase todos os que foram comidos pelo casal. Um fogo, diante da rede, aquecia mãe e filha, dando também alguma luz à penumbra permanente daquele quarto fechado. Quando lá cheguei, a mãe estava tomando chibé, que a pequena auxiliar (20) lhe trouxera.

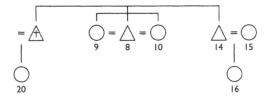

Segunda expedição – Karapanã

# Ventura

**7/set./1951** – Saímos da aldeia de Karapanã no dia 3, ali pelas dez horas. Tão tarde porque ocupamos a manhã na distribuição de miçangas às mulheres e crianças e de facas e outros presentes para os homens que nos ajudaram mais. É tarefa difícil, que sempre me deixa com certo sentimento de culpa. É a tortura de considerar que eles me dão mais do que eu lhes posso dar.

Chovia quando saímos, chuvinha fina, que não atrapalha viagem, principalmente entre índios, porque depois de se marcar um dia para a partida não se deve adiar. Com todo esse grupo de pessoas que andam comigo e são indispensáveis para carregar minha tralha, pesamos demais aos índios e eles se fazem ainda mais hospitaleiros do que necessário, servindo-nos com o melhor que têm. Mas, naturalmente, esperam que os gafanhotos partam no dia que marcaram, sem prolongar mais a condenação que lhes impomos. Ao chegar, dizemos qual será nossa demora, ou seja, quantas noites dormiremos na aldeia.

Um dia antes de nossa partida, mandei dois homens com parte da carga e com uma carta para o Max Boudin cheia de pedidos. Queríamos tabaco, que o nosso acabara; papel para cigarros, porque fumávamos em certos papéis inconfessáveis; café, açúcar, fósforos e algumas outras coisas desse tipo, sem as quais se pode viver, mas não se tem gosto de viver. Os dias que estivemos parados na mata, curando os pés inchados, começaram a pesar, nos faz falta aquilo que gastamos ali. Mas tudo se resolverá bem, Max nos dará um pouco do que tem para matarmos as saudades, e na aldeia de Ianawakú encontraremos um depósito farto de tudo que precisamos.

A última noite na aldeia foi muito agradável, descobrimos um contador de história ainda melhor que Karapanã. Chama-se Piahú e é verdadeira revelação como narrador. Seu pai era um velho capitão gordo e bem-humorado que gostava muito de contar histórias e encheu delas os ouvidos de seus filhos. Os contos que ouvi de Piahú me parecem mais representativos que os de Koaxipurú; isso se explica porque este último viveu no Jararaca durante muitos anos, com Míguel Silva, e só se afastou de lá após a morte daquele senhor e da dispensa de seu filho por esse malfadado inspetor Miranda.

As lendas contadas por Koaxipurú têm um estranho sabor tembé, são em muitos pormenores importantes idênticas às colhidas por Curt e às ouvidas por mim, no ano passado, dos tembé do Gurupi. Terei que fazê-las contar novamente por informantes que não tenham tido convívio com a gente do Gurupi, para livrá--las das intrusões tembés, o que não será trabalho fácil. Koaxipurú é muito loquaz e bom contador de histórias, mas seu convívio de tantos anos com agentes do SPI, missionários e, sobretudo, com índios tembés deve me pôr de sobreaviso.

# Roça

Falemos primeiro da viagem, depois contarei as histórias de Piahú e voltaremos ao Koaxipurú. A viagem foi cheia de acidentes, difícil, principalmente para Huxley, mas foi também interessante e, às vezes, agradável. Depois de andarmos uma hora e vinte, encontramos a roça do pessoal de Karapanã. Uma delas, aliás, pois têm duas, ambas assim distantes. Essa lonjura os obriga a torrar farinha na roça mesmo, onde têm vários xipás e uns fornos que quase lhe dão um aspecto de pequena aldeia. Não sei bem quais sejam os motivos de fazer roças tão longe, disseram que não há mais terras virgens perto da aldeia, pois a levantaram há perto de seis anos, junto a capoeiras muito antigas. Ainda esse ano mudaram a aldeia para uma das roças. Já ali será realizada a festa de nominação do filho de Karapanã, lá para dezembro.

A roça que vimos é muito extensa e, enquanto passávamos, dei uma olhada nos *xipás*, que estão sendo construídos em terreno limpo. Diferem bastante dos que tenho visto, todos armados na mata, entre duas arvorezinhas. Consistem apenas em traves cobertas com palmas de açaí, trançadas duas a duas. Na roça, tiveram de resolver o problema de armar redes dentro do *xipá* sem as arvorezinhas de sustentação, e o fizeram de maneira muito habilidosa.

Armação de madeira dos xipás.

Dentro dos *xipás* encontrei grandes maços de ubim já prontos para serem transportados ao local da nova aldeia. E, o que é mais interessante, um paneiro cheio de carvão da casca de certa árvore para misturar com argila no preparo do barro para os grandes camucins, onde será fermentada a bebida da festa de nominação.

Junto da roça, passa um riozinho (braço do Tury, o mesmo que dá na aldeia de Karapanã) que, mesmo nesses meses secos, que nos têm custado muita sede, conserva a água. Paramos ali para um desses longos e deliciosos chibés que os índios preparam em cada igarapé do caminho e tomam antes do banho, com que se reanimam para retomar a marcha. Na areia clara do igarapé havia marcas bem visíveis de pés, que os índios reconheceram logo serem femininas. Cuidei que fosse o tamanho do pé e, talvez, sua delicadeza que lhes dessem a conhecer o sexo de quem deixara o rastro. Mas não se trata disso; a solução é mais simples: os Kaapor acostumam os dedos grandes dos pés de seus filhos a ficarem abertos, prendendo-os na tipoia, creem que assim o pé terá mais firmeza na marcha. Abrem o dedo do pé dos meninos e não o das meninas.

Bebendo água com uma folha.

## Ritos

Só acasos como esse permitem à gente descobrir tais sutilezas; muitas delas não têm relevância, outras são importantíssimas. Mas o sucesso de uma pesquisa etnológica está preso sempre a uma série de acasos, fazendo o pesquisador depender quase tanto da sorte quanto de outros fatores. Veja só: estive aqui quase seis meses no ano passado e já ando há um mês nas aldeias e não vi ainda nenhum dos ritos de passagem, tendo deles apenas informações verbais. São coisas que não se pode improvisar, como a fabricação de cestos para identificação das técnicas. Nada adiantaria, evidentemente, fazê-los representar numa farsa as cerimônias de nominação ou iniciação das moças. Os dados intencionais nunca merecem confiança, as minhas notas sobre o ciclo de vida a cada dia mostram deficiências em um ou outro aspecto e, até mesmo, contradições. Sem dúvida, todas elas, tomadas de tantos informantes, valem menos que a observação direta de um cerimonial único a que eu tenha oportunidade de assistir.

Ontem mesmo, depois de uma conversa, percebi que a iniciação das moças merece mais atenção do que me parecia. Além da reclusão e da dieta, a menina em menarca sofre uma ordália, pois é mordida por certas formigas. Assim é tratada para que tenha menstruação pouco abundante e regular.

À margem do mesmo igarapé de que lhe falava, resolvi perguntar ao jovem capitão Pirindar, que nos acompanha – sempre com sua roupa suja, que tanto o enfeia, e com seu capacete vermelho meio ridículo em sua cara de menino –, por que tem os cabelos meio cortados. Soube, então, de coisas novas sobre os ritos funerários. Os filhos e parentes aparam os cabelos da coroa da cabeça, como vi fazer no ano passado, mas às vezes os cortam, depilando também as sobrancelhas, para não verem o anhanga do parente morto. Além disso, depois do enterramento os acompanhantes se dispersam e voltam à casa pelo mato, disfarçando suas pisadas para que o anhanga não os possa seguir.

Como a gente, infelizmente, não pode forçar a realização dos cerimoniais, só cabe esperar e estar de olho em todas as aldeias vizinhas, pronto a nos transportar para lá se souber que preparam uma nominação, uma iniciação, casamento ou funeral. A razão metodológica que me levará, nos próximos meses, a andanças por várias aldeias é a procura de ampliar as oportunidades de assistir pelo menos a uma nominação, que é, sem dúvida, o rito de passagem mais elaborado dos Kaapor.

## Queixada

Darcy caçando guaribas na mata.

Poucas horas depois de passar por esse igarapé em que nos demoramos menos que eu, aqui, a falar dele, começou a série de sucessos da viagem. Ao atravessar um igarapezinho, João notou que havia rastros frescos de queixadas. No seguinte, viu mais: uma onça seguia de perto o bando e ela andava na mesma direção que nós, sendo provável encontrá-la.

João, Cezário, os índios e eu viajamos atentos, esperando encontrar as queixadas. Em cada volta do caminho, à medida que se andava, aumentava a excitação, era um poço d'água que encontrávamos ainda sujo da passagem dos porcos e, por fim, João os farejou, sentindo sua presença pelo olfato antes mesmo que os cachorros.

Foi um alvoroço. Mandaram prender a cachorrada para que não espantasse o bando. Pirindar segurou um deles e a mulher de Mandueki, que ainda nos acompanha, prendeu o outro. Seguimos, passo a passo, até que João voltou-se para nós e disse, excitadíssimo, em voz baixa:

João Carvalho caça na mata.

— Olhe, olhe, ali, bem ali!

Cezário saltou com seu rifle, passando à minha frente, e todos vimos os porcos. Um deles se oferecia bem, fuçava lama uns vinte metros adiante, entre a folhagem. Todos apontamos o mesmo porco e abrimos fogo. Os animais saltaram, então, de todos os lados, grunhindo desesperados, e nós saímos perseguindo.

Estávamos ao pé de um outeiro muito íngreme e os porcos subiram, nos tendo em seu encalço. Só lá de cima, pelo cansaço que já me impedia de respirar, notei que, em poucos minutos, havíamos subido toda aquela ladeira. Parei ali. João, Cezário e os índios seguiram a vara

Diários índios

de porcos. Ouvi, depois, o tiro e um ruído de uma flechada, seguido de um grito de porco e da barulheira de sua correria com a flecha enterrada no corpo, batendo nos paus: toc, toc, toc.

Comecei, então, a comer mentalmente as tais queixadas; tínhamos fome de carne porque, desde que chegamos ao Karapanã, só comíamos anta moqueada, que já nos fazia mal porque começava a azedar. A fartura de carne, que me alegrou no primeiro dia ao ver os três caçadores chegarem carregados de anta, tornara-se um inconveniente, porque os índios não saíram mais para caçar enquanto tinham carne. Os porcos, pois, vinham em boa ocasião. Eu já degustava um lombo assado, considerando que tínhamos pelo menos o primeiro, que eu ajudara a matar; um segundo, enorme, cujo vulto eu segui, subindo o outeiro, e depois abandonei, deixando-o por conta do João e do Cezário; e um terceiro, flechado por um índio.

Voltei, pois, alegre, ao lugar onde tínhamos deixado a carga. No caminho, encontrei a mulher de Mandueki animando os cachorros para procurarem o primeiro porco que havíamos morto. Ajudei um pouco, olhando aqui e ali e antegozando o encontro da primeira queixada que eu matara ou, ao menos, ajudara a matar. Estávamos nessa procura quando chegou Cezário de mãos vazias. Logo depois, veio o João e, meia hora depois, Mandueki. Não se matou nenhum; eu não resisti ao desconsolo que isso me custava às tripas e comentei com eles, maldosamente:

— Tanto homem, tanta arma, tanto porco, nenhum caçado.

João e Cezário me olharam meio sem graça, ambos são excelentes caçadores; orgulhosos dessa qualidade mais que de qualquer outra, sentiram a verrina.

Depois, vieram as explicações, longas e pouco convincentes. Havíamos "entrado" na vara pelo "coice", o que não se faz. Devíamos ter refreado os nervos, o entusiasmo, a excitação em que estávamos desde uma hora antes, para não assustar os porcos, ver para que rumo andavam e, só então, cair sobre eles. Pousamos pouco adiante, tristes e com muita fome de tanta carne que se foi andando com os próprios pés. Mandueki ainda saíra com a mulher, aproveitando a tardinha, para perseguir a queixada que levara sua flecha de metal espetada no lombo. Voltaram duas horas depois, mais cansados e mais famintos, de mãos vazias. Só nos restava mesmo comer o último pacote de macarrão com a última fatia de toucinho defumado, e Cezário se pôs a prepará-lo.

## Comida

Mas isso não é comida para sustentar quem anda carregando peso. Depois que escureceu, João e os índios abandonaram a rede e foram procurar comida no igarapé. Voltaram duas horas depois, passado de meia-noite, com uma paca, muitos peixinhos e, suprema delícia, duas grandes jias (*manguá*). Durante todo esse tempo, Huxley e eu estivemos na rede, acordados, de ouvidos atentos para ver se João atirava. Mal chegaram, caímos sobre as presas. Huxley resolveu preparar, ele mesmo, as tais jias, fritando-as em manteiga. Àquela hora da noite e com aquela fome, de quem só tomara chibé durante o dia e mal provara um macarrão meio azedo à tarde, os *manguás* nos pareceram deliciosos, principalmente porque, à falta de pimenta, cebolas, limão e outros ingredientes, os comemos falando de ostras e outras papas finas.

No dia seguinte, partimos cedo, depois de comer bastante paca moqueada com farinha. Não me chame glutão por falar tanto de comidas. Aqui, na mata, a gente fica reduzido às necessidades fundamentais, simplifica-se tudo e essas coisas se avultam como as únicas realmente sérias. Os cuidados higiênicos muito requintados, a elegância do vestuário e o próprio vestuário e muita coisa mais se reduz à expressão mais simples, sem dificuldade. A boca, entretanto, e os vícios como o fumo e o café falam mais alto, exigem alguma satisfação.

Andamos poucas horas nesse segundo dia e João deparou com um mutum, saiu a persegui-lo e nós ficamos na estrada, esperando. Gritou, meia hora depois, e fomos ver os perus que matara. Com surpresa o encontramos arqueado ao peso de um enorme veado. Foi uma alegria; os índios disseram que o igarapé estava ali mesmo e fomos para lá carnear a caça.

## Carneação

Conhecendo a exigência dos preceitos com que os índios tratam os veados vermelhos, comecei a temer pelo jantar. Eles me acalmaram, prometendo que assariam algumas postas e seguiríamos caminho. Carnearam-no à sua moda, armaram depois o moquém preceitual e lá puseram as postas devidas, só reservando a parte convencional para cozinhar. Como concessão máxima a nosso barbarismo, nos permitiram tirar os filés para comer como quiséssemos. Foi grande coisa, pois na aldeia nem isso teríamos. Lá, o veado seria deixado a certa distância das casas; a mulher do companheiro do caçador ou daquele que houvesse trazido a caça o levaria dali até o igarapé, o carnearia e voltaria com toda a caça, nos dando, talvez, um quarto, com a recomendação de que só o poderíamos cozinhar. O restante ela cozinharia e moquearia, só comendo, naquele dia, o cozido de músculos da barriga e o diafragma, ficando todo o restante para a manhã seguinte.

Vejamos como eles carneiam esse animal precioso, tão cercado de cuidados. Carneiam do mesmo modo os caititus ou queixadas. E, também, antigamente, os homens. Primeiro, retiram todos os músculos da barriga, cortando-os à altura do externo e ao lado das costelas. Assim, descobrem todas as tripas do animal, retiram-nas logo. Em seguida, retiram o diafragma, cortando-o pela fímbria que o prende ao peito; descobrem desse modo os pulmões e o coração. Atiram fora, longe do alcance dos cachorros, todas as outras vísceras, inclusive o fígado. Os rins ficam presos ao corpo, assim como o aparelho genital.

Depois de retiradas as vísceras, lavam o veado do sangue e das fezes que ficam presos à carne. Então, começa a carneação propriamente dita; destacam primeiro os quartos, deixando num deles a genitália e cortando-os pela articulação. Em seguida, partem a espinha ao meio, separando assim as costas, que ficam com os filés, rins e metade dos lombos. Tomam, então, a parte dianteira do veado e cortam a cabeça com pescoço à altura da omoplata. Separam, depois, as duas patas dianteiras, cortando a espinha pelo meio.

Diários índios

Geralmente, cozinham os quartos e os comem sempre no dia em que o veado foi abatido. O restante é moqueado, só sendo comido, também, na manhã seguinte.

Ao ver o moquém, compreendi logo que os índios não viajariam mais naquele dia. Ficariam cuidando do veado, comeriam metade dele ao amanhecer e só partiriam no dia seguinte com sol alto. Como o que não tem remédio está por si mesmo remediado, ri-me, disposto a ficar com eles. Huxley, notando meu desapontamento, ofereceu-se para levar nossas redes, assim poderíamos seguir viagem sozinhos e chegar antes à aldeia onde Boudin nos devia esperar com as preciosidades que pedimos. Nossa situação era bem má, só tínhamos café para uma vez e mesmo o tal papel inconfessável com que vínhamos fazendo cigarros estava no fim. Além do fumo, que mal daria para um dia mais.

## Intoxicação

Comemos nossos filés com uma farofa de cebolas, também fritas, e nos pusemos a caminho. Perdemos horas com o veado e tivemos que acampar depois de duas horas de marcha, porque a maca pesava muito nas costas desacostumadas do Huxley.

A água era muito ruim, preta e fétida, mas ali, bem junto, os índios que viajaram à frente nos tinham deixado, no moquém, metade de dois mutuns e quase todo um caititu. Era incrível a fartura de carne nesse segundo dia, o moqueado tinha 48 horas, mas parecia bom. Comemos o mutum com grande prazer, do caititu apenas provei e o Huxley menos que isso, porque achou certo cheiro nele. Nem assim livrou-se de uma terrível intoxicação, mas vamos contar a coisa em ordem.

Depois de armarmos as redes, eu fiquei descansando e cuidando do meu pé, que ainda me dói, e Huxley foi tomar banho. Voltou minutos depois com o rosto inchadíssimo, perguntando o que tinha no rosto. Fora picado, momentos antes, por uma formiga muito dolorosa e atribuía a ela o inchaço, porque começou pelos dedos atingidos. Foi logo para a rede e durante a meia hora seguinte piorou sempre. Inchou tanto que seu rosto parecia ter dois volumes do normal e ficou vermelho como um pimentão. A inflamação não só aumentava no rosto, mas se alastrava pelos braços, costas, barriga, pernas, pés. Todos ficamos muito impressionados, como é de se imaginar. O pior é que não tínhamos nenhum medicamento, pois, para diminuir a carga, deixamos a maleta de medicamentos com os índios.

Insisti com Huxley para que provocasse vômitos, porque via nisso a única providência possível, além de um leite e um chá que mandei preparar para ele. Por fim, ele sentiu espasmos naturais e vomitou muito, só assim melhorou. Mas passou uma noite má e, no outro dia, maca às costas, tentou andar. Estava fraco para isso e a primeira marcha do dia, de duas horas, o deixou extenuado. Eu levei a maca duas horas mais e pousamos à margem de um igarapé, onde à noitinha os índios nos alcançaram.

Dali viemos, ontem, para cá. A picada é péssima, a distância grande, mas a ideia de que iríamos chegar a algum lugar e de que aqui poderíamos encontrar o Max nos dava ânimo para andar.

## Maé-putire

Max Boudin, linguista, retorna à civilização.

Chegamos à aldeia de Ventura ao meio-dia, Max Boudin não havia chegado ainda. Fomos recebidos com a hospitalidade de costume, o grande chibé, logo seguido de um mingau e alguns peixes moqueados, que nos quebraram o jejum.

Max só chegou à tardinha, anunciando-se da estrada com tiros de revólver, que nos encheram de entusiasmo e doces expectativas. Lá vinha o amigo, com notícias de casa, com tabaco, café, fósforos, papel higiênico e muitas outras coisas boas. Inclusive remédios para as corubas de Huxley e os restos de podres dos meus pés. Fomos recebê-lo à entrada da aldeia. Vimos, primeiro, uma longa fila de índios desfilarem, sorridentes, com jamaxins carregados, um trazia o chapéu de Max, outro uma calça e, por fim, o próprio Max.

Bem, este vinha atrás, com um calçãozinho, calçando tênis macios e delicados para os calos e trazendo um bastão. De longe, ainda não se podia ver bem, mas ele se aproximava. Aquilo escuro no pescoço, que seria? Ah! Um macaco enrolado como echarpe. E nas orelhas? E, nos lábios, aquela mancha colorida, que podia ser? Cocei os olhos, duvidando, mas era mesmo: Max vinha com as orelhas devidamente furadas e cada uma adornada com seu brinco de penas azuis e, no lábio, igualmente vazado, um tembetá de penas. Não fossem os olhos claros, a cor da pele e o cabelo cortado, encaracolado, passaria por Kaapor. Este é o Max da aldeia de Koaxipurú que, agora, se chama Maé-putire (Maé-putire, Max-flor, flor de plumas, o que é melhor).

Confesso que a adesão de Max à imagem indígena me irritou, como se fosse um pecado, mas logo prevaleceu certo sentimento de inveja. Ele fizera o que eu não seria capaz de fazer, deixando-se furar e adornar à moda kaapor para mais penetrar no coração deles.

## Koaxipurú

Depois, tivemos a explicação de tudo. Koaxipurú, assim que chegou a sua casa, tratou de adotar nosso amigo como filho, furando-lhe – para que a adoção fosse sagrada com os óleos do ritual – lábios e orelhas. Assim, Max ganhou uma irmã, Koaxipurú um filho muito desejado e nós o gosto de vê-lo feliz naqueles adornos.

Desde ontem temos ouvido maravilhados a história de Maé-putire sobre esses meses de convivência com os índios. Seu trabalho tem se adiantado muito e seu gosto de viver foi enriquecido com muitas sutilezas novas, muitos requintes da civilização kaapor, como aqueles lindos brincos. Só se queixa da chegada repentina do capitão, que, com seus modos de aspirante a civilizado, tem perturbado muito o doce convívio de Max com os índios. Pede-me que leve Koaxipurú e eu bem gostaria, porque é um bom narrador. O homem, porém, não quer afastar-se de suas mulheres e de sua filha, que, diz, passariam fome se ele fosse comigo ao Parawá.

A vida era idílica ali, antes da chegada de Koaxipurú. Todos viviam nus, exceto Maé-putire, que, naturalmente, não abandona os calções. Centralizavam suas atenções no novo chefe que adotaram e adaptavam sua vida ao ritmo grave dos estudos de Maé-putire. Chega, porém, o capitão e eis que todos voltam a pôr calças e longos vestidos imundos, a se ocuparem com ele longas horas, antes todas dedicadas a Maé-putire. O pior é que Koaxipurú assume suas funções de grande fala, porta-voz do grupo, e passa a responder todas as perguntas. Uma tragédia.

O grupo é extremamente interessante, de vários pontos de vista. Vivendo sempre junto ao antigo Posto Filipe Camarão, foi muito mais influenciado pelos nossos costumes que qualquer outro. O próprio capitão é bem uma amostra disso, com suas maneiras exóticas e seu empenho em civilizar os índios. Fala algumas palavras de português, gosta de estar sempre vestido e faz vestir a toda sua gente sempre que estejam sob as vistas de qualquer estranho.

O coitado é quem mais padece dessa triste paixão pelas bugigangas ditas civilizadas. A começar pelos nossos panos já ordinários, que em suas mãos ficam imundos e em trapos, trocando a majestade do porte de um índio kaapor quando nu pela triste figura de um mendigo maltrapilho e fedorento. Não sei o que ele não daria por espelhos, miçangas, fitas de cor, tabaco. Amanhã, andando nesse caminho, chegará à pinga, à maconha e a outros bens "civilizadores".

Curioso é que Koaxipurú tem sido uma vítima do convívio pacífico conosco. É inteligente para compreender isso com clareza, mas já não se pode libertar de nós. Sua mulher é mãe de uma menina, Daria, de uns dez anos, mais clara que eu. Ela o chama de pai e ele é chamado Daria-rú por todos os índios. O pai dessa criança é filho de um antigo encarregado e seu nascimento custou sofrimentos atrozes a Koaxipurú, que sabia não ser pai dela. Brigou com a mulher, a obrigou, segundo dizem, a tomar muitas porcarias para abortar a criança e, quando de seu nascimento, negou-se a se submeter à *couvade*, pensando matá-la dessa forma. Hoje, adora a menina; nenhuma de suas duas mulheres tem filhos e só Daria alegra sua casa.

Mas há dúvidas no espírito dos próprios índios que o chamam Daria-rú como um título, pois não designam quase nunca as pessoas diante delas pelo próprio nome. O fazem sempre referindo-se ao filho, quando os têm. Ele sabe bem que foi o catarro e o sarampo que vitimaram quase todos os seus parentes. Sabe, também, que essas moléstias só assolaram suas aldeias depois da pacificação. Não obstante tudo isso, a atitude dele para com o grande mundo dos brancos é de ambivalência, de repulsa e reserva mas, também, de atração e encantamento irresistíveis.

Agora vou tomar um banho e conversar com Max. São quase quatro horas, amanhã lhe contarei as histórias de Piahú e lhe direi alguma coisa da gente de Ventura.

Segunda expedição – Ventura

# Ianawakú

**10/set./1951** – Vamos chegando ao centro da nação kaapor. Daqui para diante as aldeias ficam mais próximas umas das outras e não teremos mais aquelas longas caminhadas de vários dias, pousando sempre na mata. Fiquei de voltar ao caderno anteontem para falar do pessoal de Ventura e contar as histórias de Piahú, mas ocupei-me conversando com Max, acertando planos. Ontem, viajei. Assim, só hoje, e aqui de outra aldeia, volto à conversa interrompida.

Huxley seguiu com Max, ficará alguns dias com ele na aldeia de Koaxipurú, outros tantos no Jararaca, vendo os Tembé, e descerá, depois, o Gurupi para o Pedro Dantas, olhando no caminho a pedra da "mão de onça", tão insistentemente ligada à mitologia kaapor e tembé. Dentro de uns dez dias, pelo menos, estará na aldeia do Piahú com o Inácio, ou outro intérprete que escolher, para ficar lá uns dois meses, vendo aquela boa gente viver.

Enquanto isso, seguirei minha rota, visitarei as aldeias do Gurupiúna e sairei no Parawá, voltando ao posto por essa mesma aldeia. Bem pode ser que interrompa essa andança, isso acontecerá se encontrarmos uma aldeia em preparativos de uma festa de nominação. Esse cerimonial é denominado pelos índios Mú-hére: de *muin*, botar, dar; e *hére*, nome. Nesse caso, acamparemos lá o tempo necessário para observá-la do princípio ao fim. Em todas as aldeias que tenho visitado, combino com os índios que me parecem ser os melhores cantores ou narradores uma visita ao posto daqui a duas luas. Lá, nos últimos dias de outubro e até 15 de novembro, farei as gravações de seus cantos e os aproveitarei para rever meus dados. Esse é o meu programa, significa que só voltarei para casa em fins de novembro, ou seja, estaremos separados por dois meses e meio mais.

Foi um grande prazer para mim rever a aldeia de Ventura; essa foi a segunda aldeia kaapor que conheci e a encontrei em estado deplorável quando de minha visita. Os índios estavam na mata, atacados de sarampo, em tapiris que mal os abrigavam da chuva, todos ardiam em febre e já morriam de fome, de sede e de frio, porque não havia ninguém com forças para preparar alimentos ou ao menos para supri-los de água e lenha. Passei um dia com eles, dando remédios, cozinhando sopas, armando abrigos e fazendo meu pessoal trazer lenha e água.

Oito dos índios que vi, então, morreram dias depois de minha partida. Os sobreviventes os enterraram, refizeram suas roças, sua aldeia, suas relações e, hoje, embora desfalcados de tantos braços, prosseguem a vida. As viúvas, agora casadas com outros homens. Os viúvos, que também arranjaram novas mulheres, recordaram comigo aqueles dias tristes, lamentando os parentes mortos.

Alguns rapazotes, que conheci doentes, são agora os homens da aldeia, casaram-se com as viúvas e procuram substituir, com suas poucas forças e sua pobre experiência, os homens que morreram. A aldeiazinha, em consequência, é pobre, tem uma roça que mal dá para alimentá-los, casinhas muito modestas, nem o casarão de festas e de hóspedes eles reconstruíram. A própria gente ainda não se refez bem, muitos são magros, febris e me deixam a impressão de que um surto de gripe poderá liquidá-los. Todavia, como disse, foi um gosto revê-los, tal é a diferença entre sua miséria de hoje e o indizível horror que viviam naqueles dias terríveis.

Kai-nan, a viúva de José Come Tudo, o colosso kaapor abatido pelo sarampo, fiava algodão para tecer uma rede nova para o marido novo enquanto lamentava comigo a morte de seu antigo esposo. O jovem que casou-se com ela ali estava, fazendo uns adornos de plumas para os furos de Maé-putire, ouvindo meio sem jeito aqueles elogios ao finado marido. É um rapazote magro, nervoso, um pobre substituto de José Come Tudo na vida de Kai-nan e na vida da aldeia.

Mitunrupik, filho de Xiwarakú, cuida de sua prometida, ainda menina.

O capitão Ventura, que foi um dos índios que trouxeram a epidemia numa visita que fizeram a Bragança, lá estava agora com um riso bom naquela cara enorme, emoldurada por uma cabeleira encaracolada. A epidemia lhe tirou quase todos os homens e a aldeia, que antes era das melhores, ficou reduzida a esses tristes restos. Mas lhe deu uma outra esposa, jovem e bonita; será um consolo?

O mais agradável dessa estada, além do encontro com Max, foi apreciar o namoro dengoso de Irá-y, o rapaz kaapor que nos acompanha, com sua pré-esposa, uma menininha de doze anos. Já no primeiro dia começou esse dengo, a vimos chorando no regaço da mãe, queixando-se de Irá-y, que ainda não falara com ela nem lhe dera a rede para armar, e confessando seu temor de que ele, nessas longas viagens, houvesse arranjado outra companheira. Nós havíamos chegado duas horas antes e a esposinha já exigia essas doces atenções. Não havia motivos para tanta inquietação, o moço continuava fiel; só tinha acanhamento de chegar a ela diante de nós, porque desde o Pindaré vínhamos comentando esse encontro.

À tardinha, Irá-y entregou sua rede à pequena Ion-rin e, logo depois, o vimos dentro dela, embevecido, sonolento e a menina ao lado, com as mãos em seus cabelos, fazendo cafuné. Mais tarde, foram juntos tomar banho no rio e, à noite, sempre juntos a um canto, escutaram nossas conversas. A menina não se poupou durante esses dias para servir Irá-y quantos chibés, mingaus, batatas assadas seu estômago pudesse suportar.

Esses pré-casamentos são, se a gente quer correr o perigo de comparar coisas incomparáveis, como os namoros escandalosos de nossa sociedade, sem o escândalo,

Diários índios

naturalmente. O casal se acaricia o dia inteiro e à noite, durante meses, alimentando disso sua afeição, enquanto esperam o verdadeiro casamento. Comem juntos, dormem juntos, fazem juntos todas as necessidades, mas não têm intercurso sexual até que a menina seja iniciada. Essas longas esperas da primeira menstruação devem ser angustiantes quando são permitidas tantas liberdades. Mas a força dos padrões de comportamento deve ser suficiente para sustentá-la e fazer até mais desejado o que é tão longamente prometido e esperado.

Os índios tembés, que têm, também, pré-casamentos, não suportam a espera, mantêm relações sexuais com suas pré-esposas antes da primeira menstruação. Os Kaapor dizem que não, mas se acariciam à farta e creio que chegam mesmo a ter relações incompletas, como ocorre com os casais nos primeiros meses que se seguem ao nascimento de um filho. Uma indicação de que isso começa a ser uma norma ideal, um preceito, é que as moças nem sempre se casam virgens. Muitas vezes, as pré-adolescentes têm relações com rapazinhos.

Menina-moça kaapor, o encanto de sua aldeia.

Tal é o caso da precoce Daria, a "filha" branca de Koaxipurú. Um rapazote daqui, que foi amarrado por Diwá há poucos meses, conta que teve relações com ela, acrescentando que não foi o primeiro. Ela tem onze anos apenas, e não creio que seu caso seja excepcional. Já me falaram de outros rapazes que tiveram relações com meninas e moças solteiras e de maridos que espancaram as esposas, após o casamento, por encontrá-las desvirginadas. Ora, se ocorrem casos dessa ordem, não é crime que o pré-marido não tenha a força de esperar, com o perigo de encontrar, depois, na menina-noiva, uma menina-mulher.

Vamos, agora, às histórias de Piahú, que já estão ficando velhas.

### Maíra e Saracura

Saracura era companheiro de Maíra (Maíra *muirápara*). Apareceram juntos. Mas Saracura era louco (*kaú*, mais propriamente "embriagado" que "louco"), sempre atrapalhava o que Maíra fazia.

Maíra tinha os donos (*iar, iára*) das coisas e sabia como fazê-los trabalhar, Saracura não sabia, mas os pedia a Maíra, só para matá-los. Quando Maíra queria peixe, ele levava o Dono do Cunambi para o igarapé, lavava bem o corpo dele na água e os peixes ficavam tontos; ele conseguia, assim, um jamaxim cheio de todo peixe.

Saracura pediu a Maíra o Dono do Cunambi e levou para o igarapé; Maíra ensinou bem como fazer, bastava lavar o dono deles para os peixes ficarem tontos. Mas Saracura queria matar o Dono do Cunambi, não o lavou, esfregou, meteu dentro do igarapé e o fez beber água até a barriga estourar, depois encheu o jamaxim de peixe e voltou. Maíra perguntou:

— Onde está o Dono do Cunambi?

Saracura respondeu:

— Vem aí, atrás, carregado de peixes.

Mas ele já estava morto. Maíra esperou dois dias, depois foi ver, estava morto. Maíra ficou muito zangado.

O Dono do Timbó, também, Maíra quando queria peixe levava para o rio e esfregava na água para matar os peixes, trazia muitos. Saracura pediu o Dono do Timbó para pescar, disse que estava com fome. Maíra deu e ensinou bem como fazer. Saracura levou o Dono do Timbó para o igarapé, mas não esfregou, somente bateu muito até matar e voltou sozinho. Maíra perguntou:

— Onde está o Dono do Timbó que você levou?

Saracura respondeu:

— Vem aí atrás, está muito carregado de peixes.

Mas já estava morto, Saracura tinha matado.

Maíra tinha, também, o Carrapato Grande, Teú-kuhú, que o ajudava a pescar. Maíra o levava para uma lagoa, ele tirava toda a água e os peixes ficavam pulando no fundo, bastava juntar e encher o jamaxim. Saracura, um dia, pediu o Teú-kuhú de Maíra para pescar. Maíra não queria dar, mas Saracura disse que estava com fome, queria muito. Maíra deu e Saracura o levou para a lagoa, esvaziou a água e depois saiu correndo com o Teú-kuhú pelo mato de tiriricão *(karai-ahem)*. Cortou a barriga dele e derramou toda a água, morreu. Saracura voltou outra vez sozinho e disse a Maíra que Teú-kuhú vinha atrás, com os peixes, mas ele já estava morto, com a barriga cortada no tirirical.

Maíra caçava queixadas com o Dono das Queixadas. Ficava com ele no mutá e o fazia gritar, logo vinham os porcos, ele matava alguns e trazia de volta o dono deles. Maíra só deixava o Dono dos Porcos dar um grito, para não chamar muitos porcos.

Saracura quis, também, caçar com o Dono dos Porcos, pediu a Maíra e ele deu, mas sabia que Saracura ia matar aquele Dono dos Porcos. Tudo que ele fazia era errado. Saracura foi para o mato com o Dono dos Porcos, armou um mutazinho muito fraco e mandou o Dono dos Porcos gritar bastante. Ele tinha levado muitas flechas e disse que desejava matar muitas queixadas. O Dono dos Porcos gritou muito, todos os porcos escutaram, vieram de muito longe ver o dono deles. Chegavam aquelas varas enormes, fazendo muito barulho, o mato todo tremia e Saracura só matando, só matando porcos, de cima do mutazinho. Logo acabaram as flechas dele, mas tinha muitos porcos ainda e estavam chegando mais. Eles rodeavam o mutá e fuçavam para derrubá-lo. Quando acabaram as flechas, Saracura ficou com medo, pulou no chão e saiu correndo para casa, deixando o Dono dos Porcos lá em cima. As queixadas fuçaram até derrubar o dono delas, ficaram muito alegres quando ele caiu e saíram com ele para o mato.

Quando Saracura chegou, Maíra perguntou pelo Dono dos Porcos. Ele disse:

— Vem aí atrás, eu matei muitas queixadas e o deixei lá moqueando.

Diários índios

Maíra esperou dois dias, depois foi ver se encontrava o Dono dos Porcos que o ajudava a caçar. Não achou nada, só viu os rastros dos porcos e o mutazinho caído. O mesmo ocorreu, com o Dono dos Mutuns, que também foi morto por Saracura. Era demais.

Maíra estava fazendo um cocar de plumas para ele, veio Saracura e pediu um, mas disse que não queria de penas e sim de carvão. Maíra fez como Saracura pediu e deu a ele. Saracura saiu alegre com seu cocar de carvão, pôs na cabeça e foi para o mato correndo. O vento começou a soprar e o carvão, que ainda estava em brasas, acendeu mais, esquentando a cabeça de Saracura. Quanto mais esquentava, mais ele corria e mais o vento soprava. Saracura veio gritando e Maíra disse:

— Corre para o igarapé, vá procurar água, senão você morre.

Saracura correu para o igarapé gritando, lá a cabeça dele estourou. Por isso, até hoje, Saracura sempre grita nos igarapés.

Este Saracura é um personagem mítico extraordinário. Assim como Mucura, é um *trickster* que influencia Maíra – amoral, ingênuo, corajoso, bom – para transformar o mundo. Por sugestão de Mucura é que ele abriu o cu, para que os antigos deixassem de comer e vomitar; desdentou a bocetinha das mulheres, que antes só podiam fazer amor com Maíra; criou o sexo, dividindo os seres em homens e mulheres e dando a uns e a outros as qualidades que têm. Saracura, ao contrário, só causa desastres: mata os *iára*, donos e protetores dos bichos, que antes colocavam todo peixe, pássaro e caça à disposição dos caçadores, dessacralizando-os. Na concepção kaapor, toda floresta, suas árvores e arbustos, seus bichos de todo tamanho, tipo e sorte são encantados, podendo revelar qualidades míticas a qualquer hora, em razão do menor descuido. Mas quase tudo foi profanado por Saracura.

## O homem apanhado pelo Anhanga

Um homem estava com vontade de comer jacaré e, à noite, disse isso na aldeia. Contou que no dia seguinte sairia cedo para matar um jacaré. Anhanga (espírito de pessoas mortas) estava ali perto e ouviu a conversa.

No dia seguinte, aquele homem saiu com sol pequeno para matar o jacaré. Andou um pouco e encontrou dois homens desconhecidos, ambos Kaapor, como ele. Os estranhos perguntaram o que ele fazia ali. O homem contou o que ia fazer ali. Contou que procurava um jacaré para matar. Eles disseram que estavam caçando jacarés e haviam matado um ali perto, convidaram aquele homem para ir com eles carnear o jacaré. Foram juntos. Lá, no igarapé, tinha mesmo um jacaré grande, parecia morto. Quando o homem tirou o terçado para cortar a cabeça, os outros disseram:

— Não corte a cabeça, não, companheiro, corte a bunda.

Ele obedeceu, abaixou para cortar a bunda. Nisso, o jacaré levantou-se, abraçou o homem com as mãos e o levou para o fundo do poço.

O pessoal lá da aldeia esperou muito aquele homem. Como ele não voltou, o pajé foi cantar para saber onde estava. Nesse tempo os pajés cantavam sozinhos em casas fechadas. Aquele pajé cantou muito tempo, aí veio voando um gaviãozinho-tesoura (*tepé-tepe*) e desceu dentro da casa. O pajé cantou mais e desceu outro gavião-tesoura. O pajé tornou a cantar muito tempo e, já de madrugada, chegou outro gaviãozinho. Então, todos eles viraram gente e conversaram com o pajé velho.

— Que é que você quer de nós?

— Quero saber onde está meu parente que foi caçar jacaré e não voltou.

— Ah! Eu já sabia. Foi Anhanga que levou. Agora, ele está na morada dos Anhangas. Mas é fácil tomá-lo. Vocês esperam o tempo de amadurecer a cajarana (macajuba) e vão levar àquele homem para comer. Faça uma buzina de taquara e toque para espantar os Anhangas. Quando eles correrem, você pega aquele homem e traga para cá.

Quando as macajubas começaram a cair, um homem foi para lá esperar os Anhangas. Esperou um dia, os Anhangas não vieram; esperou outro dia, eles não vieram; passou mais um dia e eles não vieram. Só no quarto dia é que os Anhangas chegaram. Vinham carregando o homem, ele já estava quase igual aos Anhangas, o cabelo grande cobrindo os olhos, nu com o membro amarrado e pintado de vermelho, com a pele fedorenta, magro, com muita fome, não sabia mais falar, só fazia *um-um-um-um*, como os Anhangas.

Os Anhangas jogaram aquele homem no chão e foram juntar macajubas para dar a ele, deram e ele comeu tudo que juntaram. O companheiro só estava olhando, esperando eles saírem outra vez para juntar mais macajubas. Quando eles se afastaram novamente, ele tocou a buzina de bambu. Os Anhangas saíram correndo e caindo para todo lado, deixaram o homem sozinho.

Aquele parente pegou o homem, pôs no jamaxim e levou para a aldeia. Era como Anhanga, não sabia mais falar. O pajé levou o homem e não fez nada, esperou quatro dias. Então, mandou levá-lo para sua casa fechada, queimou bem a terra e deitou o homem em cima das cinzas. Aí ele cantou, cantou durante muito tempo. Veio um *tepé-tepe*, depois veio outro, depois um terceiro. Lá dentro, eles viraram gente e entregaram o remédio para o pajé velho. Ele lavou o homem com aquele remédio até sarar. Aí o homem contou tudo como foi e nós ficamos sabendo.

Antigamente tinha muito Anhanga, de vez em quando eles pegavam um velho e levavam para a morada deles. Naquele tempo, tinha muitos pajés verdadeiros. Eles cantavam, escondidos dentro de uma casa fechada, ninguém podia entrar lá dentro. Os pajés antigos comiam pouco, não tomavam chibé, só comiam rabo de camarão, mingau de tapioca e fumavam muito. Pajé não fazia *suruk*.

## O outro lado do mar

Nós não gostamos de encontrar esse bacurau. Um menino viu um bacurau e saiu correndo com suas flechinhas, querendo matar o passarinho. Andou muito, perseguindo o bacurau. Adiante, ele dormiu e não viu mais nada. Quando acordou, estava do outro lado do mar (Y-ramúi, Avô da Água). O bacurau tinha levado enquanto ele dormia.

O menino ficou ali muito tempo, os bichos de lá levavam comida para ele; só bichos grandes que têm do outro lado do mar e todos falam como gente. A cutia levava farinha para o menino, a paca levava tapioca, o tatu levava *uxí* [uma fava comprida, comestível, de uma árvore da mata], quati levava coco inajá, o nambu levava amendoim socado para o menino. Todo dia levavam comida para ele, passou muito tempo assim. O menino dormia na casa do bacurau. Um dia, o tucano chegou lá, o menino viu e falou:

— Olha Tucano ali.

Era o Avô dos Tucanos, ele falou assim:

— Oh! Menino, que faz você aqui sozinho?

— Foi o bacurau que me trouxe para cá.

— Eu já sei, sua mãe está lá, se você quiser, levo você para sua casa. Venha, monte aqui em minhas costas.

— Não, você é fraco, não aguenta me levar, pode me deixar cair no mar.

O Tucano juntou bastante bacaba, fez um apero e levou para o outro lado do mar.

Depois, veio o Tucaiú [tucano de bico encarnado], era o Avô dos Tucaiús, conversou com o menino:

— Menino, quem trouxe você aqui?

— Foi o bacurau que me trouxe.

— Já sabia, sua mãe está lá do outro lado. Venha aqui, monte nas minhas costas que eu te levo.

— Não, você é fraco, não aguenta atravessar o mar comigo, pode me deixar cair n'água.

Tucaiú fez um apero de bacaba e carregou para o outro lado do mar. Todos aqueles bichos grandes do outro lado do mar eram pajés. Tucano-pajé, tucaiú-pajé.

Passou tempo, passou tempo, aí veio aquele paturi [um patozinho de água doce que parece pavãozinho]. O menino viu e falou:

— Oh! Um paturi ali.

O paturi perguntou assim:

— Oh! Menino, quem trouxe você para cá?

— Foi bacurau que me trouxe.

— Ah! Eu já sei bem, sua mãe está lá do outro lado, vem que eu levo você para sua casa.

— Não, você não aguenta me levar para o outro lado, vai é me jogar n'água.

— Qual nada, menino. Eu tenho canoa, vou buscar para atravessar você.

Paturi foi buscar a canoa dele para atravessar o menino. Trouxe, era uma canoa grande, preta. O menino subiu na canoa para atravessar o mar. Ele pensava

Segunda expedição - Ianawakú

que era canoa mesmo, mas era jacaré. Lá no meio do mar, o jacaré pôs um pedaço do lombo dele fora d'água e perguntou ao menino:
— Que tal minhas costas, são muito caroçudas?
— Não, suas costas são lisas e bem macias.
Adiante, o jacaré encheu as costas daquela goma gosmenta e perguntou:
— Que tal as minhas costas, são muito gosmentas?
— Não. Suas costas são boas, são lisas e não são gosmentas.
Depois, o jacaré pôs o rabo para fora d'água e perguntou:
— Olha meu rabo, ele é muito feio?
— Não, seu rabo é muito bonito.
O menino tinha medo do jacaré comê-lo ali, no meio do mar. Adiante, o jacaré mostrou os dentes ao menino e perguntou:
— Olha meus dentes, menino, eles são muito feios?
— Não, seus dentes são até bonitos.
Aí começaram a sair sanguessugas das costas do jacaré, elas saíam e mordiam o menino. Jacaré perguntou:
— Isto está ruim?
— Não, está bom demais.
O menino falava assim para o jacaré não comê-lo ali, no meio do mar, enquanto isso o jacaré ia andando com o menino nas costas. Quando eles chegaram perto da terra, ainda de longe, o menino pulou fora e gritou para o jacaré:
— Eh! jacaré, suas costas não prestam, são muito caroçudas e gosmentas, seu rabo é muito feio, seus dentes são feios e seu costado é nojento, cheio de sanguessugas.
Xingou o jacaré assim e correu. O jacaré foi atrás, perseguindo o menino com o faro, correu assim um dia inteiro e já estava perto do menino, ele ia atravessando uma mata e o jacaré bateu bastante nos paus, até a mata tremer toda, e o menino correu mais.
Adiante, o menino encontrou o Socó-ramúi (Avô dos Socós), que lhe perguntou:
— Por que você está correndo assim, menino?
— É o jacaré que vem atrás de mim, querendo me comer.
O menino contou tudo para o Sokó-ramúi. Ele disse que já sabia.
— Eu sei bem, sua mãe está lá esperando você. Vou escondê-lo no meu papo para o jacaré não comê-lo.
Aí, o Socó-ramúi vomitou as traíras que estavam em seu saco (papo), engoliu o menino e engoliu as traíras em cima. O jacaré chegou logo depois e conversou com o Socó-ramúi, perguntou pelo menino, o outro respondeu:
— Não sei nada, não vi menino aqui, acho que voltou.
Jacaré farejou muito ali e voltou para procurar o menino. Veio, depois, outra vez, sempre naquele rastro, tornou a sair e tornou a voltar. Aí ele disse:
— Será que você não comeu o menino?
O Socó-ramúi vomitou as traíras e ficou muito zangado; disse:

Diários índios

— Olha aí o que eu comi hoje. E você o que quer aqui, no meu lugar? Só veio me fazer botar fora minha comida?

Socó-ramúi tornou a engolir as traíras por cima do menino e advertiu o jacaré:

— Vá embora daqui, você já me fez vomitar minha comida.

Aí o Socó-ramúi, que estava muito zangado, enfiou aquele bico dele, que era como um terçado, no rabo do jacaré e o fez fugir, gritando:

— Vá embora, não volte mais aqui no meu lugar.

Depois que o jacaré fugiu, o Socó-ramúi vomitou as traíras, depois vomitou o menino e tornou a comer as traíras. Aí, ele ensinou ao menino o caminho da casa dele. O menino foi logo para casa, que não era longe dali. Quando chegou lá, sentou-se na rede com os pais, deu uma mão para a mãe e a outra para o pai, ficaram enganchados ali que não podiam mais largar. Por isso nós não matamos os *socós*.

**11/set./51** – Contadas as histórias que eu lhe devia, deixe-me registrar dois comentários referentes ao pessoal de Ventura e a Maé-putire. Vamos primeiro ao Max. Depois de contar a história de seus furos, que por tão proeminentes e coloridos exigiam pronta explicação, ele me fez uma recomendação muito curiosa e divertida. Disse:

— Vou lhe contar o que falei com os índios sobre franceses e portugueses, para você não estragar a história com explicação diferente.

Atendendo à curiosidade dos índios sobre as diferenciações nacionais dos brancos, Max arranjou uma história engraçadíssima. Disse que ele é francês, diferente de brasileiros, americanos, portugueses e ingleses, que sua gente foi a primeira a atravessar o mar e vir aqui, às costas do Maranhão, ficando amigos dos Kaapor. Depois, chegaram os portugueses, que eram os lobos maus da história, e vinham muito armados. Lutaram contra os franceses e os índios, acabando, à força de suas armas, por expulsar os franceses para o outro lado do mar e os Kaapor para o interior. Por isso, concluiu, os Kaapor vivem hoje tão longe da costa e lutavam até tão recentemente contra os portugueses.

Assim, Maé-putire conseguiu um papel muito simpático, descendente de aliados antigos. E deu aos índios uma racionalização muito aceitável de sua antiga hostilidade aos brancos, contribuindo ainda com um capítulo para a etnologia kaapor que, desse modo, passa a distinguir duas nações, a gostar de uma e odiar a outra. Tudo é muito bom até que venha cá um etnólogo português e aporte lá pelo Jararaca. A teoria de Maé-putire explicaria muitas outras coisas, se pudesse ser tomada a sério. Até desejaria que fosse verdadeira, se não houvesse perigo de me confundirem com os tais portugueses.

Segunda expedição – Ianawakú

## Os Kaapor e os brancos

Os índios não têm, ao que eu saiba, qualquer recordação de um antigo contato pacífico com brancos. Mas a hipótese de que ele tenha ocorrido deve ser examinada. Só ela explicaria bem certas "presenças" em sua cultura, como a técnica de preparação dessas notáveis flechas de metal que está muito acima do que poderiam fazer quaisquer outros índios. Apenas podem apanhar tocos de faca e engastá-los em lugar das línguas de taquara das flechas originais. Há ainda essas casas quadrangulares, de estilo europeu, e a própria decadência das residências, tão pobres em relação às construções antigas tupinambás e de grupos tupis que permaneceram isolados, como os Kamaiurá.

Outras "presenças" ainda são assinaláveis, entre elas o uso corrente de termos portugueses como mãe, pai, irmão e outros que podem ter sido aprendidos nesses vinte anos de convívio tão frouxo conosco. Mas também podem ser mais antigos, Como as casas que já eram quadrangulares quando da pacificação e as flechas que, em 1820, já eram armadas com pontas de ferro especificamente conformadas para este uso. Conto, ainda, nessa relação, a designação de rios longínquos com os mesmos nomes que usamos, como Tocantins (Tocanxim) e outros, e o nome tribal de Anakanpukú – não é demais?

Entretanto, a adoção de elementos culturais não se faz exclusivamente através do convívio pacífico. Em muitos casos, grupos hostis se interemprestam elementos, tendo como agentes de troca prisioneiros que fogem e voltam ao grupo, trazendo técnicas em que foram iniciados, ou prisioneiros ou hóspedes, que em longas estadas junto a grupos estranhos lhes transmitem elementos da própria cultura, sobretudo mulheres.

No caso dos Kaapor, um antigo contato maciço com elementos europeus é hipótese disciplinar a comprovar. Esse contato, naqueles anos e nessa área, seria provavelmente – estamos no terreno movediço do provável e é evidente que essa saga só tem o valor de uma conjectura brincalhona como a de Maé-putire – presidido por elementos religiosos, por jesuítas, que só eles entraram tão fundo na Guiana maranhense. Que sinais poderiam deixar de sua passagem tão indeléveis que, séculos depois, sua presença pudesse prová-lo? Não sei de nenhum, muitos argumentos poderiam confirmar essa hipótese se eu estivesse à procura de confirmação. Mas podem, igualmente, invalidá-la. Até os mesmos argumentos, dependendo do esgrimista, podem levar águas a um ou outro moinho.

## Pajelança

A presença de concepções exóticas na cosmogonia kaapor bem poderia ser apontada por um pesquisador persistente e disposto a fazê-lo. A ausência de pajelança, tão escandalosa num grupo tupi, como os etnólogos estão acostumados a considerá-lo, poderia também dar margem a considerações num ensaio de história conjectural. As reminiscências de uma antiga pajelança ativa, tão claras na recordação dos Kaapor, levariam o senhor X a crer que esse foi um traço banido pelos esforços jesuíticos de conversão. Mas podiam, igualmente, dar argumentos ao senhor Y para "provar", com essa ausência de pajelança e essas meras reminiscências, que os Kaapor não têm tido contatos maciços e esmagadores com elementos europeus. Pois a pajelança só tem sido reforçada pelos contatos como o último reduto de resistência contra-aculturativo e mais viceja onde mais forte é a pressão estranha sobre o grupo, como ocorre com os Guarani.

## Casamento precoce

Anakanpukú, quando passou com João pela aldeia de Ventura, na viagem de ida para o Pindaré, comentou causticamente os casamentos daqueles quase meninos, resultantes do sarampo que deixou viúvas algumas mulheres maduras. Disse que, por isso, Papai-raíra, um dos jovens maridos, e Pandako, um outro, estavam assim magros. Seria porque casaram-se antes do tempo, acrescentando que eles provavelmente morreriam em virtude da extravagância. Contou, então, que ele só casou depois de homem feito, bem maduro. Sempre que sua mãe falava em arranjar-lhe uma mulher, ele fugia e passava meses fora, andando por outras aldeias. Se lá lhe falassem novamente em mulher, ele ia para mais longe. Já seus irmãos mais jovens quiseram casar ainda novos. Ele insistiu que não o fizessem, eles teimaram, tomaram mulheres e, por isso, morreram todos pouco tempo depois.

João me contou hoje essa conversa quando falávamos de um homem de 25 anos que nos acompanha, Arapary, da aldeia de Karapanã, que está pré-casado com duas meninas de nove e onze anos, filhas do capitão Karumbé. É que esse rapaz conversou ontem, longamente, com o capitão Ianawakú sobre relações sexuais. O velho perguntava se ele já tivera relações com mulher, se seu membro já começara a descascar. Arapary respondeu que não tivera relações com mulher alguma e que seu membro apenas começava a descascar. Depois, João comentou o assunto com ele e Arapary perguntou se fazer *suruk* doía, como era a sensação que dava.

Contando isso, João ria-se a não poder mais do "donzelo", dizendo que não era possível que ele fosse realmente donzelo, por certo estaria querendo enganá-lo. Eu lhe mostrei que é bem possível isso, aqui mesmo nessa aldeia há um outro homem, mais velho que Arapary, que não conhece mulher. São comuns esses casos, quando um homem tem parentela reduzida e não pode conseguir esposas entre as primas cruzadas, encontra grande dificuldade para arranjar uma fora do círculo da família. Ficam anos esperando. Isso explica, em parte, os pré-casamentos. Seriam, em geral, uma entrega adiantada daquelas meninas que se poderiam casar com aquele homem. Assim, ele se assegura que elas não sejam dadas a outro. Ajuda mais longamente o sogro e pode desfrutar das outras conveniências do casamento, que não o proibido convívio sexual, como cuidar de seus pertences, do preparo de seus alimentos, suprimento de lenha e água, em que as jovens esposas são ajudadas pelas mães. Assim, de certa forma, como é o caso de Arapary, o pré-esposo recebe serviços da sogra, enquanto as esposas crescem para servi-lo sozinhas.

# Sexo

Precisamos examinar bem a extensão do círculo de incesto, os casamentos entre primos cruzados e o comportamento recíproco, dentro do *sibling*, entre cunhados, entre sogros e genros, além dos dois polos fundamentais do sistema, as relações entre sobrinhos e tios maternos e entre netos e avós.

As conversas sobre comportamento sexual são extremamente difíceis, não pelos índios, sempre dispostos a falar disso, sem qualquer preconceito, mas pela atitude etnocêntrica de João e, sobretudo, desse enorme pessoal civilizado de que me faço acompanhar. Sobretudo o cozinheiro; um outro negro, que veio trazendo a carga do posto e que me servirá de carregador; e o Emiliano, índio tembé muito "aculturado". Essa chusma está sempre atenta para o assunto. Exceto o Emiliano, os demais entendem muito pouco da fala dos índios, mas sempre percebem que se está falando de sexo, tema que lhes queima a cabeça nesses meses sem mulheres. E se põem a rir numa atitude debochada, insuportável, como se estivessem ouvindo aquelas conversas em seu círculo de compadres, principalmente quando há mulheres no grupo de conversa, o que é frequente.

Comentam cada atitude dos índios que lhes parece estranha. Ainda ontem à noite, divertiram-se muito vendo dois rapazinhos índios que nos acompanham dormirem juntos na rede, meio abraçados. Para eles, homens só podem dormir de pés contra a cabeça um do outro e, mesmo assim, fazem coisa insuportável a seus olhos maledicentes.

Ontem, tive de chamar a atenção deles para isso, mas só o João está à altura de compreender essas "sutilezas". Para eles, tudo que discrepe dos próprios padrões de comportamento é risível e pecaminoso. Em grande parte, a constância com que os índios falam de relações sexuais se deve a eles. Creio que, entre índios, o assunto seja ferido com frequência e que esse seja o principal tema de suas brincadeiras verbais, porque sexo é mesmo o tema mais chamativo e importante que há. Os índios devem julgar-nos uns lascivos, que não sabem falar naturalmente desse assunto, e, de certa forma, procuram atender a essa preferência doentia.

As liberdades verbais dos índios nesse campo são compensadas por um estreito autocontrole, e em grupos tão pequenos, em que todos os indivíduos podem ser perfeitamente controlados, funcionam como válvulas de escape. Não devem ser raras as relações extraconjugais. Elas ocorrem, sem dúvida, mas são controladas. É o caso de

Iuákang, o rapaz da aldeia de Piahú que sempre saía com as flechas como se fosse caçar, mas ia para o mato esperar uma mulher casada, com a qual tinha relações. Isso aconteceu até que sua esposa descobriu, porque suas caçadas tão frequentes não rendiam nada, e passou a acompanhá-lo dia e noite.

O controle começa pelo próprio casal, que raramente se separa, indo juntos até para cagar. Essa é a conduta geral quando a mulher não tem filhos muito novos e o marido não pretente demorar muito. Além disso, as mulheres raramente andam sozinhas e nunca se afastam muito da aldeia sem uma companheira. Os trabalhos de suprir a casa de lenha e água, de colher mandioca e outros produtos da roça são sempre feitos pelo menos por duas mulheres. Como se vê, não são muitas as folgas para as aventuras amorosas, mas toda mulher tem sua fraqueza e sempre escapa algum peixe.

O autocontrole é também dos mais eficientes. Considere-se esse arranjo de decoro dos homens, a amarração do prepúcio. Em torno dela se concentra uma infinidade de ideias e sentimentos. Nenhuma mulher nunca pode ver a glande de um homem, isso seria como se um cidadão carioca exibisse o membro na avenida Rio Branco, um escândalo inominável. Até para urinar os homens se agacham, cobrindo com a mão o membro nu, para evitar qualquer olhar indiscreto. Quando vão banhar-se mantêm sempre a mão no lugar da parra de Adão, mesmo quando não há mulheres no grupo. Jamais um Kaapor faria a higiene dessas partes escondidas em presença de qualquer pessoa.

Esse amarrilho, que se coloca no começo da adolescência, quando as emoções sexuais vão despertando, e que se conserva por todas as horas de toda a vida, provavelmente acaba por condicionar reflexamente o funcionamento do aparelho urinário e do genital. Assim, quando liberto, o membro tenderá, por esse condicionamento, a predispor-se para uma dessas funções, como os cachorros de Pavlov se predispunham a comer ao toque da campainha. E, inversamente, quando preconcicionado, será mais sensível às excitações urinárias e sexuais se for liberado.

As mulheres, que em lugar do amarrilho trazem tangas, urinam de pé, apenas afastando um pouco os panos. Elas têm, também, seus problemas de recato – ou seus maridos, talvez –, pois uma de suas preocupações frequentes é ter tangas tão grossas que não mostrem a qualquer luz a silhueta das coxas. Daí o gosto dos índios pelas nossas redes; eu pensava que eles as desejassem por serem mais cômodas, mas não se trata disso. Usam-nas como redes somente o tempo de se sujarem, então as levam à fonte para lavar e elas já não voltam como redes, mas como tangas ideais, indevassáveis.

Por fim, falando do controle das relações sexuais, é preciso considerar o principal instrumento dele, que são as próprias conversas sobre o assunto. Elas são sanções satíricas que causticam os que discrepam das normas de comportamento antes mesmo de conseguir fazê-lo, ironizando cada gesto que possa ser interpretado como uma tentativa de conquista. Tive, agora, uma longa conversa com o velho capitão sobre esses assuntos e outros. Falamos, principalmente, dos ritos de passagem e eu aprendi muitas coisas novas.

Mas vamos deixar o assunto para o outro caderno, que acabo de receber. Esse suplemento já vai ficando longo demais e quero aproveitar as páginas que restam para escrever-lhe uma cartinha especial. É engraçado que, depois de tão longa carta, precise fazer outra. Mas sei que você vai precisar de muito tempo para a ler inteira, por isso adiantarei umas notícias.

**13/set./51** – Berta, mando hoje a você o primeiro diário desta segunda expedição. Ele fará uma longa viagem até chegar às suas mãos. A mesma que farei, daqui a dois meses, para junto de você.

Continuarei, aqui, aquelas nossas conversas escritas em que, como nas faladas, quase só eu falo. Você escuta, com essa paciência e esse amor, que só posso retribuir com a paixão do meu amor impaciente e com todo afeto que tenho por você, querida, e que só encontra expressão nessas páginas, até nosso reencontro. Darcy

**14/set./51** – Tenho tido dias cheios de acontecimentos, mas ocupei-me tanto em preparar o outro diário para enviar, escrever cartas e fazer encomendas ao Fontes, que não pude vir ao diário novo.

Vamos começar com as notícias dessa boa gente, já sua conhecida. Aqui está, sentada no mesmo banco e me amolando, Sipó-putire, a jovem esposa do velho Serapião. Ela tem uma qualidade de que não falei, é muito esperta: veja só, está querendo convencer-me de que o pente que trouxe, para trocar por uma faca, é o mesmo que eu vi ontem em sua cabeleira. E não é, estou certo. Ela vai bem, sempre gorda de oito arrobas, segundo minha balança ocular, mas perdeu dentes incisivos nesses meses. É uma lástima a fraqueza dos dentes desses meus índios. Muito cedo, homens e mulheres os perdem todos, são raros os adultos que os conservam e raríssimas as dentaduras perfeitas. Essa é uma dádiva da civilização, antes não tinham cáries.

Infelizmente, nem todos estão fortes como Sipó-putire (flor de cipó); alguns deles estiveram no posto há menos de um mês e lá apanharam uma gripe que deixou fundos sinais. Por isso estão mais magros que no ano passado e o velho capitão Ianawakú ainda não saiu da rede, pois foi o último que apanhou a moléstia.

## Pajelança e quase motim

O pior, porém, ocorre com Mirá-puie (nariz de pau), aquela enérgica filha de Ianawakú que até parece o capitão da aldeia, tanto fala, opina e ordena. Quando chegamos, ela convalescia da gripe, estava ainda muito fraca, emagrecera uns dez quilos. Mal nos cumprimentou, falou pouco e não deu ordem alguma, o que, em seu caso, me impressionou mais que a magreza.

No dia seguinte, foi atacada por uma terrível infecção intestinal e estivemos todo o tempo a lhe dar remédios e a consolá-la. Ficou tão fraca que mal podia falar e só o fazia para lamentar-se, dizendo que morreria. Suas três filhas, muito tristes, rodeavam a casa, quase chorando. A mais velha não abandonava a mãe, estava sempre junto de sua rede e a acompanhava cada vez que ela saía. O marido, muito calado, abatido, parecia sofrer muito com a doença da mulher, todos temiam que morresse e se angustiavam vendo que meus remédios não pareciam ter efeito. À tarde, ele resolveu apelar para sua própria farmacopeia: queimou a barriga de Mirá-puie com urtigas e, depois, fez um longo cigarro de tauari e ficou umas duas horas de pé, ao lado da rede, fumando e expelindo a fumaça com violência na barriga da esposa.

Toda a aldeia acompanhava a doença com apreensão visível; os homens não saíam para caçar, as mulheres mal se afastavam para trazer lenha e água, mas cada um ficou em sua casa, somente nós nos sentimos obrigados a visitar a enferma. À tarde, o capitão pediu a Toy, que nos acompanha desde sua aldeia, para cantar e tirar a caruara de sua filha. Assim, à noite, tivemos oportunidade de assistir a mais uma sessão de pajelança.

Aquele tratamento feito pelo marido é, aparentemente, o mesmo que o dos pajés, só não é cantado. Ele próprio, que não é pajé, só fuma o tauari, faz as massagens e defuma a esposa. Os Kaapor devem ter certas crenças associadas ao tabaco, que precisamos descobrir. Talvez aqui os recursos que em outros grupos são exclusivos dos pajés estejam ao alcance de todos. O "diagnóstico" do marido cabe bem nos esquemas de pajelança tupi: ele nos disse que a doença da mulher era devida a um anhanga que atirara caruara em seu ventre quando ela pescava.

Durante a tarde, Toy e os homens da aldeia se ocuparam em fazer os longos cigarros para a sessão de pajelança, que começou quando o sol se pôs. Toy, de pé, dançando lentamente e aspirando aqueles enormes cigarros, cantou durante uma meia hora, sozinho. Depois, a doente foi trazida para cá, armaram sua rede perto de onde o pajé cantava, seu marido sentou-se ao lado, sempre solícito, mas deixou aos cuidados da esposa enferma a filhinha de dois anos, talvez porque a menininha só durma junto da mãe. As outras filhas deitaram-se numa rede armada no outro extremo da casa.

O canto de Toy foi tornando-se mais forte e passou a ser repetido em coro por diversos homens, alguns daqui, outros que vieram conosco. Serapião fumava também um longo cigarro de tauari e esforçava-se para imitar com perfeição os cantos de Toy. Ita-nurú, cunhado da doente, também fumava, cantava e, para meu espanto, chocalhava um maracá, o primeiro que vi numa aldeia kaapor.

Toy repetiu aqueles cantos, já meus conhecidos, a "Lontra", o "Calango", a "Borboleta", a "Abelha" e outros. Depois de algum tempo de invocação, sempre aspirando aquela chaminé, ele começou a bambalear, parecendo tonto. Então, já eram os "bichos" que cantavam, faziam perguntas e respondiam. Nesse momento, Toy aproximou-se, muito trêmulo, da rede de Mirá-puie e, em voz diferente da sua, perguntou: "Onde dói?", "Onde dói?". O marido, que estava ao lado, tomou as mãos de Toy e colocou-as na barriga de Mirá-puie, mas o pajé parecia estar tonto, aproximava-se e se afastava, sempre perguntando onde doía. Afastou-se, depois, e iniciou um canto mais vigoroso, parecia um diálogo que João ia me traduzindo. Dizia:

— Vai morrer. Ela vai morrer.
— Não, não morre, vai sarar, vai sarar.
— Eu sou amigo. Sou amigo.

Era a abelha que cantava.

Repetiu essas frases durante muito tempo, depois aproximou-se da doente e começou a curá-la pelo mesmo processo que a Diwá. Passava a mão com força na barriga da enferma, como se espremesse alguma coisa que estava dentro, depois fechou a mão, como se tivesse nela o *quid*. Afastou-se então, novamente, e começou a fumar e soprar a fumaça na mão entreaberta; chegou perto do marido e mostrou a mão vazia, dizendo que ali estava a cera que a abelha-pajé jogara em sua mulher e que lhe fazia mal. Em seguida, iniciou outro canto que João disse ser da borboleta e foi traduzindo. Toy dizia, ou melhor, cantava:

— Sou a borboleta grande.

E continuou:

— Parawá tem muita borboleta. No caminho, quando se para para ver o fumo, vê-se muita borboleta.

Intercalou o tema fixo do canto, que é uma disputa entre o vento e a borboleta, em que ela diz ser forte, ter asas boas, que podem resistir a ele, e o vento responde que mais forte é ele, que pode levá-la para onde quiser.

Voltou, depois, para mim, falando do Parawá, dizendo que os caminhos eram muitos. Assim é que não deveríamos ir lá, que nos perderíamos e muitas coisas mais. Esquecera a doente e tratava agora de nossa viagem com a má vontade de quem não quer ir. Na noite anterior já invocara as suas borboletas para consultá-las sobre a viagem. Disseram, então, que o caminho não era ruim e ele pedia: Borboleta me leva, me leva em suas asas ao Parawá.

A essa altura pareceu lembrar-se de Mirá-puie, aproximou-se dela, tomou-lhe o pulso com ares muito medicinais e disse:

— Já está boa, já está curada.

O momento decisivo da sessão, o clímax mesmo, foi quando dois mutuns do capitão, que sempre dormem no mato, incomodados lá, não sei por que – mas todos veem que foi pelo anhanga –, voaram de onde estavam sobre a aldeia, procurando outro pouso. Toy, que não é lá muito respeitado como pajé, confirmou desse modo o seu poder, foram os anhangas invocados por ele que espantaram os mutuns.

Talvez, por isso, o resultado da sessão foi surpreendente. Mirá-puie, que viera sustentada nos braços do marido, certa de que ia morrer, e que se deitara calada, com a respiração opressa, mal ouviu o prognóstico do pajé, entusiasmou-se mais, falou um pouco sobre nossa viagem ao Parawá, nos aconselhando a não ir, e, ao fim da sessão, voltou sozinha, em passo firme, para sua casa. Hoje está muito melhor e não pensa em morrer.

# Parawá

Quanto à minha viagem, os resultados foram igualmente espetaculares. Desde a última aldeia, os índios me diziam que não querem ir ao Parawá. Nenhum deles conhece as aldeias de lá e todos temem que a viagem seja muito difícil. Eu insistia, dizendo que precisava ir e esperava que me ajudassem. Aqui a conversa tornou-se mais concreta: eles queriam ir para a aldeia do Piahú e, de lá, à do Xiwarakú, para só então tomarem o rumo do Parawá. Eu decidi que devíamos ir por aqui, andando diretamente para a aldeia de Xapy, que fica a meio caminho de Morocore, a primeira aldeia do Parawá. Procurava mostrar que, assim, evitaríamos fazer duas vezes a mesma viagem, como aconteceria se fôssemos por Xiwarakú.

Era uma situação difícil, porque, se os atendesse, teríamos o mesmo problema quando chegássemos à aldeia de Xiwarakú, eles se negariam a ir adiante e ainda convenceriam aos índios de lá a não nos acompanhar. Eu também estava temeroso de seguir com eles, porque aqui quase todos pegaram a gripe trazida do Canindé e podiam contaminar os índios de lá.

Aí a coisa tornou-se mais grave e mais clara. O capitão Ianawakú nos aconselhou a não ir, porque, disse:

— Nós não somos bons, mas somos mais ou menos bons, os outros índios não. Eles não querem que pessoas doentes de gripe os visitem. Nós estamos acostumados com gripe e não nos importamos; para lá é diferente. E há muitas crianças naquelas aldeias, até recém-nascidos que podem morrer de gripe, e, se isso acontecer, eles ficarão *iarõn*.

A gripe é, para os índios, moléstia muito grave, que muitas vezes mata; eles têm, por isso, boas razões para temê-la e para exigir uma quarentena. E não sou eu quem há de levar-lhes doenças, naturalmente. Que fazer, então? Continuar só com meus companheiros ou sairmos, o grupo todo, levando gripe às aldeias que visitássemos? Ficarmos aqui para tratá-los não era possível, porque já acabamos com a farinha da aldeia. O melhor, portanto, era deixá-los ir para casa, desistindo da viagem ao Parawá. Por isso os deixei certos de que iria mesmo hoje para o Xapy e que de lá seguiria para o Parawá.

O resultado foi que todos eles hoje cedo foram embora. Até o Irá-y, que tanto desejava ir conosco até Bragança, mas era o mais medroso. Toy, nessas circunstâncias, apoiado na gripe e nas ponderações do capitão, pôs ainda as suas borboletas a serviço dessa pouca vontade de ir ao Parawá, fazendo-as aconselhar daquele modo. Foi a gota d'água, resolvendo do modo mais simples o nosso problema.

Agora, com poucos carregadores, mas todos sadios, poderemos continuar a viagem. Iremos primeiro à aldeia do capitão Sereno, que fica muito perto daqui, de lá à de Xapy, onde decidiremos se é melhor voltar ou seguir para a aldeia de Morocore. Para isso, terei de reduzir minha carga, deixando parte dela aqui, aos cuidados do capitão. Adiante, se resolvermos seguir para o Parawá, arranjaremos quem venha buscá-la.

Tivemos, portanto, um quase motim, não chegou a ser porque eu o desejava e quase o provoquei. Assim, se vê de que modo um motim pode ser útil. Sei bem que a razão profunda de não quererem ir comigo é o medo pânico que têm de aproximar-se da aldeia de Oropó: o matador do funcionário do SPI, Araújo, que comandou a pacificação em 1939. Desde então, a gente de Oropó veio para essas bandas, isolando-se de seu povo. Precisamente por isso meus índios interferiram, procurando impedir que eu seguisse o roteiro previsto. São Kaapor, agindo dentro de sua própria concepção das coisas que temem, até que eu e eles sejamos mortos por Oropó. Eu, civilizado e etnólogo, coitado de mim, não tenho como fugir desse risco.

## Influência tembé

Voltemos, agora, ao maracá de Itá-nurú, que tanto me intrigou. Durante a sessão, ele o percutiu enquanto fumava e imitava os cantos de Toy. Mas não é kaapor o tal maracá. Ele o conseguiu do velho Domingos, pajé tembé, casado com uma velha índia kaapor que viveu muitos anos numa aldeia vizinha que conheci no ano passado.

Isso nos esclarece as relações entre os Tembé e os Kaapor. Quando visitei a aldeia de Domingos, no ano passado, eles convalesciam do sarampo, muitos estavam fracos demais para sobreviverem e morreram pouco depois. Aqui, agora, tive notícia da forma de dissolução da aldeia. Já ouvira falar no posto que a gente de Passarinho mudara para perto do Jararaca porque os Tembé haviam dito que Papai-uhú pretendia bombardeá-los com seus aviões. Na ocasião, não atinei com o significado da aparente brincadeira; agora compreendo bem o que se passou.

O velho Domingos, depois de viver muitos anos com eles ali, porque se casara com a viúva do antigo capitão, teve, por certo, saudades de sua gente e quis mudar-se para junto deles. Os índios, naturalmente, não quiseram sair de suas capoeiras, embora estivessem muito enfraquecidos pela morte de tantos parentes que o sarampo vitimara. O velho pajé, então, criou a história do bombardeio e ameaçando-os com isso os levou para o Jararaca. Hoje vivem na aldeia de Ben.

Essa aldeia, aliás, já no ano passado era mista, pois contava com uma família kaapor, a do capitão Mário, que se mudou recentemente para junto de Koaxipurú. Desfalcado dessa gente, Ben deve ter se esforçado para conseguir o pessoal de Domingos que estaria, agora, sob suas ordens. Somente uma família negou-se a acompanhá-los, a do capitão Sereno, que foi morar nas cabeceiras do Gurupiúna. Duas crianças que conheci lá, após a morte da mãe, também vitimada pelo sarampo, vieram para cá viver com seus parentes. É mesmo um espertalhão esse Domingos; preciso conversar com o pessoal que ele enganou.

Vejamos o parentesco que as crianças trazidas para cá têm com o pessoal de Ianawakú; vamos chamá-las B e C.

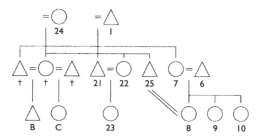

Ambos são filhos de Iraxí-rimbú, filha de 24, sendo o menino neto do capitão Ianawakú. Estão em casa da velha 24, que pode ser também chamada casa de Arí-djú (21), pois ele é o homem casado de lá. É interessante que o menino, em vez de ficar com o avô, foi ficar com a avó. A ligação das duas famílias é também notável, duas moças de uma casaram com dois rapazes de outra e o irmão daquelas moças (25) vai casar com a filha de uma irmã dos rapazes. Ele tem uns trinta anos e certo aspecto de idiota; ela é uma garotinha de onze anos, muito parecida com a mãe, Mirá-puie. Se você estivesse aqui, querida, já quereria interferir para atrapalhar esse casamento, não é mesmo?

Vamos ver, agora, os parentescos de algum *pai-rangá* com os respectivos "afilhados", ou das pessoas que deram nome às crianças na cerimônia de nominação para com essas crianças, estabelecendo um vínculo que me parece ser de grande importância.

O casal de gêmeos, filhos do capitão, foi nominado (os índios dizem levantar, porque os *pais-rangá* tomam os "afilhados" nos braços durante a cerimônia) pelo irmão da mãe das crianças e sua esposa (*mãe-rangá*). Ele se chama Iapá-kady.

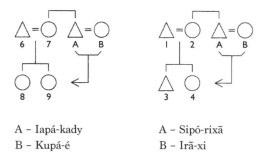

A – Iapá-kady
B – Kupá-é

A – Sipó-rixã
B – Irã-xi

As duas primeiras filhas de Mirá-puie foram nominadas por um irmão dela, já falecido, Sipó-rixã, que aliás é o pai do menino trazido da aldeia de Domingos.

O filho de Itá-nurú foi nominado por Kaní-rumã, irmão da avó materna, e teve como *mãe-rangá* a avó, mãe da mãe.

Segunda expedição – Ianawakú

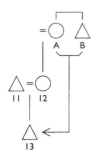
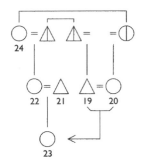

A – Saí-rimby
B – Kaní-rumã

A filha de Arí-djú, neta do capitão, foi nominada por Serapião, primo paralelo da mãe, e por Sipó-putire, esposa de Serapião, que tem o mesmo parentesco com a mãe da criança.

Como se vê em todos esses casos, o *pai-rangá* é da família da mãe, o que parece indicar que ele seja, como o nome indica – pai postiço, falso pai, padrinho –, um substituto natural do pai, na família da mãe.

Temos, porém, um caso em que o *paí-rangá* é da família do pai da criança. Trata-se da filha mais nova de Mirá-puie que, podendo ser nominada por irmãos que ela tem aqui, o foi por um irmão do marido e uma sua cunhada, Itá-nurú e Sipó-putire.

## Ritos de passagem

É tempo de contar a conversa que tive com o velho capitão sobre os ritos de passagem. Vamos a ela. A primeira mulher do capitão era ainda menina quando ele a recebeu, tendo assim que esperar pela menstruação para efetivar o casamento. O primeiro coito foi difícil e doloroso para ambos, ele nunca tinha tido relações sexuais. Os seguintes foram melhorando e, por fim, eram agradáveis, só interrompendo-se quando a mulher engravidava. Falando disso, ele dizia:

— Eu fazia *suruk* até fazer um filho, depois esperava aquele nascer e as regras voltarem, então ia fazer outro.

Depois de terem alguns filhos sadios, a mulher teve uma série de maus sucessos e ficou com medo de ter relações sexuais com Ianawakú, afastando-o violentamente e até ferindo-o quando ele se aproximava dizendo que queria fazer outro filho.

Então, tomou uma segunda esposa, que no primeiro parto teve um casal de gêmeos, ficando, ela também, com medo de um novo parto e negando-se, por isso, a ter relações com o velho. Os gêmeos têm uns oito anos e Ianawakú os deve ter gerado aos sessenta anos, numa mulher de cinquenta, o que é notável. Por fim, comentou que ainda poderia fazer filhos se tivesse uma mulher nova, mas que a sua já não presta. Ela, aliás, ouvia a conversa muito sorridente e lembrando um ou outro pormenor que o velho esquecera. Quando perguntei se, em sua idade, ainda tinha apetite sexual, ele respondeu que sim. Não muito, mas algum, acrescentando que, quando desamarra o membro, ele sai duro e que um cheiro de mulher ainda o excita. Depois, olhando para Cezário, que ouvia a conversa, comentou:

— Ele não pode mais, porque os *karaíwas* não amarraram o membro, deixam solto, por isso fica caído e não pode levantar.

Ianawakú nunca teve uma aventura sexual extraconjugal e disse que *miaçus*, às vezes, fazem isso, mas os capitães jamais o fazem. Isso já me tinham dito outros índios e, quando viajamos para a primeira aldeia, durante uma conversa, Karapanã disse que meu pessoal talvez andasse procurando aventuras quando chegássemos às aldeias, mas que eu não o faria, porque capitães podem passar muito tempo sem fazer *suruk* e só o fazem com suas esposas.

Você entendeu, querida? São os ossos do ofício, do meu e dos meus colegas capitães. Falamos, depois, de alguns cuidados que Ianawakú tomou para com seus filhos, a fim de assegurar-lhes destreza, força e agilidade.

Quando o menino tinha uns três anos – deve ter sido logo depois dele abandonar as proibições a que estava sujeito por ter filhos pequenos –, ele caçou uma onça macho, retirou-lhe os dentes, o fígado e uma pata (mão) e trouxe para casa. Os dentes para seu colar. As garras da pata para a criança. As costas, a cabeça e o pescoço para o menino, para que ele ficasse forte. Assou o fígado e esfregou-o no corpo do garoto.

Recentemente, fez para a menina uma tornozeleira com as garras de uma cutia, para que ela tenha pernas fortes para andar. Seu menino ainda usa tornozeleiras feitas da espinha de um peixe que pula muito; com seu uso o velho espera que o filho tenha a agilidade daqueles peixes. Devia matar, também, uma onça fêmea para a menina. Se tivesse oportunidade, retiraria as garras das mãos para preparar com elas uma tornozeleira, que emprestaria agilidade e força à guria.

Tenho visto uma variedade enorme de colares e tornozeleiras diferentes em crianças e em cachorros. Estes últimos os têm mais grosseiros, de pedaços de ossos e outras coisas como "goelas" de mutuns. Vi também colares de goelas em crianças – d'agora em diante, preciso estar atento para seu significado como amuletos.

Segunda expedição – Ianawakú

O garoto de Ianawakú parece ter se dado bem com os cuidados – João diz "remédios" do pai –, pois em seus oito anos já matou dois veados, o que constitui o maior motivo de orgulho do velho. Ele nos fez mostrar as flechas do menino, marcadas com desenhos que indicam os seus sucessos de caçador.

## Capitaneato

A cerimônia de coroação de um capitão é designada com a mesma palavra que o casamento e são muito parecidas. Um capitão já coroado senta-se na rede diante do noviço, frente a frente, coloca a mão sobre a cabeça dele e a mão do noviço sobre a sua cabeça. Seguram as flechas com a outra mão e as prendem sob o braço um do outro. Nessa postura cantam um canto particular dessa cerimônia. Antes, porém, o capitão amarra um cipó na cabeça do noviço, de modo que as pontas lhe caiam nas costas, e coloca em cima do cipó o capacete de fazenda vermelha; só então sentam-se, como descrevi, e cantam.

A esse propósito, aprendi do Boudin uma coisa interessante e que explica muito bem a paixão com que os Kaapor adotaram a palavra portuguesa capitão, usando exclusivamente esse termo para designar seus caciques. Para os ouvidos afinados do Boudin os Kaapor não dizem *capitão*, mas *kapitan*, quase *akapitã*, ou seja, *akang-pitang*, cabeça encarnada. Essa semelhança entre a palavra portuguesa e a indígena é que permitiu sua pronta adoção e teria sido o significado que apaixonou os Kaapor pelos pedaços de pano vermelho com que fazem seus símbolos de mando. Débil mando, penso eu, porque aqui ninguém jamais daria uma ordem a ninguém. Quando pedi a um capitão uns homens para carregar minha carga, ele apenas disse ao grupo que se reúne habitualmente ao entardecer:

— Eu vou com ele, quero ajudá-lo.

Vários outros índios ali presentes disseram, espontaneamente, que também iriam ajudar-me.

## Casamento

Vejamos, agora, o casamento, dessa vez o legítimo de homem e mulher. Os casamentos são motivos de algumas das maiores e melhores festanças, com muito canto e muita bebedeira. Em meio a essa festa o pai traz a filha adornada com toda a riqueza plumária da família e a entrega ao rapaz, igualmente paramentado, dizendo:

— Aqui está sua mulher.

O noivo, sentado num pau que faz as vezes de banco, com os joelhos bem juntos, espera a noiva, que se aproxima, ajoelha ou simplesmente agacha, deita os seios sobre os joelhos do futuro marido e põe a mão direita em sua cabeça. Ele, por sua vez, coloca a mão direita aberta sobre a cabeça da moça. Cantam, então, durante horas, enquanto todos se divertem, uma litania assim:

> Casar, casar.
> Agora vamos casar
> Vamos vestir
> Vamos comer
> Vamos comer
> Vamos sacudir o rabo

Vestir, comer e sacudir o rabo, que nós, talvez, disséssemos requebrar ou coisa parecida, são sinônimos de *suruk*, foder.

# Iniciação

Vamos ver, em seguida, uma cerimônia de iniciação de uma mocinha. O capitão contou-a como sendo a que organizou para Mirá-puie, sua primeira filha, agora um mulherão de 35 anos, mãe de uma filha quase pronta para o casamento. Quando veio a menarca, o velho, que estava atento para os seios da filha que afloravam, já tinha preparado perto da casa um compartimento todo fechado para a reclusão. Soube que chegara o dia porque a filha aproximou-se dele e disse:

— Meu pai, eu não quero comer carne.

A mãe, então, conduziu a filha para a casa de reclusão e o pai foi preparar um escarificador com dentes de cutia enfiados numa lasca de cabaça. Entrou, a seguir, no quarto e com aquele instrumento escarificou as pernas de Mirá-puie dos joelhos até os pés, de modo que ficassem tintas de sangue.

Em seguida, a mãe, que fora pegar formigas *tapi-ãxi*, voltou com seis delas, amarradas pela cintura duas a duas em três cordões. Firmou um deles sobre a testa da menina para que as formigas a picassem ali (com o ferrão do abdômen, apenas); depois o outro entre os seios e, finalmente, o terceiro, no púbis.

Faceirice de uma mocinha esperando a menarca para casar.

Começaram, então, o preparo da mandiquera que seria distribuída a todos, em sinal de regozijo. Enquanto isso, durante três dias, na casa de reclusão, comendo apenas pequenos jabutis brancos e bebendo água morna, a menina fiava *kurná* e preparava cordões que seriam distribuídos, depois, a todos os moradores da aldeia, ficando ela apenas com um pedaço em que prenderia o colar de plumas de tucano com o qual abandonaria a reclusão no quarto dia.

Segunda expedição – Ianawakú

A menina-moça dirige-se, então, ao igarapé, para preparar a mandioca que ali estava à sua espera. Como não pode tocar em água, cobre o chão com folhas. Ali, sobre aquela esteira verde, descasca as mandiocas, leva depois para a casa do forno, onde rala uma parte e espreme outra no tipiti. Sai para apanhar lenha para o forno de farinha, acende-o e, sempre sozinha, sem qualquer ajuda, prepara um pouco de tapioca de tucupi e de farinha que distribui a todos os moradores da aldeia, dando ao pai uma cuia menor do que às outras pessoas.

Depois dessa distribuição, volta à casa de reclusão, onde o pai lhe corta os cabelos. No dia seguinte poderá sair. Mas continua por algumas luas sujeita a muitas restrições e morando no quarto escuro, só podendo casar-se no décimo mês, ou seja, após o pleno crescimento dos cabelos.

Você viu como são complicadas, simbólicas e até pomposas as cerimônias kaapor? Mas não creia que todas as moças tenham uma entrada tão brilhante na vida de mulher e um casamento tão interessante. Nem imagine que isso seja privilégio das filhas de capitães. É que aqui, como em todas as sociedades do mundo, há padrões ideais de comportamento, normas, rituais que todos conhecem e constituem o que *deve* ser feito para assegurar-se plena euforia social. Mas poucas vezes elas são levadas à prática em todos os seus itens, dependendo do grupo todo viver no momento uma situação boa, de grande fartura e harmonia para que se realize um casamento ou uma iniciação segundo o modelo ideal. Em geral, os casamentos e outras cerimônias são aproximações muito modestas dessas normas.

**14/set./51** - À noite, depois dessas conversas, fui visitar o velho e ouvi dele mais alguns fragmentos de mitos. A conversa começou a propósito de um fruto seco muito espinhoso que sua filha trouxe do mato. Ianawakú disse que aquilo era "parte de anhanga", contando, depois, que os anhangas eram almas de pessoas mortas que andam pelas matas, quase sempre invisíveis para os vivos e sempre prontas a atirar caruara neles, causando doenças.

Passamos, depois, a Maíra, que é a resposta genérica dos Kaapor a todas as perguntas irrespondíveis. Ele teria feito as anhangas, como teria feito os cigarros ou minha caneta, se eu perguntasse quem os fez. Aliás, o velho quase disse isso, pois falando dos cocares de penas contou que foi Maíra que ensinou seus avós a fazê-los, assim como ensinou os brancos a escrever.

# Iutá

Confirmou a história de Iutá, o grande fogo em que Maíra viaja através do céu, porém disse que ele o fez para visitar seu filho e não Tapixi. Esse personagem teria morada na terra e só andaria pelo chão, como os homens. Sobre ele o velho tem notícias recentes, pois contou que uns parentes seus, após a pacificação, visitando os campos que ficam abaixo da linha telegráfica, encontraram numa choça um velho muito pobre que só tinha um terçado velho, muito corroído. Seria Tapixi, perdera todos os parentes e vivia ali, sozinho, com um resto do terçado que os velhos kaapor lhe deram muitos anos antes.

Contou, em seguida, muito sumariamente, a história do grande incêndio do mundo, ateado por Maíra porque houvera incesto – respondia a pergunta minha, sem dar pormenor. Só acrescentou um item interessante: depois do cataclismo de fogo e do de água, houve um terceiro, de cobras. Foram elas que derrubaram os homens fracos que estavam na bacabeira, transformando-os em *kutaus*.

Já que estamos contando histórias, passemos logo à noite de ontem, que foi muito mais proveitosa e rendeu duas lendas interessantíssimas. Logo depois do jantar fui visitar Mirá-puie, ver como ela passava e provocar sua loquacidade para ver se é tão versátil para contar histórias quanto é para outras coisas. É. Devo-lhe os relatos que se seguem, ela os contou frisando sempre que os ouvira do velho pai, como a desculpar-se de tamanha sabedoria.

## O tempo dos gêmeos e dos pajés

Houve um tempo em que havia muita gente; aqui era uma aldeia grande, ali na roça era outra; depois, outra; depois outras muitas. Naquele tempo, as mulheres só tinham gêmeos e eles cresciam logo, porque tinham pajé bom.

Uma mulher tinha filhos e já saía para trabalhar com o marido, não ficava em casa, em resguardo. Dava de mamar ao filho de manhã, quando saía; tornava a dar ao meio-dia, quando voltava para comer; e ia novamente para a roça, só voltando à noite para amamentar o filho. Mesmo assim, eles cresciam depressa. No outro dia, os meninos já estavam grandes, brincando com flechas. Logo ficavam homens.

Mas o pajé acabou com aquele tempo, fez as mulheres terem filhos um a um e demorar o crescimento deles. Agora, quando nascem meninos gêmeos, eles serão pajés. A mulher que tem gêmeos homens não fica em resguardo. Nem o marido: saem ambos para a roça e deixam os meninos sozinhos em casa. Voltam para dar de mamar a eles três vezes por dia. Quando crescem são pajés bons. Há muito tempo que não nascem gêmeos, por isso não há pajés verdadeiros. Meu pai fez esses gêmeos, mas é um casal, um menino e uma menina, assim não viram pajés. O capitão Sereno também, a mulher dele tem gêmeos, mas são sempre mulheres, por isso não viram pajés.

Os últimos gêmeos foram os filhos de Mutú-kukí. Quando nasceram, ele e a mulher os deixaram na rede, eles cresceram depressa e logo começaram a fumar com o pajé. Primeiro, cigarros finos, depois cigarros grossos de pajé. Aqueles meninos não podiam ver tapioca; o pai deles, o pajé, lhes disse que quando alguém viesse com tapioca, era para eles correrem e se esconderem em casa. Um dos meninos viu tapioca um dia, quando uma mulher vinha trazendo; o irmão dele correu e se escondeu, mas ele ficou fora de casa e viu. Os olhos dele espocaram e ele morreu logo, só o outro ficou vivo.

Segunda expedição - Ianawakú

Nesse tempo, Maíra mandou buscar muitas cobras. Respondendo, ela esclareceu que Maíra fez as cobras para usá-las como cintos; disse: "Quero cobras". E o mato se encheu delas. Os matos estavam cheios, elas andavam por ali, enrolando nas pernas da gente. Então, o pajé mandou tirar muita pele de caça e fazer roupa para todos. Depois, ele cantou e fumou até expulsar todas as cobras para a casa de Maíra. Agora, ele está lá ajudando Maíra a tocar as cobras para adiante.

Antigamente, a gente tinha muitos adornos de penas, eram grandes e grossos, muito mais bonitos que os de agora. Mas naquele tempo não precisavam de tanto trabalho para conseguir as penas. O pajé cantava e elas vinham voando, vinham penas de tucano, de *owí* e de beija-flor para fazer os colares das mulheres. Penas de *iapú*, mutum, arara, tucano para fazer aqueles capacetes grossos. Depois, o pajé foi para a morada de Maíra e levou todos aqueles adornos. Houve festa grande na morada de Maíra e o pajé levou os capacetes e os outros enfeites para os netos de Maíra. Lá, até os rapazinhos, como meu sobrinho, já tinham capacete, mas eram moles os capacetes deles.

Quando havia pajé bom, muita gente ia para a casa de Maíra; o pajé cantava, fumava cigarros grandes, depressa eles chegavam lá. Agora não há mais pajé e quase ninguém pode ir lá. Mas só gente bem morena, de cabelo preto muito liso, pode ir à casa de Maíra. Os brancos não podem ir lá. Quando chegam, Maíra os manda sentar e eles viram bancos de pedra.

O primeiro pajé foi Kamady-ramúi, que era tuxaua, os outros eram capitães e *miaçus*. Foram cinco os pajés grandes, todos nasceram aqui, cresceram e, quando ficaram pajés bons, foram para junto de Maíra. Quando um estava bom, já cantava e fumava bem, ia para a casa de Maíra. Outro ficava bom, ia. Veja meu pai, ele sabe fazer estes capacetes tão bonitos, mas não há pajé bom para usá-los. Cobra anda aí no mato, matando gente, matando qualquer um, não tem mais pajé para mandá-las embora.

## Incesto

Antes só tinha Sol. A noite era sempre escura; não tinha Lua, ainda. Então vivia um homem que todas as noites ia dormir com sua irmã e com sua sobrinha. Uma noite, ele teve relações com elas e, na manhã seguinte, quando foi tomar banho, viu uma mancha grande, escura, em seu rosto. Aquele homem lavou, lavou, lavou, passou areia até doer, mas a mancha não saía. Quando ele acabava de esfregar com areia e olhava na água, lá estava a mancha.

Na outra noite, ele foi para a rede da sobrinha e teve relações com ela. Quando amanheceu, ele foi para o igarapé olhar seu rosto, lá estava a mancha ainda mais escura. Ele lavou muito o rosto, esfregou com areia, mas a mancha não saiu.

Então, aquele homem escondeu-se em casa e não saiu mais. Só saía à noite, para ter relações com a irmã e com a sobrinha. Todos na aldeia perguntavam:

— Onde está esse homem que não apareceu mais?

Ninguém o via. Ele ficava o dia inteiro em casa, enrolado na rede, escondendo o rosto com a mancha; só saía à noite para a rede da irmã e da sobrinha.

A mãe o mandava levantar e ele ficava na rede, todo enrolado, dizendo que tinha dor de dentes. A mãe pediu para ver os dentes e ele não mostrava. Passou muito tempo assim, o dia todo na rede enrolado, escondendo o rosto manchado, e, à noite, fazendo *suruk* com a irmã e com a sobrinha.

Todos na aldeia queriam saber o que tinha aquele homem que não aparecia. Um dia, a mãe foi lá onde ele estava e mandou levantar, dizendo que queria ver seu dente. Ele não quis mostrar, mas ela desenrolou a rede e viu o rosto manchado do filho. Ela saiu e contou ao pai dele o que vira. O pai foi lá, fez o homem sair da rede, disse que já sabia por que ele tinha aquela mancha no rosto; era porque andara com a irmã e com a sobrinha. O velho, então, o mandou embora para ficar sempre escondido durante o dia, só mostrar seu rosto manchado à noite.

Desde então, tem Lua no céu à noite. Só não aparece durante três dias e, quando volta, é fininha, para jogar suas flechas de arame na clavícula das mulheres. A gente não sente dor quando é flechada, só sente o sangue derramar todos os meses. É a flecha da lua.

A irmã daquele homem está junto dele, é Iahí-katá (foguinho da Lua), aquela estrela pequena que aparece pertinho da Lua. A mãe dele também virou estrela, é a estrela grande do céu, Piá-kanguá-hú.

Já respondendo às minhas perguntas, Mirá-puie acrescentou que só aquele homem virara Lua e sua irmã estrela. As outras estrelas foram feitas por Maíra. A morada dos mortos Iañang-tarendá era a casa do filho de Maíra, que fica acima das estrelas.

# Capitão Sereno

**15/set./51** – Estamos, afinal, na aldeia que tanto me intrigava, a morada do capitão Sereno, de que não conseguia recordar-me. Vejo, agora, que é a mesma aldeia em que encontrei Domingos, o pajé tembé, e os Kaapor com que morava. A tapera em que eles me hospedaram está duzentos metros adiante e a aldeia nova de Sereno não é mais que sua velha casa da velha aldeia que os outros abandonaram.

Aqui viemos de passagem para a aldeia de Xapy; seguiremos amanhã para lá. Saímos de Ianawakú já muito tarde, depois da costumeira distribuição de brindes que, ali, com a presença de Mirá-puie, não podia deixar de ter alguma coisa de novo. Viajamos umas cinco horas, metade das quais em paradas, uma para matar uma cutia que os cachorros de Serapião acuaram num oco de pau, outra para cozinhar ou, mais precisamente, assá-la e comê-la.

Mas falava da distribuição de miçangas. A surpresa foi o seguinte: embora eu desse mais ao pessoal de Ianawakú, mesmo porque tenho por eles uma certa preferência sobre o das outras aldeias que visitamos, Mirá-puie quase aprontou uma revolução com a gritaria que fez ao receber as miçangas. Até o velho capitão, sempre calmo, entusiasmou-se com a gritaria da filha e me disse que realmente era pouco, as mulheres queriam mais. Esse foi o epílogo triste de tão agradável convivência; infelizmente não pude satisfazer o capitão, porque já dera mais do que podia e, mesmo que desse tudo que tinha, Mirá-puie ainda continuaria grasnando que era pouco, que um tal Armando lhes dera mais, coisas assim.

João ficou um pouco perturbado quando ela iniciou o banzeiro. Olhava-me na expectativa, talvez, de que eu a satisfizesse e tive que obrigá-lo a traduzir o que eu dizia a ela: que ninguém lhes dera mais que eu. Armando, em troca das miçangas, levara quase todas as armas do marido dela e todos os adornos dela e das filhas; eu lhes dava aquilo sem pedir nada. Além disso, ela não me dera coisa alguma. Parlapatices assim é que eram ditas, embora não convençam nem a mim mesmo. O certo é que esses argumentos tiveram efeito: ela calou-se, voltou a rir e pedir com melhores modos outras coisas.

Nosso grupo, agora, está bem reduzido e muito melhor para viajar. Cezário voltou ontem cedo para o Canindé, de onde seguirá para Viseu. Já na aldeia de Ventura, em vista da má vontade com que ele vinha trabalhando e dos incidentes diários que arranjava com João e às vezes com Huxley, decidi não lhe dar o aumento que pedira e fazê-lo ir.

Em seu lugar, arranjamos um garoto índio de onze anos, surdo-mudo, mas de notável esperteza. Hoje já foi ele que trouxe, lépido e sorridente, a carga que Cezário tanto reclamava para conduzir. Nos servirá para apanhar água e lenha, manter o fogo e olhar as panelas. O tempero fica aos cuidados do João e, por estas aldeias, sempre haverá uma mulher que, em troca de algum brinde, me lave as roupas.

Assim, de elemento estranho, só temos o Emiliano, que é útil como carregador porque suporta bem o peso de minha mala maior, embora constitua, por outro lado, um sério problema. É dado a conquistas e não poucas vezes consegue ter relações com as índias nas aldeias pelas quais passamos. O pior, porém, é que tem uma blenorragia crônica que transmite a elas, e isso já custou a vida de uma índia, provocando séria revolta contra ele. Os outros Tembé do posto que poderiam acompanhar-me constituem igual problema, infelizmente.

Vieram conosco, ajudando a trazer a carga, o velho Serapião e sua mulher, Sipó-putire. Havíamos pedido dois homens a Ianawakú, mas só este pôde vir. O filho do capitão, que eu pedira, sentia-se muito fraco ainda da gripe que sofreu para suportar a viagem.

# Mandueki

Aqui, reencontramos dois velhos amigos, Mandueki e sua mulher, que havíamos deixado na aldeia de Ventura, porque razões muito femininas detiveram Ay por quatro dias. Temos, agora, como você vê, dois casais no grupo, um permanente – ao menos diz que vai conosco até o fim – e outro eventual, o de Serapião. As mulheres são muito úteis nessas marchas, porque carregam tanto ou mais que seus maridos e nos dão uma consistência mais representativa de grupo de índios em viagem.

Gamela grosseira, feita de restos de um barco, para depositar mandioca já espremida antes de assar.

A volta dos índios que nos acompanharam até o Ianawakú teve muitas vantagens, além das comentadas aqui. Assim que eles viajaram, o pessoal de Ianawakú se pôs a insistir conosco para que ficássemos dois dias mais com eles, a fim de esperar que torrassem farinha para trazermos. Naturalmente, quando éramos dez bocas, eles não tinham coragem de tanta liberalidade. Reduzidos em número somos mais suportáveis.

Maxin-mãe desfazendo os flocos de mandioca que saíram do tipiti para fazer farinha.

A contribuição dos homens para a alimentação consiste, quase sempre, no suprimento de carnes e peixes. A maior massa de comestíveis é provida pelas mulheres. São a farinha, os mingaus, as batatas assadas, bananas cozidas etc., que elas plantam e colhem nas roças e preparam. Um grupo numeroso, por isso, ainda que os supra de carne e peixe, consumirá uma tal quantidade de outras coisas numa permanência longa que onera as mulheres com um sério trabalho suplementar.

Estou escrevendo com os cadernos sobre os joelhos, sentado num pilão muito incômodo. Essas não são, evidentemente, condições ideais de trabalho, mesmo na aldeia. Fica, por isso, para depois nossa conversa, sim? Tenho muito que contar sobre os parentescos do pessoal de Ianawakú, que me ocuparam todo o dia de ontem; sobre caçadas de guaribas, sobre puericultura kaapor e outras coisas. Mas quero descansar para suportar o esforço que me espera amanhã, numa marcha de dez horas, talvez sem pousos, porque não há água daqui para o Xapy. Até lá, querida.

# Capitão Auaxí

**18/set./1951** – Terça-feira. Estamos aqui desde anteontem à tardinha. Fizemos boa viagem, mas longa, chegamos todos extenuados. Foram, aproximadamente, sete horas de andança.

Paramos, primeiro, numa aldeia vizinha, onde pretendíamos ficar, não só devido ao cansaço, mas também para aproveitar e conhecê-la. Infelizmente, não foi possível; depois de meia hora de descanso, tivemos de meter os pés no caminho e vir para cá, porque o capitão daquela aldeia disse que sua casa era pequena, aqui nos poderiam hospedar melhor, que sua água não prestava e muitas outras coisas convincentes. Sua má vontade em nos abrigar deve ser devido à existência de uma mulher em resguardo e ao temor de trazermos gripe para a criança.

Ele é um tipo forte, quase obeso, tem certa expressão de cura francês muito engraçada. A gente quase se assusta de vê-lo nu, tão claro e gordinho, com uns restos de chapéu de feltro na cabeça.

## Caça de pássaros

Acabava de chegar de uma caçada de três dias; estivera todo esse tempo num mutá que armou em uma fruteira, esperando passarinhos para tirar as penas. Só apareceram dois e, mesmo estes, ele perdeu. Vê-se que os patuás ricos de adorno custam imenso esforço. Não devem ser raras essas caçadas de pássaros, nem muito produtivas, e cada adorno exige grande quantidade de penas que lhes custam muito trabalho. Interessante é que, quando ele estava no mutá, apareceu o capitão Xapy, também querendo matar passarinhos naquela fruteira. Vendo-o ali, o cura gordinho resolveu ir para outro lugar.

## Tecelagem

Na aldeia do cura, vi outras coisas interessantes, como duas mulheres vestidas com tangas fabricadas por elas próprias. São as primeiras que vejo, tal a difusão de nossos panos. Tenho encontrado inúmeras mulheres com a tanga em farrapos, mas mesmo assim esperam até conseguir outra do posto ou nestas viagens, jamais pensam em tecê-las elas próprias. Aqueles exemplares, embora tão velhos, são preciosos, porque talvez constituam algumas das últimas amostras de uma técnica que vai perder-se. Na casa em que descansamos descobri também umas varas enroladas com cordões semelhantes a grades de tecer e me disseram que fazem as saias com aquele instrumento. Preciso levá-lo, assim como as tangas. Por isso e para estudar os parentescos daquela gente, voltarei à aldeia do cura.

Nossa recepção aqui foi muito melhor e, ainda hoje, dois dias depois da chegada, nos enchem de atenções. Agora mesmo a dona da casa em que estamos veio ver e experimentar minha rede, que é o encanto da aldeia. Perguntam se foi você que a teceu, se temos filhos e muitas outras coisas. Só não perguntam seu nome, porque o sabem bem desde ontem.

Vou contar isso: encontrei aqui um rapaz, filho do Xapy (capitão da aldeia vizinha), que adotou meu nome e se faz chamar Daxy por todos. Ontem, ele trouxe sua mulherzinha, uma menina de treze anos, cujos seios apenas começam a apontar, que tem uma dentadura linda e um riso que é uma graça. Então, chamei a menina e o marido e dei a ela um novo nome, o seu, dizendo que se ele se chama como eu, sua mulher devia chamar-se como você. Por isso, agora, todos sabem seu nome, o nome da mulherzinha de Daxy, Bertinha, que eles dizem Mexiia.

Assim que chegamos vieram dois capitães daqui nos receber. Um nos mostrou a casa em que ficaríamos, outro nos levou a fim de nos servir um petisco que reservara para nós, uma cuia de ensopado de jabuti com farinha. O gosto era terrível, o aspecto pior ainda, mas comemos sorridentes e tivemos que aceitar até um segundo bocado que o velho nos pôs na mão. Depois veio o chibé, estávamos com fome de farinha e entramos valentes nas enormes cuias cheias de farinha e água.

## Casas

Casa com quartos fechados como um índio aprendeu a fazer no Maranhão.

A casa em que estamos é o orgulho do capitão; ele a construiu segundo o modelo das que viu em sua recente viagem ao Maranhão, isto é, daquelas que podia reproduzir com os materiais de que dispõe. Não difere muito das casas grandes das outras aldeias, só se destaca por ter uma terça parte cercada de estacas e dividida em dois compartimentos: num vive ele com a mulher e os filhos menores, no outro seus dois filhos rapazes. Neste é que fomos acomodados. É uma beleza, pena é que eu me tenha acostumado tanto às casas sem paredes e não possa apreciar este enorme quarto como o dono merece. Habituei-me a dormir com um foguinho debaixo da rede, que João aviva de madrugada, quando o frio aperta, e ontem quase nos sufocamos com a fumaceira de nosso foguinho dentro deste cercado de estacas.

Mas o capitão, que deve sofrer mais com esta sufocação do que nós, não se dá por achado, está satisfeitíssimo com sua casa. Ontem, pediu que eu descrevesse as casas de minha aldeia e eu contei quanto pude, com essa minha meia língua, como são os arranha-céus. Ele ouviu atentamente e concluiu, falando ao capitão velho:

— As casas de lá são como esta que eu fiz, a casa dele é igual!

Quisera que a casa "dele", tivesse "ele" uma casa, ainda que fosse igual a esta mas "dele", o enchesse de orgulho como esta a seu dono.

## Desenhos

E a casa é decorada. Suas estacas, ainda novas, estão servindo ao filho do capitão para desenhar gente, coisas e bichos com carvão, jenipapo e urucum. São representações de coisas que ele viu na viagem ao Maranhão e ilustram suas narrações aos outros moradores daqui, que não tiveram oportunidade de ver coisas tão espantosas. Copiei alguns deles, são um homem, uma mulher, um negro, um burro e uma cabra; além disso há aviões e outras coisas, como as carapuás, sempre presentes.

Quando copiava seus desenhos, o artista veio ajudar-me, interessadíssimo no processo que usei para reproduzi-los aqui. Aproveitei e o fiz desenhar diretamente no caderno, primeiro com um lápis, que não lhe pareceu muito apropriado para desenhar, e depois com material melhor, um pedaço de carvão. Aí, o caderno com seus limites de largura e comprimento e com sua superfície lisa demais é que atrapalharam meu artista.

Essa letra está infame, mas estou escrevendo na rede e não consigo fazer melhor. Não há aqui nenhuma outra coisa que se assemelhe a uma mesa, tentei amontoar minhas malas, mas ficou pior. Suporte mais esse sacrifício, bem!

## Filhos

Vamos ver, agora, o que aprendi com aquela Mirá-puie, de humor tão variável, sobre os modos kaapor de criar os filhos. Falamos do nascimento e primeiros cuidados que ela teve com suas três filhas. No primeiro parto, foi auxiliada pela mãe, tendo a criança, sobre uma esteira (tupi) trançada pelo pai. No segundo e terceiro, sua mãe já havia morrido, foi a filha mais velha quem ajudou, levando água para ela banhar-se e à criança.

No quarto mês de gravidez, ela, como as outras mulheres, fica com os seios inchados. Três dias após o nascimento, tem muito leite; ela não conhece casos de mulheres que não tenham leite. As dores do parto são suportáveis e nenhuma mulher chora ou grita ao ter filhos; em geral, começam no meio da noite e a criança nasce de madrugada.

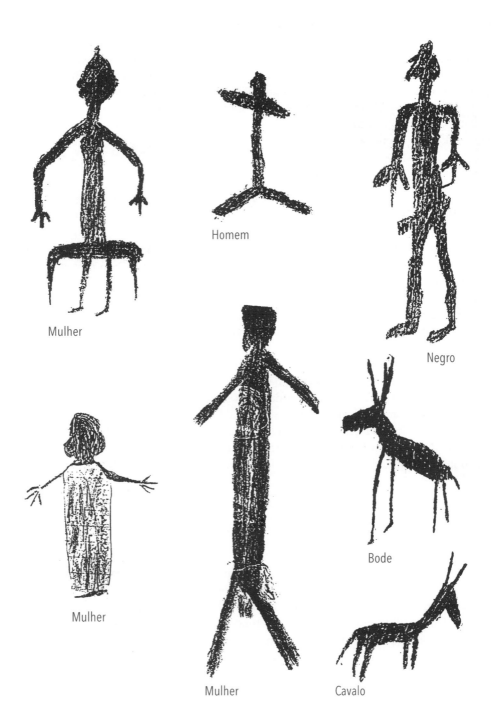

Desenhos dos índios.

Diários índios

A menstruação só volta depois do filho estar andando bem no grupo de guris da aldeia, isto é, pelo menos uns vinte meses após o parto. As relações sexuais com o marido, que se interrompem no segundo mês, quando a mulher fica certa de estar grávida, só se retomam um ano depois, quando o filho começa a sentar sozinho.

Às vezes, se o casal já fez muitos filhos pequenos, suas relações são incompletas. O homem afasta-se da mulher antes da ejaculação (esperma – *tay-rikuera*, água dos filhos, ou *xaranehyk*). Isso sempre se faz por iniciativa do homem, nunca da mulher, o que parece indicar que não se trata de prática anticoncepcional pura. Não se quer evitar muitos filhos, mas fugir ao rigor da regulamentação do intercurso sexual, que obrigaria o casal a interromper novamente as relações e outras inconveniências.

Durante o primeiro mês a criança alimenta-se exclusivamente do leite materno. No segundo mês começa a tomar mingaus ralos de batata-doce, cará e chibé. No terceiro mês já lhe dão chibés feitos com caldo de carne de jabuti-branco, paca ou de peixes como jandiá, *cariwá*, *piratá*, aracu e mandim. Depois do quarto mês, pode tomar, também, caldo de anta e de cutia. Depois do sexto mês a carne de pássaros, mesmo do mutum-fava – que é considerada a melhor –, só pode ser dada a crianças que já andam. Os outros pássaros que podem comer são o cajubim e o tucano.

O veado e alguns peixes, como o sarapó, jeju, *toy*, só podem ser comidos depois da cerimônia de nominação. São considerados perigosos e devem ser evitados na alimentação das crianças e dos adultos quando fracos por doença, resguardo ou *couvade*.

# Cerâmica

Ontem passamos o dia descansando; enquanto isso, carregamos alguns pedregulhos para matar o tempo. Começamos por fazer umas fotografias de tipos. Depois, descobrimos no meio da roça um *xipá* muito rústico, onde a mulher do capitão velho trabalhava fazendo potes. Armei-me de filmes e fui para lá; era a primeira vez que via aquilo e precisava documentar. A pobre mulher ficou muito sem jeito e não gostou nada de nosso desembaraço em aproximar-nos, apalpar o barro, perguntar como era feito, olhá-la preparar aqueles longos roletes e armá-los em espiral para conformar as panelas e potes, e, por fim, a falta de cerimônia com que retiramos as esteiras que lhe serviam de anteparo para fotografá-la ao sol.

Ora, eu já sabia que a fabricação da cerâmica é cercada de muitos cuidados entre os Kaapor. Enquanto modela uma peça, a oleira não pode urinar e, em nenhum caso, pode trabalhar à vista de outras pessoas, senão os

A oleira no seu ofício.

Segunda expedição – Capitão Auaxí

A melhor ceramista kaapor.

potes racham ao serem cozidos. Mas que fazer: respeitar-lhe os preceitos e não ir ver, ver apenas e não fotografar? Afinal, o preço da heresia não é muito alto: alguns dias de trabalho perdido, no pior dos casos uns potes a menos.

A velha não gostou nada de nossa desenvoltura e nos deixou entender isso, sem sombra de dúvidas, atendendo com má vontade a nossos pedidos, compondo uma cara de muito mau humor e dizendo que não ia trabalhar mais. Coitada, não teve outra alternativa senão atender, tal a disposição com que nos acercamos de sua choça tão bem escondida. Ao fim de tudo, ainda pedi muito que ela cozesse os potes enquanto estamos aqui para eu fotografar e prometi uma saia como recompensa pelos malfeitos passados e futuros. Duvido que ela atenda, embora precise muito de uma saia, mas em qualquer caso a darei.

## Sexo

Depois disso, estivemos algumas horas na casa do forno, com um casal que fazia farinha, ouvindo os mexericos da aldeia. Falou-se de casais jovens, cujas mulheres são comentadas por todos. São dois irmãos, filhos de Xapy, casados com duas irmãs; os quatro andam sempre juntos, principalmente as duas meninas, que são inseparáveis e parecem divertir-se muito uma com a outra, pois não param de comer, abraçar-se, rir e mais rir.

Uma delas teve a menstruação – se isso foi menstruação – aos cinco anos, mais ou menos, o que causou enorme escândalo. Muitos velhos julgaram que se tratasse do anúncio do fim do mundo, de um novo cataclismo de fogo. É, agora, apenas uma menina, quase não tem seios, mas já tem relações com o marido. A outra, mais velha, mais seiuda, não menstrua ainda. Sua madrasta afirma, porém, que ela já andou com o marido. Enquanto estávamos lá, ele passou para tomar banho e a convidou; ela não quis ir e todos riram comentando que ele, por certo, queria ter relações com ela lá no rio. Ela riu também e disse:

— É, deve ser isso, mas eu não quero.

Essa madrasta, tão maldizente, é uma moça de dezoito anos, casada com um velho de setenta, sogro de seu pai. Contou que teve relações sexuais a primeira vez com um rapaz com o qual devia casar-se logo depois da menarca, mas ele morreu e ela teve de casar-se com o velho. Disse, também, que o velho quase nunca a procura. Conhecíamos esta moça lá da aldeia de Karapanã, ela veio com o marido visitar as noras e com o pai que veio assistir ao parto de outra filha. Todos estão na aldeia de Xapy, mas vêm fazer farinha aqui, não sei por quê.

A noite foi muito melhor. Depois do jantar, que João cozinhou com tanto esmero e muito sal – macarrão com toucinho –, nos sentamos todos aí em frente da casa e eu comecei a provocar uma velha muito conversadeira, para ver se ela nos contava uma história. Contou várias. Vamos a elas. Antes, porém, duas palavras sobre a tal velha.

Ela é uma viúva de Maíra, não do herói, mas de um capitão, do qual já me falaram muitas vezes e parece ter sido dos mais influentes. Deve ter uns sessenta anos, pelo menos. É mãe de um rapaz que Fontes levou para o Tocantins como possível intérprete para os Parakanã, embora não fale nenhuma palavra em português. Assim que chegamos, ela veio saber notícias do filho. Demos as que tínhamos e ela se pôs a lamentar, disse que anda muito triste, passa tardes inteiras na rede, pensando no filho. Às vezes, pensa que ele já vem, vai esperá-lo na estrada, mas nunca o encontra. Quando os guaribas cantam, ao anoitecer, ela sempre pensa nele, no que lhe terá acontecido. Mesmo falando de Maíra, o herói, lembrou-se do filho e arranjou um modo de relacioná-los:

### Maíra – Relatos

• Maíra encheu os igarapés de peixe, pôs muitas caças no mato, fez tudo bom para os netos dele. Aí os netos acharam que tudo estava bom e quiseram sair pelo mundo, dizendo *katú*-camarada. Por isso é que meu filho foi para o Tocantins, senão estaria aqui, agora, comigo. Ela fala muito, faz muitos gestos e, contando os mitos kaapor, quase os interpreta em pantomima enquanto fala.

• O filho de Maíra vive no céu com os anhangas de todos que morreram. Lá, às vezes, fazem grandes cauinagens, todos ficam bêbados. Maíra toma sua arma enorme e atira para todo lado, são os trovões e os raios, depois derrama os potes gigantescos em que guarda a água e ela cai aqui, como chuva.

• Esta associação do filho de Maíra com o céu, a água e o inverno, e do Pai com a Terra, o Sol (mora atrás do sol, não muito longe, pois algumas pessoas têm ido lá, como o Kaapor que não tinha um braço), o Verão, parece ser outro ciclo da cosmogonia que precisamos examinar.

• Maíra fez três estrelas grandes para tomarem conta do vento, das águas e dos peixes; destas três nasceram todas as outras. São Kamanãno, que manda o vento derrubar as árvores, e Arapiá e Iuséraiu, que mandam no vento que toca as embarcações nos rios e que incham os igarapés, fazendo as enchentes, a piracema, em que sobem todos os peixes para desovar.

• Falou, também, de Tapixi, o companheiro e soldado (*miaçu*) de Maíra, que mora na Terra e é visitado por Maíra no Iutá, que corre pelo céu à noite, soltando fagulhas.

• No céu há um igarapé muito grande (indicou a Via Láctea, designando-a como o caminho da anta: Tapiírapé), com muitos surubins gordos. Lá anda, também, uma anta enorme, muito gorda, cujos passos e assovio se ouvem aqui.

• Há, também, no céu, grandes campos com muito gado, cabras, cabritos, carneiros e onças. Vivem neste campo dois homens coxos, cada qual tem uma perna só. Eles andam fazendo *tuc, tuc, tuc*. Chamam-se Auará-tuyre e Auara-pirang. As coisas do céu não são vistas diretamente, a gente só enxerga a sombra delas – *iãno*, a mesma palavra com que designam fotografias e desenhos.

• Confirmou a lenda da Lua contada por Mirá-puie, acrescentando que foi a mãe daquele homem, Ay-ambir (velha finada), que, vendo o filho com o rosto manchado, o mandou embora, dizendo:

— Vá embora daqui, desapareça de minha vista.

• Antes, ele vivia na Terra e tinha a testa limpa como todos os homens. Foi descoberto por sua sobrinha (Xiu-yre), que entrou no quarto para levar chibé e o encontrou tendo relações com a irmã. Agora, continuam juntos no céu, o Lua e sua irmã, sempre tendo relações. Ele foi o primeiro e o único que teve relações com a irmã. Se um homem procurar sua irmã, seu rosto ficará igual ao da lua e o Lua o levará para o céu com a irmã incestuosa.

• A irmã (ou Piay-pihun, ou camarão maxim) e a sobrinha jogam flechas na lua quando ela está bem no céu. Ela grita e começa a descer até enterrar-se na terra. As flechas batem na lua e vêm cair aqui na terra (menstruação). Quando morre uma lua, aparece no céu por algum tempo o anhanga dela, bem fininha, como sombra. Então, o nambu canta à noite: "A lua morreu", "A lua morreu". Quando a lua cheia está no meio do céu, toda bonita, embalando sua rede bem branca, vem a *angüera* (o mesmo que anhanga) e flecha, aí a lua vai diminuindo, até morrer.

• Foi Maíra que fez o urucum, o jenipapo e a banana; disse assim: "Venha banana para meus matos", e as bananas apareceram.

• Todos os que morrem vão para o céu, para a morada de Maíra-mimi, lá mudam de couro e não morrem mais. Não fica longe daqui, é perto, mas só quem vai morrer vê o caminho. Meu marido, quando estava morrendo, disse que ia para lá, que era ali mesmo. Eu pedi para ele ir e voltar, mas não voltou.

• Todos os mortos vão para a casa de Maíra-mimi. Os comidos por onça, que ficam no mato, os que não são enterrados, todos viram anhanga e não vão para o céu. Quando morre um parente, nós não o enterramos. Só colocamos dentro da terra, em sua rede. Os *karaíwas* é que guardam os mortos num patuá e enterram depois.

• Os mortos levam todos os seus adornos e um pano entre as mãos, os olhos vedados com um cordão e outro cordão prendendo o queixo à cabeça. São amarrados firmemente em sua rede. Junto com ele se enterram o patuá, as armas e o ignígero, e se colocam em cima da sepultura: farinha, cuia, panela, um pote com água e fogo.

• A gente morre porque nossos avós dormiam muito. Maíra cortou um pau grosso, cortava e gritava, mas os nossos avós não responderam. As cobras não morrem, só trocam de pele, porque responderam. Também os camarões e os caranguejos.

• Não se pode falar com Maíra, nem pedir nada a ele. Nós não o conhecemos mais, por isso não sabemos onde ele anda, não podemos falar com ele.

• A velha falou, também, de um outro personagem estranho: o Maíra dos brancos. Chama-se Tupano, nada tem a ver com Maíra. É novo, anda vestido como os *karaíwas* e manda as mulheres fiarem algodão e fazerem cobertores, iguais ao meu, para ele usar. Foi Ianawakú quem lhe falou desse personagem, mas, por certo, os outros velhos, os antigos, sabiam da existência dele.

Diários índios

• Foi Tupãno quem ensinou os brancos a quebrarem pedra para fazer terçado e aos Kaapor como fazer pontas de ferro para as flechas. Contam que ele tinha um filho que andava com a mãe dele pela terra. Depois, Tupãno mandou uma coisa (como uma caixa), o filho entrou e foi, também, para o céu. Mas deixou uns peixes para a mãe dele comer.

• Apareceram uns *pay* na aldeia do meu marido, dizendo que iam chamar Tupãno no outro dia. De manhã, puseram uns panos lá, falaram, falaram, falaram e disseram que Tupãno estava lá. Mas não estava, ninguém viu, eram só panos.

Já escrevi muito por hoje. Deixo acumularem-se algumas coisas para escrever. Quando tiro um dia, como hoje, para pôr o diário em dia, fico com sentimento de culpa, pensando que há tanta coisa para ver lá fora e eu aqui, pensando no que já foi visto.

**19/set./51** – Quarta-feira. Pretendia passar o dia, hoje, na aldeia do gordo e seguir amanhã para a de Xapy. Porém, mal amanheceu, o gorducho chegou aqui com mais dois casais para nos visitar. Terei de adiar por um dia nosso programa, o que não é mau, porque Xapy continua na pescaria e só chegará à sua aldeia daqui a três dias.

# Pesca

Ao saber que vínhamos para cá, ele juntou um grupo de homens e foi com eles pescar surubim para nós no Tury. Ontem à noite chegou um dos companheiros contando que ainda não puderam pescar nada, porque não encontraram timbó. Veio chamar um companheiro que sabe onde tem timbó para socorrê-los.

Quando viajávamos para a aldeia de Tapuro Ambir, dois dias antes de alcançá-la passamos por um igarapé (Timbó-rendá), onde a gente daquela aldeia se supre de timbó para suas pescarias. Como se vê, um grupo local depende de muitas coisas que, às vezes, só encontra a grandes distâncias. Creio que a localização dessas aldeias daqui se deva, principalmente, ao farto suprimento de peixe que o Tury lhes assegura. A região é mais pobre em caça que as outras; aqui tenho comido mais peixe que em qualquer outro lugar e todos falam constantemente de pescarias como a preocupação dominante. Pretendo ir também ao Tury, junto com eles, para assistir a uma pescaria. Se não o fizer agora, dificilmente terei outra oportunidade.

# Gens

As quatro aldeias daqui desta zona são tão próximas quanto as do Gurupiúna e parecem ser tão ligadas por parentescos quanto aquelas. Talvez essas concentrações de grupos locais, tão interaparentadas, sejam unidades funcionais. Seriam *gens* kaapor, unidas por forte solidariedade interna e mais ou menos independentes – ou até inamistosas, se bem que não hostis – umas das outras.

O grupo do Jararaca, que foi mais fortemente submetido ao contato conosco após a pacificação, está quase extinto; às margens daquele igarapé há séries intermináveis de capoeiras. Restam apenas o grupinho de Koaxipurú, já quase dependente dos Tembé do Jararaca, a aldeia de Ventura, muito debilitada pela epidemia de sarampo, e a de Karapanã. Esta se tem mantido isolada e é mais ou menos intermediária entre a de Ventura e as daqui, pois têm casamentos em ambas e seus membros se visitam com frequência. A aldeia de Tapuro é ligada, também, à daqui e à de Karapanã. A de Ianawakú parece só ter ligações extintas com a de seu irmão Xiwarakú, do Maracaçumé, e é claramente hostil à gente de Piahú.

O Gurupiúna tem, talvez, a *gens* melhor diferenciada. Seus capitães são todos estreitamente aparentados e parecem muito solidários. O grupo daqui é também, nitidamente, alguma coisa mais que aldeias independentes e vizinhas. Basta considerar que a gente do Xapy não tem forno, vem fazer farinha aqui e, agora, homens das duas aldeias formaram o grupo de pescaria do qual falei.

Morocore talvez seja outro grupo assim e não uma só aldeia. Pois até chegar aqui julgávamos que só havia uma aldeia e muito pequena, a do Xapy, e encontramos esta concentração de aldeias lideradas por aquele capitão. Bem pode ser que o povo de Morocore se revele também uma *gens*. O pessoal daqui não tem ligação com o da aldeia de Morocore como eu imaginava, nenhum dos homens que encontramos até agora visitou-a.

O Parawá seria outra *gens*, talvez.

Querida, faz um calor infernal, João me chama para tomar banho, três crianças brincam, gritando aqui no quarto, e rede não é lugar para escrever – até amanhã.

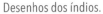

Desenhos dos índios.

# Takuá

**20/set./1951** – Em primeiro lugar, devo dizer que escrevo de uma mesa e não há desculpas para má letra. O capitão que nos hospeda fabricou-a ontem, com lascas de cedro que foi buscar em sua roça velha. Tem esse cheiro bom de cedro recém-cortado e me dá uma sensação de conforto indizível.

## Guariba

Acordei, hoje, com a gritaria das mulheres, que nos chamavam para caçar um bando de guaribas que cantava perto da aldeia. Foi o João, eu fiquei para escrever, mesmo porque está chovendo muito e uma caçada neste aguaceiro não me atrai.

São comuns as caçadas de guaribas nas primeiras horas da manhã e nas últimas da tarde. É a hora em que o bando, conduzido pelo capelão – que os índios chamam tuxaua –, canta onde quer que se encontre e, muitas vezes, estão perto das clareiras das aldeias. Aliás, os guaribas parecem ter uma grande curiosidade sobre esses outros bandos terrestres, tão parecidos com eles, que veem nas clareiras.

Kawirene caçando guariba.

Quando estava na aldeia de Ianawakú vi dois guaribões enormes, suspensos na ponta de um galho de pau-d'arco, altíssimo, que dominava a mata e toda a clareira, olhando para nós. Naturalmente, a ousadia lhes custou a vida, mas é sabido que os esforços de aumentar os conhecimentos pela investigação direta muitas vezes saem caros. Até os meus.

A caçada de guaribas é extremamente difícil. Eles se escondem na fronde das árvores mais altas, entre as touceiras de cipós, e ficam lá por horas, sem se mostrarem. Quando atingidos pelas flechas, que devem romper toda aquela couraça de lianas, gritam de modo assustador, arrancam as flechas do corpo e as quebram com gestos muito humanos. Custam, por isso, uma quantidade enorme de flechas, e os índios, que apreciam sua carne acima de todas as outras, não perdem oportunidade de nos levar a essas caçadas com nossas armas de balas que não custam tanto trabalho conseguir.

Tamarana (Makú), o guri surdo que não perdia um guariba de tantos que, mortos, ficam enganchados nas árvores.

Outra dificuldade dessas caçadas é que raramente os guaribas mortalmente feridos ou mesmo mortos caem espontaneamente das árvores: o cipoal em que se escondem os sustém lá em cima. Muitas vezes, é necessário derrubar uma enorme árvore para desenganchar um guariba morto. Aqui é que entram com sua cooperação

Diários índios

os rapazes de dez a doze anos que sobem naquelas árvores, de trinta a quarenta metros, para acabar de matar e jogar, de lá, os guaribas feridos. O pequeno surdo-mudo que nos acompanha é, talvez, o garoto mais habilidoso para esse trabalho. Amarra um cipó em círculo largo entre os pés e com isso sobe em qualquer árvore. Eu o vi fazê-lo, é realmente espantoso. Para alcançar a árvore em que estava um guariba ferido, ele trepou numa outra, distante uns dez metros, mais fina, que era ligada pela copa àquela, levou uma meia hora nesse trabalho; ao fim, nós não o víamos mais, tinha desaparecido naquela massa enorme de folhas. Só ouvimos os gritos do guariba quando ele o flechou lá de cima e o tremendo estrondo quando caiu.

Um guariba ficou em outra árvore, que pareceu aos índios grossa e dura demais para ser derrubada ou trepada. Voltamos à aldeia mas, à tarde, depois de comer os três que tínhamos caçado, os garotos voltaram àquela árvore e eu vi, da aldeia, o mudozinho no mesmo galho do qual um guariba nos olhava de manhã, a uma altura assustadora.

Quando não contam com nossa ajuda, aliás muito rara, os índios, para não gastarem todo o seu estoque de flechas num bando, costumam derrubar parte da mata em torno da árvore onde se encontra o bando, isolando-o e impedindo que escape. Sobem depois e, lá de cima, matam todos.

Tenho encontrado clareiras dessas de um e até dois hectares ao longo dos caminhos que venho percorrendo.

# Gentio

Hoje cedo tivemos uma novidade: a mulher do capitão amanheceu num *xipazinho* aqui ao lado esquentando fogo, fiando algodão e não aceitou o cafezinho que lhe ofereci. Está incomodada. Como o *xipá* está muito velho, seu marido foi à mata tirar folhas de açaí para armar outro.

Deixe-me falar um pouco desta gente. Primeiro, quero contar que nos receberam com a maior boa vontade e nos servem do que têm de melhor. Todos os dias tomo umas duas cuias de mandiocaba, o mingau doce, que é o ponto mais alto da culinária kaapor; outras tantas de mingau de cará, com moqueca de peixe e da carne mais delicada que eles conseguem; além de porções de toda caça que entra na aldeia.

A velha contadeira de histórias você já conhece, é a pessoa mais loquaz daqui. Ainda ontem, quando pedia ao capitão que me contasse um caso, todos esperaram que ele começasse, mas viram logo que sua veia de narrador não é lá grande coisa e chamaram-na – é irmã dele. Mora com uma filha e uma sobrinha-enteada num *xipazinho* muito ruim, porque espera o filho que lhe construirá uma casa.

A família com que moramos consiste no capitão, sua mulher, muito simpática e sempre preocupada em fazer coisas para eu comer, e seus quatro filhos, todos homens. O mais velho viajou hoje; com toda esta chuva, foi ao Ianawakú buscar umas coisas que deixei lá. Provavelmente não gostou da viagem, porque desde o dia que chegamos está empenhado em conquistar Sipó-putire e mantém o velho Serapião em constante sobressalto, com medo de ser roubado.

Há mais três casas, uma do velho capitão, já meio caduco, que deve andar pelos oitenta anos, vive com a mulher e um filho. Outra, de uma enteada do capitão velho, casada com um irmão do capitão novo, que estão na pescaria. Na última, mora um casal jovem (pré-casados), que aguarda a menarca, já tendo pronto o quarto de reclusão, porque não deve tardar. A moça é a sobrinha e será enteada de minha velha contadeira de histórias. Todos são aparentados, à exceção de um jovem. Pertencem a duas linhagens, uma de Mirá-ambir e outra da parentela de sua mulher.

## Parentesco e casamento

Muito interessantes são suas expectativas de casamento. Os filhos do capitão não têm moças daqui com as quais possam casar-se. As filhas da velha (irmã de seu pai), candidatas naturais, são também suas primas paralelas de segundo grau, porque filhas de um irmão do pai de sua mãe. Essas meninas estão na mesma situação, sua mãe me disse textualmente, como um lamento, que não havia homens para se casarem com elas. Provavelmente, ela queria dizer que não há parentes do tipo preferencial ou consentido para desposá-las. Seu filho e sua filha se casarão, por isso, com gente de outra aldeia, os filhos de uma irmã de Maíra-ambir. Já os rapazes, filhos do capitão novo, terão que procurar esposas no Parawá, pois somente lá têm parentes casadouros, os filhos de um primo cruzado da mãe, e só as obterão se elas não tiverem outros candidatos preferenciais, como seria o caso de filhos do irmão da mãe.

Essa forma de casamento é expressa pelo parentesco, uma vez que, como vimos, são irmãos os filhos de irmãos da mãe e os filhos dos irmãos do pai, tratados respectivamente como pais e irmãos. Já os filhos das irmãs do pai ou dos irmãos da mãe, seus filhos para nós, são chamados cunhados, e seus genitores de sogros e sogras. Toda ruptura dessas regras é vedada como incestuosa, o que condiz com uma relação vexada no convívio diário, envergonhada, porque existe a possibilidade de intercurso sexual, são fodíveis. Ao contrário, as relações com primos paralelos, chamados irmãos, são espontâneas e livres, porque não há possibilidade de malícia sexual. Uma das consequências dessa forma de regulação do incesto é abrir os grupos locais para buscar casamentos em outros grupos, alargando a solidariedade tribal e enriquecendo o intercâmbio cultural.

Na última conversa com a velha de que falei, tratamos também de dois meninos gêmeos que serão nominados em breve numa aldeia vizinha. Quando nasceram, o pai ficou raivoso por ter gêmeos. Não foi deitar-se; ao contrário, foi para a roça plantar mandioca; no dia seguinte, foi caçar; comeu todas as coisas proibidas; isto é, não tomou nenhuma das precauções da *couvade* – tal qual ocorre na lenda contada por

Mirá-puie. A mulher, porém, ficou de resguardo, mas não pôde impedir que o pai desse surubim e outros alimentos proibidos aos filhos recém-nascidos. Mesmo assim eles cresceram fortes, e o homem, agora, está satisfeitíssimo. Um dos meninos, acrescentou a velha, é sem dúvida pajé, porque tem o membro tão pequeno que mal se vê.

A cerimônia de nominação é esperada para breve, somente a seca que assola esta região pode impedi-la. Provavelmente será feita com sauim de mandioca – se conseguirem um ralo – porque não há bananas e os cajus da capoeira talvez demorem a amadurecer. As datas que os índios marcam para suas festas são sempre cheias desses condicionantes. Por isso, não há quem possa saber se teremos a nominação, embora esteja disposto a ficar até um mês nesta região para participar dela.

A velha faladora está aqui agora, me trouxe uma cuia com farinha e peixe moqueado, tão seco que o bacalhau mais desidratado perto dele ainda tem muita água. Devo comê-lo... O pior, porém, é que ela me fala com uma fluência incrível e eu não entendo nada: fala de galinha. Pergunta se quero comer, mas não sei se quer que eu vá a outra aldeia ou se me comunica que ela irá buscar a tal galinha. E João está caçando guaribas.

# Seca

Não sei se já falei da seca. Parece incrível que, na mesma região amazônica em que no ano passado tanta chuva e tanta água nos impediam de trabalhar, nos falte água agora a ponto de perturbar toda a atividade. Os igarapés estão quase todos coalhados, os índios dizem muito tipicamente que estão com o "couro branco", pois só se vê a areia do fundo como um sulco claro no meio da vegetação.

Se o inverno não vier mais cedo este ano, as aldeias serão abandonadas, os índios terão que se mudar para a margem dos igarapés maiores e dos grandes rios. A água que estamos tomando é péssima e até perigosa. Mesmo esta vai escasseando. Um após outro, três poços já foram esgotados depois que cheguei. No primeiro dia tomei banho em um e bebi de outro pouco distante, no dia seguinte banhei-me no segundo, que já tinha um cheiro muito forte devido ao amido deixado ali pela pubagem da mandioca na preparação do chibé, e bebemos num terceiro. Assim, vamos nos afastando cada vez mais da aldeia para conseguir água, o que obriga a poupar cada gota trazida para casa. Desde o Pindaré me falavam da seca: as roças estavam ameaçadas, o inverno anterior fora tão parco que muita gente perdeu tudo que plantou. Mas só agora sinto quanto ela é séria. O pior é que, nessas condições, os índios não se aventurarão a atravessar conosco o divisor de águas do Tury e Maracaçumé para nos levar à aldeia de Morocore.

Segunda expedição – Takuá

## Terrorismo tembé

Ontem, à noite, tivemos outra longa conversa, começamos falando das mentiras miseráveis que os Tembé vêm contando aos índios daqui e de suas consequências trágicas. Já lhe disse que aterrorizaram os que moravam com Domingos, remanescentes da aldeia de Maíra, marido da velha – com uma história de bombardeio aéreo –, para obrigá-los a ir morar com Ben, no Jararaca, e servi-lo como dependentes. Agora, tenho novos pormenores da trama. Não só Leandro, mas Domingos, Ben e outros se meteram nela. Começaram dizendo que estavam juntando resinas porque o sol ia apagar-se, depois veio a história do bombardeio aéreo e o estouro do sol. Seria um cataclismo do qual não escaparia ninguém – a menos, é óbvio, que estivessem junto de bons pajés como Domingos e Leandro. O desespero a que os índios chegaram foi tal que Sereno, o mais calmo deles, queimou sua casa e todas as suas coisas, mas disse que ficaria ali mesmo, para morrer na roça que fizera para alimentar seus filhos.

Passarinho destruiu seu patuá cheio de adornos preciosos e seguiu Domingos. Um outro índio (capitão Urubu, genro do capitão velho), desesperado, veio para cá. Cada vez que via um avião dos que passam frequentemente por aqui ficava louco, acabando por matar-se com uma faca que enfiou no pescoço.

É incrível que uns poucos idiotas maltrapilhos e miseráveis, muito mais pobres que os Kaapor, os possam sugestionar desse modo. Esse poder deve assentar-se nas concepções kaapor do poder da pajelança e, sobretudo, na situação que vivem, assolados por doenças que não conheciam antes e que liquidam, agora, quase todos os seus parentes. Vendo coisas espantosas que não podem compreender, como os aviões, misturam tudo, doenças e aviões vindos dos brancos com os quais confraternizaram. Devem sentir que estão acabando, que não há reação possível contra o avassalamento e a destruição. Essa situação desesperadora, que é o clima em que vivem, é explorada pelos pajés tembés.

Embora não deva intervir, é preciso tomar medidas corretivas urgentes com esses Tembé. Castigá-los de alguma forma para demonstrar aos Kaapor que o Pai-uhú, em que tanto confiam e que tanto temem, não os quer destruir. É medonho que sobre sua miséria, já tão grande, ainda se acrescentem esses sofrimentos.

Os Tembé são outras vítimas do convívio pacífico conosco e bem sei que não foram Domingos e Leandro que inventaram essa concepção catastrófica e forjaram esse sentimento fantástico da iminência de uma catástrofe que destruirá o mundo. Aqui ela está sendo capitalizada em seu benefício, está servindo para levar braços às lavouras de Ben, que não tem índios para fazer trabalhar e produzir a farinha que necessita para trocar por pinga, tabaco e maconha.

É fatal que cada povo goze e sofra o destino que ele próprio concebeu. Mas os Kaapor têm seus próprios sofrimentos a sofrer, não precisam dessa carga suplementar. Dia virá, provavelmente com alguns anos mais de convívio conosco, quando o impacto com nosso sistema econômico destruir o seu próprio sistema social, em que eles, como os Tembé, como os Apapocuva-Guarani – cujos jovens se suicidam às centenas –, talvez encontrem uma saída na espera e no desejo do cataclismo final. Mas deixemos ao menos que andem para lá com seus próprios pés.

# Uirá

Estamos no tom apropriado para o assunto seguinte: a conversa; com a velha loquaz sobre o capitão Uirá, cujo nome tribal é Uirãtã.

Ela o conheceu bem, à sua mulher e aos seus filhos, que talvez ainda vivam no Parawá. Sua versão, a versão kaapor da história trágica de Uirá é muito diferente daquela que registramos no Posto Gonçalves Dias. Essa versão é preciosa porque foi composta pela narradora com base no que a viúva de Uirá contou quando ele voltou.

O capitão Uirá vivia numa aldeia vizinha daquela em que morava a velha, quando perdeu um filho de doze anos. Desesperou-se com isso e, como fizeram muitos outros índios quando moravam no Capim, pôs o seu cocar de penas de *iapú* e todos os seus adornos, tomou suas armas, chamou a mulher (Kãtãi), a filha (Namiá) e os dois filhos que lhe restavam (Xaré ou Iuirá-pík e Karaí-mondok) e foi com eles procurar a casa de Maíra, cujo caminho é o mesmo de São Luís. Andaram até alcançar um rio grande (Pindaré, por certo), que atravessaram, indo até a capital. Sua nudez, seus adornos e suas armas deviam escandalizar e aterrorizar os caboclos maranhenses que encontravam e os arrodeavam e falavam, falavam.

Uirá foi ficando cada vez mais intrigado com aquela malta que o seguia, sempre falando coisas que ele não entendia. Começou, então, a espancar a mulher, enraivecido, sem outro meio de acalmar-se. Prenderam-no e o mantiveram num quarto durante cinco dias, ele ficou desesperado, não comeu nem bebeu nada até que o soltaram. Então, muito fraco, voltou de São Luís pelo Pindaré, indo até o posto, mas sempre rodeado de *karaíwas*, que falavam, falavam.

Ele julgava que o quisessem matar, já o tinham prendido, por certo "queriam quebrar sua cabeça". Ele voltou ao velho remédio, cavou o chão como um desesperado, fez um buraco, prendeu a mulher dentro e se pôs a espancá-la. Os *karaíwas* o rodearam novamente, sempre falando coisas que ele não entendia.

Saiu correndo, seguido pela mulher e pelos filhos, rumo ao Pindaré. Eles gritaram que não seguisse, mas Uirá respondeu que não era um rio, que era um igarapezinho à toa, ia atravessá-lo. Jogou-se n'água e lá morreu, atacado pelos piraquês e pelas piranhas.

Passou-se muito tempo sem que se soubesse o que acontecera ao capitão Uirá. Então, o capitão Cipó, seu amigo, resolveu ir procurá-lo. Chegando ao posto, encontrou a mulher e os filhos que não lhe contaram toda a tragédia. Pescaram, então, a caveira do capitão, enterraram-na e voltaram para cá.

Segunda expedição – Takuá

Eis o capítulo da tragédia que os poetas que trataram de Uirá desconhecem. Ele estava à procura de Maíra, vestiu seus adornos, trazia suas armas como emblemas que permitiriam ao deus Maíra reconhecê-lo como seu neto e abrigá-lo em seu paraíso, onde estava o filho morto. Isso explica a determinação de Uirá em caminhar sempre à frente e seu desespero diante dos *karaíwas*, que queriam impedi-lo de ir ao encontro do criador, de Deus.

Vive ainda numa aldeia, a dois dias daqui, o capitão Cipó, que foi ao encontro de Uirá. Ele poderá contar melhor a tragédia do velho capitão.

Antigamente, eram comuns essas viagens em busca do Paraíso Perdido. Quando um homem perdia parentes queridos e sofria muito com sua morte, organizava um grupo com outros homens dispostos, também desesperados, e iam ao encontro de Maíra, adornados e prontos para enfrentar qualquer obstáculo que os impedisse de prosseguir.

Outra fuga para as situações desesperadoras era a luta contra os *karaíwas* e contra os Guajá, a vingança da morte de parentes queridos nos inimigos tradicionais. O capitão Xapy há pouco tempo perdeu um irmão e quis ir também matar Guajá, tomou suas armas e convidou outros homens para irem com ele. Só não foi porque o capitão que nos hospeda, seu cunhado, lhe disse que Papai-uhú não gosta que se matem índios e ficaria descontente com eles.

Você sabe quantas coisas cabem das seis da tarde às dez da noite? Couberam todas as que lhe contei e mais duas lendas. Tudo saído da velha loquaz, que ainda me falou de seu *pedigree* de neta de tuxaua e me recomendou olhar os adornos do velho tuxaua que o capitão Xerez tem guardados em São Luís, onde foram vistos por seu irmão.

Mas vamos às lendas; ambas foram contadas pela primeira vez ao João por Ariuá. Como ele não se lembra bem, a velha refrescou-lhe a memória. Não são boas de texto, porque foram narradas em estilo de conversa, como respostas a perguntas que fazíamos. Falando de uma grande festa, por exemplo, preferíamos perguntar coisas relacionadas com festas em geral e esclarecer pormenores a reconstituir a história, contar a lenda. Deve ter escapado muita coisa. Uma lenda é sobre um grupo de índios que foi para o céu; esclarece o modo pelo qual o céu é sustentado lá no alto, o poder dos pajés e sua assexualidade. A outra é sobre um eclipse que dá ocasião para um homem assistir a uma festa fantástica de bichos na casa de vento. Bem contada, deve ser maravilhosa, pois discorre sobre os costumes de muitos animais e é, em parte, cantada. Vou procurar um bom narrador que a conheça para gravá-la; nunca ouvi coisa melhor para um disco. Além disso, é uma excelente descrição caricaturesca das festanças kaapor e uma boa explanação sobre os hábitos dos animais.

Diários índios

## Quando o Céu caiu

Uma vez, há muito tempo, o Céu baixou, encostou na terra e ficou muitos dias aí perto. Naquele tempo o Céu era sustentado por um esteio de pau. O esteio apodreceu, por isso o Céu caiu.

Quando o Céu estava encostado na terra, os nossos antepassados foram lá com machados, abriram um buraco bem grande e entraram; muitos entraram ali. Quando o Céu subiu, eles ficaram lá em cima. Desde então tem gente nossa (Ianam) lá no Céu.

Foi Maíra quem chegou e falou com o pajé-preto-velho que não tinha membro para suspender o céu. O pajé-preto-velho juntou pedra, juntou pedra, juntou pedra e fez esteios novos. Agora são de pedra, não apodrecem, não caem mais, são fortes, aguentam todo peso. Não é mais de madeira para quebrar com o peso do céu. O pajé-preto-velho fez com as pedras assim como se faz uma roda de forno para sustentar o céu, por isso aqueles esteios estão por todo lado. Ficam lá para onde cai a chuva.

## Soó-ramúi

Quer dizer caça antiga ou, mais propriamente, caça avó, este foi o nome que minha tia deu à lenda.

Uma vez o sol apagou e passaram-se dias na escuridão. Os antepassados tiveram que acender foguinhos, juntar bastante breu e sair pelo mato com aquela luzinha para caçar. Às vezes, achavam um jabuti, mas era difícil.

Um homem saiu naquela escuridão e bem pertinho da aldeia encontrou um veado-branco, grande, flechou e o veado caiu morto. Depois levantou e saiu andando, vivo. O homem foi atrás dele, andaram um pouco e chegaram numa casa de pedra que ficava na ponta de um outeiro. Era a casa do vento.

Naquele tempo, o vento andava por aqui e os antepassados podiam vê-lo. Quando era vento forte, eles olhavam e viam o velho; quando era uma brisa fraca, viam a mulher; quando era um ventinho ligeiro, era a filha ou o filhinho do vento. Agora, o vento velho já morreu; quando venta são os filhos dele que estão ventando.

Na casa do vento tinha festa grande, estavam dando nome ao filho dele e lá estavam todos os bichos cantando e bebendo. Tatu, paca, veado, cutia, tamanduá, todos bebendo e cantando. O Tatu-Grande Avô estava lá, com uma couraça de pedra, bebendo cauim e cantando. Os bichos estavam todos tontos, caindo para cá e para lá e cantando, todos bêbados, com o chifre quente.

O vento "levantou" (deu nome, foi o Pai-rangá) o filho do tatu. O vento velho olhava e via lá o macaco preto, muito bêbado, com um facão, cortando os paus. A anta, do outro lado, falando muito, *tic, tic, tic*. Mas não viu o tatu, foi procurá-lo e o encontrou atrás da casa, comendo castanha-de-caju. Estava lá, aquele montão de castanha-dos-cajus com que fizeram o cauim e o tatu comendo, enquanto os camucins ainda estavam cheios de cauim. O vento gritou:

— Eh! Tatu, você que devia estar cantando mais, está aqui dormindo?

Aí, o vento deu um golpe de terçado no tatu e ele foi cair morto no buraco.

O vento andava por ali, olhando. Viu o quati com as flechas, um capacete de penas de *iapú* na cabeça e com o próprio rabo virado para cima, como se fosse um enfeite de penas de arara. Noutro lugar estava o mutum-pinima com o chapéu todo crespo.

O vento foi para a rede dele, mas achou lá o veado e não ele. Foi para o roçado cantar, cantar. O vento cantava, o tatu cantava, o beija-flor encarnado cantava, todos cantavam o que o vento ensinou. Jenipapo estava lá, também, cantando. Araçari bebia cauim e cantava:

— Eu vou cortar pau-d'arco. Eu vou comer açaí.

Agora, araçari corta mesmo a flor de pau-d'arco e come muito açaí. A pomba picaúro cantava:

— Minha carne está amarga, minha carne está amarga, minha barriga agora apagou.

Picaúro tem mesmo a carne muito amarga. Araçari cantava:

— Vou cortar flor amarela, vou cortar flor amarela.

Picaúro bebia e cantava:

— Comi muito açaí, minhas tripas estão amargas.

O vento bebia, cantava bem e sentava no banco, olhando os bichos. O mutum cantava como canta agora. O tatu cantava para um lado, depois para outro e o vento perguntou assim:

— Será um anhanga que está aí cantando?

Depois viram, era o tatu, tonto, tonto, tonto, cantando para um lado e para outro. Tatu cantava:

— *Tauxim-pará, tauxim-pará* (furo).

E a mulher dele cantava:

— *Tatu-katú, tatu-katú.*

E o marido cantava:

— *Katú, katú.*

Os guaribas cantavam; o tuxaua, tonto, tonto, cantava e a mulher dele cantava: *kururú, kururú*. O tuxaua cantava jacarepaguá, como o João imita. A mulher dele cantava:

— Vou comer fruta amarga, vou comer fruta amarga.

O veado, muito bêbado, cantava:

— O que é? É minha camisa encarnada. O que é? É minha camisa encarnada. O homem já vem me botar aqui, aqui, por aqui, pelas costas, por aqui, pelas costas, por aqui, *kéu, kéu*.

Veado-branco cantava:

— Eu estou gordo, estou gordo. A corda do arco do velho eu vou suspender. Eu estou gordo, estou gordo. A corda do arco do velho eu vou suspender.

O Sol olhava e, lá adiante, estava o caititu muito bêbado, cantando:

— Eu vou fuçar terra, eu vou fuçar terra.

Diários índios

João chegou com duas galinhas que me mandaram da outra aldeia e três guaribas, as primeiras me livrarão dos últimos, ao menos por hoje. Deixemos o caderno, agora, para ajudar a limpar e cozinhar toda esta bicharada, pois aqui vivemos segundo a moda da terra e só se distribuem comidas preparadas em cuias com farinha, indispensável para consumi-las.

**21/set./51** – Sexta-feira. Minha querida, eu estava aqui sentado, com o caderno aberto, sem escrever, pensando em você, quando veio a velha faladeira, muito carinhosa, perguntar por que eu estava triste e pensativo. Contei que estava com você em pensamento e ela me disse que se entristecia, também, de me ver triste.

A vida continua tal e qual ontem e anteontem. A dona da casa faz pouco movimento, mas já trabalha. Agora está descascando cará para nosso mingau de todo dia. Ontem, porém, esteve o dia inteiro deitada no *xipá* que o marido armou perto da casa. Só saiu à noite para escutar nossa conversa e dormir na rede do filhinho, deixando-o aos cuidados do marido.

O rapaz namorador, que saíra para buscar as coisas que deixei no Ianawakú, voltou, dizendo que, com aquela chuva, teve medo de ser mordido por uma cobra. Na verdade, ele apenas usou da chuva como pretexto para ficar junto de Sipó-putire. Mas, coitado, teve que voltar hoje, porque precisamos muito daquelas coisas e seu tio e sua tia, interessados no tabaco que ele trará, o mandaram ir.

## Tecelagem

Hoje passei toda a manhã na outra aldeia, vendo os parentescos, batendo fotografias e, principalmente, conversando com duas mulheres de lá que sabem fazer redes e saias. Examinei um tear que nada tem de novo, é do tipo mais simples de rede "tecida"; a trama consiste em séries de linhas que prendem dois a dois os fios da urdidura, com um nó especial.

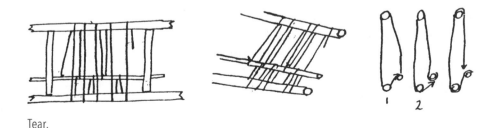

Tear.

Da tanga não entendi coisa alguma; é fabricada em faixas estendidas com um par de instrumentos semelhantes às grades de tear. Como isso funciona, eu irei ver daqui a quatro noites, tempo necessário para que minha professora levante-se de seu resguardo mensal, durante o qual preparará a linha para a lição.

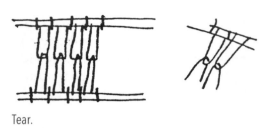

Tear.

Não tenho mais novidades por hoje; ontem à noite conversamos sobre a farmacopeia kaapor e não quero copiar aqui, agora, aquela relação enorme e ainda incompleta, de doenças e remédios.

**23/set./51** – São sete horas da manhã, mas estou acordado de velho, já fiz o café e distribuí ao pessoal, inclusive ao capitão Xapy, que chegou ontem de sua pescaria e aqui está, vestido com minhas calças, conversando com o capitão que me hospeda. Ele fala uma frase ou duas, o outro repete o final da frase ou aproveita uma breve interrupção para intercalar um *É-tegi* (é verdade) ou *Dieté* (é como diz). Conta, penso, os sucessos principais de sua empreitada feliz, eu apenas entendo uma ou outra palavra, como *peixe*, *panacú* enorme, pesado de peixes, coisas assim.

Quando acordei, ele aí estava, aguardando o café e as calças que lhe prometi em troca do cocar. Só tenho duas e, dando esta, fico reduzido a uma e ao calção, mas o capacete é importante e mais importante, ainda, é ele, que me poderá levar às aldeias adiante. Decidi ficar por aqui a fim de ver a cerimônia de nominação e conhecer os grupos locais desta área. Isso significa que não irei ao Parawá, pois precisaria de três meses mais para essa viagem e não quero atrasar minha chegada ao Rio.

Desde anteontem, à tarde, a vida aqui se tem movimentado incrivelmente. Começou por um toque de buzina, que foi interpretado como anúncio da chegada do pessoal que estava pescando. Esperamos a tarde toda, interessadíssimos, e só falando nos surubins que comeríamos. No fim do dia, chegou o capitão velho, era apenas ele que fora levar farinha para o filho. Encontrara, no caminho, um dos pescadores e ganhara alguns peixes.

"Não se assuste, querida, este sou eu, ou é minha 'sombra', como disse o desenhista". Desenho índio ("sombra" de Darcy).

Diários índios

Recebemos com a maior alegria essa anunciação da fartura futura. Comemos surubim moqueado até a barriga doer. Se você pudesse experimentá-lo, diria, talvez, que é das melhores formas de se estragar um bom peixe, torná-lo intragável. Mas aqui, depois de acabar com quase tudo que trouxemos e a esta distância de qualquer recurso, é força acostumar-se às comidas dos índios e a gente acaba por gostar delas. Eu confesso, até, que tenho pecado por gula, tal a quantidade de mingaus, moqueados e chibés que tomo. O certo é que tenho comido muito mais que em qualquer outra ocasião, em parte por obrigação, mas em grande parte, também, por gula.

Vou acostumando-me ao sistema indígena de comer, tomar chibés enormes cada vez que tenha o estômago vazio e comer durante todo o dia, em pequenas quantidades, de tudo que entra na aldeia. Isso soma, ao fim do dia, uma quantidade espantosa de comida. Muito superior àquela que consumimos em nossas refeições fixas, que acabam por condicionar a fome a seus horários e limitar a quantidade de alimentos àquela que se pode ingerir de uma só sentada.

# Xapy

Ontem fomos à aldeia do Xapy esperá-lo e lá ficamos, até à tardinha, tomando mandiocaba e comendo peixe moqueado frio com farinha e peixe moqueado cozido, também com farinha. Ele chegou às três horas, anunciando-se, como sempre, pelos lamentos da buzina que ouvimos desde uma hora antes dele entrar na aldeia. Dois de seus companheiros tinham chegado no dia anterior. Ele vinha atrás, com a mulher, porque trazia uma carga muito pesada e duas crianças que levara à pescaria.

Sobre essas crianças, aliás, tenho o que dizer. Xapy contou que depois de baterem o timbó no poço, afloraram peixes em quantidade muito superior à que eles aproveitaram. Basta dizer que só trouxeram surubins, seu peixe predileto e o maior deles; os outros, muito mais numerosos, deixaram perder-se. Pois bem, no tal poção há uma sucuriú que se irritou com o timbó e esturrou de fazer medo. Xapy contou que aquela zanga não era devido ao timbó, que não a incomoda, pois ela sabe costurar a boca para não engolir água quando sente o timbó. A cobra esturrava ameaçadora porque levaram crianças à pescaria.

Quando Xapy, com seu grupo, acabou de colher os peixes que podiam carregar, lá chegou o pessoal de Tapuro para suprir-se de peixes. Conversaram, contaram as novidades das duas aldeias e se separaram. Xapy continua falando aí ao lado, de vez em quando chama minha atenção para alguma coisa que conta, certo, parece, de que eu poderia entendê-lo. Só me resta um recurso para não parecer indelicado: presto toda a atenção ao que ele diz e, compreenda ou não, repito a última parte da frase em tom de assentimento.

Ele é um homem de cinquenta anos, muito simpático, tem uma expressão inteligente nos olhos e um porte altivo. É pai de muitos filhos, já teve diversas mulheres e, como a atual está velha, anda procurando outra. Há poucos meses morreu, suicidou-se, seu irmão, o capitão Urucu, casado com uma filha do capitão Auaxí (o capitão velho daqui). Xapy fez tudo para ficar com a viúva, embora triste com a morte do irmão que ele quis vingar nos Guajá e agora me cobra ao preço de um facão – não descuidou disso. A moça, porém, não o quis, durante os dez dias que esteve em sua casa evitou de todos os modos ter relações com ele e acabou fugindo para casar-se com um velho de sessenta anos, o capitão Sarubidjú.

## Miçangas

Ontem tive um desgosto com o velho Serapião. Já há algum tempo notava que ele, afeiçoado demais às minhas coisas, servia-se delas sempre que eu me afastava. Mas tratava-se de fumo, açúcar, biscoitos, que iriam mesmo acabar em breve e não valiam uma repreensão. Ontem, porém, ele abriu minha mala e tirou uma quantidade de miçangas que daria para contentar a fome de contas de umas oito pessoas. O nosso pequeno surdo-mudo viu e nos contou. Aliás, quando cheguei, ele ainda tinha o embrulho de contas na mão e esquivou-se a mostrar-me o que era. Não quis forçar, mas o fiz sentir que eu sabia bem o que ele tirara.

A história espalhou-se logo pela aldeia e, mais tarde, uma mulher veio dizer-me que o menino mentira. Serapião só estava fazendo um colar com miçangas que eu dera a Sipó-putire em sua aldeia. Mostrei a ela as latinhas de miçangas pela metade para que não tivesse dúvidas sobre o roubo, mas não a convenci. Todos ficaram preocupados com o caso e, às vezes, me perguntavam se eu estava zangado com o velho. Dizíamos, João e eu, que não, estávamos só um pouquinho zangados. Não adiantam grandes zangas; o que cabe fazer, agora, é proteger melhor as malas para evitar novos roubos desses.

Meus parabéns, mano Mário. Hoje você completa 27 anos, que seja feliz.

## Roubos

**27/set./51** – Quarta-feira. Emiliano chegou ontem à tarde com o resto da carga que havíamos deixado com o velho Ianawakú. Foi uma surpresa bem triste ver minha mala arrombada por aqueles bons amigos meus, porém mais amigos ainda das minhas miçangas, que os levam aos mesmos desvarios a que o Tamataré leva os *karaíwas*. Tiraram mais da metade do tabaco que eu havia deixado, duas latinhas de miçangas e outras coisinhas, mas fizeram arrasos nas embalagens dos medicamentos para ver o que continham patuás tão minúsculos e tão misteriosos.

Ontem falei do roubo das miçangas, hoje desse arrombamento. Essa sucessão bem pode dar a impressão de que meus índios sejam uns ladrões, mas não são. Toda a minha carga ficou meia lua na aldeia de Karapanã e ninguém tirou nada, duas luas na de Piahú e só faltaram pequenas coisas carregadas pelas crianças. Essa é a primeira vez que me arrombam a mala e posso bem compreender a força das motivações que os levaram a tanto.

Em cada aldeia por que passamos os índios se esforçam quanto podem para nos fazer voltar ao posto. É que lhes compramos coisas para pagar lá e prometemos, em troca dos favores que nos fazem, dar panos, facas, tesouras e outras riquezas quando regressarmos. Eles bem sabem que nossa carga diminui à medida que andamos e, no mesmo passo, aumentam nossos compromissos, diminuindo a quantidade de brindes que poderei dar. O velho Ianawakú insistiu muito para que voltássemos ao posto e, no dia que saímos, recomendou que voltássemos daqui para sua casa, a fim de alcançar por lá o posto, reforçando seus conselhos com toda a sorte de previsões pessimistas. Agora, seu pessoal, vendo que demorei aqui e que mandaria buscar o que deixara lá, não resistiu à tentação de se apossar daquilo que podia ser dado aos índios das outras aldeias.

Descobrimos a mala arrombada diante de todos os índios daqui e da aldeia do Xapy e eu me mostrei tão triste (mas não raivoso) quanto pude, lamentando que tão boa gente houvesse estragado a mala do Pai-uhú. Isso é necessário para evitar outro assalto. Frisei, também, que Piahú e Karapanã souberam guardar minhas coisas.

Todos lamentaram muito o incidente, dizendo que não prestavam os camaradas que o provocaram. Xapy me disse, então, que o capitão não sabia do que aconteceu. Sucedeu, por certo, quando ele e todos os homens estavam fora da aldeia. As mulheres arrombaram a mala. É curiosa essa acusação às mulheres; muito provavelmente foram os homens e muitos juntos, pois aquilo fez barulho e, dentro do patuá, devem ter passado vários pares de mãos, não podendo o velho desconhecer o fato. Esqueçamos o caso, porém, mesmo porque esse é o único remédio para o mal. Além do que vou dizer aos culpados, quando forem ao Canindé para cobrar o que lhes devo.

# Tecelagem

Passei o dia ontem na aldeia de Takuá vendo a fabricação das saias. Trata-se de um tear muito rústico, mas provido de quadros que separam as linhas da trama, preparando-as para a urdidura. Depois da demonstração, consegui da tecelã todo o conjunto com que trabalhou e, ainda, uma saia tecida – não é a melhor de seu guarda-roupa, mas serve bem como amostra dessa técnica que vai desaparecendo. A velha tecelã é a única mulher daquela aldeia que sabe tecer panos. Dizem que duas daqui também sabem, mas nenhuma tem os quadros e deixaram há muitos anos de tecer.

Tecendo uma saia com seu tear feito de cordas.

Segunda expedição – Takuá

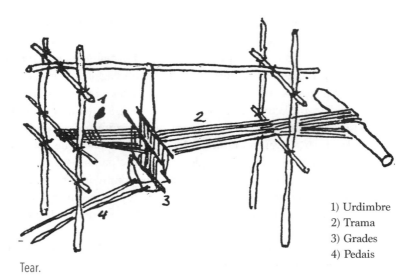

1) Urdimbre
2) Trama
3) Grades
4) Pedais

Tear.

Aí está o tal tear; foi armado dentro da casa, com varas que apanharam por ali, tirando dos cercados de cachorros, dos *xipás* de reclusão e, as mais longas, do mato próximo. Foram necessárias quatro vigas, uma travessa longa e cinco travessas menores, utilizando-se, também, uma viga muito baixa, da casa, que comumente serve de sustentação para os esteios e para armar redes.

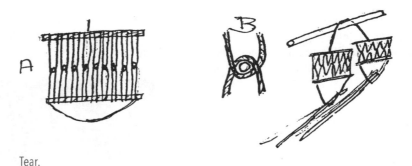

Tear.

Estes meus desenhos são uma vergonha, mas servirão bem como lembretes. Pretende mostrar, o primeiro (A), como são as grades: consistem em duas tramas paralelas; em cada uma delas prendem uma linha que dá uma volta na trama, sobe até meia altura do quadro, dá nova volta, sobe novamente, assim por diante, passando sempre dentro da volta que forma, do mesmo modo, a linha que parte da outra trama.

As duas grades trabalham juntas, suspensas pelo mesmo cipó numa travessa posta ao comprimento do tear, de modo que podem subir ou descer quando movidas varas presas em cada uma delas e que a tecelã usa como pedais. O diagrama B mostra como os fios da trama passam entre os laços de linha da grade.

Diários índios

A tecelã começou seu trabalho arrumando as linhas da trama no tear em porções que davam duas pontas; para isso amarrava uma extremidade da linha na travessa (*a*), passava sobre a travessa (*b*), rodeava a (*c*) e voltava a passar sobre a (*b*) e amarrar a outra ponta na travessa (*a*), como indica o esquema D.

Popé-mãe, mulher do Tanurú, tecendo com seu arranjo de cordões.

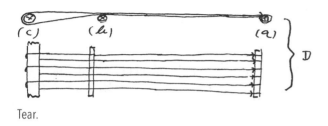

Tear.

Em seguida, ela retirou as linhas da travessa (*a*) e foi transferindo-as, uma a uma, para outra travessa, colocando pouco acima de (*a*), passando-as, antes, pelas laçadas da grade. O primeiro par de linhas da trama foi intercalado junto na grade (*a*), o segundo em separado, uma ponta na grade (*b*), outra na grade (*c*). Os outros foram passados do mesmo modo, exceto o último, também duplo, que foi intercalado na grade (*d*), que ficou, assim, com quatro pontas mais que a grade (*b*) (esquema E).

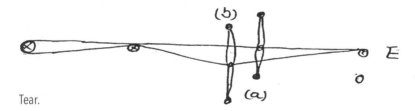

Tear.

Preparado o tear do modo descrito, a tecelã pôs-se a trabalhar. Movendo as grades por intermédio dos pedais presos nelas, jogava com os fios da trama, a fim de intercalar, entre eles, a linha da urdidura que tirava de um novelo, fazendo o tecido (*b*), junto da trave (*a*), como indica o esquema F.

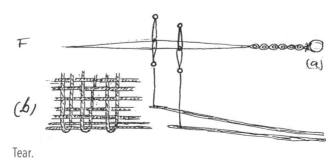

Tear.

Segunda expedição – Takuá

Acho que isso está explicado até com exagero, não é? Mas ainda terei que ocupar sua atenção com outras técnicas de tecelagem: as redes, que apresentam pelo menos três tipos diferentes, os cintos plumários dos homens e a faixa tecida dos cocares.

## Genealogia

Tenho trabalhado, nos últimos dias, com uma nova genealogia que me permitirá compreender bem os parentescos que unem e que separam os moradores dessas aldeias do Tury. É a velha faladeira que a está ditando, ela conhece muito bem todos os seus parentes e está disposta à trabalheira de enumerá-los. Usarei da mesma genealogia para rever a terminologia de parentesco.

Minha velha contadeira de histórias está felicíssima. Chegou ontem à tarde seu filho, que estava fora havia seis meses. O rapaz fora a Belém pedir panos e outras utilidades. Lá, Fontes o pegou e levou para o Tocantins, pensando servir-se dele como intérprete na pacificação dos Parakanã. Só agora voltou. A velha, que estava preocupadíssima com a demora do filho e disposta até a ir a Belém procurá-lo, está hoje cheia de riso. Mesmo porque o filho voltou satisfeito com a viagem e com as riquezas que trouxe: uma rede das mais baratas, uma mala de encerado, três calças usadas, algumas camisas, uma farda de ginasiano, que todos tomam por roupas de soldado. Muitas pequenas coisas, até um velho relógio de pulso que não funciona mas parece uma pulseira magnífica, a pulseira que os *karaíwas* mais ricos costumam usar.

Deixe-me registrar, aqui, as novidades sobre o meu roteiro. Tenho imaginado tantos que você deve estar confusa, mas mil coisas pequenas e grandes os vão modificando, independentemente de minha vontade. Não poderemos alcançar este ano o Parawá. É pena, mas para ir lá precisaríamos de dois meses mais. Assim sendo, me contentarei em ver as aldeias do Tury. O João irá, depois, recensear as aldeias de lá.

Meu itinerário será Xapy (seis dias daqui); Irakatú, onde devemos assistir à cerimônia de nominação (oito dias); Cipó (quatro dias); Morocore (dez dias); Xiwarakú (três dias); Kaaró (dois dias); Caldeirão (dois dias); Koatá-Piahú (dois dias). Passando à aldeia de Anakanpukú, onde poderei ficar uns três dias, para chegar ao posto lá para 5 de novembro. Teremos, pois, mais quarenta dias de trabalho na mata para concluir o programa deste ano. Há muitos condicionantes, porém, mantendo em suspenso esse itinerário, assim como mantiveram todos os outros e me levaram a modificá-los.

**28/set./51** – Sexta-feira. Tivemos, ontem, um dia cheio de acontecimentos. O mais divertido deles foi recuperar as miçangas que Serapião roubou, tirando-as da sacola de Sipó-putire quando o casal saiu para visitar a aldeia de Xapy. Até agora, eles não deixaram perceber que sabem do logro, aí estão bem fagueiros, falando e rindo e comendo. Todos nós aguardamos a hora que Sipó-putire for mexer em seus guardados para gozarmos sua surpresa. Foram os índios daqui que tiveram a iniciativa de examinar a tal sacola; encontrando as contas tão queridas, nos disseram logo. Tiramos e as distribuímos na mesma hora a todos os moradores.

## Cerâmica

Houve muita coisa mais; o dia começou com a barulheira das índias que me chamavam para ver queimar uma panela enorme, modelada pela mulher do capitão velho. Tamanha insistência tem sua razão de ser. Eu havia prometido à velha uma faca para ver queimar os camucins que modelara há dias, mas ela os queimou quando fomos à outra aldeia. Mostrei-me muito triste e disse que só daria a faca se visse queimar as panelas. Daí a gritaria:

— Acorda, estão botando fogo na panela. Levanta logo.

Levantei-me mesmo, preparei a máquina e fui ver. Eram seis horas, a panela estava deitada no chão e rodeada de enormes troncos que ardiam; fazia um calor insuportável, que foi aumentando hora a hora, até o meio-dia. Então, retiraram os troncos, puxaram as brasas com a pá de farinha, rolaram a panela para outro lugar, a fim de arrefecer um pouco seu calor, limpando-a com ramos verdes, e a puseram de pé para esmaltar. O panelão cozinhou durante seis horas sob fogo intenso; ao fim estava rubro e translúcido, resplandecendo como uma brasa no meio daquele braseiro.

A panela arde rubra com fogo forte até que o barro se converta em cerâmica.

Somente assistimos ao cozimento eu e a família da oleira, que trabalhou durante aquelas seis horas carregando lenha e avivando o fogo. A oleira não se afastou por um só momento de sua obra. Tomou, lá mesmo, os chibés que o marido preparou. Ele carregou lenha todo o tempo, aproximando-se do pote algumas vezes para ajeitar os troncos que queimavam. A filha cooperou, cuidando dos xerimbabos da velha, dando comida a seus papagaios, araras, mutuns e cachorros e, também, ajudando a manter o fogo bem vivo. Seu genro cortou lenha e amon-

Queimando uma grande panela.

Segunda expedição – Takuá

A panela já pronta é levada para seu lugar fixo, onde, semienterrada, cozinhará o que se queira.

toou junto do pote e as crianças, netinhas da oleira, divertiram-se todo o tempo, olhando de longe a enorme fogueira.

Ali pelas onze horas, o capitão velho levou para junto do fogaréu uma boa quantidade de resina de jatobá (*jutayaca*), que a velha tomou e amoleceu em água fervente, fazendo bolas que colocou na ponta de uma vara de metro e meio. Com isso foi que esmaltou o pote, digo, o panelão, encostando a resina na superfície ainda muito quente. Os camucins são completamente esmaltados por esse processo; as panelas grandes, como a que vi queimar, usadas para cozinhar *mandiocá*, são esmaltadas na boca e na superfície interior.

Agora, a filha da velha está ali adiante, modelando camucins. Estive lá algum tempo olhando e divertindo-a em modelar caras com sua argila excelente. Tem ao lado um jamaxim cheio de argila, parte da qual ela amoleceu com água e secou, misturando com cinzas da casca do *karaipé* (caripé). Modela sobre uma tábua, fazendo primeiro o fundo da peça e levantando, depois, as paredes, pela superposição de roletes de barro que vai amassando um a um. De espaço a espaço, toma uma lasca de cabaça, molha e alisa com ela as superfícies externa e interna de sua peça. Já fotografei tudo isso, agora vou tirar amostras da argila pura, da misturada com caripé, do caripé cru e da cinza já socada.

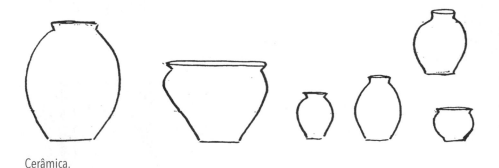

Cerâmica.

Aí está uma amostra das formas que ocorrem na cerâmica kaapor; não posso deixar de anotar a semelhança notável que ela apresenta com as cerâmicas encontradas no Sul e atribuídas ao Guarani. Falta, porém, aquela decoração de ponta de dedo e de incisões com a unha. A forma das panelas, aliás, é das mais felizes e melhor adaptadas a seu objetivo; o fundo cônico, truncado, ajusta-se perfeitamente às pontas dos tições que usam para o cozimento.

Diários índios

Cerâmica.

# Plumária

Enquanto aguentávamos o calor do fogo e este calor do sol, vendo a queimação da panela, toda a aldeia acompanhava, com entusiasmo, os movimentos de alguns homens e meninos que subiram numa árvore que fica na orla da clareira para, lá de cima, flechar os passarinhos que foram comer os frutos da tal árvore. Hoje foi João que grimpou a árvore para ver se nos consegue alguns dos pássaros, cujas penas os índios usam para fazer seus adornos. Lá está, agora, vinte metros acima de nós, sentado num galho, esperando os passarinhos. Já matou três, o que é grande safra nestas caçadas de pássaros minúsculos.

 Já falamos do capitão-padre que ficou três dias num mutá, esperando passarinhos. Agora, vimos essa árvore aqui de perto, que concentra a atenção de toda a aldeia. Sabemos de muitas mais que têm sido visitadas pelos índios depois que estou aqui, na caça a passarinhos. São árvores espalhadas numa área enorme, sobre as quais estão sempre atentos para perceberem, ao mesmo tempo que os pássaros, o amadurecimento de seus frutos. Isso mostra quanto custam esses lindos adornos que troco por facas, calças, saias, sal e outras coisas tão prosaicas.

 Ontem, estive uma boa hora olhando as riquezas de alguns patuás daqui. O capitão velho tem um capacete gasto que quer me dar; não me interessa muito, porque eu tenho um quase igual e melhor conservado. Seu genro, porém, tem o capacete de *iapú* mais belo que já vi, verdadeira maravilha, que pertenceu ao capitão Maíra e lhe foi dado pela viúva, sua irmã, depois da sua morte. Foi feito há anos por um velho que se tornou célebre pela beleza dos adornos que preparava. Trata-se de um especialista, talvez o único que os Kaapor tenham tido. Eis sua história.

 Era um velho muito habilidoso na fabricação dos enfeites de penas. Um dia, ele foi caçar levando consigo a família. Seus cachorros acuaram uma onça que os atacou. O velho foi socorrê-los e flechou a onça, que partiu sobre ele, esmagando-lhe com os dentes metade da mão esquerda e rasgando fundo suas costas e sua cabeça com as garras. Foi salvo pelas mulheres que avançaram na onça e a mataram a golpes de terçado.

Um homem trama um fio emplumado.

Segunda expedição – Takuá

Esse velho não podia mais trabalhar na roça, nem caçar, pois ficara apenas com o dedo polegar e o indicador da mão esquerda, que ainda se prestavam bem para fazer adornos. Desde então, não fez outro trabalho: quem queria um bonito capacete ou um outro adorno bem-feito levava-lhe as penas e o velho preparava; certamente lhe davam em troca aquilo que necessitava.

Fiz ontem muitas fotografias em cores dos adornos do Iusé, em seu corpo e no de outro rapaz daqui. Se ficarem boas você se maravilhará com sua beleza. Gostaria muito de levá-los, mas vi que o rapaz tem um grande apego a eles e talvez não os queira trocar pelos meus pobres tarecos, tão ricos a seus olhos quanto seus enfeites.

## Genealogia

À noite, trabalhei com a velha loquaz em sua genealogia. Aliás, ela não está muito loquaz agora; a chegada do filho, ao invés de lhe dar mais cócegas na língua, emperrou-a. A boa velha só quer estar preparando todos os quitutes da terra para o filho provar e ele os toma indiferente, falando do gosto estranho e bom das coisas que comeu em Belém e no Tocantins. Parece um *nouveau-riche*. Ontem vestiu, uma após outra, as cinco calças velhas que trouxe, às vezes punha duas e até três, uma sobre a outra. Não sei quanto tempo passará nessa exibição de riquezas, mas enquanto durar isso nada fará, pois não pode ir ao roçado, nem entrar na mata com sua indumentária para não estragá-la e também não a tira nunca, dizendo até que já não sabe mais andar nu. Ontem, pedi que pusesse na cabeça o capacete de Iusé para fotografá-lo; a velha disse, por ele, que não podia, agora só usava chapéu. É um belo rapaz, forte, de voz grossa e senhorial, mas tem um olho vazado, cuja história preciso conhecer.

A chegada do filho, por tudo isso, atrapalhou meu trabalho, mas consegui tomar toda a linhagem paterna da velha e uma parte da materna, que é suficiente para confirmar com ela a terminologia de parentesco. A genealogia, mesmo incompleta assim, envolve 350 pessoas e me ajudou a compreender as relações que ligam as aldeias desta área, cujos capitães são todos descendentes de um só casal, e ainda pode ser explorada para me ensinar mais coisas sobre casamentos. Voltarei a trabalhar com a velha, não para ver mais nomes, mas para obter certos dados interessantes, como os lugares de nascimento e morte de seus parentes e suas *causa mortis*. Mas vejamos as relações de parentesco entre os capitães desta área, que confirmam, de certo modo, aquela minha ideia de *gens* locais.

**29/set./51** – Sábado. Pela linhagem materna, a velha se aparenta com Diwá e os demais tuxauas dessa região. Vejamos o diagrama dessas relações [na página ao lado], indicando neles a posição de Peturú, o capitão daqui, irmão da velha.

Ontem à tarde e hoje cedo, até há pouco, a velha esteve me ensinando como fazem os cintos tecidos e intercalados com flocos de plumas de araras, usados pelos homens. É também um tecido fabricado num tearzinho muito rústico e que só tem beleza pelo cuidadoso acabamento e pelos flocos de plumas.

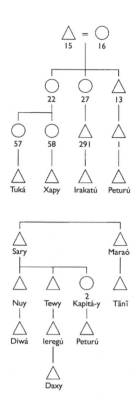

Ela armou o tear dentro de casa, usando um dos esteios como braço, fincou outro no chão e amarrou, perpendicularmente aos dois, duas tramas paralelas: estava pronto o tear. Armou os fios da trama no tear, separou-os com tacozinhos de madeira, preparou, na hora, uma espátula em forma de faca, enrolando no cabo a linha com que iria urdir, e pôs-se a trabalhar. Depois de fazer dois dedos de tecido, começou a preparar os flocos de plumas de arara para intercalar entre os fios. Vejamos, primeiro, como ela arranjou a trama de seu tear através de alguns diagramas.

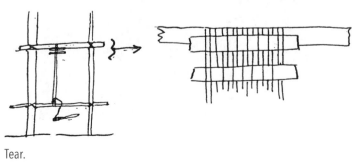

Tear.

Segunda expedição – Takuá

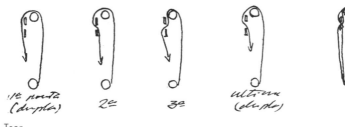

Tear.

E, agora, o seu jeito de tecer, intercalando os flocos de plumas:

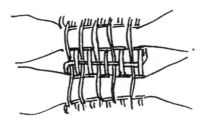

Tear.

Xoanin-mãe (Xixirumbí) tecendo uma faixa para armar o cocar plumário.

Estou gripado, cansado, mal-humorado, infeliz, idiota, saudoso e não sei o que mais. Nem posso pensar. Tudo me irrita, até os bons amigos que aqui ao lado me fazem perguntas e pedem coisas, sabendo que eu não as posso dar. Vou à mata procurar um pouco de calma.

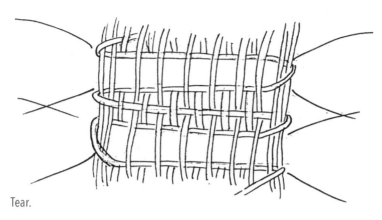

Tear.

Não fui descansar. Fiquei duas horas tentando este desenho, mas saiu, não é? Minha cabeça dói e sinto-me fatigado, não do trabalho, deve ser a pressão de que falou o médico. Vou tomar hoje as injeções que ele receitou.

**15/set./51** – Domingo. Acabou novembro. Vamos hoje para a aldeia de Xapy; fica muito perto daqui, de modo que continuarei por uns cinco dias mais, enquanto estiver em contato com eles.


# Quixote

Minha gripe melhorou um pouco, não tanto quanto desejaria, mas já não me sinto cansado e abatido como ontem. O acontecimento extraordinário foi a chegada do que será, talvez, a última carga da expedição. Um índio trouxe do Canindé um jamaxim cheio de coisas. Fiz abrir, emocionado. Eram meus brindes que chegaram. Brindes para mim tão desejados: papel higiênico, sabão, sal, talvez café, fumo. Qual o quê! Só vieram brindes para os índios: facas, tesouras, panos, cordas. Nada para mim. Só, lá no fundo, um volumezinho de *Dom Quixote*, que agarrei imediatamente e fui ler na rede. Li uma hora, gargalhando nas passagens de que gosto mais. Quando levantei, cansado, um índio deitou-se na minha rede, abriu o *Quixote* e se pôs a rir, gargalhando. Para ele, aquilo é uma máquina de rir.

Entretanto, devo confessar que isso me deu um prazer enorme. A gripe, que não me larga, me fez desfrutar um descanso que não tinha há muito tempo. Tendo que ficar na rede todo o dia, por não poder andar pelas casas, vendo o que os índios faziam, aproveitei para reler o velho *Quixote*. É quase incrível que aqui no mato leia menos que em casa, não só por não ter livros, mas por não encontrar tempo. Essa é a verdade. São tantas as coisas a fazer, e a gente de tal modo se envolve nelas quando procura participar ativamente da vida do grupo, que tudo mais sempre fica de lado.

## Atribuições

Não foi somente de *Quixote* que enchi meu dia. De manhã, vi a velha acabar de fazer o cinto que descrevi e seu irmão Iusé modelar um camucim com tamanha perícia que me convenceu de que os homens também praticam alguma cerâmica. A propósito, aliás, devo acrescentar que a divisão de atribuições por sexo não é lá tão rígida como se costuma escrever. Tenho visto muitos homens carregando lenha, trazendo água e fazendo muitos outros trabalhos femininos por definição. É claro que eles são atribuídos às mulheres, mas seus maridos não veem razão para não fazê-los, se algum outro trabalho as ocupa no momento. Devo anotar, ainda, que muitos homens são iniciados em técnicas femininas. Aí está o caso da cerâmica e posso acrescentar, ainda, a tecelagem, porque ao menos um índio que conheço é ativo fabricante de redes.

Mas nosso assunto hoje é outro. Primeiro, um mais ameno, os diagramas de parentesco que ligam "padrinhos" e "afilhados" na cerimônia de denominação: colhi ontem uma série deles. Depois, teremos conversa mais grave: antropofagia kaapor.

Os padrinhos daqui se aparentam mais com os pais que com as mães de seus afilhados, embora a estreiteza dos parentescos que ligam a todo o grupo permita relacioná-los, também, com as mães.

Como se vê pelos diagramas, em três casos padrinhos são parentes do pai, nos três outros da mãe. Quando falamos, ontem, dessas relações, a velha, já cansada de me ditar nomes, disse que não se deve dizer os nomes dos parentes tão a miúdo, pois isso é agourá-los. Essa observação dela é bem uma amostra de que nos vamos em bom tempo: os coitados já estão saturados de minha curiosidade.

Vejamos:

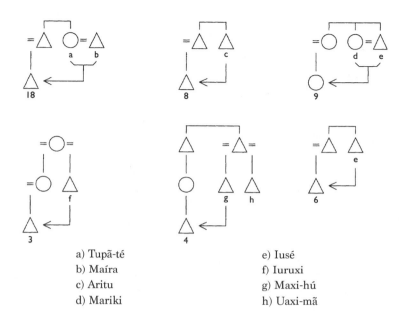

a) Tupã-té
b) Maíra
c) Aritu
d) Mariki
e) Iusé
f) Iuruxi
g) Maxi-hú
h) Uaxi-mã

## Antropofagia

Satisfarei, agora, querida, a sua curiosidade. Vou contar a tal história da antropofagia. Há dias, conversando com alguns rapazes sobre o gosto da carne de um enorme macaco que matei para eles, disse que talvez fosse o mesmo que carne de gente. Um deles, então, me disse:

— Ora, quem come macaco, come Guajá, é uma coisa só.

Fui puxando e ele contando. Por fim, me disse que os velhos contam histórias de grandes comilanças de carne humana e dizem que é das mais gostosas, sabem um pouco à cutia. Mas esse é um assunto delicado que não se pode esgotar de uma só sentada. Deixei morrer a conversa e só ontem voltamos a ela. Já agora, porém, falando com o capitão velho, homem de uns noventa anos, que viu muita coisa.

Quando todos, reunidos aqui na casa grande, à noite, bebíamos o *mandiocá* que o capitão velho esteve cozendo todo o dia no panelão que vimos queimar, eu fiz João levar a conversa, mansamente, para comilanças e daí para a começão de gente. O velho contou, então, que há muito tempo, quando moravam atrás do Gurupi, seus avós costumavam caçar gente para comer. Faziam a guerra como até há pouco tempo e traziam dos encontros, como despojo, os corpos dos inimigos mortos, como trazem a caça. Quando podiam, preferiam trazer o inimigo vivo, mantê-lo algum tempo na aldeia e matá-lo, ao fim, uma noite, para o banquete. Acrescentou que muitos fugiam e era preciso estar sempre atento, sobretudo à noite, quando se aproximava a data da matança.

Havia um matador célebre, cujo nome ainda recordam: Makú, um guerreiro forte e corajoso. Ele é que matava, com um tacape especial, os prisioneiros condenados. Depois da matança, carneava-se a vítima. A primeira peça comida era o fígado, que o matador assava. O corpo era dividido em postas, uma parte para o moquém, outra para cozinhar. Todos participavam com gosto do banquete.

Estávamos assim altos em conversa tão interessante quando a velha loquaz, que de sua rede ouvia tudo, acrescentando pormenores, como a história de Makú, julgou bom tempo para encerrar a prosa. Disse de lá:

— Já chega. Isso era antigamente. Nós comíamos mesmo. Agora é diferente, meu filho já foi a Belém, esteve por lá muitos meses e já voltou. Ninguém come mais ninguém.

Ainda tentei reavivar o assunto, fazendo João contar que em minha aldeia, antigamente, se comia gente do mesmo modo. Todos quiseram pormenores sobre esse nosso costume, mas a motivação não foi suficiente para espichar mais a conversa.

Lembra-me, agora, o Fernando Carneiro, com aquele seu desejo de que nossos índios não fossem antropófagos, a me perguntar se eu tinha dados colhidos em campo para crer ou negar o que contam os velhos cronistas a esse respeito. Tinha, então, apenas a certeza da compatibilidade etnológica dessa prática com a concepção do mundo que os índios têm. Agora tenho mais, aí estão, contados pelos índios mesmos, um por um, os principais elementos das cerimônias antropofágicas descritas pelos cronistas: a conservação do prisioneiro, seu sacrifício à noite com um tacape, a moqueação, o cozimento e o banquete. Nos dois casos, também, uma comunidade inteira, numerosa, come um prisioneiro, o que não configura o canibalismo de comer gente como alimento, mas a antropofagia ritual, que come heróis numa cerimônia para incorporar sua valentia.

Ainda quero ouvir mais sobre este assunto. No ano passado, só aprendi que os preceitos rigorosamente cumpridos na carneação de certos veados se dá porque ele é carneado do mesmo modo que se carneiam os homens.

# Xapy

**1/out./1951** – Chegamos ontem à tarde, mas já me sinto em casa, porque conhecia bem todos os moradores daqui. Eles, por sua vez, me conheciam igualmente. Para você ver que não falto à verdade, basta dizer que escrevo de uma mesa preparada especialmente para mim, que eu aliás já conhecia. A primeira da civilização kaapor.

Há vários dias vinha dizendo que me mudaria para cá e adiando sempre, para atender a várias coisas. Por isso tiveram tempo de adaptar a aldeia a mim, ou seja, ajeitar um lugar onde o escrevedor pudesse escrever a gosto. Pois que não sou, para estes meus índios, mais que o homem que escreve. Se alguém lhes perguntasse quem sou e a que vim, não duvidariam em responder:

— Papai-uhú o mandou olhar como a gente vive, anotar nossos nomes, nossos usos, provar nossas comidas a fim de lhe dizer tudo, depois, por escrito.

Saberão eles, realmente, o que é a escrita? Isso seria meia alfabetização. Façanha minha.

Você também já os conhece. Xapy, o capitão da aldeia, é homem de cinquenta anos, loquaz, bem-humorado, pai de muitos filhos. Sua mulher, ao contrário, é tão calada que nunca a ouvi. É muito alta, clara e usa uma saia que lhe varre os pés. Quase todos os outros moradores são parentes próximos de Xapy: dois filhos jovens, casados com aquelas mocinhas lindas que andam sempre juntas, uma das quais se chama Bertinha, como você; outra filha, mocinha também, grávida de quatro meses do primeiro filho; uma irmã, casada e mãe de filhos, que parece ser a pessoa mais trabalhadeira daqui, porque não para um só momento de fazer coisas.

Para concluir, duas casas mais de gente que não conheço bem: numa delas está um casal descansando os últimos dias da *couvade*, pelo nascimento de uma menina; na outra, uma moça aguarda por estes dias um filho. Além destas, aqui está a família do capitão Uy-rãkã, que encontramos primeiro no Maipu, depois do Karapanã, e agora aqui, parecendo até que nos acompanham. Mas não se trata disso, o velho Uy-rãkã veio ver a filha que deu a Piahú, filho de Xapy, e seu genro-cunhado, Tamóy-âxin, está também aqui em visita a uma filha que deve dar à luz em breve.

Devo ficar uns cinco dias para conversar com Xapy, que pode me sair um bom informante. Quando moço, andou muito em companhia de Anakanpukú e do velho Auaxí-mã agenciando, pelos processos daquele tempo, panos, terçados, pedaços de fumo e fornos de cobre e tudo o mais que pudessem saquear. Se ele quiser falar me poderá ensinar muito sobre costumes ligados à guerra e tenho esperanças de que ele, ou algum outro homem daqui, nos conte algumas lendas. Esperanças de quando se chega numa aldeia. Talvez se realizem, talvez não.

A aldeia é muito nova ainda e nem a casa grande do capitão está pronta, todos moram em *xipás* improvisados ou em começos de casas. Xapy nos cedeu a dele e instalou-se, com toda a família, numa armação muito precária, coberta com algumas palmas de açaí. Tomara que não chova, para ele não arrepender-se da hospitalidade. Contudo, uma chuva não faria mal, pois não temos água; estamos à margem do mesmo igarapezinho que nos angustiava na outra aldeia e, agora, aqueles pocinhos repelentes que renegávamos para conseguir água menos fétida e tomar banhos menos sujos nos dão saudades. Aqui o igarapé está todo coalhado, só há dois poços muito ruins, um para beber, outro para banhar; uma tristeza.

Xapy aqui está, agora, fazendo um cigarrão de tauari e olhando dengoso para minha bolsa de tabaco tão minguado. Veio da capoeira, trazendo cará, cana e cajus para nós. Está dizendo que nos acompanhará até o Canindé, mas eu já duvido desses propósitos, tantos foram os que se propuseram vir conosco e acabaram desistindo. Pergunta, agora, se demorarei mais de quatro dias em cada aldeia e aconselha a não fazê-lo, senão muitas luas morrerão conosco no caminho. São as condições...

## Pesadelo

Terem-mãe, mulher do Koatá, a mulher mais bela e boazuda dos Kaapor.

Que mais dizer? Começarei falando do que os índios pensariam de mim, de como eles me representam mentalmente e explicam essas andanças por sua terra, de um sujeitinho tão curioso e escrevedor. O tema não me vem por acaso. Tenho o problema na cabeça, tanto que até à noite me ocupo dele. Senão, veja este sonho ou pesadelo, que me despertou a noite passada e me deixou muito tempo maginando. Tem, também, suas relações com as saudades de que eu falava, minha amantíssima esposa.

Feito esse preâmbulo, de todo indispensável, vamos à história. Sonhei com o genro do Xapy e, sobretudo, com sua filha. Ela, porém, não estava aqui na aldeia, nem tinha este seu lindo busto nu. Vestia seu *peignoir* (é assim que se escreve o nome de coisa tão estranha e mais estranha ainda no corpo em que o sonho me mostrou?). Não sei em que lugar estava, mas posso lembrar-me bem de que, junto dela, havia um canapé enorme que se estendia a sumir de vista. A pobre indiazinha também estava mudada. Ora aparecia muito alta, ora na estatura em que a vejo agora, moqueando um peixinho que trouxeram de longe para nós. E, sobretudo, tinha uns ares gretagárbicos, que não lhe ficavam muito bem.

Você, nesta altura, estará de olhos acesos, indagando de meus procedimentos com a pobre índia, tão injustamente desfigurada e, talvez, se perguntando por que me pus em confissão assim de improviso. Não revelarei, você mesma há de descobrir e, creio, não precisará de muita meditação para se explicar mistério tão claro. Mas vamos adiante com o sonho.

Não sei bem o que fiz ou o que quis fazer, pois creio que tudo, mesmo em sonho, não passou do terreno dos desejos gratuitos. Lembro-me bem é da índia dengosa junto do canapé, vestida em seu *peignoir*. Só agora recordo o pormenor de que eu tinha uma tesoura na mão e queria aparar seus cabelos. Até aqui o sonho, passemos ao pesadelo que se sucedeu.

Nessa altura, me aparece o marido dela, não vinha vestido nessas calças de riscado e nesses restos de camisa de meia que ele não abandona. Estava nu e sua fraqueza, que agora me faz dó, transmutara-se em robustez; era um gigante. Veja só o que ele me disse e ria, se puder, de mim. Só sei que o sonho me confundiu e que o pesadelo foi dos piores, deixando-me angustiado. O falso gigante, marido da falsa gretagarbo, causticou-me com estas palavras:

— Não venha a mim com seus enganos. Eu o conheço bem, não vou com essa história de Papai-raíra, filho de Papai-uhú, ou o que seja. Você é etnólogo.

Não sei por que esse desmascaramento me fez sofrer tanto. Era medo do marido quase enganado. Temor à revolta do índio contra minhas histórias que, afinal, foram eles que me impuseram. Sei lá. Tremi de medo e acordei quase apavorado e com a maior sensação de pasmo e desmascaramento que já experimentei, como ladrão descoberto pela mulher em suas deslealdadezinhas.

Agora, me perdoe a expressão "amantíssima esposa", não sei por que me veio à mente. Ela ficaria bem numa carta de meu finado pai à minha mãe. Não entre nós. Também, não sei por quê. O certo é que não lhe escreverei nunca uma carta dirigindo-a a essa estranha personagem.

Por hoje é só, meu bem, vou trabalhar para lhe poder contar coisas mais interessantes amanhã e procurar outra pena, que esta não presta mais.

# Desenhos

Adiante, dou uma amostra de composição espontânea ou casual, se prefere. É um desenho de Coraí-uhú e aí fica porque não será por descuido que uma obra-prima kaapor se há de perder.

Segunda expedição – Xapy

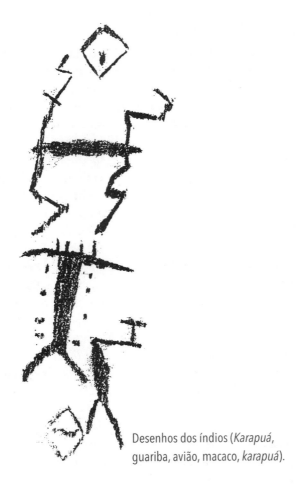
Desenhos dos índios (*Karapuá*, guariba, avião, macaco, *karapuá*).

Na parte superior, vê-se um losango com um traço num dos lados; é a representação pictórica do *karapuá* (bucetinha). Embaixo, a figura de um guariba muito bem desenhado. Depois, vem um avião enorme, com motores e janelas, pois o artista é rapaz viajado e já esteve em São Luís, olhando os aviões de Papai-uhú. Vem, depois, um outro macaco e, por fim, mais um dos indefectíveis *karapuás*. Não preciso dizer-lhe que o desenhista ficou muito orgulhoso da transcrição de sua obra em meu caderno, mas perguntou logo o que eu lhe daria em troca.

# Guajá

**2/out./51** – Terça-feira. Não tenho novidades, dei quanta corda pude no capitão Xapy, ontem à noite, sem qualquer resultado. Disse que os velhos lhe contavam muitas

Diários índios

histórias, mas ele não teve tempo de aprendê-las, ocupado que estava nas andanças de guerra e de caçada. Nem estas, porém, nos pôde contar com coerência, apenas repetia que foram muitas, que andou por todo o lado "pedindo" coisas aos *karaíwas* e trazendo-as para sua gente.

A última expedição de que participou foi contra os Guajá, em companhia de Anakanpukú, Auaxí-mã, Mandueki e muitos outros. Com os Guajá abatidos naquela viagem, completou oito mortes, quatro homens e quatro mulheres, cujos corpos examinou detidamente, como quem procura alguma coisa de novo que por certo devia ter gente tão diferente. Não encontrou novidades, senão na proporção avantajada das genitálias masculinas e femininas.

O capitão Auaxí-mã é o velho da última aldeia de quem tanto falei. Já nos havia contado que participara daquela expedição, acrescentando que abateu um casal guajá, examinando-o, também. Falou de uma tanga de palma de buriti usada pela mulher e que o homem trazia o membro amarrado com um lacinho, de modo pouco diferente do que ele próprio usa. A expedição foi integrada por homens que estavam *apiay* ou *iarõn* pela morte de parentes. Auaxí-mã, Anakanpukú e Xapy haviam perdido as mulheres, vitimadas pelo catarro. Sobre isso, aliás, Xapy nos disse mais. Contou que, há poucos meses, em razão da morte-suicídio de seu irmão, o capitão Urubu, ele quis ir, novamente, brigar com os Guajá. Não o fez para não descontentar Papai-uhú, porque, agora, quando se quer um terçado novo, pode-se buscar no posto, não é como antigamente.

## Convívio

João saiu cedo para a outra aldeia. Foi buscar uma saia de mulher e alguns adornos que deixamos para trás. Eu queria ir, também, para bater umas fotografias, mas temo deixar as coisas aqui sozinhas. Estou escaldado.

A casinha está cheia de gente; uma índia deitada em minha rede, enrolada em meu cobertor de lã, me chama a atenção a cada momento para pedir alguma coisa. Até seu retrato, que viram hoje em minhas mãos, já foi insistentemente pedido. Este caderno, então, parece ser das coisas mais cobiçadas, assim como o *Dom Quixote*. Este, depois que o capitão resolveu chamar a estampa de Cervantes que traz na capa de *iano* de Papai-uhú, sombra ou retrato do papai-grande. Ele está agora muito quieto, cochilando, enquanto a filha me cata piolhos e os mata nos dentes. Está engraçadíssimo com a minha sunga. Vestiu-a de manhã e não quis mais abandoná-la, pedindo que eu lha desse como parte do pagamento do capacete que me deu. Deve parecer encantadora, pois com ela se está vestido quase sem o incômodo de trazer calças.

Os meninos brincam em torno do fogo com um cachorro cujas pernas amarraram. Mas querem outra coisa, esperam que eu me distraia para provarem do café que fiz há pouco e deixei lá. Eu bem lhes podia dar o gosto de tomá-lo assim às escondidas e vou dar uma volta para eles aproveitarem. Pena é que esteja amargo e não vá lhes agradar muito.

A coitada de minha rede maranhense, tão branca e tão macia nas primeiras semanas de viagem, está irreconhecível. Cheira a fumaça e não tem mais cor, tal a mistura de poeira, urucum e fumaça de que está impregnada. Minhas roupas estão no mesmo estado, há muito passaram daquele limite de sujeira suportável que ainda leva a gente a cuidar que não manchem. Agora as deixo largadas, não há água para lavá-las e não podem ficar mais sujas do que estão. Além disso, pareceria sovinice escondê-las na mala, privando os índios de dar uma voltinha com cada uma delas.

## Curiosidade índia

O capitão me está perguntando, agora, quem fez o meu chapéu, se foi Papai-uhú. De tudo fazem essa pergunta, parecem concebê-lo como uma espécie de Maíra vivo, que fez todas as coisas que os *karaíwas* usam. Essa atitude me tem ensinado algumas coisas, como a relativa perfeição industrial da enormidade de coisas que usamos, mesmo quando reduzidos aos pobres tarecos que trago comigo. Meu chapéu é motivo de exame rigoroso e dá lugar a inúmeras perguntas. De que é feita a lona que o cobre? Que há por baixo dela, sob o couro da orla e também sob o encerado da capa? Os ilhões de metal, que traz dos lados e em cima, são meticulosamente examinados como maravilhas.

Quando saem do chapéu é para o livro impresso, querendo saber de que é feito, se eu lhes quero emprestar a caneta para nele escrever alguma coisa mais, ali naquele mar de letras? Como são cortadas tão bem as suas páginas, se ele é feito assim como está ou por partes? E não só perguntam, vão puxando a lona do chapéu para ver a armação e forçando o dorso do livro à procura da junção das páginas. E não fica nisso; tudo, tudo é motivo de igual exame, cheio de admiração e sobretudo de perigo para meus poucos pertences. As camisas, cujos botões, tão bem polidos, eu preciso explicar com muitas palavras. A caneta, com sua pena, sua tampa e, sobretudo, sua engraçadíssima maneira de beber tinta. O relógio, o rifle.

Seria um não mais acabar a enumeração de tudo que os espanta em tão poucas coisas que tenho. Em compensação, eu me pago bem, perguntando, com o mesmo rigor de pormenores, por cada coisa e me espantando de cada uso, de cada técnica, de cada hábito. Eles devem julgar-me, por isso, mais que um simples curioso, um inocente, um simples. Tenho que parar para atendê-los; parece que quando tomo o caderno para escrever, mais lhes coçam na cabeça as perguntas e não há como satisfazê-los em minha meia língua, mas sabem insistir.

Uma moça me trouxe um periquitinho aleijado, que só tem uma perna, e quer que eu fique com o bichinho e o leve para você. Digo que a nossa casa fica longe, que você não gostaria muito e outras coisas, mas ela me quer dar o aleijadinho:

— Leva, leva, sua mulher vai dizer: "Eh! Periquitinho pajé, é bonito, bonito".

# Cachorros

Agora parece que ficarei livre por algum tempo desse cerco. Daxy acaba de chegar de uma pescaria; saiu muito cedo com a mulherzinha e volta agora. Ele fagueiro, trazendo as armas, ela arqueada ao peso do jamaxim. Devem ter tido boa colheita e não vem fora de hora, porque hoje ainda não comi coisa séria (17h). Há um mês eu até temeria este jamaxim de peixinhos miúdos que me enchem a boca de espinhos. Agora, sei comê-los e, mais, sei apreciá-los; alguns são excelentes e assados em moquecas de folhas de sororoca têm um gosto tão delicado que eu nem sei comparar.

Daxy foi recebido por todos os seus cachorros, que saíram de vinte lugares dessa aldeiazinha. Um que estava debaixo da mesa, esquentando meus pés com seu calor e suas pulgas, saiu para saudá-lo saltando e grunhindo numa alegria incontrolada. Ele recostou-se na rede, entregou-lhes os pés para lamberem e morderem carinhosamente. A mulher foi recebida com a mesma alegria e não parece cansada da marcha. Descarregou o jamaxim, limpou na rede o suor que lhe molhava a tanga e saiu correndo para a casa da mãe, acompanhada pelos cachorros do pai e do marido que a perseguiam.

Brincando com seus xerimbabos.

Punham-se na sua frente, quase derrubando-a, ou mordiam-lhe a orla da tanga e os calcanhares, enquanto agitavam os rabos e latiam alegres. Tanto carinho não é só amizade; eles ficaram aqui o dia inteiro e, naturalmente, ninguém pensou em lhes dar comida; os donos agora preparam o chibé, que por certo lhes darão.

**4/out./51** – Quinta-feira. Falávamos de cachorros, não é? Você já sabe do carinho com que os tratam. Por certo não esqueceu minha primeira notícia de Sipó-putire, em que falo das redes que tecem para seus cachorros e nas quais eles dormem. Depois disso, tenho visto muito mais. Até nossa viagem tem sido perturbada por causa dos cachorros e dessas amorosas relações que guardam com seus donos. Por amor deles, muitos índios que nos quiseram acompanhar, ajudando a trazer a carga, deixaram de fazê-lo, lamentando não poder deixar seus *rimbás* sozinhos na aldeia, pois passariam fome.

Ontem, porém, ouvi o melhor a esse respeito na aldeia de Peturú. Notando que sua mulher já não tinha consigo um cachorrinho que nunca abandonava – mesmo na rede onde se recolheu alguns dias, menstruada, sempre o manteve a seu lado –, perguntei pelo *rimbá*. Ela respondeu, então, muito triste, que morrera porque o marido comera carne de paca. Ora veja, trata-se de uma extensão, se não das proibições ligadas à *couvade*, ao menos, da sua teoria para explicar a morte do cachorro.

Segunda expedição – Xapy

# Casamento

Meu trabalho tem adiantado pouco. Em todos estes dias, só consegui de Xapy uma boa parte de seus magníficos adornos plumários. Em outra situação isso me satisfaria, não aqui, pois estou certo de que o capitão, loquaz como é, poderia contar coisas interessantes. Mas já estou desistindo, tentei quanto pude e não consegui quase nada.

Anteontem, à noite, não pudemos conversar porque os índios e índias mais jovens resolveram tocar tamborins, dançar e cantar e eu tive de entrar na roda. Ontem, falamos muito, entretanto sem proveito algum; só consegui que ele confirmasse a descrição da cerimônia ideal de casamento que o velho Ianawakú me deu e verificar que ela é ainda mais rara do que eu imaginava.

Piahú, seu filho, está pré-casado com uma mocinha que ainda não menstruou. Dorme com ela, mas não têm relações sexuais (todavia, o pessoal da outra aldeia jura que isso não é verdade). Quando ela tiver a menarca, eles se casarão formalmente. Haverá grossa pinga, e a moça, enrodilhada a seus pés, deitará os poucos seios que tem em seus joelhos. Porão, cada um, a mão na cabeça do outro e cantarão. Ela dirá:

— Você vai me dar muito jabuti, vai caçar muito para mim.

Ele fará alusão aos amores que espera dela e aos filhos que lhe dará.

Vê-se, assim, que o acasalamento com meninas púberes merece mesmo ser chamado pré-casamento, pois a cerimônia, quando se realiza, só se efetua depois da menarca. Mas Piahú foi saudado pelo pessoal da aldeia de Karapanã, quando foi ao encontro da esposa, com uma bebedeira que bem pode ser a forma mais comum e menos majestosa de casamento.

# Pajelança

Em outras aldeias me haviam dito que Xapy conhecia bem os cantos dos antigos tuxauas e, desde que cheguei, tenho procurado ouvi-los. Ontem, me convenci de que ele conhece um só e muito mal, chama-se "Dyuy" (terra). Imitando os tuxauas que viu cantar, Xapy punha as mãos empalmadas, uma sobre a outra, e cobria vagarosamente a esquerda com a direita, enquanto cantava:

— Terra, terra, vou cobrir a terra.

Falamos, também, dos processos de coleta dos jabutis, que os tuxauas tamborilam com um pauzinho, mas não obtive pormenores.

Aqui, junto da casa onde estou, há um ranchinho que me intriga desde minha primeira visita; não mora ninguém lá, nem poderia, porque é minúsculo, só daria para uma rede de crianças. O mais interessante, porém, é que de seu teto pende um maracá enfeitado com plumas. Que será aquilo? Xapy me disse que é remédio contra caruara e contou que o maracá foi feito pelo pajé tembé Domingos, que aqui esteve há alguns meses cantando pajelança e lhe deixou aquela armação.

Diários índios

É notável como os Kaapor estão retomando sua pajelança perdida não sei como, nem por que, recebendo-a dos Tembé, principalmente de Domingos. Em todas as aldeias tenho visto índios cantarem caruara à moda tembé imitando Domingos. Fazem-no um pouco por farra, um pouco porque os deleite a beleza dos cantos tembés e, em parte, também, como no caso de Toy, que foi iniciado por Domingos, a sério, como pajé incipiente. Dentro de algum tempo, em poucos anos, é bem possível que esse traço se difunda de tal modo que um etnólogo encontraria pajés em cada aldeia, cantando os mesmos cantos, já afeiçoados ao gosto kaapor e muito a sério. Não faltarão, infelizmente, nos tempos futuros, desgraças e misérias que acelerem a reassimilação da pajelança, reforçando a crença nos pajés como a única salvação.

Pareceria muito religioso um povo cheio de fé num Deus herói, fazedor de todas as coisas, que é sua explicação principal de por que o mundo é tal qual é. Entretanto, nenhum Kaapor supõe que possa recorrer a Maíra para obter dele qualquer ajuda. Pode um índio heroico enfrentar as provações terríveis que sabidamente se opõem a isso para transpor a barreira, a fim de viver no mundo ou na esfera de Maíra? Por tudo isso, a pajelança é extraordinariamente importante, porque é o recurso concreto, prático e útil de que podem lançar mão contra doenças e dores, contra a má sorte ou panema, ou contra qualquer forma de desgraças e cataclismos. Não ter pajés que protejam a comunidade e lhe deem a segurança de que estão a salvo da morte e da dor é uma desgraça. Tê-los tido, poderosíssimos, como todo o meu convívio com eles comprova, e tê-los perdido, é realmente espantoso. A perda da pajelança até torna verossímil a ideia que eles têm de que descendem todos de um só ancestral, Uruãtã, ou de uns poucos que teriam se mesclado com índias e negras capturadas para recompor seu povo. Nessa hipótese se tornaria compreensível o desaparecimento da pajelança, uma vez que aqueles poucos ancestrais tudo sabiam sobre os pajés e tudo ensinaram, menos se desempenharem como pajés.

Durante décadas puderam viver ocupados em fazer a guerra e em produzir e reproduzir sua nutrição e seus bens. Não havia desgraças maiores. Com a pacificação e todas as desgraças que dela decorreram, abriu-se uma brecha para que a pajelança viva dos Tembé ganhasse importância salvadora. Em certas instâncias os aterroriza, dando aos decadentes Tembé um grande poderio; em outras, os converte em mestres na recuperação da prática religiosa mais importante de sua própria tradição, perdida por eles.

Que outros elementos os Tembé estarão difundindo entre os Urubu? Já dissemos que os mitos narrados por Koaxipurú se assemelham muito aos que o velho Curt Nimuendaju colheu entre os Tembé, em 1914. É preciso examinar isso.

# A civilização

Os restos de uma tribo moribunda, que vive os últimos dias de seu desespero, geram os profetas e os santos de uma tribo até agora vigorosa, mas que se perderá também, porque enveredou pelo mesmo caminho inevitável do convívio pacífico com nossa sociedade. Diante das sedes dos postos indígenas, poderíamos escrever o mesmo que Dante escreveu na porta do inferno, e eles são aquilo que de melhor nossa sociedade, até hoje, conseguiu dar aos índios, são nosso melhor e mais legítimo esforço de salvá--los. Têm salvo, de certo modo, pois muitas tribos que hoje vivem, só vivem porque o SPI existiu para lhes assegurar um trato de terra, um pouco de respeito por parte dos civilizados e certo isolamento que impossibilitou sua exaustão como escravos. O mal, porém, está no caminho, nenhuma tribo pode fugir de nós, que, em mais ou menos tempo, as alcançamos todas e nenhuma escapará desse contato. Todas perecerão dele.

Haverá alguma esperança possível? Não é um luxo de despotismo, em nossa sociedade, a exigência do sacrifício dos últimos índios? Que se pode fazer para salvá-los? Outra sociedade, menos egoísta, menos seringalista, poderia salvá-los? Não são eles, com sua paixão pelas nossas bugigangas, que se perdem? Vamos deixar para depois essas considerações, mas elas cabem bem dentro de um livro sobre os Kaapor. Não poderia alongar-me nelas dentro de uma monografia etnológica que só pretendesse "compreender" os Kaapor.

Mas num livro sobre o Vale do Ouro e suas misérias se poderia dizer muitas coisas, inclusive voltar, nessa altura da narração, àqueles meus inúteis esforços junto ao governador do Pará, a fim de conseguir alguma boa vontade para com os índios. É espantosa a atitude anti-indígena das classes dirigentes do Pará. Por exemplo, o diretor do Banco da Borracha me mostrou artigos que, anos antes, escrevera em defesa dos índios, para desculpar-se com eles da perseguição que agora lhes move na defesa dos interesses dos seringalistas e outros exploradores de drogas da mata.

Além de dar minhas roupas, meus cigarros, meu café aos índios, quando os vejo aqui ao redor de mim e penso na tristeza da vida que em breve irão viver, devo fazer alguma coisa de sério. Embora nada possa fazer para os salvar, ao menos poderei publicar, gritar, obrigar todos os ouvidos a ouvir sua crônica de sofrimentos e a condenação que, conscientes ou inconscientes, nós lhes impusemos desde que o primeiro europeu pisou suas terras.

Eu escreverei esse livro, querida, com ele nós nos faremos mais dignos de nós e do partido.

# Mestiçagem

Conversamos, ontem, também, sobre as expedições guerreiras. Eu queria saber se os antigos Kaapor costumavam trazer crianças de outras tribos e, também, brancas e negras para suas aldeias e se Xapy ouvira falar, alguma vez, de estranhos que tivessem vivido algum tempo no seio de sua tribo. Consegui pouco; disse que costumavam trazer crianças guajás. Os Kaapor os chamam Uaxá-xára ou Tambó-iara (donos dos tabocais). Ele próprio trouxe um menino, que aqui cresceu e morreu. Mas não ouviu falar jamais de branco ou negro ou qualquer homem estranho que andasse pelas aldeias em tempo algum anterior à pacificação.

A variedade de tipos e cores da pele, de contextura do cabelo que encontro nas aldeias configura desde mulatos e cafuzos até brancos bem característicos, com muita barba e cabelo macio (como a família de Piahú). Sua presença só poderá ser explicada por uma injeção de sangue estranho, que se teria dado há muito tempo, há tanto tempo que sua memória se houvesse perdido de todo. A mestiçagem dos prisioneiros de guerra, que aguardavam o sacrifício antropofágico, com as índias é coisa não recordável por excelência. Por outro lado, o parentesco classificatório, dando a cada índio uma vasta parentela de gerações, dissolveria, talvez, o registro de alguns negros e brancos que aqui tivessem reproduzido. Piahú, por exemplo. Sua família, de gente tão clara, não tem nenhuma consciência disso e nenhum registro de que um estranho caucasoide é avô deles. O mesmo ocorre nas famílias em que é visível o predomínio de um fenótipo africano.

Xapy, em meio à conversa, falou também de uma tribo que vivia nesta região e com a qual sua gente lutou muito, acabando por expulsá-los para a outra margem do Gurupi. Ele os designa como os Makú (surdo) e os descreve como índios iguais a eles, que usavam de flechas de metal com o mesmo assovio de tucum. Tinham, também, adornos plumários tão bons quanto os deles, traziam o membro amarrado como eles mesmos e cujas mulheres usavam tipoias azuis muito bonitas para carregar os filhos.

Não conhece nenhuma designação para os Tembé e os Timbira, diz só os ter visto no Jararaca depois da pacificação. Isso é pouco provável, porque, quando os Kaapor vieram para esta região, aqui viviam os Tembé e os Timbira em grandes aldeias, andando nus, de modo que dificilmente poderiam ser confundidos com os *karaíwas* e designados como eles mesmo pelos etnólogos kaapor. Além disso, lembro-me de ter ouvido Koaxipurú referir-se a lutas que seus avós tiveram contra os Tembé.

# Geografia kaapor

Quis tomar ontem, também, alguns nomes de lugares para o mapa kaapor e seu território; consegui pouco, porque o informante é de doer. Vejamos: ao Gurupi designam como nós – Yirupí (caminho de água); ao Tury chamam Itupixin (água suja); ao Pindaré, Paranã-pé (rio grande chato ou largo); ao Maracaçumé pelo mesmo nome, cujo significado não consegui obter. O braço do Maracaçumé, onde vive Kaaró, é chamado Itátirundá (lugar de pedras); o Jararaca (talvez Í-küeküera, água empoçada), como o Gurupiúna, tem diversos nomes, cada qual designando um lugar por onde costumam atravessá-los ou um poço onde pescam e caçam.

Alguns desses nomes são sugestivos e me lembram personagens mitológicos. Maraká-sumé me coça os miolos, significaria o maracá de Sumé, o herói civilizador de que falam Gabriel Soares, Thevet e tantos outros cronistas? Itupixin bem poderia ser Y-tapixin, o rio de Tapixin, o companheiro de Maíra. Mas o linguista é Boudin e talvez ele possa deslindar esse nó.

**6/out./51** – Sábado. Ontem não pude escrever e hoje, só agora, às nove da noite, em meio à barulheira dos índios, que dançam e cantam esquentados pelo cauim de caju que acabamos de tomar. Só agora posso vir à nossa conversa. É que ontem trabalhei todo o dia com o pessoal daqui, revendo a terminologia de parentesco, e hoje estive fazendo o mesmo serviço na outra aldeia e acabando a conversa sobre antropofagia que ficou a meio.

Não poderei dizer, agora, tudo que tenho a registrar, por isso, a nota de hoje será mais um lembrete que outra coisa e o faço porque amanhã iremos para a aldeia de Nakatú e não sei se lá chegarei com ânimo de escrever.

Vejamos, primeiro, os Pai-rangá daqui. São interessantes, porque mostram o quanto é fechado este grupo do Xapy. Pois veja, todos os seus três filhos do primeiro casamento foram "levantados" pelo mesmo casal, um seu irmão e a esposa. Todos os seus filhos da segunda mulher, por sua irmã e seu cunhado.

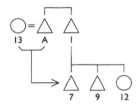 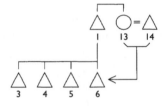

A – Urukuy (Karará)
B – Inimby

O casal de filhos desta irmã foi, em compensação, "levantado" pelo Xapy. Já os filhos da mulher do Xapy – que, aliás era casada com seu irmão, do qual os teve – procuraram "padrinhos" fora do grupo.

C – Iaká-reró

## Causa mortis

Devo apurar, depois, uma relação de quase quatrocentas *causas mortis* que colhi hoje. Compreende todos os parentes da velha loquaz da outra aldeia. É muito interessante, mostra com toda a eloquência como a gripe dizima os Kaapor e revela alguns suicídios e algumas mortes por assombração (anhanga).

## Antropofagia

O melhor, entretanto, foi a conversa com o velho Auaxí-mã, hoje, em sua casa, sem aquele atilado espírito crítico da velha loquaz que, se presente, não lhe permitiria dar tantos pormenores. Depois descreverei o que aprendi e que não deixa dúvidas sobre a ocorrência da antropofagia. Por hora, só quero anotar algumas designações para não esquecê-las.

>*Piãgüara* – o matador.
>*Tamarã* – tacape.
>*Tupãrãma* – corda com que prendiam o prisioneiro.

São os mesmos nomes que lhes davam os velhos tupinambás. Tuwahú e Turiwata eram dois outros personagens que auxiliavam na matança, carneação e cozimento, comendo o primeiro deles o coração da vítima e o segundo o fígado.

**7/out./51** – Domingo. Vamos dar sentido aos termos, agora, segundo Auaxí-mã contou:

Há muito tempo, quando ainda moravam para os lados do Capim, seus avós costumavam fazer guerra para trazer prisioneiros e sacrificá-los. Procuravam obter, também, mulheres e crianças, estas para criar junto deles, as mulheres como esposas do cativador, as crianças como os próprios filhos. Entretanto, nunca fizeram essa classe de prisioneiros com mulheres brancas ou pretas para evitar que sua raça se misturasse. Somente aprisionavam homens adultos para sacrificá-los.

As expedições guerreiras se faziam mais frequentemente contra tribos daquela região, entre as quais o velho cita duas, os Makú, a gente que costumava pintar a boca com jenipapo, e os Mundurukú, donos de riquíssima plumária. Ambos abandonaram as terras do Capim, encaminhando-se para um grande desfiladeiro que desce no rumo do Tocantins. Xapy me disse que, além do Tocantins, não há nada mais, nem mata, nem terras. Nada, ali acaba o mundo.

Os tuxauas eram os chefes dessas expedições, seus organizadores e os senhores dos prisioneiros delas resultantes. Eles é que marcavam a data de sua morte, mandando organizar uma grande festa e convidando o prisioneiro a dançar. Ele era arrodeado pelo *piãgüara*, que levava o *tamarã*, grande tacape, adornado de plumas (um metro de comprimento), e pelos dois outros personagens. O prisioneiro tinha as mãos amarradas para trás com uma corda especial, *tupãrãma* (cujas pontas talvez fossem sustentadas pelos tais personagens, cujas funções não ficaram bem esclarecidas). A certa altura da dança, o tuxaua mandava parar e pedia ao *piãgüara* que representasse a morte do prisioneiro, sem matá-lo ainda. O prisioneiro, confiante na promessa, oferecia a cabeça, e o matador, que durante todo o tempo tinha o tacape levantado em posição de usar, desfechava o golpe sobre a fronte do cativo, prostrando-o.

O tuxaua ordenava, então, a carneação do prisioneiro, que se fazia como a do veado vermelho, retirando toda a capa da barriga e por ali as vísceras. Os braços (no que difere do veado) eram destinados a assar. O restante era dividido em postas para o moquém e para cozimento, ficando o coração e o fígado para os referidos personagens. A carne cozida, depois de pronta, era socada com farinha e consumida por todos como paçoca.

Auaxí não sabe dizer se davam mulheres ao prisioneiro. Acredita que não, porque, diz, deviam evitar que fizessem filhos. Também não sabe se as mulheres e crianças comiam certas partes preferencialmente. Asseverou que os personagens cujos nomes ditou eram permanentes e adiantou, ainda, que, com a morte dos últimos que exerciam essas funções (dos comedores de gente, diz), deixaram de trazer prisioneiros para as aldeias. Procuravam matá-los onde os encontrassem e deixá-los lá.

As mulheres e crianças trazidas de outras tribos casavam-se e tinham filhos. Aritú, por exemplo, citou o velho (pessoa que ele conheceu bem), descendia de uma mulher makú trazida para junto deles e que, aqui, teve quatro filhos. O último tuxaua de que Auaxí-mã teve notícia, organizador das tais expedições, chamava-se Kuimã e seria, aproximadamente, avô do pai de Uruãtã (Karapú). Este último dado nos permitirá calcular, mais ou menos, a época em que abandonaram essas práticas.

Como se vê, não pode haver dúvida sobre a ocorrência da antropofagia. Até parece que Auaxí-mã leu os velhos cronistas, tal a consistência de suas informações com as que se encontram naquelas fontes.

# Cachorros

Devo voltar, agora, aos cachorros – é assunto que me persegue há dias, como você deve ter notado. Chegaram à tarde Mandueki e sua mulher, que tinham ido à sua aldeia dar de comer aos cachorros deixados lá. Pois uma cadela que trouxeram deu crias esta noite, sem barulho, bem debaixo de minha rede. Até aí, nada de novo. Mas ao acordar com o choro dos cachorrinhos, vi muitas novidades. Ay cozinhava farinha num fundo de pote para alimentar a parida e seu marido, que procurava manter quieto junto dos filhos, não lhe permitindo comer surubim nem carne porque, se andasse ou comesse essas coisas os filhotes morreriam ou ficariam loucos. Não é, novamente, uma extensão da *couvade* aos cachorros? Ou a integração dos cachorros na família?

# Suicídio

São nove horas da manhã; estamos esperando um casal que ficou de vir de outra aldeia para nos ajudar a conduzir minha carga. Temo que não venham, pois está ficando tarde para viajar. Com o casal Mandueki veio meu xarazinho Daxy, futuro tuxaua.
 Traz a cabeleira desbastada na croa em sinal de luto porque perdeu o pai. Quando passei pela sua aldeia, ele estava muito doente. Tratei-o como pude. Com nossa saída piorou muito; sentia-se tão cansado e fraco que começou a procurar meios de matar-se. Para prevenir isso, tomaram suas flechas, só deixando em casa as flechas de madeira com que o pequeno Daxy passarinhava. Pois destas mesmas se serviu o pobre homem para matar-se. Furou o pescoço ao lado da artéria (sempre furam o pescoço para se suicidar), mas foi infeliz no golpe e ainda sobreviveu cinco dias com toda a agonia de um furo no pescoço.
 O suicídio, como se vê pelos casos relativamente numerosos que colhi, é uma das saídas prescritas pela cultura para fugir a situações desesperadas. Preciso examinar as relações dessa prática com a concepção do mundo de além-túmulo. É claro que, em certas circunstâncias, a morte é preferível à vida. Essa noção parece reforçada pela ideia de que os mortos vão para um mundo melhor, o que lhes permite morrer sossegadamente, dizendo que veem Maíra-filho abrir-lhes o caminho do céu. Matam-se quando os sofrimentos físicos (como no caso presente) ou morais (capitão Urucu e capitão Uirá) sobrepujam o limite que julgam suportável. Ainda ontem o capitão Xapy, que ardia em febre e sofria de uma desesperadora dor de cabeça, disse que pensou em matar-se com uma taquara. Seria o suicídio tão frequente no passado ou as fontes da existência estarão agora tão enfraquecidas que deram lugar à sua prática?

# Sonhos

Vou registrar aqui uma nota que se refere a tema versado no primeiro caderno. Os índios que foram daqui ao Pindaré para me encontrar, enquanto atravessavam território frequentado pelos Guajá, viajaram sempre sobressaltados, temendo depararem com eles e, parece, desejando um encontro que lhes fosse favorável.
 Procuravam interpretar os sonhos, como modo de prever os acontecimentos. Anakanpukú, o capitão e guerreiro mais prestigioso e mais experimentado do grupo, fazia os outros contarem seus sonhos cada manhã. Se eles indicavam, a seu ver, que iriam deparar-se com os Guajá, viajavam com extrema cautela. Todos levando os arcos com as cordas distendidas, prontas para uso, e as taquaras à mão, de modo que pudessem atacar ou defender-se a qualquer momento.

# Irakatú

**9/out./1951** – Chegamos ontem, antes do meio-dia, porque dividimos a viagem em duas etapas, fazendo a primeira anteontem, à tarde, e dormindo no caminho à beira de um igarapé de boa água. Eu já tinha saudades dessas dormidas ao relento que, embora um pouco frias, são às vezes melhores que as da aldeia, pelo menos não se é atormentado pelas pulgas e baratas.

## Chefaturas

Meia hora depois de sair da aldeia de Xapy, passamos por uma extensa capoeira onde estão as taperas de sua antiga aldeia, que ficava mais próxima, então, da de Peturú (aliás, de Urucu-y, irmão de Xapy), na mesma clareira. Muitos motivos podem juntar numa mesma aldeia a gente aparentada que nela reside, assim como pode desmembrá-la em duas ou mais. Estou cada vez mais convencido de que os chamados capitães não são mais que cabeças de família, chefes das casas de suas parentelas, como tais independentes uns dos outros, e que só residem juntos porque são ligados por laços de estreito parentesco que facilita a cooperação.

Em muitos casos, um homem (ou mulher) que, às vezes, não é tido como capitão centraliza os laços de parentesco que unem todos os moradores de uma aldeia. Isso ocorre, por exemplo, na corresidência de duas linhagens que se ligaram por um casamento do qual resultou um ou mais filhos, parentes de uma delas pelo pai e da outra pela mãe. Morto esse indivíduo, bem podem as parentelas se desligarem, cada qual indo encontrar sua própria aldeia. Esse parece ter sido o caso das aldeias de Piahú e Koatá, que já encontrei separadas, e das de Xapy e Peturú, que somente este ano se desmembraram, mas continuam muito ligadas, os homens caçando e pescando juntos, todos usando do mesmo forno etc.

## Cajus

Mas não foi só por isso que me lembrei da capoeira. Foi por um assunto que me interessou mais vivamente. Lá encontramos uma centena de cajueiros, todos frutificando. Desde muito distante, vínhamos sentindo o cheiro acre dos cajus e, lá chegando, tivemos de parar para lhes fazer a honra. Nunca chupei tantos cajus, nem jamais chupei melhores e maiores. Não é à toa que esses meses são de festas. Com tanto caju, podem batizar quantos meninos queiram, brindando cada convidado com potes do bom cauim de caju.

Eu já disse que experimentei desse cauim na última noite que ficamos com Xapy. Mas não falei, ainda, de quanto é bom. Guarda um pouco do gosto acre do caju, perdendo todo o seu açúcar e ganhando um azedume muito leve. É excelente bebida, tanto que, agora, deixo minha preferência pelo cauim de milho dos Guarani por este de caju dos Kaapor. Só lamento não o ter experimentado numa das cerimônias, como a de nominação, mas simplesmente num brinde preparado para nós e para aproveitar os primeiros cajus da safra. Daqui por diante, mesmo sem batizados, continuarão fermentando sua cerveja até dar fim aos cajus.

Os cajueiros são plantados nas roças junto com a mandioca e as outras plantas, mas só frutificam um ano e meio depois, quando se colhem as últimas raízes. Entretanto, por muitos anos mais, enquanto a aldeia se mantiver nas imediações daquela capoeira, continuarão colhendo cajus. E não é somente esse produto que tiram das capoeiras. Também a cana para flechas, a cana doce, o cunambi, as contas, as cuias, mamões e bananas são trazidos delas. Por essa razão, os grupos se deslocam muito lentamente. Vão abatendo a mata cada ano para novas roças tão próximas quanto possível das antigas e, de vez em quando, mudando as aldeias, mas sempre de modo a estarem perto das roças: a nova, plantada no ano; a velha, do ano anterior, que os supre de mandioca; e as das capoeiras, com seus frutos.

## Cauim

Falávamos de cajus; é bom registrar como fabricam o cauim. Espremem as frutas numa panela grande, usada para preparar bebidas, principalmente *mandiocá*, o mingau ralo e doce da mandioca d'água. Ali mesmo o fervem, até reduzi-lo à metade; se querem maior quantidade espremem mais cajus sobre o caldo e voltam a fervê-lo. Quando têm a quantidade desejada, retiram-no do fogo, passam o licor para um pote e ali deixam esfriar e fermentar mais uns três dias. Depois disso, está pronto para ser consumido.

Fomos servidos por duas mulheres, jovens ainda, cada uma delas trazia uma cuia grande, cheia de cauim, e uma cuinha pequena para servir a cada um dos presentes. Primeiro, aos hóspedes mais importantes, depois aos de casa. Assim, mal tomava uma daquelas cuiazinhas e já vinha a outra; depois era preciso esperar que todo o grupo fosse servido e que as moças voltassem a encher as cuias para tornar a beber.

Mas vamos adiante nesta viagem. Depois da capoeira, não vimos nada digno de nota, sempre a mesma mata fina que viemos atravessando desde que alcançamos as águas do Tury. No pouso, também, nada de novo, senão uma boa conversa que contarei adiante e o gosto de um bom banho de cuia com água limpa, depois de tantos dias de banhos fedorentos.

# Cachorros

Os cachorrinhos de Ay centralizaram nossa atenção ali durante toda a tarde e a manhã seguinte. Assim que chegamos, ela amarrou a cachorra, pôs junto dela, para mamarem, os cachorrinhos que trazia enrolados numa saia e foi fazer comida para a felizarda da cachorra, única que comeu aquele dia. Depois, banhou os bichinhos, limpando bem seus olhos, que ainda não abriam. Desde então, seu desvelo não tem sofrido desfalecimento. Cuida da cachorra dia e noite e, mais ainda, das crias, dando-lhes banhos frequentes, acertando suas orelhas e rabos, com a mão aquecida no fogo, para que não fiquem duros e se encaracolem quando crescerem.

Cuidando dos xerimbabos.

Meia hora antes de chegarmos, atravessamos a mais nova capoeira desta gente; fomos logo procurar cajus e canas, mas os daqui ainda estão verdes, só pudemos gozar de seu perfume, que invade até a mata.

Ainda não conheço o pessoal daqui, estou esperando que eles se acostumem mais com a gente para recenseá-los, porque estivemos envolvidos numa intriga. Um velho meio estúpido, da aldeia de Takuá, veio dizer-lhes que eu andava tomando os nomes dos índios para Papai-uhú mandar amarrá-los depois. É uma história sem pé nem cabeça, mas como os índios não têm uma explicação satisfatória sobre os propósitos dessas minhas visitas, podem acreditar em qualquer bobagem dessas. E, afinal, isso não parece com o temor dos nossos caboclos ao recenseamento e ao registro civil?

Esperamos, há dias, um rapaz que mandamos buscar gordura, sabão e outras coisas no posto. Elas já fazem falta e sua demora nos preocupa. A mim principalmente, querida, porque tenho esperanças que ele me traga cartas suas.

**10/out./51** - Quarta-feira. Deixei o caderno para ir tomar banho a meia légua daqui, porque o igarapé de que a aldeia está se servindo reduz-se a um poço com a água podre e esse fedor de mandioca puba.

# Uruãtã e eu

Vamos continuar, agora. Comecemos pela conversa do pouso. Lá estávamos, todos deitados, já prontos para dormir, quando Mandueki resolveu acomodar-se também na minha rede para reexaminar meus cabelos e a pele fina de meus pés e mãos, que tanto lhes interessa. Num acesso de loucura, eu disse a ele, então, que, como a de Maíra, minha pele descascava quando ficava muito velha, caía a pele velha e vinha uma nova e com ela uma nova juventude. Para que ele entendesse ainda melhor, lhe disse que conhecera Uruãtã e Temikí-rãxin, os irmãos em que terminam as mais extensas genealogias daqui, os mais remotos ancestrais de que se lembram.

Por incrível que pareça, acreditaram na história. Vieram outros índios ouvi-la e, todos interessadíssimos, começaram a fazer perguntas, pedir notícias de seus ancestrais. Com o diário do ano passado em mãos, lendo o que Anakanpukú me ensinou, fui satisfazendo sua curiosidade e, ao mesmo tempo, confirmando minha eternidade.

É notável que até hoje, mesmo depois de termos dado a entender que eu brincava, eles continuam crendo na história ou, pelo menos, julgando-a muito verossímil. Assim que chegamos aqui, um dos nossos acompanhantes me fez repetir a balela diante de uma mulher. Imediatamente, ela se pôs a gritar, chamando as outras para verem o homem que descasca, que conheceu Uruãtã e, sendo tão novo, é tão velho.

Abusei da brincadeira quanto pude, lá no pouso; para esticar a conversa sobre Uruãtã, caí em contradições nas minhas notícias, para ver como eles reagiam, perguntando o que aconteceu aos dois irmãos meio míticos depois de meu encontro com eles.

Aprendi, assim, algumas coisas novas. Mas me vi em situações meio difíceis, porque, em vez de responder minhas perguntas, eles as repetiam, dizendo que eu, que os conhecera, é que bem poderia dizer isso ou aquilo.

Para começar com as novidades que me disseram, os dois irmãos são três, porque havia também uma mulher, que morrera antes de começarem os feitos que nos interessam aqui. Temikí-rãxin, o irmão mais novo, deixou o nicho antigo, mudando-se para mais perto do Gurupi, onde conseguiu mulher de uns índios guajás, dos quais, então, eram amigos.

Uruãtã, ainda menino, foi aprisionado por uns *karaíwas* e levado com eles. Estava brincando com outras crianças perto de uma casa de forno quando foi apanhado. As mulheres que torravam farinha viram alguns negros escondidos atrás de uns paus, mas não quiseram dar alarme e, por isto, o menino foi apanhado. O *karaíwa* (*pihã*) que aprisionou Uruãtã o levou para sua casa. Ali o amarrou e depois prendeu num cercado de varas, até que veio um outro *karaíwa* que o levou para sua morada. Ali moravam vários índios, todos aprisionados como ele. Entre estes, um Tamutakuara, que parecia ser um capataz encarregado de cuidar dos outros. Tanto que Uruãtã, para fugir, teve de enganá-lo, dizendo que ia caçar nambu. De volta, ele trouxe dois terçados e um machado – e, se a história é verdadeira, muita ideia nova – e foi logo procurar o irmão, que, então, tinha se mudado para leste, fugindo às batidas dos brancos.

A mulher de Uruãtã chamava-se Iusepá-hú, meus informantes não sabem dizer se era Urubu ou Guajá. Falaram, também, de outra mulher, Mañik, casada com Kitá-kitá, sem pormenorizar se veio com Uruãtã.

Ontem à noite, enquanto tomávamos a *mandiocá* que o capitão Paranã-pyk nos servia, ouvimos duas historietas, uma delas já conhecida, a da "caçada antiga", outra nova; hoje vou tentar fazê-los falar mais.

## Tawar-uhú e Kosó (A onça e o cuxiú)

A onça caçou um jabuti branco muito grande e levou para a casa dela, queria comê-lo depois. O macaco Kosó viu bem o jabuti. Assim que ela saiu, ele foi lá, roubou o jabuti e o pendurou numa árvore ali perto.

A onça chegou com fome, procurou o jabuti e não o achou no lugar, depois o viu pendurado lá no pau. Ela começou a arranhar o pau para derrubá-lo, até que ele caiu, mas o jabuti branco caiu bem na cabeça da onça, *puk*, aquele jabuti enorme, a onça caiu morta. Jabuti branco tem o casco bem duro, nem sentiu nada, olhou a onça morrendo, foi se esconder no buraco. Quatro dias depois, saiu para comer a carne da onça, que já estava podre.

Depois de contar a história, o rapaz comentou que jabuti come muita carniça, é só encontrar. Às vezes, ele mesmo mata uma caça para comer podre. Disse que viu uma vez uma preguiça gritando num galho de árvore; ele sabia que a preguiça não caga lá de cima, precisa descer para cagar e que, quando não tem como descer, ela deixa-se cair lá do alto. Ele ficou olhando, a preguiça chorou muito e despencou lá de cima, *puk*. Aí, veio um jabuti, mordeu aquela preguiça até matá-la e, quatro dias depois, quando estava podre, foi comê-la.

## Caçada antiga

O vento saiu ali para caçar, estava escuro. Matou um veado-vermelho, pôs nas costas e foi levando para casa. No caminho, o veado morto começou a pular e gritar.

— Seu filho já nasceu, me larga.

Pulou das costas dele e saiu correndo. O vento arranjou umas folhas de *sororoca* (banana selvagem) por ali, cobriu o chão e deitou-se para dormir. Mas não pôde, perto tinha uma festa onde faziam muito barulho e ele ficou olhando. Era na casa do tatu-ramói, uma casa grande. Estavam dando nome ao filho do tatu-canastra, o padrinho era o tatu-peba.

No mato, uma onça urrava ameaçando o tatu. Só ela não estava na festa, todas as outras caças lá estavam, bebendo e cantando: os tatus, o veado, a paca, a cutia, o tamanduá, o guariba, o cuxiú, o macaco-prego, o quati, todos.

O tatu-canastra, muito bêbado, dançava ali (ele levanta e imita o canto rouco do tatu e encolhe os membros sobre o pescoço, juntando os braços ao peito) e cantava com aquele paletó grande, como *karaíwa*.

O guariba, também bêbado, cantava e dançava assim (imita). Cada bicho que chegava, o tatu-canastra ia receber e dava cauim, tinha três potes bem cheios para beberem até amanhecer. Chegou este rato sem rabo e conversou com o tatu:

Segunda expedição - Irakatú

— Eu já vim.
— Já vieste?
— Vim à sua festa.
— Ver minha festa.
— Vim ver seu menino ganhar nome.

O tatu-canastra levou aquele rato para beber cauim de caju. Depois, chegou o rato de rabo e conversou:

— Eu já vim.
— Já vieste?
— Já vim ver sua festa, ver seu menino.

O tatu-canastra levou aquele rato de rabo para beber cauim de caju. Chegou o caititu e falou assim:

— Eu já vim.
— Já vieste?
— Vim ver sua festa, meu irmão.

Falava assim porque ele também come minhoca. Foi beber cauim de caju. Aí veio o Mucura, todo cheiroso, como *karaíwa* com brilhantina.

Eles beberam a noite inteira, até acabar com os três potes de cauim. O tatu-peba levantou o filho do tatu-canastra, que ficou chamando: raiz de pau-preto.

Durante a noite toda, a onça esturrava lá do mato, querendo comer o tatuzão, mas não tinha coragem de chegar, porque o quati-mandi não deixava, batia nos paus, gritava e a onça tinha medo dele, por causa das taquaras que tem.

O Kosó (cuxiú) também, que é dono do terçado, gritava muito para fazer medo à onça. Kosó é dono do terçado; onde bate, aquele rabo dele vai cortando como terçado. Kosó gritava como doido, batia nos paus, fazia um barulhão enorme para espantar a onça. Com a gritaria dele, acabou cortando a rede do tatu-canastra e batendo muito no gavião-real. A anta estava muito bêbada, só cantava assim:

— *Manon, manon, katú, katú* (morreu, morreu, é bom, é bom).

O veado-branco chegou com o membro dele pendurado como costuma andar. A cutia ficou com o membro duro e foi atrás da mulher do tatu, ela se meteu na loca e ele foi atrás; quando saiu estava com o pau esfolado, vermelho.

Ao amanhecer, o vento foi olhar o lugar da festa e não viu nada, nem casa, nem bicho nenhum. Só achou ali um tatu-canastra dormindo, bêbado. Ele tocou flecha nele e o tatu foi morrer no buraco. Adiante, o vento encontrou outro tatu bêbado, todos estavam tontos, nem sabiam esconder-se no buraco. O vento matou aquele também.

O vento que viu esta festa é o vento velho, que já morreu e tornou a viver, porque vento não morre como a gente. Quem venta agora é o filho dele que nasceu, aquele de que a veada morta falou. O vento é uma estrela do céu.

Diários índios

### Estrelas

E, assim, passamos a falar de estrelas e eu aprendi três nomes que, talvez, correspondam a três histórias. Tiusú – *Sete Estrelo*, é o dono das águas; Kãmarã, o *mapire-hare* (os três) – são as Três Marias, que enchem os rios quando vão tomar banho neles; Tratá-hú – Marte, a estrela grande da boca da noite.

## Cachorros

Com isso fechamos a noite. Ay foi ver se o pai-cachorro dormia, cumprindo os preceitos da *couvade*. Aliás, de tarde, quando comíamos uma paca caçada pelo Irakatú, eu ouvi mais coisas sobre este assunto. João jogou, inadvertidamente, um pedaço de osso para o tal cachorro e foi o bastante para Ay pular com toda a ligeireza e tomá-lo do pobre animal para dar a outro que não está de resguardo. João, querendo desculpar-se, disse que os cachorrinhos lhe pareciam filhos do outro, porque eram escuros como ele e não claros como o suposto pai. Ela respondeu, prontamente, que não podia ser, porque o tal escuro é filho da cachorra parida e, naturalmente, não podia ter relações com a mãe. Depois, fiquei sabendo do cuidado que eles têm para regulamentar as relações sexuais de seus *rimbás* pela cartilha de suas próprias. Andam sempre atentos para descobrirem quando as cadelas entram em cio e prendê-las, a fim de que só tenham relações com quem devem, provavelmente com seus primos cruzados.

 **11/out./51** – Emiliano acaba de chegar, trouxe três cartas suas, querida; embora velhas, me deram um prazer enorme. Sua carta mais nova data dos primeiros dias de agosto, quando eu ainda estava no Gonçalves Dias. Desde então me aconteceram tantas coisas. Que lhe terá acontecido em todo esse tempo?
 Já são seis horas da tarde, vai escurecendo e tenho muito a escrever. Trabalhei durante o dia inteiro com as formas de conduta decorrentes da terminologia de parentesco, que se complicam cada vez mais, obrigando-me a um sem-número de verificações. Veja só: examinando os diagramas de parentesco que tenho colhido, verifiquei que ocorrem, frequentemente, casamentos com filhos de primos paralelos, tidos como iguais aos irmãos. O que significa isso, estará pensando você. Significa que os descendentes de dois irmãos do mesmo sexo costumam casar-se. Mas não é só, casam-se, também, com os filhos de alguns primos cruzados e paralelos, aos quais eu julgava que designassem como filhos e filhas. Ocorre que duas pessoas, um rapaz e uma moça, têm parentescos variados. Alguns deles, tratados como irmãos, seriam imiscíveis. Acontece, porém, que podem ter, simultaneamente, um outro parentesco com gente que se chama reciprocamente de cunhados. Havendo escassez de gente com quem casar, meus índios optam pelo parentesco permissivo, esquecendo o proibitivo.
 Esclareça-se que não encontrei ninguém casando com uma prima paralela, filha de uma irmã da mãe ou de uma irmã do pai. Os casos a que me referi apontam

parentescos mais longínquos, como o dos filhos de avós do mesmo sexo ou de outras relações igualmente longínquas.

Não adianta falar mais nisso, você já deve estar convencida de que estou metido na maior das complicações e de que vou sair-me bem dela. Não é mesmo? Deve pensar também que esta minha curiosidade insaciável sobre parentescos é uma mania. O diabo é que não é só minha, mas de todos os antropólogos. Essa bobagem, resultante da hipótese, levantada no século passado por Morgan, de que através dos parentescos podia-se classificar todos os povos, converteu-se numa escravidão etnológica.

Soube, também, do Huxley. Ele me escreveu uma carta quase ilegível, que me deixou preocupado. O moço deve andar muito infeliz. Também pode ser a pobreza do português dele que me dê essa impressão. Conta que Metraux vem aí para ver esses descendentes dos seus queridos Tupinambá. Que faça boa viagem e tire dela bom proveito.

Não tenho tratado somente de termos de parentesco, tanto que ouvi ontem duas lendas interessantíssimas, que descrevem o anhanguera e o curupira, dois demônios que povoam estas matas, ameaçando os homens. Quero aproveitar as últimas luzes para contá-las.

## Nominação

Antes, porém, deixe-me desenganá-la. Ainda não disse que irei embora amanhã para a aldeia de Morocore; não teremos aqui a tão esperada oportunidade de assistir a uma festa de nominação. Explicaram que os meninos ainda estão muito novos para receberem nomes. Uma lástima. Desde Ianawakú ouvimos falar nessa festa e eu estava certo de poder assistir a ela. Para isso vim por aqui, disposto a ficar um mês inteiro em águas do Tury. É a expectativa alegre de uma grande festança que faz essas notícias correrem pelas aldeias muito antes de sua realização. O mesmo acontece com a gente de Koatá. Emiliano veio dizendo que será para daqui há quatro meses e o Huxley, em seu bilhete, lamenta que certamente não poderá assisti-la. É a interferência do fator sorte (ou azar) na vida dos "etnoleiros". Como o inevitável é sempre o melhor, só nos resta esse pobre consolo.

Esta é a aldeia dos meninos gêmeos de que falei. Eles é que deviam ser nominados. Isso aumentava mais ainda o meu interesse em assistir à celebração, como aumenta agora minha desilusão. Fotografei os pirralhos, aliás magros e muito feios, e verifiquei que um deles tem um pipi bem avantajado e o outro um bem modesto, este é o provável pajé de que me falou a velha loquaz da outra aldeia. Aqui não consegui ouvir nada de novo a respeito e eles não parecem gostar do assunto. Bem, dizem que em casa de enforcado não se fala em corda. Não sei se ter um filho pajé será expectativa alegre para um pai kaapor; penso que não e me calo, como diz o adágio.

O pai desses gêmeos é Irakatú, um dos capitães daqui. Seus casamentos são muito interessantes, pois a mãe dos gêmeos é viúva de seu pai e a outra mulher, com quem casou-se recentemente, é viúva de seu irmão. O primeiro desses casamentos, embora permitido, não parece ser dos mais aprovados, pois a velha Xixirumbí disse, em tom de desaprovação, que ele tivera filhos gêmeos porque se casara com a mulher do pai. Além disso, como o gráfico mostra, um dos casamentos se deu com a filha de um primo cruzado.

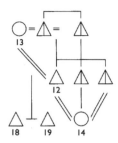

O casamento com viúvas de irmãos é mais frequente. Xapy, por exemplo, casou-se com a viúva de Nowy, seu irmão, e ainda quis casar-se com a de Uruku-y, sendo recusado por ela.

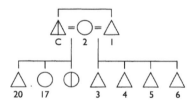

Está muito escuro, querida, já nem vejo o que escrevo, vou arranjar uma lamparina para continuar. À mesma luz, depois, vou reler suas cartas. Já tenho luz, é mortiça como a de meu entendimento, mas essa parecença não me ajuda, só atrapalha. Vamos, agora, aos contos de assombração, mas não se assuste muito com eles. Na verdade, nem existem curupiras, anhangueras ou juruparis. Mas essa minha gente precisa acreditar neles para se explicar as imperfeições deste mundo tão bom de ser perfeito e que não o é por alguma estranha razão, como esses demônios e tantos outros que correm mundo em todas as falas da terra.

## Curupira

O Curupira ficou com raiva daquele menininho, eu não sei por quê. Foi lá no cercado onde o pai do menino tinha juntado jabuti para a mulher comer e roubou todos. Carregou.

Segunda expedição – Irakatú

O homem foi no curral buscar um jabuti e não achou nada. Ficou ali, olhando, aí ouviu gritarem como gente lá do meio do mato:

— Eh! Vem aqui. Vem aqui depressa.

Aquele homem foi ver o que era. Encontrou lá o Curupira, que saltou nele e o amarrou todo com uma cobra enorme e meteu o *rankuãi* (pênis) dele no *muxirapé* (cu) do homem. Enquanto o Curupira estava metido no *muxirapé* dele, o homem dobrou a cabeça do Curupira como arco até obrigá-lo a soltar a cobra e sair de dentro dele.

O Curupira levou o pai daquele menininho para a casa dele. Lá estava um curral cheio de jabutis, eram os que o Curupira havia roubado. Disse, também, que o Curupira havia roubado a criança e que o homem já encontrou o filhinho na casa do Curupira. Depois disse o contrário.

Enquanto isso, a mulher estava lá na casa dela com fome, o marido nunca chegava com o jabuti. A casa do Curupira era grande como esta aqui. Logo que o homem chegou, o Curupira deu a ele um jabuti para comer. Ficou lá três dias, no quarto. O Curupira ia comê-lo.

A mulher dele, lá na casa, estava chorando, com fome, pensava que onça tinha comido o marido dela. Mas o Curupira não comeu aquele homem. No terceiro dia, ele matou a mulher do Curupira e fugiu. Junto com o Curupira, morava o macaco-*tamói*. O Curupira é neto dele (macaco-prego). Aquele dia, o Curupira saiu para caçar veado-branco e a mulher começou a falar:

— Vou te matar, vou te matar.

O homem, com medo, só falava:

— Não, não!

Aí a mulher do Curupira mostrou um inajá ali, junto da casa, e disse:

— Olha o inajá. Olha o inajá. Eu vou te matar. Eu vou te matar. Tira inajá pra mim, tira inajá.

O macaco estava ali perto vendo tudo. O homem subiu num pé de inajá para derrubar os cocos para a mulher do Curupira. Ela pediu que ele derrubasse devagar para ir aparando, mas o homem cortou o cacho com um só golpe do terçado e o cacho inteiro foi cair na cabeça da Curupira. Ela morreu.

O macaco riu, riu muito quando viu a mulher morta. Pegou ela e levou pra dentro de casa. Cortou em postas, separou bem a bunda e pôs tudo para cozinhar. O macaco-prego-*tamói* foi levar o homem para cima de uma árvore, escondeu bem escondido. Voltou e ficou ali perto, trepado noutro pau. Aí o Curupira voltou com um veado-branco. Olhou, olhou, não viu a mulher, disse:

— Decerto foi buscar água.

Ficou esperando. Mas ele estava com muita fome. Esperou, esperou, a mulher não chegava, aí ele viu o panelão cozinhando e disse:

— Oh! Tem comida aqui, já vou comer.

Diários índios

Tirou umas folhas, cobriu o chão e foi pondo o cozido ali em cima. Tirou pedaço, tirou pedaço, pondo sempre ali nas folhas. Então, tirou a bunda da mulher dele. Olhou bem e viu que era da Curupira, gritou de raiva.

Largou o cozido ali e foi atrás do espelho dele, para procurar o homem. Olhou no espelho e virou para todo lado, procurando, mas não viu nada. O homem estava bem escondido lá no pau. Aí o Curupira perguntou para o macaco e ele falou que não viu o homem, decerto tinha caído n'água, porque o Curupira não achava. E disse assim:

— Isso aqui é a velha do homem que ele mesmo matou, pode comer.

Curupira foi olhar, mas viu a bunda que era da mulher dele mesmo e saiu. Andou por ali tudo, farejando o homem para matá-lo, mas não podia achar, porque estava bem escondido em cima do pau. Quando o Curupira afastou-se mais, farejando o homem, o macaco foi buscá-lo. Tiraram uns dez jabutis do chiqueiro e o macaco saiu para levar o homem até a casa dele. Quando chegaram na beira do roçado, o macaco disse:

— Lá está sua casa, vai.

O macaco voltou e o homem chegou na casa dele. Contou pra mulher que estivera preso três dias na casa do Curupira. Depois foi quebrar um dos jabutis que trouxe para a mulher comer. Ela comeu muito, estava com fome.

Curupira é como gente, mas é preto, tem o cabelo comprido e só anda olhando para o chão. A testa dele é torta, a boca também, o cu fica do lado da coxa. Tem olhos esbugalhados e um nariz chato, enorme. A mulher é como ele mesmo, tem o *karapuá* no meio da barriga, os peitos nas costelas, debaixo dos braços, e é muito cabeluda.

Que tal o conto, gostou dele tanto quanto eu gostei? É uma maravilha.

## Añangará (Anhanguera)

Añangará também roubou dois meninos e os carregou. Os meninos saíram por ali, caçando, e os *rimbás* deles levantaram um Añangará e acuaram num buraco de pau. Os meninos pensaram que fosse paca:

— É paca, é paca mesmo, está aqui.

E já foram flechar. Añangará agarrou fortemente nas flechas e puxou os meninos para dentro do buraco. Añangará fede muito.

Os cachorros voltaram sem os meninos e os pais deles não sabiam por onde andavam. Añangará pegou os meninos, cortou a coxa deles de fora a fora, por cima, e matou todos os dois. Depois fez viver novamente, mas já como Añangarás, para viver junto com ele.

Mas o pajé estava ali mesmo na aldeia, falou o que tinha acontecido com os meninos e fez Añangará trazer as embiaras deles. Mas quando os meninos chegaram, já fediam como Añangará e estavam iguais a elas. Já eram Añangarás.

O pajé, também, depois de chamar os Añangarás, ficou doente; como já não eram mais meninos, o pajé disse às Añangarás que os levassem de volta.

Añangará é baixinha, preta, peluda como guariba, feia e fedida; tem cabelo como de coruja, a boca na bochecha e o cu no lugar do umbigo. O macho tem o membro dependurado debaixo do pescoço e a fêmea tem o *karapuá* nas costas, acima da bunda, muito cabeludo.

# Oropó, o refúgio perdido

**13/out./1951** – Aqui estamos na aldeia de Morocore, o refúgio perdido dos Kaapor que se rebelaram contra os brancos após os desastres do primeiro contato. Aqui, nessa mesma casa onde escrevo, viveu muitos anos o capitão Oropó (irmão de Morocore), que foi o matador de Araújo, o pacificador dos Urubu.

Desde então, até a morte de Oropó, no ano passado, esta gente esteve isolada. Quase ninguém de outras aldeias vinha cá e eles também não os procuravam. Somos os primeiros brancos que os visitam e isso nos custou muito trabalho. Desde a aldeia de Tapuro, todos os índios nos aconselhavam a viajar por caminhos que nos afastassem daqui. Alegavam, às vezes, que ficava longe demais, entre outeiros quase inacessíveis. Outras vezes, diziam que eles não tinham mandioca para nos fazer farinha ou que em todo o caminho não se encontrava água, tendo que andar dias inteiros com sede. Na última aldeia, todas essas histórias foram repetidas num esforço extremo para evitar nossa vinda. Quando perguntávamos o rumo em que ficava, todos diziam ignorar, contando que nunca tinham vindo aqui, enquanto se entreolhavam de soslaio com os índios que vieram conosco.

No ano passado, quando na aldeia de Maíra-ambir perguntamos se se podia chegar até aqui, todos disseram ser impossível e de todo desaconselhável. Como insisti, os Tembé que me acompanhavam como carregadores deram um argumento decisivo: não me trariam até aqui.

Oropó foi visto somente uma vez por gente do posto depois de assassinar Araújo. Encontraram-no na aldeia de Maíra, sozinho, assistindo a uma festa de nominação. Mas ele não quis aparecer para eles durante o dia e só à noite aproximou-se da rede de Miguel Silva, trocou algumas palavras com ele e saiu, vindo para cá na madrugada seguinte.

Mas aqui estamos, muito bem. E melhor tratados que em muitas outras aldeias. Agora mesmo, veio um dos homens entregar minha parte de uma ararajuba que matei e que ele assou para distribuir a todos, em pedacinhos que mal dão para se sentir o gosto da carne. Mal acabei de lamber o ossinho que me coube, veio um menino recolhê-lo para queimar. Este é outro osso que não pode ficar à vista, para evitar que os cachorros o comam.

Aqui talvez seja o único lugar em que se possa saber dos verdadeiros motivos da violência de Oropó. Mas é, também, o último que se escolheria para falar disso. O isolamento em que os outros grupos os mantiveram e que eles próprios se impuseram bem mostra a extensão em que o seu ato foi desaprovado e a impropriedade de se falar dele.

Aí temos um cavalo com todos os seus arreios, inclusive o rabicho que orla a figura. Assim o viu um artista local e entalhou no banco, com a ponta de um terçado.

Quando saí da aldeia de Irakatú, estava certo de que iríamos dormir pelo menos uma noite no caminho. Mas fizemos a viagem em quatro horas de marcha apenas. E não era engano, mas despistamento puro e simples, porque a gente de lá tem irmãos aqui, que costumam visitar. Esta aldeia deve estar quase no mesmo lugar há muitos anos, pois estamos na maior clareira que já encontrei nestas matas e para abri-la, nos roçados de cada ano, levaram, pelo menos, quinze anos.

A viagem foi agradável, só perturbada por uma notícia triste que ouvimos no meio do caminho e pela chuva que nos caiu no costado durante a última hora de marcha. A notícia era de que o capitão Xapy estava à morte e era trazida por Piahú, seu filho mais velho, que viera chamar um irmão que vinha conosco. Quando saímos de casa ele estava doente, tinha sofrido uma cólica violenta na manhã anterior. Melhorando com analgésicos, fora pescar ao meio-dia e voltara ainda pior. O filho recebeu a notícia com firmeza, mas visivelmente emocionado. Disseram-lhe:

— Seu irmão está aí, veio chamá-lo para seu pai pegar em sua mão. Ele está à morte, quase morrendo. Vai para o lugar de Tupã.

Todos paramos para decidir que providências tomar. Eu quis voltar para levar remédios a Xapy e, se ele morresse, ajudar seus filhos a chorá-lo (e ver o enterramento, tenho que confessar). Mas não foi possível. Os outros índios que vêm comigo não quiseram voltar. Disseram que me esperariam na aldeia de onde sairíamos. Todos ficaram descontentes com a minha decisão de voltar, todos têm seus afazeres em casa e os deixaram para vir comigo, já acham que eu demoro demais em cada aldeia e não querem que, por qualquer motivo, a viagem se prolongue ainda mais.

Alguns até disseram que, se eu voltasse para tratar de Xapy, o que tanto poderia reter-me por lá por dois como por dez dias, voltariam para suas casas. Não podia correr esse risco, por isso mandei Korahi-uhú ao encontro do pai com todos os remédios que julguei pudessem ser úteis e depois de fazê-lo repetir, várias vezes, a forma pela qual deveria ministrá-los.

Todos os caminhos que se dirigem para uma aldeia, assim que se aproximam da clareira onde ela está, passam por um igarapé e têm um terreno batido. É o lugar de toalete e descanso dos viajantes. Aí, a gente espera os companheiros que se atrasaram em caminho para entrarem todos juntos; isso porque viajamos dispersos por uma larga faixa da mata, caçando, pescando, passarinhando e colhendo frutas e jabutis. Nessa espera, homens e mulheres se banham para refrescar-se. Toma-se água, satisfazem todas as necessidades. Pintam-se, penteiam-se, ajeitam a carga. Gritam para anunciar sua chegada, a fim de que se preparem também na aldeia para recebê-los, prendam os cachorros e talvez até façam um chibé. Só então entram, em linha, o mais importante na frente.

Quando viajam brancos, a expectativa é de que, ao chegarem, aproximem-se de cada morador para apertar-lhe a mão e dizer *katú*. Entre eles, a coisa é mais simples, o visitante chega e se acocora num canto da casa, o dono acocora-se perto (agora, quase todas as aldeias têm bancos) e, sem olhar um para o outro, dizem:

— Eu já vim.
— Veio? – ou – Você já veio?
— Vim.

Esse é o cumprimento. No primeiro dia, não se pergunta pela família do visitante, nem se fala muito. À noite, talvez, se é capitão, falará forte com o principal da aldeia, contando uma caçada ou outra novidade da viagem.

À nossa chegada se deu tudo isso, tal como está escrito, mas, como seu marido precisa aproveitar o tempo, os fez contar-lhe, ontem mesmo, duas lendas, ou antes, uma lenda e uma historieta engraçada. A primeira versa sobre incesto, mas difere do mito lunar, porque a condenação recai, principalmente, sobre a mulher incestuosa.

### A gente kundawarú

Kundawarú é gente como nós mesmos e tem enfeites de pena que são uma beleza. Quando eles têm filho vão para um quarto, o homem e a mulher. Cagam sempre juntos. Enquanto o homem canta, a mulher está lá cagando.

Eles não casam com os irmãos, só um Kundawarú antigo é que casou. Tinha uma moça kundawarú e, quando ela teve menstruação, veio o irmão (Kiwíri) e disse:

— Já vou fazer um filho em você.

Fez o filho. O irmão não se importou de juntar jabuti e, quando o menino nasceu, a mulher já saiu do quarto (*káapíp*) no segundo dia. Estava com fome, como não tinha o que comer, cortou o bracinho do filho, assou e comeu.

Aí veio o avô ver o neto dele, era um Kundawarú velho e tinha muitos enfeites belíssimos, os brincos eram enormes, o colar-flauta era grosso de penas. O tembetá, também, muito bonito. O velho veio trazendo jabuti para a filha e muito moqueado: arara, mutum, veado; vinha carregado e ainda trouxe um mação de flechas.

Quando chegou no quarto, estava claro lá dentro, tinha uma luz acesa. Ele entrou e viu a filha com o menino sem braço, ela já tinha comido o braço do filhinho, assado. O velho ficou muito zangado, acendeu um cigarrão de tauari, soprou fumaça no menino e puxou o ombro dele até sair outro braço. Depois do braço, puxou a mão. Depois da mão, os dedos. Ficou o braço bom outra vez. Quando acabou de fazer o braço, ele levou a filha dele e o neto para cima de um pau-d'arco bem alto.

Aí chegou a mãe para ver o neto. Ela também vinha carregada; levava brincos, tembetá, muitos enfeites, todos de *owí-mê-en* (pássaro azul), para o neto dela. Mas quando chegou o quarto estava vazio, ela não viu ninguém lá. O velho os tinha levado para cima do pau-d'arco.

Quando o pai procurou o filho, não encontrou ninguém. Só ouvia a irmã dele gritando lá de cima do pau-d'arco. Ele ficou zangado, pegou um machado e derrubou o pau-d'arco, mas não encontrou nada, nem mulher, nem menino. Só ouvia cantar num outro pau-d'arco, ia lá, escutava bem, derrubava aquele pau-d'arco também, mas, quando o pau caía, ele não achava nada. A mulher já estava cantando em outro pau-d'arco. Ele ia lá também, derrubar aquele outro, mas nunca achava a mulher nem o filho.

Aquela mulher kundawarú fica lá nos galhos do pau-d'arco, só juntando pele de *owí-mê-en*. Quem tem muito deste passarinho é ela, tem muitos patuás, todos cheios de pele, lá em cima do pau-d'arco. A mulher fica sentada lá em cima daquelas panelas de *cunaricica*, aquilo para os Kundawarú é *owí-mê-en*.

Aquele irmão procurou, procurou a irmã e o filho, mas nunca achou. Um dia, veio este outro sapo Uiwy-hú, sentou na cabeça dele e matou.

## O jabuti, o macaco e a onça

O jabuti velho grande vivia numa loca de pedra. Veio a onça, querendo matá-lo para comer. Aí o jabuti-*ramói* combinou com o macaco para matarem aquela onça. O macaco pegou o jabuti e levou para cima de um pau bem alto, ali mesmo junto da loca de pedra. Quando a onça veio atentar o jabuti, pensando que ele estava no buraco, o macaco soltou o jabuti na cabeça dela, *puk*, foi aquele baque enorme e a onça caiu morta. Jabuti, que é muito duro, nem sentiu a pancada, foi andando

Diários índios

para a casa dele. Quando a onça apodreceu, ele a foi comer devagar. Ficou lá aquele montão de ossos. Quando o jabuti tinha fome, ia lá comer; a carne estava mesmo decomposta, comia, comia e, depois, ia dormir.

### Estrelas

Passamos a falar de estrelas, eu quero ouvir alguma coisa da cosmologia kaapor. Consegui pouco mais do que já sabia. Vejamos:

Piusú – Plêiades (Sete Estrelo), é um homem só, mora no céu e anda lá. Quando os rios enchem é porque ele desce para tomar banho. Nessa ocasião, ele pula, grita, alegre, tomando banho; os igarapés enchem. Quando ele vai embora, tornam a secar. O movimento das plêiades no céu indicaria o inverno quando elas alcançam o horizonte?

Ararú-hú-piá – Ovo de arara vermelha grande.

Arapuhá-rera-rain – Caroço do olho do veado. Era um veado grande que foi para o céu. Antigamente, se via lá, agora só se enxerga o caroço do olho dele.

Tãmarã (Três Marias) – Os três últimos, juntos, fizeram o céu.

Awará – É um homem de uma perna só, que anda lá no céu pulando, *tuc, tuc, tuc*. O membro dele é muito pequenininho, como de menino, embora ele seja um homenzarrão enorme.

Kururú – Mora no céu, foi para lá com Awará.

Iauxí – No céu enorme moram, também, dois jabutis. Foram sozinhos, cada um por sua vez, subindo bem devagar por um cipó que acharam e que ia até lá em cima. Cipó é assim, cheio de buracos para jabuti subir mesmo.

Enganaram-se ao dizer que somos os primeiros brancos que visitaram esta aldeia. Uns pioneiros nos antecederam. Não demoraram dias aqui, mas quebraram o isolamento e gozaram da hospitalidade dessa gente por uma noite. Os índios acabam de contar o caso e não se tratava de um homem só, mas de um casal, fugindo do delegado, andando a toda pressa no rumo do Pindaré. E sabe por quê? O tal pioneiro roubara a mulher e achou que o caminho mais seguro para fugir do marido dela era virem por esses ermos, evitando a linha telegráfica.

Tenho umas coisas atrasadas a registrar e é bom tempo de fazê-lo. Tenho aqui uma mesa que prepararam para eu escrever e vou justificar o trabalho que lhes deu plantar este trambolho dentro de casa.

## Colares

Tenho visto, nessas aldeias, uma variedade enorme de colares; gentes e bichos os usam, muitos deles são como os nossos amuletos e servem para proteger a pessoa ou bicho que os usa. Em cachorros, vi colares de ossos de paca e cutia, que os faz bons caçadores destes bichos, e, também, um colar de pelos de caititu, que o dono fez com o mesmo propósito.

Às vezes, usam pencas de colares, como os seguintes:

• Um menino de ano e meio vive quase sufocado pelos colares que lhe cobrem todo o pescoço: 1) cabeça do osso dos quartos de cutia e paca; 2) colar de amêndoas de coco buriti; 3) garganta (esôfago) de arara; 4) ossinhos de anta, cortados em anéis; 5) raiz de japecanga e cabeça de periquito; 6) dentes de quati e vértebras de surubim; tem, ainda, um bico (inferior) de arara, ossos de arara e a munheca de um besouro "corta-pau".

• Uma menina de quatro anos era mais modesta, usava apenas: 1) colar de sementes de cabaça; 2) duas sementes de copaíba com miçangas.

• Um garoto de sete anos usava: 1) colar de cabeças de *owí-mê-en*; 2) colar de dentes pequenos de onça; 3) colar de falanges do pé da cutia.

O último é mais comum, quase todo rapazote tem um, dado pelo pai. A filha do Xapy, que está esperando uma criança, usa um colar de vértebras de arraia para ser feliz no parto. Quando fui tirar seu retrato, pedi que o tirasse, porque enfeiava o belo colar feminino de penas de tucano e *owí-mê-en*. Não deixaram, dizendo que, se o fizesse, o filho cairia (ela abortaria). Os maridos e os cunhados têm como ponto de honra dar às suas mulheres e irmãs um colar desses quando ficam grávidas.

O primeiro colar usado por uma criança é feito com o seu próprio umbigo, cortado em pedacinhos e costurado em minúsculos saquinhos de pano. Quando recebe nome, o pai lhe prepara um colarzinho de dentinhos de onça com enfeites de penas, é uma miniatura do colar flauta que, em lugar dela, tem uma fieira de dentinhos. A menina usa, também, o próprio umbigo e o substitui, quando da cerimônia de nominação, por uma miniatura do colar feminino de penas de tucano.

Alguns desses colares, como os de miçangas que lhes dou, são usados como simples adornos; outros como amuletos protetores; outros ainda como oferendas de bom augúrio. É o caso daqueles que o pai prepara com cabeças de pássaros que caça, ossos de caças maiores, que farão, da criança de agora, um futuro caçador feliz.

Semelhante ao uso dos colares, é a prática de esfregar no ventre das mulheres grávidas certos pássaros que acham bonitos, como o Tiá-py, para que o filho nasça bonito.

Diários índios

# Carta

Mandei levar ao Miranda a seguinte carta:

**13/out./1951 – Morocore**

Inspetor Miranda,
Recebi sua carta e lhe agradeço a atenção que teve em me mandar notícias do posto. Pelo mesmo portador, fui notificado de que um cientista de renome mundial, o prof. Alfred Metraux, visitará o P.I. Pedro Dantas na primeira quinzena de novembro. Você deve conhecê-lo de nome e, por isso, não é necessário encarecer a importância dessa visita e o nosso dever, como funcionários do SPI, de assegurar-lhe todas as facilidades para que tenha uma estada agradável e proveitosa aí no posto. O prof. Metraux veio ao Brasil em missão da Unesco para ultimar uma ampla pesquisa científica, levada a efeito no Rio e em São Paulo – é em função dessa mesma missão que ele chegará até o Gurupi.
Li, com toda a atenção, suas informações sobre a fuxicaria aí do posto. Lastimo, mais uma vez, que, sendo tão poucos, com tanto trabalho sério a fazer, vocês não consigam entender-se e viver em paz.
Você parece pensar que as acusações ao Messias foram forjadas por João Carvalho para afastá-lo do posto; não creio que seja assim. Os índios fizeram sérias acusações contra ele, que eu ouvi. Trata-se, como você sabe, do pessoal de Ianawakú, que esteve afastado do posto durante muitos anos em virtude de uma leviandade de um certo Luiz, ex-trabalhador do posto. É preciso evitar que isso se repita e, sobretudo, deve ficar claro, para todos os servidores do SPI, que, em nenhuma hipótese, se permitirá acrescentar aos sofrimentos já tão grandes dos índios a infâmia de lhes prostituir as mulheres. Eu mandei João Carvalho dizer ao Messias que, se se repetirem as acusações, eu o farei sair do Gurupi. Agora, repito isso a você e acrescento: o farei sair para a cadeia, com um processo.
Você, como inspetor da região, tem muito mais a ver com isso do que eu, mas as acusações foram feitas diante de mim e eu não sou pessoa que se deixe enganar, nem sou capaz de acobertar qualquer ofensa feita a um índio.
Quanto ao caso de Rosemiro e João, eu nada lhe posso dizer. Em Belém, quando você acusava Rosemiro, eu o defendi, em vista da impressão que ele me havia dado. Não sei se foi punido, nem é a mim – mas a você – que cabe tratar disso. Quanto ao João, se você quer minha opinião, eu o considero como o melhor auxiliar que você tem aqui no Gurupi; mantém excelentes relações com os índios, fala fluentemente a língua deles e usa de toda a sua influência para realizar, entre eles, os objetivos do SPI. Caso o percamos, serão necessários muitos anos para preparar-se outro servidor com suas qualidades. Enfim, por tê-lo admitido, você se redime do afastamento do Miguel Silva.
Aceite um abraço do
D. R.

Morocore, que andava pelo Tury, pescando surubim com timbó, acompanhado por muitos homens daqui, acaba de voltar. Vêm carregadíssimos de peixe e, como só trazem surubins, deixando a água levar os outros peixes mortos pelo veneno, deve ser tremenda a quantidade que eles matam em cada pescaria dessas. Ele é um homem de cinquenta anos, gordo, forte, simpático. Aliás, toda a gente desta aldeia é excepcionalmente forte, devem ser as vantagens do isolamento que gozaram, por tantos anos, neste refúgio perdido.

**14/out./51** – Domingo. Ontem, foi dia de festa para as tripas. Comemos peixe até estufar a barriga e a festança não continuou, noite adentro, sob esta magnífica lua cheia, porque choveu fortemente à tarde e a noite foi muito fria.

## Mitologia

Mesmo assim, encolhidos nas redes, esquentando os foguinhos acesos debaixo delas, conversamos bastante. Morocore me contou a história de Maíra e do filho, confirmando inteiramente a versão que colhi de Koaxipurú. Isso é muito importante, porque aquele capitão viveu muitos anos com os Tembé e eu temia que houvesse confundido elementos das duas cosmogonias em sua narração. Com Morocore se dá o oposto, é um dos Kaapor que tem tido menos contato com estranhos e sua confirmação tem, por isso, o valor de uma afirmação da originalidade kaapor do mito.

Vejamos, sucintamente, os elementos principais de sua versão, que foi muito ligeira, porque eu apenas queria verificar a autenticidade da outra.

### Maíra

• A mata não prestava – Maíra toca fogo. Salvam-se as bacabeiras e os paus-d'arco. Crescem as águas. Os homens se abrigam naquelas árvores. Os que ficaram nos paus-d'arco espocam o céu e vão morar lá. Os outros se abrigam na bacabeira. Escondem os olhos para não verem as águas. Alguns têm sede, se deixam cair e viram Kutáu.

• Enquanto Maíra dormia, o filho fez uma mulher com lagartas, o pai acorda e encontra ali a mulher. Enquanto o filho dormia, o pai foi plantar melancia, depois o mandou olhar; o filho não viu nenhuma melancia, o pai zangou-se. Maíra foi embora e deixou o filho na barriga da mulher. Da barriga, o filho falou: papai foi por cá. A mulher vai dar na casa do Mucura. É novamente prenhada. Vai para a casa das onças. As onças a comem, saltam os filhos. Crescem depressa. Fazem rio grande, com muito jacaré. Acham *pikiá*, árvore imponente dessas matas, de fruta comestível e madeira para construção naval. Fazem corda comprida para as onças atravessarem o rio. Os irmãos jogam as onças n'água. Voltam. Salvam-se, das onças, apenas duas de cada espécie. Foram para o nascente onde mora Maíra-pai, que fez arco e flechas para o filho. Depois, vira Sikirana (cigarra grande) e voa, vai embora.

• Maíra se zanga: "Tenho um filho só. Como aparecem dois, agora?". Esfregou, esfregou e o filho de Mucura subiu. O filho de Maíra fica zangado e sobe com a casa para o céu, onde estava o irmão.

• Uirá-kurusá, o pau que está sempre descascando, só existe na terra de Maíra.

Como se vê, temos uma confirmação, quase ponto por ponto, da cosmogonia kaapor. Só isso valeria o esforço de ter vindo até aqui. Mas espero obter mais coisas nesta visita. Ouvi uma outra lenda, ainda ontem, e vejo, ao redor de mim, muitas coisas que cobiço: patuás grandes, que parecem cheios de adornos; belíssimos trançados, como peneiras, tipitis e paneiros, que quero levar; um pote para cauim, de forma muito rara e que, talvez, se possa fazer levar até o posto.

Mas vamos à outra lenda contada ontem.

### Gente com rabo

Uma mulher estava em casa à noite e chegou um homem. Teve relações com ele. Toda noite, ele vinha e voltava de madrugada. A mulher não sabia, parecia um homem, mas era um macaco-prego. Quando ia ter relações com ela, tirava o rabo e a mulher pensava que era homem.

Aquele macaco-prego prenhou a mulher. Quando nasceu o filho, uma meninazinha, nasceu com rabo. A mãe fazia tangazinha para ela, mas não podia vestir direito, o rabo atrapalhava, sempre aparecia.

Um dia, o irmão da mulher viu aquilo e ficou *iarõn* (zangado). Avançou no macaco e já foi matando aquela menina com rabo. Aí o macaco pulou, pegou a filha dele e fugiu; levou a mulher também. Adiante, ele fez a filha dele viver outra vez; pôs nas costas da mulher e lá foram, por cima dos paus. Foram embora. O homem, atrás, só via os sinais, não encontrava o macacão, nem a irmã, nem a menina com rabo. Andou muito, mas não achou e acabou sumindo, não voltou mais para a aldeia dele.

A gente vê macaco-prego, quebrando sapucaia com a mão, que parece gente. Você já viu como eles fazem apero para levar sapucaia pra o lugar deles? Com embiras para passar no ombro, igualzinho ao da gente, e vão com ele, carregando sapucaia por cima dos paus. É gente mesmo, gente com rabo.

Preciso mostrar essa história ao Huxley. Ele verá nela outra versão daquilo que tanto preocupou sua família e que os fez conhecidos desde o velho Thomas. A semelhança de homens e macacos não indica que nós descendemos deles, segundo os mestres kaapor. Ela indica o contrário, eles é que descendem de nós.

São seis e meia da tarde, anoto a hora, para ver se consigo descobrir um dia o nome da estrela que, agora, me olha lá do céu, bem perto da lua cheia. Os índios a chamam Irahy-katá. Talvez seja a irmã incestuosa.

Cavalo (Morocore, 14/out./51).

**15/out./51** – Tive um novo dia cheio das complicações da terminologia de parentesco, mas como expulsei esse assunto árido para outro caderno, não falarei dele aqui. Além disso, tomei um banho delicioso no igarapé, que, com a chuvarada de ontem, ganhou muita e boa água.

Necessitava um banho assim, porque me sinto tão sujo que já tinha nojo de mim. A culpa é das baratas. São miudinhas – um centímetro, no máximo, têm as maiorzinhas –, mas são milhões. Agora mesmo, o João me dizia que aquele turbilhão delas, que nos azucrinaram na aldeia de Tapuro, nem era tão ruim como dizíamos. É que as daqui só faltam tirar a gente do lugar para ocupá-lo. Limpei-me há meia hora, mas sei que, se meter a mão em qualquer de meus bolsos, encontrarei lá uma dezena delas; se for no cano da bota, então, será um horror, saltarão às centenas. Sinto-as nas dobras da calça, nos pés, subindo pelas pernas, andando nas costas, forçando o cinturão, uma por debaixo da camisa, outras pelo lado da calça. É assim desde que chegamos. Já não me causam muito nojo; se causassem, não poderia comer, pois em tudo que se pega aqui encontram-se dezenas delas.

Mas para que falar dessas sujeiras? No primeiro dia, quis chorar essa mágoa em seu colo, querida, evitei. Todavia, hoje, não pude passar sem este lamento. Quisera ir embora amanhã, fugindo deste inferno, ou ficar nu como os índios, para melhor policiar meu corpo contra elas. Mas não me posso deixar vencer por um exército de baratas e ficarei dois dias mais. Que sujeira, meu bem, como é bom saber que você está aí, longe e livre disso, e nem pode imaginar que suplício terrível isso representa. Até logo, vou esvaziar os bolsos e expulsar as que se encontram de alcateia no cano das botas, prontas para me subirem pelas pernas ao primeiro movimento que faça uma folga nas dobras da calça.

Até amanhã, vou procurar ouvir umas boas histórias hoje, que me redimam da maldade de fazê-la ler esta sujidade. Sabe? Consegui um *uirará* e alguns adornos belíssimos, você vai se encantar com eles, quando os vir aí em nossa casa, bem longe deste *tarawé-rendá*, como os índios o chamam.

O mais assinalável destes kaapor do refúgio é sua vocação para a antropologia. Chega a ser incômodo, sobretudo por parte das mulheres, para quem somos uma novidade. Nos estudam, examinam a todos nós anatômica e culturalmente, cutucando e perguntando.

Minha parte nessa pesquisa não foi pequena. Primeiro, descobriram, encantados, que tenho pelos nas pernas. Você sabe que são poucos, mas foi uma festa. Salvei-me, mostrando as do João, muito mais peludas. Depois, repararam que a palma de meus pés é macia, foi um encantamento. Agora, deitado na rede, tenho um pé na cara de um, que aliás é uma mulher que aprecia sua maciez inexplicável; e o outro na cara de um homem. A última descoberta, que nem sei como se deu, é que tenho uma pedra na boca. Trata-se de uma obturação de ouro que cobre um molar. O efeito é que todos querem meter a mão na minha boca para apalpar a tal pedra.

**16/out./51** – Aí estão mais duas amostras das habilidades destes meus amigos. Um cavalo, magnificamente representado aliás, porque bem parecido com a ideia que eu próprio tenho do rocinante, e um guariba também ótimo. Não são simbólicos como os outros desenhos deles, que mais parecem representar o couro de um macaco depois de especado que o bicho vivo. Já temos uma coleçãozinha desses desenhos, como não trouxe caderno sem pauta, eles terão que ficar aqui mesmo.

Eu prometi, ontem, umas boas histórias que compensassem o malfeito de escrever sobre esses bichinhos inomináveis, que são os enxames de minúsculas baratas. Ouvi mais do que esperava, quatro histórias de bichos, de gentes e bichos e de bichos-gente. Duas delas versam sobre uma entidade sobrenatural, que os índios temem. Designam-na sempre como Avó e já temos algumas histórias a respeito. Nestas é melhor definido este personagem; indicam, claramente, que todos os animais têm um Avô (o Dono de que falam outros índios), que pode assumir forma humana para casar-se com uma mulher verdadeira, o que elas parecem desejar. Referem-se muitas vezes, nas conversas comuns, a esses personagens.

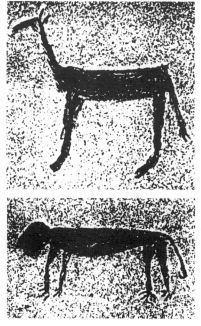

Cavalo e guariba.

Segunda expedição – Oropó, o refúgio perdido

Assim, um índio nos contou, outro dia, que encontrara uma jabota gigantesca e não quisera trazê-la porque, sendo tão grande, devia ser a Avó dos jabutis.

Nas histórias de Maíra, encontram-se, também, referências a esses Avós, mas nelas preferem designá-los como Donos. Falam de Donos das queixadas, dos mutuns, do anambé ou do timbó. Talvez Dono (*iár*) seja usado apenas para os vegetais e Avô para animais.

Falam, também, constantemente, de animais pajés. Creio, porém, que com sentido diferente daquele em que empregam *iár* e *ramúi*, pois não indica que esses bichos tinham ou possam assumir forma humana, mas, simplesmente, que são protegidos por forças sobrenaturais.

É a contraparte de panema, que é o estado do caçador que não consegue abater caças, do homem pobre porque não pode juntar penas para fazer adornos. Dizem, de si próprios, que estão panema, e do animal que escapou, que é pajé. Ouvi isso a respeito do urubu em que Diwá atirou e que lhe teria jogado caruara na perna, e a propósito de todos os pássaros e caças maiores que eles e eu próprio não conseguimos abater. Dizem, também, de pessoas, que são pajés quando têm sorte. É o caso de Coraí-uhú, dito pajé porque, caindo sobre uma faca que o feriu fortemente, não morreu.

As duas histórias são antes narrações que lendas. Parecem recordações de casos verídicos, passados há muito tempo, e nos quais não intervieram fatores sobrenaturais. Uma delas se assemelha muito àquela que ouvimos dos Ofaié sobre o homem que criou uma onça para servir-lhe de cachorro.

As duas primeiras têm, também, suas semelhanças com a mitologia Ofaié, em que ocorrem mitos sobre casamentos de gente com onças e com antas. Seria interessante verificar se as semelhanças e diferenças desses mitos correspondem a semelhanças e diferenças nas respectivas culturas, exprimindo o reflexo da cultura na mitologia.

## Tapií-Ramúi

Era um homem mesmo, bem enfeitado, tinha tembetá de penas de arara com cabeça de *say-timã-pirang* na ponta, brincos de *owí-mê-en* e um colar-flauta de osso de gavião-real, todos muito bem-feitos. Ele apareceu lá e roubou duas moças, uma que já tinha menstruado muitas vezes, outra que estava menstruada pela primeira vez.

Para aquelas moças, ele era um homem, mas não era, era a anta Tapií-ramúi (Avô das Antas). Levou as moças para a morada dele. Foram embora. Andaram, andaram e, ali pelo meio-dia, pararam para comer e ficaram descansando. Com o sol por ali (15 horas), o homem disse pras moças:

— Olha, eu não sou gente, não. Sou anta Tapií-ramúi.

Elas não podiam mais voltar, porque tinham andado muito, não sabiam o caminho. Aí a anta disse:

— Vamos embora.

Foram embora, pro rumo de Areia Branca, onde ficava a morada das antas. Quando chegaram perto do descampado, a anta falou:

— Olha, aqui é meu lugar.

As moças viram como era, tinha casa como esta aqui, roçado de mandioca, tudo igual aos Kaapor. Mas não era roça mesmo, elas é que viam roças lá, era só um lugar, todo quebrado, de anta, com camas por ali tudo, como a gente encontra aí pela mata. Lá era a casa da anta velha, do Tapií-ramúi.

De noite, veio a mãe daquela anta. Era como gente, com uma tanga toda bonita. Deu rede para as moças dormirem, rede grande, bonita, pintada como essa sua aí.

As moças viram o Tapií-ramúi ali, fazendo a comida dele para elas. Arrancava o rabo, as carnes dos braços e dos quartos e a urina para assar e comer.

O Tapií-ramúi tinha saído para caçar jabuti, porque uma das moças estava menstruada e não podia comer outra carne. Aí veio uma anta e deu comida para as moças. Trouxe muita comida, carne assada, carne moqueada, paçoca, uma fartura. As moças estavam com fome e a mais velha, que já tinha menstruado muitas vezes, comeu. A outra, que estava menstruando pela primeira vez, não quis comer.

Depois, as moças fugiram para o mato, entraram na batida das antas e correram. Aí, chegou o Tapií-ramúi e perguntou:

— Cadê? Cadê as moças?

— Foram embora! Por aqui.

E mostrou o caminho.

Tapií-ramúi foi atrás, correu, correu muito, as moças iam na frente. Lá adiante, ele assoviou assim: *fiu, fiu, fiu*. Depois, parou e assoviou outra vez, depois soprou, soprou. Aí, a carne dele que a moça tinha comido começou a inchar na barriga dela; quando ele soprou de novo, inchou mais e a moça não pôde andar, caiu ali.

Tapií-ramúi chegou, abriu a barriga da moça e tirou o filho dele, a carne já tinha virado uma antazinha. Depois, fez a moça vir outra vez, mandou para casa e foi atrás da outra. Ela tinha corrido, naquela batida, até chegar na casa do Arapaçu-ramúi (Avô dos Pica-Paus); encontrou aquele pica-pau fazendo canoa. A moça contou como a anta tinha aparecido como homem para ela e para a irmã e roubado as duas. Arapaçu-ramúi tinha duas canoas lá, emborcou todas as duas e pôs a moça debaixo de uma.

Quando acabou de escondê-la, chegou a anta perguntando:

— Cadê Kaapor?

— Não sei.

— Aquela Kaapor veio por aqui, onde está?

— Não sei, se veio já foi embora.

— Qual nada, o cheiro dela está aqui.

A anta rodeou o lugar, procurando a moça com o faro. Voltou e disse:

— Está é aqui mesmo.

— Ora, não está, eu já disse.

— Está debaixo dessa canoa que você está fazendo.

A anta falou e já foi desemborcando a canoa, mas a moça estava escondida debaixo de outra, que a anta não viu.

Aí Arapaçu-ramúi ficou bravo e gritou forte mesmo com aquele Tapií-ramúi, pulou e agarrou as costelas da anta com as garras e a fez voltar para o lugar dela. Depois, tirou a moça da canoa emborcada e disse:

— Olha, sua casa é por aqui mesmo. Eu sei bem, toda tarde vou lá comer lagarta nos paus do roçado de sua mãe. Siga este caminho que você chega lá, é perto.

A moça foi, passou uma caída de pau (os índios costumam indicar distâncias pequenas numa estrada pelo número de árvores caídas que atravessam até o local a que se refere), passou outra, mais outra e da quarta já viu a clareira da casa dela. Todos a arrodearam perguntando onde estivera. Ela contou como uma anta havia roubado a ela e à irmã e como tinha sido salva pelo Arapaçu-ramúi. Perguntaram pela irmã e ela disse que tinha ficado, a anta a havia matado.

Todos ficaram bravos, juntaram-se os homens, cada um com seu maço de flechas, e foram, com o pai da moça, atrás daquela anta; a moça ia na frente mostrando o caminho. Andaram até chegar num descampado, aí a moça falou:

— Foi aqui mesmo que eu vi a morada das antas.

Eles olharam, mas não viram nada, só o mato quebrado e as camas das antas. Muitas camas por ali tudo. Não acharam nem as antas, nem a moça. Aí o pai das moças falou:

— Eu sei bem, aqui é o lugar do Tapií-ramúi, vamos embora.

Voltaram para casa, lá contaram para as mulheres, que tinham ficado, que a moça já era anta, porque foi o Tapií-ramúi que a roubou. Não tinha salvação, estava perdida.

## Iawar-uhú-ramúi (O Avô das Onças)

Um homem e uma mulher moravam numa casa, tinham uma filha. A moça ficou doente, o corpo dela ficou todo coberto de feridas. Um dia, os velhos saíram para caçar e pescar, mas não quiseram levar a filha. Disseram:

— Você não vai, você não presta, é muito preguiçosa, fique aí.

À noite, chegou o Iawar-uhú-ramúi. Vinha como gente, todo pintado de jenipapo. Olhou por ali e perguntou:

— Quem está aqui?

A moça ouviu e pensou:

— Oh! Já é meu pai que voltou – falou lá de cima.

A onça, então, subiu para ver quem era. Achou a moça e perguntou:

— Que faz você aqui?

— Foi meu pai que me deixou, porque estou muito feridenta.

A onça, que era um homem, disse que ia curá-la e já foi dando remédio para ela. Ficou um dia e duas noites tratando da moça. Desapareceram todas as feridas, a moça ficou boa. Aí foram embora. A onça falou:

— Sua mãe está por aqui, vamos atrás dela.

Foram embora. Adiante, deram com uma batida de queixadas e o homem falou assim:

— Sabe? Eu não sou homem, sou onça. Sou o Iawar-uhú-ramúi.

Deixou a moça trepada num galho e foi atrás das queixadas, mas disse a ela:

— Fique aqui, não saia que eu volto logo.

Foi embora caçar aquelas queixadas. Adiante parou, vestiu a camisa pintada e seguiu, já como onça, atrás dos porcos. Andou mais e os encontrou. Ficou assim, de lado, e quando as queixadas vieram, ele saltou e desceu o *tamarã* (tacape), que era o braço dele, na cabeça de uma. Aí as queixadas ficaram bravas e arrodearam a onça, querendo descer os dentes nele. A onça só foi descendo o *tamarã* nas cabeças das queixadas. Depois, teve que subir num pau, porque eram muitas, arrodeando por todo lado.

Quando desceu, matou mais algumas queixadas; já tinha matado dez, aí arrumou-as e foi atrás da moça. Mas foi como onça mesmo, quando chegou debaixo do pau, a moça começou a gritar, com medo, chamando o homem.

— Venha depressa, tem uma onça aqui. Venha logo, antes que a onça me coma.

A onça debaixo, só fazendo sinal que não ia comê-la. A moça só via a bocona aberta e as barbas mexendo para o lado dela. A onça queria falar, mas só arreganhava a boca e a moça gritando.

— Venha logo, me acuda que esta onça me come.

— Que nada. Desce daí, não vê que eu não como você? Vamos, ali adiante tem muita queixada arrumada pra nós.

— Você quer me comer...

— Não quero, não vê que eu não como você?

A moça desceu, com muito medo e foi atrás da onça. Adiante, acharam os porcos todos arrumados. A onça foi tirando o terçado e fazendo fogo para preparar a carne. Era como Kaapor mesmo; tinha terçado, fogo, tudo. Depressa, pelou os porcos e pôs para assar. No tempo que uma onça come uma caça, nesse tempo mesmo ela despelou aqueles dez porcos e pôs no espeto e no moquém. A onça mal esquentava a carne e já ia comendo. A moça não, ela assava bem assadinho. Naquela noite, não dormiram, só comeram. De manhã, já tinham comido as quatro queixadas que assaram, as outras estavam lá no moquém. Mas a moça também tinha engordado, estava com a cara enorme, uns braços grossos assim (mostra com as mãos) e os pulsos assim (idem).

Ficaram três dias naquele lugar, só comendo queixada, a moça só engordando, engordando, engordando. Aí a onça deu uma camisa pintada para ela vestir. A moça saiu ali para cagar e a onça ficou lá, como homem, pintado de jenipapo, sentado num toco. Lá no mato, ela vestiu a camisa e já voltou como onça, uma onça enorme.

Sentou-se ali, junto do homem, e começou a *kururukar* (urrar, termo tupi usado no Pará e pelos Kaapor). Aí o homem saiu para o mato, foi vestir a camisa dele e já voltou como onça. Ficaram os dois ali, esturrando, e depois fizeram muito *suruk*.

Ficaram lá dois dias, os dois como onça. No terceiro, tiraram a camisa e foram adiante, como gente, com o jamaxim carregado de queixada moqueada. Andaram muito, chegaram numa barranca e a onça falou:

— Ali é nossa morada.

Parou para tocar uma buzina de madeira, mandou a moça esperar ali e foi adiante. Chegou à casa dele, onde estava a onça velha, a mãe de Iawar-uhú-ramái. Aí foi perguntando:

— Trouxe?
— Já trouxe. Está ali.
— É Kaapor mesmo?
— *Kaapor-té* (Kaapor de verdade).

A velha saiu para encontrar a nora, foi como gente, com tanga e com o corpo pintado. Quando chegou, a moça já tinha vestido a camisa pintada e estava outra vez como onça. A velha tomou o jamaxim, pôs nas costas e veio com a moça para casa.

Lá, a moça viu, era tudo igual como aqui, tinham casa, rede, acendiam fogo debaixo pra dormir, tudo como aqui. A moça deitou numa rede que a velha deu a ela e ficou lá. A velha tomou conta do moqueado e já foi distribuindo para todos ali. Deu carne para o avô-velho e para os outros moradores, depois esquentou e comeu até encher a barriga. A moça estava ali, na rede, bem deitada. Ficaram dois dias assim, depois viraram gente outra vez e o homem perguntou:

— Que tal? Que está achando?
— É, é bom.
— Está gostando?
— É bom mesmo!

Ficaram dois dias como gente, depois tornaram a virar onça. Aí, a moça virou onça mesmo; ficou ali, de vez, com a onça dela. Passou tempo, passou tempo, a moça já tinha um filho-onça. Aí o marido dela falou:

— Vamos lá, onde está sua mãe.

Viraram gente outra vez e foram lá, a moça com o filho na tipoia, todos os três pintados de jenipapo na boca, no rosto, nos braços; aquelas pintas de jenipapo. Quando chegaram lá na casa, ela mostrou pra mãe o filho que trazia na tipoia e disse:

— Aqui está meu filho, este aí é o que me levou.

A mãe disse:

— Eu sei bem, já sei, ele levou você de vez.

A moça ficou ali, na casa da mãe dela, com o marido. No outro dia, foram caçar, o homem-onça também foi, mas não ocupou o *tamarã* dele, levou o arco e as flechas do sogro. Foram todos, a onça, o sogro e mais dois homens lá do lugar, que não sei se eram irmãos da moça. As mulheres ficaram.

Adiante, deram com batida de queixadas e caíram em cima delas. Mataram muitas, só escaparam quatro grandes. Arrumaram os porcos nos aperos e levaram para tratar em casa. Lá, como ele (o onça) sabia melhor, cortou os pescoços das queixadas, pôs quatro nos panelões para cozinhar e foi socar os outros com farinha para fazer paçoca.

Diários índios

Depois foram comer; as mulheres fizeram a roda delas, para o lado, e os homens a roda deles. Como nós, aqui, hoje à tarde, quando comíamos surubim. A fartura permitiu que, ao invés de cada casal comer em separado, comessem juntos sua porção, para isso fizemos grupo.

Passaram algum tempo ali, depois voltaram para o mato. Quando foram embora, disseram que iam de vez, não voltariam mais ali e nunca mais voltaram. Como minha mulher quer ficar comigo, assim mesmo ela queria ficar com o marido dela, conclui o informante.

## Onça rimbá

Os Kaapor designam como *rimbá os* bichos que criam, principalmente os cachorros. É o xerimbabo (*hê-rimbá*) do nheengatu.

Um Kaapor encontrou um filhote de onça no mato e pegou para *rimbá* dele. Criou lá na aldeia (morada); quando cresceu, caçava veado que era uma beleza. O dono saía para o mato com a onça e sempre voltava com veado. Aquela onça era o cachorro dele. Mas o primeiro veado que matava era sempre para a onça, ela comia inteirinho; depois, caçava outro para o homem carregar.

Um dia, aquele homem estava com fome e chamou a onça para caçar. Quando ela matou um veado, ele tomou conta, afastou a onça, pegou o veado todo, só deixou o bucho para ela. A onça ficou brava, não quis comer. O homem não se importou, pôs o veado nas costas e tocou pra casa dele. A onça foi atrás. Adiante, ela entrou no mato e foi sair no caminho, bem adiante. Ficou lá sentada, esperando.

Quando o homem vinha chegando, ela olhou bem para a cara dele e deixou passar, depois olhou para as costas, aí pulou no dono, quebrou a cabeça dele com uma patada, matou e comeu. Comeu o homem e o veado que ele ia carregando. Depois, foi para casa, chegou tarde e sozinha, com a barriga bem cheia. Vinha muito brava, esturrando, querendo morder as pessoas.

Pulou no quarto que o dono tinha feito para ela e ficou lá *kururukando*. Eles esperaram muito pelo dono da onça, queriam que viesse acalmá-la. Como não vinha e a onça estava brava, só querendo morder um, o irmão ficou bravo também, pegou as taquaras dele e matou a onça.

No outro dia, foi procurar o irmão, andou pouco e achou a ossada dele e do veado. A cabeça ainda estava inteira, era do irmão mesmo. Ele juntou os ossos e levou para enterrar na capoeira. Quando chegou em casa, contou como o irmão tinha morrido.

Por isso, nós não criamos onça. Quando achamos um filhote na mata, matamos lá mesmo.

**Onça é bicho bravo**

Um homem foi caçar passarinho para tirar as penas. Chegou no *mirá-tawá* (pau-amarelo, tem o mesmo nome em português), cortou uns paus e uns cipós, fez um mutá e subiu. Apareceu um tucano araçari e ele matou, caiu lá no chão. Depois começou a chover, choveu bastante; quando a chuva passou, o homem desceu. Ele tinha ido sozinho. O pai não tinha ido com ele.

Embaixo, uma onça estava esperando. Quando o homem pulou no chão, ela foi pra cima dele. O homem ainda quis flechá-la, mas quebrou a ponta do arco nos paus que tinha cortado e não pôde fazer nada. A onça matou o rapaz, arrastou ali pra perto e comeu logo um braço, uma perna e a metade dos quartos. Quase a metade do rapaz.

Passou o tempo e o rapaz não chegou, o pai estava preocupado, chamou outro moço e foram procurá-lo. Chegaram no *mirá-tawá* e viram os paus quebrados e o sangue do rapaz, acenderam uma tocha de breu e procuraram por ali. Logo encontraram o corpo. A onça ainda estava lá. Eles esturraram até ela sair de perto, pegaram o resto do rapaz, amarraram com os cipós e paus que ele mesmo tinha cortado e levaram para casa.

A onça foi atrás deles. Quando entraram na aldeia com o rapaz morto, todos ficaram bravos com a onça, esturrando. A onça também esturrava ali perto, mas já estava escuro. Um homem, que subiu em cima da casa, ainda viu a onça arranhando terra pertinho da aldeia, assim como daqui para a casa do forno. Só ele viu.

Enterraram a embiara (caça, usam o termo apenas no sentido de caça tocada por alguma força sobrenatural. Os caboclos paraenses usam-no também: "mulher parida só come embiara do marido") da onça e, no outro dia, chamaram os cachorros e saíram todos atrás dela. Não ficou um homem na aldeia, foram todos, cada um levando aquele maço de flechas. Todos atrás da onça.

Adiante, puseram os cachorros no rastro e logo eles vararam. Aí todos arrodearam; esturrando, a onça subiu logo num pau. Era uma onça pequena. Chegaram, flecharam e a onça caiu morta. Eles a amarraram num pau e levaram para a aldeia, puseram ali no meio do pátio e os homens descarregavam as flechas no corpo da onça, cada um jogou as flechas que tinha.

Depois, as mulheres foram nela com os terçados chatos de tirar mandioca e cortaram toda em pedacinhos.

Aí, fizeram um fogo grande e queimaram a onça.

Onça é bicho bravo.

# Cantos de João

Quero anotar, aqui, uns versos que tenho colhido da boca do João e que andam, há tempos, na caderneta. Ele os ouviu no rio Gurupi, de gente que assistiu a muitos Bumbas meu Boi do Maranhão, e mostram outros aspectos dos cantos de Bumba, além dos que mencionei. Eles vêm ao caso, aqui, porque João adora cantarolar para os índios e eles de ouvi-lo. Veja que delícia essa queixa de um rapaz contra uma moça, por certo muito faceira, que afogueava seu juízo.

>Moça de quinze ano,
>Qui tá na boca do povo,
>Trabaiãno pra luxá.
>Prá enganá rapaz novo!
>Ó! Só eu não me engano,
>Cum moça de quinze ano. (*bis*)

Agora, uns versos populares que mostram bem a discriminação contra os negros, cantados como mazurca no Gurupi.

>Plantei batata,
>Nasceu macaxera
>Negro macho fede
>Negra fêmea cheira.
>Plantei batata,
>De ladeira abaixo
>Tanto fede a fêmea
>Como fede o macho.

E este, já quase político, do capiau que não quer saber de farda.

>Eu não sou sorteado,
>Desertô, tãmen não sô
>Si o governo me chamá
>Eu lá não vou. Lá não vou. (*bis*)

E mais um:

>Preto em pé é um toco
>Deitado é um porco
>Preto na sala de branco
>Só serve prá dá desgosto.

Quando estávamos com Cezário, esses últimos versos eram cantados todo dia para azucrinar o velho, que não gostava nada de ouvi-los. João só dizia:
— Ora, Cezário, não fui eu que inventei.
Muitos mais, menos interessantes, são cantados todo dia em nossas sessões de cantoria, para divertir os índios e pagar-lhes de nos cantar seus cantos e contar suas

histórias. Assim, ando com o ouvido cheio desses versos. Infelizmente, João gosta mais é do que ouve pelo rádio. E eu ouço, a contragosto, aqui, tão longe de rádios, todo dia, a repercussão desses programas, piores que quaisquer dos que atordoam você aí.

Quanto a mim, continuo cantando "Barqueiros do Volga" ou, para ser mais verídico, uma versão muito minha dessa música em que junto todas as outras melodias que me ocorrem no momento. E os índios gostam, vivem pedindo repetição. Das cantigas de João, eles preferem "Jacarepaguá", creio que pelo ritmo de samba rasgado ou, talvez, porque possam guardar mais facilmente o nome. O mais divertido, porém, é ouvir João cantar para eles cançonetas dessas de vaqueiros americanizados. Os índios as chamam *tapiír-uhú-kamby* (leite de boi) e João traduz para eles: enquanto canta, a história divertidíssima de uma vaca Salomé, que enche de amores a um boi Barnabé. A tal vaca é um achado, pois dá leite engarrafado, com tampinhas e com rolhas. Isso que João não pode traduzir, e que é o mais divertido, os índios perdem.

E não somos somente nós que cantamos para eles: quantos estranhos passaram pelas aldeias tiveram que desfilar seu repertório. Ainda ontem, um rapaz insistia conosco para cantarmos um tal "Kurururu", que ouvira de um rapaz das minas na aldeia de Piahú. Ele cantava para nos recordar a música e lembrava alguma toada conhecida, mas demorou bastante descobrirmos que o moço queria ouvir é aquele samba que fala de Honolulu.

Eles ainda não chegaram a aprender qualquer música nossa, uns poucos arremedam sambas e cantigas de "boi" ainda muito mal. O que os empolga, os comove, é sua própria música. Esta, porém, começa a ser trabalhada por motivos que a convivência conosco sugere. Não no terreno musical propriamente dito, pois creio que se procuraria em vão uma melodia nossa em suas litanias, mas nos temas que merecem seus cantos. Tenho ouvido um grande número deles e, se não fosse assim, jamais imaginaria o que escolhem para cantar entre tantas coisas novas que viram depois da pacificação. Veja só alguns: "Xamató" (tamanco), "Caminhão", "Sapato", "Calça". Cada um desses símbolos de nossa cultura tem seu canto, que, nas noites de lua, é cantado por homens e mulheres.

## Luar

**17/out./51** – Ouvi, hoje, as mulheres e meninos que cantavam no terreiro, gozando as luzes da lua cheia. Ali pelas dez horas, me sentei na rede, mas como dormir? A lua no céu lançava luz que era uma beleza e os índios, todos acordados, conversavam, cantavam e dançavam. A última vez que olhei o relógio, já muito cansado, era 1h30 e continuaram conversando e dançando noite adentro. Vi desfilar, novamente, ao lado dos velhos motivos, "Socó", macho e fêmea, "Araçari" e outros, as mais novas composições da fantasia kaapor, apaixonada pelas nossas bugigangas.

A sucessão das fases da lua tem uma importância decisiva na rotina kaapor, elas perfazem um verdadeiro ciclo lunar de atividades. Veja só, durante a primeira fase, *Iahí-iandar*, o quarto crescente, vivem noites mais alegres, com cantorias frequentes, que duram até a lua se pôr, o que se dá antes da meia-noite, geralmente se recolhem com ela. A fase seguinte, lua cheia, *Iahí-uhú*, é o tempo das festas, porque quando anoitece, a lua já está no céu e continua clareando muito até amanhecer. Depois do quarto minguante, *Coraí-uhú-ramúi* ou *Iahí-iandar*, a lua vai aparecendo cada vez mais tarde e só clareia depois da meia-noite. Esta é a quadra mais triste, porém os índios não se perdem por isso. Dormem mais cedo nesse período e, geralmente, acordam todos assim que a lua aparece, para tomar chibé, comer, cantar e dançar, sobretudo se a noite é fria, exigindo fogo bem aceso e o calor da dança. A lua nova (*Iahí-manon*, lua morta; ou *Iahí-kanim*, lua-sumiu), com os três dias de escuridão e a luz morteira dos quatro dias seguintes, é o tempo das mulheres menstruarem. A quadra mais triste do ciclo.

# Roça

Estou voltando de um bom banho. Fui até a capoeira chupar cajus e, no caminho, passamos por um igarapé que está correndo com água límpida e poços de areia, onde a gente se pode sentar com água cobrindo as pernas, uma delícia. Aproveitei para dar uma olhada na roça velha, nas capoeiras mais antigas e na roça nova, tudo isso aqui fica junto. Até parece de propósito, pra não cansar etnólogos. Achamos, além dos cajus, um mamão e um açaí para completar tamanho conforto.

A roça, que acreditávamos ser nova, já tem um ano e está com a mandioca madura para colher. Ainda não foi inaugurada, porque a do ano anterior tem uma replanta que ainda dará para sustentar a aldeia uns dois meses. Além dessas, eles já têm uma área de uns dez hectares derrubada, secando para tocarem fogo e plantarem o que irão comer em 1953.

Até então, consumirão a roça nova e a replanta que irão fazendo, porque, no lugar onde se arranca um pé de mandioca, enfia-se um galho que deitará ramas e dará raízes quando a roça estiver acabando.

Plantam as seguintes variedades de mandioca, todas venenosas:

Roçado na mata esperando o plantio.

Segunda expedição – Oropó, o refúgio perdido

**Mandiocas**
1) *Manisé* – de suas folhas fazem um banho que livra da morte certa os pais que, por qualquer razão, não puderam ficar em *couvade*.
2) *Maní-pukú* – mandioca comprida.
3) *Maní-píhun* – mandioca preta.
4) *Maní-tuire* – mandioca branca.
5) *Maní-tawá* – mandioca amarela.
6) *Maní-piranga* – mandioca vermelha.
7) *Maní-manhak* – mandioca mole.
Todas se prestam para fazer farinha e cauim depois de espremidas no tipiti e torradas no forno. No caso do cauim, espremem a massa e secam-na, depois, em forma de grandes beijus que põem para fermentar na cumeeira da casa. Depois de uns oito dias ali, retiram e amassam com água nos camucins, onde sofre nova fermentação, ficando em ponto de ser consumida uns três dias depois.
8) Cultivam, ainda, a *maní-aká*, uma mandioca grande, muito aquosa, para fazer o mingau doce, *maniaká-rikuara* ou *maní-kuera*, que é o ponto mais alto da culinária kaapor. Para prepará-lo, raspam a mandioca com raízes de paxiúba. O ideal, porém, é usar ralos de metal. Este é, por isso, um dos artigos que mais procuravam em suas antigas expedições de saque, tiravam pedaços dos fornos de cobre das casas que assaltavam e traziam para fazer esses ralos.
9) Além dessas variedades, ainda temos a macaxeira, mandioca sem veneno que se come cozida e que tem sido nosso socorro nessas aldeias.

Cultivam, também, muitas variedades de batatas e de carás:

| Batatas | Carás |
|---|---|
| 1) *Ití-marú*. | 1) *Cará-pihun* – cará preto. |
| 2) *Ití-tawá* – batata amarela. | 2) *Cará-péu* – cará chato. |
| 3) *Ití-pihun* – batata preta. | 3) *Cará-pukú* – cará comprido. |
| | 4) *Cará-uhú* – cará grande, que consomem cozido, assado e em forma de mingaus, que é a preferida. |

Plantam milho em pequena quantidade. Só o consomem verde, como mingau ou assado. Cultivam, também, o milho para pipoca.

Cultivam, ainda, em quantidades menores, várias espécies de fava ou feijão, como:

**Feijão**

1) *Kamandá-pinim* – pintado.
2) *Kamandá-pirang* – vermelho.
3) *Kamandá-uhú* – grande, branco.

Diários índios

Encontram-se, também, em suas roças, o amendoim (*manduy*), que secam ao sol, socam, e cuja massa consomem com farinha.

Duas variedades de melancias (*coraxí*): *pinim* e *uhú*.

Cultivam, ainda, os jerimuns ou abóboras (*turumun*), que consomem cozidas, assadas ou como mingau, de manhã e à noite.

Nas capoeiras plantam mamões e cajus, vermelhos e amarelos, que chupam, tomam o caldo como refresco e de que fazem o melhor cauim. Há, ainda, os limões, ananás de roça e a cana-de-açúcar, da qual tiram o caldo geralmente para tomar com farinha ou adoçar mingaus.

A principal fruta é a banana, de que cultivam muitas variedades, todas saborosas, e comem crua (geralmente com farinha) e assada, ou tomam em forma de cauim, o melhor deles para muitos Kaapor. As principais são:

---

**Bananas**

1) *Pakó-hú* – comprida, ou "chifre de boi", que comem crua e assada.
2) *Pakó-tawá* – banana-tanja, crua, misturada com farinha e chibé.
3) *Pakó-katumé* – banana-maçã, que comem amassada com chibé de farinha e água.

---

Cultivam, também, algumas fibras em suas roças:

---

**Fibras**

- Algodão – às vezes, é plantado num roçado especial, a pedido da mulher que se sente necessitada de redes, que é seu principal uso.
- *Crawá*, nas variedades *crawá-ouy* (verde) e *crawá-pirang* (vermelho) – geralmente é plantado na aldeia, junto da casa, em fieiras que fiquem bem à mão, para, nas horas de lazer, homens e mulheres esticarem as fibras com que preparam linha e cordões para a plumária, flechas e outros usos.

---

Cultivam três espécies de cabaças para vasilhames:

---

**Cabaças**

1) Jamaru (cabaça), que é uma rama e dá cabaças grandes, usadas para carregar e guardar a água.
2) Cuia, uma árvore que dá grandes bolas, que partem ao meio para fazer as cuias, que são seus pratos.
3) *Kúireá*, também de rama, também redonda, de que fazem pequenas cuias que usam como copos.

---

Segunda expedição - Oropó, o refúgio perdido

O tabaco é plantado em quantidades relativamente grandes, embora não se possa vê-lo concentradamente, porque o espalham pela roça. Costumam plantar, também, perto de casa. Destes é que juntam sementes para novo plantio. A quantidade que plantam pode ser observada pelo uso extensivo que adultos e crianças, de ambos os sexos, fazem dele. Cada homem fuma, pelo menos, dois grandes cigarros por dia.

Cultivam umas plantas tóxicas, como o cunambi, a saponácea de pesca. E o timbó-sacacá, este venenoso. Do primeiro, usam as folhas socadas para pescar; do segundo, a raiz.

Plantam, também, flechas para seus armamentos em quantidades relativamente elevadas, mas, devido a seu crescimento lento, só as colhem nas capoeiras.

O urucum é, também, uma planta sempre presente, principalmente nas capoeiras, como o caju, o mamão e o cará.

Cultivam o *pipi-riwá*, uma gramínea cujas raízes aromáticas utilizam para fazer colares de crianças. Atribuem a ela o poder de evitar doenças, principalmente o catarro.

Também nas capoeiras colhem as diversas contas para colares que cultivam, como a "conta de Santa Maria" (*puirisá*) e *auay*, cujo nome em português não conheço.

Eis aí os fundamentos da cultura kaapor. Se têm importância suas ideias sobre as coisas, sua concepção geral do mundo, seus *éthos*, mais importância ainda têm esses enche-tripas e a sábia e copiosa ciência de obtê-los. Quem sabe desses assuntos afirma que, nessas roças kaapor, estamos diante de um dos feitos fundamentais do homem. Ele equivale, para a floresta tropical, ao que representou a agricultura de cereais para o Velho Mundo. Os índios americanos usavam dezenas de plantas de condição silvícola e as domesticaram através de um esforço continuado, minuciosamente. Nós mesmos, que temos no Brasil a mais variada flora do mundo, não domesticamos, para cultivar, nada de relevante ou comparável com o que a indiada nos deixou e de que vivemos há quinhentos anos.

A quantidade de artigos diferentes, necessários para a manutenção de uma sociedade, é espantosa. Esta lista de 25 variedades de plantas cultivadas é nada diante daquela que constituiria a relação de tudo que conhecem na mata e utilizam quando necessário. Desde a lenha, os espetos para assados, as embiras, as fibras, os cipós, as folhas para embalagem, até as plantas medicinais. Além disso, ainda há as variadíssimas frutas, mais de sessenta, muitas delas deliciosas; os inúmeros bichos que comem e que não comem, sabendo por quê; os peixes, tracajás, jacarés e tanta coisa mais, que me deixaria abatido, se me dispusesse a recenseá-los. Para dar uma ideia disso, enfileirarei, adiante, pelo menos os principais artigos que retiram da mata.

Diários índios

# Aldeia Cipó

**19/out./1951** – Chegamos ontem às 4h30 da tarde, depois de uma viagem agradável. Saímos de Morocore às dez horas, mas de marcha mesmo só tivemos três horas e quarenta minutos, o restante passou-se nessas paradas do caminho, em que a gente toma banho, descansa e bebe chibé. Não tenho mesa aqui, infelizmente. Estou sentado num toco que o dono da casa trouxe da mata para fazer um tamborim e escrevo com o caderno aberto sobre as pernas, por isto você me desculpará a letra.

Imaginava poder seguir daqui para a aldeia de Xiwarakú, já no rumo do posto e de casa. Mas teremos de voltar ao Morocore, porque não há estrada daqui para o lado do Maracaçumé. Essa aldeia só se liga com a de Morocore e as do Parawá, cuja estrada começa aqui. Estrada, aqui, é tão só uma picada aberta a machado e o estirão de chão pisado por onde se anda, de um a um.

Terminamos o ciclo de aldeias que programei. Até aqui viemos nos afastando do posto; de agora em diante, iremos, a cada marcha, nos aproximando de lá. Espero encontrar o Huxley, já no primeiro dia, na aldeia de Koatá. Vamos tentar realizar logo a festa de batizado. Essa é a última esperança de assistir a uma cerimônia de nominação. Será particularmente interessante porque tem três crianças a receber nome, sendo uma filha do capitão e outra filha do tuxaua. Huxley escreveu, dizendo que eles estão adiando sempre a festança e só pretendem realizá-la daqui a uns quatro meses. Vamos ver quanto vale meu prestígio com aquela gente.

## Aculturação

A aldeia daqui é muito interessante, embora o seja de um ângulo novo, que mais me entristece que alegra. Esperava encontrar um dos grupos mais isolados, que melhor conservasse o patrimônio cultural, porque aqui não viveram estranhos e poucos moradores conhecem o posto. Mas os danados andaram pelo Maranhão, desceram o Pindaré e chegaram até São Luís no verão passado. O resultado aí está.

Voltaram tão encantados com o mundo novo que a viagem lhes revelou que resolveram reproduzi-lo aqui, para meu espanto. O capitão construiu, para morar, nada menos que uma palafita. Cópia das que viu nos alagadiços da margem do Pindaré, onde os cultivadores de arroz, durante os meses de chuva, só podem viver em poleiros e só andam em canoas. Para maior perfeição, o homem armou até uma escada de quatro degraus para alcançar seu ninho. A construção revela grande habilidade. Não é coisa fácil reproduzir esse modelo de casa e, ainda mais, quando apenas se

Segunda expedição - Aldeia Cipó

Imitação da palafita que um Kaapor viu num arrozal do Maranhão e o encantou tanto que a reproduziu.

vê de passagem. Com achas de açaí e cipós, ele conseguiu bem seu intento: o assoalho fica um metro acima do chão; só a altura da casa é que se reduziu muito, porque ele não imaginou que, para ficar tão acima dos outros, precisasse de esteios tanto mais compridos.

Mas não é só isso. Um outro índio que os acompanhou fez pior ou melhor para quem queira ouvir anedotas sobre aculturação. Como já tinha um barracão, alto e amplo, ele resolveu fechá-lo com paredes de sopapo. O diabo é que não fez uma só janela e vive, agora, numa verdadeira loca, fria, úmida e escura. Um terceiro viajante não quis ficar atrás e construiu uma casa nova, com cobertura de capim, tão malfeita quanto as que viu por lá, e escora a metade da casa com achas de madeira. Qualquer hora cai.

Não é preciso dizer que todos estão orgulhosos de suas moradas. Os índios que vieram conosco não se cansam de olhá-las, admirados de tanto progresso. Um deles até nos disse, ontem, que queria dormir uma noite na casa de sopapo para experimentar. Além dos modelos das casas, trouxeram sementes de capim e de mamona que plantaram ao redor da aldeia.

Vou bater umas fotografias disso, tanto merecem ser vistas essas casas da gente de Cipó. Ele é um homem alto, forte e feio como poucos. Quando chegamos, nos fez esperar uma hora no alpendre da casa de estacas, que fica a uns vinte metros da dele. O víamos lá, deitado na rede, dando ordens à mulher, sem entender a razão daquele descaso. Depois soubemos: como ele não tem chapéu vermelho para nos mostrar que é capitão, não podia dispensar a pintura de urucum, tinha que encher o rosto de círculos vermelhos para nos vir saudar. Acabou vindo, conversando um pouco e nos dando oportunidade de vir para o barracão arrumar alguma coisa para matar a fome.

Aliás, preciso dizer que o barracão é uma beleza, foi construído antes da tal viagem e puseram nele tanta vontade de perfeição quanto em suas novas casas. É um dos melhores que já encontrei. Mas, aqui, só eu tenho olhos para admirar a primorosa tessitura dos panos de ubim, os caibros bem cortados, regulares e dispostos simetricamente e a forma hexagonal da casa. Todos os outros só veem as casas novas.

Encontrei aqui outra família de longilíneos, ágeis, nervosos, fortes, magros e altos. A princípio, julgava que fossem doentes, mas acabei vendo que é constitucional ou de família, como dizem os índios. Os casamentos entre parentes permitem a conservação de um fenótipo assim, tão distante dos demais, mesolíneos e curvilíneos. Podem até estimular o apuramento das características genéticas, porque um tipo físico tão diferente não deve ser muito prestigiado, tendo, por isso, que se casar uns com os outros.

Lembro-me, agora, que este capitão Cipó é o tal que foi procurar o capitão Uirá e quem melhor pode contar sua história triste da busca da Terra de Deus no meio dos brancos.

Diários índios

# A mata

Vamos ver, agora, os principais artigos que os índios tiram da mata como matérias-primas de seus artefatos. Eles são tão importantes em seu equipamento adaptativo quanto os cultivados e a relação seguinte representa a experiência do grupo em sua luta milenar para acomodar-se à floresta tropical. É essencialmente idêntica à relação de matérias-primas – e o mesmo ocorre com as plantas cultivadas – que usa a caboclada da Amazônia, que vive apoiada no bordão desta experiência indígena.

### Cipós e embiras

- Cipó-titica – usam para trançar paneiros e para suporte de capacetes, para prender os panos de ubim aos caibros na cobertura das casas e para amarrar varas (cercados, por exemplo).
- Timbó-açu (*cipó-uhú*) – para amarrar a palha de ubim nos caibros, amarrar travessas e trançar jamaxins.
- *Guarimã* – usam as hastes para trançar tupés (esteiras), tipitis e paneiros rústicos.
- *Añang-kiway* (pente de macaco, embira branca) – é uma corda de fechar jamaxim e enrolar tabaco.
- *Iaxy-ãmi* (cipó de caçador) – alça de jamaxim, corda rústica.
- Tauari – enrolam seus cigarros com a entrecasca.

### Folhas e palmas

- *Guarimã* – é a folha preferida para embalar desde a farinha no jamaxim até plumas raras, tem todos os usos que damos ao papel. Serve, também, para moquear peixes e pequenos animais para assar.
- Ubim – palma para cobertura das casas e para embalagem, quando falta *guarimã*.
- Bacaba – cobertura da cumeeira das casas, abrigos provisórios; para trançar aperos para transporte e esteiras.
- Açaí – cobertura de abrigos provisórios, apero para transporte, usado também para esgotar pequenos poços para pescar.
- Inajá – usado para trançar abanos e na cobertura das casas, entremeado com ubim.

Segunda expedição – Aldeia Cipó

### Madeiras

- Açaí – vigas e ripas das casas.
- Broca – esteios.
- Atiriba – cumeeira.
- Caniço branco – caibros.
- Cedro – patuás, corneta, tamborim.
- Pau-d'arco – arcos.
- *Mirá-piririca* – ponta de flecha.
- *Mirá-pitang* – arco, ponta de flecha.
- Andiroba – rodo de farinha (sapopema).
- Sapucaia – o cerne apodrece facilmente, deixando uma entrecasca dura que usam para fazer cochos de farinha.
- Copiúva – idem.
- Embira – tronco de pilão.
- Macucu – mão de pilão.
- *Taquiperana* – idem.
- Paxiúba – raiz áspera, crespa, serve de ralo.
- Pé-de-galinha – espeto para assar; cabeça de flechas.
- Caingá – intermediário que prende a lâmina à flecha.
- Bambu (taquaruçu) – buzinas e estojos para guardar penas de arara.

### Frutas

- Caju da mata – chupam-no, mas preferem para fazer cauim (fevereiro-abril).
- Açaí – vinho, tomam com farinha (agosto-janeiro).
- Bacaba – idem (dezembro-março).
- Bacuri – comem os frutos misturados com chibé e puro (fevereiro-abril).
- Maçaranduba (fevereiro-abril).
- Bacuri-*panan* (outubro-dezembro).
- Cupuaçu (abril e maio).
- Cacau (março-abril).
- Guajará (setembro-dezembro).
- Jaracatiá (abril a junho).
- *Cutíti* (fevereiro a abril).
- *Mucá* (fevereiro a abril).
- Jatobá (agosto).
- Jenipapo (fevereiro a abril).
- Pequiá (fevereiro a abril).

### Resinas, óleos, látex

- Maçaranduba – usam o leite na confecção de seus adornos plumários. É uma cola que seca rapidamente e que resiste à água, permitindo peças como os brincos de penas que usam, dia e noite, durante seis ou oito meses sem tirar.
- Breu-branco – usado, principalmente, para fazer as tochas de iluminação, às vezes para ajudar a acender o fogo. Entra em pequena quantidade na fabricação do cerol.
- *Iraity-hĩk* (breu-preto) – é o principal componente do cerol, massa preta que, quando aquecida, fica muito pegajosa. Com ela prendem e colam os fios que seguram as várias partes da flecha (os outros são leite de maçaranduba e um pouco de breu-branco dissolvidos juntos numa panela).
- Almécega (breu) – usado em defumações, para evitar pragas (insetos) e doenças, e também para temperar cigarros.
- *Jutaicica* – resina de jatobá, para vitrificar a cerâmica.
- Óleo de copaíba – para misturar com o urucum, fazendo a pasta com que se pintam.

### Outros artigos

- Timbó – para pescarias, durante o verão, nos poços dos igarapés maiores.
- Tinta da fruta jenipapo – para a pintura do corpo.
- Tauari – usam a entrecasca para enrolar cigarros.
- Macucu – a casca em infusão serve para pintar de preto o interior das cuias.
- Caripé – usam as cinzas da casca para dar tempero à cerâmica.
- Tucum – usam o coco para fazer os assovios das flechas de ponta de metal e para anéis e penduricalhos femininos.

**20/out./51** – Estou no meio da maior gritaria que jamais ouvi. Um rapaz resolveu divertir as gentes e os bichos daqui soltando uma queixada que cria num chiqueiro. Imagine o alvoroço, os cinquenta cachorros dos moradores e os vinte que vieram conosco caíram sobre o porco, com uma gritaria infernal.

O bicho eriçou os pelos, ficando com o dobro do tamanho e se viu louco, correndo de um lado para outro, sempre perseguido pela malta de cachorros e pelos homens que não gritavam menos, mas tratavam de subir nos esteios quando ele se aproximava, para se livrarem dos dentes do porco e dos cachorros.

Ontem, conversamos sobre os artigos que os índios tiram da mata. Isto é, os principais, pois a lista completa seria muitíssimo maior. Falta, ainda, a farmacopeia, de que tenho uma amostra na caderneta; bem como a relação de caças e peixes que comem e que não comem. E, ainda, aqueles que buscam, por uma ou outra razão, como os pássaros plumários, de tão grande importância em sua vida. Falaremos disso depois.

Segunda expedição – Aldeia Cipó

# Ciclo anual

Quero registrar umas observações sobre o ciclo anual de vida que venho anotando há longo tempo. Para os Kaapor, o ano compreende duas estações, o verão e o inverno, com duas intermediárias que as antecedem.

O inverno aqui é simplesmente o tempo das chuvas quase ininterruptas; vai de fevereiro a maio. O verão é a quadra seca, em que quase nunca chove; vai de setembro a novembro. De junho a agosto, as chuvas vão rareando cada vez mais, até desaparecerem. De dezembro a janeiro, as chuvas vão caindo cada vez mais fortemente, até que, em fevereiro, se começa a viver aquelas longas semanas sem sol, sob uma chuva inclemente.

Os meses de chuva são também os mais ricos em frutas. Com os aguaceiros de fevereiro, amadurecem a maçaranduba, a bacaba, o jenipapo, o pequiá, o *mucá*, o cacau, o *cutíti*. Sobretudo o caju silvestre, que alegra a tristeza daqueles meses escuros e esquenta os corpos. Suas frutas caem até fins de agosto. Algumas frutas amadurecem mais tarde, de março até maio. O jaracatiá, só no fim das águas, já em abril, e atravessa boa parte dos meses secos como a única fruta que se encontra na mata de maio a junho.

O verão é tempo duro, anda-se por aí sem encontrar uma fruta; mas em agosto, quando as chuvas começam a rarear e os igarapés menores perdem as águas, começa a produzir o açaí, que é colhido até janeiro. Em setembro, sob o sol já escaldante e com a terra seca, amadurece o guajará, que cai até dezembro. A bacaba só amadurece em outubro e frutifica até março. Estas são as únicas frutas de verão, mas para compensar é nessa quadra que amadurece o caju cultivado, enchendo as capoeiras de seu cheiro acre e os camucins para novas cauinagens.

Durante todo o ano as roças fornecem bananas, mamões e ananás. Em fevereiro, com as primeiras grandes enxurradas que descem dos igarapés, dá-se a piracema. Os peixes dos rios maiores sobem pela água, com o lombo de fora, vencendo toda sorte de obstáculos, para desovarem nas nascentes. Se oferecem, então, como uma pesca farta, que se faz atirando flechas nos cardumes.

Procurei concentrar todos esses dados no quadro, "Ciclo de atividades anuais dos Kaapor", na página ao lado, que pretende dar uma ideia do ciclo de atividades dos Kaapor. Mostra como certas ocupações se concentram em quadras fixas do ano, polarizando os esforços coletivos do grupo.

A lavoura se faz no verão e os ocupa de julho até fins de novembro. Essa amplitude se deve a que, mesmo numa só aldeia, os homens nem sempre realizam juntos e ao mesmo tempo suas tarefas. Um grupo familial, por exemplo, pode trabalhar cooperativamente na derrubada de um trato de mata para a roça comum, mas um deles sempre se atrasa nas pescarias ou outras ocupações e começa a derrubar o trecho que lhe coube mais tarde que os outros. O mesmo ocorre durante o plantio, prolongando-se o trabalho das mulheres na lavoura por todos esses meses. Por outro lado, essa demora é condicionada pela necessidade de se suprirem de alimentos ricos em proteínas, que obtêm através da caça e da pesca.

## Ciclo de atividades anuais dos Kaapor

| | SECA (*Caraí-akú*) | | | | | | CHUVAS (*Y-uhú*) | | | | |
|---|---|---|---|---|---|---|---|---|---|---|---|
| Jul. | Ago. | Set. | Out. | Nov. | Dez. | Jan. | Fev. | Mar. | Abr. | Maio | Jun. |

- Lavoura:
  - broca (Ago–Set)
  - derrubada (Ago–Out)
  - queima (Ago–Out)
  - plantação (Set–Nov)
- coleta de:
  - caju, macucu, maçar. (Fev–Abr)
  - pequiá, cacau, *mucá* (Mar–Abr)
  - cutití (Mar)
  - cupuaçu (Abr–Maio)
  - jaracatiá (Maio)
  - bacaba (Jan–Fev)
  - açaí (Ago)
  - guajará, bacuri-*panan* (Out–Nov)
- Tinguizada com cunambi e timbó (Ago–Nov)
- Pesca por esgotamento dos poços (Dez–Jan)
- piracema (Mar)
- Pesca com flecha e anzol (Abr–Maio)
- Caçadas nos leitos dos igarapés (Ago–Nov)
- Caçadas de rastejar (Dez–Jan)
- Caçadas nas tonteiras [espera] (Abr–Maio)
- Viagens (Jul–Ago)
- Viagens demora dias (Dez–Jan)
- Viagens demora dias (Abr–Maio)
- Cauinagem de caju cultivado (Set–Nov)
- Cauim de caju da mata (Fev–Mar)

O verão é, também, o tempo das pescarias mais profícuas, das tinguizadas com timbó e cunambi. O primeiro, realizado por grupos de famílias que acampam à margem de um rio, para envenenar os poços e se proverem de surubim que moqueiam e levam para a aldeia. O segundo, pelas mulheres, velhos e crianças, nos igarapés próximos da casa, onde embriagam os peixinhos e os colhem para assar em moquecas, quando falta outro alimento. A pesca de verão tem pelo menos a mesma importância da caça e supre boa parte da alimentação do grupo durante um período de esforços exaustivos, como os exigidos pela lavoura.

As caçadas, nessa fase, se realizam ao longo do leito dos igarapés, quase sempre coalhados, e junto dos poucos poços que conservam água. Bichos e gentes vivem na dependência destas fontes e é em torno delas que se costuma caçar. No período seguinte, os meses de dezembro a janeiro, quando caem as primeiras chuvas, é o tempo melhor para as caçadas. A terra, amolecida pelas chuvas, fixa os rastros das caças que, assim, podem ser facilmente seguidas. Começa a desaparecer o pesadelo da falta de água e os caçadores podem deslocar-se em qualquer direção, sem se preocuparem com a posição dos poços mais próximos.

Os meses seguintes, fevereiro a abril, são de chuvas constantes; em fevereiro dá-se a piracema, com as primeiras enxurradas, que levam também a água podre dos poços e a envenenada pelo timbó. Desde então, torna-se impraticável a tinguizada, começa a pesca com flechas, arpões e anzóis. Entra-se na fase de coletas mais fartas, as melhores frutas amadurecem nessa época.

Nos primeiros dois meses, antes que os igarapés encham demais, caça-se com sucesso, esperando a anta e o veado debaixo das fruteiras. Então, a floresta amazônica configura-se o Paraíso Terrenal descrito por tantos cronistas. No fim do inverno, porém, vivem o Inferno Verde, período mais triste do ano, presos nas casas, sem poderem afastar-se para caçar ou pescar. Só têm um consolo; esse é o tempo em que a mata fica cheia de cajus silvestres, que dão seu cauim preferido, o mais farto e o mais forte.

Algumas frutas continuam sendo colhidas depois do inverno, como o açaí, a bacaba, o guajará e o bacuri-*panan*, que amadureceram no verão, dando lugar às viagens de coleta nessa fase do ano.

## Uirá

Ontem, à noite, conversei com o capitão Cipó sobre a tragédia de Uirá. Ele confirmou todas as informações da velha Xixirumbí sobre o assunto. Segundo sua versão, o filho de Uirá tinha morrido e ele estava muito triste. Disse que queria ir para junto do filho. Ir para onde está Maíra. Um dia, pôs o cocar amarelo e todos os outros adornos para que Maíra o reconhecesse como Kaapor. Tomou as armas, levou a mulher e os filhos e se pôs a caminho. Seguiu a estrada que vai pelo Tury, a mesma pela qual viemos, e foi sair na linha telegráfica, prosseguindo rumo ao Pindaré.

Ele nunca tinha viajado pela terra dos brancos, não sabia falar nada e não entendia nada. Logo encontrou moradas de *karaíwas*. Ele ia nu, com seus enfeites e suas armas. Os *karaíwas* nunca tinham visto um Kaapor assim, pensaram que era Guajá.

Dormia num lugar e seguia, na madrugada seguinte, para outro. Sempre arrodeado de gente que falava, falava. Não queriam deixá-lo andar mais, falavam, escreviam papel, escreviam sempre. Uirá não entendia nada, ficava nervoso, falava bravo e os *karaíwas* também ficavam com medo dele.

O prenderam num quarto fechado e não deixaram seguir adiante. Uirá gritava que queria cagar, queria urinar, os *karaíwas* só diziam: não, não. Uirá gritava mais, estava bravo, os *karaíwas* batiam mais nele, espancaram muito, quebraram a cabeça dele com um remo, diziam que ele estava louco.

E os *karaíwas* não paravam de falar e de escrever. Um dia, o escrito chegou em mãos de Terezinho e ele foi atrás dele. Tirou do quarto, gritou muito com os *karaíwas*, disse que era o capitão Uirá e era bom. Não era Guajá. Aí, foi com Terezinho para São Luís; estava triste, tinham batido muito nele com um remo.

Em São Luís, Terezinho deu comida a ele, deu três calças, três camisas, uma rede e outras coisas. Deu presentes, também, para a mulher de Uirá – esta que está ali, mãe de minha nora – e para os filhos. Depois, Terezinho subiu o Pindaré com eles, foram para Engenho Central. Lá, à noite, Terezinho foi dormir e Uirá ficou sozinho com a mulher. Então, ele disse a ela que ia tomar banho. Ela não queria, disse que não fosse, o rio era grande. Mas ele correu e pulou dentro d'água. Depois, a mulher falou para Terezinho:

— Piranha já comeu o capitão Uirá.

No outro dia, foram tirar os ossos com tarrafa. A mulher e os filhos ficaram lá. Um dia, apareceu o capitão Cipó com mais quatro homens do Parawá, tinham ido com Zé Mendes. Encontraram a mulher. Ela disse a eles:

— O capitão Uirá já morreu, caiu n'água, *pirakê* e piranha mataram e comeram.

Depois, eles voltaram para cá e trouxeram a mulher e os filhos do capitão.

Essa é a aventura de um homem que saiu, entre nossa gente, à procura de Deus. Ele não pretendeu ser nenhum Messias. Com a mesma massa de sofrimentos, entretanto, e procurando metas semelhantes, se fizeram as legendas de Cristo e dos demais Messias.

# Bichos

O caderno não dá para mais lendas. Como acabou depressa esse danado. Terei escrito muita coisa nessas páginas todas? Elas são, ao menos, o que você esperava que eu levasse daqui? Vamos aproveitar o que resta dele para copiar uma relação dos bichos dessas matas e da atitude dos índios para com eles.

Macaco

- Anta – 1) preta; 2) antaxuré, pequena; 3) rosinha. Comem todas as três e são consideradas as melhores caças. Abatem, aproximadamente, uma por mês, que dá carne à farta para todos, durante uns dois ou três dias.
- Veado – 1) vermelho; 2) branco; 3) alvação (híbrido); 4) *supupuna* (pintadinho). É a carne mais apreciada. O primeiro deles é cercado de diversos tabus, não pode entrar inteiro na aldeia, nem se pode assar, como os outros de que temos tratado. Abatem de dois a três por mês nas aldeias de tamanho comum.

- Caititu – comem, sem restrição alguma, e tiram a pele para trocar no posto. Abatem um por semana, sempre caçados com cachorros, que os cercam nos buracos dos paus. Fazem das cerdas um colar para os cachorros.
- Queixada – comem sem restrições, dizem que antigamente havia varas enormes e que caçavam mais queixadas que caititus. Está se tornando raro; um por mês, se tanto.
- Paca e paca-una – comem sem qualquer restrição. É a carne mais frequente; abatem, em média, uma paca comum por dia. A paca-una é rara.
- Cutia – não há restrições. É ainda mais frequente em sua dieta que a paca, alcançando quase duas por dia, por aldeia. Tiram as falanges para colar de adolescentes.
- Onça-pintada: canguçu e *marajoira*; parda: maçaroca (boca preta, borda preta, lanuda) e vermelha; preta: *iauaruna*; maracajá-açu: 1) vermelho; 2) mourisco; 3) pintado; mirim: *tuixau*; *iawarun-dík* – tiram os dentes para colar. Não comem onças nem maracajás, tiram a pele das primeiras, bem como os dentes e as garras, estes para fazerem colares. A pele do maracajá só pode ser tirada pelos tuxauas (agora não há mais tuxauas, só o resto deles, não se pode tirar). Usam os dentes para fazer os colares que os homens levam habitualmente.
- Guariba – comem, com restrições, como carne perigosa e indigesta. É prato raro, abatem um ou dois por mês.
- Macaco-preto – comem, porém com mais restrições que o guariba. É raro, um em dois meses, talvez.
- Cuxiú – não comem nem matam, consideram como animal perigoso, que lhes pode jogar caruara. Não matam, também, o *kaiarara*, o macaco-de-cheiro e o tamari; mas gostam de tirar os filhos para criar como *rimbás*.
- Preguiça – não matam nem comem.
- Quati – matam e comem sem restrições.
- *Akuxi-purú* – matam e comem só assado.
- Mucura – não matam e não comem.
- Tatu: açu (canastra); rabo-de-couro (peba); té (galinha). Não matam e não comem.
- Tamanduá – não matam e não comem.
- Irara – não comem, matam para tirar os dentes para colares.
- Mutuns – 1) fava; 2) pinima. Comem, com poucas restrições. O fava comem de dia e até assado. O outro, só à noite e cozido.
- Jacu – têm o açu, o pemba e o cujubim. Só comem à noite, cozidos.
- Jacamim – só trazem para a aldeia depois do sol se pôr e comem à noite, cozido.
- Araras e papagaios – comem de dia, mas só cozidos ou moqueados.
- Nambu – só comem cozida, de dia e de noite. 1) tona (azul); 2) serra; 3) preta; 4) relógio; 5) curupira; 6) sururina.
- Pombas – comem assadas e cozidas.
- Tucano – só comem assado.
- Gavião-real – não comem.
- Socó – não comem.
- Jacaré – comem o preto sem restrições. Não comem os outros.

▶
- Jabuti – o branco é considerado como a melhor carne, comem sem restrições. É a dieta para menstruadas e para os casais em resguardo. Só os pajés não o comem. O outro é cozido, com restrições, considerado indigesto.
- *Campinima* – só comem assado.
- *Kang-apara* – comem assado.
- Raposas – são raras; matam, não comem.
- Não matam e não comem lontra, ariranha, mucura d'água.

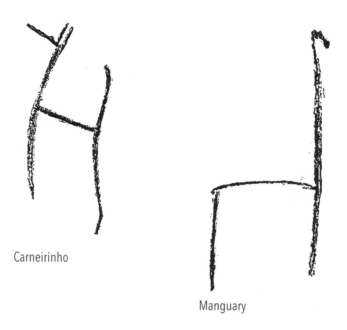

Carneirinho

Manguary

Segunda expedição – Aldeia Cipó

# Sabedoria kaapor

**20/out./1951** – Parece que esgotei o repertório mítico dos narradores daqui. Sobretudo de Tanurú, Passarinho, o rapaz que veio conosco da última aldeia e que tem contado a maioria das lendas que ouvimos aqui. Ontem, me disse que não sabe nenhuma mais, já contou todas. Duvido muito, o pobre deve estar é cansado de tanto que já falou comigo. Vou espremê-lo mais.

Este Tanurú é outro caso extraordinário de um intelectual índio. Pequenininho, feio, tem uma mente luminosa. Domina, como ninguém, o patrimônio mítico de seu povo e é capaz de dizê-lo da forma mais clara e sensível. Aprendi com ele, com Anakanpukú e outros índios com quem trabalhei a apreciar e admirar esses intelectuais iletrados. Eu os conheci, também, entre lavradores e pioneiros pobres, ainda que menos vivazes, porque estão dominados pela ideia de que os saberes pertencem aos doutores.

Intelectual, para mim, é, pois, aquele que melhor domina e expressa o saber de seu grupo. Saberes copiosíssimos, como o dos índios sobre a natureza e sobre o humano, ativados por uma curiosidade acesa de gente que se acha capaz de compreender e explicar tudo. São saberes mais modestos, frutos de uma lusitana tradição oral, vetusta, ou de heranças culturais de outras matrizes, como a de nossos sertanejos.

Tanurú, jovem intelectual kaapor, com Darcy.

Uma das coisas que mais me encantam nos meus Kaapor é sua vivacidade sempre acesa e sua curiosidade voraz. Ela só se compara às outras altas qualidades deles, que são um talento enorme para a convivência solidária e a veemente vontade de beleza que põem em tudo que fazem. Dói ver como tudo isso se perdeu para nós. O monopólio do saber escolástico, exercendo-se como uma massa opressiva, mantém o povo não só ignorante mas conformado com sua ignorância. Eles sabem que não sabem, assim como sabem que são pobres e nada podem fazer contra uma carência ou outra.

Andando com dezenas de caboclos nas tantas expedições que fiz, sempre os vi afastando-se quando eu atendia às perguntas dos índios sobre a origem ou a natureza das coisas. Nem queriam saber, achavam talvez que eu estivesse enganando os índios. Estes me perguntavam, por exemplo, quem criou ou é o Dono (*Iár*), dos fósforos ou das tesouras. Eu tentava explicar tão objetivamente quanto possível. Mas o que eles queriam era ouvir uma explanação explicativa na sua linguagem, que é a das lendas.

Foi no meu primeiro encontro com Tanurú, ainda na viagem pela mata, que fiz aquela suprema bobagem de dizer que eu mudava de pele como Maíra e que conhecera bem a Uruãtã. Continuo pagando o preço dessa loucura, porque os índios passaram a ver-me como uma espécie de divindade inexplicável e caprichosa, que eles devem atender sem reclamar e ouvir, achando que tudo que digo é verdade. Ser Deus dá trabalho.

Aquele primeiro encontro foi memorável. Ele vinha de longe e me procurava havia tempos, com a ideia de que eu era um sábio antiquíssimo. Vinha com um velho, a quem quis dar maior atenção, mas logo percebi que o importante era ele, porque começou a falar comigo em língua *han-tam*, que se fala entre chefes. Mandei o João atendê-lo, me fazendo de importante. Na verdade porque não era capaz de manter uma conversa direta daquele tipo. Ele me perguntou muitas coisas de sua própria cultura, que eu respondi apelando para a mitologia de outros povos tupis. Só ao fim quis saber se eu conhecia Uruãtã e se estivera com ele, dando lugar a minha resposta desvairada, com as consequências que já comentei. Ele continuou conosco, desdobrando-se no relato dos mitos kaapor.

Tanurú, meu melhor contador de histórias, com João Carvalho, meu intérprete.

Com o conhecimento que tenho hoje da mitologia dos povos tupis, vastíssima, muito variada mas, na essência, consistente, me vem a tentação de dar uma de Homero. Unificá-la toda num só corpo mítico coerente, o qual, tenho certeza, seria verossímil para qualquer índio. Mesmo porque eles não têm nenhum fanatismo de exatidão verbal. Aceitam facilmente versões muito desencontradas do mesmo mito.

# O índio sábio

À noite, ouvi mais duas lendas preciosas do mesmo *conteur*, Passarinho, o rapaz de Irakatú que conhece tão bem o patrimônio mítico de sua gente e é o melhor narrador que encontrei. Ambas são versões kaapor de lendas tupis clássicas, uma sobre a cabeça andante, outra sobre o gavião-real.

Consegui, também, uma indicação sobre outras lendas que procurarei ouvir. São as seguintes: 1) jacamim; 2) campinima; 3) *akang-apara*; 4) caramujo; 5) *akuxi* (acuti); 6) *akuxi-purú*; 7) guariba; 8) tauari; 9) tatu; 10) veado-vermelho; 11) veado-branco; 12) caju; 13) maçaranduba. Será que ele sabe mesmo tantas histórias? Os relatos que ele me dá cobrem duas grandes esferas.

A propriamente mítica, que é a cosmogonia que descreve a visão do mundo e explica seu funcionamento, com respeito às quais há sempre um conteúdo de fé, de crença, ainda que não atribuam à divindade um poder de atualidade que lhe permitisse atuar agora. Assim é que não podem apelar para seus heróis míticos, pedindo ajuda ou socorro. Sua função é descrever explicativamente o mundo e dar fundamento à conduta. Os outros mitos são relatos de uma rica literatura oral que os índios ouvem e reouvem sem cansar, divertindo-se muito com as situações ridículas ou paradoxais contadas em cada história. Elas expressam a mentalidade índia projetada sobre si mesmos, sobre as plantas e animais, atribuindo-lhes tanto aventuras como espiritualidade. É o caso dos Avós ou Donos, *Iár*, dos animais.

# Novo caderno

Querida, vamos começar esse caderno com duas novas histórias. Provavelmente será o último volume dessa longa carta, pois daqui visitarei poucas aldeias mais e irei para o posto, de onde regressarei. E, por Deus e pelo diabo, é tempo de voltar. Estou murchando de saudade. O isolamento no meio dessas aldeias, sozinho, arrodeado de índios que pedem atenção sem parar, dá uma aflição insuportável. É vontade de voltar a meu mundo, falando minha língua, normalmente, a pessoas que me entendam. É ouvir também displicente, sem querer anotar nada, só conversar.

Às vezes, fujo da clareira da aldeia para a mata, à procura de mim. Os índios já sabem e mantêm a meninada sempre atenta, olhando para onde eu vou. Aliás, eles estão sempre cuidando uns dos outros. Quem se afasta, por pouco que seja, diz a alguém onde vai e quase ninguém sai sozinho. Só eu, me buscando, fugindo, com risco de perder-me. Todo o meu cuidado, quando me afasto, é seguir um igarapé por cujo leito possa voltar seguro, por mais que me afaste. Sintoma de que vou mal e que esse isolamento cultural me afeta os nervos é que me irrito demais vendo os guris que me seguem escondidos.

### Uirapú-imbo'ramúi (Avô dos Urubus de cabeça pelada)

Os urubus estavam com sede e foram beber água num poço. Era um homem e uma mulher. Todos os dois tinham duas cabeças. Aí, o homem bateu com uma cabeça e quebrou. A mulher viu e disse:

— Olha, sua cabeça está quebrada.

Ele ficou com raiva, voou fazendo barulho por cima da mulher e quebrou a cabeça dela. A mulher saiu por aí, triste. Com duas cabeças, uma quebrada, ela não podia comer, ficou magra. As duas cabeças queriam comer ao mesmo tempo e estragavam tudo.

A mulher foi para casa. Lá, espremeu bastante pimenta, encheu um jamaru e foi para o mato. Não tinha água. Andou muito por ali, com aquela cabeça dependurada. Adiante, sentiu sede. Não tinha água, estava tudo seco. Ela bebeu aquela água de pimenta, esvaziou o jamaru. Não sentiu o ardor da pimenta, mas não matou

Segunda expedição – Sabedoria kaapor

a sede. Quando a pimenta chegou na outra cabeça, a que estava dependurada, ela sentiu o fogo nos lábios.

Era cabeça como da gente, com cabelos, boca, tudo.

A cabeça começou a gritar que queria água. Aquela urubu velha pulava para cá, pulava para lá, procurando água, não achava.

Aí, a cabeça dependurada sumiu, voou e foi lá num poço beber água. Estava com a boca queimando da pimenta. Bebeu, tinha bastante água e voltou para onde tinha deixado a mulher urubu. Não achou a mulher. Gritou, gritou, ela não respondeu. Gritou outra vez, aí o corpo, que ela mesma (a cabeça) tinha largado lá no mato, respondeu:

— Estou aqui.

A cabeça voou para lá, mas só achou o corpo. Tornou a gritar, aí outro corpo respondeu:

— Estou aqui.

A cabeça foi lá, não encontrou a urubu, só o corpo. Gritou outra vez, mas só o corpo respondeu. A cabeça ficou ali, como doida, voando dum corpo para o outro. Depois, chegou naquele primeiro corpo que respondeu, não ouvia mais a urubu.

Então, ela voltou para o poço, subiu num toco e ficou lá, trepada. Naquele poço é que as antas bebiam, tomavam banho e cagavam. Não demorou, chegou um casal de antas. Vieram correndo, quebrando pau, gritando, e pularam dentro d'água, *pum*. Lá, dentro do poço mesmo, uma subiu na outra e começaram a trepar. Aí a cabeça pulou e agarrou numa anta, ficou pregada lá, ao lado da cabeça da anta.

A anta subiu por ali andando, triste, triste. Nesse tempo, anta não comia folhas, comia outras comidas. Aquela anta ficou sem poder comer por causa da cabeça que comia tudo, foi emagrecendo. Passou tempo e aquela anta morreu.

Aí a cabeça saiu de cima dela, trepou noutro toco e ficou lá. Passou tempo, a anta apodreceu e deu bicho, os urubus começaram a rodear. Depois, desceu o urubu-rei. Quando estavam lá, naquela gritaria, comendo a anta podre, a cabeça pulou na corcunda do Urubu-rei-ramúi e ficou pregada lá. Ele voou com ela pro céu. Agora, urubu-rei tem duas cabeças. Por isso come muito. Comem até satisfazer a cabeça-mulher, o macho, e depois come outro tanto para a outra cabeça.

A gente, quando mata urubu, vê uma cabeça só. O Urubu-rei-ramúi é que tem duas cabeças. Quando eles estão comendo, a gente vê e diz:

— Eh, urubu já está comendo carne podre.

Não está! Eles descem, trazem uma panela grande, cheia de brasa, para cozinhar a carne. Só comem carne boa.

Urubu-rei (*uirapú-imbor*) era como kaapor, tinha mulher e tudo. Depois ele foi para o céu e a mulher voltou pra casa dela. Agora, mora lá em cima, leva carne para cozinhar lá, tem muito urubu lá em cima.

Diários índios

## Uirá-hú-ramúi (O Avô do Gavião-Real)

Gavião-real é como gente. A casa dele lá nos galhos do pau-d'arco tem quarto, lugar de cozinhar, tem tudo como os kaapor. Antigamente eles eram gente.

O gavião-real estava criando a filha dele lá em cima do pau-d'arco. Ela ainda não tinha penas, não podia voar. Tinha só aquela pele vermelha como sangue. O gavião foi voar para procurar penas para a filha dele, deu uma volta grande, chegou e disse que não encontrou penas para ela. A filha pediu para ele dar outra volta, talvez encontrasse. O gavião tornou a voar, deu aquela volta grande e não achou nada.

Aí o *ninhá* do gavião, um kaapor, subiu lá no pau-d'arco com o irmão para levar umas penas para a filha dele. Levou penas brancas, riscadas de preto, porque ela tinha pedido assim. Foram dois irmãos que subiram, mas um ficou com medo do gavião, chegou e desceu. Foi embora. O outro ficou lá em cima, conversando com a filha do gavião. Cozinharam guariba e comeram bastante. Aí a filha falou assim:

— Olha, vou esconder você. Meu pai vem aí e ele sempre chega zangado.

Escondeu o rapaz lá. Chegaram o pai e a mãe, trazendo guaribas para comer. Pelaram os guaribas e puseram para cozinhar no panelão deles. O pai perguntou:

— Quem comeu meu guariba que eu deixei aqui?

Pensaram que a filha tivesse comido o guariba. Aquele kaapor passou tempo escondido ali. Daí a quatro dias a filha falou:

— Olha, meu pai, tem um kaapor aqui comigo. Faz tempo que está aqui.

O pai logo quis comer aquele rapaz. A filha disse:

— Não, não come. Ele vai ser meu marido.

Mas o gavião-real queria comer logo o rapaz. Aí, chegou o Avô do Gavião-Real (Uirá-hú-ramúi), que é azul, e falou:

— Eles ainda não têm pena. Não podem casar, só criando pena.

O kaapor havia perdido as penas que levara para a moça. O Avô do Gavião--Real falou:

— Só tomando banho para criarem penas.

Aí o gavião-real-pai foi beber água, levou água lá para cima e falou:

— Está aí, venham banhar agora.

Os dois banharam ali até sair todo o couro. Ficaram em carne crua, com todo o corpo vermelho como sangue. Aí cresceram as penas do peito, depois as da cauda. Então, o Avô do Gavião-Real fez as penas compridas da cabeça, depois fez as garras e o bico, tudo igual aos gaviões.

Com oito dias, as penas já estavam duras e ele voou. Foi com a mulher dele atrás de guariba. Sentaram primeiro num galho bem alto de pau-d'arco e ficaram lá. Guariba é gente (tem rifle como o seu). Eles estavam cantando lá. Os gaviões marcaram bem o rumo e voaram para perto, viram os guaribas lá, num pau, bem limpo. Sentaram mais perto e viram o capelão cantando. Aí aquele gavião pegou o arco (ele é kaapor, carregava o arco e as flechas dele) e meteu uma flecha no sovaco do capelão. Ele pulou e ficou lutando. O gavião deu outra flechada e o guariba quietou lá. A mulher do gavião não via nada. Olhava, olhava, não via guariba. Depois viu uma fêmea, pegou um pau e desceu na guariba, matou.

Aí, eles amarraram os dois guaribas e carregaram para casa. A gavião mãe viu os dois, que vinham chegando, e ficou alegre.

— Olha, minha filha já matou guariba.

O fogo já estava aceso lá. A mulher chegou e foi depelar o guariba. Depois, chegou o rapaz com o capelão e deu para o gavião-pai. Ele ficou alegre. Foi pular e botar no fogo para cozinhar e comer com pimenta. Eles têm tudo lá. Têm prato e colher como os seus. Guariba é gente. Os antigos não matavam guariba. Agora, nós, os netos, é que matamos.

O rapaz ficou muito tempo ali, caçando. Levava *kai-arara*, macaco-prego, veado-vermelho pequeno, veado-branco grande. Tudo o rapaz levava para o sogro comer. O gavião-real-pai estava contente. Um dia ele falou:

— Olha, agora você vai buscar aquele seu irmão para eu comer. Ele bem podia estar aqui, mas foi mole.

No outro dia, ainda no escuro, o rapaz saiu com a mulher dele. Quando amanheceu, já estavam no lugar do irmão. O sol estava saindo. Eles viram o irmão lá na frente da casa, esquentando as flechas no fogo para desempenar.

O rapaz-gavião voou. Foi bem em cima do irmão. Pegou com uma mão pelas costas, com a outra pelo pescoço e subiu com ele. Foi aquela gritaria lá embaixo. Os homens foram buscar os arcos. Flecharam muito, mas não acertaram no gavião. O rapaz levou, o irmão pulava, gritava e era muito pesado. Quando ele cansava, vinha a mulher, pegava aquele homem. Aí ele largava, ela ia levando um pouco até ele descansar. Adiante, ele pegava outra vez. Assim, chegaram lá na casa deles. Aí o rapaz disse ao sogro:

— Está aqui.

— Trouxe seu irmão? Vamos já comer.

E levantou para preparar o irmão do genro dele. O rapaz disse:

— Não, eu não como, é meu irmão.

— É bom você não comer mesmo. É seu irmão verdadeiro, não pode comer.

O gavião-real-pai cortou o homem em pedacinhos e pôs no panelão para cozinhar. Depois, comeu aquela carne toda e a cabeça que tinha cozinhado junto.

Passaram-se três luas. Aí o gavião-real tornou a falar. Queria comer a cunhada do homem. Ele disse que ia buscar. No outro dia, saiu com a mulher para a aldeia. Quando chegaram, viram a mulher lá, sentada num pau, espremendo o tipiti. Ele pulou, agarrou a mulher e subiu com ela. Estava bem pesada, foi voando baixo. Os homens da aldeia saíram todos atrás, jogando flechas. Seguiram até muito longe, depois não viram mais, sumiram. O gavião foi levando a mulher. De vez em quando a mulher dele levava um pouco para ele descansar. Quando chegaram lá na morada, o rapaz falou para o sogro:

— Está aqui minha cunhada.

A mulher estava lá, morta. O gavião-real veio cortar para cozinhar. Aí ele falou:

Diários índios

— Agora chega, não precisa mais matar gente. Não quero mais.

Até hoje é assim, gavião-real não caça mais gente. Ainda estão lá em cima o Avô do Gavião-Real, o pai, a mãe, a filha e aquele genro. Mas só comem guariba, macaco, veado verdadeiro pequeno e macho branco.

**21/out./51** – Domingo. Tenho três novas lendas para contar. Ouvi-as ontem à noite, enquanto olhava, de longe, as mulheres cantarem e dançarem à luz de uma tocha que lançava a sombra delas na parede da casa. Era bonito aquilo. Depois, na rede, por muito tempo, escutei os contos de um pajé daqui. O homem se considera mesmo pajé, nem come jabuti branco, a carne que os índios preferem. E tem vindo gente de outras aldeias para ele curar. Contam que já tirou muita caruara e algumas vezes até mostrou o *quid* ao doente. Trata-se de mais um discípulo do Tembé Domingos. Ele também andou pela aldeia onde morava o velho pajé. Foi tratar-se e voltou curado e pajé.

# Genética

Sobre o apuramento de características transmissíveis hereditariamente, tenho novidades. Além da família de longilíneos típicos (a do pajé) de que falei, encontrei mais coisas. Este grupo tem nada menos que três surdos-mudos e zarolhos, todos aparentados. Os índios não costumam deixar viver crianças que nascem com defeito. Como é que essas escaparam?

Vamos escrever as lendas, porque devo ir ainda hoje a uma aldeia vizinha encontrar meu pessoal e ver se há alguma novidade. Esperava obter aqui um cocar de papagaio. Me haviam dito que o capitão tinha um. Não tem. Só consegui dois adornos bonitos, um tembetá e um colar feminino. Mas aqui tem os melhores potes kaapor que vi. São muito bonitos, excelentes como mostra de técnica oleira. Prometi à dona tudo que desejou para levá-los ao posto. Olhe que não será fácil. Alguém terá que andar pelo menos cinco dias com carga tão incômoda. Espero que vá.

### Iã-nay (Campinima)

Campinima era gente. Morava lá com o irmão dele (*ianam*). Era capitão *iangá*, mas servia para caçar anta. Os baixios estavam alagados e os igarapés muito cheios. Campinima fez um cigarrão e foi embora.

Andou como daqui ao roçado novo (meia légua) e parou. Acendeu o cigarro, tirou o terçado e começou a cortar-se. Primeiro enfiou nas costas, por baixo do casco, e cortou aquela pele que prende o casco no corpo. Acabou de cortar e soprou o cigarro em cima. Sarou logo. Ficou como gente. Aí ele cortou os quartos e aquele rabinho dele que parece de anta. Jogou os pedaços ali no chão. Fumou o cigarro e soprou fumaça em cima, sarou logo. Ficou como gente.

Depois, quebrou o peito com o terçado e jogou ali no chão. Tornou a soprar fumaça e sarou. Ficou como gente. Então, ele tirou o fígado, assou ali mesmo e comeu. Depois, foi fazer um apero, pôs dentro todos aqueles pedaços do corpo que tinha cortado e carregou. Tudo tinha virado carne de anta. Ele foi para casa com aquele apero carregado. Quando chegou perto, gritou como kaapor quando caça anta. A mulher dele, lá da casa, já ficou alegre.

— Eh! Ele já matou anta.

Foi olhar o apero. Era carne de anta mesmo. A mulher falou:

— Eh! Já vou encher a barriga.

Aquele Campinima cortou a carne toda e a mulher deu um pedaço para cada morador. Fizeram um moquém e puseram lá as costas da anta, o rabo, os quartos e o couro da barriga. Quando estava moqueado, deram daquilo também para todos os moradores.

No outro dia, Campinima saiu para caçar outra anta. Levou o terçado e o cigarrão. Quando chegou no alagado, acendeu o cigarro e foi logo cortando as costas, os quartos, o rabo, o peito e jogando ali no chão. Os pedaços iam logo virando carne de anta. Ele soprava fumaça em cima do corpo e sarava logo a ferida. Cortou a carne dele toda, ficaram só os braços, as pernas e a cabeça. Ia cortando e curando com a fumaça que soprava.

Depois, fez um apero grande e foi para casa. Quando chegou, tornou a gritar como kaapor que caça anta. Todos foram ver, o apero estava cheio. A mulher distribuiu um pedaço para cada morador. Todos gostaram.

— Eh! Carne boa, anta gorda.

Passaram-se dez dias, aí um casal de velhos dali desejou comer carne de anta. Pediram ao caçador uma anta para eles, mas queriam comer a cabeça e os ossos. No outro dia, Campinima saiu para o alagado. Foi com o irmão dele. Adiante, eles se separaram e cada um foi procurar anta para um lado. O irmão andou um pouco e escutou um gemido. Falou assim:

— Eh, meu irmão já matou anta.

Foi para o lado de onde ouvia o grito. Andou um pouco e ouviu um gemido. Falou assim:

— Eh! Não matou anta. Foi cobra que mordeu meu irmão.

Campinima estava lá cortando o corpo. Cortava e gritava, porque doía muito. Tudo ali estava vermelho de sangue que espirrava dele. Ia cortando e sarando com fumaça do cigarro.

O irmão foi chegando e viu aquilo. O irmão cortando sua carne, curando com fumaça, jogando lá, e a carne dele virando carne de anta. Saiu correndo e foi para casa contar o que viu.

— Ele é pajé. A carne que nós comemos não é de anta. É carne dele mesmo. Corta, vira anta, sopra cigarro de pajé, sara.

Diários índios

Contou tudo como viu. Aquela gente já foi vomitando por ali, com nojo.

Quando o sol estava morrendo, o Campinima chegou com o apero cheio e gritou como kaapor que caça anta. Mas todos já sabiam que era carne dele mesmo, que ele era pajé. A mulher foi encontrá-lo e falou:

— Joga fora essa carne, ninguém quer. Já sabemos que é sua carne.

— É mesmo, é minha.

Aí o Campinima pegou o apero no chão e aquela carne foi virando toda espécie de Campinima e saindo por ali. Saiu *mussuan*, peito quebrado, *campinima*, *akang-apara* (tacacá). Foram para o rumo d'água. Campinima também saiu correndo para o igarapé e pulou dentro. A mulher pulou atrás. Todos os dois viraram este *uekakambé* (*akang-apara*) e ficaram lá. Antigamente, não tinha esses jabutis d'água. Depois, nossos avós foram lá e encontraram muitos.

*Améenrigi koihê* ("era assim antigamente"; fecham todas as lendas com esse remate).

# Queixada

É impossível escrever. Largaram novamente a queixada-*rimbá*. Preciso estar atento para não perder as pernas numa dentada. Só os cachorros ficam no chão para atormentar o bicho. Nós subimos nos esteios. As mulheres, à medida que a gritaria aumenta, vão subindo mais e mais na rede, acabam na cobertura.

Vi, agora, que cortaram as presas da queixada para que ela se preste melhor a essas brincadeiras, que são também uma forma de atiçar os cachorros e ensiná-los a enfrentar queixadas na mata. Vou tirar umas fotografias disso, embora não tenha seguro de pernas. Levarei o João com um pau para me proteger os flancos contra cachorros e queixadas. Acho que vale a pena.

Bati as fotografias. Desejo que deem ao menos uma ideia da balbúrdia que ainda continua enchendo meus ouvidos de gritos, ladridos e chios. E minhas pernas de tremor.

### Korahi-Iano

Também o Sol era como gente. Andava por aí, morava com a mulher dele. O Sol foi caçar e a mulher ficou em casa, cozinhando *mandiocá* num panelão enorme, cheio de *mandiocá* fervendo. Korahi-iano (*iano* é sombra, retrato, imagem, provavelmente alma; no caso, quer dizer a sombra ou alma do Sol) chegou, era como o Sol mesmo, e disse à mulher que queria tomar *mandiocá*. Ela falou:

— Está aí, mas está fervendo. Espera esfriar.

Ele não esperou nada. Encheu logo uma cuia e tomou, mas o *mandiocá* fervendo queimou o fígado dele. Aí ele gritou:

— Eh! Queimou meu fígado, queimou minha língua.

A mulher respondeu:

— Corra, vá beber água no igarapé para refrescar.

Korahi-Iano saiu por ali correndo e pulou no igarapé. Virou jacaré, até hoje está lá. Por isso, jacaré não tem língua.

Depois, um filho do Sol foi lá no igarapé e encontrou o jacaré. Antes não tinha jacaré. Ele falou:

— Olha, já temos jacaré.

Aí, o Sol chegou do mato, era o Sol mesmo, vinha com fome. Chegou pedindo *mandiocá*. A mulher assustou-se e falou:

— Mas você não bebeu agora mesmo e foi para o igarapé todo queimado?

— Não, estou chegando agora. Foi minha sombra (*iano*). Decerto está lá, pode ir olhar.

Foram lá e encontraram o jacaré. O Sol estava com vontade de beber *mandiocá* e não se importou que estivesse quente. Encheu logo uma cuia grande e bebeu, fervendo mesmo. Depois encheu outra cuia e tornou a beber. Ficou com a cara vermelha, quente. Mas não teve nada, tomou aquele pote todo de *mandiocá* fervendo. Por isso o Sol é quente e vermelho, é como *mandiocá* fervendo.

Todo dia, quando está por ali (quatro horas), o Sol come uma preguiça moqueada. Nós não comemos preguiça para não ficarmos com o braço fraco. Por isso o Sol amolece e fica com a luz fraca. Depois, ele entra por debaixo da terra e vai alumiar o céu de lá. No outro dia volta para cá. Vem clarear este céu.

Era assim, antigamente.

## Uatê-ramúi (*jauaruna*)

Uatê (alto, antigo, velho, maior) é a designação de um personagem que tem forma de jaguaruna (*jauaruna*), onça-preta, e pode assumir forma humana.

Um kaapor saiu para caçar. Subiu numa árvore que estava em flor e ficou lá, esperando. Logo ouviu o barulho do vento que vinha zoando por ali e caiu bem perto. Ele olhou, era uma onça vermelha, lá estava, trepada num galho.

O homem escolheu uma flecha e *siuu*. Pegou bem em cima da mão da onça, ela caiu lá. O homem pulou, mas quando foi chegando, a onça, meio morta, deu com um *tamarã* que trazia na cabeça dele. Matou o homem. Depois, pegou e carregou, voou com ele e foi cair adiante, *paá*, dentro de um buraco. Lá era branco, claro. Era o buraco de Sol.

O pajé estava lá, na aldeia. Aquele homem demorou e o pajé foi cantar. Cantou e fumou muito tempo. Aí ouviu três grãos de areia caírem na palha da casa. Depois, ouviu a areia falar:

— Que é que você quer?

— Quero saber do meu parente que foi caçar na fruteira em flor e não voltou.

Aí a areia falou:

— Foi Sol. Ele flechou Sol e Sol o levou. Vá atrás que ainda acha. O caminho grande ainda está aberto. Limpe bem o lugar, que você acha o buraco, desce que lá no fundo está a casa. Seu parente está lá.

O pajé ouviu bem, entendeu tudo. Tinha que levar uma corda grande, como daqui lá na mata (duzentos metros). Chamou os companheiros e foram atrás, procurar aquele homem. Quando chegaram na fruteira viram um fio de sangue que as formigas estavam comendo e a batida do lugar por onde a onça tinha passado com o homem.

— É aqui!

Começaram a derrubar o mato ali. Limparam tudo, uma área como a desta casa. Aí, encontraram o buraco. O pajé soltou a corda grande e ela foi bater lá no fundo. Eles ficaram ali, esperando entardecer. Quando o sol acabou de morrer, um homem entrou no buraco e desceu pela corda. Lá dentro estava amanhecendo. O sol vinha nascendo. Ele andou por ali, até ouvir um toque de planta, assim.

Foi andando naquele rumo e achou uma casa. Um homem estava lá, tocando flauta. Adiante, viu um tuxaua com o cocar de pelo de maracajá na cabeça. Eram as onças. Aqui em cima são bichos, lá embaixo são gente, falam como os kaapor, têm de tudo.

O homem entrou na casa, aí encontrou Aé, o flechado, que perguntou:
— Que é? Que veio fazer aqui?
— Vim conhecer vocês.

Então, Aé mostrou a ferida da flecha e falou:
— Olha aqui, um dia desses um de vocês me flechou lá em cima.

O tuxaua estava lá, cuidando de um panelão, cozinhando o irmão dele. Tinha muita gente mais. O Uatê-ramúi, a *jauaruna*, saiu para caçar anta. O homem chegou onde estava o tuxaua e perguntou:
— Que está fazendo aí?
— Você não sabe? Cozinhando seu irmão.

O kaapor ficou *iarõn*, mas não disse nada, foi olhar como era por lá. Os bichos daqui lá são gente. Têm miçangas, enfeites de penas como nós. O homem ficou olhando. Nunca tinha visto aqueles enfeites, naquele tempo nossos avós ainda não sabiam fazer. Ele via capacetes, colares, brincos, labiais, pulseiras, braçadeiras, enfeites de cintura, todos muito bonitos. Viu ali pela primeira vez. Ele foi adiante, onde estava Aé, e perguntou:
— Como é que vocês dançam aqui?

Aé pegou o *tamarã* e foi dançar para ele ver. Ia lá na frente, inclinando-se, e voltava, rodando o *tamarã*. O homem pensou: É agora, já vai me matar. Mas Aé passou e foi outra vez lá na ponta da casa; rodando o *tamarã*, voltou. O homem pensando: É agora, já vai me matar, e se aprontando para brigar. Mas Aé parou de dançar e disse:
— Que tal? Está bom?
— Está bom.

Aí saiu outro homem para dançar, deu uma volta e, quando veio rodando o *tamarã*, ele pensou: É agora. Mas o homem parou de dançar e perguntou:

— Que tal? Está bom?

— Está bom!

Nisso, veio chegando o homem que tinha saído para caçar, Au-ramúi. Trouxe uma anta inteira nas costas. O companheiro dele, Uatê-ramúi, trouxe muitas queixadas, todas inteiras, nas costas. Aí puseram todos aqueles enfeites nele, deram um *tamarã* e mandaram dançar. Ele foi dançar. Nisso, veio chegando a onça vermelha. Disseram:

— Olha, lá vem.

Aé, que estava ali, virou para ver quem vinha chegando. Aquele nosso avô desceu o *tamarã* na cabeça dele e gritou:

— Ontem você matou meu irmão, ele está aí, cozinhando.

E saiu correndo pro rumo do buraco. Uatê-ramúi foi atrás, fazendo barulho, quase pegando o homem. Mas ele segurou na ponta da corda. A *jauaruna* pulou e ainda arranhou os pés dele, mas os irmãos lá de cima puxaram depressa.

Enquanto isso, tinham feito muita comida lá em cima. O pajé mandou esquentar água num panelão enorme, cortar árvores grossas assim, para juntar os troncos ali, e rodeou todo o buraco com tochas de tiras para ficar claro. Quando viu o homem pegar na ponta da corda, disse:

— Cuidem logo, puxem logo. Quando o irmão chegou na boca do buraco, foi dizendo:

— Despejem a água, *jauaruna* vem atrás.

Eles despejaram a água fervendo no buraco e jogaram o pote também. Pegou bem na cabeça da onça e ela caiu lá, morta. O pajé mandou tapar bem o buraco com os paus que tinham tirado e perguntou para o homem:

— Como é, matou?

— Matei, aqui está o *tamarã* dele sujo de sangue.

O pajé fumou e disse:

— É mesmo, é verdade.

Aí foram todos para casa. Lá, a mulher foi encontrá-los e perguntou:

— Como é, matou?

— Matei sim, aqui estão os enfeites dele, trouxe todos.

Depois, nossos avós copiaram aqui os enfeites. Assim é que aprenderam a fazer estes que usamos agora. Os primeiros ficaram para aquele pajé.

Antigamente era assim.

## Carta

Querida, Chico Ourives chegou agora. Veio do Canindé, trazendo suas cartas junto com o atlas celeste, mapas e recortes de jornal. As notícias mais frescas são de 2 de setembro. Até então, você estava bem. Só preocupada demais. Eu lhe confesso que não olhei a conta corrente que mandou, saltei e fui ver o que dizia, adiante, de você mesma. Estas são as vantagens e desvantagens de se ter uma mulher guarda-livros. Mas a carta, no que ela tem de seu, querida, me deixou feliz. A mulherzinha vai bem, sofre de tanta saudade deste marido cometa. Quase tanta quanto a que ele pediu.

Infelizmente, vieram outras notícias. Aquele inominável Miranda deu ordem para que a embarcação que mandei apenas chegasse a Viseu e voltasse. Veja só, a canoa que mandei para me trazer correspondência sua e mantimentos de que necessito. É incrível, só quebrando a cara dele. Estou *iarõn*, meu bem, isso pode atrasar mais ainda meu regresso. Amanhã conversaremos mais. Providenciei para que possamos sair cedo para o Morocore a fim de mandar ordens ao Miranda para fazer descer outra embarcação com toda urgência.

Anotei dois novos mitos, um deles é nada mais que a versão kaapor – aliás, mais completa e mais bonita – da lenda kadiwéu sobre a origem das aves. Veja só como andam essas histórias, passando de povo a povo, sendo afeiçoadas à fisionomia de cada um deles. Jamais imaginaria que aquela lenda não fosse original e exclusivamente kadiwéu.

## A Via-Láctea e o Mar
(*Madjú-ã*)

Antigamente, tinha uma cobra grande como jiboia, que comia os nossos avós quando iam buscar água. Comeu muitos homens, comeu muitas mulheres, comeu muitas crianças. A cobra abria a boca, lá na banda do rio grande, e eles iam caindo dentro.

Aí saiu o pajé velho, Karará-ramúi. Foi lá, afinou bem a ponta de dois jamarus, até ficarem como terçados, e levou. Karará-ramúi chegou na beira, viu a água ferver. Era a cobra, abrindo a boca, lá no fundo, para comer mais gente. A boca era grande como uma casa. Quando Madjú-ã abria a boca a água toda fervia, ficava borbulhando, cheia de espuma. Karará-ramúi caiu lá dentro e a jiboia fechou a boca, engoliu. Antes, já tinha comido muita gente. Eles levavam terçado, mas não podiam matar a cobra, porque os terçados resvalavam na água e não cortavam.

Karará-ramúi foi andando lá dentro. A cobra era grande como daqui no roçado novo (meia légua). Adiante, achou o coração da cobra. Pegou o terçado do jamaru e cortou o *maracapá* (diafragma). Depois, partiu o coração pelo meio. Andou mais e achou outro coração. Tornou a cortar o *maracapá* e aquele outro coração. Depois, andou mais e encontrou outro coração, rasgou o *maracapá* e cortou aquele também. Foi andando, achando mais *maracapá* e mais coração. Cortou dez *maracapás* e rachou dez corações.

Quando cortou o último, veio saindo, mas não achava mais o caminho. Perdeu-se lá. Aí a cobra começou a engolir água para matá-lo e os corações foram virando aquele tijuco duro, misturando com o sangue que escorria.

Segunda expedição – Sabedoria kaapor

Aí Karará-ramúi chegou junto das costelas da cobra e abriu um rombo grande. Saiu no rio, nadou para a beira e veio correndo pela mata. Aí Madjú-ã foi ficando cansada para morrer. Karará-ramúi, também, tinha chegado em casa, mas estava na rede, cansado, para morrer. Logo morreu.

Mas estava lá mesmo outro *pajé-té*. Pegou um novelo de linha, foi onde estava Karará-ramúi, abriu o peito dele e pôs o novelo lá dentro. Ele viveu outra vez. Já tinha coração novo.

Madjú-ã foi ficando cansada, cansada. Passaram quatro dias assim, ela estava morrendo. Aí, se levantou e subiu, foi bater no céu. Ficou lá a sombra dela, Madjú-ã (é a Via Láctea), que até hoje a gente vê. Depois, caiu lá de cima, *pan*. Veio bater no chão, acabou com a mata toda naquele lugar, só deixou um buraco. Agora é o Paranã-ramúi (o Mar).

Quando os kaapor viram Madjú-ã subir, saíram correndo para todo lado, para não morrerem esmagados quando ela caísse.

## Origem das cores
### (Madjú-ruy – O sangue de Madjú)

Com cinco dias, Karará-ramúi foi ver. Madjú-ã estava morta. Era quase da altura do céu e fedia demais.

Karará-ramúi tirou o sangue de Madjú-ã. Tinha sangue de toda cor. Ele encheu aqueles panelões, cada um com sangue de uma cor. Uma panelona de vermelho como arara-gralha. Outra de sangue amarelo como ararajuba. Outra de sangue pintadinho como rabo de *surukuá*. Aí Karará-ramúi chamou todos os bichos. Primeiro a arara e o jacamim (nesse tempo arara era muito feia) para pintar com o sangue da cobra.

Arara falou assim:

— Olha, jacamim, vamos passar para ficar bonitos.

— Não, eu não passo nada – disse jacamim.

— Então, vá embora, desapareça daqui.

Jacamim correu. Arara passou bastante sangue nas penas. Ficou bonita assim. Ali, naquele panelão de Madjú-ruy é que os bichos todos apanharam a cor que têm hoje. O tucano pintou o peito e o bico de amarelo.

*Owí-mê-en* passou sangue azul nas penas do corpo e vermelho no papo. Nambu pintou as asas de branco e preto, com vermelho nas costas e no peito. Agora, a gente esquenta as penas dele e elas ficam vermelhas. *Iapú* pintou o rabo de amarelo. Ararajuba pintou o corpo todo com sangue amarelo, só a ponta das asas de verde. O mutum-fava só pintou o bico de encarnado. O mutum-pinima pintou o bico com sangue amarelo e o penacho com sangue pintadinho. O araçari só fez uma listra vermelha no peito e pintou o bico com sangue amarelo, porque já estava acabando.

Diários índios

*Araruna* só passou sangue azul. *Say-timã-pirang* pintou a cabeça de azul e as pernas de vermelho.

Arara foi quem se pintou primeiro. Ainda tinha muito sangue, por isso tem tanta cor e o macho e a fêmea são bonitos. Os outros bichos já acharam pouco, por isso o macho pintou mais.

As caças também se pintaram ali. O veado ficou vermelho, a cutia também. O caititu, a queixada, o quati, a anta, as onças, todos se pintaram com sangue de Madjú.

Quando Karará-ramúi acabou de pintar todos os bichos, botou no sol para secar, depois soltou. Agora, estão aí na mata. A gente caça para tirar as penas e fazer enfeites.

No fim, chegou o jacamim, pedindo cor, mas só conseguiu um pouquinho do azul para pôr nas costas, por isso é feio assim. O sangue já tinha acabado quando a cobra chegou. Aí Karará-ramúi jogou o resto do sangue podre nela e disse:

— Vai embora. Vai matar gente.

Por isso cobra é tão nojenta. Quando os bichos enxugaram bem a cor, Karará-ramúi mandou embora. O jacamim, o mutum, o *iapú* saíram andando pelo chão. O *owí-mê-en*, o nambu, a arara, o tucano e os outros pássaros saíram voando.

Não é uma beleza? E não lembra a lenda da origem das aves de nossos Kadiwéu? Lá era o sangue de crianças. Aqui, o sangue de uma cobra gigantesca, que deu origem à Via Láctea e ao Avô-Mar.

Segunda expedição – Sabedoria kaapor

# Morocore

**22/out./1951** – Estamos de volta. Fizemos hoje pelo menos quatro léguas e só venho escrever para não deixar um dia sem notícias. E, também, para não perder ou ganhar dias, pois, veja só, não sabemos se hoje é 21 ou 22, nem se ontem foi 20 ou 21, e isso é muito grave. A Leudi mandou uma geleia de groselhas para comemorarmos meu aniversário e não quero fazer a indelicadeza de não atender a sua intenção. Temo comemorar o 26 no 25 ou no 27.

A viagem foi cansativa, mas suportável e, com os diabos, de qualquer modo tinha de suportá-la mesmo. Estou passando o ramerrão de todo dia: podia ser melhor.

Chico trouxe notícias do Huxley. O *Mister* está bem, engordando de tanto tomar os sucos da terra. Não para com a boca e o homem tem boca boa, diz Chico. Come tudo: é açaí, chibé, caju-cauim; cozidos; assados; moqueados, não rejeita nada. Ainda bem. Nossa última comedeira foi farta e ruim. Eu me pus a comparar os ingleses com os Kaapor, dizendo que eles eram uma tribo ainda mais bizarra, com seus ritos, seus mitos. Ainda mais sensaborões e ridículos. Como senti que o *Mister* se danava, comparei a família real deles com os capitãezinhos daqui, dizendo que o rei de lá é um banana, não manda nada. Minha intenção era rir, brincar, mas inglês é besta mesmo, não admite pilhérias com sua tribozinha e com seus tuxaua-*rangá*.

Temos outras novidades. Uns índios, não se sabe se Guajá – coisa improbabilíssima – ou o que, entraram na aldeia de Ingarussú. O pobre, com o susto do ataque inesperado, em sua capoeira que parecia tão segura, cortou com o terçado a corda do próprio arco, ficando desarmado. Agora, dez dias depois, todo mundo está com medo. Ninguém quer sair nem para tirar mandioca no roçado. Quando saem, é com uma mão na frente, outra atrás e com o olho pulando pra todo lado.

São sete da noite, escrevo à luz de uma lamparina. Estou cansado e preciso dar a atenção que os índios esperam de mim. O capitão fez um enorme camucim de cauim para nos receber e vamos beber muito. Amanhã tirarei o dia para escrever uma carta, que irá com a embarcação que Miranda terá de mandar a Viseu buscar minha última carga.

**23/out./51** – Não tivemos ontem a bebedeira que esperávamos. O capitão só pretende servi-la hoje. Privados de recepção festiva, vamos ter festa de bota-fora – ele quer é servir uma bebida forte.

Curioso é que nessa aldeia, que tanto procuraram esconder e evitar que visitássemos, fomos melhor recebidos que em qualquer outra. Todos se esforçam para nos agradar. Tenho sempre um quitute da terra à altura da mão quando me dá fome. Ou melhor, quando abre-se um lugarzinho no estômago. Já me deram vários presentes, três peneiras, um pão de cerol, uma meada de bom carauá, além de muitas frutas, peixes e carnes.

## Civilização

Reli hoje suas cartas; você esperava que eu encontrasse dez delas no Canindé em fins do mês passado. Estamos vivendo os últimos dias de outubro e só recebi quatro. Isso é um lamento, incidentemente. Li, também, boa parte dos recortes de jornal, destaco um que ficará pregado aqui no diário.

### Oitenta milhões de mortos
*Foi o quanto custou à humanidade a Segunda Grande Guerra*

Paris, 1 (A.F.F.) - A Segunda Guerra Mundial custou cerca de 80 milhões de mortos à humanidade – segundo estatística estabelecida pela ONU e irradiada pela Emissora do Vaticano, na rememoração do 12º aniversário da agressão nazista contra a Polônia. Dessa estatística ressalta que 32 milhões foram mortos nos campos de batalha, 15 milhões a 20 milhões de "moços, moças, velhos e velhas, menores de ambos os sexos" pereceram em consequência dos bombardeios aéreos nas cidades e aldeias, 25.500.000 morreram nos campos de concentração. A mesma estatística mostra que 25.500.000 ficaram feridos ou mutilados, 21.245.000 perderam todos seus bens, 25 milhões de alemães e habitantes da Europa central e do oriente foram exilados.

É um retrato deste nosso mundo desvairado. Oitenta milhões de mortos, gente como você e eu, que podia durar muito tempo mais para rir, para chorar e fazer coisas. É uma desgraça pensar que caminhamos para outra carnificina pior ainda. Os matadores de toda essa gente, os sistemas que os encaminharam à morte, estão exigindo mais vítimas. Sua mão possessa chega até nós, pode nos alcançar aqui, gritando que pare esse trabalho porque ele é de amor e a hora é de morte. Com faca, com fuzil, com veneno, com bombas. Com mentira, com qualquer coisa. A ordem é matar, chacinar, esfolar.

Pode um homem dizer que não concorda, que não vai matar ninguém, que não vê a ninguém como inimigo? Que não vê matança como solução para as angústias do mundo? Direi duro e alto: eu, não! Não vou! Não vou. Berraria, se pudesse, daqui, de minha impotência! Não podem fazer mais que matar a quem não queira ajudá-los a matar e, considere, seria a morte de um entre os 200 milhões que irão morrer.

Diários índios

O isolamento, nesta selva selvagem, está mexendo no meu juízo, me dando uma sensação de poder e de importância que é risível. Esse clima é mesmo contagiante. Para prová-lo, aí está o desenho de um *tamarã* que o capitão Morocore fez para mim.

*Tamarã* desenhado pelo cap. Morocore.

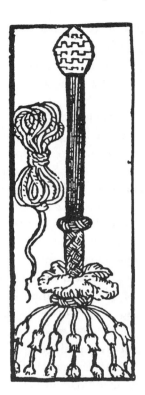

O ibirapema e a corda mussurana, segundo Hans Staden (1557). O primeiro destinado a matar o prisioneiro e a corda para amarrá-lo pela cintura.

É pena que os meus Kaapor esqueceram a arte de fabricar seus *tamarãs* cerimoniais e guerreiros. Apenas os mais velhos chegaram a ver, em criança, alguns exemplares conservados, raridades.

Estou com um problema seriíssimo. Só tenho a tinta que está na caneta, porque o restinho que havia no tinteiro derramou, e não tenho uma só folha de papel para escrever. Só posso tirar folhas deste caderno, que é também curto, mas farei isso. Aceite como um adiantamento. Depois, você terá o restante, não precisará mais que juntar o que eu disjuntar. Mas precisarei de uma delas para o Miranda e de outra para João escrever à senhora dele.

Segunda expedição – Morocore

Inspetor Miranda,

Acabo de saber que você interferiu desastradamente na viagem que mandei fazer a Viseu, dando ordem para que a embarcação voltasse dois dias depois de chegar àquela cidade, quando – segundo minhas intenções – deveria aguardar até as ordens do chefe da Inspetoria.

Não sei qual foi o seu propósito. Se foi o de opor obstáculos ao meu trabalho, você o atingiu plenamente, porque causou um atraso que vem perturbar os meus planos e os do SPI.

Nem meramente um conflito de autoridade você pode alegar para desculpar-se de semelhante ação, porque a ordem para a embarcação descer partiu de quem de direito – o encarregado do posto, João Carvalho – já que eu não podia adivinhar que você estava aí no posto e até devia presumir o contrário, pois, embora inspetor da região, você só apareceu aí em fevereiro, numa visita rápida.

É quase incrível que a circunstância de eu me encontrar há quatro meses na mata, trabalhando sob toda a sorte de desconforto – na região que você devia conhecer como inspetor, mas nunca tem a coragem e o zelo de visitar –, é inacreditável, repito, que mesmo nessas condições você tenha tido o desplante de dar tal ordem. Vejo, mais uma vez, que têm razão os que o consideram, sobretudo, como um mau colega. Não é à toa que você se indispôs com todos os funcionários da I. R. e infernizou a vida de todos os servidores da região, seus subordinados.

Por todas essas razões, julgo útil apelar, mais uma vez, para sua suposta boa vontade. A mais disso, lhe comunico oficialmente que:

1. Para o prosseguimento de meus trabalhos é indispensável que você faça descer, com *toda a urgência,* uma embarcação até Viseu, a fim de apanhar ali as encomendas que o chefe da inspetoria me deverá remeter.

2. Assim que venham as referidas encomendas, a embarcação deverá rumar, sem demora, para o posto.

3. Acresce, ainda, que tenho ordens do diretor do SPI para regressar ao Rio em meados de novembro, a fim de substituí-lo, no correr do mês de dezembro, quando ele deverá ausentar-se do Rio.

4. Quero que compreenda, sem sombra de dúvidas, a urgência desta viagem. Dela depende o meu regresso – ou seja, o cumprimento da ordem da diretoria –, já que só poderei voltar depois de saldar os compromissos que assumi com os índios.

5. Remeto junto uma correspondência que deverá ser entregue em mãos a Leudi Carvalho, para que faça chegar à minha senhora, no Rio.

Sem mais, subscrevo-me,

DR – Etnólogo do SPI

# Chico

Chico está no meio da casa, conversando com os índios. Grita mais que um surdo para se fazer entender. Os índios não pescam nada, mas se divertem muito com sua voz, gritada com todos os tons possíveis, e com sua pantomima. Agora, conta que um velho capitão kaapor, major não sei de que, o fez capitão, capitão Pihúna. De vez em quando, solta um de seus ditos:

— Ah! Essa rapaziada não sabe. Conheço vocês mais que vocês mesmos. Menino novo não sabe.

Sua preocupação, hoje, é encontrar índios de cabelo crespo. Tanurú (Passarinho), meu contador de histórias, mostra sua cabeleira vasta, encaracolada. Chico, cheio de entusiasmo, descobre sua própria cabeça, mostra a carapinha e vai pegar no cabelo do rapaz, dizendo:

— Nós mocoñe (dois, duplos). Nós *pirã*. Vocês *pirã*, seu avô, ah! meu avô, ah! Irmãos.

E se volta para mim:

— Vou ter muito que contar pros povos do Maranhão! Pensa que nossos parentes acabaram? Os de Limoeiro estão lá, são caboclos. Preto velho largou mulato por aí tudo.

Depois, contou uma história que teria ouvido de velhos do Gurupi:

— Por aqui tinha quilombo grande: Limoeiro, Urubu. Os camaradas também estavam lá. Eram todos amigos. Depois é que brigaram. Foi assim: as moradas estavam perto, camarada gritava de uma, preto respondia de outra. Os meninos só brincando perto. Aí deu a briga. Um negro velho caçou veado e levou para casa. Deixou lá. A meninada arrodeou. Começaram a brincar, os pretinhos pegaram o sangue do veado e passaram no corpo do camaradinha que estava brincando com eles. O menino foi embora, o pai dele viu e já disse: "Pihúna quer brigar". Porque tudo para eles é guerra. Assim começou a guerra. Preto tinha que deixar a terra para eles.

No momento, está dizendo aos índios, com um entusiasmo todo dele, que eles também são maranhenses. Aponta-os, um por um, depois a si próprio e diz:

— Maranhense também. Preto é só no Maranhão e na Bahia, dom Pedro soltou os bandos nesses lugares. Agora está cheio. Índio também. Mas índio já estava aqui. Nós somos é estrangeiros, somos africanos, da terra dos italianos.

Faz uma confusão incrível, o pobre Chico. Mas está contente, tem com quem falar, embora ou talvez porque os índios não o entendam nem lhe respondam. Só riem. Riem muito.

O Chico de que eles gostam mais é o cantor, que desfila para eles os cantos de Boi-Bumbá do Maranhão. Ano passado, tocava no tamborim dos índios. Agora, tem um pandeiro que mandou comprar em Belém. Custou-lhe cem cruzeiros, uma fortuna em sua vida pobre. Mas, como dizem, mais vale um gosto que seis vinténs. Pois Chico já compôs até uma toada sobre seu instrumento, que lhe custou o suor da

Segunda expedição - Morocore

cara velha e sofrida, e é feliz com ele como se fosse mulher nova. Começa falando do posto, do trabalho que lhe está dando a cobertura da casinha. Mas vamos à toada:

> Povo de fora
> Venha ver
> A beleza do Canindé
> Nós tâmo trabaiâno
> Pra cobrir a casinha
> Com telha de alumínio
> Só não se cobre
> Só se Deus não quiser.

> João Borges taí
> Mora no cuminhera
> Mas eu não tenho medo
> Meu pandeiro é bom
> E custou o meu dinheiro

O forte de Chico, porém, não é a veia de compositor, mas de cantor de toadas alheias. Tenho duas aqui. Uma de Geraldo, cantor de boi do Guimarães. É a voz política dos folguedos maranhenses.

> Os homens do Congresso
> É só quem tem regalia
> Anda com a lei na mão
> Ganhando bom dinheiro por dia

> Se eu tivesse
> Uns iguais a mim
> Eu fazia uma greve
> Acabava com a lei

> Vida boa assim
> Branco rico gosta
> Butina de verniz
> Paletó nas costa

> Ainda tem muita gente} (*bis*)
> Que gosta de vê}

E mais uma, esta de Alcide, diz ele, o mais célebre cantor de bois do Maranhão, conhecido em todo o Norte e cujos cantos correm mundo.

Diários índios

Esse povo lavradô
Tão fazêno oposição
Foi um engano de carta
Que se deu no Maranhão.
Rapaziada
Vamo deixá de ser tolo
A vida do branco
É na pena e no tinteiro
Ele junta na carta:
Seu gênero não tava bom
Por isso não deu dinheiro

Quem nos engana
São os homem do Tesouro
Quando eu digo
É porque reconheço
Os gênero que nós mandamos
Para eles não têm preço
Quando pobre pega a carta
Bate o pé, ranca o cabelo:
Meu gênero não deu nada
Mas eu tô pagâno selo.

Mas Chico não é só cantador de toadas. É o curandeiro mais conceituado do Gurupi. Sua ciência de ervas e outros ingredientes tem salvo muita gente, desde encarregados de posto, que entram no seu chá de baratas quando têm cólicas, até os índios que têm nele o principal consolo para seus padecimentos.

Cada índio que adoece numa aldeia próxima ao posto é logo levado ao Chico. Quando o caso é mais grave e geral, pedem socorro no Canindé e lá vai Chico para a aldeia. Fica uma, duas e mais semanas curando toda a aldeia. Não deixa piolhos nem aranhas. Cura tudo antes de voltar.

Conta que às vezes entra na roça ou na mata serrando tábuas. Quando chega o índio, larga o serviço ali mesmo. Pede a alguém que saiba a língua dos índios para indagar dos sintomas do cliente. Dá uma volta pelo mato, procurando folhas, raízes, ervas medicinais e toca para a aldeia. Gosta do serviço de enfermeiro, não há dúvida. Tem toda a aldeia para servi-lo quando lá se instala: quanta carne de caça e peixe, todas as frutas e mingaus que possa suportar. Além disso, se diverte, divertindo os índios também com seus ditos e com seus cantos.

— Eu estou lá no eito e chega um com doente, carregado no jamaxim. A mãe, dando comida na hora. Eu toco remédio, cai na barriga e vai melhorando, com pouco anda, tá querendo beber chibé, tomar banho. Mando embora. Doença que mais persegue eles é catarro. Mas faço um lambedor e ponho o bicho bom. Sofrem também

Segunda expedição - Morocore

de cansaço. Acho que é impaludismo. Não dá febre, é só cansaço. E de feridas, *tapuru* (bicheira), como eles chamam. É cada tumor nas virilhas que parece íngua, mas não é. Também ferida deles é fácil de sarar e não fede como as da gente. Espremem a matéria e, com três dias, já está andando.

Veja os remédios que Chico mais usa e em que põe toda a sua fé:

• Cansaço – chá de raiz de camapu. Se o baço está duro, põe um emplasto de leite de apuí.
• Catarro – lambedor de limão, gengibre, mastruço, hortelã de folha grossa e feito com açúcar ou caldo de cana engrossado. Às vezes mistura todos esses ingredientes.
• Febre – chá de coco verde com folha de goiabarana.
• Tumor – emplasto de sabão com fel de paca.
• Perebas – lava com infusão de casca de andiroba, depois aplica o pó da casca, seca ao sol e raspa.
• Feridas na cabeça – muito comum nas crianças e nos adultos porque não usam chapéu. Lava com uma infusão de arruda ou casca de andiroba ou ambos.
• Fastio – chá de pega-pinto com capim-limão.
• Menstruação excessiva – comum, porque as mulheres trabalham muito com mandioca: chá de arruda.
• Carbumado no seio – caroço que cresce ao lado do seio. Sumo de arruda, mastruço, bebe e aplica.
• Escroto inchado – os homens têm muito porque andam com o pau amarrado: emplasto de apuí.
• Cãimbra – infusão de casca de andiroba, socada com cipó *mucá* ou *pucá* e tabaco.
• Beribéri – pernas trôpegas. Fricção na cabeça de folhas de algodão ou cachaça com querosene.
• Baço inchado – gosta de frio. Emplasto de apuí durante três dias, depois emplasto de leite de jaca, ambos misturados com querosene ou álcool.
• Terçol – lavar em água com limão.
• Dor de cabeça – emplasto de óleo de carrapato (mamona), com borra de café. Aplica na testa.

# Xiwarakú

**26/out./1951** – Acabo de mandar uma carta a você, Berta. Emiliano chegará com ela amanhã no Canindé. Dentro de uns quinze dias, estará em suas mãos. Se é que chega.

Já falei da viagem para cá. Foi penosa, andamos por terrenos mais ondulados, cobertos da mesma mata pobre, durante oito horas e meia, sem contar as paradas. Os estirões pedregosos, cobertos de uma espessa camada de limo e folhas, foram o pior e me valeram alguns tombos feios. Viemos passando pelos baixios e poços para os índios matarem alguns peixes com o timbó que trouxeram. Há sempre muitas paradas assim, que atrasam as marchas. Mas são inevitáveis. Nossa coluna engrossou demais. Já somos vinte pessoas, homens, mulheres e crianças. E é preciso arranjar comida para todas essas bocas.

Veja o pessoalão que me acompanha: Ay e marido, os mais velhos companheiros, vêm da primeira aldeia que visitamos. Tanurú (Passarinho), o meu contador de histórias, e sua mulher, que trouxemos da aldeia do Irakatú. Mandueki e mulher, que nos acompanham desde o Xapy. Iapú e sua mulher, que se engajaram na aldeia do Cipó. Curioso é que, tendo duas mulheres, ele trouxe uma só, que aliás é mais bonita, embora seja mais velha. Da mesma aldeia veio um outro homem com a mulher e três filhos. Este trazendo um patuá que eu desejei trocar. Há, ainda, uma velha, mulher do capitão Cipó, que deseja uma saia azul. Um casal jovem, que não sei a que viria, sem dúvida na esperança de que sobre alguma coisa para eles. Será, também, vontade de pasmar. Para completar a conta, um mudo; além do Chico, do João e deste seu marido.

Esse agrupamento em massa se deve a que até a penúltima aldeia estávamos nos afastando do posto. De lá, começamos a caminhar no rumo dele. É sobretudo, também, porque essa gente já plantou roça nova e não tem muito o que fazer em casa nessa quadra do ano. Muitos mais desejaram nos seguir quando passamos por suas aldeias, mas desistiram porque teriam de dar uma volta longa demais para alcançar o posto e porque ainda estavam trabalhando nos roçados.

As andanças dos últimos dias me fizeram atrasar o registro das lendas que tenho ouvido. São três que devo anotar aqui, hoje. Algumas são notáveis e nos permitirão compreender melhor estes Kaapor. É incrível como as lendas exprimem a vida e os problemas dos índios. O fato de versarem sobre animais não consegue transformá-las em explanações sobre hábitos de bichos. São os homens que pulsam nessas histórias, expressando através de alegorias suas ações e os problemas que preocupam os índios. Não explicam nada, creio eu, mas se impregnam da cultura deles e de seus hábitos, expressando sua visão do mundo. Vamos a elas.

## Arapuhá-ramúi
*(O Avô do Veado-Vermelho)*

Um Kaapor foi procurar jabuti. Saiu por ali, andando, andou bastante. Aí viu um veado. Mas antes que pudesse pegar o arco, o veado partiu de lá e veio correndo pra cima dele, derrubou-o no chão e cortou todo o corpo dele, o peito, os braços, as costas. O homem ficou ali, gemendo, todo cortado. O veado foi embora. Não era veado, era gente.

Aquele homem foi se arrastando como pôde para casa. Quando chegou, a mulher assustou-se. Viu os ossos dos braços dele aparecendo, as tripas para fora, derramando sangue pelo corpo inteiro.

— Que foi isto?
— Foi veado que me cortou.

O homem ficou ali, na rede, rodeado de sangue, daí uns dias morreu.

Passado algum tempo, saiu outro homem para caçar. Andou, andou e encontrou aquele veado. O veado partiu para cima dele e, antes que o homem pudesse pegar as flechas, estava todo cortado. Ficou lá, morto.

Passou tempo, passou tempo. Aí foram três homens caçar. Entraram no mato, andaram bastante e, lá adiante, se apartaram. Cada um foi para um lado. Logo ouviram um companheiro gritando, o veado já tinha atacado. Correram lá e ainda viram: o homem gritando e o veado em cima dele, que perfurava e cortava com as patas. Quanto mais gritava, mais o veado furava. Quando chegaram lá, o veado já tinha ido embora e o homem estava morto.

Antigamente, veado era gente, era bravo, matava gente.

Maíra, depois, fez como está agora, para os Kaapor poderem caçar. Maíra foi caçar e aquele veado avançou nele também. Mas Maíra é ligeiro, fez o veado como está agora. Tirou os dentes de cima, só deixou os de baixo e os molares, cortou as pernas e botou uns paus secos no lugar, para não matar mais gente. Por isso, veado, agora, é assim.

E Maíra ensinou aos Kaapor como deviam carnear o veado. Nós fazemos como Maíra fez, não cortamos a barriga do macho pelo meio. Primeiro, tiramos toda a carne da barriga, junta, depois tiramos os quartos, os braços com as costelas e cortamos o pescoço com a cabeça. E só cozinhamos os braços e as pernas.

Quando a gente está sozinho no mato e caça um veado-vermelho, sempre cozinha um pouquinho, tem que cozinhar. O resto moqueia, não pode assar nada. Quando é perto da aldeia, leva para lá, mas não entra com ele na clareira, carneia no igarapé e já carrega os pedaços, um para cada morador cozinhar. Depois, moqueia a carne da barriga, o espinhaço, a cabeça com o pescoço. E, no outro dia, quando o sol vai saindo, parte o moqueado e dá um pouco para cada morador. Veado-branco pode entrar na aldeia e pode pelar, não faz mal.

## Auxí-ramúi
*(O Avô dos Jabutis)*

Jabuti também, antigamente, tinha pernas compridas e corria como gente. Era difícil pegar um.

Saíram uns homens para virar jabuti numa tatajubeira que estava dando frutas. Os jabutis estavam lá debaixo, comendo, mas as pernas deles eram compridas, para correr muito, e a cabeça era de tatu.

Cada homem levava suas flechas. De longe, viram os jabutis, rodearam a tatajubeira e foram chegando mais perto. Aí os jabutis viram os caçadores e abriram a correr, cada um para um lado. Os homens saíram atrás. Flechavam um jabuti, depois enfiavam um pau por baixo e viravam, amarravam e deixavam lá.

Cada homem correu atrás de um jabuti. Um bastava, os jabutis naquele tempo eram grandes e ninguém aguentava carregar mais de um.

Um dia, um rapazinho, novo ainda, disse assim:

— Eu vou virar jabuti.

Naquele tempo, diziam "virar" porque era difícil amansar um jabuti. Agora, nós dizemos pegar.

Foi embora aquele rapazinho. Quando chegou lá na tatajubeira, não sabia nada e foi andando para cima dos jabutis. Eles viram o rapaz e abriram, correndo cada um para um lado. O rapazinho saiu atrás, perseguindo um, depois outro. Aí veio um jabuti naquele carreirão e bateu com o casco na canela dele. O rapaz caiu e o jabuti passou por cima. Ele ficou lá, gritando:

— Eh! jabuti quebrou minha perna.

Aí veio o pai dele, pôs num jamaxim e levou para casa. Ficou quatro dias lá, gritando que jabuti tinha cortado as pernas dele. No quinto dia morreu. Naquele tempo, jabuti era assim. Comia muito e tinha cabeça de tatu. Tatu não corria e tinha cabeça de jabuti. Maíra soube do que aconteceu no menino e disse:

— Bom, agora vou virar jabuti.

Foi lá na tatajubeira. Quando chegou, os jabutis abriram na carreira. Ele gritou:

— Pare aí, jabuti.

Eles pararam. Maíra pegou um por um e os fez ficarem pequenos como agora. O tatu estava ali junto, comendo fruta de tatajubeira, com cabeça de jabuti. Maíra pegou, arrancou a cabeça dele, depois arrancou a cabeça do jabuti e trocou. Pôs a cabeça do tatu no jabuti e a do jabuti no tatu. Aí falou:

— Agora você ficou assim. Você, que tem casco duro que pode cortar, não vai correr mais, nem vai ter ouvido para escutar.

E disse para os tatus:

— E vocês, de casco mais mole, podem correr bastante.

Aí Maíra bateu palmas e o tatu saiu correndo, *cru, cru, cru*.

Segunda expedição - Xiwarakú

Depois, um homem saiu para virar jabuti. Chegou com todo cuidado para não fazer barulho, mas os jabutis não correram. Estavam menores, mas era só abaixar para pegar um. Ele disse:

— Bom, assim que é bom.

Antigamente era assim.

## Kuiú-maié

Um Kaapor plantou melancias. Quando estavam maduras, veio uma moça e comeu sem licença do dono. Aquela moça ainda estava com a cabeça pelada, porque não fazia muitos dias que tinha menstruado pela primeira vez.

A moça comeu a melancia e ficou logo buchuda. Kuiú-maié fez filho nela. Passou tempo, a barriga da moça estava crescendo. A mãe perguntou se era menino, ela disse:

— Não. Não é filho, não.

Aquela moça saiu por ali, sozinha, atrás de *katãi* (castanha). Chegou debaixo da árvore e abaixou. O filho saiu logo da barriga dela e subiu na castanheira, jogou três castanhas para a mãe dele. Depois, desceu e tornou a entrar na barriga dela. Para aquela moça era um menino, mas para outra pessoa era uma cobra. Esta jiboia.

A moça encheu o jamaxim de castanha e foi embora. No caminho encontrou com a mãe, que perguntou:

— Quem lhe deu tanta castanha?

A moça brincou (disse *musarai*, brincar, e não *moêm*, mentir) com a velha:

— Foi a arara-vermelha e o macaco. Derrubaram e eu juntei.

No outro dia, a moça foi novamente atrás de castanha, mas o irmão dela, que estava desconfiado, foi atrás ver quem estava dando tanta castanha.

A moça chegou debaixo da castanheira, abaixou, e o filho saiu logo e foi subindo na árvore. Lá de cima, ele conversava com a mãe. Ela disse:

— Joga esta aí.

E ele pegava aquela.

— Joga esta outra aqui.

O menino jogava a outra.

O irmão da moça estava lá, vendo tudo. Mas ele não via menino nenhum. Via uma jiboia em cima da árvore, jogando as castanhas. A ponta do rabo da jiboia não tinha saído. Estava dentro do *trapiá* da irmã dele.

O rapaz voltou logo para casa e contou tudo que viu à mãe e aos outros moradores da aldeia. De tarde, a moça voltou com o jamaxim carregado de castanhas.

Passaram três dias, aí a moça saiu outra vez atrás de castanha. O irmão foi atrás, dessa vez para cortar a cobra. A irmã chegou e abaixou debaixo da castanheira. A jiboia saiu, a barriga dela já estava tão grande que ela quase não podia abaixar. Parecia uma anta.

Diários índios

O irmão foi chegando por trás, sem a moça ver, e quando a cobra já tinha saído quase toda ele baixou o terçado, cortou de um golpe só. Mas a ponta que tinha ficado dentro da moça entrou mais. A outra subiu a castanheira e explodiu lá em cima, *pic*.

Aí começou uma ventania louca. Derrubou todas as castanheiras, todas as árvores numa área enorme. Suspendia as casas e as árvores e jogava como daqui lá no Canindé (vinte léguas). Os homens abraçavam as árvores, mas o vento carregava tudo e jogava longe.

A mãe da moça ficou chorando. O irmão tinha visto quando o vento levou a irmã para cima. Quatro dias depois, ela saiu procurando o cadáver da filha, que já devia estar podre, jogado por ali. Mas não encontrou nada, só o descampado enorme de onde o vento tinha arrancado as árvores.

Quando aquele roçado ficou bem seco, Kuiú-maié jogou fogo lá de cima e queimou tudo. Passaram-se dez dias, aí ele desceu com a moça. Plantaram mandioca, *maniaká*, macaxeira, milho, melancia, cará, batatas, bananas, ananás, encheram a roça. O milho cresceu depressa e botou espiga, as melancias também cresceram e amadureceram logo, a mandioca, o cará e as batatas botaram raízes. Um dia, o irmão passou por ali e viu o roçado crescido, cheio de tudo que se planta.

Aí Kuiú-maié desceu novamente com a mulher e a filha. O pedaço da jiboia que tinha entrado na mulher virou uma menina, que nasceu e já estava bonitinha ali. A moça ralou muita mandioca e encheu dois camucins grandes. Kuiú-maié fez uma casa grande para festa.

Passaram-se dez dias mais, aí Kuiú-maié desceu de novo, quebrou os beijus e pôs dentro dos camucins. O irmão tinha chegado ali para ver a moça e ficou apreciando, de longe, o trabalho deles. A moça estava lá, sentada, rodeada de tudo que era raiz, *maniaká*, mandioca, macaxeira, batata, cará. Viu o irmão e disse:

— Olha, daqui a quatro dias o cauim está bom, chama minha gente. Venham todos beber.

Daí a quatro dias, todos foram para lá. A mãe da moça também foi olhar. Encontrou a filha e a neta toda bonita, já crescidinha. O irmão ficou de longe, a moça mandava a filha levar cauim e beiju para ele lá no mato. Estava com vergonha de chegar.

Quando anoiteceu, Kuiú-maié chegou e falou debaixo da rede:

— *Iãun-Kiãun*.

Ninguém entendeu nada, mas todos responderam.

— Viemos. Viemos em sua festa.

Mói-apíri (ponta da cobra), a menina, já estava grandinha assim (quatro anos). Todos estavam comendo e bebendo. Tinha muito beiju, *maniaká*, mingau e muito cauim.

A moça conversava com o pessoal dela, mas o marido só dizia:

— *Iãun-Kiãun*.

Ela entendia bem aquela língua dele e ia dizendo o que ele falava para a gente dela entender. Era como este seu *papé-pinima* (meu diário), como ele fala pra você e nós não entendemos nada. Assim era Kuiú-maié. Depois, a moça disse para o irmão:

— Vocês venham aqui, acabar com esta roça. Nós vamos embora daqui a quatro dias e não voltamos mais.

Era roça grande e tinha de tudo. Plantaram também jerimum, cabaça, fava, feijão, amendoim. O milho já estava seco, só servia para a criação.

Com cinco dias, a mãe da moça foi lá e só encontrou a roça. A casa, com os camucins e tudo que estava dentro, tinha subido para cima. Ficaram com a plantação. A velha tomou muito *maniaká*. Comeu muita farinha. Comeu muito cará, muita batata e ainda guardou farinha daquela roça.

Antes, os Kaapor não sabiam fazer cauim de mandioca. Aí é que aprenderam. As outras coisas todas eles já conheciam, já plantavam tudo que estava lá na roça.

**27/out./51** – 29 anos. Tudo bem, tudo igual. Só eu, segundo uma abstração cronológica, ontem fiquei mais velho. Ou seja, me aproximei mais da morte. Que morte que nada, morte é a da velha índia mumificada.

Quando vínhamos para cá, passamos por uma velha capoeira que os índios anunciavam desde há léguas de distância. Lá está, insepulta, a caveira de uma velha. Fui ver, a pobre morreu ali, sozinha, durante a epidemia de sarampo. Saíra da aldeia de Piahú já doente, com seu genro. Conseguiu andar até ali, não pôde ir adiante e o companheiro de viagem, também muito doente, teve de abandoná-la, para não morrer, ele também, à míngua. Como não tinha forças para carregá-la, armou um tapiri, pôs a mulher dentro, com uma cuia d'água e um punhado de farinha ao lado.

A morte não deve ter tardado, e já estava tão descarnada que o cadáver nem deu para atrair urubus e outros carniceiros da mata. Encontramos a ossada ainda articulada, na posição em que a velha morreu. Só modificada porque a rede caiu de podre e as chuvas levantaram alguma terra em torno dos ossos. O crânio se transformara em formigueiro e, em vez de miolos, tinha esta terra que formigas juntam. Ao longo dos ossos e nas cavidades, como os ombros, ainda se viam restos de nervos, entrelaçados como raízes, que fizeram João dizer que já estavam virando plantas.

Os índios olharam de longe, achando que, depois de tanto tempo, não valia a pena enterrar a caveira. Eu não fui da mesma opinião. Matei, primeiro, minha curiosidade, revolvendo os ossos e olhando um por um. Depois, fiz um buraco de um palmo com a faca e plantei a cabeça ali. Quem sabe dela não nascerá a árvore de que falou João?

Diários índios

# Adultério

Falamos de tempo e de morte. Agora, falemos de amor. Amor carnal, de gente jovem e bem viva. Ontem de madrugada o João acompanhou uma longa conversa do Mandueki com um morador daqui. Foi um relatório completo da viagem. Calcularam a quantidade de miçangas que já dei, me chamaram novamente *puir-iár* (o Dono das Miçangas). Recitaram um por um os nomes de todas as pessoas que ganharam facas, terçados e tudo mais que tenho dado. Depois, chegaram à aldeia do Xapy e começaram a falar mal da gente de lá.

    É admirável o controle que essa gente tem sobre mim. Sabem cada passo que dou, quanto tempo demorei em cada viagem, em cada aldeia, que coisas dei e, sobretudo, o que prometi. Qualquer deslize de conduta meu seria registrado, difundido e comentado no entendimento recíproco que os faria coniventes comigo. Sobre o povo de Xapy, se estenderam longamente.

    A mulher de Coraí-uhú, filho de Xapy, menina ainda, que aliás é sua prima cruzada, seria uma devassa. Não quer ter relações com o marido. Morde-o todo cada vez que tenta possuí-la. Faz um escândalo danado quando, à noite, ele procura passar para a rede dela; já que, para a dele, a menina não vai mesmo. Mas aí vem devassidão: tem relação é com Tomé, um rapaz da aldeia vizinha, sempre que pode, e gosta muito. Não quer saber é do marido.

    Preveem que Tomé morrerá em breve, porque, além dessa menina, ele tem relações com muitas outras mulheres que citaram. E, como uma delas acabará por engravidar, ele morrerá por não cumprir os preceitos da *couvade*. Falaram, depois, de outros casos de infidelidade conjugal entre jovens, terminando sempre pelo prognóstico de que morreriam os rapazes envolvidos nessas aventuras. Essa maledicência, com que se deliciam, de que temos falado mas não comprovado, tem seu fulcro nos riscos de descumprir a *couvade*. Funciona como tela retentora da devassidão. Sem ela, estariam todos sururucando, rompendo os preceitos e tabus, o que seria um desastre, os desfaria como povo, inexoravelmente.

    É interessante que, quando saímos da aldeia de Xapy, Coraí-uhú veio conosco e quis trazer a mulher consigo, mas ela abraçou-se com o pai, tanto chorou e gritou para não vir que ele teve de deixá-la. João e eu não compreendemos o choro. Imaginamos que a menina quisesse vir e o marido não deixasse. Falamos com ele que era melhor trazê-la. Agora é que entendemos a história: ela queria ficar lá.

    Esse Tomé é o mesmo que andava naquele namoro com Sipó-putire quando passamos por sua casa. Existiam relativamente poucos pares adúlteros antes nas aldeias. A maioria dos homens é refreada por um sério acasalamento que os impede de fazer conquistas e, sobretudo, pelos freios morais e o temor de morrerem. Tomé não tem outra saída para satisfazer suas necessidades sexuais, porque não há mulheres com quem se possa casar, ou seja, não tem nenhuma parenta que possa pedir para esposa.

    Ontem, à noite, ouvi duas novas historietas. Uma sobre os antepassados dos Kaapor, com feição de história recordada que vai se transformando em lenda. A

Segunda expedição – Xiwarakú

outra, uma alegoria que explica por que eles não comem cobra. Você há de dizer: Mas que é isso? É preciso explicar coisa tão trivial e sensata? Mas é, algumas cobras têm excelente carne e esta contingência exige uma explicação.

## Uruãtã

Os Tapô-on são nossos *ianam* (irmãos, iguais). Eles moravam no Tocantins, quando chegaram os Karadjá-pitang. Então, subiram para as cabeceiras e foram fazer roça lá.

Um dia, um Tapô-on chamado Uruãtã, o mesmo nome do líder da migração do Capim para o Gurupi, voltou para ver aquela capoeira, foi sozinho. As casas estavam todas ocupadas pelos Karadjá-pitang. Eles tinham feito muitas casas novas. Todas estavam cheias de gente.

Quando Tapô-on chegou, eles estavam fazendo festa, bebendo cauim de banana. A casa grande estava cheia de gente, todos bêbados. Só quatro tuxauas, sentados nas redes com capacetes de maracajá, estavam duros (sóbrios). Os Karadjá-pitang viram aquele Tapô-on e avançaram para matar. Mas os tuxauas não deixaram. Mandaram trazer. Disseram que ele era bom e o convidaram para beber cauim de banana com eles.

O Tapô-on foi beber. Ele era forte, podia beber muito e não ficava tonto. Deram duas cuias grandes de cauim e ele bebeu. Ficou ali, dançando e bebendo com dois Karadjá-pitang que não estavam bêbados. O Tapô-on via bem que os dois homens tinham escondido os *tamarãs* no meio do maço de flechas com que dançavam. Mas ele também estava com o *tamarã* ali no meio das flechas.

O Tapô-on bebia e não ficava tonto, só dançando. Os Karadjá-pitang começaram a falar, a falar muito. Ficaram bravos. Aí um daqueles dois homens tirou o *tamarã* e desceu na cabeça do Tapô-on, mas ele desviou a tempo. A paulada só passou pela cabeleira. O outro Karadjá-pitang tirou o *tamarã* e avançou, desceu na cabeça do Tapô-on, mas ele pulou para um lado e desviou-se do golpe. Aí ele correu, saltou e ficou lá na cabeça da casa, tirou o *tamarã* dele, pulou no chão e já partiu a cabeça de um. Depois, tornou a saltar lá nas traves da casa.

Aí aquela gente toda dentro da casa começou a gritar. O Tapô-on pegou a buzina de bambu e soprou. Começaram a jogar flechas. Ele saltou no chão e matou mais um com o *tamarã*. Subiu novamente e, lá em cima, não parava. Ficava só saltando de um lado para outro, desviando-se das flechas que choviam nele.

O Tapô-on saltou no chão e matou mais um. Tornou a ir lá para cima. Depois, pulou outra vez, quebrou a cabeça de mais um e correu. Ganhou o mato. Adiante, encontrou a mãe dele com três irmãos. Gritou:

— Vamos embora, matei quatro. Eles vêm aí atrás.

Os Karadjá-pitang vinham atrás, caçando o Tapô-on. Bateram aquele mato todo, mas não encontraram. Tapô-on foi embora. Andou com a mãe e os irmãos dele até as cabeceiras do Tocantins, onde estava sua gente.

Depois, aquele Tapô-on juntou a gente dele e mudou-se para ficar longe dos Karadjá-pitang. Foi morar no Guamá. Estes é que são os nossos avós. Do Guamá vieram andando até aqui. Alguma gente de Tapô-on ficou lá para o Tocantins. Não se soube mais notícia deles.

Os Karadjá-pitang são *auãqüara* (antropófagos). São homens altos, fortes, com a pele vermelha como urucum. Usam o membro amarrado e as orelhas furadas para carregar uns brincos muito grandes.

Foi com estes Karadjá-pitang que nossos avós aprenderam a fazer cauim de banana. Antes não sabiam.

### Por que não comemos cobra

Antigamente nossos avós comiam cobra. Depois, deixaram de comer, porque uma cobra comeu um homem. Ele foi caçar com o irmão. Adiante, se afastou um pouco para fazer um apero. O irmão estava ali perto, ouvindo o sopro (assovio) dele. Ficou lá, agachado, trançando o apero com palha de bacaba. Aí ele olhou e achou esquisito um pau grosso que estava ali junto e ele já tinha visto. Conheceu que era uma cobra em pé, mas não pôde fazer nada. A cobra saltou e o matou. Depois, encolheu-se e ficou bem pequena e grossa, para engolir o homem.

O irmão, não ouvindo mais o sopro, foi ver o que aconteceu. Andou para aquele lado de onde vinha o barulho. Nada, o irmão não estava lá. Aí ele olhou mais e viu a cobra com a boca aberta, engolindo o irmão. Os pés dele ainda estavam de fora. Aquele homem pegou o terçado e cortou a cabeça da cobra. Ela vomitou o irmão dele inteiro, como tinha engolido, mas já estava morto.

Aquele homem voltou para casa e contou a todos o que viu, como o irmão morreu. Desde então, nossos avós não comeram mais cobra. E nós também não comemos.

# Mapa

Estive, agora, dando uma boa olhada no mapa que você me mandou. Bem sei que é o melhor, mas não vale nada. Está todo errado. Chega até a atribuir a um rio o curso superior do outro, como no caso do Jararaca, que o cartógrafo achou grande demais para um só e dividiu em dois.

Mas tem a utilidade de mostrar ao menos alguns pontos com a localização precisa. O que me permitiu pôr em números o sentimento dos quilômetros andados por estas minhas pernas. Cerca de oitocentos, minha querida. Sim, oitocentos quilômetros, me carregando através destas matas. Ainda bem que sou magro, senão me cansaria só de pensar na trabalheira que tive.

Vou fazer um esquema ali adiante para lhe dar o roteiro da viagem. Se você quiser me procurar um dia por aqui, é só guiar-se por ele que logo, logo se perderá.

Segunda expedição – Xiwarakú

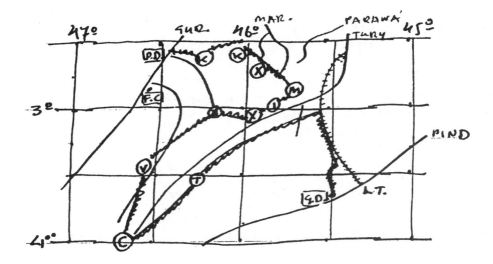

Vejo que você, embora geógrafa, ou por isso mesmo, não vai entender nada. Mas console-se comigo, que sofri mais, pois não só olhei no mapa. Andei por aí tudo, quase sempre sem saber onde estava.

## Festa

**28/out./51** – Ontem foi noite de festa. Bebeu-se *mandikuera*, cantou-se e dançou-se até depois da meia-noite. Noite sem lua, à luz de algumas tochas de resina e de minha lamparina de querosene. Isso deu mais beleza às danças, sobretudo a das mulheres. Numa delas (Arara-grande), começaram a cantar sentadas, ao redor do fogo. Depois, à medida que o canto ia se elevando, elas primeiro marcavam o ritmo, embalando-se para um lado e para o outro; depois, levantavam-se e, de mãos dadas, dançavam, cantando alto. Como dançavam diante de uma tocha muito clara, a sombra das dançarinas desenhava-se nítida no chão, dançando com elas ao ritmo do canto e das oscilações da tocha, lambida pelo vento.

A outra mulher do capitão Cipó, que nos acompanha, tem uma voz soturna, muito bonita. Tem cantado muito durante a viagem. Acorda às vezes no meio da noite e se põe a entoar litanias por horas a fio. Disseram que são cantos de capitão, diferentes dos comuns de pajelança. Só ela e uns poucos velhos conhecem. O certo é que todos a escutam atentos.

Verifiquei aqui que estes meus Kaapor têm repertórios especiais de cada região. Assim, meus companheiros de viagem do Tury não conhecem certos cantos da gente daqui e vice-versa. E nenhum deles conhece os do Parawá. Isso mostra que continuam ativos os seus compositores, criando novos cantos que só aos poucos vão se divulgando e só chegam aos grupos mais longínquos os raros que empolgam sua fantasia. Os demais se perdem, esquecidos.

Com uma trupe assim, não será difícil fazer uma boa série de gravações. Vou, por enquanto, ouvindo-os e selecionando os cantores e os cantos que gravarei. No meio de tanta alegria, não se podia pedir que parassem para me contar histórias. Por isso, você não terá hoje novas lendas para ler.

## Casamentos

Agora, vou fazer o recenseamento e estudar os parentescos da gente do Xiwarakú. Os diagramas familiares colhidos nas últimas aldeias revelam tipos de casamentos entre parentes que eu não suspeitava e me obrigam a rever, mais uma vez, a terminologia de parentesco para ver se se refletem nela. É o caso, já comentado aliás, do casamento com pessoas às quais se designa pelo mesmo termo que aos genros e noras.

Vejamos alguns desses casamentos. Primeiro, o do capitão Cipó, cuja posição se deve ao casamento, pois não é mais que o sucessor do capitão Uirá, irmão de sua esposa. Ele casou-se com a neta de sua irmã. Sua neta por definição (I). Mas tem outras relações com ela, pois é também neta do irmão de sua mulher (II).

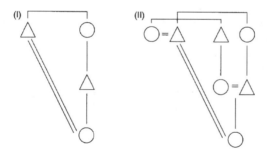

Aqui temos o casamento do homem com a filha do irmão da primeira esposa e o casamento de seu filho com a filha da filha do irmão da mãe (III). Do ponto de vista da mulher, é um casamento com o filho da avó paterna.

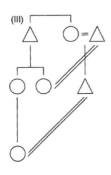

Agora, temos o casamento com a filha da primeira esposa (ou com o marido da mãe) e uma possível retribuição (IV). É o homem que casou-se com mãe e filha e deu sua própria filha em casamento ao irmão da esposa. Trata-se da vinculação de duas famílias em duas gerações, dois irmãos de um *sibling* se casaram com duas mulheres de outro *sibling* e ainda com a filha de uma destas mulheres, cujo irmão casou-se com a filha de um dos referidos irmãos.

Tudo canônico, porque não há união de pessoas que sejam reciprocamente irmãos verdadeiros ou primos paralelos, como dizem os antropólogos.

## O bordão indígena

Na relação de artigos que os índios tiram da mata, ainda temos que falar dos medicamentos, a farmacopeia kaapor. E, entre os animais que caçam, dos pássaros e aves.

A caçada dos pássaros, cujas penas usam na confecção dos adornos, constitui uma atividade constante. Os moradores de cada aldeia estão sempre atentos para as árvores de cujos frutos aqueles pássaros se alimentam, para ver quando começam a frutificar. Então, saem grupos de homens, cada dia, para esperarem os pássaros em muitos arvoredos, nos galhos mais altos. Ocupam-se desse trabalho todos os homens, tanto jovens como velhos, e ele é considerado uma das atividades importantes. Isso mostra bem a importância dos adornos plumários, que não podem dispensar na sua vida cerimonial.

Conheci velhos capitães que costumavam afastar-se de suas aldeias por três, quatro e mais dias com o objetivo de juntar penas para fazer adornos. Assim se vê que a atividade artística é considerada como tão importante quanto as outras, não sofrendo do preconceito com que nossas sociedades discriminam as indústrias consideradas suntuárias. Aqui mesmo conheci um homem de cinquenta anos, aleijado das duas pernas num tombo de uma árvore onde estava esperando *owí-mê-en*. A veemente vontade de beleza desses meus Kaapor, que se manifesta principalmente na arte plumária, resulta dessa valorização da cata de penas raras, convertidas em prática utilíssima.

Relacionamos, a seguir, os principais pássaros cujas penas e plumas são mais procuradas para adorno:

1) *Owí-mê-en* – O macho é azul-claro e tem o papo grená e as pontas das asas e a cauda pretas. A fêmea é parda. Come açaí, *adií-wá, tangaray-taá, maratawá* (pau-amarelo), *tatá-irãniá*. Faz ninho nos galhos mais altos do pau-d'arco. Com as penas azuis os índios fazem brincos, tembetás, placas do colar feminino e passadeiras do colar-flauta. Usam as penas-guias das asas para enfeitar os tembetás. Costumam pregar algumas penas azuis no rosto, sobre o vermelho do urucum.
2) *Ky-ñuã-pitang* – azul-escuro, peito grená. Come o mesmo que *owí-mê-en*, exceto açaí. Faz ninho em árvores altas. Usam a pele das costas inteira, pregada sobre folhas ou penas, como terminal dos colares-flauta, jogadas sobre as costas. O grená, para brincos.
3) *Say-timã-pirang* – azul-escuro, penas amarelas debaixo das asas, ponta das asas e cauda pretas, cabeça com uma coroa azul-claro marcada por uma orla negro-veludo. Come flor de *jutay-rãn*, frutos de *poiãtã-pinim*, flor de *araruá-i*. Faz ninhos em árvores altas. Usam as coroas, pregadas em série (esmalte), para colocar na testa e nas faces e como adorno das penas de arara do colar-flauta; usam também a pele inteira nos terminais do colar-flauta.
4) Nambu-preto – pontas das asas e cauda brancas. O negro do dorso fica vermelho quando as penas são aquecidas junto de uma chama. Come o mesmo que *owí-mê-en*, exceto açaí. Ninhos em árvores altas. Usam as penas, depois de fazê-las vermelhas, para brincos e placas dos colares femininos.
5) Araroirá – pássaro do tamanho de um pombo, vermelho-escuro. Ponta das asas e da cauda preta, bico como do *iapú*, cauda como tucano. Come fruta *kiruhú-á* no inverno e lagartas no verão. Ninhos em árvores altas. Usam as penas para enfeitar os brincos, tembetás e placas do colar feminino e nas flores dos braceletes.
6) *Uirá-pitang* – corpo marrom-escuro, cabeça com penacho vermelho, cauda encarnada. Come açaí, *kiriwá*. Ninhos em árvores altas. Usam o penacho para fazer brincos e as penas caudais para o medalhão do colar feminino.
7) *Iapú* – duas variedades (*tawá* e *pihun*), ambos têm penas caudais amarelas. A plumagem do primeiro é marrom, a do segundo preta. Come principalmente lagartas, também flor de *mûní* e de *ady*, fruta de munha quando verde. Usam as penas caudais para capacetes e braceletes. Às vezes, põem uma só pena no lábio, à moda de tembetá.
8) *Mãnumí-uhú* – grande beija-flor, com duas longas penas negras na cauda (tesouras), que usam para adornar os tembetás.
9) *Pipirimbá* (alma de gato) – escuro, duas penas caudais negras, longas, que usam no tembetá.
10) *Akan-pororoka* – pica-pau. Come lagartas. Pardo, com penacho amarelo-escuro de pontas pretas (e vermelho, na outra variedade). Usam o penacho para adornar o tembetá.

11) *Surukuá* – marrom. Peito amarelo e penas pintadas de preto e branco debaixo das asas e da cauda. Come cupim e lagarta. Ninho em árvores. Usam a pena pintada para adornar o colar-flauta.
12) Ararajuba – arara amarela. Usam suas penas para o cocar, capacetes, pulseiras, cinturões femininos, braceletes ou solitários no lábio.
13) Papagaio – de todas as variedades, provêm penas para a orla maior dos cocares e como penduricalhos dos adornos do *tamarã*.
14) Araras – penas caudais para o tembetá, colar-flauta, penas de cima das asas para cocar, cinturão feminino, braceletes, *pitá* (cinturão masculino), pulseiras.
15) Arirana – variedade de socó, gaivota de água doce. Usam as penas pintadinhas (preto-branco) de sob as asas e a cauda no colar-flauta e como solitário labial.
16) Tucanos – penas caudais para tembetá e como base das placas do colar feminino e dos brincos. O peito do tucano amarelo para as passadeiras do colar feminino, como flores nos pentes e braceletes, ou nos adornos de contas para as saias.
17) Mutuns – usam as penas costais e do pescoço da variedade fava nos cocares e pulseiras. Do mutum-pinima aproveitam o penacho para flores dos pentes, braceletes e cintos de contas.

Socós. Mais algumas obras-primas de meu contador de histórias.

## Farmacopeia kaapor

As notas seguintes são apenas uma amostra ligeira do uso que os índios fazem de plantas dessas matas como medicamentos. Foi colhida com um só informante e creio que poderia chegar a um número muito superior de indicações, se cuidássemos desse tema com mais respeito.

## Dores

Dentes – doem porque cria-se um bicho dentro que come o dente – matam o tal bicho, cobrindo a cárie com:
1) Bola de raiz de jaborandi socada.
2) Idem, de pimenta.
3) Bola de algodão com leite de seringueira.
4) Idem com leite de mamão.
5) Idem com leite de pau-de-colher.
6) Idem com leite de *auxí-ranxin*, ou *auxixí-y*.
7) Idem com almécega.

Cabeça – só fazem soprar, com ou sem cigarro; desconhecem outros remédios, exceto:
8) Esfrega-se amêndoa de cumaru na testa, de uma fronte para outra.
9) Esfrega-se gordura de jandiá (peixe) na testa.
10) Cinza de cigarros (bosta de pitim) nos olhos.

Olhos
11) Sumo de alfavaca, pinga-se.
12) Água de *kaasurãna* (cipó, cuia de macaco), pinga-se.
13) Pinga-se sumo de folhas do olho do algodoeiro.
14) Água do cipó *parawá*, pinga-se no olho doente.

Ouvidos
15) Deita-se um pouco de água quente dentro da flor do *jurumum* e derrama-se no ouvido.

Boca
16) Esfrega-se no lábio inflamado mel de abelhas uruçu aquecido.

Garganta
17) Esfrega-se o miolo do fruto da jurubeba grande.
18) Bebe-se vinho de açaí fervido até reduzir-se à metade.

19) Mingau ralo da amêndoa do anajá, bebe-se quente.

Cólica – dor de barriga
20) Bebe-se uma infusão de casca de galhos do pau-de-colher.
21) Infusão de raiz do mamão novo, socada (ensinado pelo Domingos).
22) Bebe-se infusão de cinza quente, tirada do meio de braseiro, esfrega-se também no ventre.
23) Toma-se água de *cipó-ay* (cipó de jabuti).

Caganeira
24) Infusão de caroço de algodão torrado.
25) Idem, rabo de arara.
26) Infusão de raiz de "pau-de-caniço": *pinday-rapó*.
27) Idem, casca de cacauzeiro.
28) Idem, raiz de *tiriri-pita* socada.

Prisão de ventre
29) Chá de casca da semente de vitalia, *teremõ-mirá*.
30) Esfrega-se na barriga um cupim que cresce nas árvores, depois de socá-lo com os insetos.

Feridas
31) Sumo da casca do urucum vermelho (*tucãniriú*). Lava-se a ferida.
32) Idem *irikiwa-y*, serve também para sapinho de crianças.
33) Aplica-se a raspa da casca de *ereménun* na ferida.
34) Idem, raspa de *cipó-tawá*.
35) Idem *cipó-pirang*.
36) Sumo de cipó *kururú-timbó*. Usado especialmente para feridas na cabeça.
37) Aplica-se caldo de limão nos cortes.
38) Caldo de jenipapo quente.
39) Raspa da casca de *uruaiwá*.
40) Pó de amêndoa do coco *uricuri*.
41) Raspa de casca de andiroba.

Segunda expedição – Xiwarakú

Febre
42) Banho com infusão de casca de *parawá-y*.
43) Idem, da casca de *tapiír-samby*.
44) Idem, das folhas de *tiroca*.
45) Idem, da casca do cupuaçu.
46) Queima-se a barriga ou as costas com leite de Uy-puhang: quando sara a queimadura, passa a febre.

Ataques – loucura
47) Aplica-se nos olhos (dos tontos que sofrem ataques) sumo da folha (cozida) do Kawá-puhang.
48) Banho de uma infusão de Kaa-piten (mato que descansa).
49) Idem, de *cipó-paié* (catinga).
50) Idem, cupuaçu, a casca socada.
51) Idem, das folhas de *tapiír-piá* (broca).

Cansaço
52) Chá do *parawá-cipó*.
53) Bebe-se urina de criança.
54) Caldo de cana ou mel quente.

Parto
55) Quando tarda o nascimento e a mãe está sofrendo muito, esfregam *jacaré-kaá* na barriga: nasce logo.
56) Idem, folha de pimenta.
57) Banho numa infusão de folhas de *mitá* (*mitaró*).

Impotência sexual
58) Comer muito mingau de tapioca.
59) Comem ananás e batem com o talo-cerne no membro. É interessante que os caboclos paraenses não comem esse talo para evitar a impotência.

Menstruação excessiva
60) As velhas preparam um chá da casca de *aputá*.
61) Chá da raspa do cerol: porque tem a forma do membro masculino.

Menstruação retardada ou menarca retardada
62) Pescam *jejú* para ela comer, porque a fêmea desse peixe menstrua.
63) Comem jabuti vermelho, carumbé.
64) Em mulheres maduras, quando atrasa, comem carumbé porque tem muito sangue: logo menstrua.

Come terra
65) Não sabem remédios, quem come terra morre, não tem salvação. Quando se trata de crianças, queimam a língua com pimenta, como castigo.

Catarro
66) Chá de limão, fruta.
67) Espremem o suco do limão nas narinas quando estão entupidas: o catarro desce logo.

# Retorno

## Kaaró

**30/out./1951** – Chegamos ontem à tarde. Viagem agradável, de apenas duas horas e meia, em terreno plano, bom de andar. A mata mudou um pouco desde que deixamos o Tury. Aparecem algumas essências novas, como mamona.

Meu pessoal está novamente atacado de gripe. Tanurú, o contador de histórias, é que passa pior, tosse muito e está sempre febril. Mas já pus o Chico a preparar lambedores para ele. Lamentavelmente, de qualquer modo, terá que ficar aqui, porque, segundo me disse ontem, sua mulher, Timã-upên, quebrou as pernas, isto é, está menstruada. Recolheu-se a um quarto fechado de uma casa daqui para ficar ali nos quatro dias de reclusão.

## Aborto

Aliás, esse quarto tem sua história. Ali nasceu, antes do tempo, já morto, um neto de Kaaró e ali estiveram em resguardo e *couvade* sua nora e seu filho. Donde se vê que a *couvade* não é apenas para proteger a criança, mas também ao pai, pois mesmo nascendo morta e antes de formar-se (nem tinha rosto ainda) o rapaz submeteu-se à reclusão.

A causa do aborto também merece atenção. Kaaró explicou que o fruto "caiu" porque seu filho estivera em Chegatudo e lá comera uns peixinhos que lhe deram. As restrições alimentares do pai começam, portanto, assim que faltam as regras e a mãe anuncia que está grávida.

Por falar em gravidez, deixe-me anotar que conhecemos no ano passado uma menina, filha do Kaaró, que aguardava a menarca para casar-se. Já andava às voltas com o noivo, seu companheiro inseparável. Tenho aí uma excelente fotografia dela feita no ano passado. Pois bem, agora encontro a guria com três grossuras mais, seios enormes, grávida, quase nos dias de dar à luz. Mudou visivelmente, saltando em aparência de uma menina, cujos seios começam a inchar, para uma mulher madura.

Isso mostra bem como valem pouco aqui nossos cálculos de idade. No ano passado, eu daria à menina catorze anos. Agora, se não a conhecesse, eu daria 25,

Armação mecânica para o tipiti de espremer mandioca.

quando menos. Mas a coisa não chega a ser tão grave. Assim que tiver o filho e se refizer, retomará uma aparência mais jovem, de uns dezoito a vinte anos.

A aldeia aqui é de tamanho médio para pequeno. Vinte pessoas, talvez, morando em seis casas dispostas arbitrariamente na clareira. Só há uma novidade: a armação que fizeram para espremer o tipiti, que livra as mulheres de ficarem sentadas nele até espremer-se toda a massa. Mas isto não é Kaapor, foi feito pelo tal cidadão que roubou uma mulher em Chegatudo e fugiu pelas aldeias. Seria interessante observar se irá difundir-se esse novo elemento de cultura, aliás muito útil.

Mitun (Ampuin-mãe), mulher do Xiwarakú do Maracaçumé, espremendo o tipiti.

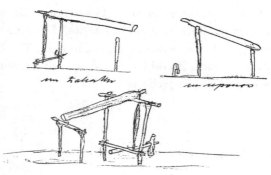

Armação mecânica de espremer tipiti.

Será que você conseguirá entender este desenho? Servirá, ao menos, para eu me lembrar da peça que, com os novos modelos de casa, os trançados ensinados pelos Tembé e Timbira, algumas malas de madeira e lona trazidas de Belém, além de ferramentas de metal e poucas outras coisas, constituem os elementos culturais estranhos que vão sendo adotados pelos Kaapor.

## Caldeirão

**31/out./51** – Querida, fiz uma viagem estúpida. Andamos pelo mato, perdidos, umas três horas, até que um índio nos encontrou e pôs no bom rumo. Por isto, em vez das duas horas de marcha que devíamos fazer hoje, tivemos cinco. E que cinco horas...

Não sei para que tomei o caderno. Já é vício de escrever. Nada tenho a dizer e é muito incômodo escrever na rede. Mais incômodo ainda será, para você, ler a garranchada que sai.

# Baratas

Estou cansado, gripado, enojado, enjoado, chateado. Estou tudo que não presta. Quando fui tirar o caderno da mala, saltaram de lá, sobre mim, milhares de baratas. Quando for guardá-lo, outro turbilhão delas me subirá pelos braços e pelas pernas. Estão em toda parte, nos meus bolsos, nas latas mais fechadas de leite em pó e de açúcar, nos pacotes de macarrão, no café que deixaram para mim à beira do fogo, dentro das cartas que você me escreveu. Onde não estão elas?

Ando cansado. É tempo de voltar, quero um lugar limpo. Não sei o que daria para estar agora aí em casa, ter saído do banheiro e vestido um pijama branco limpo como a limpeza. Já vou tomando até nojo de mim e veja se não tenho razão:

João entregou a cabeça a uns garotos e eles encontraram lá muitos piolhos. Eu sinto coceiras na cabeça e temo que... bem, eu temo.

Sabe em que papel tenho feito muito cigarro deste fumo ordinário que trouxe? De papel higiênico. Tem um cheiro tão especial...

Mas para que falar disso? E por que também não falar? Será que esse caderno é só para me lembrar os dias bons e os raros dias limpos e fartos dessas viagens? Ele, na verdade, não é para lembrar nada. É para suportar todos os meus estados de humor, até este de agora, a falta total de humor.

Pois veja, sempre acho graça da falta de higiene do Chico. Agora, me irrito de vê-lo ali, partindo sobre a ponta de um tição o quarto de cutia que será meu jantar; à força dos golpes espalha terra sobre a carne (até parece de propósito). Uma posta voou longe com a violência do golpe, mas ele não se deu por achado. Pegou e jogou na panela, depois de ajeitar a lasca de carne na boca e soprar a poeira.

Ando com vontade de me desculpar por esse mau humor que se derrama pelo caderno. Para ser autêntico, não preciso ir a esses pormenores fedorentos. Nenhum diarista, ao que eu saiba, registrou o progresso das doenças intestinais que, por certo, muitos sofreram enquanto escreviam, como eu sofro agora.

Amor, só fechando o caderno, devolvendo-o às baratas. Hoje não posso falar de mais nada. Vou deitar-me nesta rede que fede a fumaça e a suor e a urucum e pensar que estou longe daqui, num lugar bem limpo, até convencer-me de que minha sujidade é circunstancial, de que ela ainda não é parte de mim.

Até amanhã, no Koatá. Lá encontraremos o Huxley para uma boa prosa.

# Koatá

1º/nov./51 – Aqui estamos com o Ay, afinal, e partiremos todos amanhã para o posto. Uma carta do Boudin dizendo que pensa seguir ainda esta semana para Belém é que me faz acelerar assim a marcha para o Canindé. Pretendia ficar dois dias aqui, revendo uns velhos amigos. Passar dois outros comendo a roça do Ianawakú e só então, lá pelo dia 5, seguir para o posto. Nem pude demorar umas horas mais na aldeia do Caldeirão para assistir ao enterramento de um menino que faleceu ontem à noite.

Recebi cartas do Miranda também, continua aquela mesma conversa. Agora quer desculpar-se dos malfeitos assumindo uma falsa atitude de humildade. Com as cartas me veio um recorte de jornal comunicando o assassinato do meu amigo Prado por um outro inspetor do SPI, um tal João Santos. Será aquele suíno do Pinto que tanto merecia ser expulso do Serviço? Coitado do Prado. Trabalhou trinta anos no SPI, sempre como agente, quando devia passar a inspetor para aposentar-se, morre miseravelmente.

Preocupa-me a viagem do Boudin. Não posso consentir que ele leve a embarcação maior, porque devo descer no dia 15, com maiores razões de urgência que ele, e precisarei dela. O Boudin poderá esperar alguns dias mais. Queixa-se de não ter mais mantimentos, nem o que fazer. Devíamos ficar ambos até que terminem as gravações e assistíssemos à festa de nominação.

A cerimônia de batismo dos filhos do Kosó e Koatá será realizada no dia 8, e eu virei assisti-la. Nestes próximos dias de espera farei as gravações de música kaapor. Para isso já levo os cantores comigo.

Koatá, com seu feixe de flechas, fuma um charuto de tauari, esperando a hora de dar nome a seu afilhado.

A intrigalhada do posto é tão grande que até o Huxley já se envolveu nelas. A pedido do Miranda, escreveu uma carta ao Tostes, da Inspetoria de Belém, dizendo que não acredita nas acusações que fazem ao dito Miranda e o aconselha a ouvir testemunhas antes de tomar alguma decisão.

As acusações foram feitas por mim. Ele não tem elementos para fazer juízo a respeito. Foi, pelo menos, uma leviandade. Só o fato de ter partido de mim a acusação, embora expressa em carta do João, devia referir-lhe os ímpetos de defensor da justiça. Afinal, não fiz mais que ameaçar o Miranda de processo no caso dos índios se queixarem novamente de atitudes despudoradas para com suas mulheres. Seria incrível que eu não o fizesse, acobertando com meu silêncio a infâmia de acrescentar aos sofrimentos já tão grandes destes pobres índios a prostituição de suas mulheres pelos próprios funcionários encarregados de protegê-los.

E o que tem o rapaz-*mister* a ver com isso? Não é um disparate que venha meter-se em assuntos que não lhe dizem respeito? Quero crer que tenha sido inocência, mas bem poderia ser hostilidade gratuita. E, nesse caso, seria a sua forma de recompensar os esforços que fiz para lhe dar essa oportunidade única de acompanhar-me. Que queria eu, afinal, trazendo-o? Não teriam razão os meus amigos ao dizer que era minha subserviência de intelectual de mentalidade colonial que me movia a trazer o filho de uma sumidade internacional? Só se aprende apanhando e é até bom que eu apanhe mais para mais nitidamente gravar esta lição, que terá ainda muitas ocasiões de me ser útil. Você, aí, meu bem, não deve mudar de atitude. Tinha mais razões seu instinto, ao não querer hospedá-lo, que minhas razões para que o acolhêssemos como amigo.

# Posto Pedro Dantas

**3/nov./1951** – Cheguei anteontem à tardinha. Fizemos em um só dia, em sete horas e meia de marcha, a viagem da aldeia de Koatá até aqui. O Huxley, inesperadamente, desceu o rio, foi embora. Vim com o Max, dando umas prosas. Quero aproveitar para gravações os três dias que faltam para a festa. Voltarei depois de amanhã para a aldeia, a fim de assisti-la. Não se fez nada ontem, senão forçar a leve prosa do Max e ouvir a fuxicaria do posto. Passei um sabão cáustico no Miranda, e demais funcionários, que jamais me sairá da cabeça.

O melhor, porém, querida, é que, sem procurar, encontrei numa mala, aqui no posto, cartas do inglês, que vou copiar. Quero ter sempre comigo um retrato vivo do rapaz. Aliás, não são os originais que vi, mas cópias largadas na única mala que temos aqui, em que estão todos nossos trastes. Veja só:

Senhor Martim Tostes, chefe da 1ª Inspetoria Regional do Pará.
O sr. Mirnas me pediu de lhe escrever uma cartinha para dar a minha opinião sobre o processo com que o sr. Darcy o ameaça. / É claro que eu não posso depor nesse processo, porque eu não fui testemunha, nem ouvi testemunhos dos acontecimentos. Mas também eu duvido que o sr. Darcy pode julgar apenas tendo ouvido falar o sr. J. Carvalho, auxiliar de sertão, que lhe contou casos exagerados. O sr. Darcy, fiando nele, escreveu ameaças sem ouvir outra testemunha. O sr. Messias me contou o que aconteceu e eu não duvido que disse a verdade: mas, para ficar certo, a gente devia colher testemunhas com cuidado, e julgar depois. / O J. C., auxiliar de sertão, conta muitos casos exagerados e é natural que os índios, ouvindo-o falar, repitam os mesmos casos ainda mais exagerados, como se fosse verdade. O sr. Darcy, fiando nele e nas acusações dos índios, que não foram implicados no negócio.

Eu ficaria muito agradecido se o sr. pudesse mandar as minhas cartas pelo correio: e já sou muito obrigado por a correspondência que o sr. me mandou. O nosso trabalho aqui no Gurupi vai bem e nós esperamos voltar a Belém no princípio de dezembro.

É isso, querida, sem comentários inúteis. Veja, agora, como escreveu a seu pai [as cartas foram transcritas da maneira como se encontram nos diários]:

Darcy has been threatening the foreman here with prison and I don't know what on hearsay evidence that he se used an indian woman, drove others to exhaustion coites mark, etc. etc. etc. so he asked me to give my opinion of the mater in a letter to the chief of the SPI in Belém. / The amount of dirty politics that goes on here is remarkable: the foreman against the inspector, the inspector against Darcy and the "Mishranger" of the post, and Darcy and the mishranger against every one else: stories fly about, getting even more exaggerated as they pass from mouth to mouth, and as feeling of had mill and general citicism as spread its tutacles all over the post and among the indians also. So I write a formal little letter, all is my best bad portuguese, saying that I thou flet Darcy was too trusting and accepted accusations without evidence.

Veja, ainda, esta carta a Meyer, que não sei quem seja, provavelmente o antropólogo inglês deste nome:

My companions and I left each other a month ago. He was a kind of idealistical egoism who liked to order the world around him on a communist havis with him at the top, the cook on everybody's dunghill. However the first month I more or less wasted was useful in other ways. I learned how to get around, how to deal with Brazilian of the interior, improved my Portuguese and managed to get some useful data on the side.

Chega, não é? Aliás, gostei muito dessa e o moço tem certa razão, não há como negar, eu só acrescentaria que o *nativo* tem outras qualidades de chefia, como a de não se pôr a serviço do metropolitano, e que seu egoísmo, ou vice-versa, não o impediu de trazer o jovem bisonho consigo e lhe dar acesso aos índios e ao que eu sabia deles. Mas chega de comentários, fique isso enterrado aqui no caderno.

**4/nov./51** – O Max partiu ontem de manhã. Ocupei o resto do dia lendo papéis sujos e consertando o aparelho de gravação. À noite, gravamos quase um rolo inteiro.

O Mandaky cantou duas belas canções; Mandueki outras tantas, acompanhado por sua mulher; e o capitão Kaaró nos deu uma amostra dos cantos antigos que ele ouviu em criança. Foi uma trabalheira fazer silêncio nessa casa para gravar sem barulhos. Mesmo assim os cantos são, às vezes, intercalados com acessos de tosse, ladrar de cachorros e outros ruídos. Que tal?

Por fim, a velha Margarida, uma timbira que vive há muitos anos aqui no posto, cantou velhas litanias de sua tribo, seguida por seu marido e por outra mulher timbira. Os cantos são de uma beleza surpreendente.

Além disso, estive doente, com o corpo ruim e a cabeça doendo quase todo o dia. Só dormi muito tarde. Tomara que não seja coisa grave, porque preciso fazer a viagem de volta à aldeia do Koatá.

# Anakanpukú

**6/nov./51** – Koatá. Aqui estamos novamente, dessa vez para assistir à festa. No caminho, viemos encontrando grupos de índios de outras aldeias que se dirigiam para cá. Vêm todos enfeitados, pintados e alegres, cantando quase sempre. A aldeia tem, igualmente, um ar de festa. Homens e mulheres pintados de urucum. Na casa grande, os imensos potes de cauim aguardando a bebedeira, protegidos do sol por uma cortina de folhas de açaí. Junto de cada casa veem-se, pendurados entre duas varas, os adornos plumários dos moradores. Ali estão, esquentando-se no sol, para serem usados à noite. Os jovens daqui e de fora fazem visitas, conversam e tocam flautas. Um deles tem até uma flauta de metal que ganhou no posto. Não toca mal.

Pinú-arãna, uma das belas mulheres da aldeia de Piahú, adornada para a nominação.

A viagem para cá foi exaustiva, como era de se esperar. Ontem fizemos cinco horas e meia de marcha do posto à aldeia de Anakanpukú. Dormimos lá para atender a seu pedido e porque os índios que traziam minha mala só chegaram duas horas depois de nós, já tarde, quando já não era possível chegar até aqui.

Aproveitei a noite para conversar com Anakanpukú sobre os cantos. Queria ver se ele tem um mito sobre esse tema. Penso que não tem. Ele deu sua resposta genérica para todas as coisas que desconhecem.

— Foi Maíra quem fez.

Acrescentou, porém:

Pikuy (Irihy-mãe) com seus adornos plumários.

— Maíra cantava muito, mas os índios esqueceram os cantos que ele ensinou. Estes que cantamos são novos. Como este, que o filho de Kaaró compôs.

Falou, também, da origem dos cachorros, contando em termos gerais uma história que teria ouvido de outro índio.

— Quando o filho de Tupã morreu, derramaram seu sangue sobre uma pedra, dela saíram os cachorros. Não é má a interpretação. Afinal, Tupã é coisa dos brancos e os cachorros também. Coisas nossas de que Maíra nem quer saber.

Explicou que esta história é antiga. Ele a teria ouvido de seu avô e, muito antes deles falarem com os brancos no Canindé, criavam cachorros e conheciam sua história.

Anakanpukú está vivendo junto dos descendentes do falecido capitão Pihum. Vimos, no ano passado, como ele perdeu o capitaneato de seu grupo. Mora numa casa enorme, toda cercada de madeira e coberta com palmas de ubim. Interessante é que a casa de Anakanpukú foi feita pelo filho do capitão Kijuá, que recebeu pelo trabalho um terçado e outras coisas. O mesmo "trabalhador" fez a roça que Anakanpukú está comendo, pago com uma calça nova.

Vê-se que meu amigo capitão está usando sua influência junto do pessoal do posto (que lhe assegura grande quantidade de presentes) para estabelecer um novo tipo de relação com seu povo. Ele tem em casa oito terçados, e contando alguns que foram roubados e outros que lhe dei de presente há pouco tempo somam catorze. É, pois, um milionário de terçados. O mesmo acontece com panos. Suas malas estão cheias de cortes de brim. Felizmente, Anakanpukú ainda não aprendeu a utilizar essa riqueza para assalariar outros e ficar com as mãos abanando. Trabalha muito, também, caçando e preparando adornos magníficos para si próprio e para os capitães de outras aldeias que lhe trazem as penas. Vi em diversas aldeias adornos fabricados por ele e seu patuá era, no ano passado, o mais rico de quantos vi.

Durante a viagem, de ida e de volta, tivemos oportunidade de ver outras coisas que merecem registro. Na ida, o melhor foi uma longa conversa com Kapy. Falamos de seus amores. O rapaz está apaixonado por uma meninota daqui, Perá, que aguarda menstruação para casar. Ele é primo de uma tia da menina e, desde a morte da esposa, anda com os olhos nela. O diabo é que os pais da guria não querem o casamento e até a têm reservada para casar-se com um rapazinho daqui. Que o namoro anda adiantado não há dúvida. Muitas noites Kapy dormiu com Perá, acariciando-a apenas, diz ele, pois não podia ir além antes da menarca.

Um dia, porém, a menina começou a esquivar-se e acabou lhe dizendo que irá para outra aldeia, para muito longe, onde ela não possa mais vê-lo, porque a mãe não quer o casamento.

— Perá gosta de mim, não muito, gosta um pouco. Ela queria casar-se comigo.

O casamento está desfeito, a menina vai casar-se mesmo com o outro. Kapy está inconsolável, por isso foi nos encontrar. O pior é que, voltando, soube que a guria está dando os mesmos favores que um dia deu a ele ao outro candidato. O fez tão afoitamente que a mãe descobriu e falou muito. A coisa se passa assim. Kapy era mais discreto, arranjou modos de dormir numa casa próxima à de Perá. À noite, quando todos dormiam, ela ia para a sua rede, só voltando de madrugada.

Na viagem de volta, Kapy veio falando de amor. Não de amor romântico, mas do bom amor carnal e gozoso. Conta que, durante toda a viagem, desde a aldeia de Xiwarakú, vem tendo relação com a mulher de Mandueki, aquela que acostumamos chamar de Ay Ambir Koherara (minha velha avó falecida) e que parecia tão séria e tão apaixonada pelo marido. Nunca o abandona e ele vive falando dos seus amores noturnos e dos filhos que está fazendo na mulher.

Vieram conosco, também, um filho do Kaaró e o Tamoy-ãxim da aldeia de Karapanã que encontramos aqui há dias. O primeiro está ainda em resguardo pelo aborto do primeiro filho e disse uma frase muito interessante a respeito. João havia abatido um jacu que lhe demos para carregar; ele trouxe. Adiante, matou um quati que pensamos deixar na estrada para os companheiros que vinham atrás, a fim de não sobrecarregá-lo,

Diários índios

mesmo porque o rapaz em resguardo não pode com grandes pesos. Ele, porém, trouxe o quati e disse que o levaria porque do jacu não poderia comer, falou assim:
— Eu morri há poucos dias, ainda não como jacu.
Morri? Por quê? Perguntei quanto pude, mas não consegui compreender.
Trazíamos, também, como reforço, alguma carne de veado-vermelho, assada, e ela deu motivo a que eu aprendesse mais alguma coisa. Oferecemos de nossa comida a Tamoy-ãxim e ele recusou, para nosso espanto. Quis saber a razão e ele explicou:
— Minha filha já tem filho. O netinho está pequeno, não posso comer veado.
Vê-se, assim, que as restrições alimentares da couvade se estendem também aos avós. E isso explica por que ele, tão sem arrogância e cooperativo, não quis trazer carga nenhuma, vindo apenas com sua rede. Não pode fazer esforços porque lhe nasceu um neto. De fato, a ubiquidade dos tabus relacionados com a couvade vai até os avós. E, mais ainda, afeta até a cachorrada, que é forçada a comportar-se na alimentação por essas mesmas regras, tanto a cachorra parida como o suposto pai.

# Koatá

**7/nov./51** – Continuam os preparativos da festa. Acordei, hoje, com a barulhada que fazia o João com Antônio-*uhú*, gritando, que é seu modo de conversar alegremente. Quando levantei, em todas as casas os moradores estavam cortando o cabelo, o marido corta o da mulher e vice-versa. Aliás, não foram todos, somente vi os donos da festa se tosarem. Eles não cortavam o cabelo desde o nascimento dos filhos e tinham, por isso, muita cabeleira para derrubar.

Agora, os homens dão os últimos retoques nos adornos que usarão à noite, as mulheres limpam o terreno ao redor da casa grande para as danças, os convidados espreguiçam nas redes, aguardando a cauinagem.

A bebedeira deverá começar logo à noite. As mulheres distribuirão o cauim de mandioca nas casas, em pequenas cuias, até de madrugada. Então, todos assentarão suas redes para armá-las na casa da festa. Ali continuarão tomando cauim em cuias maiores e, quando o sol estiver alto (oito horas), os padrinhos deverão dar os nomes às crianças.

Aliás, ainda não disse que quando estive aqui, há 22 meses, estas crianças não tinham nascido, mas suas mães estavam grávidas. Devem ter agora um ano, no máximo, e esta é sua idade aparente. Três meninos serão nominados: um filho de Kosó, o tuxaua; outro de Koatá, o capitão da aldeia; e um terceiro, filho de um cunhado (irmão da esposa) de Koatá. É interessante que só os dois primeiros se ocuparam da preparação da

Kossok e sua mulher, Merem-mãe, adornados para a cerimônia de nominação.

Segunda expedição – Posto Pedro Dantas

Toók, filho de Xixi-rumbí, adornado para a cerimônia de nominação.

As meninas-moças ajudam a fermentar o cauim.

Arakaká (Pinú-arãna), bem adornada, dá os últimos toques na preparação do cauim.

festa, construindo uma enorme casa, onde descansam agora os potes de cauim. Suas mulheres prepararam os beijus de mandioca e eles os quebraram no pote. Contam que o tal cunhado pretendia aproveitar-se da casa, mas só "batizar" seu filho uma semana depois com cauim que ele prepararia. O motivo alegado era a distância que teria de andar para convidar o padrinho, Indar, da aldeia de Xapy, seu irmão-*té* (verdadeiro).

Resolveu, porém, dar seu filho a Irihí como pai-*rangá*, filho de um irmão do pai da mãe do batizando. E isso é muito bom, porque veremos tais nominações com a vantagem de poder observar se existem diferenças no cerimonial dos filhos de capitães e tuxauas. O filho de Koatá será "levantado" por Kosó e este levantará o filho daquele.

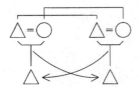

Além dos cerimoniais de nominação, prometem outros. Um adolescente amarrará o membro (Takuá ou Irakã-ridjú). É de observar que vivem aqui vários outros adolescentes mais velhos que ele mas não amarrarão porque "têm calças". É a adoção do nosso vestuário pelos adolescentes: esta geração não abandonará mais as calças e um etnólogo de 1970 encontrará os meus Kaapor todos fantasiados de brancos maltrapilhos.

Os preparativos da festa vêm ocupando os moradores há muitos dias. Alguns foram à mata tirar tauari para os cigarros que serão distribuídos aos convidados. Outros (poucos) foram caçar e todos consertaram seus adornos plumários. Lavaram-nos ou fizeram novos, como Koatá, que fez seu primeiro cocar. Aliás, Koatá emprestou um belíssimo cocar ao Antônio-*uhú* e Kumindary emprestou um que Anakanpukú me deu.

Ontem, à noite, provei um pouco do cauim que beberemos hoje. É terrível, azedo de doer, quase intragável. Que pena não termos o cauim de caju, tão melhor para meu gosto, ou o de banana. Mas teremos que entrar nele valentemente, ou melhor, teremos que fazê-lo entrar valentemente em nós.

Depois continuamos esta conversa. Os donos da festa estão trepados na casa grande, terminando sua cobertura, e eu quero fotografar isto.

Diários índios

# A festa de nominação

**8/nov./51** – A festa rodou ordenada, louca e ritual ontem, a noite toda, hoje de madrugada e de manhã, e ainda rola em todos nós, tontos da bebedeira sem fim. O cauim de mandioca, que nos primeiros golaços me parecia intragável, foi se amaciando e adoçando, até que comecei a ter sede dele. Maravilha.

Logo ao cair da noite, as mulheres, encabeçadas pelas mães dos guris que vão receber nomes, percorreram todas as casas, distribuindo cauim a adultos e crianças. O povo todo foi se esquentando.

O ritual começou já de madrugada, com os homens todos recostando-se nas redes armadas para eles no casarão da festa. Ali, sentados, receberam das mulheres, todas belas, portando seus mais ricos adornos e também meio embriagadas, cuias e cuias de cauim.

Todos cantam em coro ou gritam:

Madrugada na casa da festa, todos os homens estão sentados em suas redes, servidos pelas mulheres, bebendo e cantando.

| | |
|---|---|
| *Dé-tuy haraera* | Quando ficar grande |
| *Kamôdô katú* | Andará bem no mato |
| | |
| *Sóo ajuká katú* | Matará caça bem |
| *Arapuhá, kuxí* | Veado, cutia |
| *Tapiíre, jauxi* | Anta, jabuti |
| *Autá katú* | E comerá bem |

Já com o sol na altura das oito horas, que é quando sobrepassa a alta mata circundante, iluminando toda a aldeia, teve início a cerimônia principal. Os três pais se sentaram em suas redes, armadas em posições mais destacadas, levando ao redor da cabeça seu belo cocar amarelo de penas caudais de japi e tendo alçadas, acima da nuca, sobre suas cabeças, por quase um metro, armações de penas de arara, que lhes dão um ar de realeza. A seguir, a mãe de cada menino que vai ser batizado pintou o rosto do marido com vermelho do urucum e também o rosto daquele que iria "levantar" o filho, quer dizer, dar-lhe nome. Foi uma operação longa, ritualizada, que me pareceu ainda mais demorada porque eu a acompanhava, andando por toda a casa para fotografar.

Kosó adornado para a festa.

Segunda expedição – Posto Pedro Dantas

A mulher de Koatá pinta seu rosto com o vermelho do urucum.

Kosó recebe o filho.

Toda a gente na aldeia, diante da casa da festa, canta e dança.

A mulher de Koatá com o filho que seria nominado.

O mais belo foi ver cada *pai-rangá*, sucessivamente, tomar nos braços seu afilhado, embalando para que parasse de chorar, a fim de tocar longamente sobre ele a flauta de canela de gavião, toda adornada num belo arranjo plumário que ele trazia pendurado no pescoço. A criança, afinal acalmada, ouvia encantada o assovio, querendo tomá-la para ela e brincando com as duas faixas de plumas que a flauta tem ao lado. Foi uma dança longa, compassada, que todos acompanharam em silêncio. Afinal, o padrinho entrega o guri à mãe e, aí, vem o mais belo. Em plena luz, frente ao sol visível, tira seu próprio cocar amarelo de penas de japi e diz o nome do indiozinho, enquanto rodeia com o cocar amarelo a cabeça da criança. É como se o sol mesmo, que é Maíra-Coraci, viesse dar identidade e personalidade a mais um membro de seu povo, os Kaapor.

No fim da festa, Koatá e Kosó jogaram suas flechas no chão para que os presentes as levassem como lembrança. Assim, foram nominados o futuro tuxaua, filho do tuxaua Kosó e de sua bela mulher Xiyra. A seguir, ganha nome e existência o futuro capitão, filho do capitão Koatá e de sua mulher, não menos bela. Por fim, o *miaçu*, filho de um joão-ninguém, integra-se também no corpo místico de seu povo como filho de Maíra, o Sol.

**9/nov./51** – Hoje fiz algumas visitas de despedida. Visitei, primeiro, o capitão Mirá e o capitão Piahú. Eles continuam nos mesmos lugares em que os conheci no ano passado, só que Piahú construiu uma nova casa de morada, outra para o forno e acabaram-se três das antigas. O velho barracão em que vivi aquele mês terminal da epidemia de sarampo lá está, de pé. Passei as mãos carinhosamente nos esteios em que minha rede esteve atada, por tanto tempo, no meio de gente tão sofredora. Como estão diferentes agora, todos gordos, fortes, alegres. O filho do Piahú, que era uma pilha de ossos, magrinho e barrigudo, que me parecia incurável, é outro agora, alegre, forte e até bonito. O mesmo aconteceu à mulher dele, que naquele tempo estava grávida de um filho que perdeu. Não a reconheceria se não a visse lá, junto da mesma tralha. A impressão foi ainda mais grata porque encontrei todos preparados para a festa. As mulheres com suas melhores tangas, todas pintadas de urucum e jenipapo, com magníficos pentes na cabeleira. Os homens, também pintados, com brincos novos nas orelhas e com estes seus belos colares de presas de maracajá.

A visita ao capitão Mirá não foi menos agradável. Está mais velho e mais alquebrado porque esteve retido na rede por muito tempo, sofrendo uma íngua que lhe doía a coxa no lugar onde uma cobra o mordeu há anos.

Mas encontrei aquela mesma hospitalidade, que dessa vez se exprimia no presente de algumas bananas madurinhas, farinha saída do forno e um bom chibé. Seu pessoal também melhorou muito, mas infelizmente diminuiu. Não encontrei uma mulher e uma garota, ambas fortes e bonitas, que conheci no ano passado. Ambas morreram, a mãe atacada por uma doença que não souberam definir bem: cólicas e paralisia. Chico Ourives andou lá, tentando curá-la com suas infusões, mas fracassou dessa vez.

O casal que deixei em *couvade*, parecendo doentes, tristes, calados, abatidos – e que perderam o filho três dias depois do nascimento prematuro – é, agora, o mais alegre, forte e bonito de lá. Estavam pintando-se para a festa e a mulher já exibia na cabeleira seu pente adornado com flores de penas. Não encontrei a velha Atikikí e seu filho, o capitãozinho. Estavam na roça. Prometeram mandá-los aqui para eu ver.

Desfile dos pais e padrinhos e as crianças que receberiam nomes.

Koatá e seu filho, que será batizado a seguir.

## Idade

Qual será a idade do capitão Mirá? Todos o chamam Tamoy – avô, numa demonstração de sua idade adiantada. É o mais velho índio que conheci, velhice que se manifesta mais no corpo todo murcho que no rosto, mas mesmo neste se evidencia pela calvície. Aliás, eu conheço dois índios calvos, ele e um homem da aldeia de Xiwarakú. Vou estabelecer uma escala de idades, relacionando os índios mais velhos que conheço, colocando Mirá no fim da lista. Comecemos com Piahú, cuja idade posso calcular com relativa precisão: ele já era adulto e pai de duas filhas em 1928, ano da pacificação. Uma dessas filhas tem um menino de quase dez anos e parece ter uns trinta. Assim, Piahú deve ter algo mais

Meu velho amigo capitão Mirá, o mais antigo dos Kaapor, teria, eu calculo, uns 85 anos.

Segunda expedição – Posto Pedro Dantas

que cinquenta anos, nunca menos. Veremos os outros: Piahú, cinquenta; Anakanpukú, 55; Kaaró, sessenta; Cipó, 65; Ianawakú, setenta; Auxímã, 75; Mirá, 85, porque parece muito mais velho que o último ou, pelo menos, havia uma maior diferença de idade entre eles. O cálculo é arbitrário, mas sendo comparativo me parece correto. Piahú não podia ser mais moço e os outros, proporcionalmente, não menos, pela aparência e pelas deferências que lhes prestam.

## Raça

Capitão Tucano do Parawá, de tipo físico muito contrastante, branco e gordo.

Macahí, chamado negro por ser o índio mais moreno e mais parecido com um preto – pouco, aliás.

Outro caráter biológico que me tem preocupado é a diversidade de tipos físicos e a variedade de características raciais dos meus Kaapor. Quanto à pigmentação, vi desde a tez tão clara quanto a minha, da família de Piahú, que apresenta também uma pilosidade tipicamente europeia, até a pele escura do Asé, que é por ela conhecido da gente do posto como o Caboclo Preto. Não chega a ser preto, mas é de um chocolate bem escuro. Não chegaria a assegurar que Asé tem sangue negro, mesmo porque o único caráter que apresenta é a pigmentação. Tem cabelos lisos, negros, e o mesmo tipo de olhos, nariz e lábios dos demais índios. No caso de Piahú, porém, não tenho dúvidas em assegurar a origem caucasoide. Aquela cor e aquela pilosidade no peito, nas pernas, nas axilas e no rosto causariam estranheza em qualquer aldeia indígena.

A contribuição do sangue negro, se houve, me parece imponderável. Dos quinhentos Kaapor que conheço pessoalmente, somente uns poucos têm cabelo crespo e todos eles de um encaracolado largo. Curioso é que todos esses índios de cabelo contrastante são claros e alguns até são dos mais claros (como os do Passarinho – Tanurú), se se excetua a família do Piahú. A placa mongólica ocorre, mas é rara.

Se pedissem minha opinião sobre a classificação racial dos Kaapor, eu não teria dúvidas em afirmar que, malgrado as variações, todos têm esse "ar de família" do qual fala Rivet, referindo-se aos ameríndios. Só a família de Piahú apresenta um fenótipo caucasoide; os poucos casos de cabelos crespos são únicos na família, pois os irmãos e pais apresentam cabelos lisos (exceto dois, que são mãe e filho). Mas devo acrescentar que, se procurasse uma família cujos membros correspondessem todos ao mesmo estereótipo de índios em todos os pormenores – placa mongólica; cabelos lisos e negros; ausência de pilosidade no corpo, exceto na genitália; maçãs salientes –, seria muito difícil encontrar.

Outra variação que merece ser considerada é a de tipos constitucionais. Ocorrem aqui todos eles, em todas as variações, desde o curvilíneo típico – que é raro – até o longilíneo típico – também raro, embora mais comum que o primeiro. Mas domina um mesotipo bem equilibrado. É interessante notar que essas famílias, talvez em virtude dos casamentos entre parentes, apresentam um tipo constitucional bem definido. Esse é o caso de umas três famílias de longilíneos que conheço e de três famílias de curvilíneos, mais ou menos bem definidos.

Xeem, da aldeia Pirindare, com todos os seus adereços plumários para a cerimônia de nominação.

Ainda há um fator a considerar em nossa discussão do tipo físico kaapor. Não encontrei nenhum adulto com cabelos que não fossem negros retintos, mais ou menos brilhante. Somente vi crianças, como uma de cinco anos, com cabelos castanhos e até castanho-claro, todas elas em aldeias próximas do posto, que tem sido visitado por uma enormidade de estranhos, desde garimpeiros do Chegatudo que vêm comprar farinhas, e outros muitos, até repórteres, cinematografistas etc.

A visita do Piahú não foi somente para matar saudades. Conversei com ele sobre alguns assuntos que merecem consideração. Verifiquei, no ano passado, através de sua genealogia, que ele pode ditar antepassados kaapor até a quinta geração. Agora, acrescento que não tem a mínima consciência de suas características raciais, ou ao menos de que elas envolvam uma ancestralidade exótica. É certo, porém, que se sabe claro, e seu parente Kaaró até me chama "meu irmão", porque somos da mesma cor.

# Linde

A única notícia que se tem do contato dos Kaapor com brancos antes da pacificação, a não ser em encontros sempre inamistosos, é a de um branco, francês, fugitivo de Caiena, chamado George, que teria vivido entre eles e até escrito uma carta em francês a Linde, um dos antigos potentados do Gurupi. Essa história não merece muita fé, porque Linde se beneficiou muito com sua versão, até fez publicar a tal carta num jornal de Belém.

Ele tratava da exploração das reservas de ouro do Gurupi, pretendendo sempre dar caráter industrial a sua empresa. Conseguiu enterrar aqui muito capital, sobretudo inglês, e esteve sempre desejando mais para ampliar suas instalações e para custear as demandas judiciárias que mantinha. Até o nosso barão de Mauá foi seu sócio. Seria, por isso, de todo razoável o seu interesse em acalmar os acionistas quanto à maior ameaça à aplicação rendosa de capitais no Gurupi, que era o índio então bravio. Pronto para desmoronar qualquer empresa cujos executantes se aventurassem pelas terras ocupadas, ou mesmo frequentadas por eles. Necessitava também dar a seus garimpeiros um certo

Segunda expedição – Posto Pedro Dantas

sentimento de segurança. Sua entrevista era bem desse molde. O tal George se teria comprometido, em troca dos medicamentos e outros presentes para si e para os índios, a não atacar os estabelecimentos de Linde. Mas os índios, logo depois, como informa a entrevista de Linde, o atacaram, matando alguns de seus trabalhadores.

A não ser o próprio Linde, somente os índios deviam conhecer a verdade sobre essa história. Tenho conversado com muitos deles a respeito e todos afirmam que jamais viveu entre eles qualquer branco, exceto aqueles apanhados como prisioneiros para o sacrifício ritual e os últimos desses casos se teriam dado muitos anos antes de 1905, que Linde dá como data do encontro. Não é possível que a permanência de um estranho no seio da tribo, ainda mais a de um branco que chega a impor-se como chefe, fosse tão completamente olvidada. Os índios não confirmam a história. A hipótese de que me escondam esse assunto é pouco provável, já que me confiam assuntos mais sérios, como a antropofagia. Creio que nunca existiu semelhante George, chefe dos Kaapor, senão na imaginação e nos interesses de Linde.

Hoje, voltei ao assunto com Piahú. Primeiro, perguntei por George, depois reforcei, dizendo que Papai-uhú é quem mandava perguntar a ele, filho de Mantarí, que como tal devia conhecer a história. Afirmou mais uma vez que jamais ouviu falar disso. Considerando sua idade, a estada de George deveria se ter dado quando ele era criança, de cinco a sete anos, e eu não creio que ela fosse possível sem que ele ouvisse ao menos comentários a respeito. Assuntos estranhos, muito menos importantes, como pequenos incidentes com brancos e negros, doenças e morte dos parentes, expedições guerreiras bem-sucedidas ou fracassadas são recordados em todos os pormenores.

Depois, passamos a falar de outros temas. Eu quis saber por que Kaaró e Anakanpukú não vieram à festa. Esta era a expectativa de todos os moradores daqui e, principalmente, dos donos da festa. Mesmo porque, um deles, Koatá, pretendia ser oficialmente declarado capitão, o que só pode ser feito por um outro capitão. Piahú veio à cauinagem e pôs o cocar vermelho na cabeça do Koatá. Os outros não vieram pelo seguinte: Kaaró teria vindo à aldeia do Piahú num dia em que ele não estava e ouviu o Antônio-*uhú*, muito nervoso, gritar que mataria Piahú. Contou o caso a Anakanpukú e a Piahú, que ficou zangado. A mim, eles desmentem, dizendo que ele é capitão-verdadeiro e não briga. Anakanpukú teria falado a Kaaró do ânimo de Piahú e do seu desejo de chamá-lo à fala na festa. Por isso, ambos evitaram ir, com receio dos efeitos da bebedeira. Um para não brigar, o outro para não testemunhar assunto que não está muito claro.

## Mexericos

Conversei também sobre coisas mais alegres com Piahú, falando do casamento da Perá com um filho do Arasú e do logro que sofreu o pobre Kapy. Ele passou a falar do amigo inseparável do Kapy, Kará, filho de Caldeirão. Eles andam sempre juntos e vivem ocupados com as aventuras amorosas um do outro. Assim, durante a viagem, Kapy nos contou que Kará também tivera relação com Ay no Canindé e comentou longamente o caso amoroso do amigo com uma moça da aldeia de Kaaró, que lhe está prometida, mas parece não desejar muito o casamento.

O melhor, porém, foi o mexerico de Piahú sobre os amores do Kará com a mulher do Jacu. Disse que o filho dela não é de Jacu, mas de Kará, e que o marido sabe bem disso. Porém, como ambos tiveram intercurso com a mulher, ambos são pais, o filho será produto de duas sementes e deverá tratar como pai ao Kará e ao Jacu e ser tratado por ambos como filho. Quando o menino nascer, ambos deverão submeter-se à *couvade*, ficar *ninõn*. Caso contrário, correrá perigo a vida da criança e a de ambos os pais. Contou também que não têm tempo para designar crianças. O nome Marabá não lhe provocou reação alguma.

## Tupinambá

Restam só dois assuntos dos atrasados na conversa com Anakanpukú que ainda não registrei.

Primeiro, a questão da pajelança. Por alguma razão indecifrável para mim os Kaapor perderam esse traço cultural básico dos Tupinambá. Mas só o perderam como prática, como técnica operativa, não como saber, como crença, como temor que se expressa de mil modos, na conduta ansiosa com que buscam pajés tembés, querendo eles também se fazerem pajés. Sobrevive, principalmente, na mitologia que reitera copiosamente a cultura da pajelança, revalidando-a exaustivamente pela ação dos heróis xamãs.

O outro tema saltou à noite, em sua casa. Depois de aplacar o mau humor com que Anakanpukú nos recebeu com promessas de miçangas e de uma faca a mais, encaminhei o assunto para a antropofagia ritual. Queria ver se conseguia confirmar com ele a descrição que o velho Auaxí-mã deu dos antigos ritos antropofágicos. Não fiz pergunta alguma. Simplesmente tomei uma corda, disse que era o *tupãrãmã* e contei que, havia anos, os Tupinambá da costa costumavam matar gente de outras tribos para aprisionar e comer. Ele ouviu a história com uma atenção que aumentava a cada novo detalhe que eu acrescentava na descrição. Enorme era a emoção com que me ouvia e, por fim, não suportou e disse ao João:

— Ele é meu irmão. O avô dele é meu avô.

Não podendo sequer suspeitar que eu soubesse, por leitura, de tudo que dizia, chegou à única explicação possível: somos netos dos mesmos avós, guardando na memória o mesmo saber.

Esses meus Kaapor são é Tupinambá tardios. Tupinambá de quinhentos anos depois, mudados radicalmente no tempo, como nós mesmos mudamos. Até mais, na sua resistência e luta para sobreviverem debaixo da dominação branca e de sua

Segunda expedição – Posto Pedro Dantas

perseguição implacável Brasil adentro. Guardam no peito, porém, o que não podem nem querem esquecer, sobretudo o ritual mais prodigioso, aquele que qualificava os homens, lhes dava novos nomes heroicos e que permitia a todo um povo viver a glória de ter grandes guerreiros matadores de seus inimigos.

Começou, então, a contar que seus antepassados também caçavam gente de outras tribos para comer. Principalmente os Makú ou Boca Preta, porque pintavam a boca com jenipapo. Confirmou satisfatoriamente a descrição de Auaxí-mã, acrescentando um pormenor: o prisioneiro era amarrado com a corda e levado a um poste no qual amarravam uma extremidade dela. Davam a ele, então, muito cauim, cantavam por muito tempo de mãos dadas com ele e, a certo momento, chegava o matador com um *tamarã* e o abatia com um só golpe na cabeça. O cadáver ficava a cargo do tuxaua.

Bom, amada, basta. Até o Rio.

# Anexo

# Descendência de Uruã-tã e Temikí-rãxí

**Legendas:**

▲ – Tuxaua
△ – Capitão
△ – Miaçu
○ – Mulher
n – nasceu
† – morreu
b – braço

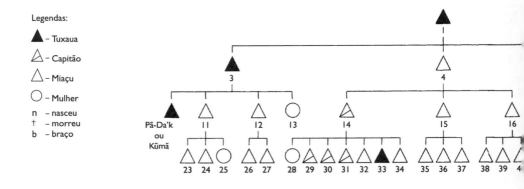

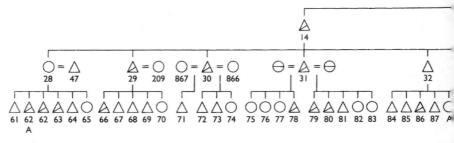

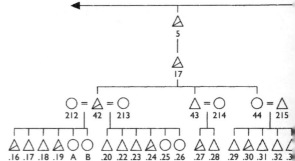

1) Uruã-tã, tuxaua, n Acará, + Guamá
2) Temikí-rãxin, capitão, n Acará, + b. Capim
3) Téu-y, tuxaua, n b. Capim, + b. Coracy
4) Tumaçú, miaçu (trabalhador), idem
5) Taky-acík, capitão, idem
6) Piripy, tuxaua, n b. Coracy, + Maracaçumé
7) Koaxí-uhú, miaçu, n b. Capim, + b. Capim – assassinado comp.
8) Tapiá, capitão (pano branco)
Tuyre, n + b. Capim – ass.
9) Tá-tú, miaçu, n + Capim – ass. acid. comp.
10) Tumé, miaçu, n b. Coracy, + Maracaçumé
11) Tô-ken, miaçu, n Coracy, + Gurupiúna
12) Irapá-ray, miaçu, n Coracy, + Capim
13) Teren-cá, O, n Coracy, + Maracaçumé
14) Tapínin, capitão, n Coracy, + Maracaçumé
15) Páu-rin, miaçu, n Coracy, + Tury
16) Aré-pai, miaçu, n + Coracy
17) Marukú, capitão, n Coracy + Maracaçumé
18) Iry-Karú, miaçu, n Coracy, + Capim
19) Tamúi-pé – Sauy, capitão, n Capim, + Tury
20) Tauá-xó, miaçu, n Capim, + Maracaçumé
21) Tá-kuá, –, n Capim, + Maracaçumé
22) Uy-tár, –, n Coracy, + Tury – karaíwa matou
23) Irapá-ray, ?, n Capim, + Uarupé (Pindaré)
24) ?
25) ?
26) Eremy, –, n Coracy, + Maracaçumé
27) Iucepá, O, n Coracy, + Maracaçumé
28) Manenken, O, n Coracy + Maracaçumé
29) Mará-ó, capitão, n Coracy, + Maracaçumé
30) Oraçára, capitão, n Coracy, + Tury
31) Iauá-ratá, cap. Té, n Coracy, + Tury
32) Ná-irãn, miaçu, n. Coracy, + Maracaçumé – kar. matou
33) Sary, tuxaua, n Coracy, + Tury

34) Kirypé, O, n Coracy, + Gurupiúna – kar. matou
35) Karauá, miaçu, n Coracy, + Maracaçumé
36) Xará, miaçu, n Gurupiúna, + Tury
37) Kaiauiry, miaçu, n + Maracaçumé
38) Numiã, miaçu, n Maracaçumé, + Parawá
39) Mukupin, miaçu, n + Parawá
40) Aré, O, n Coracy, + Maracaçumé
41) Paí-á-pyk, miaçu, n +Tury – kar. matou
42) Murary, capitão, n Coracy, + Tury – catarro
43) Iriry-ambyr, capitão, n Coracy, + Tury – catarro
44) Tapiy-xãby, O, n Coracy, + Maracaçumé – catarro
45) Nin-iú, miaçu, n Gurupy, + Tury – catarro
46) Suã, capitão, n Coracy, + Tury – catarro

47) Kai-apy, capitão, n Coracy, + Tury – cata
48) Maten, O, n Coracy, + Tury – catarro
49) Iã-tun, miaçu, n Coracy, + Maracaçumé – catarro
50) Má-guá, miaçu, n Coracy, + Maracaçum – catarro
51) Matrin-ñã, miaçu, n + Maracaçumé – catarro
52) Matá-uakú, miaçu, n + Maracaçumé – catarro
53) Kupá-rimy, O, n Coracy, + Maracaçumé – catarro
54) Uary-rumy, O, n Guamá, + Maracaçum – catarro
55) Tã-uã-ipen, miaçu, n + Maracaçumé – catarro

Diários índios

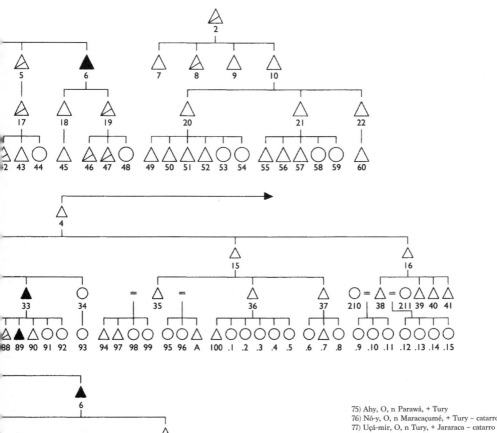

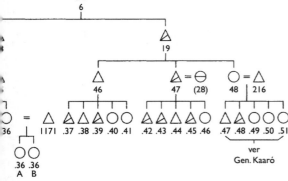

ver
Gen. Kaaró

) Soá-puy, -, n + Maracaçumé – catarro
) Aramin-ātā, miaçu, n + Maracaçumé – catarro
) Mary-atõ, O, n Maracaçumé, + Tury – catarro
) Kauiré-rimy, O, n Maracaçumé, + Tury – catarro
) Auá-rupyk, miaçu, n Coracy, + Tury – velho
) Maty, capitão-té, n Tury, + Parawá – kar. matou
) Uiry-ay, capitão, n Maracaçumé, + Jararaca – catarro
A 62) Ty-āgüára, -, n Maracaçumé, + Jararaca
) Uirá-xié, capitão, n Maracaçumé, + Jararaca – catarro

64) Tarái, miaçu (suc. cap.), n Parawá, + Jararaca – catarro
65) Tamatá-rimby, O, n Gurupiúna, + Jararaca – catarro
66) Parã-güái, capitão, n + Tury – catarro
67) Uātā-yú, -, n Maracaçumé – vivo
68) Tā-nin, -, n Maracaçumé – vivo
69) Iuã-kā-uapík, -, n Maracaçumé – vivo
70) Mutun-my, miaçu, n Tury, + Jararaca – catarro
71) Ā-tum, miaçu, n Tury, + Jararaca – catarro
72) Kirypé, miaçu, n Maracaçumé, + Jararaca – catarro
73) Uarun-my, miaçu, n Maracaçumé, + Jararaca – catarro
74) Marakaiá-pytá, O, n Tury, + Maracaçumé

75) Ahy, O, n Parawá, + Tury
76) Nó-y, O, n Maracaçumé, + Tury – catarro
77) Uçá-mir, O, n Tury, + Jararaca – catarro
78) Tapiíxā, capitão, n Piahú, + Tury
79) Pātā, capitão, n Maracaçumé, + Tury – catarro
80) Uirá-ku, capitão, n Maracaçumé – vivo no Tury
81) Ā-um, miaçu, n Tury, + Jararaca
82) Mun-dik, O, n Gurupiúna – viva
83) Mapiá-rimby, O, n Tury – viva
84) Mará-ú, miaçu, n + Maracaçumé – catarro
85) Karáiá, -, n + Maracaçumé – acid.
  – A – Muiú-y, -, n + Maracaçumé
  – B – Nery, -, n + Maracaçumé
86) Pã-i(Mirá), capitão, n Maracaçumé – vivo
87) Tay-rapy, miaçu, n + Maracaçumé – catarro
88) Mará-kurú, capitão, n Parawá, + Gurupi – catarro
89) Nú-y, tuxaua, n + Tury – catarro
90) Uirá-ki, O, n Maracaçumé, + Tury
  – A – Téu-y, tuxaua, n Maracaçumé, + Maracaçumé – catarro
91) Iuā-ki, O, n Maracaçumé, + Tury – catarro
92) Uarakú-rimby, O, n Maracaçumé – viva
93) Tumá-xy, O, n + Gurupiúna
94) Kaiá-uiry, -, n + Maracaçumé – catarro
95) Kurú-rin, O, n + Tury – catarro
96) Purun-rimby, O, n Maracaçumé – viva
97) Tupiry, O, n Tury, + Parawá
98) My-ān, O, n Tury, + Parawá – catarro
  – A – Korõdó, -, n Maracaçumé, + Tury – catarro
99) Kará-xiá, O, n Tury – viva no Parawá

100) Pāu-ri, miaçu, n Coracy, + Tury

Anexo

101) Py-tá-y, O, n Tury, + Jararaca – catarro
102) Pā-nā-rimby, O, n Tury + Jararaca – catarro
103) Uāsārin, O, n Tury, + Jararaca – catarro
104) Ury-ayá, O, n Tury – viva
105) Terú, O, n Tury, + Jararaca – catarro
106) Terembehú, miaçu, n + Tury – catarro
107) Terembey, miaçu, n +Tury – catarro
108) Iry-maí, O, n + Tury – catarro
109) Tamby, O, n Maracaçumé, + Parawá – catarro
110) Koxá-hú, O, n Tury, + Parawá – catarro
111) Kapy-au, O, n + Parawá – catarro
112) Itá-djá, O, n + Maracaçumé – sarampo
113) Ará-iuby(solt.), O, n + Parawá – catarro
114) Uirá-iurá, O, n + Tury – catarro
115) Aká (grande), O, n Maracaçumé, + Ilha Purificação – catarro
  – A – Irixá, O, n + Maracaçumé – catarro
116) Xy-y, capitão, n Maracaçumé, + Tury – catarro
117) Xy-rá, miaçu, n Tury, + Parawá – kar. matou
118) Ará-iú, miaçu, n Maracaçumé, + Tury – catarro
119) Urú-kú, capitão, n Maracaçumé, + Jararaca – catarro
  – B – Iā-uakin, O, n Maracaçumé, + Tury – catarro
120) Xiká, miaçu, n + Maracaçumé – kar. matou
121) ................
122) Iapú-rixān, miaçu, n Maracaçumé, + Jararaca – catarro
123) Auá-iapyk, miaçu, n + Tury – com rifle roubado de branco/acidente
124) Uirādú, capitão, n Tury, + Jararaca – catarro
125) Aerun-my, O, n + Tury – catarro
126) Katirin, O, n + Tury – catarro
127) Trotó, capitão, n Tury, + Maracaçumé – catarro
128) Iraú-yrú, miaçu, n Tury, + Maracaçumé – gripe
129) Eré-Y-ambyre, miaçu, n + Maracaçumé – Jurupari deu veneno, ficou louco
130) Kái-pyk, capitão, n + Maracaçumé – gripe
131) Aráuá-py, miaçu, n + Maracaçumé – gripe
132) Uiri-ry, miaçu, n + Maracaçumé – gripe
133) Paxipé, miaçu, n + Maracaçumé – gripe
134) Teremby, O, n Maracaçumé, + Piahú – catarro
135) Kary, miaçu, n Tury – vivo
136) Iury-rimby, O, n + Maracaçumé – catarro
  – A – (136) Dé-y, n + Tury – catarro
  – B – (136) Pirahú-pihun, n + Tury – catarro
137) Iuarāndá, capitão, n + Maracaçumé – catarro
138) Kiráu-ái, miaçu, n Maracaçumé, + Gurupiúna – catarro
139) Tumei-uhú, capitão, n b. Maracaçumé, + Gurupiúna – catarro
140) Tā-in, O, n + Maracaçumé – catarro
141) Káa-numby, O, n + Tury – catarro
142) Maty, capitão repete 61/65
143) Tá-iāgüara, capitão idem
144) Ury-ay, miaçu idem
145) Urá-xié, capitão idem
146) Matá-rumby, O idem
147) Iriry-pitá, miaçu, n Maracaçumé, + Tury – catarro
148) Iurá-humā, capitão, n Maracaçumé, + Tury – catarro
149) Sarun, O, n Tury, + Maracaçumé – catarro
150) Mundík, O, n Tury, + Parawá – catarro
151) Arā-pin, O, n Tury, + Maracaçumé – catarro

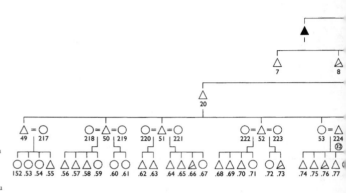

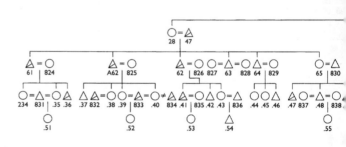

Diários índios

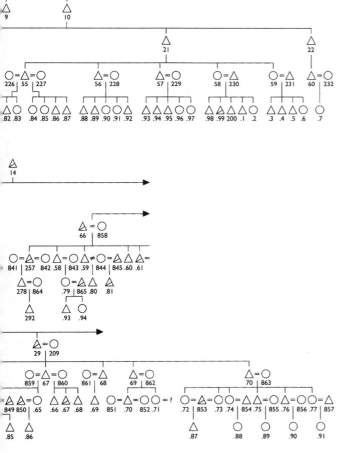

152) Ké-ren, O, n + Maracaçumé – catarro
153) Irá-tay, O, n Maracaçumé, + Tury – catarro
154) Karatú, O, n Maracaçumé, + Tury – catarro
155) Kaiturú, miaçu, n + Maracaçumé – mordedura de cobra na cabeça
156) Katírin, O, n Maracaçumé, + Tury – catarro
157) Kiréri, O, n Maracaçumé, + Tury – catarro
158) Iry-riú, miaçu, n Maracaçumé, + Tury – catarro
159) Iã-rin, O, n Maracaçumé – viva
160) Pãi-hen, O, n + Maracaçumé –gripe
161) Mirixy-tay, O, n + Maracaçumé – gripe
162) Murin, O, n + Maracaçumé – gripe
163) Ãntãhú, miaçu, n + Maracaçumé – gripe
164) Tãgá-ray, miaçu, n Maracaçumé – vivo
165) Ãnakã-póy, miaçu, n Maracaçumé – vivo no Parawá
166) Ipú-iuy, capitão, n Maracaçumé – vivo
167) Açury, O, n Maracaçumé – vivo
168) Mitun-rá, miaçu, n Maracaçumé, + Piahú – gripe
169) Sauá-iró, miaçu, n Maracaçumé – vivo
170) Makáhí ou Iukã-iuhú, miaçu, n Maracaçumé – vivo
171) Iaxy-rin, O, n + Maracaçumé – sarampo
172) Tauá-rupyk, O, n + Maracaçumé – gripe
173) Iau-aruna, capitão, n Maracaçumé, + Chegatudo – no mato
174) Mará-ú, miaçu, n + Maracaçumé – gripe
175) Karajá, miaçu, n + Maracaçumé – acidente trovoada, pau na cabeça
176) P ... ou Mirá, capitão
177) Tairapy, miaçu, n + Maracaçumé – gripe
178) Múi-uy, miaçu, n + Maracaçumé – gripe
179) Dery, O, n + Maracaçumé – gripe
180) Iaripó, capitão, n + Maracaçumé – gripe
181) Tauy, miaçu, n + Maracaçumé – gripe
182) Pinay, miaçu, n + Maracaçumé – gripe
183) Bakun-rimby, O, n + Maracaçumé – gripe
184) Iapé, O, n + Maracaçumé – gripe
185) Mitú-pihú, O, n + Maracaçumé – gripe
186) Matí-sáre, miaçu, n + Maracaçumé – gripe
187) Iurapá-pinin, miaçu, n + Maracaçumé – gripe
188) Mãmá-rapy, miaçu, n + Maracaçumé – gripe
189) Mãmá-hú, miaçu, n + Maracaçumé – gripe
190) Iapy-irimy, O, n Maracaçumé – viva em Tury
191) Iapy-rãn, O, n + Maracaçumé – gripe
192) Mãi-numby-membék, miaçu, n Maracaçumé – vivo
193) Kãuin-rixã, miaçu, n Maracaçumé, + Jararaca – gripe
194) Amiá, miaçu, n Maracaçumé – vivo
195) Kãui-húrupík, miaçu, n Maracaçumé, + Jararaca – gripe
196) Tã-irãn, O, n Maracaçumé, + Tury – gripe
197) Mirixy-tayri, O, n + Maracaçumé – gripe
198) Uaity, miaçu, n + Maracaçumé – gripe
199) Xin-nen, capitão, n Maracaçumé, + Tury – gripe
200) Aná-uirá, miaçu, n Maracaçumé – vivo
201) Kary-ú, miaçu, n + Maracaçumé – gripe
202) Pitá-rimby, O, n + Maracaçumé – sarampo
203) Irã-igüe, miaçu, n Maracaçumé – vivo
204) Djiry-ityk, O, n + Maracaçumé – gripe
205) Irá-ruhú, miaçu, n Maracaçumé – vivo
206) Giry-rimby, O, n Maracaçumé, + Tury – gripe
207) Arauá-i, miaçu, n Maracaçumé, + Tury – gripe

Anexo

208) 47, O
209) Akatá, O
210) Turury, O
211) Karára, O
212) 1048, O
213) 1049, O
214) 1076, O
215) Kã-uí-ren, O
216) Paxipé, O
217) Kauá-py, O
218) Parú, O
219) Sé-y, O
220) Riuá-pitá, O
221) Arakã-uhú, O
222) Mã-kuẽ, O
223) Piká-y, O
224) Nã-irã = 32, miaçu
225) Mitery ou Iãkãn iró-uy, capitão
226) Iuary, O
227) Arapé, O
228) Irá-tay O
229) Acy, O
230) Marák, miaçu
231) Iuahú, miaçu
232) Kurú-pixun, O
233) ......
234) Irã-tã-imy, O
235) Xã-my, O
236) Iã-güará-iú, capitão
237) Irá-kaiú, O
238) Say, O
239) Tauã-nuhú, O
240) Pã-nẽry, O
241) Xiré-uy, capitão
242) Ré-mun, miaçu
243) Irué-rimy O
244) Teren-xin, O
245) Nó-kin, O
246) Nu-ár
247) Koaxy-purú, capitão
248) Iauá-tekã ou Xapó-mirá, miaçu
249) Pun-ien, miaçu
250) Pó-sõi, miaçu
251) In-kãkã-pitã, O
252) Dária, O
253) S/N, O
254) Iáu-aky, +
255) Mã-nen, O
256) Eruhy, O
257) Sakary, capitão
258) Auá-y, miaçu
259) Uy-rã-xõ
260) Uiapy-riú
261) Pí-y, capitão
262) Piá-ké, O
263) Murú-iú, O
264) Sã-moãm, O
265) Uirãbé, O
266) Kurupy-iú, miaçu
267) Tapiír-uhú, miaçu
268) Kauarú (tapúr), miaçu
269) Kin-xin (maty), miaçu
270) Sarapó-y, O
271) Pó-sõi Mery, O
272) Irá-rumby, O
273) Parury, O
274) Murú-y, O

275) Irá-rupé, miaçu
276) Koaxi-ãpui, miaçu
277) Tay-raká, O
278) Arauy-apyk, miaçu (Tarái miaçu)
279) Tundy, O
280) Mirixy-kuá, O
281) Pirã-güá (f. cap.)
282) Pã-nery, O
283) Mary-ró, O
284) Samo-in, O
285) Pá-djík, novo = n
286) Toá-pukú, novo
287) Ará-uiapyk, miaçu

288) Irixy-kuá, O
289) Páñê-rin, O
290) Mary
291) Patun-ny, O
292) S/N
293) Nuá, novo
294) Nõ-kin, O
295) Xikú, capitão
296) Tatá-hú, miaçu
297) Pindá-é, capitão
298) In-güariry, O
299) Mirá-xiú, miaçu
300) Arary-apyk, miaçu
301) Kamã-day-mãn, miaçu
302) Arárakã, miaçu

303) Tamará-mitár, miaçu
304) Makã-pen, O
305) Tatá-uyrá, O
306) Xã-in, O
307) Xiry-pitá-rimby, O
308) Apaé-rimby, O
309) Tikaiú-apyk, O
310) Kátirin, O
311) Pirindá (f. cap.)
312) Iun-ãkin, O
313) Urã-kin, O
314) Pikiá-rã-in, O
315) Mañí-irã, O
    - A - (315)
    Apá-rimby, O

316) Mã-güarí, O
317) Uain-dá, capi
318) Mã-duy, O
319) Suã, capitão
320) Mãnêi-rimby
321) Mary-ay, O
322) Tãi-mary, O
323) Xê-en, O
324) Tã-min, miaç
325) Mary-arin, O
326) Djí-kirin, O
327) Tay-rixã, mia
328) Iehá, O
329) Taiuy, miaçu
330) Muréi, miaçu
331) ...
332) ...

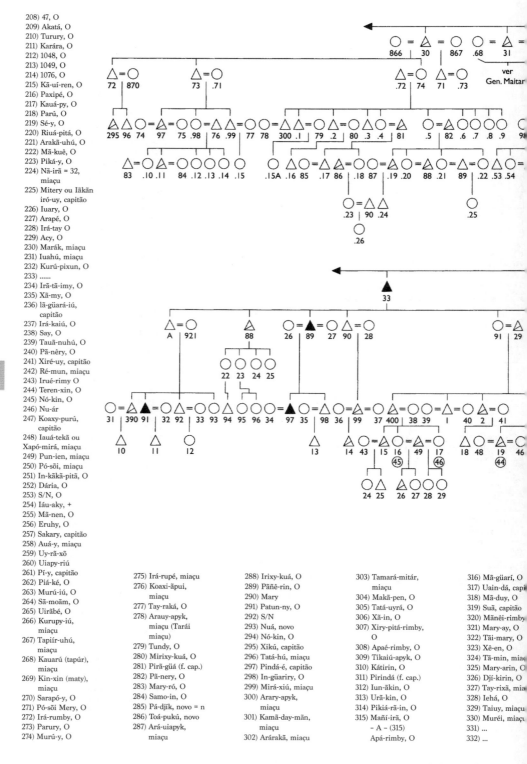

Diários índios

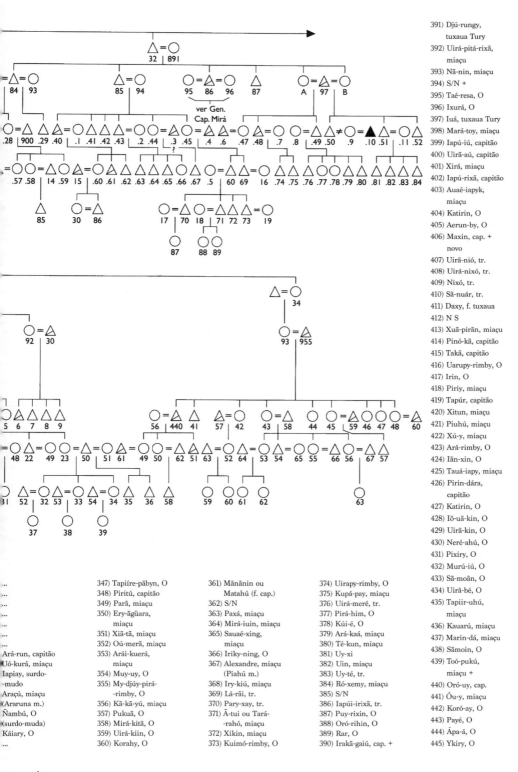

391) Djú-rungy, tuxaua Tury
392) Uirá-pitá-rixã, miaçu
393) Nã-nin, miaçu
394) S/N +
395) Taé-resa, O
396) Ixurá, O
397) Iuá, tuxaua Tury
398) Mará-toy, miaçu
399) Iapú-iú, capitão
400) Uirã-aú, capitão
401) Xirá, miaçu
402) Iapú-rixã, capitão
403) Auaé-iapyk, miaçu
404) Katirin, O
405) Aerun-by, O
406) Maxin, cap. + novo
407) Uirã-nió, tr.
408) Uirá-nixó, tr.
409) Nixó, tr.
410) Sã-nuár, tr.
411) Daxy, f. tuxaua
412) N S
413) Xuã-pirãn, miaçu
414) Pinó-kã, capitão
415) Takã, capitão
416) Uarupy-rimby, O
417) Irin, O
418) Piriy, miaçu
419) Tapúr, capitão
420) Xitun, miaçu
421) Piuhú, miaçu
422) Xú-y, miaçu
423) Ará-rimby, O
424) Iãn-xin, O
425) Tauá-iapy, miaçu
426) Pirin-dára, capitão
427) Katirin, O
428) Iõ-uã-kin, O
429) Uirã-kin, O
430) Neré-ahú, O
431) Pixiry, O
432) Murú-iú, O
433) Sã-moãn, O
434) Uirã-bé, O
435) Tapiir-uhú, miaçu
436) Kauarú, miaçu
437) Marin-dá, miaçu
438) Sãmoin, O
439) Toó-pukú, miaçu +
440) Oró-uy, cap.
441) Óu-y, miaçu
442) Koró-ay, O
443) Payé, O
444) Ápa-á, O
445) Ykiry, O

347) Tapiíre-pãbyn, O
348) Piritú, capitão
349) Parã, miaçu
350) Ery-ãgüara, miaçu
351) Xiã-tã, miaçu
352) Oú-merã, miaçu
353) Arái-kuerá, miaçu
354) Muy-uy, O
355) My-djúy-pirá--rimby, O
356) Kã-kã-yú, miaçu
357) Pukuã, O
358) Mirá-kitã, O
359) Uirá-kiin, O
360) Korahy, O

361) Mãnãnin ou Matahú (f. cap.)
362) S/N
363) Paxá, miaçu
364) Mirá-iuin, miaçu
365) Sauaé-xing, miaçu
366) Iriky-ning, O
367) Alexandre, miaçu (Piahú m.)
368) Iry-kiú, miaçu
369) Lá-rãi, tr.
370) Pary-xay, tr.
371) Ã-tui ou Tará--rahó, miaçu
372) Xikin, miaçu
373) Kuimó-rimby, O

374) Uirapy-rimby, O
375) Kupá-pay, miaçu
376) Uirá-meré, tr.
377) Pirá-him, O
378) Kúi-é, O
379) Ará-kaá, miaçu
380) Té-kun, miaçu
381) Uy-xi
382) Uin, miaçu
383) Uy-té, tr.
384) Ró-xemy, miaçu
385) S/N
386) Iapúi-irixã, tr.
387) Puy-rixin, O
388) Oró-rihin, O
389) Rar, O
390) Irakã-gaiú, cap. +

Ará-run, capitão
Uó-kurá, miaçu
Iapiay, surdo--mudo
Araçú, miaçu
(Araruna m.)
Ñambú, O
(surdo-muda)
Káiary, O

Anexo

446) Uairú, O
447) Iuã-nin, O
448) Síka-tãi, O
449) Iõ-õxin, O
450) Surukukú, O
451) Tá-güe, f. cap.
452) Teré-pyri, O
453) Terépyk, O
454) Uiramurú-y, O
455) Men-iun, O
456) Aká-rí, miaçu
457) Ó-uy, miaçu
458) S/N
459) Kõ-kin, O
460) Kupipé, O
461) ? Kun-kin
462) ? Kupy-pé
463) Mahãme ou Ikyry-pitarimby, O
464) ...
465) ...
466) ...
467) ...
468) ...
469) ...
470) Mé-rentun, capitão
471) Itahik-xã, miaçu
472) Irakã-miahú, miaçu
473) Ararun-rimby, O
474) Ãngú, miaçu
475) Irahú-nunby, O
476) Urú-rehá, O
477) ...
478) Irapy-rimby, O
479) ...
480) Oómerãn, miaçu
481) Apá-pay, miaçu
482) ...
483) Iapú, miaçu
484) Kururú--putirimby, O
485) Ikarã-naiú, f. cap.
486) N S
487) Kurumi-y, miaçu
488) Karamurú, miaçu
489) Karãmurãxi, miaçu
490) ...
491) ...
492) Muiú-y, O
493) Muiú-y-tuy--rimby, O
494) Kákãñiú miaçu
495/504) ...
505) Pixiry-rixãng, capitão
506) Suá-murá, f. cap.
507) Teren-behú, + novo
508) Teren-bey, + novo
509) Pinú-ay, + novo
510) Tã-nurú, miaçu
511) Uaçá-iy, miaçu
512) N S
513) Kaiá-uiry, miaçu
514) Iry-má-í, O
515) Tã-mary, O
516) Iú-pukú, capitão
517) Pã-kãm, capitão
518) Uirã-xã, capitão
519) Mã-duy, miaçu
520) Ary-kã-hin, O
521) Á-tuk, miaçu
522) Tariú, miaçu
523) Mã-daky, capitão
524) Cipó-uá, tuxaua
525) Tapekuá, capitão
526) Xin-by, O
527) Tá-uá, O
528) Paiá-pyk, cap. Ingarussú
529) Urú-pyk, miaçu
530) Patarã-niú, miaçu
531) Uedá-pyk, cap.
532) Munuy-rimby, O
533) Uirá-rõy, cap.
534) Arã-pin, O
535) Saú, miaçu
536) Arú-ay, O
537) Iakaré-ãkãn, O
538) Uirá-hukáa, O
539) N S
540) Cigarro-papér, O novo
541) Parú-ruy, O
542) Ará-pihun, miaçu
543) Trã-xin, f. cap.
544) S/N
545) Iapuky-tay +
546) Maxin, f. cap. (o pai era capitão)
547) Nuxíre +
548) Iucepá, O
549) Á-ky, miaçu
550) Ti-ty, miaçu, + novo
551) Pirãniá-rimby (Mereirã), O
552) Anakã, O
553) Aramin-akã (Cecília), O
554) Turin, O
555) Tapã-néra, O, mulh. de cap.
556) Karaiú-ruy, O
557) Iauõ-xin, O
558) Xiapó, f. cap.
559) Uiróy (Hapy), miaçu
560) Mun-tarin, O
561) Maturupá, f. cap.
562) Mã-nekin (Aiá), f. cap.
563) N S
564) Kiry-sá, miaçu
565) Kaninby, O
566) Kay-raíra, O
567) Korõdó, capitão
568) Mirá-iumã, miaçu
569) Pukú-ié, miaçu
570) Urukú-rimby, O
571) Takuá-ky-rimby, O
572) Taciriy, O
573) Kacé, O
574) Korin, O
575) Iutá, capitão
576) Sauá-raíra, m
577) Xy-y (hapy), miaçu
578) Tay-rupé, mi
579) Tiripinpin, C
580) Uendá, miaç
581) Munu-y, O
582) Irá-róy, miaçu
583) Arã-pin, O
584) Xeren, O
585) Senren, O
586) Kuã-dy, O
587) Tã-güe, cap.
588) Takiuá, O
589) S/N
590) Irá-puã, cap.

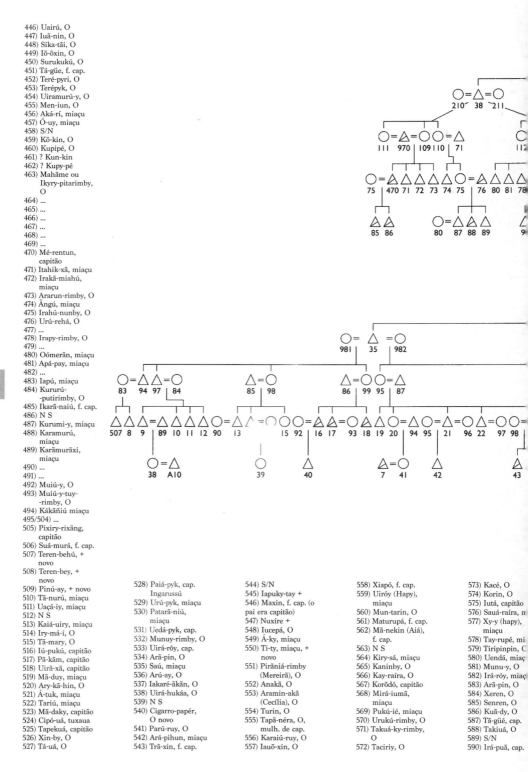

Diários índios

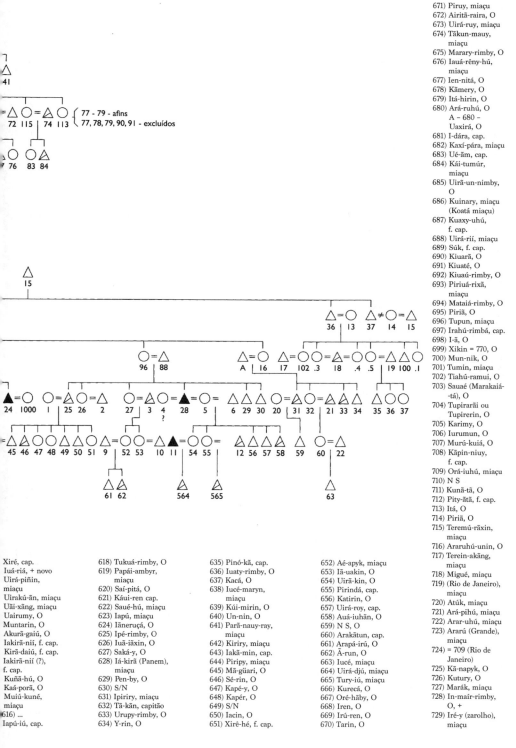

| | | | |
|---|---|---|---|
| Xiré, cap. | 618) Tukuá-rimby, O | 635) Pinó-kã, cap. | 652) Aé-apyk, miaçu |
| Iuá-riá, + novo | 619) Papái-ambyr, miaçu | 636) Iuaty-rimby, O | 653) Iã-uakin, O |
| Uirá-piñin, miaçu | 620) Saí-pitá, O | 637) Kacá, O | 654) Uirá-kin, O |
| Uirakú-ān, miaçu | 621) Káui-ren cap. | 638) Iucé-maryn, miaçu | 655) Pirindá, cap. |
| Uãi-xāng, miaçu | 622) Saué-hú, miaçu | 639) Kúi-mirin, O | 656) Katirin, O |
| Uairumy, O | 623) Iapú, miaçu | 640) Un-nin, O | 657) Uirá-roy, cap. |
| Muntarin, O | 624) Iāneruçá, O | 641) Parã-nauy-ray, miaçu | 658) Auá-iuhān, O |
| Akurā-gaiú, O | 625) Ipé-rimby, O | 642) Kiriry, miaçu | 659) N S, O |
| Iakirā-nií, f. cap. | 626) Iuā-iāxin, O | 643) Iakā-min, cap. | 660) Arakātun, cap. |
| Kirā-daiú, f. cap. | 627) Saká-y, O | 644) Piripy, miaçu | 661) Arapá-irú, O |
| Iakirā-nií (?), f. cap. | 628) Iá-kirā (Panem), miaçu | 645) Mā-güari, O | 662) Ā-run, O |
| Kuñā-hú, O | 629) Pen-by, O | 646) Sé-rin, O | 663) Iucé, miaçu |
| Kaá-porā, O | 630) S/N | 647) Kapé-y, O | 664) Uirá-djú, miaçu |
| Muiú-kuné, miaçu | 631) Ipiriry, miaçu | 648) Kapér, O | 665) Tury-iú, miaçu |
| 616) ... | 632) Tā-kān, capitão | 649) S/N | 666) Kurecá, O |
| Iapú-iú, cap. | 633) Urupy-rimby, O | 650) Iacin, O | 667) Oré-hāby, O |
| | 634) Y-rin, O | 651) Xirē-hé, f. cap. | 668) Iren, O |
| | | | 669) Irú-ren, O |
| | | | 670) Tarin, O |

671) Piruy, miaçu
672) Airitā-raira, O
673) Uirá-ruy, miaçu
674) Tākun-mauy, miaçu
675) Marary-rimby, O
676) Iauá-rêny-hú, miaçu
677) Ien-nitá, O
678) Kāmery, O
679) Itá-hirin, O
680) Ará-ruhú, O
A − 680 −
Uaxirá, O
681) I-dára, cap.
682) Kaxí-pára, miaçu
683) Ué-ām, cap.
684) Kái-tumúr, miaçu
685) Uirā-un-nimby, O
686) Kuinary, miaçu (Koatá miaçu)
687) Kuaxy-uhú, f. cap.
688) Uirá-rií, miaçu
689) Súk, f. cap.
690) Kiuarā, O
691) Kiuaté, O
692) Kiuaú-rimby, O
693) Piriuá-rixā, miaçu
694) Mataiá-rimby, O
695) Piriā, O
696) Tupun, miaçu
697) Irahú-rimbá, cap.
698) I-ā, O
699) Xikin = 770, O
700) Mun-nik, O
701) Tumin, miaçu
702) Tiahú-ramui, O
703) Sauaé (Marakaiá--tá), O
704) Tupirarāi ou Tupirerin, O
705) Karimy, O
706) Iurumun, O
707) Murú-kuiá, O
708) Kāpin-niuy, f. cap.
709) Orá-iuhú, miaçu
710) N S
711) Kunā-tā, O
712) Pity-ātā, f. cap.
713) Itá, O
714) Piriā, O
715) Teremú-rāxin, miaçu
716) Araruhú-unin, O
717) Terein-akāng, miaçu
718) Migué, miaçu
719) (Rio de Janeiro), miaçu
720) Atúk, miaçu
721) Ará-pihú, miaçu
722) Arar-uhú, miaçu
723) Ararú (Grande), miaçu
724) = 709 (Rio de Janeiro)
725) Kā-napyk, O
726) Kutury, O
727) Marák, miaçu
728) In-maír-rimby, O, +
729) Iré-y (zarolho), miaçu

Anexo

730) In-maír-rimby (Chapy), O
731) Pikuy, O
732) Pikuy-raira, O
733) Maraká-pá-ingué, cap.
734) Irã-kuã, miaçu
735) Kã-rin-my, O
736) Meré-y, O
737) Irá-tuy, cap.
738) Maikakú, miaçu
739) Irá-tihú, cap.
740) Koatá, cap.
741) Iraky-rimby, O
742) Tarú-ãn, O
743) Mãi-numby, O
744) Kutury, O
745) Haxin ou Ry-hí, f. cap.
746) Maitaé-rimby, O
747) Uíy, O
748) Uin, miaçu
749) Roxemy, miaçu
750) Tatá-kuapí, cap.
751) Paxiuá, miaçu
752) Kauá-supé, miaçu
753) Iú-in, miaçu
754) Iarapé ou Arakã, (?f.) cap.
755) Kosó, tuxaua
756) Taiá, miaçu, +
757) Narãi, cap.
758) Iry-kiú, miaçu
759) Iã, O
760 / 769) ...
770) Xikin = 699
771) Irapuã, f. cap.
772) Iraxiré, cap. ?
773) Iunpin, miaçu
774) Prixin, O
775) Kumaruxin, miaçu
776) Perá, O
777) = 715
778) = 716
779) ...
780) Sauaé-hú, miaçu
781) Iendy-tá, O
782) Pun-pun, novo
783) Marataiá-rimby, O
784) Iapuriry-rixã, f. cap.
785) N S
786) Penã-nin, miaçu
787) Muraí, O
788) Tararahô, miaçu
789) Parixay, miaçu
790) Pipirã-pui, O
791) ?
792) Iauárã-dá = 137, cap.
793) Kiráu-a = 138, cap.
794) Tumei-uhú = 139, cap.
795) Tã-in, O
796) Kaá-nunby, O
797) À-neiú, cap.
798) Mã-nemy, O

799) Uiramirin, O
800) José Marí, miaçu
801) Un-nin, O
802) Tapurú, cap.
803) Xitun-raira, miaçu
804) Piuhú, miaçu
805) Xú-y, miaçu
806) Aká-xirinby, O
807) Aruã, O
808) Ará-rinby, O
809) ...
810) (filho cap. Mário - ver censo)
811) = 653
812) = 654
813) = 655
814) = 656
815) Eréahú, O
816) Xy-ry, O
817) Xiká, miaçu
818) Auaé-rapy, miaçu
819) Iã-xin, O
820) Pá-jík, f. cap.
821) Murú-iú, O
822) Samoã, O
823) Irã-bé, O
824) Mainumy-ay, O
825) Kú-nen, O
826) Taruaiá, O
827) Piuá-y-rinby, O
828) Irú-ã, O
829) Tun-dy, O
830) My-êre, miaçu ?
831) Kí-xin, O
832) Py-y, cap.
833) Koaxí-purú, cap.
834) Pin-daé, cap.
835) Pen-by, O
836) Arakã-puí, miaçu
837) Saká-y, O
838) Ipé-rimby, O
839) Má-riã, O
840) Murú-y, O
841) Murú-y -
842) Irá-runby, O
843) Tay-raká, O
844) Parury, O
845) Anakanpukú, cap.
846) Sá-y, O
847) Kumã-daiú, miaçu
848) Koaxí-ãpúi, miaçu
849) Maraká-inãgüar, cap.
850) Mãdú-iuy, miaçu
851) Iakãng-apyk-mimi (Sarapó-y), O
852) = 849 ?
853) Sakary, cap.
854) Uirã-xõ, miaçu
855) Púi-aké, O
856) Murú-iú, O
857) Auá-y, miaçu
858) Tarin-by, O
859) Arin-by, O

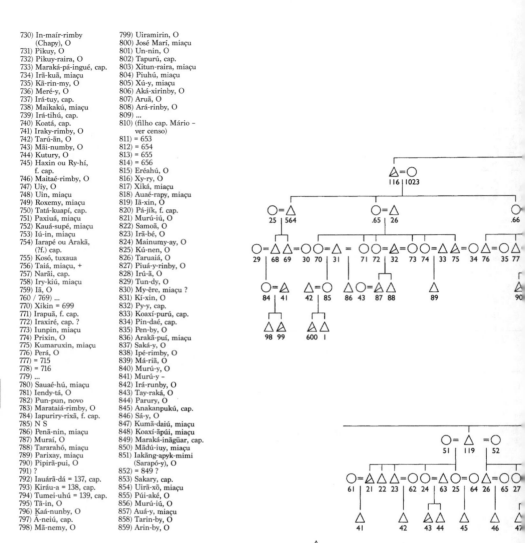

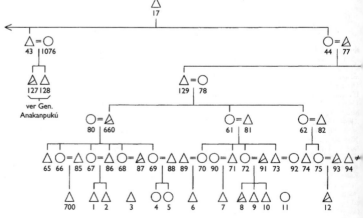

Diários índios

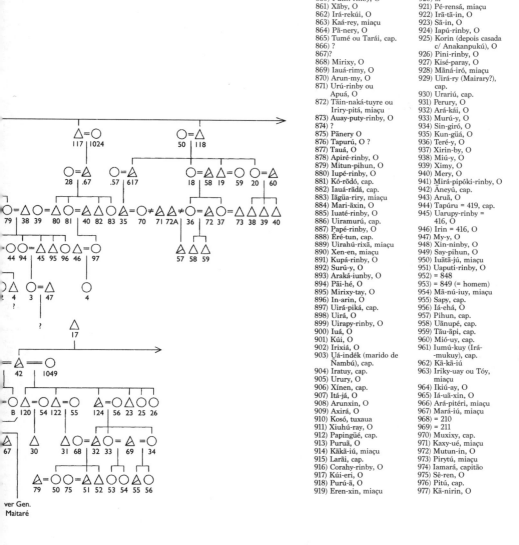

860) Putin-rinby, O
861) Xãby, O
862) Irá-rekúi, O
863) Kaá-rey, miaçu
864) Pã-nery, O
865) Tumé ou Tarái, cap.
866) ?
867) ?
868) Mirixy, O
869) Iauá-rimy, O
870) Arun-my, O
871) Urú-rinby ou Apuá, O
872) Tãin-naká-tuyre ou Iriry-pitá, miaçu
873) Auay-puty-rinby, O
874) ?
875) Pãnery O
876) Tapurú, O ?
877) Tauá, O
878) Apiré-rinby, O
879) Mitun-pihun, O
880) Iupé-rinby, O
881) Kó-rõdó, cap.
882) Iauá-rãdá, cap.
883) Iãgüa-riry, miaçu
884) Mari-ãxin, O
885) Iuaté-rinby, O
886) Uiramurú, cap.
887) Papé-rinby, O
888) Éré-tun, cap.
889) Uirahú-rixã, miaçu
890) Xen-en, miaçu
891) Kupá-rinby, O
892) Surú-y, O
893) Araká-iunby, O
894) Pãi-hé, O
895) Mirixy-tay, O
896) In-arin, O
897) Uirá-piká, cap.
898) Uirá, O
899) Uirapy-rinby, O
900) Iuá, O
901) Kúi, O
902) Irixiá, O
903) Uá-indék (marido de Ñambú), cap.
904) Iratuy, cap.
905) Urury, O
906) Xínen, cap.
907) Itá-já, O
908) Arunxin, O
909) Axirá, O
910) Kosó, tuxaua
911) Xiuhú-ray, O
912) Papingüé, cap.
913) Puruã, O
914) Kãkã-iú, miaçu
915) Larãi, cap.
916) Corahy-rinby, O
917) Kúi-eri, O
918) Purú-ã, O
919) Eren-xin, miaçu

920) ...
921) Pé-rensá, miaçu
922) Irã-tã-in, O
923) Sã-in, O
924) Iapú-rinby, O
925) Korin (depois casada c/ Anakanpukú), O
926) Pini-rinby, O
927) Kisé-paray, O
928) Mãná-iró, miaçu
929) Uirá-ry (Mairary?), cap.
930) Urariú, cap.
931) Perury, O
932) Ará-kái, O
933) Murú-y, O
934) Sin-giró, O
935) Kun-güá, O
936) Teré-y, O
937) Xirin-by, O
938) Miú-y, O
939) Ximy, O
940) Mery, O
941) Mirá-pipóki-rinby, O
942) Ãneyú, cap.
943) Aruã, O
944) Tapúru = 419, cap.
945) Uarupy-rinby = 416, O
946) Irin = 416, O
947) My-y, O
948) Xin-ninby, O
949) Say-pihun, O
950) Iuãtã-jú, miaçu
951) Uaputi-rinby, O
952) = 848
953) = 849 (= homem)
954) Mã-nú-iuy, miaçu
955) Sapy, cap.
956) Iá-ehá, O
957) Pihun, cap.
958) Uãnupé, cap.
959) Tãu-ãpi, cap.
960) Mió-uy, cap.
961) Iumú-kuy (Irá--mukuy), cap.
962) Kã-kã-iú
963) Iriky-uay ou Tóy, miaçu
964) Ikiú-ay, O
965) Iá-uã-xin, O
966) Ará-pitéri, miaçu
967) Mará-iú, miaçu
968) = 210
969) = 211
970) Muxixy, cap.
971) Kaxy-ué, miaçu
972) Mutun-in, O
973) Pirytú, miaçu
974) Iamará, capitão
975) Sê-ren, O
976) Pitú, cap.
977) Kã-nirin, O

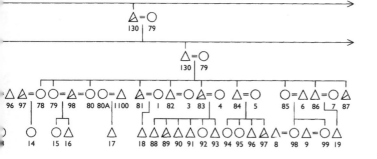

Anexo

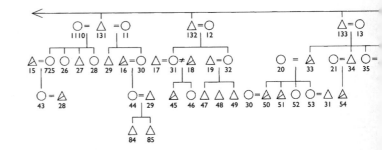

978) Tairixã, miaçu
979) ...
980) Iuy-tauá, O
981) Makã-pen, O
982) Mundík, O
983) Tikaiú-iapyk, O
984) Iauá-kuhúk, miaçu
985) Miã, O
986) Uirã-xã, cap.
987) Nasá-ri, cap.
988) Maraiay-auy, cap.
989) Tikiry, miaçu
990) N S
991) Iuá-rixã, miaçu
992) Pen-nêri. O
993) N S
994) Tupé, miaçu
995) In-ã, O
996) Tupã-niy, O
997) Mulher Tembé (N S)
998) Iú-irin, O
999) Kun-hã, O
1000) Sã-bé, O
1001) Ariun, O
1002) Xirá, O
1003) Piahú, cap.
1004) Mulher do cap. Ingarussú, O
1005) Kãi-Ãtun, miaçu
1006) ?
1007) Uriay, cap.
1008) Anakã (mulher de Mí-ungú), O
1009) N S
1010) José
 - A 1010 - Taxy, miaçu
1011) Cipó-iuá, tuxaua
1012) Mãduki ou Oiã-gí, f. cap.
1013) Arú-ay, O
1014) Má-kãpen, O
1015) Karauá, miaçu
1016) Makãpe, O?
1017) Á-un, miaçu
1018) Pã-tã, cap.
1019) Piry-apyk, miaçu
1020) Uaté-rinby, O
1021) Uiramurú, cap.
1022) Xé-en, miaçu
1023) Karaxiá, O
1024) Má-kãpen, O
1025) ?
1026) Asuy, miaçu

1027) Karã-pin, miaçu
1028) Mãkãpen, O ?
1029) Urukú-rinby, O
1030) Marary, O
1031) Pukú-iué, miaçu
1032) Tumúi-umã, cap.
1033) Atunin-iusé, miaçu
1034) Kãtãi, O
1035) Mãinumy, O
1036) Mati-kiky, O
1037) Uirã, O
1038) Ixó, miaçu
1039) Uaterenby, O
1040) Uiramurú, cap.
1041) Merentun, cap.
1042) ?
1043) Tarãgüé-rinby, O
1044) Hin-uin, miaçu
1045) Uiry-riú, miaçu
1046) Xé-en, miaçu
1047) Taká-pú, miaçu
1048) Irixá, O
1049) Iã-uakin, O

1050) Uirãki, O
1051) Oré-ry, O
1052) Tataxy, O
1053) Iauá-ratá, cap.
1054) Uarin-my, miaçu
1055) Añãg-raira, O
1056) Mí-in, O
1057) Teré-y O
1058) Tumehú, cap.
1059) Say-puã, O
1060) Kirá-uái, cap.
1061) Xirin-pitá-rinby, O
1062) Marapó-ki-rinby, O
1063) Iauá-raká, miaçu
1064) Ararakã, miaçu
1065) Tá-hen, O
1066) Mixú, miaçu
1067) Xiré-uy, cap.
1068) Aruã, O
1069) Tapurú, cap.
1070) Papé-rinby, O
1071) Suã, f. cap. ?

Diários índios

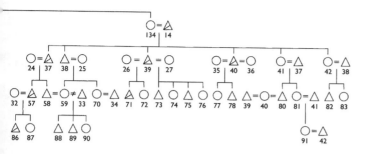

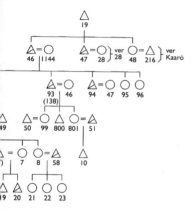

1072) Uararú, cap.
 - A - 1072, Uādá, cap.
1073) Tatahú, miaçu
1074) Pirindá, cap.
1075) N S
1076) Kará-mirin, O
1077) Kã-uin-ren, cap.
1078) Tapé-ramar, O
1079) Kã-uirã, O
1080) Uái-rinby, O
1081) Mêiary, miaçu
1082) Pitúru, miaçu
1083) Iraky-rinby, O
1084) Mã-naé, O
1085) Muxin-hú, miaçu
1086) Piry, miaçu
1087) Uy-uhú, cap.
1088) Kopó, miaçu
1089) Taiu-in, miaçu
1090) Igüy, miaçu
1091) Tã-kun, cap.
1092) Serin, O
1093) Teriky, cap.

1094) Sokó, miaçu
1095) Pirixin, O
1096) Iry-ãgüara, miaçu
1097) Sairá, cap.
1098) Koatá, cap.
1099) ...
1100) Kosó, tuxaua
1101) Téré-y, O
1102) Putuny-iunpin, miaçu
1103) Pã-ñiu-ã, O
1104) Tãi-ain, O
1105) Taráu-ã, O
1106) Mirakú, miaçu
1107) Xikin, O
1108) Atúk, miaçu
1109) Kuinary, miaçu (Koatá miaçu)
1110) Tá-runby, O
1111) Mari-rõi, O
1112) Erexiá, O
1113) Akú-xirãng, O
1114) Iaxiré, cap.
1115) Pay, cap.
1116) Taraiú, cap.

1117) Tairuaiá-rixã, miaçu
1118) Kaiú, cap.
1119) Xiã-tã, miaçu
1120) Uixy-ró, O
1121) Pin-nin, O
1121) Ã-marú, cap. pajé
1122) Wirapurú, tuxaua grande
1124) Kiary, O
1125) Uirai-rinby, O
1126) Iã, O
1127) Katirin, O
1128) Toró, cap.
1129) Tai-uy, miaçu
1130) Kaá-purã, O
1131) Uirá-piny, miaçu
1132) Korahí-rinby, O
1133) Atúk ?, miaçu ? / Arauy-arin (pai de Tara-rahó), miaçu
1134) Kui-nary, miaçu
1135) Tahirin, O
1136) Araruhú-unin, O
1137) Iusé, miaçu
1138) Kumaruxin, O
1139) ?
1140) ?
1141) ?
1142) ?
1143) ?
1144) Perury, O
1145) Pun-in, O
1146) Say-pitá, O
1147) Tukã-unby O
1148) Katirin, O
1149) Sisíri, O
1150) Mã-mayre, O
1151) Xã-tarixã, cap.
1152) = 633
1153) = 634
1154) Min-xy, miaçu
1155) Xin-nimy, O
1156) Say-pihun, O
1157) Xuxú ou Raki-ãtun, miaçu
1158) Takã, capitão
1159/1170) — ...
1171) Tarumã, miaçu

Anexo

# Índice

**Primeira expedição**

Viseu .................................................................................................. *21*
A pesquisa, *21* O Círio, *23* Bragança, *24* Maré, *25* João Mendes, *26* Matança, *27* Pacificação, *29* Coexistência, *31* Oropó, *33* Linha telegráfica, *34* Volta a paz, *35* Pedro Dantas, *36* Vidinha, *37* Rachid, *38* Miguel Silva, *39* Linde, *40* SPI, *40* Ariuá, *40* Urubus, *41* Miguel Filho, *41* Miranda, *42* Medicando, *42* Noivado, *45* Rachid, *46* Miranda, *47* Carutapera, *48* Maconha, *49* Quilombo, *49*

Camiranga .......................................................................................... *51*
Gurupi, *51* Camiranga, *53* Os negros, *54* Pajelança, *55* A Coroação do Imperador, *61* Bumba meu Boi, *62* Tambor Grande, *63* Tamborim, *64* A civilização, *66*

Canindé .............................................................................................. *69*
Meus índios, *69* Ouro de Camiranga, *70* A viagem, *71* David Blake, *73* Mais David, *76* Itamoari, *77* O húngaro de Itamoari, *78* Chatão, *79* Regatão, *80* Forno de cobre, *81* O posto, *82* Sarampo, *82* Censo, *85* Pênfigo foliáceo, *85* Marginais, *86* Timbira, *86* Margem maranhense, *88* O sarampo se alastra, *90*

Jararaca ............................................................................................. *93*
Miguel Silva, *93* Viagem, *94* Sordado, *95* Jiboia, *96* Guajá, *97* Jararaca, *98* Andarilho, *99* Ano-Novo, *99* Melancolia, *100* Pajés tembés, *101* Bacabal, *101* Koaxipurú, *103* Katú, katú, *105* Major, *109* Morte na mata, *110*

Domingos, antigo Maíra .................................................................... *115*
Cerâmica, *117* Casas, *117* Menina índia, *118* Gente, *120* Aldeia e morte, *120* Oropó, *123* Ainda a garotinha, *124*

Ianawakú ........................................................................................... *127*
Alegria de viver, *127* Banhos, *129* Coleta, *129* O forno, *130* Troças, *131* Tralha doméstica, *132* Colaboração, *134* Cantoria, *134* Colares, *135* Intérprete, *137* Carneação, *138* Guaribas, *139* Nominação, *140* Visitas aos karaíwas, *141* Filmagem, *143* Crianças, *144* Escritura, *146* Cantos e mitos, *146* Sarampo, *149* Bestice, *150* Desenhos, *151* Cantos e mitos, *152* Nome tribal, *153* Retratos, *154* Novos planos, *159* Registros, *160* O diário, *161*

Volta ao Canindé ............................................................................... *163*
No posto, *164* Vida sexual, *165* Autodenominação, *167* Comparações, *173*

Piahú e Koatá .................................................................................................... *179*
O sarampo outra vez, *180* Desespero, *181* Volta a alegria, *182* Filmagem, *183* Coruba, *184* Perdida na mata, *186* Aldeias, *187* Caça, *188* Couvade, *191* Pretos, *192* Festa, *193* Mitos timbiras, *193* Lua, *202* Filmagem, *203*

Os Kaapor ......................................................................................................... *205*
Kaaró, *206* Kaapor-té, *206* Filmagem, *207* Couvade, *207* Boia, *209* Peixes, *210* Saúde, *210* Etnografia, *211* Kaaró e Piahú, *214* Desenhos, *214* Rotina, *215* Koatá, *215* Comidas, *216* Fotos, *217* Genealogias, *218*

Kaaró ................................................................................................................ *221*
Ritos, *221* Nominação, *223* Etno-história, *224* Capitães, *225* Sexo, *228*

Anakanpukú ..................................................................................................... *233*
Capitãozinho, *235* Mitos, *235* Parentesco, *237* Veado vermelho, *240* O intelectual índio, *241* Eu mesmo, *241* Etno-história, *242* Tuxauas e capitães, *243* Genealogia, *244*

Kosó .................................................................................................................. *245*
A mata, *245* Gente, *246* A mulher índia, *246* Chico Ourives, *250* Retorno, *252* Anta, *253* Comilança, *254* Koatá, *254* Pacificação, *256* Oropó, *257* Ternura, *258* Isolamento, *260* Anhanga, *261* Marginal, *262* Idades e gerações, *263* Saqueio, *264* Castigos, *265* Crianças e jovens, *266* Turismo, *267* Guajá, *267*

Retorno ............................................................................................................. *269*
Despedida, *269* A mata, *269* Krê-yê, *271* Depopulação, *272* Comida, *274* Perdidos na mata, *275* Parentesco timbira, *277* Cantos dos índios, *279* Desafios, *280* Genealogia, *281* Guajá, *285* Conflitos na aldeia, *286* Nascimento e resguardo, *290* Tembé, *291*

Em viagem de volta ........................................................................................ *295*
Curucaua, *295* São José do Gurupi, *296* Viseu, *298* Rachid, *299* Planos de retorno, *299*

**Segunda expedição**

Pindaré .............................................................................................................. *303*
Esperando João, *303* Chico Longo, *305* A viagem, *306* Redes, *307* Oratório, *308* Viana, *309* Pindaré, *309* Santa Inês, *310* O posto, *310* Guajajara, *311* Indigenismo, *313* Aculturação, *314* Assimilação, *316* Integração sem assimilação, *317* Cadê João?, *318* Livros, *321* Cadê meus índios?, *322* Histórias, *323* Uirá, *324* Terra dos índios, *325* Pioneiros, *326* Pintor, *328* Ocupantes, *330* Mestiço, *330* Mulato, *332* Faroeste maranhense, *333* Espera, *334* Guajá, *335*

João Carvalho ................................................................................................... *337*
João chega, *337* Na mata, *342*

A marcha ao sol .............................................................................................. *347*

Iapotirendá .................................................................................................................. *351*
Encantamento de caça, *361*

Tapuro Ambir Hecuhan .............................................................................................. *363*
Jabota, *363* Curupira, *364* Na aldeia, *365* A equipe, *366* Ossos, *368* Fumo, *369* Nominação, *369* Tuxauato, *370* Conversas, *372* Huxley, *373* Capitão, *379*

Karapanã .................................................................................................................... *381*
Chibé, *381* Saépuku, *382* Recepção, *383* A mata, *383* As mãos do tuxaua, *384* Sepultamento, *386* A perna do tuxaua, *387* Rondon, *389* A aldeia, *391* Xerimbabos, *391* Mói, *392* Reino de Diwá, *393* Pudicícia, *393 Couvade*, *395*

Ventura ...................................................................................................................... *399*
Roça, *400* Ritos, *401* Queixada, *402* Comida, *403* Carneação, *404* Intoxicação, *405* Maé-putire, *406* Koaxipurú, *406*

Ianawakú .................................................................................................................... *409*
Os Kaapor e os brancos, *418* Pajelança, *418* Casamento precoce, *419* Sexo, *420* Pajelança e quase motim, *422* Parawá, *425* Influência tembé, *426* Ritos de passagem, *428* Capitaneato, *430* Casamento, *430* Iniciação, *431* Iutá, *432* Capitão Sereno, *435* Mandueki, *437*

Capitão Auaxí ............................................................................................................. *439*
Caça de pássaros, *439* Tecelagem, *439* Casas, *440* Desenhos, *441* Filhos, *441* Cerâmica, *443* Sexo, *444* Pesca, *447 Gens*, *447*

Takuá ......................................................................................................................... *449*
Guariba, *449* Gentio, *451* Parentesco e casamento, *452* Seca, *453* Terrorismo tembé, *454* Uirá, *455* Tecelagem, *459* Xapy, *461* Miçangas, *462* Roubos, *462* Tecelagem, *463* Genealogia, *466* Cerâmica, *467* Plumária, *469* Genealogia, *470* Quixote, *473* Atribuições, *474* Antropofagia, *475*

Xapy ........................................................................................................................... *477*
Pesadelo, *478* Desenhos, *479* Guajá, *480* Convívio, *481* Curiosidade índia, *482* Cachorros, *483* Casamento, *484* Pajelança, *484* A civilização, *485* Mestiçagem, *486* Geografia kaapor, *487 Causa mortis*, *489* Antropofagia, *489* Cachorros, *490* Suicídio, *491* Sonhos, *491*

Irakatú ....................................................................................................................... *493*
Chefaturas, *493* Cajus, *493* Cauim, *494* Cachorros, *495* Uruãtã e eu, *495* Cachorros, *499* Nominação, *500*

Oropó, o refúgio perdido ............................................................................................. *505*
Colares, *509* Carta, *511* Mitologia, *512* Cantos de João, *522* Luar, *524* Roça, *525*

Aldeia Cipó ................................................................................................................. *529*
Aculturação, *529* A mata, *531* Ciclo anual, *534* Uirá, *536* Bichos, *537*

Sabedoria kaapor.................................................................................................................. *541*
O índio sábio, *542* Novo caderno, *543* Genética, *547* Queixada, *549* Carta, *552*

Morocore ............................................................................................................................. *557*
Civilização, *558* Chico, *561*

Xiwarakú............................................................................................................................. *565*
Adultério, *571* Mapa, *573* Festa, *574* Casamentos, *575* O bordão indígena, *576* Farmacopeia kaapor, *578*

Retorno ............................................................................................................................... *581*
Kaaró, *581* Aborto, *581* Caldeirão, *582* Baratas, *583* Koatá, *583*

Posto Pedro Dantas ........................................................................................................... *585*
Anakanpukú, *587* Koatá, *589* A festa de nominação, *591* Idade, *593* Raça, *594* Linde, *595* Mexericos, *596* Tupinambá, *597*

Anexo: Descendência de Uruã-tã e Temikí-rãxí ......................................................... *599*

# Índice dos mitos

| | |
|---|---|
| Maíra Manon-ín, Maíra Hán-tan (*Maíra não morre, Maíra é forte*) | 147 |
| Maíra-ira e Mucura | 147 |
| Os *karaíwas* | 148 |
| Cana | 149 |
| Antepassados | 152 |
| O fogo | 153 |
| A diáspora | 168 |
| A Mãe de Deus | 170 |
| O fogo e o campo | 198 |
| Os homens-morcego | 200 |
| A gênese | 201 |
| Maíra | 236 |
| Incesto | 236 |
| Dilúvio | 236 |
| Gênesis, segundo Cesarius Cucorum | 353 |
| Cosmologia kaapor | 353 |
| Maíra e o urubu-rei | 358 |
| Cosmogonia kaapor | 373 |
| O incêndio e o dilúvio | 377 |
| Maíra e o pajé | 377 |
| Maíra e Saracura | 378 |
| Iutá | 379 |
| A casa das onças | 394 |
| Maíra e Saracura | 411 |
| O homem apanhado pelo Anhanga | 413 |
| O outro lado do mar | 414 |
| O tempo dos gêmeos e dos pajés | 433 |
| Incesto | 434 |
| Maíra – Relatos | 445 |
| Quando o Céu caiu | 457 |
| Soó-ramúi | 457 |
| Tawar-uhú e Kosó (A onça e o cuxiú) | 497 |
| Caçada antiga | 497 |
| Estrelas | 499 |
| Curupira | 501 |
| Añangará (Anhanguera) | 503 |
| A gente kundawarú | 507 |
| O jabuti, o macaco e a onça | 508 |
| Estrelas | 509 |

| | |
|---|---|
| Maíra | 512 |
| Gente com rabo | 513 |
| Tapií-ramúi | 516 |
| Iawar-uhú-ramúi (O Avô das Onças) | 518 |
| Onça rimbá | 521 |
| Onça é bicho bravo | 522 |
| Uirapú-imbo'ramúi (Avô dos Urubus de cabeça pelada) | 543 |
| Uirá-hú-ramúi (O Avô do Gavião-Real) | 545 |
| Iã-nay (Campinima) | 547 |
| Korahi-Iano | 549 |
| Uatê-ramúi (*jauaruna*) | 550 |
| A Via-Láctea e o Mar (Madjú-ã) | 553 |
| Origem das cores (Madjú-ruy – O sangue de Madjú) | 554 |
| Arapuhá-ramúi (O Avô do Veado-Vermelho) | 566 |
| Auxí-ramúi (O Avô dos Jabutis) | 567 |
| Kuiú-maié | 568 |
| Uruãtã | 572 |
| Por que não comemos cobra | 573 |

# Índice dos diagramas de parentesco e genealogias

| | |
|---|---|
| Os Timbira do Gurupi | 87 |
| Caboclos do Jiboia | 96 |
| E a família tembé | 97 |
| Urubus do Bacabal | 102 |
| Grupo de Koaxipurú | 104 |
| Grupo de Xapó-mirá | 104 |
| O grupo falsamente Guajá | 108 |
| Recenseamento do Filipe Camarão, a 2/1/1950 | 108 |
| Grupo de Major | 112 |
| Antiga aldeia do Maíra | 121 |
| Capitão Ianawakú | 137 |
| Terminologia de parentesco dos índios Timbiras do rio Gurupi | 169 |
| Terminologia de parentesco tembé | 176-7 |
| Recenseamento do povo de Koatá | 189-90 |
| Genealogia do tuxaua Maitaré, do capitão Piahú e do futuro tuxaua Kosó | 196-7 |
| Genealogia e parentela do capitão Kaaró | 226-7 |
| Sistema de parentesco dos Kaapor | 234 |

Sistema de parentesco dos Kaapor ................................................. 239
Terminologia de parentesco timbira (Krê-yê – cabeça pequena) .................... 278
Genealogia de André ............................................................. 279
Linhagens de tuxauas e capitães ................................................. 283
Diagrama de parentesco .......................................................... 397
Diagrama de parentesco de Ianawakú .............................................. 427
Diagramas de parentesco ......................................................... 427-8
Genealogia de Peturú ............................................................ 471
Diagramas de parentesco ......................................................... 475
Diagramas de parentesco ......................................................... 488
Diagramas de parentesco ......................................................... 501
Diagramas de parentesco ......................................................... 575-6
Diagramas de parentesco ......................................................... 590
Descendência de Uruã-tã e Temikí-rãxi ........................................... 600

# Índice dos quadros e mapas

Mapa do Gurupi .................................................................. 18
População tembé do P. I. Filipe Camarão ......................................... 98
Termos aplicados aos parentes consaguíneos e afins .............................. 238
Categorias de idade ............................................................. 263
Posição e sucessão das aldeias timbiras ......................................... 272
Nomes de pessoas e seu significado .............................................. 283
Relação das aldeias atuais e respectivos capitães ............................... 284
Notas sobre aldeias a que se refere o recenseamento de 1943 ..................... 285
Aldeias tembés .................................................................. 292
Mapa do território Kaapor ....................................................... 300
Mapa (percurso) ................................................................. 305
Mapa (roteiro) .................................................................. 338
Mapa (território urubu) ......................................................... 340
Variedades de mandioca .......................................................... 526
Variedades de batata ............................................................ 526
Variedades de feijão ............................................................ 526
Variedades de banana ............................................................ 527
Variedades de fibra ............................................................. 527
Variedades de cabaça ............................................................ 527
Cipós e embiras ................................................................. 531
Folhas e palmas ................................................................. 531
Madeiras ........................................................................ 531
Frutas .......................................................................... 532
Resinas, óleos, látex ........................................................... 533
Outros artigos .................................................................. 533

Ciclo de atividades anuais dos Kaapor ............................................................. 535
Bichos .................................................................................................................. 537
Mapa (roteiro da viagem) .................................................................................. 574
Principais pássaros ............................................................................................ 577
Farmacopeia kaapor .......................................................................................... 579

# Índice de gravuras e desenhos

Bei ....................................................................................................................... 49
Cerâmica ............................................................................................................ 117
Casas .................................................................................................................. 117
Esquema de sepultamento ................................................................................ 123
Karapuá, batata-redonda ................................................................................... 132
Canudos de taquaruçu para guardar penas ..................................................... 132
Caras .................................................................................................................. 134
Página do diário ................................................................................................ 142
Páginas do diário .............................................................................................. 146
Desenhos dos índios (auá; mirixó; a mulher de Arí-djú, socó, papai-raíra,
veado, guariba, mimí, Arí-djú, papai-raíra, auá) ............................................ 151-2
Distribuição de residências da aldeia de Piahú .............................................. 188
Trempe de madeira para assar peixes .............................................................. 210
Casa de reclusão ............................................................................................... 396
Armação de madeira dos xipás ........................................................................ 400
Desenhos índios (homem, mulher, negro, mulher, mulher, bode, cavalo) .... 442
Desenhos índios (veado, onça) ........................................................................ 448
Tear .................................................................................................................459-60
Desenho índio ("sombra" de Darcy) ................................................................ 460
Tear .................................................................................................................. 464-5
Cerâmica ......................................................................................................... 468-9
Tear .................................................................................................................. 471-3
Desenhos índios (*karapuá*, guariba, avião, macaco, *karapuá*) ....................... 480
Aí temos um cavalo com todos os seus arreios, inclusive o rabicho que
orla a figura. Assim o viu um artista local e entalhou no banco,
com a ponta de um terçado ............................................................................. 506
Cavalo (Morocore, 14/out./51) ........................................................................ 514
Cavalo e guariba ............................................................................................... 515
Macaco .............................................................................................................. 537
Carneirinho e manguary ................................................................................... 539
Tamarã desenhado pelo cap. Morocore .......................................................... 559
O ibirapema e a corda mussurana, segundo Hans Staden (1557) ................. 559
Socós. Mais algumas obras-primas de meu contador de histórias ................ 578
Armação mecânica de espremer tipiti ............................................................. 582

# Leia também, de Darcy Ribeiro

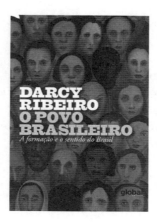

Obra magistral, e o maior desafio de Darcy Ribeiro, *O povo brasileiro* é uma tentativa de compreender quem somos, o que somos e a importância do nosso país. Talvez uma tarefa dura, mas imprescindível, pois segundo Darcy: "Este é um livro que quer ser participante, que aspira a influir sobre as pessoas e ajudar o Brasil a encontrar-se a si mesmo".

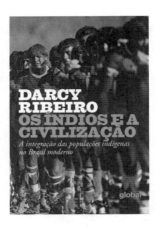

Darcy explora, nesta obra, as interações entre os índios e a população que, no século XX, se expande para novos territórios brasileiros. Através de sua experiência com a questão indígena, revela as contradições que marcam a relação da nossa sociedade com essas etnias, refletindo sobre as alternativas dos nativos para se enquadrarem no Brasil atual.

Os textos reunidos neste livro são reflexões saborosas nas quais Darcy Ribeiro expõe de maneira límpida e corajosa suas visões polêmicas sobre os desafios do Brasil e da América Latina. Com conhecimento do fenômeno humano, linguagem atraente e pensamento inovador, ele abre sendas, aponta caminhos, projetando sempre as estradas para um futuro promissor.

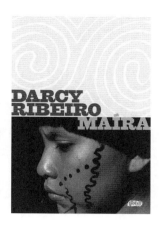

Maíra, primeiro romance do inesquecível Darcy Ribeiro, revela sua experiência como antropólogo e apaixonado defensor da causa indígena. Mesclando sua convivência ao lado dos índios e seu amplo conhecimento teórico, ele constrói uma narrativa admirável onde o mitológico, o social e o individual se cruzam para formar um espaço novo e raro.

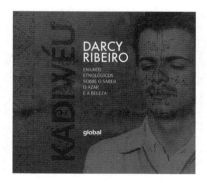

Darcy apresenta, aqui, resultados de uma pesquisa de campo junto aos Kadiwéu. Nestes três estudos o autor aborda seus mitos, sua religião, sua arte, ressaltando as mudanças provocadas na tribo por pressões da sociedade brasileira. Porém, ele as revela sob uma ótica inusitada, como tradições que se alteram para garantir a própria sobrevivência.